U0815941

泰顺县地方志丛书

泰顺县教育志

《泰顺县教育志》编纂委员会　编

方志出版社
Publishing House of Local Records

图书在版编目（CIP）数据

泰顺县教育志 / 《泰顺县教育志》编纂委员会编
. -- 北京：方志出版社，2016. 6

ISBN 978-7-5144-2019-7

Ⅰ. ①泰… Ⅱ. ①泰… Ⅲ. ①地方教育 - 教育史 - 泰顺县 Ⅳ. ①G527.554

中国版本图书馆CIP数据核字（2016）第148042号

泰顺县教育志

编　　者：《泰顺县教育志》编纂委员会
责任编辑：刘方圆
出 版 人：冀祥德
出 版 者：方志出版社
地址　北京市朝阳区潘家园东里9号（国家方志馆4层）
邮编　100021
网址　http://www.fzph.org
发　　行：方志出版社发行中心
（010）67110500
经　　销：各地新华书店
印　　刷：温州市北大方印务有限公司
开　　本：889×1194　　1/16
印　　张：26.25
字　　数：600千字
版　　次：2017年6月第1版　　2017年6月第1次印刷
印　　数：0001～3000册

ISBN 978-7-5144-2019-7　　定价：328.00元

·版权所有 翻印必究·

《泰顺县教育志》编纂委员会

顾　　问　张洪国　董旭斌　黄阳栩　胡荣登　洪碧玲

卢　嫦　周秀松　雷全勉　林致垠　刘飞华

张美爱　张　平　翁晓彬　罗招政　郭素琴

策　　划　翁清选　林世如　何　平　郑韶裕　蔡亚里

何学文　董宏光　林　伟

主　　任　蔡景祥

副 主 任　邱虹玲　邱可可　毛叶华　陶一砖　吴可植

苏志锋　蔡曙华　徐崇专　曾汝芝　陈可操

陈立蔚　洪志敬

委　　员（按姓氏笔画排序）

包序威　朱廷乐　刘万利　刘英涛　刘道炉

江朝晖　李美乾　杨恭录　吴　敏　邱兆星

何宇罗　陈东旭　陈志新　陈善峰　林一叶

林正靠　林兆誉　林崇伟　罗文焕　周万盟

翁永电　曾仁贵

《泰顺县教育志》编辑室

主　　编　林　伟　蔡景祥

执行主编　王友基　陈圣格

编　　辑　王仁德　朱卫江　徐燕飞

2008年5月20日，时任中共浙江省委书记赵洪祝（前排右三）视察泰顺教育工作

2006年5月17日，时任浙江省省长吕祖善（右一）视察泰顺中学

2006年1月，时任中共浙江省委常委、宣传部部长陈敏尔（前排右二）视察泰顺民办教育工作

1984年10月，时任浙江省副省长李德葆(前排左三)视察泰顺县罗阳小学

2005年6月2日，时任浙江省副省长陈加元（前排右二）视察育才学校

2005年12月17日，时任浙江省副省长盛昌黎（前排左二）视察泰顺县第一中学

2008年5月26日，时任浙江省副省长郑继伟（左一）视察泰顺县第二中学

2004年12月14日，时任中共温州市委书记王建满（前排左二）视察泰顺教育工作

2006年3月，时任中共温州市委副书记、代市长邵占维（中）视察泰顺教育工作

2009年3月20日，时任浙江省教育厅厅长刘希平（中）到泰顺调研教育工作

2009年11月6日，温州市教育局局长林卫平（前排右三）到罗阳二中指导教育创强工作

2012年12月1日，温州市教育局局长谢树华（前排左二）到泰顺二中指导工作

2012年5月23日，中共泰顺县委书记张洪国（右二）在泰顺中学调研教育工作

2012年9月26日，泰顺县长董旭斌（左三）在新城学校调研教学工作

重修后的筱村竟成书塾，2012年摄

1932年4月23日，泰顺师范讲习所教育参观团赴温州参观学习

罗阳书院古井（实验小学，2012年摄）

建于1956年的泰顺县立罗阳小学教室，1989年摄

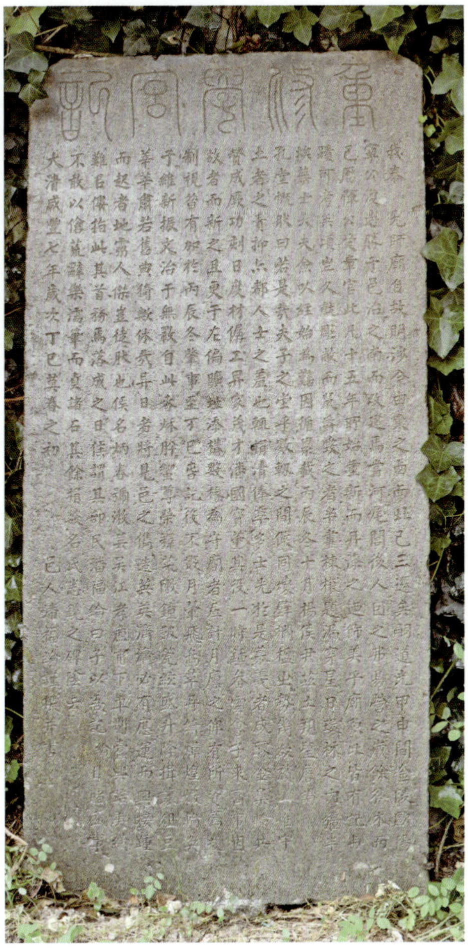

重修学宫记碑（现存县机关幼儿园），2012年摄

1945年7月,温州师范学校泰顺校友会欢送毕业校友，摄于莒江

1947年泰顺师范学校篮球队员留影

1941年，战时补习中学第三届学生与教师合影

1952年7月,泰中第二届毕业同学留影

国立英士大学行政楼旧址——司前镇东村碉楼，2012年摄

国立北洋工学院旧址——百丈镇东岸村，1999年摄

1956年11月,扫盲积极分子代表游西湖留影

1958年7月20日，罗阳小学少先队第四中队全体队员合影

1961年6月30日，泰顺一中首届高中毕业生与全体教师合影

20世纪70年代，泰顺县少年乒乓球队合影

1985年6月，泰顺一中高一民族班留影

司前镇小老校舍，1995年摄

20世纪70年代的泰顺一中实验制作室

1982年，泰顺一中与寿宁一中教研交流学习

20世纪80年代，泰顺一中校建劳动

20世纪80年代的泰顺四中

20世纪90年代，泗溪区小学

20世纪90年代，戳（战）州小学

泰顺教育局办公大楼，2012年摄

泰顺县成人教育中心，2012年摄

泰顺县职业教育中心，2012年摄

泰顺县育才系列学校夜景，2012年摄

泰顺中学400米标准操场，2012年摄

泰顺县实验小学，2012年摄

泰顺县实验小学城北校区，2012年摄

泰顺中学，2012年摄

泰顺县育才高级中学，2012年摄

泰顺县育才初级中学，2012年摄

泰顺县育才小学，2012年摄

泰顺县育才学校省A级食品卫生等级餐厅，2012年摄

泰顺县新城学校,2012年摄

泰顺县第二中学,2012年摄

泰顺县第三中学,2012年摄

泰顺县第四中学，2012年摄

泰顺县第六中学，2012年摄

泰顺县第七中学，2012年摄

泰顺县第八中学，2012年摄

泰顺县城关中学，2012年摄

泰顺县罗阳二中，2012年摄

泰顺县民族中学，2012年摄

泰顺县新浦中学，2012年摄

泰顺县西旸中学，2012年摄

罗阳镇中心小学，2012年摄

罗阳镇第二小学，2012年摄

罗阳镇下洪中心学校，2012年摄

罗阳镇洲岭中心小学，2012年摄

司前畲族镇中心小学，2012年摄

百丈镇中心小学，2012年摄

百丈镇包垟中心学校，2012年摄

筱村镇中心小学，2012年摄

筱村镇第二小学，2012年摄

筱村镇新浦中心小学，2012年摄

筱村镇翁山中心小学，2012年摄

泗溪镇中心小学，2012年摄

泗溪镇第二小学，2012年摄

泗溪镇东溪中心学校，2012年摄

泗溪镇凤垟中心小学，2012年摄

雅阳镇中心小学，2012年摄

雅阳镇柳峰中心学校，2012年摄

雅阳镇松垟中心小学，2012年摄

彭溪镇中心小学，2012年摄

彭溪镇月湖中心小学，2012年摄

三魁镇中心小学，2012年摄

三魁镇第二小学，2012年摄

三魁镇西旸中心小学，2012年摄

三魁镇大安中心学校初中部，2012年摄

三魁镇大安中心学校小学部，2012年摄

三魁镇洋溪中心学校

仕阳镇中心小学，2012年摄

仕阳镇第二小学，2012年摄

仕阳镇龟湖中心学校，2012年摄

泰顺县机关幼儿园，摄于2012年

泰顺县中心幼儿园，2012年摄

泰顺县育才幼儿园，2012年摄

西旸幼儿园，2012年摄

泰顺县培智实验学校，摄于2012年

1989年4月，县实验小学公开课

2007年6月，罗阳镇第二小学承办温州市希望小学英语教师培训

2009年9月，举办首届中小学学科教学质量评价优秀教师代表座谈会

2009年4月，温州市第六届数学优质课评比在育才小学举行

2009年，浙江省语文教研会在泰顺县育才初中召开

2007年5月，“省农远工程”教学资源研讨会在泰顺举行

幼儿园教师“采茶姑娘”舞蹈，摄于2008年

2011年，育才系列学校部分教师赴美国考察学习

小学教师书法过关考核现场，摄于2010年

2012年，举办泰顺县教育系统青年歌手大奖赛

2007年，泰顺县教育系统教师参加山城歌咏比赛

2009年5月，举办泰顺县教育创强工作培训会

2009年12月6日，泰顺中学举办建校80周年校庆

2008年7月，雅阳镇举办教育发展基金颁奖大会

2008年11月12日，泰顺县罗阳二中举办俊远教学楼落成典礼

2009年，时任中共浙江省委书记赵洪祝为道德模范徐建威颁奖

2012年6月1日，新城学校举办大型红歌合唱比赛

2009年12月，召开龙湾-泰顺教育对口支援座谈会

2011年，高中学生举行“绿色奥运与我同行”环保行动

2009年6月，高中学生展示茶艺

2007年，初中学生在生态园社会实践

2008年8月，中小学生喜迎奥运

2011年，学生德育实践周启动仪式

2010年，学生书画大赛现场

2010年9月，罗阳镇小学书法特色教育活动

2009年，师生篮球赛

2009年，学生百米跨栏

2010年，泰顺二中廊桥文化团活动

2006年，泰顺六中学生参加电影《儿子同志》拍摄现场

2011年3月28日，县机关幼儿园开展“防震、避震”安全演练活动

2012年11月，筱村幼儿园户外活动

2006年6月，九峰乡校少先队新队员在白柯湾中国工农红军挺进师纪念馆入队宣誓仪式

幼儿园动手能力培养，摄于2010年

小学信息课，摄于2011年

幼儿园轮滑比赛，摄于2011年

育才小学中国象棋文化节，摄于2011年

小学生清明节“缅英烈继传统”活动，摄于2009年

高中学生军训，摄于2008年

浙江省
教育强县
中共浙江省委
浙江省人民政府
二○一○年九月

文明单位
中共浙江省委
浙江省人民政府
二○○九年二月

全国"两基"工作先进单位
中华人民共和国国务院
二○一二年九月

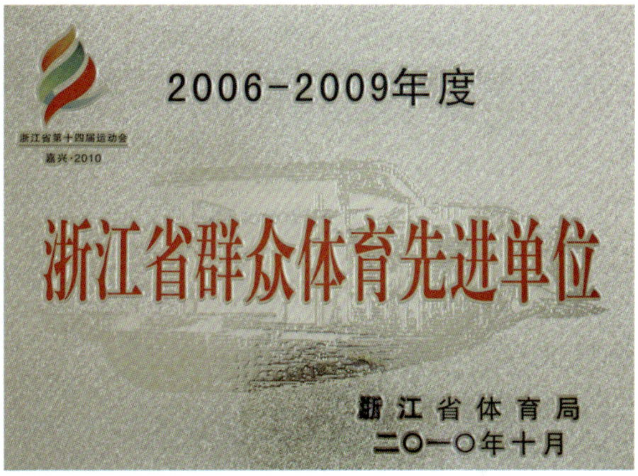
2006-2009年度
浙江省群众体育先进单位
浙江省体育局
二○一○年十月

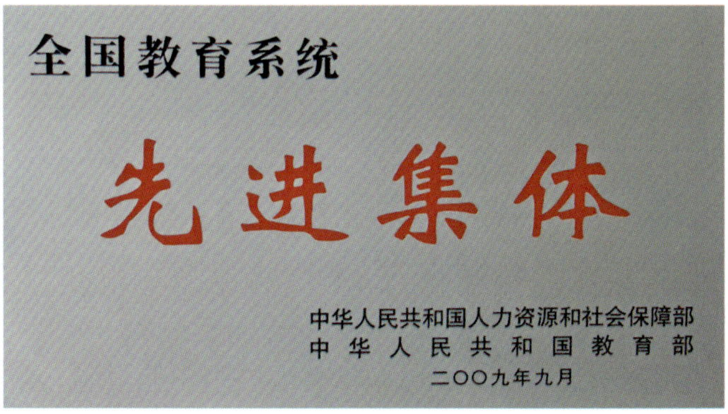
全国教育系统
先进集体
中华人民共和国人力资源和社会保障部
中华人民共和国教育部
二○○九年九月

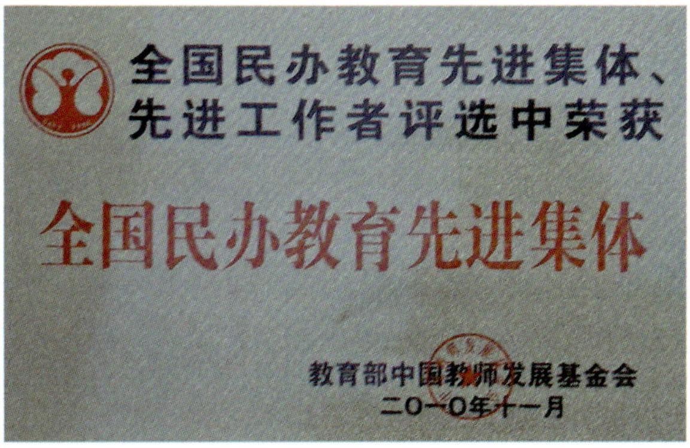
全国民办教育先进集体、
先进工作者评选中荣获
全国民办教育先进集体
教育部中国教师发展基金会
二○一○年十一月

景宁畲族自治县
文
竹里畲族乡
司前畲族镇
司前镇小
民族中学
包垟中心
百丈镇中心小学
百丈镇
岭北中心小学
三滩教学点
新浦小
泰顺中学
职教中心
仙稔小学
下稔教学点
筱村镇
筱村镇二小
泰顺六中
实验二小
新城小学
城关中学
实验小学
成教中心
罗阳镇中心小学
罗阳二中
罗阳镇
洲路
培智学校
镇二小
下洪中心学校
育才小学
育才中学
夏炉教学点
南院中心学校
三魁镇
大邱坪小学
大安中心校
三魁镇二小
横岗教学点
泰顺三中
三魁镇中心小学
西旸中学
西旸中心小学
洲岭中心学校
垟溪中心学校
福建省
章成小学
仕阳镇中心小学
泰顺四中
仕阳镇
仕阳镇二小
龟湖中心校
万排中心小学
福

2012年泰顺县校点分布示意图

2012年泰顺县城区校点分布示意图

凡　例

一、以马克思列宁主义、毛泽东思想、邓小平理论、“三个代表”重要思想和科学发展观为指导，贯彻落实习近平总书记系列讲话的精神，坚持辩证唯物主义和历史唯物主义的观点和方法，全面、系统、准确、客观地记载泰顺县教育事业发展的历史进程和现状。

二、详今略古，记事上限力溯事物之发端，下限截至2012年。

三、采用现代语体文记述，行文中使用国家规定的标准简化字和标点符号。计量单位名称、符号的书写，按1993年国家技术监督局发布的国家标准——《量和单位》（GB3100-3102-93）的规定执行；数字用法遵循国家标准《出版物上数字用法》。

四、采用的体裁有述、记、志、传、图、表、录等，力求突出地方特色。大事记采用编年体，其他章节采用横排门类、纵写史实的记述方法。本志共设14章52节，彩图集中排列于正文之前，大事记位于第一章之前。“少数民族教育”和“民办教育”作为泰顺教育的特色独立成章，置于第八章和第九章。

五、清代以前纪年用朝代年号，年月日用农历，以汉字书写；民国纪年，以阿拉伯数字书写。以上纪年均加注公元纪年。

六、地名、政区、机构、职务等一概使用当时的称谓，部分专业名称首次出现时用全称，以后使用习惯简称。“中共”为“中国共产党”的简称，“省委”“省人民政府”“市委”“市人民政府”“县委”“县人民政府”“局党委”分别指中共浙江省委员会、浙江省人民政府、中共温州市委员会、温州市人民政府、中共泰顺县委员会、泰顺县人民政府、中共泰顺县教育局委员会，“省教育厅”指浙江省教育厅，“市教育局”指温州市教育局。“省”“市”“县”分别为浙江省、温州市、泰顺县的简称。

七、第十四章“教育人物”分传略、简介两个层次。传略收录泰顺县教育事业发展过程中有突出事迹和影响者，以卒年为序；简介收录泰顺籍从事教育事业的教授、教育专家、特级教师、全国优秀教师等，以生年为序。

八、资料主要取自档案、文献、志书、报刊及经考证核实的口碑资料，各项统计数据尽可能采用县统计部门的统计资料，无法办到的，则采用档案室及相关科室、单位提供的数据。

九、原则上坚持“述而不论”，寓褒贬于对史实的记述之中，但必要时作简单的提示及说明。

[illegible]

[illegible]

[illegible]

[illegible]

[illegible]

[illegible]

[illegible]

[illegible]

[illegible]

[illegible]

[illegible]

目　录

概　述

泰顺县位于浙江省南部，东南邻福建省福鼎市、柘荣县，西南接福建省福安、寿宁县，西北靠丽水市景宁县，东北毗文成县。地理坐标为北纬27° 17′ —27° 50′ ，东经119° 37′ —120° 15′ 。先秦属荒服之地，汉至唐历归回浦、章安、永宁、罗阳、安固与横阳县所辖，五代后为瑞安、平阳之远乡。明景泰三年（1452），析瑞安县义翔乡五十六、五十七、五十八、五十九、六十5都12里和平阳县归仁乡三十八、三十九、四十3都6里置泰顺县，取“国泰民安，人心效顺”之意，县治罗阳，隶浙江布政使司温州府。清代隶属未变。之后，行政从属关系有过数次变更，县内乡镇数度析并。2012年，辖罗阳镇、百丈镇、泗溪镇、雅阳镇、仕阳镇、三魁镇、筱村镇、彭溪镇、司前畲族镇和竹里畲族乡等10个乡镇，11个居民区，295个行政村，总人口36.05万，其中约5%为畲族。

一

泰顺教育源远流长。唐、五代时期，包、徐、陶、夏、吴、林、蔡等大姓官宦士族为避祸相继入迁泰顺境域。这些官宦士族入迁后，耕读持家，设馆启童，培养子弟，诗礼传家的风气与科举文脉赓续不断。据家谱记载，宋太平兴国年间（976—983），徐氏便在仙居垟畴村创建徐氏书院；宋端拱二年（989），陶王曳在桂峰山麓创建家族私塾惜阴书塾；宋元丰年间（1078—1085），林韶在下桥花园一带设儒蓝宅学馆；宋绍兴中期，库村吴氏在书斋坪创建石镜书院。这些以家族形式举办的教育机构，为当地培养了许多人才，在后世产生很大的影响。北宋祥符五年（1012），出生于木棉村的徐奭中文科状元，为温州历史上第一位状元。泗溪林氏自儒蓝宅创办后，学风兴盛，人才辈出，至南宋末泗溪林姓荣登文武进士榜凡43人。库村在宋代成为境内科举最盛的地区之一，仅吴氏家族中就有19人中进士。南宋景定三年（1262），章峰（雪溪一带）蔡遇壬、蔡起辛兄弟同年登榜，兄蔡遇壬为文科进士，弟蔡起辛为武科状元。唐宋时期，泰顺域内考取文武进士多达80多人。

至元代，泰顺境域文风一度低迷衰退，教育陷入低谷。泰顺设县后，教育始苏。嘉靖十一年（1532），在城隍庙南地轴山下创办罗阳书院，自此境内始有官办的教育机构。清代，泰顺民间尊师崇教，耕读传家之风绵延不绝，私塾成为主要的办学形式，许多清贫之家亦以勉力子孙入塾为荣。乾隆年间，境内建办训蒙之所多达22处。清嘉庆七年（1802），罗阳董正扬登进士，为建县后首位进士。此后数十年间，泰顺出现了一批出色的读书人，如曾镛、董正扬、董斿、潘鼎、林鹗等。

二

中日甲午战争后，民族危机日益加剧，有识之士积极主张维新变法，以图挽救民族危亡。光绪三十二年（1906），县教谕署改称劝学所，罗阳书院改为罗阳高等小学堂，潘鸿康出任堂长，新学开始在山乡传播。宣统二年（1910），罗阳复初小学堂附设蒙养院，收幼儿十数人，开启了泰顺幼儿教育之先河。

民国初期，泰顺县国民政府设立教育科，掌管全县教育改革事宜。民国元年（1912）上半年，全县改办（私塾改为初级小学）和创办初级小学12所。下半年，小学增至18所，在校学生计632人。翌年，泰顺县成立教育会，宣传教育改革，抨击私塾陋弊，限制私塾发展，改革旧教育制度，同时，发动民众筹资办学。全县计有小学32所，学生1168人。民国8年（1919），县立敬业高等小学附设木工、蚕业、染织等补习科，为泰顺职业教育之始。民国18年（1929），全县新办、恢复和改良的各类小学达55所，计227个教学班，在校学生2750人。全县10—16周岁学龄儿童入学率11%。

民国27年（1938），泰顺籍贤达志士纷纷返梓，立志兴学救国。高仲伦等人自筹资金，兴办泰顺县历史上第一所中等学校——瓯南公学。学校以“读书救国，救国不忘读书”为办学理念，宣传抗日救国之道。民国31—33年，浙江沿海大部分城市相继沦陷，温州中学、温州师范学校、国立英士大学及其北洋工学院先后搬迁到莒江、百丈、司前一带，继续为国家培养人才。温州师范学校在泰期间共招收泰顺籍学生128人，这批学生毕业后大都成为泰顺普及初等教育的中坚力量。

至民国36年（1947），全县23个乡（镇），293个保，总人口163961人。学校220所，学生7719人，教师525人。

三

中华人民共和国成立后，人民政府根据“维持现状、逐步改造”的方针接管旧有学校。1950年春，各类学校贯彻“向工农开门”办学方针，劳动人民子女入学数大量增加。1952年春，全县土地改革完成，农民政治翻身，经济得到改善，迫切要求送子女上学。广大教师经过思想改造后，工作积极性提高，小学教育发展较快。全县有各类小学318所，425个班，在校学生14533人。同时，各级政府积极举办工农业余教育学校和农民夜校、冬学，全县有民校、冬学985所，学员22478人。

1958年，在“大跃进”运动的影响下，泰顺教育超越国民经济发展水平，创办林业学校、工业学校、林业专科学校、特产学校等十几所中等专（职）业学校，中等教育出现数量上的大发展。同时，在“苦战十天，普及小学义务教育”口号推动下，全县各类小学增到374所，在校学生24083人。

1966年“文化大革命”开始，学校先后“停课闹革命”，教育跌入低谷。

中共十一届三中全会后，泰顺县紧抓历史机遇发展教育事业，使教育走上前所未有的蓬勃发展道路。1983年，全县狠抓初等教育普及工作，采取“规划到队、措施到校、任务到班、责任到人”的办法，党政干部管教育，社、队干部负责动员学生。学校负责教学，利用多种形式组织教学，开创普及初等义务教育的新格局。1986年，全县15个乡（镇）经市人民政府验收，普及初等教育。1986—

1990年5年时间，继续调整、撤并10人以下的村级小学244所；采取联村办学、巡回二部制教学、增设完全小学班级等多种办学教学形式，保证义务教育的实施。1989年，全县7—11周岁学龄儿童入学率94.8%，巩固率为93.5%。小学毕业生7986人，毕业率为96.4%，升入初中4020人，升学率为51.8%。经省人民政府验收，泰顺县初等义务教育普及工作达到省定标准。

20世纪90年代，县委、县人民政府进一步确立教育优先发展的战略地位和“治穷先治愚，脱贫先兴教”的指导方针，制定一系列政策，部署全县基本普及九年义务教育和基本扫除青壮年文盲（简称“两基”）工作。1991年，泰顺县被团中央确定为全国一百个“希望工程”实施县之一，泰顺教育得到“希望工程”的大力资助。1995年4月，县委、县人民政府向全县人民发出“全党动员，全民发动，苦战三年，为振兴泰顺教育事业而奋斗”的号召。倡导“砸锅卖铁办教育”“武训办学”“省吃一口饭、支持办教育”三种精神，全县掀起大社会办大教育的热潮。1996年10月，泰顺县“扫盲”工作顺利通过省人民政府扫盲评估组验收；1997年10月，泰顺县普及九年义务教育（简称“普九”，境内实际为普及八年义务教育）工作顺利通过省“普九”评估验收组验收，按照省定要求提前三年实现“两基”目标。

1998年，全县进一步提高认识，积极进取，抓好抓实普及实验教学（简称“普实”）工作。11月，顺利通过省教委“普实”验收组验收，各项指标达到省定标准。是年，泰顺育才教育集团在泰顺创办育才高级中心（简称育才高中）。1999年，寄宿制民办学校——新城学校创办。继而，私立幼儿园星罗棋布，打破泰顺学校全部公办的单一格局，进一步促进泰顺教育的发展。

四

21世纪初，县人民政府提出“高中进城、初中进镇、小学进乡”的办学思路，对中小学尤其是微型小学校点布局先后进行13次调整。至2003年，全县小学校数已从773所减至166所，共撤除607所，撤除校点占总校数的78.5%。全县教育资源得到优化，办学效益得到提高。同时，育才初级中学、育才幼儿园、育才小学相继创办，办学思路进一步拓展，县城教育优势进一步提高。

2005年，县教育局按照省人民政府部署，开始全面实施“农村中小学家庭经济困难学生资助扩面工程”“农村中小学爱心营养餐工程”“农村中小学食宿改造工程”和“农村中小学教师素质提升工程”（简称“四项工程”），改善泰顺中小学师生教学和生活条件。是年，全县计有公办小学107所，民办学校3所，小学生25755人，6—11周岁儿童入学率99.76%。16周岁少年的初中教育完成率99.7%。全县基本形成小学进乡、初中进镇、高中进城的校点布局。2006年，按照县委、县人民政府提出的教育优先发展的工作目标要求，县教育局致力内涵式发展和均衡发展，抓各项工作的落实，有力地推动素质教育的实施和教育事业的健康协调发展。

创建省级教育强县是泰顺县教育发展走向辉煌的新起点，是泰顺致力发展优质均衡教育，推进教育现代化的重要步骤。2008年，县委、县人民政府制定《关于坚持教育优先发展，争取省级教育强县的决定》和《泰顺县创建省级教育强县的实施意见》（简称“创强”），全县各级政府不断加大教育投入，优化教育环境，形成“政府主导、教育主体、以县带镇、以镇促县、部门参与、社会支持”的创强工作态势。罗阳镇等7个申报创强乡镇全部通过市级验收。是年，全县被确定为省级标准化学校12所，市级农村寄宿制达标学校2所，市级农村合格学校2所，市级特色学校2所，市级德育特色学校2

所，市级素质教育示范学校1所，省、市级绿色学校4所，市级行为规范达标学校1所，市级科普教育特色学校2所。同年，县职业技术学校、县技工学校、培民高级中学、县卫生进修学校整合为县职业教育中心，县教育局教研室、县教师进修学校、泰顺电大工作站、县卫生进修学校成人教育部分整合为县成人教育中心，对成教、职教的教育资源进行优化重组，促进了成教、职教的发展。

2009年，县教育局针对全县教育发展趋势，以“长期规划，整体推进，先易后难，分步实施”的思路，以“办人民满意教育”为出发点，以“提高教学质量”为中心，以“创建省级教育强县”为抓手，继续推进教育强县创建工作。2010年，全县37所学校申报九年制义务教育标准化单位，全部通过市教育局评估。是年4月14日，泰顺县通过省教育强县评估验收，标志着教育事业迈上一个新的台阶。

2012年，县教育局根据县委、县人民政府指示精神，按照“高中向中心城区集聚，初中向镇驻地集聚，小学及幼儿园向农村新社区中心集聚”的校网布局调整思路，突出资源优化、就近入学原则，因地制宜，对县域中校点布局进行科学规划，对农村规模过小的学校实行撤、并、扩，做到集中办学，又符合群众意愿，农村学校低、小、散布局状态得到有效改善，县域教育资源得到优化重组。是年，全县小学适龄人口入学率达99.99%，初中阶段人口入学率达99.98%，高中阶段（包括职业教育）入学率达96.22%。外来务工子女入学率100%。全县中小学共76所，其中小学（含教学点）57所，初中13所，高中6所（含职教中心）。小学在校学生19537人，初中在校生9937人，高中在校生6232人。全县专任教师2855人，其中小学专任教师1561人，初中专任教师735人，高中专任教师559人。

泰顺教育历史源远流长，两宋时期文风尤其兴盛，明清时渐转衰落，民国时期进行一些改革，教育开始复苏，但泰顺因民众贫困，无力求学甚众。中华人民共和国成立后，泰顺教育事业得到不断发展。特别是中共十一届三中全会以后实施“普九”“普实”，创建省级教育强县和基本构建均衡发展县的一系列举措，取得令人瞩目的成就。这是党委和人民政府以及全县人民关心、支持教育事业，全县广大教育工作者扎根山区、爱岗敬业、默默奉献的结果。前事不忘后事之师。以史为鉴，总结经验吸取教训，必将对全县教育事业的持续不断发展大有裨益，泰顺的教育事业必将会以更辉煌的成就谱写新的篇章。

大事记

唐

元和六年（811）

进士包全在卓小阳（今新浦后坪村），创办家塾，以训子孙。

咸通元年（860）

下革（今百丈下革村）陶史登进士第，后官至国子监祭酒。

乾宁三年（896）

进士吴畦在库村（新山）吴宅创办私塾，以训族侄。

宋端拱二年（989）

陶王叟创办惜阴书塾，址设葛洋桂峰山麓。

北　宋

大中祥符五年（1012）

百丈木棉村（今司前宫头垟）徐奭状元及第，为温州历史上首位状元。

至和元年（1054）

进士、大理寺评事吴梓告老还乡，在库村吴宅创办义塾，以训吴氏子弟。

元丰年间（1078—1085）

泗溪林韶在下桥花园设儒蓝宅学馆，招收族人及周边子弟入馆授课从学。从此泗溪一带学风鼎盛，科甲蝉联。

政和五年（1115）

泗溪林待聘登文进士第（二甲第十名），后官至给事中，为南宋名臣，入县先贤祠。

南　宋

绍兴初期（约1132）

吴氏祖在库村吴宅中村巷口桂芳堂左畔创办社学。

绍兴十八年（1148）

木棉村徐履省试第一，声名鹊起，誉满京城。

绍兴中期（约1157）

吴氏祖在库村书斋坪创建石镜书院。

淳熙元年（1174）

泗溪王自中就试于两浙转运司，举诗赋第一。后参加礼部试获第一，登进士第。《宋史》有传。

淳熙四年（1177）

仙居徐元德漕司试《周礼》夺魁，次年登进士第四名。后为永嘉学派重要代表人物。

淳熙八年（1181）

吴子益在库村候林吴畦墓前创建侯林书院。进士吴驲在该书院攻读成名。

嘉熙二年（1238）

武经大夫吴驲任职期满返乡，在库村吴宅中宅前建岚壁堂私塾，为子孙授业。

淳祐二年（1242）

吴子良在库村吴宅中宅巷口（库村吴宅旧戏台）创办中村书院。

景定三年（1262）

仕阳章峰（今仕阳雪溪库头）蔡遇壬、蔡起辛兄弟同年登科。兄蔡遇壬为文进士，弟蔡起辛为武状元。

明

景泰三年（1452）

县学建于县治右掖。

景泰六年（1455）

春，知县郭显宗、典史郭颢等重建县学于县治之西。

弘治五年（1492）

库村包朝珉捐资在包宅巷口西南建办社学，供本族子弟启蒙教育。

弘治七年（1494）

知县范勉设惠民药局，设训科，为泰顺医教之始。

嘉靖十一年（1532）

县令刘友德、推官魏一恭、曾镛在城隍庙南地轴山下（今罗阳霞阳）建罗阳书院，嘉靖二十八年十二月焚毁。

嘉靖四十一年（1562）

县令区益于地轴山下旧址重建罗阳书院。

隆庆二年（1568）

知县吴敦本创建阴阳学于县治公馆左，设训术1人，额领若干名。

隆庆三年（1569）

县令王克家扩修罗阳书院。

清

雍正元年（1723）

十一月，积库吴一琏于员岭脚创建桂林书院。

雍正十二年（1734）

仲冬，吴若蔚等人捐资，于库村旧址重建中村书院。

乾隆年间（1736—1795）

乾隆十七年（1752），知县杨文杰改建罗阳书院于赤砂之右，与明伦堂毗邻。

筱村林伯穆捐资在东垟兴建文峰书塾。

罗阳周启耕在城南创办广成书塾。

筱村林凤鸣在东垟创办竟成书塾。

司前里光林绍昌创办隆文书塾。

县境各村族建办训蒙之所共有22处。

道光四年（1824）

知县欧阳炘于城南城隍庙前文昌阁（县粮食局址）重建学宫。

同治二年（1863）

雪溪贡生胡德熊招乡贤，收生徒数十众，于桥西（雪溪西岸）丰垅头建校办学。

光绪五年（1879）

瀛滨（垟溪）村民苏其书在瓦窑坪创办私塾，后迁温氏宗祠，历时9年。

光绪三十二年（1906）

罗阳书院改为敬业高等小学堂，首任堂长潘鸿康。

县教谕署改称劝学所，设视学1人。

雅阳地方绅士再办白漕书院，址设百福岩周氏宗祠。

宣统元年（1909）

包垟林志宏在外垟书斋旧址举办善群小学堂。

城关义成、端本、平溪、时思4所私立初等小学堂相继创办。

宣统二年（1910）

罗阳城区复初小学堂内附设蒙养院（今实验小学址），幼儿十数人。

为年长失学者及贫寒子弟无力就学者设立简易识字学塾5所。

贤达人士请准县署，饬令各大寺院统征田产为发展新学经费，俗称“学田”，产权归县。

莒江夏盛珉发起创办同一初等小学，址设文昌阁。

中华民国

民国元年（1912）

春，泰顺县实施教育部颁发的《普通教育暂行办法》，学堂改称学校，堂长改称校长。

9月，试行《壬子学制》，初等小学修业由五年改为四年，高等小学由4年改为3年。

是年，裁劝学所，设教育科，总揽教育行政，潘鸿康任科长兼视学。

是年，雅阳白漕书院改为启明两等小学，为雅阳镇中心小学前身。

民国2年（1913）

5月，教育科改称第三科，潘鸿康任科长。

7月，县教育会成立，首任会长吴谔。

是年，县内有高等小学1所，学生42人；两等小学1所，学生72人；初等小学32所，学生1168人。

是年，许笃仁应邀返泰任敬业高等小学校长。

民国3年（1914）

第三科改称教育科，高宗龙任科长。

民国4年（1915）

是年，全县初等小学改为国民学校。

是年，筱村联云毛志强于日本早稻田大学毕业返乡发动捐资兴学，借用毛氏宗祠为舍，创办箬阳（箬垟）学堂。

是年，复设劝学所，林复权任所长。

民国5年（1916）

是年，全县小学教师师范毕业5人，中学毕业8人，师资力量为全省最低。

是年，废教育科，立劝学所，潘鸿康任劝学所所长。

民国6年（1917）

是年，县劝学所设小学教育研究会，所长兼任会长。

是年，中小学取消学监，改设训育主任。

是年，许笃仁受聘赴温州第十中学任教，林大璋接任敬业高等小学校长。

民国8年（1919）

4月，敬业高等小学开设木工、蚕业、染织等实业补习科。

5月，暴发“五四”运动，泰顺学界开展抵制日货活动。

6月，省视学陈咏琴视察泰顺教育。

8月，罗阳女子小学创办，址设武官坪，冯史臣任校长。

是年，罗阳敬业高等小学改为县立第一高等小学。

民国11年（1922）

是年，县视学撤销。

民国12年（1923）

6月，改蒙养院为幼稚园，附设敬业高等小学校内，招收5—6岁幼儿20人。

是年，县敬业高等小学设注音字母传习所。

是年，改县劝学所为县教育局，翁柽任局长，全县划分罗阳、莒江、雅阳三大学区，各区设教育员1人。

民国13年（1924）

1月5日，原视学吴谓数年劝募兴学款14000余元（银元），得到教育部嘉奖。

春，仕阳溪东林肖岩之妻卓栖梧捐款创办淑德女子小学。

民国14年（1925）

是年，百丈包垟郑承望创办林岙高等小学。

民国16年（1927）

7月，莒江同一初等小学改办为县立第二高等小学，址设莒江夏氏宗祠，为莒江乡中心小学前身。

12月，县设教育款产委员会，统管教育款产、契券等。

是年，陈茂杨任县教育局局长。

民国17年（1928）

1月，雅阳百福岩启明两等小学改为县立第三高等小学。

是年，县立模范小学（初级小学）并入县立第一高等小学。

是年，全县小学实行辅导制。县立小学归属省立温州师范学校辅导；各学区初级小学由各学区高等小学辅导。

是年，县国民政府制定整顿、改良私塾的五条办法。

民国18年（1929）

春，仕阳溪东林念侃创办国语教员讲习所，学员20人。

8月，县教育局改为县国民政府教育局，陈茂杨任局长。

9月，县长唐天森创办泰顺师范讲习所，址设圣人庙（城关县粮食局址）。

秋，在城区举行田径运动会，城区女子小学、师范讲习所及3所高等小学参加比赛。

民国19年（1930）

是年，泰顺县义务教育委员会成立，区小学一律改为区中心小学。

是年，库村包凤藻、包琬如创办库村高等小学，学制6年，学生150人，址设包氏宗祠。因办学成绩显著，省教育厅长陈布雷题词“自强不息”匾嘉奖。

是年，县通俗教育讲演所改为县民众教育馆，址设原罗阳书院（县实验小学址）。

是年，各学区设教育员1人。

是年，陈勉哉任县教育局局长。

民国20年（1931）

5月，省督学陈咏琴视察县立师范讲习所和三所高等小学。

是年，县内乡村普遍举办民众学校，民众问字处、民众阅报处。

是年，高宗龙任县教育局局长。

民国21年（1932）

是年，全县人口163243人，小学教育经费12521元，人均负担0.08元。

是年，全县小学教师154人，在校学生2750人，师生比例1：18。

是年，全县施行部颁《实施义务教育大纲》，设立短期小学一年期21所，36班，学生1443人。

民国22年（1933）

是年，全县小学73所，143个班，其中单式25个班。

民国23年（1934）

7月，县立师范讲习所因经费断源停办。

暑期，短期小学教师参加温州中学初中部讲习会，为期2个月。

是年，各乡村族氏“祭田”（坟酒田）征为校田，学田产权分地域划归各高等小学掌管使用。全县小学教员最高月薪18元，最低月薪8元（银元）。

民国24年（1935）

7月，县国民政府教育局改为县国民政府教育科。

是年，全县划分4个学区，旧归仁小学（三魁张宅）改为第三高等小学，原第三高等小学（雅阳百福岩）改为第四高等小学。

是年，全县实施教育部颁发一年制《短期小学暂行规程》，实施国民义务教育。

民国25年（1936）

下半年，县民教馆对公共体育场进行修理，添置运动器材。

是年，王品芳任县教育科科长。

民国26年（1937）

春，城区女子小学并入第一高等小学，修缮女子小学校舍，举办幼稚园。

是年，全县大部分乡、村小学设立一年制短期小学。

是年，洲岭小学改为县立完全小学，聘请名师执教，一度名闻全县。

是年，王鼎新任县教育科科长。

民国27年（1938）

8月，高仲伦等人捐资创办县瓯南公学（初级中学），址设圣人庙（县粮食局址）。次年1月迁罗阳书院旧址，更名为泰顺战时初中生补习学校。

是年，县民教馆创办战时妇女识字班。

是年，成立流动施教团，宣传抗战救国之道。

是年，全县小学164所，其中短期小学20所，战时民众学校62所。

是年，举办民众学校，招收16岁以上民众入学，主要是识字教育，并开设公民、民众训练、自卫训练及歌咏等4科。

是年，举办小学教师训练班。训练班以军事训练为主要科目，辅以战时小学教育实施、战时教育法令等。

民国28年（1939）

是年，中共党员李铭捐资银元400元并赠送楼房1幢，创办洪口小学，并出任校长。

是年，全县文盲119594人，中学学历399人，大学学历21人。

是年，周新民任县教育科科长。

民国29年（1940）

是年，红军挺进师政委刘英夫妇在炉梨（夏卢）发动中共地下党组织举办农民识字夜校。

是年，县立简易师范学校创办，址设罗阳书院旧址。

是年，实施第二期国民义务教育目标，县民教馆举办民校8所（第一期国民义务教育是民国24—28年），国民学校兼办民校50所。

是年，高宗龙任县教育科科长。

民国30年（1941）

2月，改泰顺战时初中生补习学校为泰顺县立简易师范学校（简称“泰顺简师”），学制4年，县长朱筐时兼任校长，原罗阳书院旧舍划归简师。

秋，县立第一高等小学改名罗阳镇中心小学。全县中心小学14所，学生2037人；国民学校46所，学生3273人；民众学校9个班级，学员365人；妇女班5个班级，学员157人。

民国31年（1942）

6月，省立英士大学部分院科迁移至司前、里光一带。

8月，省立温州师范学校从平阳郑楼迁泰顺莒江上村。

9月，省立英士大学将本部临时设在司前乡，不久迁回云和县小顺乡。

是年，省立温州师范学校在莒江上村设立民众教育馆。

是年，省教育厅拨给泰顺简师经费5000元，以提高教师待遇及添置设备。

是年，附设民众学校34所（54个班），学员1806人；毕业生（读完一年制短期小学）1244人。全县失学民众（13—35周岁）118162人。

民国32年（1943）

春，泰顺简师实行双轨制（三年制与四年制），在校学生7个班，198人。

7月，独立后的国立工学院从里光村迁至百丈口东岸村，开始长达两年的国立北洋工学院办学时期，史称“泰顺北洋工学院”。

8月，改县立罗阳小学为县立简易师范学校附属小学，学校一切经费列入简师预算。

暑假，温州训练小学代用教师，县内58位教师赴温州集训；县教育科在罗阳集训小学代用教师计36人（结业合格者34人）。

暑期，泰顺简师学生返乡举办民校计20所。

是年，全县小学兼办民众学校93个班。乡镇中心学校改为中心国民学校，初级小学改为保国民学校。

民国33年（1944）

2月13日，百丈发生警备队枪杀国立工学院学生案件，学生2人被害，3人受伤。

3月6日，县长何芸生在中国国民党县党部礼堂召开“教育年宣传大会”，与会者800余人。

5月，县国民政府在罗阳举办学生成绩展览会，107所中小学校共展出国文、算术、常识、劳作、图画作品计8627件。

6月，正式成立国民教育研究会。

7月，成立县强迫入学委员会，委员31人。全县肃清文盲11363人，占全县文盲12%。

8月，国立英士大学本部迁至司前。

9月，省立温州中学迁至江口村，次年抗战胜利后迁返原地。

11月，举办各级学校自制教具展览会，126所学校共展出2374件。

是年，全县教师428人，合格者63人，占15%；准代用175人，占41%。

民国34年（1945）

5月，民众学校170个班（包括妇女班）学员6326人。全县文盲93182人。

7月，国立北洋工学院奉令归并国立英士大学，院长陈荩民辞职北上。

9月，县立简易师范学校易名为泰顺县师范学校。同时附设初中1个班，招生50人。

11月，国立英士大学奉令从泰顺迁移至永嘉（温州城区），结束英士大学在泰顺办学3年的历史。

11月统计，全县中心小学24所，保国民学校142所，计389个班，学生计10299人。

秋，省立温州师范学校迁回平阳县郑楼。

是年，全县小学教师581人，师范毕业生及历届检定合格教师106人，占总数的18%。

是年，高钟岳任县教育科科长。

民国35年（1946）

8月，全县（13—35周岁）文盲83800人。

是年，全县中小学教师680人，合格者213人，占总数31%。全县学龄儿童（7—12周岁）29052人，入学儿童14409人，入学率为49.6%。

民国36年（1947）

3月，全县293保，保国民学校197所。

6月21日，泰顺简师暴发反饥饿运动，请愿学生200余人游行示威，城区工、商、农罢工罢市声援，迫使县国民政府开“常平仓”接济饥民。

6月，县国民政府拨学田360亩，作为泰顺简师办学基金；筹募建筑教室经费200万元（国币）。

是年，全县小学教师579人，合格者63人，占11%；准代用教师237人，占41%。

是年，吴作霖任县教育科科长。

民国37年（1948）

是年，全县校租收入不足，办学资金匮乏，23所乡中心国民学校勉强维持，197所保国民学校

（包括私立小学）多属半停办状态。

是年，刘师恺任县教育科科长。

民国38年（1949）

2月，县立简师停办。21日，新民主主义泗溪教育委员会成立（简称“泗溪教育会”）。同月，中共泰顺地方组织在南溪村兴办第一所全日制南溪初级小学。

7月，县人民政府接管全县完全小学24所，学生3300人；初级小学202所，学生5000人。

8月，县人民政府设教育科，中共泰顺宣传部部长刘家驹兼任科长。

9月，各小学取消党义、公民课程和训育制度。

中华人民共和国

1949年

10月，县立简易师范学校附属小学改为罗阳小学。

12月，全县完全小学21所，学生1788人，教师131人；初级小学155所，学生4817人，教师195人。

1950年

2月，莒江小学改为县立莒江中心小学。

4月，县人民政府在莒江上村五显庙举办县补习初中，县长林永中兼任校长，高仲伦主持校政。

6月，教育科改为文教科。

7月5—8日，县首届文化、教育代表大会在莒江上村召开，代表97人。

7月，吴克非任文教科副科长，主持工作。

9月，义成小学并入罗阳小学。

10月，县初中补习中学改为县立初级中学，县长何剑峰兼任校长。

12月，县农民业余教育委员会成立。

是年，全县统计公学田产租额144657斤（72328.5公斤）。

1951年

春，各区设立文卫干事助理员。

2月，贯彻“学校向工农开门”办学方针。

5月，县机关干部、职工业余学校开办。

7月，全县开办农民业余学校55所，3903人参加学习。

11月，县设文教委员会，区设文教辅导委员会及巡导组。

1952年

1月，全县推行祁建华速成识字法，掀起扫盲高潮。三魁、百丈开办速成识字法实验班。

2月，全县私立小学全部改为公办。

8月，全县划分七个行政区，即罗阳区、百丈区、筱村区、大安区、仕阳区、泗溪区、松东区，各区设立中心小学。

9月，教师工薪一律实行工资制（工资分制），由国家按月发给，享受公费医疗。

9月，陈史英任县文教科科长。

11月，全县调整学校设点，停办9所完全小学和45所初级小学。

12月，县成立扫盲工作委员会，各区成立扫盲工作队。

是年，成立中国教育工会泰顺县委员会，主席陈史英，区设工会基层委员会，乡成立工会小组。

是年，成立县文教系统中苏友好协会泰顺分会。

是年，罗阳等重点小学施行五年一贯制试点工作。

1953年

5月1—4日，在泗溪举行全县首届全民运动会。

是年，教师学习苏联凯洛夫教育理论，进行一系列教学改革活动。全县学校试行五级计分法，课堂教学推行五个教学环节。

是年，县立罗阳小学附设幼儿班（大、中、小混合1个班），幼儿30人。

1954年

1月，全县小学停止施行五年一贯制，仍沿用“四二”分级制。

6月，区、乡完全小学开始推行“小学广播体操”，初级中学推行“劳卫制度预备级”。

8月，根据山区特点，全县大办半日制早班、午班、晚班、巡回教学点等非正规学校。

10月，县文教科、县卫生科合并为县文教卫生科，张子瑾（女）任科长。

11月，县召开“夏学”积极分子表彰大会，掀起“冬学”高潮。

1955年

2月，召开全县教师大会，440名中小学教师参加会议。

2月，县文教科、县卫生科分设，张奎贤任县文教科长。

7月，县中小学教师工资制度改为货币工资制。

1956年

4月，县内中学配备专职党支部书记。

8月，撤销县人民政府文教科，设立县文教局，张奎贤任局长。

9月，县第二初级中学创办，学校设于泗溪区中心小学校内。

9月，县初级中学更名为县第一初级中学。

暑假，500位小学教师集中罗阳学习《汉语拼音方案》；全县开始推行简化汉字。

是年，县文教局设立教学研究室和教师函授站。

1957年

3月，县机关托儿所创办。

5月，吴德华任县文教局局长。

8月，全县中小学教职工参加整风、反右派斗争。

寒假，中小学开始揭发、批判“右派分子”的罪行，由点到面，展开反右派斗争。

1958年

7月18日，县第一初级中学改名为县第一中学（简称泰顺一中或泰一中）。

8月，叶日初任县文教局局长。

8月，仕阳初级中学、莒江初级中学、筱村初级中学创办。雅阳小学附设初中1个班，彭溪小学附设初中1个班，司前小学附设初中1个班。全县中学发展到8所。县初师（含幼师班）、工业、林业、卫生、农业特产等5所专业学校创办，招收新生计375人。

9月，泰一中增设高中班。

下半年，全县实行大并校，村级小学并入完全小学，大办食堂，小学生全部住校。

是年，全县新办农业中学84所，共招收学生1446人。

1959年

8月，瑞安师范学校72名普师毕业生支援泰顺山区教育工作。

12月，全县中小学开展批判右倾运动。

1960年

1月，贯彻“两条腿走路”办学方针，实行全党全民办学，中等学校和小学实行春、秋两季招生。

6月，筱村农业中学校长陈明理赴北京出席全国文教群英大会。

7月，县业余教育委员会和县中等学校招生委员会成立。

10月，全县中小学俄语教师研讨会召开，与会者50人。

11月，县文教局在翁山召开勤工俭学现场会，实行校队挂钩，支援农业生产。

是年，县内闹灾荒，农村粮食短缺，小学流生1600人。

1961年

1月，全县以公社为单位举办中小学体育运动会。

5月，全县新老民办小学155所，其中有48所转为公办小学。

8月，县文教局成立文教党组，叶日初任书记。

12月，贯彻“调整、巩固、充实、提高”的方针，全县下放公办教职员工302人。

是年，全县14所中等专业学校（其中农业中学9所），撤销13所，保留筱村农业中学。

1962年

4月，全县130所公办小学转为民办小学，100所公办小学改为民办公助小学。

6月，对1959年以来因“右倾”受到错误批判的对象进行甄别平反。

7月，根据调整方针，全县保留泰一中、县第二初级中学、三魁初级中学和莒江初级中学，仕阳、雅阳、司前、彭溪4所中学撤并。

8月，县高等学校招生办公室设立。

下半年，泰顺师范（普师部）撤销，未竟学业的学生，选送一部分到温州师范就读，其余安排小学任教。

1963年

8月，全县文教系统先进工作者表彰大会召开，出席代表123人。

9月，开始施行省人民政府颁发的《全日制小学六年制教学计划》。

是年，全县施行第四套少年广播体操和儿童广播体操。

是年，县内各级各类学校响应中央号召，开展向雷锋学习活动。

1964年

春，全县兴办耕读小学272所，学生3765人；新民办小学121所。

6月，县内学校开展学习邢燕子“一颗红心，两种准备”的思想教育活动。

1965年

5月，在三魁中学举行全县中小学学生乒乓球比赛。

9月27日，三魁初级中学改为半工（农）半读学校。

10月，在泰顺二中举行全县中小学田径运动会。

1966年

6月13日，县委派出工作组进驻泰一中，领导学校“文化大革命”。

9月，全县初中招生实行“推荐与选拔”相结合的办法，高中停止招生。

10月，大部分中小学教师、学生走向社会“破四旧”“立四新”，部分中小学停课“闹革命”。

1967年

1—10月，各中学成立“红卫兵”组织，小学成立“红小兵”组织，部分红卫兵和教师到外地串联。

10月，中央发出《关于大、中小学复课闹革命的通知》，各校逐步开始复课。

1968年

4月，学生回校坚持复课闹革命。

6月8—11日，温州市首届红卫兵代表大会召开，泰顺县派代表参加会议。

1969年

4月，动员1966—1968年三届初中、高中毕业生（简称“老三届”）上山下乡插队落户劳动锻炼。

6月，县教育革命办公室设立,各区成立文教办公室（简称“区教办”）。

10月，工人毛泽东思想宣传队（简称“工宣队”）和贫下中农毛泽东思想宣传队（简称“贫宣队”）进驻城乡中小学，领导“文化大革命”。

1970年

5月，高中恢复招生，开始试行二年制。全县中小学实行春季招生始业。

9月，全县公办小学教师连同家属（除罗阳小学外），户粮下放生产队，实行工分加补贴制，100余名外地教师及其家属回家乡任教、落户。

1971年

5月，县教育革命办公室改为县教育革命领导小组。

10月，全县学校部署开展批林整风运动。

1972年

春，县6所中学开办高中班，招收高中一年级新生14个班，700人。

是年，全县小学改六年制为五年一贯制，为使小学与初中招生相衔接，开设“过渡班”，增读1个学期。

是年，全县中学和小学高年级开展学工、学农、学军活动。

1973年

9月，全县初中招生由春季改为秋季。

秋，全县小学改为五年制，中学改为四年制（初、高中各二年），合称九年一贯制。

1974年

6月，县内学生成绩改用“优秀”“良好”“及格”“不及格”四级计分法。

7月，省下达大学、中专、技校招生指标，泰顺县继续采取“自愿报名，群众推荐，领导批准，学校复查”十六字招收新生办法。

8月，分区举办中小学教师“批林批孔”学习班。

1975年

8月，包垟农业中学改为包垟公社“五七”大学，学习初中课程。

11月1日，撤销“红代会”，人员回到原单位。

1976年

8月，雅阳“五七”学校开办高中2个班。

1977年

9月，撤销县教育革命领导小组，恢复县文教局，周福山任局长。

是年，全县教育系统开展揭批“江青反革命集团”罪行活动。

是年，取消管理学校的“工宣队”“贫宣队”，有关人员撤离学校，返回原单位。

是年，恢复大专院校、中专、技校招生考试制度。

1978年

春，全县各级学校恢复党支部领导下的校长分工负责制，各区教办易名文教组，作为县文教局派出机构。

8月，建立业余教育机构，全县配备专职或兼职业余教育干部62人。

秋，县第二初级中学易名为泰顺第二中学（简称泰顺二中或泰二中），三魁半工（农）半读中学易名为泰顺第三中学（简称泰顺三中或泰三中），仕阳初级中学易名为泰顺第四中学（简称泰顺四中或泰四中），莒江初级中学易名为泰顺第五中学（简称泰顺五中或泰五中），筱村初级中学易名为泰顺第六中学（简称泰顺六中或泰六中）。

11月，县文教局设立高师函授工作站。

是年，全县施行教育部重新制定的《全日制十年制学校小学体育教学大纲》。

1979年

8月，周时疏任县文教局局长。

9月，全县中小学开始发放班主任津贴。

10月，泰一中设立瑞安师范学校泰顺教学点（普师班），

12月，恢复县教育工会（第五届）。

1980年

7月，县青少年教育办公室设立。

9月，雅阳“五七”学校高中部并入泰二中。同时，雅阳自发兴办民办高中。

10月，在罗阳举行全县中小学田径运动会。

1981年

5月，举行全县中小学文艺调演大会。

6月，泰一中被省人民政府确定为省第二批重点中学。

6月，在罗阳举办全县青少年美术、书画展览。

9月，县职工教育委员会成立。

是年，县小学生篮球队代表温州地区参加浙江省小学生篮球赛，女队荣获冠军，男队荣获亚军。

1982年

9月，泰一中开始招收高中三年制新生，高中一年级施行《六年制教学计划（试行草案）》，其

他中学施行《浙江省全日制中学二类教学计划》。

12月22—24日，温州市勤工俭学会议在泰顺召开。

1983年

春，县城关中学创办。

4月29日，浙江省电视大学泰顺县工作站（简称县电大）建立。

5月，县高中毕业生首次参加省教育厅举行的毕业会考。

8月，撤销各区文教组，恢复区中心小学辅导制。

1984年

4月，撤销县文教局，成立县教育体育局，萧若驹任局长。

6月，全县进行小学校网调整，由原来812所调整为731所，其中仍保留一个教师的学校405所，10个学生以下的学校45所。

9月，县城关中学正式开学上课，首届招收初中新生8个班432人。

1985年

7月，县人民政府制定《关于教育费附加征收的实施意见》。

8月，县教学仪器供应站成立，隶属县教体局。

9月，县委、县人民政府在城关召开第一个“教师节”庆祝大会；各区、乡亦召开教师座谈会，向广大教师问候，赠送礼品。向全县从事教育工作25年以上教师颁发荣誉证书。

9月，泰四中开办高中职业技术专业班2个班，招收新生80人，学制二年。

9月，泰三中开设高中建筑专业班，学制一年。

10月，教育系统全面实行工资改革，采用由基础工资、职务工资、工龄津贴等几部分组成的结构工资制。

1986年

4月，县教育体育局撤销。

6月，县教育委员会（简称“县教委”）成立，副县长林致垠兼主任。

10月，县人民政府下达《关于贯彻中央‘分级办学、分级管理’的若干规定的实施意见》，除县属中小学外，其余小学分为乡（镇）办小学和村级联办小学。

12月，全县15个乡（镇）普及初等义务教育工作经过验收。

是年，县罗阳小学改为县实验小学。

1987年

秋，全县各校学习贯彻国家教育委员会（简称国家教委）颁行的《全日制中小学各科教学大纲》。

1988年

6月，全县中小学教职工全面实行职务评审工作。

8月。县机关托儿所更名为县机关幼儿园。

10月，省教委抽调应届高校毕业生94名，分赴泰顺、永嘉、文成、洞头4个县参加支教工作1年。

是年起，普通中学按招生计划录取的新生均由市教委统一编制学号，并以此作为发放毕（结）业文凭的依据。

1989年

9月，全县中小学教师开始建立业务档案。

11月28日至12月1日，县普及初等义务教育验收合格，全县51个乡（镇）基本达到省定普及初等义务教育要求。

1990年

6月，翁清选任县教委主任。

8月，境内三次受强台风袭击，受灾学校达275所，其中受重灾无法开学的53所，冲毁或倒塌校舍692平方米。教师家庭受灾房屋倒塌125间，共损失985万元。人民政府发动群众献爱心，使9100名受灾的中小学生返回校园。

9月，乐清籍台胞南怀瑾捐资修复泰顺受灾小学1所。

是年，全县幼儿园92所，125个班，入托入园率18%。

是年，为269名大中专毕业教师的子女“农转非”，为180名教龄满30年的退休教师发放100%工资，74名民办教师转为公办教师。

是年，全县开展勤工俭学活动的学校达337所，校办工厂11家，调派教师参加勤工俭学（脱产）82人。

1991年

4月，县防疫站对全县34个乡（镇）1133名小学生进行“地甲病”普查，平均生肿率为30.94%，生肿率超过20%的有30个乡，占普查乡（镇）的88.2%。

6月，团中央确定泰顺县为全国一百个“希望工程”实施县之一，县委、县人民政府成立县“希望工程”实施领导小组。

10月，《中华人民共和国国旗法》颁布，全县中小学开展升降旗活动。

10月，泰顺选手参加温州市中小学生田径运动会，共获得金牌5枚，银牌12枚，铜牌5枚，并向高校、体育运动学校输送8名优秀运动员。

是年，全县共调整10人以下的微型小学127所，其中撤并96所，改为简易小学13所，改为巡回小学18所。

是年，泰顺一中应届高中毕业生219人，被各类高校录取98人，升学率为44.7%。

是年，团县委、县教委联合在全县中学开展“希望之星”评选活动。

1992年

4月22日，全市各县教委主任、分管教育副县长会议在雅阳镇承天氡泉召开。

8月，县教委根据县编制委员会文件精神，撤销区教委办公室。

10月22日，市重点中学校长会议在泰顺召开。

是年，全县办学经费紧缺，县教委制定“量力发展初中，控制高中发展，大力发展职业技术教育”的办学原则。

1993年

1月4日，泰顺一中校办橡胶厂发生火灾，直接经济损失80万元。

5月，由香港旭晖文化学社捐助24万元援建的县内第一所“希望小学”泗溪“旭晖希望小学”竣工。

6月，林世如任县教委主任。

是年，全县继续贯彻实行“分级办学、分级管理”体制，乡镇中小学校长以上干部由县教委任免（征求乡镇人民政府意见），其他权力全部下放给乡镇人民政府和学校，扩大学校办学的自主权。

是年，全县在原有10所中学的基础上，增设西旸、新浦、玉西3所独立初中；保留龟湖、东溪、下洪、百丈、大安5所原小学附设初中，将其改为八年一贯制学校。

是年，泰顺一中面向全县招收高中新生一个重点班50人，并动员31名已上初中专录取分数线的初中毕业生就读泰顺一中。

1994年

8月，经省教委批准，县教委在泰顺一中附设高师预科班，招生40人。

是年，全县2860名教师（含退离休教师）月平均增加工资130元。

1995年

1月，何平任县教委主任。

4月，县委、县人民政府倡导“砸锅卖铁办教育”“省吃一口饭支持办教育”“武训办学”三种精神，全县掀起大社会办大教育的热潮。

12月，省长万学远到泰顺视察扶贫建校工作，对建校工作给予充分肯定。

是年，全县落实省财政及社会各界扶贫建校项目23个，建筑面积31307平方米，总投资1616.5万元。

是年，县委、县人民政府确立教育优先发展的战略地位和“治穷先治愚，脱贫先兴教”的指导方针，制定和部署全县“两基”（基本普及九年义务教育，基本扫除青壮年文盲）工作。

是年，全县举办198个扫盲班，在学青壮年农民3614人，经文化考试，发证脱盲1550人，非盲率提高到95.02%；举办各类农村实用技术培训班305个，学员达2.4万人次。

1996年

9月，县罗阳镇第二中学（简称罗阳二中）创办，招收初中一年级新生8个班，夏邦忠任校长。

是年，全县初中一年级新生增加到70个班，全面实施普及八年义务教育。

是年，县人民政府改革高中招生制度，从初中毕业报考初中专（含中师）、高中上线的考生中由高分到低分先录取150名优秀初中毕业生到泰顺一中就读，对品学兼优的家庭贫困学生实行奖学金和救助金制度。

是年，全县38个乡镇掀起“扫盲大决战”高潮，青壮年非盲率达到96.1%，顺利通过省人民政府扫盲评估组验收。

1997年

4月，由何平主编的《浙南山城泰顺》一书由华东师范大学出版社出版发行。该书为县内第一本乡土教材，印数26100本，阅读对象为小学高年级以上学生。

10月14—17日，全县“普九”工作顺利通过省评估组验收，按省人民政府要求，提前3年实现“两基”目标。

是年，县教委成立教育科学研究室（与教学研究室合署办公）和内部审计科（与计划财务科合署办公）。

是年，全县多渠道筹措校建经费868万元，完成校建面积2.3万平方米；省两期扶贫建校项目36个，建筑面积4万平方米。

是年，泰顺二中、泰顺三中积极探索分流教育的新路子，根据学校、学生的实际，分别施行升学预备教育和就业预备教育。

1998年

5月，县教委成立普及实验教学（简称“普实”）领导小组。

8月，设立罗阳、司前百丈、筱村、泗溪、雅阳彭溪、仕阳、三魁7个学区教育办公室（简称“学区办”），作为县教委派出办事机构。同月，育才高级中学创办，改变了县内办学单一体制。

秋，县城关各小学开始实施六年制，乡镇中心校和村级小学实施五年制，全县“五三”学制和“六三”学制并存。

10月，县“普九”工作通过市人大义务教育法执法组的检查。

11月2—5日，浙闽泰顺、文成、景宁、寿宁、柘荣五县政协教育协作会在城关召开。

11月5日，县人民政府作出决定，全县各级各类幼儿园一律划归县教委管理，县机关幼儿园为县教委直属单位。

11月，省人大义务教育法执法检查组到泰顺检查指导，并受省人民政府委托进行“普九”复查。

11月15—18日，县“普实”工作顺利通过省教委验收组评估验收。

12月，县教委对中小学民办教师（含民代、代缺编）进行治理整顿，50名民办、代课教师录用为公办教师。

是年，珊溪水库主体工程竣工并开始蓄水，泰五中（莒江）停办，百丈镇中心小学迁至百丈新镇继续办学，百丈镇、莒江乡、洪口乡库区部分小学停办。

1999年

1月6—12日，县首届中小学文化艺术节书画作品展在县老干部活动中心展出。

7月15日，温州新城建设有限公司投资创办县新城小学。

9月1日，县业余少年体校正式挂牌开学，址设罗阳二中。

9月29日，泰顺一中等30所中小学聘任政法系统30名中层干警担任法制副校长。

9月，县少艺校创办，址设城关中学。

10月16日，县教委特邀省特级教师讲师团到泰顺县开展教育扶贫，全县1000多名中小学教师参加教学观摩。

12月15日，罗阳二中多媒体教室（县内第一套多媒体教室）投入使用。

12月18日，泰一中举行建校七十周年庆典活动。

12月19日，县教委、团县委在文化广场举行“迎澳门回归”百米长卷现场书画比赛，全县101名中小学师生参加比赛。

12月，县财政拨款11.7万元减免全县1668名畲族小学生学杂费，平均每生70元。

是年，启动“名师名校长”工程，共推选30名教师、6名校长为“名师名校长”培养对象。

2000年

7月20日，撤并校点41个，推广黄桥、竹里经验，盘活教育资源存量，提高办学效益。

7月，县人民政府批转县教委《泰顺县中小学校长负责制和教师聘任制实施办法（试行）》。

7月，共有492人上高校组档线，有388人被各类高校正式录取，总上线率为71.7%，其中文科上线率跃居全市第一。

8月，郑韶裕任县教委主任。

9月1日，全县小学五年制改为六年制，小学一年级入学年龄为6周岁。

9月，经县人民政府批准，柳峰乡中心校附设初中班。

11月28日，省教育厅厅长侯靖方调研泰顺县教育工作。

是年，市教委公布“温州市中小学（幼儿园）‘221’名师名校长计划”分批培养人选名单，县名师11人，名校长3人。

是年，泰四中总部与分部合并，完成教育资源重组和合理有效利用。

2001年

3月，泰顺育才教育集团创办县育才初级中学，性质为股份制非营利性民办全日制初级中学。

5月16—17日，全市重点中学校长协作会议在泰顺一中召开，全市17所重点中学校长及教育行家出席并进行交流研讨。

8月16日，市鹿城区委领导到百丈镇开展扶贫工作，改建百丈镇南坑垟村小学。

12月，股份制县育才幼儿园创办。

是年，全县撤并校点30个，15个乡镇校点布局基本趋于合理，6个乡形成一乡一校或一乡两校的格局。

是年，全县小学适龄儿童入学率达到99.7%，初中12—14周岁人口入学率97.4%；6—14周岁残疾儿童入学率75%；12周岁的学龄儿童完成率99.02%；17周岁学龄人口初中完成率为90%。

2002年

1月8日，县职业技术学校大楼落成，学校占地24000平方米，总投资730万元，建筑面积4150平方米，可容纳1300多名学生。

2月1日，县教育委员会更名为县教育局，下设4个行政科室，5个事业科室；成立中共泰顺县教育局委员会，撤销中共泰顺县教育委员会委员会。

2月，县育才高级中学通过省评估，确定为省一级民办高中。

5月30日，副市长陈莲莲率温州经济开发区负责人一行4人到境内西旸镇小学等5所学校开展扶贫慰问活动。

5月，泰顺一中被确定为省级“绿色学校”。

8月，撤并“微型小学”37所。

12月，绍兴—泰顺教育对口支援签约仪式在绍兴轻纺城大酒店举行。

是年，创建4所乡镇中心幼儿园。

是年起，全县幼儿园、小学一年级新生严格执行凭预防接种证办理入园入学手续。

2003年

4月，教育系统配合当地人民政府，共同做好“非典”预防控制工作，确保师生生命安全。

5月，蔡亚里任县教育局局长。

9月，全县各级各类学校全面实施《泰顺县中小学卫生基础设施改造方案》，改造学校生活饮用水源、厕所、食堂和学生宿舍。

秋，罗阳二中、县实验小学起始年级开始实施基础教育课程改革工作。

11月，县教育系统会计核算中心建立。

12月14日，省委书记、省人大常委会主任习近平视察县实验小学。

12月18日，泰顺一中新校迁建工程施工，工程总投资概算5683万元，占地132000.66平方米，建筑总面积44046平方米，办学规模54个班。

12月，省特级教师协会会长徐承楠、副会长王而冶等10位特级教师到泰顺开展送教下乡活动。

是年，全县撤并28所中小学校点，保留小学127所，校点布局渐趋合理。

2004年

3月16日，县中小学心理健康教育委员会成立。

4月，新一轮基础教育改革工作在全县初中一年级全面实施。

5月12日，开展首轮名师名校长评选活动。

6月，泰顺县被中国青少年发展基金会列入“明德奖学金”试点县。泰顺县相应成立“明德奖学金”执行委员会。根据规定，县内每年有100名家庭贫困、品学兼优的学生获得资助。

8月8日，新城小学正式获得国家外事局颁发的聘请外教（聘请外国籍教师）资格证书，成为县内第一个具有聘请外教资格的学校。

9月，罗阳镇第二小学从罗阳镇中心小学分出独立办学。

10月22日，罗阳镇中心小学通过中国教育学会写字专业委员会考核验收，成为全国写字教育实验基地，为全市第一所全国写字教育实验基地学校。

2005年

4月，“吴藻江奖学金”捐赠仪式在县影剧院举行。

7月25日，泰顺县培民高级中学创办，址设百丈镇中心校。

7月，泰顺一中推行“校长组阁制”“教师全员聘任制”“工资总额包干制”“岗位责任制”为内容的四制改革。

8月，县职业技术学校物理教师林德跃赴藏支教。

9月，泰一中迁移新址，县城关中学迁泰一中老址，县实验小学创办城北路校区（城关中学老址）。

2006年

1月4日凌晨，包垟、新浦、联云等乡镇发生地震，3级以上17次，最高4.6级，受影响学校22所，受影响学生4192人，直接经济损失约580万元。

4月19日，育才初中通过了市示范初中评估验收。

5月31日，新城学校被命名为浙江省九年一贯制示范学校。

7月12日，县人民政府决定此后全县义务教育阶段中小学全部免除学杂费。

7月17日，浙江科技学院泰顺教学点举行毕业典礼，全县100多位农民拿到毕业文凭。

7月18—20日，县培民高级中学首批获得“双证”（成人高中毕业证书和职业技能证书）的50名毕业生全部就业。

11月22日，育才幼儿园通过省级示范幼儿园督导评估验收。

2007年

3月，何学文任县教育局局长。

4月1日，省中小学教师培训中心组织“百人千场”名师送教活动分别在城关中学、育才初中、新城初中、罗阳二中四所学校举行。

5月9日，省青少年发展基金会为下洪圣雄希望小学、仕阳圣雄希望小学、黄桥交通希望小学等25所希望小学配备了希望书库。

6月，县教育局批复同意泗溪镇南溪小学升格为泗溪镇第二小学，仕阳镇章坑小学升格为仕阳镇第二小学。

7月，董宏光任县教育局局长。

7月，罗阳镇岳巢小学并入县实验小学，作为县实验小学新城筹备校区。

7月，民办学校招生纳入全县统一招生计划。

10月15日，西班牙温州同乡总会“希望工程”考察团到泰顺开展捐资助学活动。

12月，泰顺县社区学院创建。该院承担全县非学历的社区教育培训，农民技能培训，社会职业技能培训和社区干部培训任务。

2008年

2月，经县人民政府批准，县职业技术学校、县技工学校、县培民高级中学、县卫生进修学校整合为县职业教育中心。

3月，经县人民政府批准，县教育局教研室、县教师进修学校、县电大工作站、县卫生进修学校成人教育部分进行教育资源整合为县成人教育中心。

4月10日，由市教育局、市广播电视总台、县委宣传部联合摄制的电影《不能没有爸爸》在温州大学举行首映式。该影片以2005年“感动温州十大年度人物”之一徐建威（泰顺一中学生）坚持10年采药救父的事迹为题材。

4月20日，省教育厅和省中小学教师培训中心组织9名专家、名师到泰顺进行“百人千场名师送教下乡”活动。全县700多名教师与教育专家面对面交流。

5月16日，省委书记赵洪祝视察育才学校。

8月21日，温州立人教育集团派员专程前往四川省青川县，为青川中学地震灾后重建捐资300万元。

10月1日，温州人文图书有限公司为泗溪镇小、三魁镇小、雅阳镇小、泰顺二中、泰顺七中5所学校共捐赠了1.6万册图书。

10月29日，县内首个社区学校——罗阳镇社区学校正式挂牌成立。

是年，罗阳、司前、三魁、筱村、雅阳、泗溪、黄桥7个乡镇通过市级创强验收，实现县内教育强乡镇零的突破。

2009年

3月19日，省教育厅厅长刘希平到泰顺调研。

4月，省教育厅组织专家、名师到罗阳镇中心小学、新城学校、城关中学、育才中学等校开展“百人千场”名师送教下乡活动。

7月3日，县实验小学、罗阳镇中心小学、三魁镇中心小学、罗阳二中、泰一中被评为省现代教育技术实验学校。

7月19日，学生陈青婷获2009年“博瑞杯”第二届全国中国象棋青年锦标赛女子冠军。

9月4日，育才高中被评为全国教育先进集体。

9月，县内第一所农村公办幼儿园在西旸创办。

11月10日，泰一中更名为泰顺中学。

12月1日，全国小学英语阅读教学改革实践研讨会在育才小学举行，来自北京、山东等8省市和本县各学区近200位英语骨干教师参加教研活动。

12月7日，泰顺中学举行建校80周年庆典活动。

12月21日，省教育“创强”工作座谈会在泰顺举行。

12月31日，泰顺中学、育才小学获市首批“现代化学校”称号。

是年，全县33所学校通过验收，达到市级教学规范标准。

2010年

1月，由美国佛罗里达州温州同乡会捐资，县人民政府及有关部门共同出资兴建的翁山乡中心校华协楼顺利落成。

3月，县教育局副局长林伟主持工作。

3月，柳峰乡东岭希望小学五年级学生卓宇婷被评为“2009感动温州十大人物”。

5月，省教育厅与省文化厅联合发文确定县职业教育中心为省非物质文化遗产文化传承教学基地。

9月17日，省委、省人民政府授予泰顺县“浙江省教育强县”称号。

9月，县教育局制定《泰顺县义务教育阶段学校“减负”工作实施方案》和《泰顺县学校“减负”工作量化考核指标》。

是年，育才初中组织6位初三学生参加“世界数学团体锦标赛”，荣获团体金奖。

2011年

4月27日，由团县委、县教育局、温州大学瓯江学院联合主办的“党旗下的青春誓言”活动在县影剧院举行，泰顺中学、城关中学、育才中学的1200名共青团员进行现场宣誓。

6月24日，全县57所中小学成立“红十字会”。

7月，林伟任县教育局局长。

8月21日，国家教育部机关党委副书记、纪委书记王家勤带领调研组到泰顺县考察调研教育工作。

9月，县教育局被评为2010年度和2011年度“温州市教育科学和谐发展业绩考核一等奖”。

10月，三魁镇西旸小学荣获“省模范希望小学”荣誉称号。

10月，罗阳二中学生董佳琪获得“全国少年跆拳道锦标赛”女子55公斤级冠军。

10月，在全省重点高中提前招生考试中，全县30名学生被温州中学等省一级重点中学录取。

10月31日，温州立人教育集团董事会因资金链断裂，企业无法正常运转，对外宣布“资产重组”。

12月1—2日，由中国教育研究会主办、县新城学校承办的全国班主任高级研修班活动泰顺专场在新城小学举行，景宁、寿宁、苍南及本县计120名教师参加研修班。

12月4日，2011年“冬之韵”小学语文浙沪名师课堂教学展示活动在新城学校举行，来自全国各地的名师、专家以及全县小学语文教师和小学语文教研人员200人参加活动。

2012年

2月，县教育局成立创建省级义务教育均衡发展县领导小组，全面启动“两创”（创建省级义务教育均衡发展县、创建省级基本实现教育现代化县）工程。

3月，县培智实验学校正式挂牌成立。

4月，县教育局印发《泰顺教育装备管理暂行办法》，规范和加强教育系统教育装备的管理。

9月，西旸小学被评为全国“两基”工作先进单位。

9月，电大泰顺工作站升格为浙江电大泰顺分校。

是年，育才初中组织学生参加世界少年奥林匹克数学竞赛全国总决赛，2名学生获金奖。学生夏烨妃代表国家队赴俄罗斯参加世界少年奥林匹克数学竞赛全球大决赛，为中国队摘得一枚金牌。

是年，创建社区学院1所，乡镇社区学校25所。

是年，县教育局在全县机关单位工作绩效考核中获得社会事业和管理类第一名。

是年，全县小学适龄人口入学率达到99.99%；初中阶段人口入学率达到99.98%，外来务工子女入学率100%。初中毕业生升高中比例达96.22%。全县普通高中在校高中生8026人。

是年，完成教育各类投资1.25亿元。泰顺实验中学建设投入4647.8万元，进入收尾阶段。实施中小学设施改造工程，维修校舍面积11837平方米。

第一章　旧　学

第一节　县　学

明景泰三年（1452），县学初建于县治右掖。景泰六年（1455）春，知县郭显宗、典史郭颢等在县治之西重建县学，“作正殿三间，殿高三丈，广四十尺，有奇深如高数。殿有像，东西两庑各七间，明伦堂五间，东西亦各七间以及庖廪、廪库皆缮完之”。建成后的县学，“巍然翼然，规模壮观，丹碧辉煌，照耀山溪之间”。明弘治二年（1489），推官周拱、知县范勉、教谕王銮、训导张瑞等迁县学于三峰寺右。明嘉靖十一年（1532）知县刘友德改迁县学于太平桥左。嘉靖三十三年（1554），知县蔡芝、教谕吴国器以学宫和三峰寺对换，以寺为学宫，殿庑斋舍，规制完备。明万历二十九年（1601），斋长董良度、高大任卜地于霞阳山之左，呈请县令张道统准建县学。清道光四年（1824），知县欧阳炘迁县学于城隍庙前，规模循定制，惟明伦堂仍在旧学宫文昌阁之后。清咸丰七年（1857），知县侯炳春重修学宫。

县内官办学校还设有阴阳学和医学。阴阳学所习为天文术数等科，掌刻漏及晴雨之事。明隆庆二年（1568），知县吴敦本创建阴阳学于县治公馆左，设训术一人，额领若干名。医学初设于县治公馆右。明弘治七年（1494），知县范勉将其迁置惠民药局，“以医生领之，设训科一人，额领若干名，掌和药制，以治疗民疾，验以伤者”。

从明代开始，县学生员分廪膳生、增广生和附学生三类。县学生员按定制二年一贡（2年招生1次）。明代生员学额无案可稽。据清雍正七年（1729）《泰顺县志》载，清代县学进文生12名、廪生20名、增生20名。同治五年（1866），捐输军饷有绩增加文生员（称文广生）1名。至清末县学学额达132名。

县学以儒家经书为主要授课内容，所以元、明、清代称县学为儒学。清代县学主要学习四书五经及《性理大全》《大学衍义》《历代名臣奏议》《文章正宗》等书。明代中叶以后，科举以八股文取士，县学的授课内容实际上以学做八股文为主。

清代县学考试分岁考和科考两种。岁考每年举行一次，科考隔年进行，均由上一级提学使官（学政）主试，岁考成绩优等者可以升等。清雍正元年（1723），学部规定，亲老家贫，势不能在校完成学业者，可每月定期参加分题考校。从此，生员只需参加月课季考，甚至可以到校领取题目，回家作文，按时交卷，不必每日在校课读。

宋代县学设教授，元、明、清代设“教谕”“训导”，掌训迪生徒，课艺业勤惰，评品行劣优。教谕多为进士出身，由朝廷直接任命，训导以下等职须举人或贡生出身，由吏部委派。训导协助教谕管理教育生徒。教谕既是县教育行政机关的长官，又是县学的教官。

附录一：县学明清教谕、训导名录

明代教谕

熊　相　陈　瓒　黄　龄　全　福　王　銮　罗　钺　汤　显　邵文忠　秦用中　叶　宗
程文广　李　辅　林　涣　古尚禄　陈嘉献　吴国器　萧　桂　容文科　吕景利　刘　直
阮继周　冯应麟　吕　柏　吴庆余　叶世瑞　叶与芳　卢仲干　徐文学　余承兰　张奋庸
叶鸣鹤　叶　銮　王应榜　姚正纲　章国善　汪洋文　王光铎　黄伯羽　贺懋敬　余继杰
顾孝弘

明代训导

华　桢　刘　琦　陈　伦　林　杲　张　瑞　沈　海　王一鹏　戴　震　尹　重　喻秉衡
马　辂　刘　灏　郑　镒　弓　弼　刘待时　萧文衡　王　润　袁　禾　王廷命　陈汝学
左钟灵　张　渠　黄云阖　曹廷臣　樊　轼　杨景仁　林汝俸　赵重璧　张光旦　王　瑀
杨继儒　唐尧弼　王家桂　王文煌

清代教谕

汪正名　许元孝　余复亨　吴世楷　严允斯　何石云　马　青　朱文俸　顾　菱　汪　浚
胡　治　张兆鹏　汪龙源　陈元飚　陈筠孝　洪元墀　黄　起　钱鸿基　沈恒坦　姚廷玑
范景炎　吴汝霖　戴　淦　高家骏　姚　宋　李庆曾　王　锦　王绍典　蒋次濂　吴慕廉
陈蔚箕　吴应桂　葛培元　怀周溥　洪素封　蒋锦澜　沈应奎　傅宗说　崔世霖　俞昌言
胡搢中

清代训导

何淳如　姚世亮　刘凤文　金铉度　郑景皋　邵　炜　吴若庚　徐金涛　朱　厫　徐弘裕
叶松龄　陈书恩　姚枝薇　吴　梁　张本涵　项树声　潘世焘　杜　沄　俞瑶林　诸葛谔
林　纲　陈　范　胡光龙　陈樵松　姚玉墀　张　锷　汪家谷　王士兴　徐　球　赵　培
杨秉初　曹维岳　沈　燮　徐　镛　何　浚　柳晋蓁　陆凤钧　姚成济　王启忠　吴国贤
任官燮　崔福年

第二节　书　院

书院亦称书屋、讲舍、精舍。泰顺书院始于宋，盛于明、清，与县学同属于地方的高等教育机构，但又不同于官办县学。宋代淳熙八年（1181），吴子益在库村创设侯林书院。明初书院处于停滞状态，到明中叶孝宗弘治以后，书院才开始繁荣起来。书院始为藏书或修书之所，嗣后不少名儒学者借此讲学授徒，作为私学的书院遂成为教育机构。据泰顺旧志记载：自宋至明、清创建书院的有侯林书院、中村书院、罗阳书院、桂林书院、石林精舍、白漕书院6所。

书院是名儒、士绅倡导捐资创办或半官办性质的学校，主持者多为地方名师硕儒或当地守土官吏，称“山长”或“洞主”。清代县内书院生员分为两类：一类是已入廪之生员，为乡试应考而学，生员每月定期来书院听课或将文章、诗赋呈批。此类生员不住宿书院，被编入“文生月课”。另一类是童试合格者，或相当程度的童生，专攻经史之学，膳宿书院，被编入“童子常课”。

县内书院经历宋、元、明、清四代，绵亘八百余年，延至清末，多数书院已渐转为官办。清光绪二十七年（1901），《新政诏书》通令：“各省级书院改为高等学堂，府州级书院改为中等学堂，县级书院改为高等小学堂”。清光绪二十九年（1903），罗阳书院改为敬业高等小学堂，雅阳白漕书院改为两等小学堂，其他书院先后改为初等小学堂。

附录一：书院选介

侯林书院

宋代淳熙八年（1181），吴子益在库村创办侯林书院，址设库村侯林宅前。据新山《吴氏宗谱》载：“在谏议公墓前创办书院为子孙攻书，号曰侯林。”

中村书院

宋淳祐二年（1242），吴子良创建中村书院，址设新山中宅巷口，因地得名。据《吴氏族谱》载：“在本村中宅巷口，创办为子攻书于其内。宋淳祐二年殿前司计议子良公立。”吴子良令五子读书其内，匾曰：“桂芳堂”。清雍正十一年仲冬（1734年11月），吴子良第十七世孙重建中村书院。

罗阳书院

明嘉靖十一年（1532），知县刘友德、推官魏一恭为首创建罗阳书院，址设城隍庙南地轴山下，后毁。嘉靖四十一年（1562），知县区益重修罗阳书院，前后各三间。明代隆庆三年（1569），知县王克家又加开拓鼎新，初具规模。清代乾隆十七年（1752），知县杨人杰改建书院于赤砂之右与明伦堂毗邻。嘉庆间董事潘汝梅等重修，一切所需器物齐备。地方绅富和东安寺僧捐田为山长薪酬及诸生学费。光绪二十九年（1903），新政诏书“通令”规定，县之书院改为高等小学堂。山长潘鸿康等改办罗阳书院为县立敬业高等小学堂。潘鸿康为首任校长，学制三年或四年，招收初等小学毕业生入学。民国2年（1913），次任校长潘锦江逝世。知县张元成、劝学所所长潘鸿康特邀在北京大学工作的许笃仁（许超）回泰继任校长，任期四年，成绩显著。民国4年1月29日，省视学金华封在《详报泰顺县学务情形由》一文中说：“县立敬业高等小学堂，生徒名数虽少，办理最为合法。”

桂林书院

清雍正元年（1723）十一月（农历），东溪积库吴一琏于员岭脚创建桂林书院，正竖五间，共列十间，墙垣道路皆备。

石林精舍

清代嘉庆年间（1796—1820），著名书画家潘鼎（字彝长，罗阳东内村人），应秋试后返里，择东门外山腰创建石林精舍，并邀请好友浙江名士青田的端木国瑚和境内进士董正扬（罗阳南内村人）于精舍讲学著书立说。石林精舍旧址和坑底路边的石壁上留有潘鼎手书“石林洞”和“飞雪”五个墨气丰厚、苍劲流利的斗方大字。后人为纪念三士，把石林精舍旧址称为“三仙坪”。

白漕书院

白漕书院又名白巢书院，清末设立，位于雅阳宝林寺西屋观音阁，专以学习科举文章。办学经费一部分由邑之望族筹募，一部分从宝林寺寺产中提拨。光绪三十一年（1905）春，址迁百福岩周氏宗祠。宣统元年（1909），借以兴学之风，雅阳士绅在百福岩周氏宗祠创办启明初等小学，兼并白漕书院，将宝林寺部分田产作为办学经费之需。

第三节 学 塾

学塾包括社学、义塾、书塾等。社学是一种官办或姓族公款筹办的启蒙教育组织机构，又称乡学，明、清时县内广为设立。社学专收孤寒儿童或无力入初等小学堂及私塾者，以识字教学为主，束其心身，授其知识，为日后入初等小学堂及谋生之基础。社学多借用庙宇为址，其办学经费由县劝学所筹集，再请地方捐资推广。学生数以60为限，由县劝学所调查设社，近处10岁左右儿童合格者，强令入学，无需介绍及保证。学生书籍、纸张、笔墨不收费。修业年限一般拟两年，期满给予修业证书，择可造者，送初等小学堂，其余自营生计。各社学由官聘塾师执教。

社学教学内容，元代教以人伦，依法训导；明代社学教学内容较为广泛，以《百家姓》《千字文》为首，继以经史算历之学，还包括《御制大诰》，律令及冠婚丧祭之礼及洒扫应对日常规范。清康熙年间（1662—1722）县内共有15所社学，其中一都1所，二都1所，三都3所，四都2所，五都3所，六都、七都各2所，八都1所。至清末，县内共有社学22所。

明清时期全县社学一览表

表1-3-1

名 称	号 别	校 址	名 称	号 别	校 址
溪坪社学	原礼字号，后该为义字号	东隅	晓岘社学	原宇字号，后改为睦字号	三都
霞阳社学	东字号（无考）	东隅	华峰社学	庙字号	四都
潘阳社学	义字号	大安西旸	南院社学	洪字号	四都
交洋社学	原智字号，后改为中字号	交垟	戬州社学	荒字号	五都
仙居社学	原信字号，后改为和字号	仙 居	锦溪社学	原日字号，后改为渊字号	桥头
岭北社学	仁字号	西隅	南溪社学	原月字号，后改为任字号	南溪桥头
永安坊社学	乾字号	西隅	三魁社学	盈字号	七都
墩头社学	元字号	八都	高洋社学	昃字号	七都
魏洋社学	地字号	一都	小洋社学	原辰字号，后改为恤字号	八都
小岘社学	地字号	一都	大林坊社学	圣字号	三峰寺前
莒岗社学	原玄字号，后改为地字号	二都（莒江）	库村社学	原黄字号，后改为友字号	库村（新山）

义塾是地方公款创办的启蒙学校，由地方开明士绅设立，专招收本族或同村贫寒子弟，免费入学，由开明绅士自任塾师，或聘师任课，其薪俸由主持人负担。清代康熙年间，罗阳旧学宫前正厅文昌阁左厢设立城南义塾，经费来自地方公款。雍正四年（1726），罗阳西门设立三圣殿义塾，办学经费来自地方学田，三圣殿义塾名声曾一时达乎里巷。清代库村吴辉在中巷内创办库村义塾。罗阳义成小学和义育小学前身都为义塾。

书塾亦称私塾，是民间创办的学校。境内乡村书塾一般设在祠堂、公屋，由族中主事者延聘塾师，免费招收族中子弟入学，是完成初等教育的主要组织机构。书塾招收学童年龄不限，大致以6—12岁蒙童为多数，亦有年长失学者。每所人数多少不定，少则四五人，多则五六十人。书塾没有固定的学习年限，也无规定的教学制度。书塾教材因人而异，由学生自选自备。塾师以秀才、童生为多，塾师在境内颇受学生家长尊敬，凡学生家长婚丧喜庆必请塾师，且席居尊位。

宋端拱二年（989），陶氏四世孙陶王曳创办惜阴书塾，址设葛洋桂峰山麓。明隆庆四年（1570），塾舍蠹朽倾颓，族人陶灌捐资重修，并扩建天井、门楼、围墙。为鼓励族人入学，还捐田30亩作办学经费，清初又毁于蚁害。乾隆三十七年（1772），族人陶焕文再次捐资修复，并在书塾前建有约半亩大鱼池，池边插柳供学子课余小憩。该书塾颇负盛名，很多外乡子弟，皆慕名前来就读。书舍虽经历千余年，几经兴替，旧貌尚存。

自清代至中华民国19年（1930），全县有书塾40多所。

学馆，是私学的一种，由财主、富绅在家设馆或数家合聘塾师以课子侄，学生只有几人。塾师待遇较好，由承办者供给食宿，不是殷富之家，无力聘请。北宋时，泗溪林韶（1042—1112），在泗溪下桥花园儒蓝宅创办学馆，聘塾师以课子侄，其子林杞登崇宁五年（1106）蔡嶷榜进士。自此泗溪林氏兴学风盛，人才辈出，科甲蝉联。至南宋末，泗溪林姓荣登文武进士榜共43人。

门馆，亦称“家馆”或“家塾”。由塾师在家设馆或借用祠堂、公屋开设教学，招收邻近村童入学。束脩（学费）按童生程度分别负担，有的还需家长轮流为塾师供膳。境内山区多数村落都设过此类家塾，但因时举时废，数据无考。

清末废科举，创新学，境内开始淘汰和改良学塾（私塾）。光绪二十八年（1902），《钦定学堂章程》规定，教育机构分为三类：蒙学堂、初等小学堂（亦称“寻常小学堂”）、高等小学堂。宣统二年（1910），学部行文规定：“已办小学，一里半之内不得再设私塾”。民国2年（1913），县署严令各地初等小学堂应急开办，但各地仍阳奉阴违，虚应故事。民国2年登记，全县小学35所，学生1307人，其中多数学堂为私塾改名，只不过调换校牌而已。嗣后，县署对此类学校和私塾采取代办购买国定课本，派督学深入检查，举办塾师讲习所，学生学业统考等措施改良私塾，成绩显著者，给予经济补助，凡基本符合初等小学教学要求的可升格为代用或正式小学堂，全县私塾逐渐淘汰。

清、民国时期全县书塾一览表

表1-3-2

塾 名	创办时间	塾 址	创办人
惜阴书塾	宋端拱二年（989）	筱村葛洋水尾	陶 缄
秀涧私塾	清乾隆三十二年（1767）	秀涧上村周氏宗祠	周廷彬
竟成书塾	清乾隆间（1736—1795）	筱村东洋林氏宗祠	林凤鸣

续表1-3-2

塾　名	创办时间	塾　址	创办人
义峰书塾	清乾隆间（1736—1795）	筱村东洋	林伯穆
广成书塾	清乾隆间（1736—1795）	罗阳城南霞阳之右	周启耕
隆文书塾	清乾隆间（1736—1795）	司前里光	林绍昌
南院蒙馆	清道光二年（1822）	南院桥下	林　鹦
瓦窑坪私塾	清光绪五年（1879）	洋溪瓦窑坪	苏其书
董氏蒙学	清光绪三十一年（1905）	章坑董氏公室	族中主持人
陶家学馆	清道光间（1821—1850）	司前陶氏公室	陶化龙
下东溪私塾	清同治二年（1863）	雪溪西岸丰垅头	胡德熊等
溪东私塾	清光绪二年（1876）	仕阳溪东林氏四房公屋	陈　楚
翁山外洋私塾	清光绪四年（1878）	翁山外洋文昌阁	翁新兰等
横坑私塾	清光绪廿六年（1900）	横坑翁学仲祖屋	杨开珍
善群私塾	清宣统元年（1909）	包洋林姓公屋	林志宏
洲岭私塾	清末	洲岭洋尾	族中主持人
南岗私塾	清末	洲岭南岗民房	族中主持人
周湾私塾	清末	洲岭周塆村	族中主持人
木湾私塾	清末	筱村南浦木湾	村中主持人
南山下私塾	清末	南浦南山下	村中主持人
潘洋私塾	清末	南浦潘洋	村中主持人
南浦私塾	清末	筱村南浦吴山	村中主持人
新厝底私塾	清末	彭溪新厝底民房	钟国托
广益私塾	民国元年（1912）	百丈口南街后背山	王绍文、夏作秀
雪溪蒙学	民国3年	下东溪胡氏宗祠	胡棋柳
南山私塾	民国4年	南山岭头	李吴烹
外洋私塾	民国5年	月湖外洋民房	无　考
后章私塾	民国6年	后章洋头岗顶头厝	伍应许
梨洋私塾	民国6年	梨洋文昌阁	翁一声
九峰蒙馆	民国8年	九峰民房	赖志眷
峰门蒙馆	民国9年	峰门林氏公屋	林存谱
赤坑私塾	民国11年	罗阳赤坑岭头厝	董通桂
五蒲书塾	民国12年	葛洋五浦村	翁学宜
水塘头书塾	民国12年	富洋水塘头马仙宫	郭　松
驮地私塾	民国14年	驮地水览塆	毛庆晓等
岩上学塾	民国16年	百丈岩上村	董龚问、董龚斗
岩头私塾	民国19年	筱村岩头村	吴益成
洋望私塾	民国21年	司前台边（里光）	吴跃卿
马仙宫私塾	民国23年	里光马仙宫	王敏卿
何宅洋私塾	民国27年	司前竹里何宅垟公屋	陶恒等
仙居私塾	民国28年	仙居张仲虎屋	张仲虎

第四节　科　举

自唐代至清代咸丰十年（1860），泰顺县籍共有进士94名，其中武进士30名，文进士64名。最负盛名的是文科状元徐奭，宋真宗大中祥符五年（1012）登榜（原属瑞安）；武科状元蔡起辛，南宋理宗景定三年（1262）登榜（原属平阳）。

全县历代文科进士名录

表1-4-1

姓　名	字与别名	年　代	榜　名	备　注
包　全	子周	唐贞元乙丑（785）	—	官福州长溪令，会稽人，避乱迁居
陶　乔	迁于	唐长庆辛丑（821）	—	官封国公，婺州人，避乱迁居
徐　相	—	—	—	官工部侍郎，婺州人，避乱迁居
夏仁骏	子龙	唐中和壬寅（822）	—	官中书舍人，会稽人，避乱迁居
林　建	波之	唐天佑元年（904）	—	官内阁长史，闽建阳人，迁居
吴　畦	祯祥	唐咸通庚辰（860）	—	官谏议大夫，山阴人。避乱迁居
陶　史	字用文	唐咸通庚辰（860），一说五代后唐天成二年（927）	—	陶乔孙，仕祭酒，初居下革，后居葛洋
蔡　稠	—	后唐（923—936）	—	官吴越进武校尉，括苍人，迁居
徐　奭	字武卿	宋大中祥符五年（1012）	徐奭榜	官开封府尹，封晋宁侯，木棉村人
吴　梓	字良材	宋祥符乙卯（1015）	蔡齐榜	官大理评事，库村人
吴　亨	—	宋绍圣甲戌（1094）	毕渐榜	官御史大夫，改中书庶务，库村人
林　杞	字茂南	宋崇宁丙戌（1106）	蔡薿榜	官吏部郎，诸王府教授，泗溪人
吴嘉猷	字德夫	宋政和壬辰（1112）	莫俦榜	官朝散大夫，库村人
林待聘	字绍伊	宋政和乙未（1115）	何臬榜	入侍讲直学阁学士，泗溪人
吴宗达	—	宋重和戊戌（1118）	王昂榜	官永兴司马，筱村人
吴宗穆	—	宋宣和辛丑（1121）	何涣榜	官黄岩县丞，筱村人
林季仲	字懿成	宋宣和辛丑（1121）	何涣榜	官龙图阁直学士，泗溪人
徐　清	字致一	宋宣和甲辰（1124）	沈晦榜	官朝请郎，知永兴军，仙居人
吴　说	字传霖	—	—	官黄岩丞，除玉山县令，筱村人
张元之	字子善	—	—	授迪功郎，官汀州化主簿，大安人
林熙载	—	宋绍兴壬戌（1142）	陈诚之榜	官录参，泗溪人
林信厚	字诚叟	宋绍兴乙丑（1145）	刘章榜	官朝散郎加大夫，泗溪人
吴三省	字少曾	—	—	官潼川教官，筱村人
徐　涓	字致广	—	—	官承议郎，知饶州府事，仙居人
周　刁	—	宋绍兴戊辰（1145）	王佐榜	官江右分宜丞，南溪人
徐　履	字少骏	宋绍兴戊辰（1145）	王佐榜	初任安溪主簿，终朝清郎，木棉村人
林　良	字子张	宋绍兴庚辰（1157）	梁克家榜	官南剑倅，泗溪人
林　达	字公权	宋隆兴癸未（1163）	木待问榜	官国子监祭酒，晓岘（包垟晓院）人
张扬卿	字法叟	宋乾道丙戌（1166）	萧国梁榜	授婺源尉，终通直郎，大安人
徐元长	字叔子	宋淳熙乙未（1175）	詹骙榜	官福州左司理，仙居人
徐元德	字后厚	宋淳熙戊戌（1178）	姚颖榜	官徽州通判，仙居人
王自中	道甫	宋淳熙戊戌（1178）	姚颖榜	官信州知州，泗溪人，《宋史》有传
林拱辰	字岩起	宋淳熙辛丑（1181）	黄由榜	官中奉大夫，泗溪人
林应辰	字蔚起	宋淳熙辛丑（1181）	黄由榜	官将仕郎、安溪县令、泗溪人
林淳厚	字季雅	宋淳熙甲辰（1184）	卫经榜	官中奉大夫，泗溪人
林式之	字敬则	字绍熙庚戌（1190）	余复榜	官奉议郎，泗溪人
毛　珍	—	宋庆元丙辰（1196）	邹应龙榜	官南剑州教授，毛家山人
吴　昙	字庆云	宋庆元丙辰（1196）	邹应龙榜	官朝议大夫，库村人
林　杲	字昭远	宋庆元己未（1199）	曾从龙榜	官朝散大夫，泗溪人

续表1-4-1

姓　名	字与别名	年　代	榜　名	备　注
林　赞	字君俞	—	—	官宁国府太平县尉，泗溪人
吴　驲	字由正	宋嘉泰壬戌（1202）	傅行简榜	官终武经大夫，库村人
林　棐	字功甫	宋嘉定戊辰（1208）	郑自诚榜	官信州守，泗溪人
吴泰和	字浩然	宋嘉定癸未（1223）	蒋重珍榜	官知扬州路，库村人
林梦禾	字希稷	—	蒋重珍榜	官宏农通判，泗溪人
林仲默	字世通	宋宝庆丙戌（1226）	王会龙榜	守大理寺评事，泗溪人
吴子良	字道醇	宋绍定己丑（1229）	黄朴榜	仕殿前左司计议，库村人
林梦发	字承之	宋绍定壬辰（1232）	徐元杰榜	仕靖康知军，泗溪人
林　萼	改名廷简	宋绍定壬辰（1232）	徐元杰榜	官邵武知军，泗溪人
毛自求	—	宋端平乙未（1235）	吴叔告榜	官泉州惠安主簿，筹阳人
包泰初	字长卿	—	—	官秘书省校书郎，库村人
徐　谅	字日思	—	—	官潮州司户参军，仙居人
吴　沧	—	宋淳祐甲辰（1244）	留梦炎榜	官处州教授，库村人
吴　洸	—	宋淳祐丁未（1247）	张渊微榜	官宗正卿，库村人
林　栋	—	宋宝祐癸丑（1253）	姚勉榜	官直阁学士，泗溪人
林　杰	—	宋宝祐丙辰（1256）	文天祥榜	泗溪人
徐天祐	—	宋景定壬戌（1262）	方山京榜	官婺州法曹，仙居人
吴泰来	—	—	—	官汀州通判，库村人
蔡遇壬	字若水	—	—	官知繁昌县事，章峰人
林　雄	字子毅	宋咸淳戊辰（1268）	陈文龙榜	雅阳人
林一龙	字景云	宋咸淳辛未（1271）	张镇孙榜	官秘书省校书郎，泗溪人
林文龙	字宜云	宋咸淳甲戌（1274）	王龙泽榜	入元不仕，泗溪人
董正杨	字眉伯	清嘉庆壬戌（1802）	吴廷琛榜	罗阳南隅人
潘自强	字遂渔	清咸丰庚申（1860）	—	官户部南司主事，罗阳人
潘其祝	—	清光绪庚寅（1890）	—	罗阳人

全县历代武科进士名录

表1-4-2

姓　名	字（号）	年　代	榜　名	备　注
吴　承	—	后唐	《旧志》列诸科	官团练使，库村人，吴畦次子
池虞卿	字舜臣	宋绍兴五年（1135）	樊仁远榜	官校尉，池村人
徐宏中	—	宋绍兴庚辰（1157）	樊仁远榜	官武翼郎、武经大夫，木棉村人
蔡应龙	—	宋绍兴年间（1131—1162）	—	官提举司提举，章峰人
曾　光	—	宋隆兴癸未（1163）	孙县祖榜	授骑都尉，东溪人
林　钺	字虎臣	宋乾道壬辰（1172）	林宗臣榜	官郃阳尉，泗溪南溪人
林一鸣	字秋皋	宋淳熙乙未（1175）	—	泗溪北溪人
林克己	字復之	宋淳熙辛丑（1181）	—	官福州右司理，泗溪人
林　演	字叔开	宋嘉泰壬戌（1202）	—	官朝散大夫，泗溪人
林　茂	—	宋开禧乙丑（1205）	郑元侃榜	官保义郎、泗溪人
林　棨	—	宋嘉定戊辰（1208）	周师锐榜	赠修武郎、泗溪人
吴　岐	—	宋嘉定甲戌（1214）	刘㦸榜	官南剑州巡辖，库村人

续表1-4-1

姓　名	字（号）	年　代	榜　名	备　注
林梦祥	字衮之	宋嘉定甲戌（1214）	刘瓛榜	官贵州知州，泗溪人
林　樚	—	宋嘉定丁丑（1217）	朱嗣宗榜	官象州知州，泗溪人
林公任	字安宅	宋绍定己丑（1229）	—	官台州钤辖，泗溪人
蔡　纬	—	宋绍定壬辰（1232）	林梦新榜	仕机宜，峡屿人
林梦传	字肖岩	宋淳祐辛丑（1241）	—	官庆元府比校，泗溪人
吴昌孙	—	宋宝祐癸丑（1253）	—	四川节度干官，库村人
林庭彦	—	宋宝祐丙辰（1256）	—	官工部主事，泗溪人
吴杨祖	—	宋开庆己未（1259）	朱应举榜	官江南通判，库村人
林师程	字君增	—	—	官提干，泗溪人
林师轲	—	—	—	泗溪人
蔡起辛	—	宋景定壬戌（1262）	蔡起辛榜（武状元）	官韶州知军，章峰人
吴以祖	—	宋景定壬戌（1262）	蔡起辛榜	任广东监运干官，库村人
林师坡	字次苏	宋景定壬戌（1262）	蔡起辛榜	官路分，泗溪人
林方大	字直夫	宋景定	—	泗溪人
林师吕	—	宋咸淳辛未（1271）	林时中榜	官提干，泗溪人
张景岩	字泰瞻	宋咸淳甲戌（1274）	陈亿子榜	授承信郎，转成功郎，大安人
吴　集	—	宋咸淳甲戌（1274）	陈亿子榜	官广东都总管，库村人
林师愈	字均实	宋景炎丁丑（1277）	—	官补承议郎，宋亡归隐，泗溪人

第二章　学前教育

第一节　发展概况

清末，县内设有蒙养院，以训孤寒幼童。

民国元年（1912），罗阳镇模范小学校内附设幼稚园1个班。

民国26年（1937），县长何芸生改建城区女子小学校舍为幼稚园，3间二层木结构楼房为教室和活动室，免费招收4—6岁幼儿1个班，办园经费由县政府拨给。

民国36年（1947），幼稚园幼儿增加到120余人，分大、中、小三班。

民国37年，幼稚园舍被军队占用，幼稚园迁到罗阳私立义成小学校内。兵撤后，园归原主。

1951年10月，幼稚园改称幼儿园。是年，全县3所完全小学附设幼儿班，入园幼儿计148人，教养员由小学教师兼任。

1952年，全县12所小学附设幼儿班13个班，在园幼儿302人，专任教养员6人，其余由小学教师兼任。

1956年，南溪幼儿园和罗阳幼儿园创办，在园幼儿95人，教养员2人。

1957年9月，县机关托儿所创办，址设武官坪（人民广场东侧），招收1个班，幼儿35人，教职工5人，设园长1人，实行全托制。

1958年，全县普及幼儿教育，县人民政府要求“社社有幼儿园，队队有托儿所”。全县幼儿园由原来3所增加到150所。

1962年开始，大部分教养员下放、精简，农村幼儿园、托儿所解散。

1965年，全县有县机关托儿所、罗阳小学校内附设幼儿园和洪口陶瓷厂办托儿所3处。

“文化大革命”开始，幼儿园、托儿所停办。

1969年，县机关托儿所复办。

1975年，县机关托儿所入托幼儿增加到102人，按年龄分设大、中、小三班。

1978年冬，拨乱反正，幼儿教育渐趋健康发展。泗溪、南溪等小学采取大队筹资、县文教局补贴的办法兴办附设幼儿班和学前班。

1980年，县人民政府贯彻省幼儿教育工作会议精神，加强对幼儿工作的领导，动员社会各方面的力量，多方集资，采取多种形式，推进幼儿教育事业的发展。南溪前坪村、百丈镇、司前、洲岭、包洋、新山等小学陆续附设幼儿班和学前班。

1983年，县人民政府为满足广大干部、群众子女入园的迫切要求，允许各企事业单位或个体创办托儿所、幼儿园、学前班。城关建筑陶瓷厂率先创办幼儿园（建陶幼儿园），入园幼儿42人，教养员

3人。

1984年，县内部分待业青年、退休小学教师等自筹资金，自行解决场所和教育玩具等设备，办起家庭幼儿班。当地人民政府和县托幼办、县文教局等有关部门给少量补助，日常费用从收取保育费中解决。

1985年，继续贯彻“多渠道、多层次、多形式”的办园方针，采取“国家、集体、个体一起上”的办法发展幼儿教育。

1990年，82所小学附设学前班，基本解决干部群众子女“入园难”问题。

1994年，全县3—6周岁幼儿15124人，入托入园幼儿5023人，入托入园率为33.2%。1995年，在大社会办大教育的背景下，幼儿园（班）、托儿所遍地开花，村村举办幼儿园（班）、托儿所。

1996年2月，全县经审查批准准办级幼儿园（班）（包括学前班）178所，学前幼儿入园5524人，入园率为36.4%。

1998年11月5日，县人民政府办公室下发《关于幼儿教育管理体制有关事项的通知》，规定全县各级各类幼儿教育组织一律划归县教委管理，县机关幼儿园为县教委直属单位。幼儿教育经费由各级财政核拨，各级教育行政部门统一安排，专项使用。是年冬至翌年2月，县教委对社会力量举办的幼儿园、学前班进行登记、检查、评估，确定县图书馆童舟等7所幼儿园为基本符合温州市办园标准的幼儿园，核发办园许可证。1999年3月统计，全县幼儿园、学前班计132所，入园幼儿5615人，专任幼儿教师207人。

2000年，全县幼儿园（班）134所，入园幼儿6515人，入园率为44%，公办幼儿园专任教师44人。

2001年1月，各级各类幼儿园（班）133所，其中公办1所，社会力量办园132所。社会力量办的幼儿园大部分租用民房或附设小学校内，户外活动场地不足，硬件设施较差。全县幼儿园专任教师学历合格率为51%，其中民办幼儿园专任教师269人。全县36个乡镇只有泗溪、仕阳、罗阳三个集镇设有民办性质的中心幼儿园。

2002年，县教育局贯彻落实《幼儿园教育指导纲要（试行）》精神，加大管理力度，规范办园行为，发动社会力量办园，创建4所乡镇中心幼儿园，进一步发挥县机关幼儿园的示范作用和乡镇中心幼儿园的辐射作用，推进幼儿教育事业持续、健康发展。

2004年10月，全县幼儿园112所，其中县城22所，农村90所（包括6所乡镇中心幼儿园）；公办2所，集体办69所，民办41所。全县3—5周岁幼儿10149人，入园幼儿7112人，入园率为70.1%。12月，民办育才幼儿园被评为温州市示范性幼儿园。

2007年，县教育局制订《泰顺县幼儿园等级评估标准》，决定办好9个集镇中心幼儿园，促进幼儿教育的均衡发展，提升幼儿教育的整体质量；规范民办幼儿园办园行为，以创建优质园为导向，改善幼儿园办园条件。是年，全县各级各类幼儿园（班）99所，公办幼儿园2所，民办幼儿园97所，3—5周岁入园幼儿7694人，入园率87%，学前三年教育入园率大幅度提高。

2008年，全县幼儿园108所，其中乡镇中心幼儿园28所，建园率达82.3%。等级幼儿园62所，覆盖率65.3%。3—5周岁入园幼儿8847人，入园率88%。2009年，新创建西旸镇公办幼儿园1所。县机关幼儿园被确定为省二级幼儿园，县内省三级幼儿园15所。

2010年，县教育局根据县人民政府的指示精神，按照规范、发展、提高的工作目标，谋求山区幼儿教育事业健康、协调发展。12月，全县上等级幼儿园61所，其中教育部门办2所，达到省三级以上幼儿园标准17所，覆盖率达59.4%；各级各类幼儿园在园幼儿9072人，园均幼儿数149人，3—5周岁幼儿入园率91.01%，学前三年入园率达到89.02%。幼儿园专任教师459人，其中事业编制80人，教师学历合格率96%。

2011年，全县幼儿园66所（不含校办幼儿园），其中公办3所，社会力量办63所，在园幼儿计10597人，入园率达到91.6%。全县评选出幼儿园优秀举办者1人，优秀园长25人，优秀教师50人。根据《浙江省幼儿园等级评定办法》，全县9所新办幼儿园获得准办许可证。

2012年，全县幼儿园92所，其中公办22所（含校办幼儿园），在园幼儿11547人，学前三年入园率达到91.6%；教职员工972人，其中专任教师资格持证率达到50%。全县评选优秀举办者1人，优秀园长11人，优秀教师23人；新创建省等级幼儿园5所，省三级及以上幼儿园在园幼儿占全县总入园幼儿数的65.24%。

1923—1990年全县幼儿教育发展简况表

表2-1-1

年度	所数	班级数	在园幼儿数	教职工数
1923	1	1	20	2
1937	1	1	40	3
1943	1	1	32	3
1946	1	3	80	3
1947	1	3	120	3
1948	1	2	50	3
1949	1	1	35	2
1952	12	13	302	5
1958	150	—	3536	147
1961	153	—	4114	—
1965	3	10	360	11
1969	1	1	30	6
1984	68	118	4395	167
1985	122	154	5290	168
1986	92	—	3654	133
1987	83	122	4061	147
1988	124	—	4132	162
1989	109	126	4191	170
1990	103	139	4579	192

2012年全县幼儿园（班）一览表

表2-1-2

园名	班数	幼儿数	教职工数	办园性质（公、民办）
泰顺县县机关幼儿园	14	425	59	公办
泰顺县中心幼儿园	8	260	28	公办

续表2-1-2

园　名	班　数	幼儿数	教职工数	办园性质（公、民办）
罗阳镇中心小学幼儿班	4	176	—	公办
罗阳镇下洪中心校幼儿班	2	66	—	公办
泰顺县育才幼儿园	25	728	86	民办
泰顺县新城幼儿园	5	200	18	民办
泰顺县童舟幼儿园	10	346	29	民办
泰顺县文化馆蓓蕾幼儿园	7	218	14	民办
罗阳镇新北幼儿园	4	147	12	民办
罗阳镇城西幼儿园	6	208	16	民办
罗阳镇快乐幼儿园	13	428	35	民办
罗阳镇下洪育英幼儿园	3	65	5	民办
罗阳镇洲岭智慧树幼儿园	2	67	5	民办
罗阳镇城东幼儿园	1	42	3	民办
罗阳镇南院中心幼儿园	2	61	5	民办
罗阳镇紫竹林幼儿园	18	602	57	民办
罗阳镇童心幼儿园	5	140	10	民办
罗阳镇新城智慧幼儿园	4	75	8	民办
罗阳镇蓝天幼儿园	2	24	—	民办
罗阳镇下洪小太阳幼儿园	3	72	6	民办
罗阳镇育英幼儿园	2	68	5	民办
罗阳镇个协幼儿园	3	60	5	民办
罗阳镇育苗幼儿园	4	83	7	民办
罗阳镇晓晓幼儿园	4	88	6	民办
罗阳镇小精灵幼儿园	2	63	4	民办
罗阳镇建陶幼儿园	3	47	5	民办
罗阳镇培智幼儿园	4	103	7	民办
新城校区	1	30	—	民办
泰顺县育才幼儿大班	5	150	14	民办
百丈镇包垟中心校幼儿班	1	38	2	公办
司前镇中心幼儿园	8	300	16	公办
司前镇畲族幼儿园	9	327	27	公办
筱村镇联云幼儿园	2	48	2	公办
筱村镇中心幼儿园	4	130	9	民办
筱村镇东垟幼儿园	4	110	6	民办
筱村镇新世纪幼儿园	7	204	9	民办
筱村镇新浦幼儿园	4	158	10	民办
筱村镇新浦中心幼儿园	2	40	3	民办
泗溪兴星幼儿园	6	208	12	民办
泗溪兴星幼儿园	6	208	12	民办
泗溪兴星幼儿园	6	208	12	民办
泗溪兴星幼儿园	6	208	12	民办
泗溪兴星幼儿园	6	208	12	民办
泗溪兴星幼儿园	6	208	12	民办
泗溪兴星幼儿园	6	208	12	民办
泗溪兴星幼儿园	6	208	12	民办

续表2-1-2

园　名	班　数	幼儿数	教职工数	办园性质（公、民办）
泗溪兴星幼儿园	6	208	12	民办
泗溪兴星幼儿园	6	208	12	民办
泗溪兴星幼儿园	6	208	12	民办
泗溪镇兴星幼儿园	6	214	12	民办
泗溪镇南溪幼儿园	3	116	4	民办
泗溪镇手拉手幼儿园	6	225	12	民办
泗溪镇东溪未来星幼儿园	3	74	4	民办
泗溪镇东溪秀溪聪聪幼儿园	1	28	1	民办
泗溪兴星幼儿园	6	208	12	民办
泗溪镇小幼儿班	4	144	6	公办
泗溪镇东溪学校幼儿班	1	35	3	公办
泗溪镇积库幼儿班	1	16	2	公办
泗溪镇凤垟小学幼儿班	1	52	2	公办
泗溪镇凤垟洲路幼儿班	1	18	1	公办
泗溪镇横坑小学幼儿班	1	42	1	公办
泗溪镇九峰小学幼儿班	2	36	2	公办
雅阳镇中心幼儿园	7	303	16	民办
雅阳镇新世纪幼儿园	9	320	21	民办
雅阳镇柳峰幼儿园	3	91	5	民办
雅阳镇秀涧育苗幼儿园	3	58	8	民办
雅阳镇金苹果幼儿园	6	226	12	民办
雅阳镇东梧幼儿园	2	65	4	民办
雅阳镇柳峰希望幼儿园	3	77	6	民办
雅阳镇东岭幼儿班	1	27	1	民办
彭溪镇五里牌小学幼儿班	1	42	2	公办
彭溪镇小幼儿班	1	50	3	公办
彭溪镇新苗幼儿园	3	110	7	民办
彭溪镇富垟福星幼儿园	6	178	14	民办
彭溪镇月湖乡幼儿园	1	15	1	民办
仕阳镇二小幼儿班	1	36	1	公办
仕阳镇中心幼儿园	5	189	14	民办
仕阳镇小龙人幼儿园	2	39	4	民办
仕阳镇章坑欣欣幼儿园	3	33	3	民办
仕阳镇后章希望幼儿园	2	14	2	民办
仕阳镇严山幼儿园	1	14	1	民办
仕阳镇万排健乐幼儿园	2	35	2	民办
仕阳镇上排村幼儿园	1	9	1	民办
仕阳镇育英幼儿园	4	133	8	民办
仕阳镇早阳春蕾幼儿园	6	197	8	民办
仕阳镇龟湖快乐幼儿园	6	206	9	民办
仕阳镇雪溪育苗幼儿园	4	117	7	民办
仕阳镇章成乐乐幼儿园	1	32	1	民办
仕阳镇早阳章坑分园	3	71	5	民办
三魁镇小幼儿园	5	230	8	公办

续表2-1-2

园　名	班　数	幼儿数	教职工数	办园性质（公、民办）
三魁镇二小幼儿班	1	46	2	公办
三魁镇西旸幼儿园	5	148	19	公办
三魁镇大安学校幼儿班	1	44	2	公办
三魁镇大安大丘坪幼儿班	1	20	1	民办
三魁镇夏炉小学幼儿班	1	16	1	民办
三魁镇大安大垟幼儿园	4	81	6	民办
三魁镇垟溪幼儿园	3	73	5	民办
三魁镇战州幼儿园	3	65	7	民办
三魁镇西旸阳光幼儿园	2	60	3	民办
三魁镇青苹果幼儿园	6	252	15	民办
三魁镇大风车幼儿园	3	85	4	民办
三魁庵前幼儿园	2	50	3	民办
三魁镇大安蓓蕾幼儿园	3	70	5	民办
合计（92所）	370	11530	972	

2006—2008年全县获得省级荣誉称号幼儿园名单

表2-1-3

幼儿园名称	荣誉称号	授予单位	授予时间
泰顺育才幼儿园	浙江省示范幼儿园	省、市人民政府督导室	2006
泰顺育才幼儿园	温州市魅力民校	市人民政府督导室	2006
泰顺县中心幼儿园	浙江省三级幼儿园	省教育厅	2007
泰顺县新城幼儿园	浙江省三级幼儿园	省教育厅	2007
文化馆蓓蕾幼儿园	浙江省三级幼儿园	省教育厅	2007
图书馆童舟幼儿园	浙江省三级幼儿园	省教育厅	2007
司前镇中心幼儿园	浙江省三级幼儿园	省教育厅	2007
雅阳镇中心幼儿园	浙江省三级幼儿园	省教育厅	2007
仕阳镇中心幼儿园	浙江省三级幼儿园	省教育厅	2007
泰顺育才幼儿园	浙江省一级幼儿园	省人民政府督导室	2008
泰顺县机关幼儿园	浙江省二级幼儿园	省人民政府督导室	2008

第二节　课程与教材

民国期间，县内幼稚园的课程主要有音乐、故事、儿歌、游戏、社会和自然等。

中华人民共和国成立初期，县内幼儿园活动的主要项目有体育（包括日常生活、卫生习惯、体操、游戏、舞蹈和律动等）、语言（包括谈话、故事、歌谣、谜语等）、手工（包括纸工、泥工和其他材料作业等）、音乐（包括唱歌、表情唱歌、听音乐、乐器表演等）、计算（包括认识数目、心算和度量等教养活动项目），并规定幼儿园不进行识字教育。1952年，罗阳小学附设幼儿班根据上级指示精神，结合实际，设置体育、语言、认识环境、图画、手工、音乐、计算等科目。

1958年，根据省教育厅制定的《幼儿园教学计划》，幼儿园开设体操（小班不设）、语言与认识环境、图画、手工（泥工、纸工）、音乐、计算等。

1961年，罗阳小学附设幼儿园，设置认识环境与发展语言、汉语拼音、计算、音乐、美术手工、体操、生产劳动等8门课程，每周上课时间为大班16节、中班10节、小班8节，每节课上课时间为：小班10—15分钟；中班20—25分钟；大班25—30分钟。

1981年，全县幼儿园逐步实施教育部制定的《幼儿园教育纲要试行草案》，开设体育、语言、常识、计算、音乐、美术等科目。省编的面向农村幼儿教育的大、中、小班教材仍被选用，并从本地实际出发，教师自编部分乡土补充教材。

1989年，全县幼儿园和学前班的功课时间安排如下：小班每周6—8节，每节10—15分钟；中班每周10—11节，每节20—25分钟；大班每周12节，每节25—30分钟；学前班每周20节，每节35分钟。

1990年，县机关幼儿园小班开设的课程为语言、计算、常识、音乐、美术、体育、活动性游戏、桌面游戏、体育游戏、音乐游戏等10门，每周各门1节，每节15分钟。中班每周各门2节，每节25分钟。大班每周各门2节，每节30分钟。中班不设体育游戏和音乐游戏，比小班增加一节角逐游戏。大班不设桌面游戏、体育游戏和音乐游戏。是年，县实验小学学前班设置语言、拼音、计算、常识、体育、美工、唱歌、思想品德等8门课程，每周语言3节，思想品德1节，其余各门均2节，每节都是35分钟。

2001年之后，按照教育部颁布的《幼儿教育指导纲要》，全县各幼儿园实行全面的启蒙性的教育方法，健康、语言、社会、科学、艺术等五个领域的内容相互渗透，从不同角度促进情感、态度、能力、知识、技能等方向的发展。

第三节　学制与编班

民国时期，蒙养院、幼稚园一般规模较小，在园幼儿不多，多为混合班（即不同年龄的幼儿合编一班）。民国36年（1947），城区幼稚园招收的4—6岁幼儿增加到120人，分大、中、小三个年龄段。

中华人民共和国成立初期，县内幼儿园招收6足岁幼儿入园，经过一年左右时间的学前教育即入小学。1951年，全县三所小学附设幼儿班，幼儿计148人，没有按年龄分班，混合编班教学。民办幼儿园（班）规模较小，多为混合班。1955年，按照省教育厅指示精神，城区幼儿园招收6足岁以下幼儿入园，学制定为三年，按年龄分编，小班（4周岁），每班20—25人；中班（5周岁），每班25—30人；大班（6周岁），每班30—35人。农村小学校内附设幼儿班，混合编班。

1956年开始，有的幼儿园实行全日制，一般不寄宿，也有部分幼儿园按照幼儿家长生产、工作的需要实行寄宿制，每周一早上幼儿入园，周六下午由家长接回。1958年“大跃进”期间兴办的幼儿园为全日制和季节性两种形式，学制三至四年或一至二年不等。小班（3—4岁），中班（4—5岁），大班（5—6岁），同时招收4岁以下的幼儿编为小小班。农村幼儿园、托儿所多数为混合班。教养员大多是半文盲中老年妇女，没有保育和教育的计划和要求，以照管幼儿衣食睡眠为主要任务。

1977年，县机关托儿所招收4—6周岁幼儿入园，按年龄分编，大班（5—6周岁），中班（4—5周岁），小班（3—4周岁），学制三年，并改为全托制，每天上午由家长送幼儿入园，下午由家长接回。1978年，全县各完全小学学习南溪小学举办幼儿班经验，陆续开办学前幼儿班（学前班），招收6周岁幼儿进行一年的学前教育。

1985年，全县幼儿园多数为三年制，但个体幼儿班或农村幼儿班亦有一年制或二年制。

1987年开始，全县各类幼儿园按劳动人事部、国家教委颁发的《全日制、寄宿制幼儿园编制标准（试行）》和《浙江省〈全日制、寄宿制幼儿园编制标准（试行）实施细则〉》编班：小班（3—4岁），每班20—25人；中班（4—5岁），每班26—30人；大班（5—6岁），每班31—35人。

1990年起，按国家教委颁发的《幼儿园工作规程（试行）》的规定编班，大班幼儿年龄改为5周岁至入学前，每班35人，混合班30人，学前幼儿班不超过40人。1994年，各级各类幼儿园在实际执行中，班级名额超限现象较为普遍。农村幼儿班和个体办幼儿班，每班幼儿无定数，最少的一个班幼儿7人；最多的一个班幼儿60人。根据市教委专门下达《关于加强幼儿园学额管理的通知》，要求幼儿园主办单位和个人都要端正办园（班）指导思想，坚决克服单纯以盈利为目的的错误倾向，严格控制班级学额，各类幼儿园都要实行定额招生。市区、城镇（指县城和直属镇）小小班（3—4岁）25人，小班（4—5岁）36人，中班（5—6岁）40人，大班（包括学前班）44人。示范性幼儿园小班30人，中班36人，大班40人。农村幼儿园（班）小班40人，中班44人，大班（包括学前班）48人。

1998年9月24日，县教委印发《关于进一步加强幼儿园、学前班管理的意见》，规定幼儿园招收3周岁以上学龄前幼儿，严格控制班学额，小班36人，中班40人，大班44人，学前班每班不得超过40人。

1999年秋季，实行小学学制改革，小学由五年制改为六年制。县内各小学同时招收六周岁与七周岁学龄儿童入学。县教委决定各级各类幼儿园招收3—5周岁幼儿入园。

第四节　保教工作

民国初期，蒙养院按照《国民学校令》提出的“保育幼儿，务令其身心健全发达，注意幼儿之心情容止，使之端正，并示以良善之事例，令其则仿”。民国18年（1929）颁布的《幼稚园课程暂行标准》较系统地提出了教育方法要点（共17条），要求幼稚园实行设计教学法，各种活动应打成一片，各种作业由儿童各从所好，自由活动。故事、游戏、音乐、社会和自然，大部分由教师引导，施行团体作业，工作课则大部分由儿童个别活动，由教师个别指导。努力创造条件，增进幼稚儿童的快乐和幸福。同时重视培养幼稚儿童人生基本的优良习惯（包括身体行为等方面的习惯），协助家庭教养幼儿，并谋家庭教育的改进。

1952年3月，教育部颁布《幼儿园暂行规程》，要求幼儿园对幼儿要进行初步的全面发展的教养。幼儿园应遵循幼儿教育的教养原则，充分利用环境、实物，采用多种多样的直观的形象的方法，启发幼儿的兴趣，训练幼儿的感官，发展幼儿的求知欲望。是年，罗阳小学附设幼儿园根据规程精神，采用实物观察、讲故事、提问等方式启发幼儿的思维发展。

1956年11月，教育部颁发《关于幼儿园的幼儿作息时间制度和各项活动的规定》，罗阳小学附设幼儿园拟定了作息时间表，每天户外活动时间不少于3—4小时，每日作业小班1节，每节10—15分钟；中班2节，每节15—20分钟；大班2节，每节20—25分钟，保证幼儿有足够的睡眠时间。

1958年“大跃进”时期办的幼儿园和托儿所，其主要任务是“保姆式”的带养婴幼儿，让家长能参加生产劳动。

1979年，试行《城市幼儿园工作条例（试行草案）》，积极创设与幼儿教育相适应的和谐环境，不断探索新的教学方法，致力克服幼儿教育中的小学化、成人化倾向，力求把丰富多彩的游戏作为幼儿的主导活动，促进幼儿体、德、智、美全面发展。

1980年，县机关托儿所的教师进行家务式劳动，用慈母的爱亲近幼儿，开设晨检、晨间谈话，亲昵、爱抚幼儿，摸透幼儿的性情、心理特点，对症下药，谆谆教导，改变幼儿的不良习惯。1981年，贯彻《幼儿教育纲要》，加强幼儿园教养工作，针对重教不重养，注重上课、忽略体育和卫生保健工作，教学单一的弊端，提倡教养（教育与教养）并重，注重发挥游戏教育的作用，采用直观性和趣味性相结合的方法，调动幼儿学习的积极性、主动性和创造性。

1985年，全县幼儿园进行一系列教育方法的改革，以尊重幼儿身心发展规律与发挥教师主导作用相结合的指导思想，将幼儿园三年教育内容分成三个阶段，每一阶段设计一个主题。主题设计以认识周围生活为基础，从感情教育入手，着重培养幼儿良好行为习惯和发展语言思维能力，促进幼儿全面发展。同时，根据大、中、小班的不同层次，安排不同的内容和方法，小班从培养兴趣出发，以游戏形式为主，中班以培养能力为主，大班着重发展幼儿的逻辑思维，形成简单的概念。三个阶段的主题设计，使幼儿在园三年生活成为促进幼儿发展，落实教育任务的整体教育。

1986年，县教委要求幼儿园在教学上做到方法游戏化、教具形象化、语言儿童化。采取家、园教育相结合的方法，召开各种类型的家长会，幼儿园教师对家长进行科学育儿知识的传授，说明家庭教育在幼儿教育中的重要作用。幼儿园请家长进园参观、听课，向家长介绍幼儿的一天活动，宣传对幼儿进行体、德、智、美全面发展教育的重要性和方法，并向幼儿家长提出希望，要求家长以身作则，做子女的榜样，加强对子女思想品德教育，为子女的学习创造良好的条件，保护子女的身心健康。

1987年，全县幼儿园、学前班开展“幼小衔接”（幼儿园和小学两个阶段教育的相互衔接）新课题的探索。根据学龄前幼儿的生理、心理的发展特点，创设良好的环境，体、德、智、美诸方面教育互相渗透，以游戏基本活动形式组织各方面的教育内容，利用各种教育手段，促进幼儿能力和个性的全面发展。

1989年，贯彻国家教委发布的《幼儿园工作规程（试行）》，进一步明确幼儿保育和教育的主要目标：“促进幼儿身体正常发育和技能的协调发展，增强体质、培养良好的生活习惯、卫生习惯和参加体育活动的兴趣。发展幼儿正确运用感官和运用语言交往的基本能力，增进其对环境的认识，培养有益的兴趣和动手能力，发展智力。萌发幼儿爱家乡、爱祖国、爱集体、爱劳动的感情，培养诚实、勇敢、好问、友爱、爱惜公物、不怕困难，讲礼貌、守纪律等良好的品德、行为、习惯以及活泼、开朗的性格，萌发幼儿初步的感受美和表现美的兴趣。”全县各类幼儿园试行保育与教育相结合的原则，对幼儿实施体、智、德、美全面发展的教育。在教学中进行情感教学、兴趣教学的尝试，提倡“动静交替、手脑并用”，融说、唱、舞为一炉，尽力做到寓教于乐，使幼儿在轻松愉快中成长。

1990年，开展“综合性主题教育半日活动”课题试验，强调各种教育内容纵横联系，各种教育手段交替使用，内容与方法具有科学性、综合性、趣味性。幼儿的品德教育根据幼儿思想实际，利用一日活动、节日活动等多方面、多形式进行渗透性教育，培养幼儿爱祖国、爱家乡、爱集体、爱劳动的情感；培养诚实、勇敢、好学、友爱、爱惜公物、不怕困难、讲礼貌、守纪律的良好品德、行为和习惯；培养活泼、开朗的性格。

1991年，加强对幼儿的心理保健，促进幼儿心理健康。教养员用自己的爱心去关心、体贴、信赖幼儿，使幼儿感到老师对他们的关爱，产生满足和安全感。针对大多数独生子女存在着独占心理强和

“以我为中心”的不合群现象，要求教养工作做到爱中有严，教中有爱，循循善诱，给他们创造为集体服务的机会，与同伴共享快乐。

1996年6月起，全县幼儿园实行国家教委颁布的《幼儿园工作规程》，幼儿园的教育工作坚持德、智、体、美诸方面全面发展的原则，力求做到互相渗透、有机结合、合理安排幼儿一日生活的各项活动。各幼儿园以游戏为基本活动形式，因地制宜创设游戏条件，保持幼儿的愉快情绪，促进幼儿各种能力和个性的全面发展。

1998年，全县各类幼儿园、学前班营造讲普通话的氛围，创造良好语言环境，发展幼儿语言口头表达能力。

1999年5月13日，县儿童少年工作协调委员会《关于庆祝1999年“六一”国际儿童节的通知》指出，是年为中华人民共和国成立五十周年和“五四”运动八十周年、少先队建队五十周年、澳门回归祖国的大喜之年，要求全县幼儿园要突出对儿童少年的爱国主义教育，动员全社会的力量为儿童少年健康成长创造良好的社会环境，组织开展丰富多彩、寓教于乐的“六一”庆祝活动，注重向儿童少年进行爱祖国、爱人民、爱劳动、爱科学、爱社会主义的思想教育，激发他们爱国爱家乡之情、报国之心，从小树立崇高理想和为国家而努力学习的志向。

2000年，县教委举行幼儿园音乐教改研讨会，全县幼儿园音乐骨干教师参加会议。会议深入探讨、研究幼儿唱歌活动的教学规律，转变传统的歌唱教学方法，注重培养幼儿的音乐感受、表现能力和鉴赏能力，深化了教学改革，提高了幼儿音乐、舞蹈教学质量，全面推进素质教育。

2001年7月2日，教育部颁布《幼儿园教育指导纲要（试行）》（以下简称《纲要》），县教委要求全县各类幼儿园认真学习《纲要》，以《纲要》中提出的“幼儿园教育是基础教育的重要组成部分，是我国学校教育和终身教育的奠基阶段。城乡各类幼儿园都应从实际出发，因地制宜地实施素质教育，为幼儿一生的发展打好基础”的要求，综合利用各种教育资源，共同为幼儿的发展创造良好条件，并要求全县各幼儿园教育应尊重幼儿的人格和权利，尊重幼儿身心发展的规律和学习特点，以游戏为基本活动，保教并重，关注个别差异，促进每个幼儿富有个性的发展。

2003年10月，县教育局召开幼儿园园长、骨干教师研讨会，从幼儿教育实际出发，探讨从“知识教育”到“完整儿童”的培育，“让每个儿童都拥有人生最佳开端”，特别注重儿童生存能力和乐于学习、好奇探索、自主、自信、责任感等方面，影响人的终身发展的培养和教育，促进幼儿园实施素质教育。与会者深刻领会幼儿在“玩中学、学中做、做中想”内涵，进一步明确“教育游戏化”的教育意义。

2004年10月，在育才幼儿园举办幼儿教育研讨会。会议特邀市第二幼儿园园长、省、市“教坛新秀”讲座，上示范课。县“教坛新秀”举行公开课。全县各级各类幼儿园选派代表到会观摩学习，使广大幼儿园教师获得新的教改动态和信息，开阔了视野，受益匪浅。社会学习是一个漫长的积累过程，需要幼儿园、家庭和社会密切合作，协调一致，共同促进幼儿良好社会性品质的形成。2004年，县教育局在人民广场进行庆“六一”儿童节活动，向社会推广幼儿教育知识和早期教育理念，发放幼儿教育宣传资料3000多份，展示22块幼儿教育成果展板，200幅幼儿优秀绘画作品。

2005年，县机关幼儿园、育才幼儿园等坚持立足幼儿一日活动，结合班级教学实践的研究，给每个孩子提供充分的动手动脑机会，让孩子们参与过程中去思考、去实践，进一步增强幼儿动手操作的兴趣，培养幼儿创新精神和实践动手能力。利用本土资源制作玩具，创设教育环境，让幼儿有目的有计划进行探索、制作等。开展形式多样的活动，丰富幼儿生活，使幼儿在活动中融入社会，走进自然。组织幼儿采茶、游森林公园、参观泰顺廊桥、上山写生等等，让孩子接触大自然、热爱大自然、热爱家乡的山山水水。

2005年3月，县教育局统一组织开展县城幼儿园与农村幼儿园“一帮一”结对帮扶活动，充分发挥县机关幼儿园、育才幼儿园及县城幼儿园的办学条件和师资的优势，推动幼儿教育均衡发展，提高农村幼儿园的办学水平和保育、教育质量。通过“送教下乡”、经验交流、拜师学艺、课题合作和选派农村幼儿园教师到县城幼儿园观摩学习等形式，定期开展优势互补、共同协作、互相帮扶，并按照量力而行的原则，县城幼儿园在教学设备、图书资料等方面给予帮助和支持，实现典型引路、共同提高，达到一批人带动培养一批人的目的。

2006年4月，县教育局在机关幼儿园举行全县幼儿教育研讨会，市“教坛新秀”杨帆，市骨干教师周婧开示范课。县机关幼儿园和育才幼儿园园长经验介绍，并特邀温州大学学前教育学院林炎琴教授专题讲座。

2007年10月，在新城学校开展“主题教学”幼儿教育教学研讨会。三名幼儿园青年教师根据同一主题设计三堂不同类型的示范课。特邀省幼儿教育名师为三节示范课点评并作“有效集体教学”的讲座，与会者很受启发。11月，县机关幼儿园和育才幼儿园自制的教玩具通过层层评选，参加全国教具玩具比赛，机关幼儿园的自制玩具获全国二等奖，育才幼儿园的自制玩具获全国三等奖的好成绩。这是泰顺县幼儿园教育多年来积极探索走乡土办园之路的成果之一。

2009年，建立乡镇中心幼儿园教学周活动制度和教研组考核制度，形成以机关幼儿园和育才幼儿园为龙头，乡镇中心幼儿园作补充的辅导网络，充分发挥教学示范，业务指导和信息交流作用，努力提高幼儿园教师的教学水平，从而推动全县幼儿保教工作的提升。

2010年，在全县各级各类幼儿园教师积极开展教科研活动，不断创新教学方法和手段。县教育局幼儿教育干部和教研员深入调查研究，鼓励幼儿园教师认真总结心理健康的研究，并举办幼儿园教师心理研究优秀论文（案例）评选活动。

2012年，以县机关幼儿园为龙头，组织教师学习《3—6岁儿童学习与指南》《幼儿园一日活动保教常规》，开展以绘本教学为主的课改教研活动。科学规划一日活动，细化每一环节的管理，树立一日活动皆课程的理念，从入园、晨间活动、集体教学、游戏活动、餐点、起床、离园各环节都渗透一日保教常规要求，让幼儿养成良好的卫生、生活习惯和良好的学习品质

第五节 卫生保健与安全工作

一、卫生保健

1952年3月，教育部颁布《幼儿园暂行规程》，规定培养幼儿基本的卫生习惯，注意其营养，锻炼其体格，保证幼儿身体的正常发育和健康。

1961年，县机关托儿所、罗阳小学附设幼儿班贯彻以养为基础的工作方针，加强卫生保健工作，定期进行晨间检查，保证幼儿午睡2小时，每天睡眠时间12—14小时。在传染病流行季节，托儿所、幼儿班教师煎中草药给幼儿喝，预防传染，并为每个幼儿建立健康档案，县妇幼保健部门给幼儿驱

虫、打预防针。

1978年，温州市举办幼儿园卫生保健培训班，泰顺县选派幼儿园教师参加培训；县内举办以建立幼儿卫生保健制度为主要内容的培训班，各幼儿园选派教师参加培训。

1979年，教育部颁布《城市幼儿园工作条例（试行）》，对幼儿园生活制度、饮食管理、体育锻炼、健康检查、疾病预防以及安全制度等方面做了原则规定。1980年，认真贯彻执行卫生部与教育部联合制定《托儿所、幼儿园保健制度（草案）》。各幼儿园基本做到按时完成计划免疫工作，对传染病做到早发现、早隔离、早治疗。

1985年，县卫生部门定期给幼儿进行预防接种、身体检查，各幼儿园建立健康检查制度、病儿隔离制度和卫生消毒制度。通过一系列管理制度的实施，全面提高了保养质量。

1990年9月，市卫生局、市教委、市总工会联合发出《关于加强幼儿园卫生保健工作的通知》，规定各县（市区）各类幼儿园的保健工作由各县（市区）妇幼保健站（所）直接管理，其他医疗卫生单位不得擅自参与管理。全县各幼儿园的卫生保健工作均严格执行各项规定，保教人员做到每年体检一次，凡患慢性痢疾、结核病、乙肝表面抗原阳性、化脓性皮肤病、麻风病、精神病、滴虫性阴道炎等职业禁忌病患者，均不能在幼儿园工作。幼儿园工作人员参加工作前必须进行体检，健康合格者方可就职。是年始，各幼儿园在幼儿入园前，进行全面的身体检查，并建立幼儿健康档案，发现传染病患者，在隔离期过后方可重新入园。在园幼儿每年体检一次，体检项目包括内外科、五官科等，检查结束，做出群体评估，并采取有效措施，有计划地进行矫治。幼儿离园一个月以上，经过重新体检合格才可返园。10月20日，市教委、市物价局、市卫生局联合发出《关于加强市区幼儿园伙食管理的通知》，要求各幼儿园必须实行伙食定价管理。县内2个班级以上的幼儿园伙食实行专人负责，一般幼儿园成立伙食管理委员会，由园领导、教师、家长代表、保健员、炊事员等参加，制定伙食管理制度。幼儿伙食费做到专款专用，按月向家长公布饮食账目。教师和幼儿伙食严格分开。各幼儿园根据幼儿年龄特点和季节气候变化，科学编排每周食谱，每日食谱挂牌向家长公布，做到饭热菜鲜，荤素、湿燥搭配；禁止用杨梅干、山楂片、弹子糖三类食品当点心；幼儿食堂不买腐烂变质食物，不给幼儿吃隔日饭菜、盖浇饭，外购熟食要加热处理后再吃。

2003年6月16日，县教育局转发教育部、卫生部《关于加强“非典”防治期间学校食品卫生监督管理工作的紧急通知》，要求各中小学和幼儿园应结合非典防治，制定切实可行的卫生监督和应急预案，加强学校（幼儿园）周边地区的餐饮卫生监督，落实各项措施，及时消除事故隐患，杜绝食物中毒事故发生。

2005年开始，县机关幼儿园、育才幼儿园和三个班级以上的各级各类幼儿园为保证幼儿的卫生安全都制定了生活制度、饮食制度、体格锻炼制度、健康检查制度、卫生消毒制度和安全制度等各项规章制度，确保幼儿身心健康发展。

二、安全工作

1994年3月，县教委、县妇联下发《关于加强幼儿园安全工作的通知》，要求各级各类幼儿园、学前班定期对房屋、设备、环境、教育玩具等进行安全检查，及时发现和排除不安全因素，加强防范措施，消除伤害儿童的隐患，严禁使用危房。幼儿园、学前班不宜组织幼儿到园外郊游、演出。组织日常外出活动时，要有领导亲自负责，并指定专人负责安全工作。幼儿园、学前班要重视在日常生活中对幼儿进行安全教育，使幼儿掌握一些基本的安全常识，培养幼儿自我保护的意识和能力。

1998年9月24日，县教委印发《关于进一步加强幼儿园、学前班管理的意见》，要求各级各类幼儿园必须增强安全意识，加强安全教育，定时检查园内设施，及时研究处理各类安全因素，消除隐患，防止意外事故发生，确保幼儿人身安全。

2004年10月28日，县人民政府办公室印发的《泰顺县中小学、幼儿园及少年儿童安全管理专项整治行动方案》（简称《方案》）指出，全县中小学、幼儿园要坚持“安全第一，预防为主”的方针，突出重点，依法整治，标本兼治，综合治理，结合创建“文明城镇”活动，彻底整治中小学、幼儿园周边的环境、道路设施和交通秩序等。为此，县教育局于11月30日印发了《关于开展“平安校园”创建活动的实施意见》。

2007年3月22日，县教育局转发《〈浙江省中小学、幼儿园校园治安管理方法〉等六个安全工作制度的通知》，要求各类学校全面加强安全工作制度化建设，不断提高学校减灾和学生避灾自救能力，最大限度地保障师生生命安全和学校财产安全。

2010年，中共泰顺县委、县人民政府多次召开校园安全保卫工作会议，强调要全力做好中小学、幼儿园安全防范工作，要确保全县校园平安。县人民政府划拨幼儿园专项保安经费30万元（每所幼儿园5000元）。教育局与公安局联合举办中小学、幼儿园保安员培训班，进一步强化人防、技防、物防措施，深化“平安校园”创建活动。育才幼儿园被推荐为2010年“平安精品点”，机关幼儿园为2009年“平安示范点”，县中心幼儿园等3所幼儿园为“安全文明示范学校”，司前镇中心幼儿园等12所幼儿园为“平安校园达标学校”。

2011年4月，县教育局根据《民办教育促进法实施条例》《幼儿园管理条例》等法律法规精神，联合县消防大队、县卫生监督所等部门对全县幼儿园开展专项检查。11月，甘肃省庆阳市正宁县发生一幼儿园接送校车发生重大交通安全事故后，县教育局会同公安、交通、安全监督等部门对幼儿乘车安全情况进行检查。12月，为了进一步深化“平安校园”创建活动，开展了平安精品点、平安示范点、安全文明示范学校、平安校园达标学校四级联创活动。育才幼儿园被推荐为2011年“平安精品点”，县机关幼儿园、县中心幼儿园为2011年“平安示范点”，新城幼儿园等4所幼儿园为“安全文明示范学校”，县文化馆中心幼儿园等21所幼儿园为“平安校园达标学校”。

第六节　领导与管理

民国26年（1937），城关设官办幼稚园，县国民政府直接管理。县国民政府拨款改建城区女子小学校舍3间二层木结构楼房作为幼稚园舍，添置课桌椅、风琴、滑梯、跷跷板等教育玩具。私立幼稚园由主办者负责管理。

中华人民共和国成立后，国家规定幼儿教育是社会主义教育事业的组成部分，幼儿园是实施幼儿教育的机构。1951年以后，附设于小学内的幼儿园（班），由所属学校校长管理。

1956年，贯彻中央内务部、教育部、卫生部《关于托儿所、幼儿园几个问题的联合通知》精神，对各种类型幼儿园统一领导，分级管理。幼儿园的经费、人事、园舍、设备和日常行政事务，均由主办单位负责管理。教育部门办的幼儿园一般附设于小学内，仍由小学校长管理。有关幼儿教育的方针、政策的贯彻执行，规章、制度、教育计划的拟定，教育内容、教育方法、儿童保健等业务的辅导统一由教育行政部门负责。县文教局配备一名干部兼管幼儿教育工作。

1958年，贯彻“两条腿走路”方针，社社办幼儿园，队队办托儿所。全县农村幼儿园由公社、管理区、大队管理。企事业、厂矿办园（所），由主办单位管理。县机关托儿所由县人民政府管理。三个班以上的幼儿园、托儿所设园长（所长）一人，处理日常教学、生活事宜。教育业务由县文教局设置督导员进行指导，各区中心小学担任全区幼儿教育业务管理和辅导工作。

1981年，县里成立托幼工作领导小组。县妇联管理全县农村举办的托儿所、幼儿园（班），其他部门创办的托儿所、幼儿园，由主办单位负责管理。

1985年，县教体局普教科配备一名专职幼教干部，负责全县幼儿园（班）的业务辅导工作。10月，县人民政府牵头，县妇联、教体局、卫生局、总工会四个单位组成幼教检查小组，对全县幼儿教育工作进行大检查，加强幼教工作的管理。

1986年，根据中央《幼儿工作纲要》等一系列文件精神，县幼教工作领导小组对民办、村办、个体办托儿所、幼儿园进行检查，加强内部工作的管理，协同有关部门提高保教人员素质与业务水平。县教委对幼儿教师进行定期培训，确定县机关托儿所为示范托儿所。8月，县妇联组织全县幼儿教师制定一整套工作制度，规范保教人员职业道德，工作职责，岗位责任等，推动幼教工作的健康发展。

1987年 12月，根据中央指示，县教委、托幼办公室、妇幼保健站三单位联合开展合格幼儿园检查、评估活动，评出合格幼儿园、学前班28所，分别发给合格证书。

1988年8月，县机关托儿所改为“县机关幼儿园”并归口县妇联。9月12日，温州市托幼工作协调小组成立，下设办公室，各县幼儿教育由市教委统一领导管理。

1990年，县教委、县妇联根据市教委指示，对个体幼儿园进行登记、注册、评估、定级、发证。凡符合四项基本条件的（园长及保教人员、园所场地设备、教育和教学、保养和卫生设施），由县教委颁发统一级别证书，对不符合办园基本要求的采取措施限期改进，再予定级。幼儿园、托儿所内部实行园长（所长）负责制，3个班级以上的幼儿园、学前班、托儿所设立园（所）务委员会，园长任委员会主任，园务委员会下设保教、医务、财务等组，各设主任1人。园务委员会负责对全园工作计划、奖惩、预决算等各种规章制度的建立、修订以及其他重大问题的审议。不设园务委员会的幼儿园，由园长召集全体教职工会议商议决定实施。县机关幼儿园设立家长委员会，使家长了解幼儿园的工作和要求，又能及时反映家长的意见和建议，交流家庭教育经验，促进幼儿园各项工作的开展。

1991年，全县民办幼儿园（班）由举办者负责管理，小学附属幼儿园（班）、学前班由小学校长负责管理。

1995年，根据《温州市幼儿园定级评估标准》，县教委、县妇联对民办幼儿园重新进行检查、评估，7所定为县二级幼儿园（班），41所（班）符合准办级标准，分别予以定级、发证。

1998年11月5日，县人民政府办公室印发《关于幼儿教育管理体制有关事项的通知》，决定全县幼儿教育组织一律划为县教委管理，县机关幼儿园为县教委直属单位。幼儿教育经费，由各级财政核拨，各级教育行政部门统一安排，专项使用。是年，县教委印发《关于进一步加强幼儿园、学前班管理的意见》，各学区教办、学校要把幼儿教育管理工作列入议事日程，切实做好各类幼儿园（班）的行政管理和业务指导工作。坚持依法办园，建立严格的登记注册制度，未经登记、注册、批准，任何单位和个人不得开办幼儿园（班）。

2001年，县教委对全县幼儿园，按不同标准进行全面的检查、评估、清理、整顿。县妇联中心幼儿园等89所（班）为合格幼儿园（班），发给社会力量办学许可证（原县教委于1993年发的社会力量办学许可证一律停用）。罗阳镇育苗幼儿园等30所（班）为基本合格幼儿园（班），限在本学期内进行整改，其余不合格幼儿园（班），责令立即停办。

2003年6月16—19日，县教育局组织人员对城关公办、民办幼儿园进行调查。城关共有27所幼儿园，其中县机关幼儿园为公办幼儿园，县文化馆和县图书馆幼儿园为单位办幼儿园，育才幼儿园和新城幼儿园为股份制幼儿园，罗阳镇中心小学及其分校2所幼儿园为校办幼儿园，个体办幼儿园19所。开设3个班级以上幼儿园11所，开设1至2个班级的幼儿园16所，准办级20所，未审批幼儿园4所。公办、股份制、单位办5所幼儿园，园舍设施基本符合温州市定级标准，其他22所没有达到标准，其中19所幼儿园租借民房，配套设施不齐全，户外活动场地不足，教育教学设备差。部分个体幼儿园人均占地面积不足2平方米。

2010年，县人民政府坚持政府履职，增加财政投入，加强对各类幼儿园的监管；坚持“公建民办”“民办公助”等办园体制改革，新增加的公益教育资源，主要向农村倾斜；设立学前教育专项经费，安排70万元资金扶持民办幼儿园的发展；落实仕阳、筱村、司前三个镇中心幼儿园建设地块。12月，全县准办级以上幼儿园71所，其中公办幼儿园3所，社会力量举办的幼儿园68所。省一级幼儿园1所，省二级幼儿园1所，省三级幼儿园18所。乡镇中心幼儿园30所，建园率达到91.03%。是年，县教育局制订《泰顺县幼儿园等级评估标准》，规范民办幼儿园办园行为。

2011年4月，县教育局、县消防大队、县卫生监督所联合对全县幼儿园开展安全专项大检查。

2012年，县教育局制订《泰顺县学前教育三年行动计划》（2011—2013），坚持管理与规范并举，开展等级幼儿园创建工作及幼儿园安全管理专项检查活动；落实学前教育专项经费80万元。

第七节　经费与收费

民国时期，公立小学附设幼稚园的经费开支列入小学预算。单独设立的公立幼稚园，其经费由县政府负责解决。民国26年（1937），县国民政府将泰顺城区女子小学改建为幼稚园园舍，并添置设备。原城区女子小学校园20担租和部分盐捐作为教师薪金和办公、维修及日常等开支，不足部分由县国民政府拨给。私立幼稚园办园，经费由主办者负责。

从1951年开始，附设于小学校内的幼儿园（班）的办园经费由县人民政府在地方教育事业费内列支，其他部门举办的幼儿园（班），其经费由主办单位负责。

1958年，贯彻“两条腿走路”办园方针，社社办幼儿园，队队办托儿所。教养员的聘任、经费来源、园（所）舍安排等事项由公社、大队自行解决。教养员以劳动工分计酬。园舍大多借用民房或公房，设备简陋。

1962年，农村幼儿园大多数停办。罗阳小学附设幼儿园办园经费由教育部门拨出，县机关幼儿园办园经费由县人民政府拨出。

“文化大革命”期间，幼儿园（班）停办。中共十一届三中全会以后，贯彻“勤俭办园”方针，幼儿教育经费由多渠道筹措解决。县机关幼儿园经费由县财政支出；附设于学校内的幼儿园、学前班经费从教育部门拨给的部分经费和收取入园幼儿的保育费、管理费中支付；农村集体办幼儿园经费一般由乡（镇）人民政府、村民委员会和家长共同负担；个体办幼儿园、托儿所，采取“以生养师”办法，向幼儿家长收取保育费和管理费，解决教师的工资、办公、设备等费用。

1984年，县人民政府和全县国营企事业26个单位捐资12.5万元，新建县机关托儿所教学大楼，建筑面积为1400平方米。省妇联拨款7万元，县城14个单位筹集资金2万元，新建托儿所活动室等配套设施。翌年，县茶叶精制厂投资20万元新建100平方米教学大楼，县机关托儿所初具规模。三魁镇人民政府出资2.3万元购置民房改建三魁镇中心幼儿园舍。县人民政府拨款0.8万元补助仕阳镇、雅阳镇、泗溪镇、三魁镇兴建幼儿园。

1989年，温州市妇联拨款6000元，温州市托幼办公室拨款5400元，县妇联拨款2000元，群众集资3万元兴建泗溪幼儿园。

1990年，台胞王卓明捐资20万元，县妇联资助3000元兴建仕阳镇幼儿园。

1985—1990年，县人民政府投入托儿所、幼儿园经费计39000元，教育部门投入10000元，用于农村民办幼儿班课桌椅购置和幼儿教师工资补助。

1998年9月24日，县教委规定，全县各级各类幼儿园（班）按照规定收费，收取经费要专款专用，主要用于保育、教育活动开支和改善办园条件，支付教师工资，添置教育玩具等。幼儿膳食费要保证全部用于幼儿膳食并按月向家长公布幼儿饮食账。10月10日，县物价局、县财政局、县教委对全县各级各类幼儿园（班）的收费标准进行调整。

2003年6月19日，县教育局组织人员对城关公、民办幼儿园收费情况进行调查。城关个体办幼儿园收费标准普遍偏低，每个幼儿每月只收取保教费、饮食费共100元。

2011年，县财政每年安排学前教育专项经费80万元，通过以奖代补方式支持民办学前教育的发展。12月，制定《泰顺县学前教育专项资金使用管理办法》，规定专项资金补助范围为幼儿园建设奖励、幼儿园升等级奖励和幼儿教师培训经费。幼儿园升等级奖励方法为：准办级园升级为省三级园一次性奖励3万元；三级园升为二级园奖励8万元；二级园升为一级园奖励15万元。幼儿园教师取得资格证书，每人奖励800元。

2009—2012年，县财政安排6000万元资金，用于建制镇10所公办中心幼儿园建设。

附录二：幼儿园选介

泰顺县机关幼儿园

泰顺县机关幼儿园前身为县机关托儿所。1957年9月，贯彻中央“以农业为基础，以工业为主导”的发展国民经济总方针，大批干部下乡搞社会主义教育运动。县人民政府为解除干部的后顾之忧，决定创办机关托儿所，址设武官坪（现文化广场东侧）。1958年，从武官坪搬迁到圣人庙（粮食局址）；1963年2月，从圣人庙搬迁到县文教局（教育局所在地）；1965年11月，从县文教局搬迁到县图书馆；1973年，从县图书馆迁回原址武官坪。

1985年，通过省妇联、县人民政府拨款和有关单位捐款，共筹资金23多万元，新建1幢三层1000多平方米的教学楼及厨房、厕所、活动室等配套设施。1988年兴建1座八角亭，添置鱼形滑梯及各种教学、游戏设备，初步形成幼儿乐园。是年8月，县机关托儿所易名县机关幼儿园。

2006年9月，县机关幼儿园被确定为教育部“十五规划”课题实验基地。同年，被确定为市幼儿园骨干教师培训基地、市园长培训基地，承担县内骨干教师和园长的培训任务。2007年1月，幼儿园课题研究系列主题活动《泰顺县的木制品》被编入中国科技出版社出版的《幼儿环境教育地方课程教研》一书中。2009年8月，被评为省二级幼儿园、

2012年，县机关幼儿园占地面积2268平方米，建筑面积3044平方米。幼儿园大、中、小14个班级，在园幼儿422人，教职员工59人，其中保育员5人，保健医生1人，后勤及其他人员17人，专任教师34人，专任教师本科及以上学历的17人，大专15人，高级称职8人。

县机关幼儿园先后获得市一级幼儿园、市示范幼儿园、市园本教研示范幼儿园、省语言示范学校等荣誉称号。

泰顺县机关幼儿园历任园长更迭表

表2-7-1

姓　名	性　别	职　务	任职时间
陶玉红	女	园　长	1957.1—1959.1
齐叶花	女	园　长	1959.1—1962.1
朱彩英	女	园　长	1962.1—1987.8
钱爱仪	女	园　长	1987.8—2000.2
陈碧宵	女	园　长	2000.2—2003.8
林翠芳	女	园　长	2003.8—2006.8
林　琦	女	园　长	2006.8—2010.8
夏笑琴	女	园　长	2010.8—2012.12（续）

泰顺县中心幼儿园

1989年2月，县妇联租赁原食品加工厂为舍，创办泰顺县希望托儿所，招收幼儿50人，分设小、中3个教学班。

1991年，托儿所分设两处办学，一处租赁东门工商银行的旧址为舍，招收幼儿100人；另一处租赁县文化馆为舍，招收幼儿50人。1993年，二处合并，搬至县老干部局继续办学。

1995年，县人民政府、县妇联和部分单位共集资80多万元，址选县城公园路金鑫弄7号，建造教学楼。1997年2月，教学楼竣工，投入使用，县希望托儿所易名为县中心托儿所。托儿所对外扩大招生，幼儿增加到300多人，招聘在编教职工12人。托儿所制定各项规章制度，开设以游戏为主的语言、科学、艺术、健康、社会五大领域相关的课程。连续三年（1997年、1998年、1999年）被评为市级巾帼文明单位和县级示范托儿所。

2001年，县中心托儿所更名为县中心幼儿园。2008年12月，幼儿园被评为省三级幼儿园。

2010—2012年，共投入资金50多万元，修建卫生间，浇灌塑胶操场，添置教育玩具、幼儿被褥，购买电子钢琴等设备，幼儿园初具规模。

2011年10月31日，县人民政府同意县中心幼儿园建制划归县教育局，成为公办幼儿园。

2012年2月，县中心幼儿园占地面积1265平方米，建筑面积1964平方米，在园幼儿267人，分小小、小、中、大班，共8个班级，教职员工28人，其中正式在编教师12人，幼教高级职称5人。

泰顺县中心幼儿园历任园长更迭表

表2-7-2

姓　名	性　别	职　务	任职时间
罗旭妮	女	园　长	1997.9—1999.1
陈碧宵	女	园　长	1999.2—1999.8
缪丽萍	女	园　长	1999.9—2000.8
包淑云	女	园　长	2000.9—2001.8
林晓珍	女	园　长	2001.9—2003.8
翁瑞程	女	园　长	2003.9—2004.8
王　萍	女	园　长	2004.9—2005.8
孙琳琳	女	园　长	2005.9—2008.8
翁瑞程	女	园　长	2008.9—2009.8
叶秀丽	女	园　长	2009.9—2012.12（续）

三魁镇西旸幼儿园

三魁镇西旸幼儿园创办于2009年7月，原名西旸镇幼儿园，是县内第一所农村公办幼儿园。

2009年，县教育局利用原西旸镇中心小学旧校舍改建成幼儿园，共投入资金105万元分别用于教学楼装修、食堂改造、塑胶操场建设、校园绿化及设备购置。9月，招收2—5周岁幼儿143人，设小小班、小班、中班、大班共4个班，教职工12人。2011年春季，幼儿园班级设置调整为小、中、大5个班。8月，从附属西旸镇中心小学分立单独办园，直属县教育局的公办幼儿园，更名为三魁镇西旸幼儿园。

2012年，西旸幼儿园占地面积4625平方米，建筑面积1320平方米，绿化面积1830平方米，户外活动面积3215平方米。幼儿园环境优美，设施设备完善。全园教职员工19人，其中专任教师14人（12人大学学前教育专业，2人大学小学教育专业）；专任教师中本科学历2人，大专学历11人，教师学历合格率达100%。教师平均年龄25.9岁。

创园以来，蔡晓凤任园长。

第三章 小学教育

第一节 发展概况

清光绪二十四年（1898）五月，朝廷下诏，废科举，兴学堂。各省、厅、州、县大小书院一律改为学堂。泰顺县奉诏废科举，倡新学。光绪三十二年，罗阳书院改为敬业高等小学堂，又称城区第一高等小学堂，址设武官坪（县实验小学旧址），生徒49人，原书院主讲潘鸿康出任堂长。宣统元年（1909），筱村包垟林志宏在外洋书斋旧址首办善群小学堂，办学成绩显著，受县学颁发三等金质赏章。宣统二年,浙江省饬令各厅、州、县城镇及人口满1万以上之乡，必须设立识字学塾1所。嗣后，专为年长失学者及贫寒子弟无力就学者而设立简易识字学塾计5所，因经费断源，师资欠缺，未久遂停。

民国元年（1912），县国民政府遵照教育部颁布的《小学教则及课程》规定，改称学堂为学校，并公布改造私塾告示：“私塾非完全教育，自出示后，凡私塾距离小学一里半以内，宜于下学期一律停闭，其无小学之处，须从速增设，将私塾随时取消，无待意存观望碍教育前途。”是年，雅阳百福岩白巢书院（亦称白漕书院）改办为启明两等小学校（含初等和高等两级小学校），校址仍设百福岩周氏宗祠。上半年，全县改设和创办初等小学校12所，其中高等小学校1所（敬业高等小学校），两等小学校1所（启明两等小学校），在校学生计439人。下半年增至18所，在校学生计632人。民国2年，全县设有初等小学校32所，学生1168人，高等小学1所，学生42人，两等小学校1所，学生97人，其中，初级学生72人，高级学生25人。

民国8年（1919）,受“五四”新文化运动影响，县政府在罗阳武官坪创办城区女子小学校，校长冯史臣，教员3人，学制6年，学生计60余人。是年，罗阳敬业高等小学校改为县立第一高等小学（简称“一高”）。

民国13年（1924）,仕阳林肖岩妻卓栖梧自筹经费创办县内第二所女子小学校即仕阳淑德女子小学校。学校借用溪东洋头林全彩房屋为舍，学生18人。学生入学年龄不拘（不连年招生），借用旧书为课本，设有缝纫、针织、刺绣等科目。民国26年，仕阳淑德女子小学校并入仕阳中心国民学校。

民国17年（1928），县内小学开始实行男女同校。是年，县国民政府遵照省国民政府训令，着手整顿、改良私塾，规定小学五年级不准收纳私塾生，各私塾应一律用审定教科书为读本。同年春，县国民政府在莒江上村夏氏宗祠创办县立第二高等小学，原上村同一初级小学并入县立第二高等小学，首任校长包成章。是年秋，改办雅阳百福岩启明两等小学为县立第三高等小学。高等小学各负本该学区辅导之责。

民国18年（1929），全县共有小学62所，居全省倒数第二位。

民国21年（1932）6月，中央国民政府颁布第一期《实施义务教育办法大纲》规定，凡10—16周岁儿童及年长失学者均应入短期小学或短期小学班（附设国民学校内）补授短期义务教育。是年，县内有各类小学55所，227班，学生2750人，学龄儿童（10—16周岁）入学率为11%。

民国22（1933）年，县国民政府在离学校较远的村落设立半日二部制短期小学，学制分一年和二年两种，设早、晚班轮流教学，每次授课2小时。

民国23年（1934），全县划分为4个学区：罗阳为第一学区，县立第一高等小学改为第一中心小学；莒江为第二学区，县立第二高等小学改为第二中心小学；三魁、仕阳和筱村一部分划属第三学区，改归仁区三魁初级小学为第三学区代用中心小学；泗溪、雅阳、彭溪划属第四学区，原雅阳百福岩县立第三高等小学改为第四中心小学。全县4所中心小学计24个班，在校学生404人，教员25人。

民国24年（1935），试办义务教育试验区，规定各中心小学所在地周围1.5公里以内为短期义务教育实验区，试行强迫入学制。是年，全县小学96所，143个班，教师174人，学生4337人。小学毕业生数计495人，其中初小毕业生454人，高小毕业生41人。民国26年，创办简易小学（短期小学），推行二部制，改良私塾，以此扩大容量，加快义务教育的步伐。

民国27年（1938），实行战时教育。县内大部分小学改办为短期小学。时全县有小学164所，192个班，学生增至8074人。城乡举办战时民众学校计62所，战时流动学校1所。民教馆举办1个流动施教团，到各大乡村施行战事宣传教育。

民国29年（1940），实施国民教育制度，乡镇设中心学校，各保设国民学校，原短期小学就近并入中心学校或国民学校。时全县各类小学109所，在校学生6897人。

民国30年（1941），全县乡镇中心小学14所，46个班，学生2037人。保国民学校46所，87个班，学生3273人。是年，县立简易师范学校创办（简称泰师），罗阳书院旧址划归泰师，县立第一中心小学更名为罗阳镇中心小学。

民国32年（1943），实施教育部颁布的《国民学校法》，乡镇中心学校改为中心国民学校，初级小学改为保国民学校。是年，全县38个乡（镇），设中心国民学校14所；341保，设保国民学校71所。8月，罗阳镇中心小学改为泰师附小，学校一切经费列入泰师预算。

民国33年（1944），省行政会议将该年定为“教育年”，3月29日至4月4日定为“教育年运动周”。

民国34年（1945），全县学龄儿童24509人，在校学生10299人，入学率达48.5%。

民国35年（1946），全县各类小学200所，学龄儿童入学率为49.6%。乡中心国民学校和保国民学校均办成人识字班，全县25个乡（镇），293保，失学民众（文盲成人）78050人，入学民众5464人，占总数7%。

民国36年（1947），全县23个乡（镇），总人口163961人。乡（镇）中心国民学校23所，学生3262人；保国民学校197所，231个班，学生4457人。小学教师计525人。全县高小毕业生238人，平均每689人当中有一个高小毕业生。

民国37年(1948)，旧政权岌岌可危，校租收入不足，办学资金匮乏。全县23所乡中心国民学校勉强维持现状，197所保国民学校（包括私立小学）多为半停办状态。

1949年2月21日，经中共鼎平泰中心县委批准，在南溪村成立新民主主义泗溪教育委员会（简称“泗溪教育会”）。是年仲春，中共在南溪兴办县内第一所全日制初级学校。5月，县全境解放，全县划分为泰平区、泰东北区、泰南区、泰西区和城区5个行政区，47个乡（镇），352个行政村。7月，县人民政府接管全县中心国民学校9所，保国民学校98所，在校学生5053人，小学教员260人。是年,改中心国民学校为完全小学，改保国民学校为初级小学。

1950年2月，改莒江小学为县立中心小学。12月23日，县人民政府批复，原泰顺县立简易师范附小改为泰顺县立罗阳小学，恢复龟伏完全小学，新办完全小学4所。是年，全县计完全小学25所，学生3300人；初级小学222所，学生5000人。

1951年，农村土地改革运动开始，贯彻“学校向工农开门”的办学方针。全县小学生中地主、富农子女126人，工农子女及其他劳动人民子女2762人。是年，以区为单位调整校网，全县原有小学高年级44个班（单式37个班、复式7个班）撤并为29个班（其中单式25个班、复式4个班）。调整后，全县区中心小学11所，乡完全小学19所，村初级小学231所，计261所。高年级29个班，初级365个班。

1952年春，全县各类小学318所，425个班，学生14583人。出身工农和其他劳动人民家庭的小学生占总数的比例，从1950年的74.2%提高到90%以上。

1953年，县人民政府按照政务院《关于整顿和改进小学教育》的指示，制定《关于整顿小学教育工作中几个问题的指示》。是年，全县有各类小学311所，其中完全小学29所（区中心小学13所），初级小学282所；公立小学307所，民办小学4所（初小）；全日制310所，半日二部制1所。由于校多生少，造成严重的浪费。鉴于此，县人民政府对各类学校进行整顿，停办75所小学，合并小学高级班14个，撤销春季班，恢复秋季招生始业。是年，全县划分7个行政区，2个区级镇（百丈、罗阳），107个乡，总人口166040人，学龄儿童（7—14周岁）19512人，已入学的8460人，入学率为43.3%。其中超过15周岁的1486人，占13.8%。全县小学师生比例为1：21。

1954年，贯彻“学校向工农开门”办学方针。根据农村分散特点，举办半日制、早班、午班、晚班等不正规学校。全县有小学237所（不包括仕阳区、泗溪区、松东区的民办公助小学），其中罗阳区42所，百丈区48所，筱村区35所，大安区29所，仕阳区29所，泗溪区29所，松东区25所。在校学生计8836人。是年全县流生1328人（其中民办小学流生180人），占在校学生总数的13.4%。高小毕业生339人；初小毕业生782人。小学师生比例1：25。

1956年，县文教局制定《适当发展公立小学，积极发展民办小学，多办二部制或巡回小学的决定》，同时将学区和班级作适当调整，建立健全家长委员会，接受群众对学校的监督。是年，全县小学229所，在校学生16089人（女生4296人），其中，公办初级小学187所（复式241班，单式110班，其中二部制初小二所，学生226人），在校学生13375人（其中女生3828人）；公办完小30所（复式11班，单式57班），在校学生2266人（其中女生468人）；民办初小12所（其中二部制1所，学生31人，复式14班），在校学生448人。7月，县人民委员会（简称“县人委”）为招收更多的工农子女入学，提高师生比例，发挥学校的潜力，决定将学生数过少的30所公办小学予以合并或改为巡回小学。是年，全县受自然灾害影响，小学流生严重。

1958年，泰顺县提出“苦战十天，基本普及小学义务教育”口号。全县各类小学猛增到374所（其中新办民办小学116所，学生2703人），学龄儿童入学率达97%，全县小学教职员工3143人，小学教育得到普及。是年，农村办大食堂，以公社为单位实行大并校，师生吃住在学校，全县小学生由1957年16551人增加到24083人。

1960年，县内灾荒严重，农村粮食困难，学生流失严重。为补救学额不足，实行春季始业。县文教局决定各公社春季招收小学一年级新生500人。其中，罗阳70人、司前50人、百丈70人、筱村70人、大安100人、仕阳100人、泗溪60人、雅阳40人、彭溪40人。

1961年5月，县委将"大跃进"公社化前后转为民办的部分老区和少数民族地区的48所（原公办）小学恢复为公办小学，占全县新老155所民办小学的30%，其中16所转为公办全日制小学，32所改为巡回二部制公办小学，增加公办教师15人。是年，全县有公办、民办小学计255所，在校学生10703人。

1962年，经过调整、合并、公办转民办等一系列措施，全县公办、民办小学计256所，在校小学生11645人。

1964年，贯彻中央 "两种教育制度和两种劳动制度"的指示。全县兴办简易小学（又名耕读小学）272所，286个班，学生3765人。新发展民办小学121所，学生2057人，两项占全县学龄儿童总数20.5%，占全县小学一年级新生招生计划的48%。1965年，全县公办、民办小学计485所，在校学生25376人，入学率91.3%。

1966年10月，"文化大革命"开始，部分乡、区中心小学停课。

1967年10月，学校陆续复课。

1969年5月，温州地区革命委员会在乐清县召开农村教育工作会议，推广乐清县农村小学下放大队管理的经验。

1970年，全县中小学相继建立贫下中农管理学校委员会、工农兵管理学校，广大教师接受贫下中农再教育。是年，民办临时代课老师数量剧增，农村小学普遍附办初中，大批小学骨干教师抽调到中学任教，小学师资力量削弱。

1974年，全县小学增到914所，1691个班，新招小学一年级新生12040人，入学率达93%。1975年，民办小学增到768所，1294个班，在校学生27757人，入学率达89.5%。全县民办教师激增到1303人，占专任教师总数1658人的78.6%。

1977年11月中旬，县委召开全县教育系统揭批江青反革命集团罪行大会，决定取消管理学校的"工宣队""贫宣队"，有关人员撤离学校，返回原单位。

1978年，撤销贫下中农管理学校委员会（小组），全县城乡小学恢复由教育行政部门直接领导管理，6个区教办改为区文教组，作为县文教局派出机构。全县调整学校布局后，小学812所，在校学生41302名，其中学龄儿童34773名，入学率94.69%。专任教师1853人，其中公办教师502人，民办教师1125人，占专任教师总数的60.7%，代课教师226人，占专任教师总数的12.2%。

1980年8月，拨乱反正，贯彻"调整、改革、整顿、提高"八字方针，调整小学设点，全县保留776所小学，学生41955人，入学率93.55%。撤并部分小学后，小学流生占总数11.44%，师生比例为1：21。

1983年，全县撤并40所村级初级小学，招收一年级新生8190人。根据统计，1978年招收小学一年级新生12703人，读完5年，1983年，小学毕业生4420人，每学期学生流生率为15.5%，普及率为34.79%。8月，撤销各区文教组，恢复区中心小学辅导制。

1984年，全县小学调整到731所，在校学生47245人，学龄儿童入学率91.5%。其中1个教师的村级小学405所，10个学生以下的学校有45所。

1986年，按照县人民政府《关于分级办学、分级管理若干规定的实施意见》，明确除县属中小学外，其余中心小学为乡镇办学校，其办学单位是乡（镇）人民政府。村级小学或几个村联合办的小学，其办学单位由乡镇人民政府视具体情况自行确定。9月，市委、市人民政府制定《温州市实行九年义务教育规划和实施意见》，把实施义务教育的措施归纳为七条。12月，全县15个乡镇经过验收合格，基本普及了初等义务教育。

1987年，县教委对学校布局不合理、班级学额不足、师生比例偏低、复式教学班层次过多，造成教育效益低的局面进行全面调整。是年，县罗阳小学更名为县实验小学，作为全县小学教育科研和教学改革的实验基地。

1989年，全县51个乡镇儿童入学率为98.3%，在校学生年巩固率98.85%，小学毕业率98.5%，12—15周岁少年初等教育普及率92.99%。11月，县普及初等义务教育工作经省人民政府检查验收合格。

1978—1990年，全县共撤并304所小学，占小学总数的48.17%，其中撤并10个学生以下小学105所。11~15个学生的小学137所；16—20个学生的小学62所。1990年，全县7—11周岁学龄儿童入学率94.87%，巩固率93.5%；小学毕业生7986人，毕业率96.4%。升入初中4020人，升学率为51.8%。

1991年，全县学龄儿童32568人，入学30684人，入学率94.21%，普及率90%。小学毕业生数6934人，毕业率99.7%。初中一年级招生69个班，3637人，升学率52.5%。12—15周岁少年儿童29210人，读满五年的22188人，普及率90%。是年，全县调整10人以下的微型小学127所，其中撤并96所，改为简易小学13所，改为巡回小学18所。

1992年，县人民政府加大义务教育法的宣传力度，全面实施《泰顺县八年义务教育规划》，社会、学校、家庭逐步明确实施义务教育的法律责任，各级人民政府和有关部门加大普及教育的力度。

1993年，全县10人以下的微型小学有95所，15人以下的115所。

1994年，取消初中二年级改制，调整微型小学、初中和附中设点，调整职业教育班校设置。

1995年，县委、县人民政府制定和部署全县“两基”（基本普及九年义务教育，基本扫除青壮年文盲）工作，相继出台了一系列文件。4月，召开全县教育工作会议，向全县人民发出“全党动员，全民发动，苦战三年，为振兴泰顺教育事业而奋斗”的号召。会议倡导各级人民政府要发扬“砸锅卖铁办教育”精神；各级领导干部和中小学校长要发扬“武训办学”精神；全县人民发扬“省吃一口饭，支持办教育”精神。在 “三种精神”感召下，全县范围内迅速掀起空前的大社会办大教育的热潮。是年，全县7—11周岁儿童25519人，已入学25016人，入学率98.1%；上学年在校生33622人，本学年在校生32130人，巩固率98.9%；原小学毕业班学生7175人，实际毕业生7126人，毕业率99.3%；12—15周岁少年23971人，全日制小学毕业生18037人，结业325人，仍在学4670人，辍学866人，未读过小学7人，普及率95%。

1996年，县教委执行县人民政府《关于制止流生，控制留级的若干规定》，要求学校对15周岁未读满初中的少年采取“插、补、复、扩”（插，插班学习；补，补习班；复，复学；扩，扩大初中班级学额）等办法提高完成率。12月，县人民政府组织普及九年义务教育（简称“普九”）验收组对三魁镇、泗溪镇、罗阳镇、筱村镇、龟湖镇、仙稔乡、下洪乡、大安乡、西旸乡、莒江乡、包垟乡、垟溪乡、黄桥乡13个乡（镇）实施九年义务教育进行检查验收。是年，全县7—11周岁儿童入学率99.38%，比上年提高1.28个百分点；巩固率99%，比上年提高0.76个百分点；升学率96%，比上年提高12个百分点。

1997年5月，县人民政府召开全县“普九”工作会议和“普九”迎验攻坚大会。7月，县人民政府成立县“普九”迎验工作指挥部，加强对“普九”迎验工作的领导和监督，各乡（镇）也先后成立了“普九”迎验工作领导小组和义务教育执法队。是年，7—11周岁儿童入学率99.82%，比上年提高0.44个百分点；巩固率99.77%，比上年提高0.77个百分点；毕业率99.16%，小学毕业生免试就近升入初中就读；14周岁少年的初等教育完成率98.83%，比上年提高3.83个百分点。10月，泰顺县通过省“普九”评估验收组评估验收。

1998年，省人大义务教育法执法检查组到泰顺检查指导，并受省人民政府委托进行“普九”复查，充分肯定泰顺县“普九”巩固提高工作富有成效，复查顺利通过。“普九”通过验收和巩固复查后，县教委要求全县各中小学抓实抓好普及实验教学（下简称“普实”）工作。5月，县教委成立县中小学“普实”领导小组，各乡镇学校相应建立“普实”领导小组，县人民政府办下发《关于加强中小学普及实验教学工作的通知》，明确“普实”工作重要性，并对筹措“普实”经费作了具体规定。11月15—18日，省教委“普实”验收组对泰顺县进行“普实”评估验收并予以通过。是年，珊溪水库主体工程竣工并开始蓄水，库区水域百丈镇、莒江乡、洪口乡的居民按照市人民政府有关规定进行搬迁移民，百丈镇中心小学迁至百丈新镇继续办学。百丈镇、莒江乡、洪口乡库区部分小学停办。

1999年，县内义务教育继续由八年向九年改制，小学入学年龄也逐步从7周岁向6周岁过渡。

2000年9月，市教委印发《关于组织实施温州教育八大工程的通知》（“八大工程”即育才工程、教育强县（镇）工程、示范学校工程、现代教育技术工程、教育扶贫工程、学科建设工程、园丁素质工程、教育形象工程）。县教委要求罗阳镇、三魁镇在2002年实现教育强镇目标。

2001年5月，国务院印发《关于基础教育改革与发展的决定》。暑期，县教委组织全县教职员工学习中央指示精神。是年，全县小学适龄儿童入学率达到99.7%，初中12—14周岁人口入学率97.4%；6—14周岁残疾儿童入学率75%；12周岁学龄儿童初等教育完成率99.02%；17周岁学龄人口初中完成率为90%。

此后几年期间，泰顺县贯彻“调整、改革、整顿、提高”八字方针，对中小学尤其是微型小学校点布局先后进行13次调整。至2003年，全县小学校数已从773所减至166所，共撤除607所（含两所附中），撤除校点占总校数的78.5%。从2004年7月开始，进行寄宿制学校的建设和改进工作。是年秋，全县中小学推行学籍电子化管理，年底完成中小学学籍建库工作。

2005年，全县计有公办小学107所（含九年一贯制学校10所），民办学校3所，小学生25755人，6—11周岁儿童23971人，已入学23914人，入学率99.76%，巩固率99.98%。16周岁少年的初中教育完成率99.7%。6月，县教育局按照省人民政府部署，开始全面实施“农村中小学家庭经济困难学生资助扩面工程”“农村中小学爱心营养餐工程”“农村中小学食宿改造工程”和“农村中小学教师素质提升工程”（简称“四项工程”），目的是改善全省特别是经济欠发达地区农村中小学师生教学和生活条件，保证让广大农村孩子都能“念上书、念好书”。

2006年秋，市教育局、财政局、发展改革委联合下发《关于加强温州市义务教育中小学生免除学杂费管理工作的通知》，按通知，秋季开始，县内义务教育阶段中小学学生学杂费全部免除。

2008年，县委、县人民政府制定《关于坚持教育优先发展争创教育强县的决定》《泰顺县创建省级教育强县实施意见》，全县各级人民政府不断加大教育投入，优化育人环境，形成“政府主导、教育主体、以县带镇、以镇促县、部门参与、社会支持”的创强工作态势。是年，罗阳镇、筱村镇、司前镇、泗溪镇、三魁镇、雅阳镇、黄桥乡通过市人民政府督导室和市教育局“创强”验收。司前镇小、三魁镇小通过市教育局和市人民政府督导室“示范学校”验收。县教育局被评为“温州市2008年度薄弱学校改造工作先进单位”。

2009年，全县小学53所（乡镇中心小学31所，乡镇中心学校附设初中9所，村级小学13所），教学点15个，小学在校生21256人。

2010年4月14日，泰顺县顺利通过省教育强县评估验收。是年，县实验小学通过市人民政府教育督导专家组评估确认，被命名为温州市“第二批现代化学校”。截至2010年，县内共有37所学校通过市教育局“九年制义务教育标准化单位”评估达标验收。2010—2011年度，县教育局连续荣获“温州市教育科学和谐发展业绩考核一等奖”。

2011年，撤并玉西中学、岩上教学点、山峡教学点、秀涧教学点、东溪附中、洲岭附中。

2012年，县教育局按照“高中向中心城区集聚，初中向镇驻地集聚，小学及幼儿园向农村新社区中心集聚”的校网布局调整思路，突出资源优化、就近入学原则，因地制宜地对县城中长期校点布局进行科学规划，对农村规模过小学校实行撤、扩、并，做到既相对集中办学，又符合群众意愿。农村学校低、小、散布局状况得到有效改善，县域教育资源得到优化重组。根据实际撤并南院附中、黄桥小学、严山小学。全县小学适龄人口入学率达到99.99%（初中阶段人口入学率达到99.98%），外来务工子女入学率100%。

民国时期县内小学发展概况表

表3-1-1

年　份	学 校 数	学 生 数
民国元年（1912）	18	632
民国2年（1913）	35	1307
民国6年（1917）	36	1665
民国21年（1932）	55	2750
民国24年（1935）	96	4337
民国27年（1938）	164	8074
民国29年（1940）	109	6897
民国36年（1947）	220（包括私立小学）	7719（不包括私立小学学生）

1990年全县小学基本情况一览表

表3-1-2

行政区别	乡镇中心小学	学校名称	班级数	学生数	教职工数	占地面积（平方米）	建筑面积（平方米）
雅阳区	东安乡中心小学	东安乡小	5	180	9	1600	570
		底垟小学	1	22	1	530	30
		坑底垟小学	1	10	1	330	30
		北斗小学	1	14	1	400	25
		隘门小学	1	13	1	—	—
		岩头岭小学	1	11	1	200	30

续表3-1-2

行政区别	乡镇中心小学	学校名称	班级数	学生数	教职工数	占地面积（平方米）	建筑面积（平方米）
雅阳区	东安乡中心小学	莲头小学	4	138	6	1000	280
		梅林小学	1	11	1	270	40
	东岭乡中心小学	东岭乡小	5	167	8	800	400
		国岭小学	5	175	7	600	270
		东桥小学	5	161	7	700	300
		梧村小学	3	71	3	500	140
		上柘头小学	1	18	1	300	200
		山头仔小学	1	11	1	200	50
	柳峰乡中心小学	柳峰乡小	5	216	8	2000	—
		山茶岚小学	2	46	2	480	290
		高场小学	2	41	2	440	269
		新庄小学	2	73	3	620	170
	雅阳镇中心小学	雅阳镇小	13	588	29	6200	1748
		雅南小学	5	225	9	959	469
		沐峰小学	5	169	7	874	435
		雅北小学	5	162	6	1051	463
		吴家墩小学	5	152	6	1253	546
		新久小学	4	104	4	783	203
		雅阳溪小学	3	76	3	425	139
		下村小学	2	52	2	640	85
		新登小学	2	44	2	348	168
		柘头小学	2	43	2	209	106
		普上垟小学	1	11	1	192	50
		青竹垟小学	1	13	1	197	105
		排岭小学	1	19	1	130	55
	松垟乡中心小学	松垟乡小	5	201	8	733	420
		上仁小学	5	125	6	600	600
		半岭小学	1	9	1	100	60
	秀涧乡中心小学	秀涧乡小	5	131	7	800	252
		下村完小	5	125	6	800	305
		灵家山小学	1	20	1	660	80
		乾头仔小学	1	20	1	680	80
		古铜坑小学	1	10	1	330	60
		天门下小学	1	10	1	360	70
罗阳镇	岭北乡中心校	岭北乡小	6	182	11	1200	711
		关漈后小学	1	23	1	200	248
		翁溪小学	1	19	1	266	136
		道均垟小学	2	37	2	200	183
		白岩小学	1	6	1	66	54
		北峰小学	2	46	2	200	255
		上垟小学	3	66	3	266	276
		西山小学	2	42	2	266	355
		板场小学	2	46	2	400	315

续表3-1-2

行政区别	乡镇中心小学	学校名称	班级数	学生数	教职工数	占地面积（平方米）	建筑面积（平方米）
罗阳镇	岭北乡中心校	半岭小学	1	24	1	133	182
		陈家垟小学	1	17	1	133	115
	仙稔乡中心校	仙稔乡小	4	121	9	1068	824
		岭下小学	1	15	1	167	167
		书院小学	1	11	1	201	95
		垟畴小学	1	14	1	527	278
		春阳小学	1	20	1	70	70
		下稔小学	5	162	8	1059	534
		上稔小学	5	102	6	728	396
		百丈岭小学	1	23	1	292	127
		三滩小学	3	55	3	460	298
		圆台角小学	1	28	2	233	83
		竹家山小学	1	6	1	168	144
		山头仔小学	1	8	1	借用校舍	
	岳巢乡中心校	岳巢乡小	9	307	22	2449	1850
		下寮溪小学	1	14	1	204	382
		杨家岭小学	1	5	1	77	155
		吴家山小学	1	23	1	252	164
		月山下小学	1	11	1	82	162
		后山小学	1	8	1	158	217
		赤坑小学	5	92	4	471	430
		长垄小学	1	8	1	50	100
		寮下小学	1	22	1	151	179
		山交小学	1	9	1	197	191
		岩下小学	1	7	1	117.5	115
		林水垟小学	1	8	1	—	借用
		胡家坪小学	1	11	1	145	110
		江渡小学	1	17	1	—	—
		袁家地小学	1	68	1	107	129
		豆腐岭小学	1	8	1	—	—
	南山乡中心校	南山乡小	5	113	10	1200	777
		岩头垟小学	1	9	1	67	58
		七丘小学	1	18	1	134	144
		章后小学	1	13	1	134	312
		山底小学	1	17	1	200	209
		横岗小学	3	91	4	470	324
		大岭小学	1	14	1	134	119
		半路小学	1	10	1	134	176
	南院乡中心小学	南院乡小	7	200	13	1666	1117
		北坑小学	1	17	1	160	110
		察溪小学	5	105	5	606.7	371
		桂坪小学	1	26	1	460	145
		山头仔小学	1	16	1	400	158

续表3-1-2

行政区别	乡镇中心小学	学校名称	班级数	学生数	教职工数	占地面积（平方米）	建筑面积（平方米）
罗阳镇	南院乡中心小学	下井小学	1	17	1	100	67
		叶盛坑小学	1	22	1	233	192
		张狮小学	1	14	1	46	88
		毛垟小学	3	73	4	653	428
		漈坪岗小学	1	16	1	346	193
		彭畲小学	2	40	2	133	260
		三贯小学	2	47	2	106.6	126
		岩坪小学	1	13	1	120	132
		竹坪小学	1	31	1	—	192
		棠坪小学	2	35	2	153	331
		外垟小学	1	12	1	200	132
		育秀坑小学	1	16	1	146	73
		榅垟小学	1	18	1	400	176
	罗阳镇中心小学	罗阳镇小	14	759	43	5426	1883
		江家山小学	3	44	3	294	332
		黄湖小学	2	40	2	112	183
		马头岗小学	2	19	2	80	160
		樟树垟小学	1	8	1	民房	借用
		白溪小学	2	26	2	100	201
		山头垄小学	1	10	1	64	120
		葛绳岭小学	1	7	1	80	160
		溪底寮小学	1	12	1	73	73
		毛竹下小学	1	19	1	166	248
		东溪头小学	1	12	1	114	228
		三垟坪小学	1	11	1	37	70
		北外小学	6	189	15	272	544
泗溪区	泗溪镇中心小学	泗溪镇小	8	287	21	3333	1183
		下桥小学	5	264	11	1333	976
		玉岩小学	5	176	6	2266	432
		溪源小学	4	101	4	800	338
		半溪小学	3	79	3	533	320
		沈山小学	1	15	1	—	49
		上院小学	1	11	1	借用	—
		牛坑小学	1	12	1	866	60
	南溪乡中心小学	南溪乡小	7	279	13	2133	751
		前坪小学	5	209	8	920	554
		企石小学	3	74	4	260	117
		秀垟小学	2	62	2	426	188
		洪坑小学	2	45	2	480	140
		半地垟小学	2	45	2	693	216
		金竹坑小学	3	76	3	353	192
		苏家坑小学	1	15	1	153	148
		高畲小学	1	21	1	66	100

续表3-1-2

行政区别	乡镇中心小学	学校名称	班级数	学生数	教职工数	占地面积（平方米）	建筑面积（平方米）
泗溪区	凤垟乡中心校	凤垟乡小	6	210	9	1506	969
		州路小学	5	189	8	1249	482
		西溪小学	5	151	7	1173	443
		梨树垟小学	2	60	2	533	340
		吾峰小学	4	102	4	429	274
		里垟小学	2	55	2	613	270
		垟头小学	1	36	1	522	272
		乾头小学	2	53	2	686	324
		后斜小学	2	53	2	134	93
		坑下小学	1	24	1	142	202
		下村垟小学	1	19	1	255	289
		底垟仔小学	1	6	1	28	28
	九峰乡中心小学	九峰乡小	4	158	6	1066	362
		前坪仔小学	2	49	2	97	172
		塆头小学	1	17	1	114	165
		山后小学	1	18	1	106	174
		古院小学	1	12	1	84	54
		半岗小学	1	18	1	122	185
		桥头小学	1	22	1	81	46
		九里潭小学	1	19	1	84	63
		白柯湾小学	1	23	1	124	189
	横坑乡中心小学	横坑乡小	7	296	12	1866	422
		池源小学	4	101	4	533	264
		春臼坑小学	2	45	2	266	354
		大坪小学	1	21	1	133	90
		坟岭小学	1	19	1	133	166
		坑头小学	2	45	2	200	93
		华垟小学	2	47	2	266	361
		华垟山小学	1	10	1	133	96
	玉西乡中心小学	玉西乡小	5	162	9	1200	1088
		石门小学	2	51	2	306	340
		上寮小学	2	45	2	657	504
		斋堂小学	1	21	1	560	380
		沙岭小学	1	21	1	372	300
		高畲垟小学	1	12	1	80	72
		白岩下简易小学	1	8	—	30	25
彭溪区	峰文乡中心小学	峰文乡小	4	150	8	1000	450
		董家坪小学	2	32	2	460	150
		双溪口小学	1	11	1	300	70
		伙爬岭小学	1	15	1	300	50
		钓鱼坑小学	1	12	1	330	70
		峰坳小学	1	11	1	300	65

续表3-1-2

行政区别	乡镇中心小学	学校名称	班级数	学生数	教职工数	占地面积（平方米）	建筑面积（平方米）
彭溪区	月湖乡中心小学	月湖乡小	7	301	8	2666	672
		柘下小学	4	93	5	666	252
		东云小学	1	15	1	133	70
		隘门小学	1	30	1	200	70
		银洞小学	1	20	1	200	40
		外炉小学	1	11	1	333	50
		半岭小学	1	15	1	200	40
		西关小学	2	51	2	400	120
	彭溪乡中心小学	彭溪乡小	7	254	16	3593	1531
		内板山小学	1	11	1	333	80
		外板山小学	1	13	1	550	150
		矴步脚小学	1	7	1	350	70
		香菇寮小学	1	11	1	600	150
		岭头小学	1	6	1	120	70
		黄竹篷小学	1	—	—	—	—
		昌基小学	1	—	—	—	—
		内垟小学	1	—	—	—	—
	富垟乡中心小学	富垟乡小	6	231	11	4000	614
		车头小学	5	112	5	333	132
		均山小学	3	72	3	466	120
		富山小学	1	26	1	133	80
		半坑小学	1	12	1	133	40
		大湖小学	1	23	1	200	60
		黄坭坪小学	1	11	1	66	30
	五里牌乡中心小学	五里牌乡小	7	255	11	1000	711
		官引小学	4	80	4	600	220
		官坑小学	3	46	2	82	120
		玉塔小学	3	45	2	200	180
筱村区	东垟乡中心小学	东垟小学	10	423	28	3666	1165
		坑边小学	8	323	16	4219	1458
		北坑小学	2	40	2	488	393
		新楼小学	1	16	1	473	422
		大场小学	1	27	1	363	340
		翁山岭小学	1	7	1	113	177
		石柱小学	1	10	1	320	42
		徐岙小学	1	14	1	395	364
		小岭小学	1	9	1	350	42
		小岭头小学	1	7	1	300	72
	翁山乡中心小学	翁山乡小	7	234	13	2666	654
		梨垟小学	3	61	3	1066	350
		坑底小学	3	62	3	800	236
		山峡小学	6	201	11	667	415
		和平小学	3	86	4	667	295

续表3-1-2

行政区别	乡镇中心小学	学校名称	班级数	学生数	教职工数	占地面积（平方米）	建筑面积（平方米）
筱村区	翁山乡中心小学	底畲小学	1	20	1	267	127
		新源小学	1	23	1	400	141
		华桐小学	1	16	1	334	94
	联云乡中心小学	联云乡小	7	203	13	200	1080
		桥头垟小学	3	72	3	434	340
		岩培小学	2	45	2	160	110
		包坑小学	2	45	2	1086	524
		山后坑小学	1	15	1	79	120
		石柱小学	1	10	1	75	70
		黄山背小学	1	15	1	90	80
		吴源小学	2	40	2	167	100
		新畲小学	2	49	2	120	97
		山碓坑小学	2	42	2	—	借用
	新山乡中心小学	新山乡小	7	253	14	1500	380
		桥头溪小学	5	121	5	186	346
		白牛坑小学	1	13	1	124	180
		黄山小学	1	8	1	60	120
		蒲垟小学	1	22	1	115	188
		陈山小学	1	9	1	80	80
		后坪小学	1	19	1	88	164
	南浦乡中心小学	南浦乡小	5	133	11	1466	1198
		潘垟小学	3	72	3	370	370
		丰收小学	1	16	1	120	120
		南峤小学	5	144	7	702	731
		龙前小学	1	19	1	270	270
		新厂小学	2	43	2	290	580
		丰当山小学	1	10	1	50	50
		大岗小学	1	17	1	158	283
		周山小学	1	12	1	56	56
		茶园小学	1	11	1	90	90
		孙坪小学	4	98	5	411	747
		周坑小学	1	22	1	65	130
		新田小学	1	18	1	60	60
		吴山小学	1	16	1	98	186
		山后小学	1	17	1	42	42
	葛垟乡中心小学	葛垟乡小	7	191	12	1866	933
		五蒲小学	5	117	7	1630	438
		东山小学	3	66	3	560	408
		下村小学	1	15	1	315	147
		葛垟小学	2	45	2	494	224
		下垟小学	1	22	1	414	332
		下垟坪小学	1	22	1	294	224
		岩滦头小学	1	15	1	114	142

续表3-1-2

行政区别	乡镇中心小学	学校名称	班级数	学生数	教职工数	占地面积（平方米）	建筑面积（平方米）
筱村区	葛垟乡中心小学	九架小学	1	11	1	347	280
		潭头山小学	1	11	1	180	54
	玉溪乡中心小学	玉溪乡小	5	143	9	466	470
		下园小学	1	23	1	95	91
		林山小学	1	18	1	100	96
		王家山小学	1	26	1	95	154
		王家塘小学	1	11	1	68	66
		惟墩小学	1	7	1	101	80
		前山小学	1	11	1	44	42
三魁区	三魁镇中心小学	三魁镇小	13	514	29	2066	1337
		刘宅小学	5	162	7	866	392
		黄沙坑小学	5	121	6	800	364
		秀溪边小学	2	65	2	133	112
		陈垟小学	1	12	1	133	75
		西呑小学	2	39	2	333	291
		薛内小学	2	49	2	666	316
		金边坑小学	1	9	1	133	158
		坑尾小学	2	30	2	333	304
	夏炉乡中心小学	夏炉乡小	5	143	8	1333	848
		塔头小学	1	15	1	160	95
		夏家山小学	2	45	2	333	176
		水车垟小学	2	40	2	366	248
		金狮小学	1	20	1	346	180
		杨梅垄小学	1	20	1	413	180
		丹小巡回点	1	9	1	133	300
	洲岭乡中心小学	洲岭乡小	10	384	17	1533	1308
		横溪小学	1	11	1	180	160
		溪头小学	1	12	1	200	120
		长坑小学	1	14	1	240	240
		横溪底小学	2	40	2	120	188
		黄客乾小学	1	16	1	140	96
		黄家垟小学	1	18	1	466	100
		苏家山小学	1	10	1	166	80
		上庄小学	1	17	1	333	120
		三条华小学	1	15	1	133	105
		岭头小学	1	13	1	200	80
		弯门小学	1	10	1	66	40
		石岭小学	4	102	5	286	564
		上舟垟小学	5	120	4	借用	–
		下舟垟小学	4	74	6	220	432
		宅里小学	4	81	4	966	442
		马潦岭小学	1	10	1	133	84
		长僻小学	1	11	1	166	120

续表3-1-2

行政区别	乡镇中心小学	学校名称	班级数	学生数	教职工数	占地面积（平方米）	建筑面积（平方米）
三魁区	洲岭乡中心小学	岩坑小学	1	13	1	100	45
		半路小学	2	42	2	320	120
		上半山小学	1	12	1	166	120
	垟溪乡中心小学	垟溪乡小	6	209	15	1333	288
		富家垟小学	5	123	6	1333	324
		前垟小学	1	17	1	133	68
		大山小学	1	13	1	333	90
		黄莲山小学	1	23	1	333	270
		石塍小学	1	23	1	333	200
		溪斗小学	1	19	1	133	60
		山后小学	1	7	1	—	—
		坑斗小学	2	39	2	200	160
		占垟仔小学	1	25	1	200	80
		后头小学	2	44	2	266	240
		彭坑垟小学	3	65	3	933	450
		叶家山（简易点）	1	26	1	266	240
		可溪小学	3	65	3	533	320
		余坑小学	2	39	2	533	320
	西旸乡中心小学	西旸乡小	9	352	18	6533	888
		叶瑞旸小学	5	140	6	400	378
		竹宅小学	1	13	1	80	80
		晓旸坑小学	1	17	1	200	240
		川山小学	1	18	1	666	70
		官村小学	1	6	1	66	60
		老鹰岩小学	2	53	2	533	266
		竹底小学	2	42	2	133	120
		王家垟小学	1	23	1	4000	123
		底西坑小学	3	70	3	200	280
		外西坑小学	5	120	5	200	120
		竹林头小学	1	7	1	666	30
		黄沙地小学	1	12	1	160	120
		蓑衣山小学	1	10	1	80	80
	大安乡中心小学	大安乡小	10	379	18	1866	864
		大丘坪小学	5	172	7	1334	470
		上后垟小学	5	153	7	2000	712
		下后垟小学	2	61	2	666	320
		罗汉小学	2	41	2	533	180
		大岗后小学	2	38	2	533	100
		洪岭头小学	2	47	1	266	256
		南山下小学	1	7	1	200	60
	下洪乡中心小学	下洪乡小	10	394	17	4426	361
		旺坑小学	2	38	2	66	224

续表3-1-2

行政区别	乡镇中心小学	学校名称	班级数	学生数	教职工数	占地面积（平方米）	建筑面积（平方米）
三魁区	下洪乡中心小学	下庄小学	2	30	2	200	213
		凤垟小学	2	34	2	200	117
		四架小学	1	14	1	—	—
		洪溪尾小学	4	85	4	133	289
		溪边小学	1	15	1	66	80
		上洪小学	5	124	6	800	580
		贝谷小学	2	67	2	—	—
		龙井坑小学	2	41	2	66	208
		大溪源小学	1	15	1	66	84
		下彩小学	3	68	3	286	289
		彭家山小学	1	10	1	66	64
	戬州乡中心小学	戬州乡小	7	302	15	2026	1049
		彭家堡小学	5	107	5	213	1049
		官垟小学	2	49	2	473	107
		曲尺潭小学	5	121	6	220	428
		上武垟小学	3	57	3	213	391
		庵前小学	4	95	5	宗祠	—
		下武垟小学	4	82	5	433	408
		赤沙小学	1	8	1	266	129
仕阳区	东溪乡中心小学	东溪乡小	8	298	14	2886	1243
		后宅垟完小	5	155	7	672	336
		秀溪完小	5	152	7	1000	320
		前坪小学	1	11	1	借用	民房
		徐家庄小学	2	43	2	100	80
		岭头坪小学	2	44	2	刘氏宗祠	—
		大岗小学	1	12	1	105	42
		圆潭面小学	1	10	1	借用	民房
		炉后小学	1	9	1	72	60
		山头仔小学	1	12	1	72	60
		竹下岭小学	1	13	1	借用	民房
		蔡宅底小学	1	17	1	142	108
		杨梅坪小学	1	12	1	借用	民房
	万排乡中心小学	万排小学	5	146	8	1572	414
		上排小学	4	101	4	210	105
		下排小学	5	151	5	768	336
		王家垟小学	1	19	1	150	75
		高畲小学	1	16	1	150	75
		湖头小学	1	6	1	150	70
		大园小学	1	14	1	100	58
	龟湖乡中心校	龟湖乡小	8	292	13	1866	1518
		乾山小学	1	11	1	66	108
		龟林小学	3	74	3	266	288
		龙漩小学	1	6	1	借用	民房

续表3-1-2

行政区别	乡镇中心小学	学校名称	班级数	学生数	教职工数	占地面积（平方米）	建筑面积（平方米）
仕阳区	龟湖乡中心校	叶岭小学	1	30	1	133	138
		南岭尾小学	1	11	1	133	262
		北岭小学	1	17	1	133	122
		岗尾小学	1	18	1	133	124
		外岗小学	1	10	1	66	80
		白岩小学	1	14	1	200	352
		竹坪小学	1	11	1	26	54
		徐家山小学	1	18	1	133	103
		秀溪岭小学	1	10	1	66	53
		郑家庄小学	2	54	3	133	132
	后章乡中心小学	后章乡小	5	150	9	733	296
		陈海垟小学	1	17	1	200	106
		山底垟小学	1	14	1	—	借用
		石涧湾小学	2	41	2	133	116
		下坪仔小学	1	13	1	66	72
		后章岗小学	2	42	2	266	58
		应家山小学	1	13	1	200	68
		龙垟小学	2	45	2	借用	—
		槽底坑小学	1	10	1	333	187
		茶坪坑小学	1	19	1	66	31
		山头小学	1	21	1	66	82
		山架小学	1	16	1	66	36
	积库乡中心小学	积库乡小	6	232	8	2666	577
		九榜小学	1	10	1	借用	民房
		吾坪小学	2	45	2	133	120
		黄淡漈小学	3	74	3	333	106
		后坑小学	1	10	1	266	70
	章成乡中心小学	章成乡小	7	150	16	4600	1153
		山谷垟小学	2	43	2	866	339
		月山小学	1	11	1	66	88
		龟垟小学	3	73	3	600	369
		大山小学	1	8	1	66	82
		上林垟小学	3	75	3	333	270
		林垟小学	2	42	2	200	267
		李家山小学	1	9	1	133	132
		双神小学	4	71	4	400	283
		赤泥小学	1	7	1	200	128
		将军炉小学	1	11	1	600	122
	仕阳镇中心小学	仕阳镇小	11	416	27	4473	1880
		严山小学	6	220	7	466	117
		早阳小学	5	171	7	646	252
		赵垟小学	4	100	4	140	39
		桥底小学	5	119	5	93	145

续表3-1-2

行政区别	乡镇中心小学	学校名称	班级数	学生数	教职工数	占地面积（平方米）	建筑面积（平方米）
仕阳区	仕阳镇中心小学	园岩小学	2	47	2	133	50
		翁地小学	1	12	1	160	85
		苧坑小学	1	19	1	266	95
		沙丘小学	1	14	1	533	334
		龟垟岭小学	1	8	1	800	72
		南坑小学	1	10	1	866	148
		垟西尾小学	1	9	1	1800	368
		大丘林小学	1	8	1	借用	—
		大岗岚小学	1	18	1	借用	—
		杨梅岭小学	1	13	1	133	112
		山楼小学	1	8	1	146	140
	雪临乡中心校	雪临乡小	5	171	9	2653	483
		山前小学	3	70	3	80	120
		下堡小学	2	45	2	116	116
		北斗小学	1	10	1	160	160
		坑兜岚小学	2	46	2	119	143
		石马下小学	1	13	1	88	88
		桐岚小学	1	13	1	52	52
		上垟小学	2	52	2	88	127
		堂众山小学	1	6	1	民房	借用
	雪溪乡中心校	雪溪乡小	6	194	12	2653	850
		铁炉坑小学	2	41	2	353	154
		武岭小学	5	124	5	800	401
		垟面小学	2	46	2	426	306
		富头小学	1	16	1	73	122
		焦溪小学	1	12	1	借用	—
		排山小学	1	10	1	借用	—
		岩溪小学	3	74	3	346	291
		大龙口小学	3	76	3	493	258
	章坑乡中心小学	章坑乡小	9	301	16	2668	783
		龙头小学	5	186	8	334	160
		双路小学	5	141	6	467	320
		柘头小学	4	112	4	667	310
		山潮小学	1	22	1	借用	—
		高排小学	2	8	1	67	20
司前区	司前乡中心小学	司前乡小	9	337	21	2666	1195
		左溪小学	3	75	3	376	214.2
		溪口小学	4	123	4	1169	769.3
		筱条小学	2	45	2	585	183.5
		大柱小学	1	21	1	139	139
		林山小学	1	18	1	110	48
		黄步小学	1	14	1	116	60
		章庄小学	1	10	1	165	97

续表3-1-2

行政区别	乡镇中心小学	学校名称	班级数	学生数	教职工数	占地面积（平方米）	建筑面积（平方米）
司前区	司前乡中心小学	垟斜小学	1	8	1	215	50
		芭蕉弯小学	1	10	1	44	48
	碑排乡中心小学	碑牌乡小	5	133	6	600	162
		五斗小学	2	45	2	—	—
		联山小学	1	19	1	—	—
		夏段小学	1	12	1	—	—
		龙尾坑小学	1	5	1	—	—
		黄家岱小学	1	12	1	—	—
		北山小学	1	30	1	—	—
		粗山小学	1	11	1	—	—
		大岗小学	2	44	2	—	—
		恩坑小学	2	41	2	—	—
		张山排小学	1	11	1	—	—
		板岱头小学	1	13	1	—	—
	黄桥乡中心小学	黄桥乡小	5	142	9	1130	529
		炉西小学	1	17	1	157	80
		小燕小学	2	34	2	272	105
		横路小学	1	8	1	65	40
		黄山小学	1	25	1	254	96
		陈吴坑小学	1	9	1	65	32
		桥头岗小学	1	11	1	40	40
		石章坑小学	1	6	1	130	80
		苍头小学	1	17	1	80	80
		墨斗住小学	1	7	1	—	—
		苦竹井小学	1	16	1	118	68
	里光乡中心小学	里光乡小	4	129	15	866	1227
		上地小学	3	99	4	195	368
		坑头小学	2	43	2	120	200
		和庄小学	2	45	2	193	225
		叶山小学	2	47	2	163	163
		路头小学	1	17	1	102	184
		杨寮小学	1	20	1	64	122
		上井小学	1	28	1	200	400
		新桥小学	1	16	1	37	37
		垟心小学	1	27	1	49	89
		恩坑小学	1	11	1	45	45
		竖半天小学	1	7	1	100	200
	竹里乡中心小学	竹里乡小	6	180	14	2000	1208
		石角坑小学	1	16	1	262	206
		后坑小学	1	16	1	148	135
		茶坪小学	1	21	1	352	88
		黄泥岱小学	1	16	1	220	120
		徐坑小学	1	11	1	182	111

续表3-1-2

行政区别	乡镇中心小学	学校名称	班级数	学生数	教职工数	占地面积（平方米）	建筑面积（平方米）
司前区	竹里乡中心小学	坑头小学	1	24	1	145	88
		何宅垟小学	1	20	1	28	28
		何宅小学	1	16	1	288	57
百丈区	岩上乡中心小学	岩上乡小	5	130	9	—	—
		卓尾垟小学	2	41	2	313	62
		大岭小学	1	13	1	227	148
		涂坑小学	3	70	3	333	463
		银珠坑小学	1	20	1	266	160
		双板桥小学	1	10	1	80	110
	包垟乡中心小学	包垟乡小	8	307	14	4223	922
		横溪小学	4	77	4	333	140
		马漈小学	2	46	2	400	102
		林岙小学	2	44	2	400	170
		小院小学	2	44	2	333	105
		新垟小学	2	42	2	467	104
		少年垟小学	1	14	1	400	126
		小院底小学	1	18	1	267	100
		涂山头小学	1	11	1	267	126
		白云小学	1	11	1	267	126
	莒江乡中心小学	莒江乡小	9	280	15	5066	3035
		江口小学	4	100	6	666	360
		交溪小学	1	11	1	—	—
		斜坑小学	1	22	1	99	85
		仁石小学	1	19	1	99	85
		求具小学	1	18	1	86	86
		叶山小学	2	39	2	206	120
		横山小学	2	48	2	426	100
		叶寮小学	1	16	1	153	72
		岭头垟小学	1	14	1	99	80
		夏山小学	2	42	2	1066.7	215
		木湾小学	1	8	1	160	76
		上宅小学	1	9	1	73	31
		村头小学	1	8	1	160	76
	洪口乡中心小学	洪口乡小	5	146	13	3533	684
		下坡小学	1	8	1	100	60
		山后小学	1	38	2	600	200
		大山小学	1	26	1	132	75
		秀洪小学	1	14	1	100	80
		马鬃岗小学	1	10	1	借用	—
		阳山小学	2	39	2	210	246
		深渡小学	1	11	1	120	60
		下周山小学	1	16	1	250	125
		沙坑小学	1	16	1	550	90

续表3-1-2

行政区别	乡镇中心小学	学校名称	班级数	学生数	教职工数	占地面积（平方米）	建筑面积（平方米）
百丈区	洪口乡中心小学	小岭小学	1	13	1	132	60
		外垄坪小学	1	8	1	100	50
	峰门乡中心小学	峰门乡小	4	110	6	288	60
		朱岭小学	1	9	1	133	80
		花田小学	1	7	1	133	80
		石郎小学	1	11	1	133	125
		石柱小学	1	14	1	133	60
		峰门小学	1	5	1	133	77
		垟头小学	4	72	4	999	410
		方山小学	1	12	1	133	60
		呈坑小学	1	13	1	67	60
		左窟小学	1	10	1	133	40
		严庄垟小学	1	20	1	133	90
		何宅坑小学	1	19	1	133	55
		黄山底小学	1	11	1	133	62
	黄坑乡中心小学	黄坑乡小	6	172	11	3000	750
		台石小学	2	36	2	132	60
		吴坑小学	1	17	1	132	56
		金坑小学	1	19	1	66	80
		恭坑小学	1	18	1	266	20
		南峰小学	1	19	1	266	54
		叶山寮小学	1	19	1	132	60
		林山小学	1	9	1	66	20
		岭头垟小学	1	7	1	66	45
		潘庄小学	1	7	1	132	30
		项坑小学	1	9	1	66	32
		周山小学	1	5	1	66	24
	百丈镇中心小学	百丈镇小	6	259	13	5734	1734
		尖头垟小学	1	9	1	60	40
		陈庄小学	2	42	2	220	66
		下革小学	1	25	1	167	250
		严公垟小学	1	9	1	140	88
		朱垟小学	2	48	2	560	240
		东岸小学	1	13	1	60	80
	合计		1362	35182	1857	294133.5	141709

2012年全县小学基本情况表

表3-1-3

学区	学校名称	班级数	学生数	教职工数	专任教师数
县教育局直属	县实验小学	61	2429	163	128
	新城学校	24	1104	67	67
	育才小学	45	1752	192	124
	培智实验学校	3	29	10	8

续表3-1-3

学区	学校名称	班级数	学生数	教职工数	专任教师数
罗阳	罗阳镇中心小学	25	1280	81	74
	横岗教学点	4	20	1	1
	罗阳镇第二中心小学	27	1175	70	67
	南院中心小学	6	119	35	34
	岭北中心小学	5	46	14	13
	仙稔中心小学	6	41	13	12
	三滩教学点	2	15	5	5
	下稔教学点	6	49	8	8
	下洪中心小学	12	388	41	38
	洲岭中心小学	6	135	16	15
司前百丈	司前镇小	22	948	74	71
	黄桥中心小学	4	17	10	10
	百丈镇中心小学	6	38	26	26
	包垟中心学校	6	110	22	21
筱村	筱村镇中心小学	7	242	27	26
	筱村镇第二中心小学	13	538	37	35
	新浦中心小学	7	253	30	30
	翁山中心小学	6	134	18	18
	山峡教学点	—	—	—	—
	联云中心小学	6	97	14	14
泗溪	泗溪镇中心小学	21	1002	58	58
	泗溪镇第二中心小学	8	277	26	26
	凤垟中心小学	6	200	18	18
	洲路小学	6	52	9	9
	九峰中心小学	6	125	20	15
	横坑中心小学	6	146	14	14
	东溪中心学校	6	144	19	18
	积库小学	6	50	9	9
雅阳彭溪	雅阳镇中心小学	27	1335	71	70
	松垟中心小学	6	119	16	16
	柳峰中心小学	10	247	27	23
	东梧小学	6	136	4	4
	东岭小学	6	32	6	6
	彭溪镇中心小学	11	354	30	30
	富垟小学	6	98	10	10
	五里牌小学	6	114	11	11
	月湖中心小学	6	176	16	16
	峰文中心小学	6	41	11	11
仕阳	仕阳镇中心小学	21	921	63	61
	严山教学点	—	—	—	—
	章成小学	6	32	10	10
	仕阳镇第二小学	6	226	26	25
	雪溪中心小学	6	180	18	17
	万排中心小学	6	61	15	15
	龟湖中心学校	12	346	41	40

续表3-1-3

学区	学校名称	班级数	学生数	教职工数	专任教师数
三魁	三魁镇中心小学	24	1052	78	71
	夏炉教学点	6	91	5	5
	三魁镇第二中心小学	6	146	21	20
	西旸中心小学	12	339	41	40
	大安中心小学	6	248	23	22
	大丘坪小学	6	109	9	9
	垟溪中心学校	6	165	19	17
	合计	587	19523	1718	1561

第二节　德　育

清末，县内小学堂以“忠孝为敷教之本，礼法为训俗之方，随时约束和平之规矩，教以平情公道，不可但存私吝，以求含于爱众亲仁恕以及物之旨”为教育目标。女子小学堂则教育学生孝悌、慈爱、端敬、贞淑、信实、勤俭诸美德，渐及对国家、对民族之责任。县内小学堂设修身和读经讲经课，通过课堂教学对学生进行道德要义和政治知识教育。各小学堂内都订有各种规章制度约束学生。学堂由堂长、教员或学监稽查学生出入，考察学生功课勤懒及一切起居动作，并将品行列为考核内容，随处稽查评其等第，酌情奖励。

民国元年—16年（1912—1927），县内各小学以“孝悌、亲爱、信实、义勇、恭敬、勤俭、清洁”教育学生，导以实践，渐及对于社会国家之责任，以激发学生进取之志，养成爱群爱国之精神。

民国18年（1929），县内学校强化三民主义教育，以三民主义主要观念教育学生，注重伦理知识的传授及实践，以养成学生忠孝、仁爱、信义、和平之德性。

民国20年（1931），“九一八”事变后，县内各小学以救国教育为中心开展爱国教育、国防教育。

民国25年（1936），县内开始推广“礼义廉耻、忠孝仁爱、信义和平”及整齐、清洁、简单、朴素为主要内容的德育教育。

民国29年（1940），奉令实施国民教育。小学教育宗旨为：注意民族意识、国家观念、国民道德之培养及身心健康之训练，并应切合实际需要；养成自卫、自治之能力，授以生产必须之知识技能。

抗日战争时期，县内各小学校实施战时教育，以“发展儿童身心，培养其健全体格，陶冶其良善德性，教授以生活之基本智能”为任务。

中华人民共和国成立初期，根据《共同纲领》规定，把“爱祖国、爱人民、爱劳动、爱科学、爱护公共财物”作为思想政治教育的基本任务。学校取消训育制度和公民、童子军等科目，进行反帝、反封建、反官僚资本主义的新民主主义教育。

1951年下半年开始，全县各小学开展“抗美援朝、保家卫国”的爱国主义和国防教育。学校掀起捐钱捐物的爱国热潮。各校开展向中国人民志愿军学习，向战斗英雄杨根思、罗盛教、邱少云、黄继光学习活动。教育学生以爱国热情学好各门功课，练好本领，将来报效祖国。

1952年3月，教育部颁布的《小学暂行规程（草案）》对德育的目标规定为：“使儿童具有爱国思想、国民公德和诚实、勇敢、团结、互助、遵守纪律等优良品质。”县内各校结合民主反霸、土地改革、镇压反革命，进行阶级与阶级斗争教育；结合抗美援朝，进行反侵略、保卫和平和爱国主义教育。是年，全县各小学撤销政治课，开设周会课，对学生进行政治形势教育和集体生活指导。

1953年，县内各小学注重劳动教育，要求学生从小树立热爱劳动、热爱劳动人民、爱护劳动果实的观念，克服轻视体力劳动、鄙视劳动人民的错误思想。学校对学生加强服从国家需要，乐于参加农村生产的教育。是年，响应毛泽东“学习好、工作好、身体好”的号召，开展评选三好学生、三好班级活动。

1954年，县文教局根据上级指示精神，制定《关于加强小学政治思想教育工作的意见》，对爱国主义教育、劳动教育、纪律教育等作出详细规定。

1955年2月，教育部公布《小学生守则》。是年秋，县内各校普遍实施《小学生守则》，作为思想品德教育的基本内容和学生言行的基本准则。在实施过程中以正面教育为主，并注意照顾少年儿童的年龄特点。同时加强对毕业生进行升学、就业、自学三种准备的教育。

1958年秋，强调劳动教育，并对学生进行“三面红旗”（总路线、“大跃进”、人民公社）的宣传教育。全县中小学普遍开展勤工俭学活动，师生走出校门下工厂，到农村劳动。不少学校建立了劳动基地，自办小工厂、小农场。

1961年，县文教局提出学校的思想政治教育的主要内容是形势教育、革命传统教育和以农业为基础的教育。

1963年3月，全县各级各类学校开展“学雷锋，创三好”活动。以雷锋的勤劳节俭、艰苦奋斗、刻苦钻研的革命精神和崇高品质教育每个儿童。广泛开展访贫问苦活动，请“三老”（老贫农、老红军、老工人）做“忆苦思甜”报告。

1964年3月，贯彻浙江省教育厅《关于严禁体罚或变相体罚学生的通知》精神，县文教局要求各校在总结学期工作时，认真检查教师体罚和变相体罚学生的情况，并通过学习《全日制小学暂时工作条例（草案）》对教师进行爱护学生、耐心教育、严禁体罚、反对粗暴的教育。

1965年2月，县文教局强调指出，加强学生思想政治教育是学校教育的首要地位，小学思想教育总的要求是以阶级斗争为纲，以社会主义和资本主义两条道路斗争为纲，大学毛主席著作。11月，浙江省教育厅下发《关于组织各级各类学校师生员工向王杰同志学习的通知》，全县各小学开展向王杰学习活动。

“文化大革命”期间，传统教育活动被取消，以“大批判”代替思想品德教育。

1979年上半年，根据中共十一届三中全会提出的四项基本原则（坚持社会主义道路，坚持无产阶级专政，坚持共产党的领导，坚持马列主义、毛泽东思想），对学生进行“五爱”（爱祖国、爱人民、爱劳动、爱科学、爱社会主义）教育。教育部重新颁发《全日制小学暂行工作条例（草案）》，重申1963年提出的小学教育任务和培养目标。

1979年，学校重新建立规章制度，整顿校纪校风，加强思想品德教育，撤销“红卫兵”“红小兵”组织，恢复共青团、少先队组织。10月，县文教局结合县内学校斗、批、改的实际，对全县中小学思想政治教育和品德教育提出具体要求。

1980年5月，邓小平为《中国少年报》和《辅导员》杂志题词：“希望全国的小朋友，立志做有理想、有道德、有知识、有体力的人，立志为人民做贡献，为祖国做贡献，为人类做贡献。”全县各校组织学生认真学习邓小平指示，结合四项基本原则教育、革命理想教育和社会主义法制教育，培养学生具有正确的政治方向和明确的行为规范。

1981年，贯彻执行省教育厅《关于学雷锋、树新风、创“三好”的教育活动的通知》精神，全县各小学深入进行“五讲四美”（讲文明、讲礼貌、讲卫生、讲秩序、讲道德；心灵美、语言美、行为美、环境美）教育活动，广泛开展学雷锋做好事的群众运动。是年后，政治课改为思想品德课。

1983年，全县以“五爱”（爱祖国、爱人民、爱劳动、爱科学、爱社会主义）为基本内容，结合《小学生守则》进行社会主义国家公民应有的道德品质和行为规范的教育。各校结合国旗、国徽、国歌进行教育，并建立升国旗制度。

1984年，县教体局针对犯罪低龄化的趋势和精神污染严重的实际，在全县中小学开展法制宣传教育活动。

1986年，县教体局强调各小学在“理想、创造、成长”主题下，精心组织好少先队，广泛开展“我为‘七五计划’描星星”的活动。发扬“以团带队”的传统，把少先队工作列入学校教学工作计划。

1988年8月，国家教委颁布《小学德育纲要（试行）》，规定小学德育主要是对学生进行社会公德教育和有关社会常识教育，着重教育学生做到心中有他人，心中有集体，心中有人民，心中有祖国；着重培养和训练学生逐步养成良好的道德品质和文明行为习惯。是年12月，确定教育行政领导主管德育工作，校长负责德育的领导体制。

1990年，开展纪念“鸦片战争150周年”等活动。

1991年，开展以“党在我心中”为重点的爱国主义教育和反对和平演变教育，从培养社会主义建设者和接班人的战略高度，进行近代、现代史教育和国情教育。9月，中央颁布《小学生日常行为规范》，各校采取多种形式予以落实。10月，《中华人民共和国国旗法》颁布，全县教育系统进行升降旗活动的教育。是年，团中央发出“向赖宁学习”的号召，各小学充分利用校内外教育阵地，对广大少年儿童开展“心中有祖国”“心中有他人”的主题教育活动和爱国主义、集体主义的思想品德教育，并开展“学赖宁、争做五色奖章队员”为主题的教育活动。

1992年，加强校园文化建设，全县小学开展绿化、美化、净化校园工作，进一步组织“做文明学生、创文明班级、建文明校园”活动。县教委要求小学做到“十有”（有校牌校训，有升降旗制度，有广播操，有标语栏和广告栏，有校徽，有红领巾，有绿化，有整容镜，有图书室，有文件设施）。

1993年3月，各校举行纪念毛泽东“向雷锋同志学习”题词发表30周年的活动，掀起“学雷锋”思想品德教育热潮。6月，省教委、省国防教育委员会在绍兴市、温州瓯海区召开了全省中小学校国防教育现场会。会议制定了《浙江省小学、初中国防教育实施意见》。县教委组织各校认真学习，贯彻实施。

1994年，县教委建立德育工作领导小组，健全校长负责德育的机制，编织一张由校长、班主任构成的德育工作网络，营造上下左右齐抓共管的良好氛围。4月，县教委通知各级各类学校一律停止春游活动，防止恶性事故发生。

1995年，侧重进行“五爱”情感和“五自”能力的培养。6月，由共青团泰顺县委、县教委、县少年工作委员会发起，在全县少先队员中广泛开展“捐一元零花钱，我为援建浙藏‘手拉手’希望小学出一份力”活动。全县少先队员纷纷捐出零用钱，投入这项活动。

1996年，县教委组织各中小学开展观看百部爱国主义影片、演唱百首爱国主义歌曲活动。是年，县教委印发了《行为规范达标评比细则》，全面深入开展中小学生《日常行为规范》达标活动，经市教委检查验收，罗阳镇小、三魁镇小被评为市级行为达标学校。

1997年，全县小学开展以“迎香港回归”为主题的系列读书活动，开展首届小学生校园歌曲演唱录音评比活动，推进了小学文化建设；组队参加市小学生“视康杯”迎香港回归电视知识抢答赛。组织“浙南山城泰顺”知识竞赛，弘扬爱家乡爱祖国的情操；组织在校学生观看《热爱生命，远离毒品》的禁毒教育录像片，进一步强化学生禁毒的法制观念和防毒、拒毒能力，引导学生投入到禁毒斗争中去。

1999年，全县小学进行以“敬老爱老”为主要内容的德育教育。

2000年2月，开展“祖国在我心中”和“知澳门、爱祖国”为主题读书教育活动。

2001年，县教委要求各校开展以遵纪守法、崇尚科学、抵制邪教为主要内容的“校园拒绝邪教”活动。夏，开展“做文明学生，建文明校园，创文明城镇”活动。

2005年，《我们的节日》读本作为青少年爱国主义读书教育活动用书列入中小学教学用书。县教育局要求各中小学认真组织开展以“共建和谐家园”为主题的读书教育活动，把传统节日教育纳入学校教学活动之中，增强学生对传统节日的认知和理解，把传统节日蕴含的中华民族传统美德纳入学生日常行为习惯培养体系。

2006年，全县中小学开展“知荣明耻树新风”主题教育活动和组织开展“知荣辱树新风”的读书教育活动。各校推荐参加县级演讲、征文比赛。是年，县教育局为切实做好德育工作，全面构建“全员参与”的小学德育体系，县内各小学从2006学年度第一学期开始全面实施“德育导师制”，即“班级德育工作导师制”。

2008年8月，第29届奥运会在北京召开，全省迎接奥运圣火在浙江传递活动，全县营造“人文奥运”“绿色奥运”“科技奥运”的浓厚氛围，县教育局和县新华书店联合举办“超越梦想——起飞，我与奥运同行”小学生征文比赛活动。10月，开展以“建设社会主义和谐社会”为主题的爱国主义读书教育活动。

2009年4月，由县委办公室、县教育局分管领导和职能部门负责人共同组成校园反邪教工作领导小组，加强全县校园反邪教“春蕾计划”的组织领导，确保校园反邪教活动扎实推进。8月，组织全县小学生开展“做一个有道德的人”读书活动。9月，县教育局举办中小学“母亲节”学生书信征文比赛。10月，县环保局、县教育局在全县中小学联合开展中小学环保征文比赛。冬，县禁毒委办公室、县教育局评定2009年“毒品预防教育星级化学校”，全县被评为四星级学校8所，三星级学校46所。

2010年，县教育局组织开展“做一个有道德的人”为主题的读书活动。

2012年，为增强全体师生认识邪教、反对邪教、防范邪教的意识与能力，9月26日至10月15日，全县中小学开展平安反邪教知识竞赛。10月，全县各小学在“敬老月”期间开展“孝文化进学校”活动。倡导广大青少年传承孝道文化。冬，开展毒品预防教育“星级化”学校自查、申报及考核评估工作，强化学校禁毒意识，全面防范在校生涉毒。

第三节　智　育

一、学制

清光绪三十年（1904），县内小学堂开始实行“癸卯学制”，初等小学堂修业5年，收7岁儿童入学，9岁、10岁亦可入学。高等小学堂修业4年，收初等小学堂毕业生入学，15岁以上考试合格者亦可入学。光绪三十二年，设立半日学堂，专收贫寒子弟，不收取学费，不拘年龄。

光绪三十三年（1907），女子小学堂实行《奏定女子小学堂章程》，女子初等小学堂修业4年，收7—10岁女子入学；女子高等小学堂修业4年，收11—14岁女子入学。

宣统元年（1909）三月，变通初等小学堂章程，初等小学堂分为三种：五年完全科、四年简易科和三年简易科。宣统二年（1910），初等小学堂、高等小学堂修业年限一律改为四年。

民国元年（1912）5月，中央教育部成立，制定颁布《壬子癸丑学制》，规定小学校修业期限为7年，初级小学校4年，高级小学校3年。县内各小学校实行"壬子学制"，小学校修业年限6年，前4年为初级，后2年为高级，简称"四二学制"。单独设立的初级小学校，入学年龄以6周岁为标准，毕业后经过考试入完全小学校高级部学习，完全小学校初级部毕业后可直接升入高级部学习。

民国11年（1922）11月1日，北洋政府颁布"学校系统改革令"（"壬戌学制"），规定小学校修业6年，初级小学4年，可单独设立，为义务教育，高级小学2年，为非义务教育。

民国16年（1927），施行大学区制，以大学校长兼理教育厅事务，学制有较多修改。小学分为完全小学、简易小学、短期小学3种。完全小学仍分初、高两级，修业6年；简易小学有全日制、半日制和分班补习制之别，均为4年毕业；短期小学为救济年长失学儿童而设，修业1年。

中华人民共和国成立后，县内各小学仍沿用"四二学制"，秋季招收新生入学，入学年龄以7周岁为标准。

1952年下半年，罗阳小学等重点小学开始实行五年一贯制试点工作，招收小学一年级新生，试用新教材。

1953年12月，根据政务院《关于整顿和改进小学教育的指示》，泰顺县因师资、教材等条件不足，决定全县小学停止推行五年一贯制，仍沿用"四二学制"。

1953年5月，贯彻中央"整顿巩固、重点发展、提高质量、稳步前进"的方针，提出教学是学校中压倒一切的中心任务，逐渐纠正乱抽调教师所造成的教学混乱现象，同时也批判教学中脱离政治、脱离群众的作风。7月起，全县各小学实行《浙江省小学暂行校历》。

1961年9月，县文教局向全县抽调部分小学骨干教师，在罗阳小学一年级实行"五年一贯制"试点工作。

1965年，县文教局印发《耕读小学教学计划》，规定学制一般以四年为初级小学毕业，六年为高级小学毕业。教学时间：半日制小学每周学习6个半天，每个半天3课时，每周18节课。午班、晚班，每周学习6次，每次上课2课时，每周学习12课时。

1978年以后，实行省教育厅颁发的《浙江省九年制中小学教学计划（试行草案）》，小学学制统一改为五年。

1981年，实行教育部颁发的《全日制五年制小学教学计划（修订草案）》。

1998年秋，县城各小学实行6年制教学，乡镇中心小学和村级小学实行5年制教学。全县"五三学制"（小学五年、初中三年）和"六三学制"（小学六年、初中三年）并存。

2001年秋，全县完成初等义务教育阶段（小学）任务后，逐步由"五三学制"向"六三学制"过渡。2005年，全县小学实现五年制到六年制的平稳过渡。

2006—2012年，全县各小学实行六年制教学。

二、课程

光绪二十九年（1903），清政府颁布《奏定学堂章程》，县内小学堂根据师资条件，多数学堂变通设置课程。

民国元年（1912）9月，实行“壬子学制”，泰顺县师资欠缺，未达到规定要求。

民国5年（1916），改小学《修身》为《公民》，试用全国教育部联合编订的《公民》教材。民国8年，县敬业高等小学堂开始推行部颁注音字母和《公民》教材。民国9年，改国文为国语，小学教科书一律改用语体文编辑，并注重儿童文学的教学。

民国12年（1923），试行“壬戌学制”。是年，县立高等小学设立注音字母传习所。民国16年，县内各小学均增设“三民主义”科目。

民国18年（1929）第一学期开始，县内小学堂实施教育部颁布的《小学课程标准》，将小学6年分为低年级（一、二年级）、中年级（三、四年级）和高年级（五、六年级）三段。课程设置上改“公民”为“党义”科；改“工用艺术”为“工作”科；改“形象艺术”为“美术”科；历史、地理、卫生合并为“社会”科。共设党义、国语、社会（包括公民、卫生、历史、地理）、自然、算术、工作、美术、体育、音乐9科。民国20年（1931），依照教育部审定的《小学课程标准》，取消“党义”，设“公民训练”，增设“卫生”，共10科。翌年，全县各类小学59所，均奉令将低、中年级的“社会”“自然”合并为“常识”科；高年级“工作”科改为“劳作科。劳作科的教学内容分家事、校事、农事、工艺4项。

民国24年8月上旬，县教育科举办小学教员暑假党义教育讨论会，决定“公民训练”并入“早会”，体育科增加“童子军”内容。教育管理按《浙江省各县、市最低限度学校行政暂行标准》之规定。

民国25年，实施《修正小学课程标准》，取消卫生科，卫生习惯部分归并在公民训练中，卫生知识部分，初小归并在常识科，高小归并在自然科。将初小社会、自然合并为常识科,二年级劳作、美术合并为工作科，体育、音乐合并为唱游科。四年级算术科加授珠算。

民国32年，实施《小学课程修订标准》，初级小学设团体训练、音乐、国语、算术、常识、图画、劳动等科。高级小学设团体训练、音乐、体育、国语、算术、公民、历史、地理、自然、图画、劳作等科。

民国37年（1948），全县施行教育部颁发的《小学课程第二次修订标准》。9月，泗溪小学教师周漱用五线谱进行音乐教学，为泰顺县之先例。

中华人民共和国成立后，各小学废除公民科，删除各科教材中封建、买办、法西斯主义的内容，设政治、国语、算术、自然、历史、地理、音乐、体育、图画、劳作等科。初级小学合并历史、地理、自然于常识，一、二年级合并体育、音乐为唱游。学校取消训育制度。

1952年上半年，县内小学开设课程为：高小设语文、算术、自然、历史、地理、体育、美工、音乐8科（语文包括阅读、说话、作文、语法、写字）；初小设语文、算术（从四年级开始加授珠算）、美工（包括图画、劳作）、体育和音乐5科，每周教学时间按低、中、高三级分别为24、25、29节课，每节课规定45分钟。学生每周活动时间：低年级为340分钟；中、高年级为450分钟。下半年，罗阳小学等重点小学开始实行五年一贯制试点工作，招收小学一年级新生试用新教材。

1953年9月，教育部颁发《试行小学“四二学制”教学计划（草案）》，将美工科改为图画科。

1955年度第一学期，县内各小学开始实施部颁《小学“四二学制”教学计划（草案）》，设语文、算术、历史、地理、自然、体育、唱歌、图画、手工劳动等科。初级小学不设历史、地理、自然。每周上课时间初级24节，高级26节。县文教局根据教育部颁发的《关于小学课外活动的规定》，规定小学生每周集体活动120分—240分钟。下半年开始，加强劳动教育和体育教学。每年上课由38周减到34周。三年级以上每周总时数减少2节，适当精减语文、算术、历史等科教材内容。

1957年秋，县文教局遵照教育部和省颁布的《1957—1958年度小学教学计划》对全县小学的课程设置作了调整：小学高年级每周增设1节农业常识课；各年级每周增设1节周会课；高年级每周增设1节政治课；晨会、早操（或课间操）清洁检查合并进行，以15分钟为原则；每学期各区统一放农忙假一至二周；小学六年级每周开设珠算课一节，在算术教学时间内进行；四年级手工劳动课改为珠算课；各年级手工劳动课一律暂停，多余时间改授语文、算术；增加早读25—30分钟，课后作业整理15—20分钟。

1958年，高年级开设政治、语文、算术、自然等主要课程。巡回小学和半日制小学开设周会、语文、算术课。其余时间师生参加劳动。五六年级周会课改上政治课，四年级以上各年级作文课从二周1节增加为每周1节。

1959年秋，实施《浙江省1959—1960年全日制小学教学计划》，将小学课程分为思想政治教育（包括政治课）、文化科学知识教育（包括语文、算术、自然、农业常识、手工劳动、地理、历史、唱歌、图画、体育）和生产劳动教育三类。与原教学计划比较，增设了政治课，增加了农业常识（手工劳动），把生产劳动正式列入教学计划，课外活动和自修课列入计划。课外活动的主要内容为班会活动、文娱体育、游戏活动、课外阅读等。

1963年2月，各年级增设写字练习课，低、中年级每周3课时，高年级每周2课时。低年级用铅笔书写，中、高年级用毛笔书写。是年秋，试行教育部颁布的《全日制小学教学计划（草案）》，设周会、语文（包括讲读、作文和习字）、数学（包括算术和珠算）、历史、地理、自然、生产常识、体育、音乐、图画、手工等科。每周上课时间低年级28节、中年级30节，高年级32节。

1965年8月，高年级生产劳动时间，由原来每周3节增加到4节；农忙时间根据生产需要适当延长。三年级开设珠算课，增加“记账常识”，减少唱歌、图画课时。是年，开始实施《浙江省农村简易小学教学计划（草案）》，设周会、语文、算术、农业常识4科。每周上课12节。简易小学（耕读小学）学制4年，通过4年学习，学生的语文、算术基本达到全日制初级小学四年级水平。县文教局制定的《泰顺县耕读小学教学计划》规定，耕读小学开设政治、语文、数学（包括珠算和记账常识），农业常识以及唱歌课。午班、晚班开设语文、算术（包括珠算和记账常识）。语文课补充农村应用文。按照当地生产实际，增加有关农业生产知识。

“文化大革命”期间，课程设置强调“以阶级斗争为主课”，曾一度增设政治、革命文艺、军事体育、生产劳动等课。1968年，县内各小学由六年制改为五年一贯制。课程设有语文、数学、常识、革命文艺、军事体育、周会等科。原有教学大纲停止使用，改以《毛主席语录》为主要教学内容。

江青反革命集团垮台后，全县小学逐步恢复原设课程。

1978年，施行省教育厅颁发的《浙江省九年制中小学教学计划（试行草案）》。小学学制统一为五年，课程设政治、语文、数学、自然常识、体育、音乐、美术等科。一至五年级每周教学均为26课时，增加自修4课时，文娱体育、科技活动4课时，形势教育和班队活动2课时，每周统一安排学生在校活动时间总共为36课时。

1981年秋，施行教育部颁发的《全日制五年制小学教学计划（修订草案）》，小学各年级增设思想政治品德课（思品）一节，恢复地理、历史课，自然常识课改为自然课，三年级开始每周2节。每周上课总时数一至五年级分别为24、25、26、27、27课时，把课外活动列入计划，每周自习2课时，科技文娱活动2课时，体育活动1课时，周会班队活动1课时。

1984年8月，教育部颁发《全日制六年制城市小学教学计划（草案）》和《全日制六年制农村小学教学计划（草案）》。农村小学一、二年级语文课由每周12节，改为11节。语文、数学减下来的课时，用来加强体育和文娱、科技、阅读等项活动。

1985年开始，罗阳小学试行《全日制六年制农村小学教学计划（草案）》。1987年秋，根据国家教委颁发的《全日制小学劳动课教学大纲（试行草案）的通知》，县内各小学从三年级开始增设1节劳动课。同时开设卫生课，每两周1节。

1991年秋，浙江省编小学一、二年级《体育与保健》教师用书发行，原小学一、二年级学生用书《体育》课本停止使用。

1993年秋，全县小学和初中使用浙江省编义务教育课程教材，执行省教委统一编制的《义务教育试行教学计划》。小学开设思想品德、体育与保健、语文、数学、常识、音乐、美术、生活与劳动8门必修学科。一、二年级思想品德与语文合并，小学复式班一至三年级，语文与思想品德、常识合并，进行合科教学。有条件的小学可以从四年级或五年级起开设外语课，所需课时从其他学科调剂，总课时数不变。简易小学开设思想品德、语文、数学、常识4门学科，体育活动、兴趣小组可根据情况安排。

1995年9月1日，实行新工时制，全县中小学根据《浙江省义务教育试行教学计划》进行适当调整。

1998年开始，“六三学制”与“五三学制”并存。

2001学年度，全县完成义务教育由“五三学制”向“六三学制”过渡的任务。秋，全县小学逐步开设外语课和信息技术课，在课程设置和课时安排上，“六三学制”教学计划维持原省定方案，“五三学制”教学计划作部分调整。

2002年5月，遵照教育部《关于在中小学加强写字教学的若干意见》精神，县教育局要求中小学增设写字课内容，在重视学生掌握计算机汉字输入技术的同时，要求学生写好汉字，继承和弘扬中华民族优秀文化。

全县基础教育课程改革工作从2003年秋季在县实验小学、罗阳二中起始年级开始实施。根据省实验区义务教育阶段课程设置与课时安排要求，县实验小学一年级每周开设思品与生活1节，语文8节，数学5节，体育与健康2节，艺术（音乐2节，美术1节）3节，综合实践活动1节，英语3节，信息技术1节，班队1节。周总课时25节。

2005年，从八年义务教育过渡到九年义务教育。

2006—2012年，全县各小学课程按照九年义务教育课程标准设置。

三、教　学

清代学堂创办之初，教学形式已逐渐从个别教学改为编班教学。小学课堂教学提倡“凡教授之法，以讲解为最要，讲解明则领悟易”。教学方法注重讲解、诵读和记忆。

民国9年（1920）秋季起，从国民学校一二年级开始，改国文为国语，部分小学教师开始指导学生写白话文，实现语与文的统一。民国12年，教育部令小学教师一律学习国语。民国19年，省立第十中学附小（简称“温中”附小）会同高中部举办第十省学区注音符号讲习会，各县派教师参加培训，收到良好效果。

民国21年（1932），县国民政府在县城举办教师自制教具展览。民国22年，永嘉县教育局代表洪乃贤提出：“常识科教学，多用直观法，多用实物标本、模型、图画；多进行实验；多带领学生考察，以宇宙为教室，万物为导师”。颇有见地，得到推广。

抗日战争全面爆发后，县内各小学实施战时教育，各科教师编写有关抗日救国的教材，以实现课程抗战化。在教法上主张把教育和现实生活打成一片，使受教育者在抗战现实中激发爱国热情，增强抗敌决心。

1952年上半年，提出废除注入式教学法，提倡启发式教学，突出政治思想教育，重视运用直观教学和理论联系实际的教学原则；注意克服在教学中脱离政治、脱离实际、脱离劳动的现象。

1955年，全县教师开始系统学习苏联教育理论和先进的教育经验。从苏联翻译过来的《教育学》《心理学》《儿童年龄特征》《班主任》等成为教师重要的学习资料。课堂教学推行苏联的六大教学原则（自觉性原则、直观性原则、理论联系实际原则、系统性原则、巩固性原则、可接受性原则）。课堂教学结构提倡五个环节（组织教学、复习旧课、教授新课、巩固练习、布置作业）。成绩考查实行五级记分法。学校建立和健全教学研究组，要求教师制定全学期教学计划和进度，加强集体备课，拟定课时计划。开展县、区、校各级观摩教学和相互听课活动，互相交流，促进提高。教学方法提倡启发式、谈话法。

1956年，县文教局根据教育部召开的全国语文教研会议精神，确定小学语文教学低年级以识字为重点，中、高年级着重阅读教学。同时，强调指导小学生阅读课外少年儿童读物，以培养学生道德情操和提高阅读写作能力。6月，省教育厅对小学考试、评分、升留级、毕业等问题作了较大改革，以学生平时成绩为主，取消非主科考试，采取五级记分制，取消百分制。为逐步实施小学义务教育，规定初小毕业生成绩及格者可免试升入高级小学。暑期，全县小学教师集中学习《汉语拼音方案》，推广普通话教学。11月，县文教局转发教育部推行简化汉字的通知，规定全县中小学教学、学生作业和日常书写布告、函件等，必须使用简化汉字。原有繁体字课本，阅读时仍可教繁体字，书写时不可用繁体字。作业本、试卷等也应尽量横排、横写。

1958年9月，中共中央、国务院颁布《关于教育工作指示》，确定“教育为无产阶级政治服务，教育与生产劳动相结合”的教育方针。反对教学“三脱离”，加强“三结合”（结合政治、结合生产劳动、结合实际），进行教学改革尝试，精简教材，改进教学方法。县内小学强调劳动教育和政治思想教育，在课程设置上，规定小学五六年级周会课改为政治课，突出阶级斗争。四年级以上各年级作文课从二周一节增加为每周一节。

1959年，县内小学实行半工半读。

1961年，强调村校、完小、区小以及各学科要组织教研组。每周六下午定为教研时间，专时专用，研究语文、算术、复式教学三方面内容。教研形式有教师自学、小组讨论、组织公开课和专题报告会、讲座等。校长坚持参加教研活动，从中了解和解决教师的思想问题，排除教研障碍。

1963年，全县小学开始试行《全日制小学暂行工作条例（草案）》（简称“四十条”），各校普遍重视教学工作，组织教师学习“四十条”。县文教局抽调在教学上有经验的教师组成三个教研大组：语文组由16人组成；算术组由8人组成；复式教学组由8人组成。其任务是探求本学科的教学规律，研究改进教学与提高学科质量的具体措施；调查研究总结交流经验，帮助本学科教学有困难的教师提高教学水平；定期（半个月）向文教局教研室反映研究、辅导情况和教学建议。

1964年，全县各级各类学校在执行以“教学为主”的原则后，普遍出现忽视德育、体育的倾向。1965年，全县小学教学工作贯彻“少而精”原则，要求减少课外作业，减轻学业负担，提高教学质量。

1966年，在教学形式上，强调“开门办学”，即所谓“请进来、走出去”。请进来即请工、农、兵到学校上课，搞“斗、批、改”；走出去就是到工厂、农村参加劳动，向贫下中农学习，拜工农为师。

1976年，粉碎江青反革命集团后，拨乱反正，全县小学恢复正常的教育秩序。各校普遍重视课堂教学的改进，努力提高教学质量。由于“文化大革命”造成学生知识水平差距过大，部分学校按学生程度编成快班、慢班。

1978年2月4日，教育部颁布《全日制十年制中小学教学计划（草案）》。规定学校以教学为中心，恢复考试、升留级、毕业、奖惩等各项规章制度。

1979年，部分小学语文科教学开始推广“读读、议议、讲讲、练练”的教学方法，提倡“读”有指导，“议”有点拨，“讲”有重点，“练”有层次。数学教学采用“读、议、讲、练、查”五个环节的课堂教学模式。作文教学重仿写训练，发挥课文的示范作用。是年，开始重视电化教学手段的运用，给重点学校配备幻灯机、录音机等，利用现代化设备逐步开展电化教学，提高了教学质量。

1984年，全县贯彻邓小平的教育要“面向现代化、面向世界、面向未来”指示，以更新教育观念，树立正确的教育观、质量观和人才观为先导，要求正确处理教与学，读书与育人，知识与能力等关系。课堂教学注重学法指导，培养学生掌握正确的学习方法，培养良好的学习习惯。强调改进教学方法，提高课堂教学效率，加强“双基”教学，培养能力，发展智力，提高教学质量。

1985年，全县推行以教师为主导，学生为主体，训练为主线的“三为主”教学原则。在教师指导下，让学生在动脑、动口、动手的实践中掌握方法，发展思维，学会学习。

1987年，引进系统科学的课堂教学方法，提倡以整体优化思想，改革课堂教学，从优化课堂教学各个要素着手，达到课堂整体优化的目的。

1988年，各校加强教学过程的常规管理，对备课、授课、辅导、作业及批改、考试考核五个环节提出明确具体的质量要求和管理措施。

1992年，县教委要求全县教师在教学中开展“六个认真”（认真备课、上课、批改、辅导、考核、总结）和“六个一”（每个学期上一堂公开课、做一个专题讲话、评比一堂课、写一篇教学论文、当好一个班主任、带好一个兴趣小组）为主要内容的岗位练兵活动。

1994年春，县教委制定《教学常规管理若干意见》，对教学工作的各个环节作出明确规定，提出切合实际的要求，使教师在备课、讲课、辅导、批改、考试等方面和学校在教育教学的宏观管理方面有章可循，有则可依，改变了以往教什么学什么，教到哪学到哪的随意性状况。5月22—30日，县教委组织50余人，分9个检查组对全县60余所乡（镇）中心校以上的中小学进行一次教学常规管理大检查。暑假期间，在三魁镇小召开全县新教材研讨会，组织小学语文、数学等学科备课活动，开设研究课，举办讲座，交流经验，教师进一步掌握教材特点，明确教学目标。

2001年3月，县教委成立泰顺县中小学现代教育技术领导小组。加快中小学教育信息化进程。

2002年，全县开展“课堂教学效益年”活动。2003年秋，开展按新课标落实教学常规活动，根据新课程标准修订和完善教学常规。12月，省财政厅赠送县内各级各类学校光盘放像设备113套和配套教学资源103套。

2006年6月，省教育厅就进一步加强中小学写字教学提出要求：学生会写铅笔字和钢笔字，学习写毛笔字，养成良好的写字习惯，正确的写字姿势，并有一定的速度，具备正确书写汉字的基本能力。通过写字教学，使学生初知书法、欣赏书法，培养传承祖国文化的责任感。

2006年冬，按照市教育局《关于普及推行信息技术与学科教学整合模式的指导意见》，进一步明确整合教学目标是要通过实施整合教学模式，使教师教学设计能将传统的基础教学与网络信息教育有机结合，挑战以应试教学为目标的传统观念与方式，充分开发利用信息技术强有力的潜在功能，达到表现方式多样，检索信息方便，反馈系统灵活，课堂教学生动的目标。

2007年，开展“教师素质年”活动，力求到2009年全县教师在备课、上课、作业布置与批改、质量测评四个环节达到教学规范标准。县教育局教研室发挥评价、导向、激励、促进发展的功能和作用，提高教师课堂教学水平，有效实施新课程改革，促进中小学课堂教学教学目标、学生要求、教学内容、教学方法、教学活动、师生关系、教学手段、学生评价等八个方面转变。

2008年，县教育局要求各学校要建立针对学习相对困难的学生“帮教助学”制度，关注学习成绩后20%的学生，改革传统评价制度，构建与素质教育相适应的并与新课程理念相符合的现代教育评价制度，面向全体学生，推进教育公平，促进每一位学生共同进步。

2011年4月，县教育局成立综合实践活动课程教研大组，加强中小学综合实践活动课程的实施与管理，进一步推进综合实践活动课程改革，探索综合实践活动课程课堂有效教学策略和教学模式，促进教师专业的发展。

2012年，全县开展“决战课堂”活动，推进有效教学，努力提高课堂教学的实效性，以全员赛课为平台，开展磨课、上课、论课等改进课堂教学行为，提高课堂教学实效的活动。县教育局出台《关于进一步抓好教学管理努力提升教学质量的意见》，把关注学业成绩后20%学生作为提高教学质量的重点和突破口，进一步推进传统评价制度的改革。

第四节　体育与卫生

一、学校体育

清光绪三十二年（1906），县敬业高等小学堂遵照《奏定学堂章程》始设体操科目。小学堂体操课的要义为“使身体各部均齐发展，四肢动作敏捷，精神畅快，志气勇壮，兼养成其乐群和众，饬遵纪律之习。”每周2节。教学内容是整队、走、跑、徒手操和武术等。

民国元年（1912），《中小学校规则》规定：“初等小学校宜授适宜之游戏，渐加普通体操，高等小学校宜授体操。”《普通教育暂行课程标准》规定体操课男生每周3节（包括兵操），女生每周2

节（无兵操）。

民国12年（1923），县教育局根据教育部颁布的《小学课程纲要》规定改体操科为体育课，废止“兵操”内容。体育课中有列队、跑步、跳远、爬竿、投掷等简单的田径体操项目。课外活动有跳绳、踢毽子、打乒乓球等活动。春秋季节常举行远足登山比赛等。

民国21年（1932），城区小学实施教育部颁发的《小学体育课程标准》，规定体育课作业内容和教学时间。体育课作业内容分游戏、韵律活动、体操、运动及其他活动。教学时间为：小学低年级每周150分钟或180分钟；中年级每周160分钟；高年级每周180分钟。每天还有15分钟的早操或课间操。因运动器材奇缺，大部分农村小学没有按标准开设体育课。

民国24年（1935），县教育局制定《体育成绩考察办法》，其内容大略为：学生体育分组标准、学生体育成绩考查标准及项目，凡体育不及格之学生不得升级或毕业等（呈报省教育厅备案施行）。

民国25年（1936），根据教育部《修正小学课程标准》规定，温属各区（镇）中心小学一、二年级各设2节唱游课（体育课和音乐课合并），三至六年级各开设2节体育课。

民国26年（1937），省教育厅颁布《小学体育实施方案》，小学体育应顺应儿童爱好游戏，爱好活动之本性，设以各种关于身体活动教育，以培养其强健之体格与健全之精神。其具体目标是：促进儿童肌体之发育，培养儿童良好的集体道德与习惯，维护儿童健康生活与培养其卫生习惯。

抗日战争时期，根据省颁《实施国防教育纲要》规定，泰顺县高等小学体育课以备战之防空、防火、防弹、防毒等方面内容开展战时国防体育特殊训练，

1949年6月，县内学校普遍开设体育课，开展各种体育活动。

1951年8月，县内各小学执行中央指示，根据学校的实施概况，采取如下措施：调整学生学习和生活时间：小学生每日上课、自习时间，高小不超过6小时，睡眠时间为10小时，夏季增加午睡。每日体育锻炼娱乐活动时间或生产劳动时间，除体育课及晨操、课间操外，其他以1—1.5小时为原则。

1952年6月，中华全国体育总会成立，确定以“发展体育运动，增强人民体质”为体育工作方针。县内各小学遵照中央体育工作方针，并根据《小学暂行规程（草案）》的规定，各年级将体育课作为必修课。

1953年，响应毛泽东“身体好、学习好、工作好”号召，开展体育锻炼。5月1—3日，在泗溪小学操场举行首届全县全民运动会。参加运动会有农民95人、机关干部21人、小学教师34人、小学生154人（其中小学女生30人），共计运动员304人。比赛项目田赛有跳高、跳远、铅球、拔河、爬山。径赛有100米、200米、400米、1000米；球类有篮球、排球、乒乓球。还有团体操、舞蹈表演。

1954年6月，县人民政府转发中央《〈关于在全国小学推行少年广播体操的联合指示〉的补充意见的通知》，集中镇完小、区中心小学体育教师学习、推广。体育课教学内容依照省编的小学体育教学计划进行。各区中心小学等条件较好的学校先后推行《劳动与卫生制度》（简称劳卫制）。

1955年5月1—4日，县体委组织在罗阳召开全县全民体育运动会。中小学教师和学生、驻泰部队、机关干部、工人和农民等代表队参加运动会。9月，全县小学实行教育部《关于小学课外活动的规定》，废止《小学“四二”制教学计划（草案）》，规定学生每周集体活动时间为：课前操（或课间操）和清洁卫生检查90分钟；课外集体活动（包括校会、班会、少先队活动、体育锻炼、生产劳动、学习小组和社团活动）120—240分钟。其余时间让学生自由活动。

1956年，县内各完全小学开始推行儿童广播操（适用于小学一、二年级）和第二套少年广播操

（适用于小学中、高年级和初中一年级学生）。

1960年9月，全县重点小学和区中心小学开始使用人民出版社出版的《小学体育教材》。

1962年，县内遭受三年连续自然灾害，农村学校的学生因粮食紧缺、营养不良、体质虚弱，学校停止上体育课和课外体育活动。

1963年，县内部分小学推行中央公布的第四套少年儿童广播体操。并开展课外体育活动。

1965年6月21日，省教委转发国家体委《青少年体育锻炼标准条例（草案）》，下半年，罗阳小学、百丈区小、三魁区小试行二级项目标准，组织适龄学生进行锻炼。10月1—2日，在泰顺二中（泗溪）举行第四届全县中小学生田径运动会，8个代表队200余名运动员参加比赛。

“文化大革命”期间，小学体育课改为军体课，进行军事训练。

1970年，百丈、罗阳、三魁、仕阳等区小学组织学生在溪流中学习游泳。10月，在罗阳召开全县中小学学生军体运动大会，全县组织一个连，每区分成小学排和中学排；每排又分为男子班和女子班。各排人数20—26人；比赛项目有列队、广播操、接力赛跑（4×400米），另有个人项目。

1971—1973年，罗阳小学乒乓球运动蓬勃开展，教练钟锦平（瑞安籍，曾任浙江省乒协副主席）执教有方，为浙江省体工大队输送董爱萍、董小平、魏海玲、林洁四名优秀乒乓球运动员，其中林洁在第四届亚洲乒乓赛中获少年女子单打冠军，为我国体坛作出贡献。林洁、董小平荣获国家体委授予“运动健将”的光荣称号。

1978年下半年，各校普遍重视“三操”（早操、课间操、眼保健操）和“两课”（体育课、课外活动）的体育锻炼。10月28—30日，在罗阳镇举行全县中小学“三球”（篮球、排球、乒乓球）比赛，大安区、仕阳区、雅阳区、筱村区、百丈区、罗阳区组织小学代表队，计210位运动员参加比赛。

1979年4月，泰顺少年（乙组）、儿童（甲、乙组）乒乓球队参加温州地区比赛。5月19—23日，县乒乓球女队参加省业余少年体校比赛。5月28日，泰顺小学生男女篮球队参加温州市比赛。

1982年10月27—28日，举行全县第六届中小学生田径运动会。

1983年8月，公社（乡）中心小学及以上学校建立体育常规、体育成绩考查册和达标档案。是年，罗阳小学儿童乒乓球队夺得温州市团体亚军。小学生女子篮球队获温州市团体冠军和浙江省团体亚军。

1984年，全县10480名中小学生达到国家体育锻炼标准，平均达标率为85%以上。罗阳小学体育达标率为98.6%。9月统计，全县中小学生参加市、省少年儿童体育各项比赛共获25个项目冠军和16个项目亚军。罗阳小学被命名为省级体育传统项目（乒乓球）学校。

1985年，全县小学普遍开展“达标”锻炼。是年，县中小学生参加市、省以及全国少年体育比赛共获12枚金牌、8枚银牌、9枚铜牌。

1991年10月，全县举行中小学田径运动会，选拔市田径运动会选手。县代表队参加市中小学田径、游泳、举重等项目比赛，田径得74分，获团体第4名；游泳得28分，获团体第7名。

1998年5月。全县各校课间（早）操推行“中小学生幼儿系列广播体操。”

1999年6月4—6日，泰顺县第二十二届中小学生暨教工田径运动会在罗阳二中运动场和文化广场进行，参赛运动员达781人。秋，泰顺创办少体校，校址设在罗阳二中，招收本县具有体育特长的应届小学毕业生一个班40人。

2001年10月，雪溪乡中心校、筱村镇中心校、泗溪镇中心校被温州市体委评为2000—2001学年度全市学校推行《国家体育锻炼标准实施办法》先进学校。

2006年5月，柳峰乡中心校四位学生赴北京参加首届全国希望小学“红蜻蜓”运动会。

2007年，县教育局结合《学生体质健康标准》的全面实施，在全县各级各类学校中广泛、深入的开展学生阳光体育运动。

2008年，罗阳镇第二小学被推荐参加“浙江省阳光体育”视频展示活动。

2009年4—10月，全县中小学开展大课间录像展评。12月13日，县中小学生运动会在泰顺中学举行，共有2队16人25次打破17项县中小学生运动会纪录。

2010年3月，全县开展学校体育课程教学和青少年体质状况的检查督导工作。

2011年1月，温州市举行首届“一鸣杯”中小学乒乓球联赛，县实验小学代表队获小学男子组第一名。是年，在全国举行少年跆拳道锦标赛中，县运动员董佳琪（罗阳二中学生）获得全国少年跆拳道锦标赛女子55公斤级冠军。

2012年5月，举办县第三届“实小杯”中小学生乒乓球比赛。6月，举办第三届“育才小学杯”少年儿童棋类比赛，两项比赛，各校共选拔480多名运动员参加比赛，200多名运动员获得表彰。

二、学校卫生

民国12年（1923），县教育局根据教育部颁布的《小学课程纲要》规定，在高等小学增设卫生课。

民国18年（1929），施行教育部、卫生部联合颁布的《学校卫生实施方案》和《学校学生健康检查规则》，县内各完小、区中心小学开始推行学校健康教育。

1949年县人民政府成立后，学校对学生进行卫生知识教育，定期检查学生身体，并采取措施预防疾病。

1954年，国家卫生部、教育部等四个单位联合颁发《开展学校保健工作的联合指示》，县文教局要求各小学认真做好学校保健工作。一般完小都设置保健药箱，备有数种简易治疗所需的药品和器械，由兼职教师在当地卫生部门的指导下使用。

1955年，4个班级规模以上的小学各选派1名教师到县卫生院学习卫生科学知识。通过学习，保健教师掌握几种常见病的预防常识与一般外伤急救常识和一般常用药品的性能、用途，并能运用简易治疗方法。

1957年9月，根据教育部通知精神，全县小学纠正了学生背手上课的不良习惯。

1958年，全县中小学执行省教育厅、省卫生厅《关于加强学校保健工作的补充意见》，学校卫生工作开展以除“四害”（苍蝇、蚊子、老鼠、麻雀）、讲卫生为中心任务的爱国卫生运动。控制对学习影响最大的季节性多发性传染病，着重培养“不随地吐痰”“不乱抛瓜皮、果壳、纸屑”“不吃生水及生冷不洁食物”“不随地大小便”和“饭前、便后洗手”“经常洗澡”等几项卫生习惯。

1960年8月6日，县文教局、县人民政府卫生科下发《关于利用暑期进行学校卫生工作的联合通知》，要求各校选用各种消灭“四害”的先进经验与有效措施全面处理“四害”的孳生地，彻底消灭“四害”，力争提前实现“四无”学校。

1963年，各小学改善学校环境卫生，加强饮食管理，紧抓防治传染病和近视眼的发展；增添保健药物和器械。

1965年上半年，县文教局实施教育部等17个单位联合发出的《关于保护学生视力的暂行办法草案》，要求各校重视教学卫生，改进教学方法，减轻学生学业负担，培养学生良好阅读和书写习惯。

1979年，县文教局从实际出发，提出要求：根据学生年龄特点，合理安排学生的作息时间和教学进度，防止学生负担过重；培养学生良好的坐姿和阅读、书写习惯。教育学生保护视力，认真做好眼保健操，遵守用眼的卫生要求；教育学生养成“五要”（要定时休息、要睡前刷牙、要勤换衣服勤洗澡、要勤理发、要勤剪指甲）、“五不要”（不要喝生水、不要吃不洁食物、不要用公共毛巾及茶杯、不要乱扔果壳纸屑、不要随地吐痰）的个人卫生习惯。

1981年9—10月，县文教局、县卫生防疫站对10所中小学6740名学生进行视力检查，发现视力减退者1033人，减退率为15.33%，其中，男生视退率为14.8%，女生视退率为16.03%。小学一年级视退率为30.17%。城镇学生视退率高于农村学校学生。

1987年秋，各校执行国家教委、卫生部《关于加强学生视力保护，全面开展学校卫生保健工作的通知》，采取有效措施减轻学生作业负担，注意用眼卫生，改善采光照明条件，开展体育活动。

1991年4月，县防疫站对全县34个乡（镇）的35所小学281个班1133名在校学生进行地甲病普查，平均生肿率为30.94%。生肿率超过20%的有30个乡，占普查乡（镇）的88.2%。按照国家地甲病区划分标准，学生病情十分严峻，严重危害青少年的身心健康。5月和6月，县卫生防疫站对在校学生进行一次普遍服用碘油丸，以增加学生个体碘的摄入量，满足正常生理需要，降低生肿率。

1996年6月，省卫生厅防疫站赠送泰顺县24000人份驱虫药。

1997年8—9月，县卫生防疫站对全县中小学生进行全面体检。学生常见病总检查率达40.07%。

2002年下学期，全县幼儿园、小学一年级新生严格执行凭预防接种证办理入园入学手续。是年4月中下旬，雅阳镇莲头村小学爆发麻疹疫情。24日，共有24名学生发病，其中一、二年级学生占发病总人数的70%。

2003年春，根据卫生部通知，全县各级各类学校加强结核病防治工作。冬，国内传染性非典型性肺炎（非典）病情发生。教育系统在县人民政府统一部署下，有计划、有步骤开展全民性非典防治工作。

2004年5月28日，接筱村镇中心防保站报告，筱村镇第二中心小学发生水痘流行。调查后发现，筱村镇第二中心小学于5月25日发生1例水痘，25—28日共发生32例，即时发病率为3.99%(32/802)，均为该校学生，分布于不同年级。本案水痘主要症状有：发热、咳嗽、咽痛、纳差、面部疱疹。11月，县教育局转发《浙江省教育厅〈关于做好中小学生水痘病情预防工作的紧急通知〉》，要求各级各类学校高度重视水痘病情的预防控制工作，做到“早发现、早隔离、早治疗”。

2005年11月，全县教育系统投入人力物力开展预防高致病禽流感及冬春季节性传染病防治的工作。是年4月7日，联云乡小学30余名学生发生可疑流行性感冒，最后确定为“群体性不明原因发热”。11月，县教育局按照教育部通知精神，积极做好人感染高致病性禽流感及春季传染病防控工作。

2007年9月，县教育局按照省、市防疫部门统一部署，对全县15岁以下学生施行乙肝疫苗查漏补种工作。县教育局结合《学生体质健康标准》的全面实施，在全县各级各类学校中广泛、深入地开展学生阳光体育运动。

2008年3月，县教育局确定52名教师为全县中小学 兼职健康教育宣传员。县教育局联合县卫生局成立泰顺县实施“中国/WHO以口腔保健为切入点，发展健康促进学校项目”领导小组，以育才小学为试点，开展以口腔保健为切入点的保健促进项目工作。冬，县成立麻疹疫苗强化免疫工作领导小组及技术督导小组，开展麻疹疫苗强化免疫工作。

2010年3月，全县开展学校体育课程教学和青少年体质状况的检查督导工作。

2011年7月，全县72位教师参加县教育局于暑假举行的中小学心理健康教育教师C级上岗理论培训。

2012年，市教育局等三个单位联合下发《关于推荐我市健康促进学校创建活动的通知》，县教育局根据学校的主要健康问题，确定不同的切入点，全面创建健康促进学校。主要内容包括建立健全学校健康档案、改善学校物质环境、改善学校的社会环境、改善社区关系、提高个人健康技能、增强健康服务等。

第五节　特殊教育

早在20世纪50年代，县内农村小学就接收当地的残疾儿童随班就读。1988年，教育部根据我国特殊教育的发展方针和多年教育实践发展的经验，提出“坚持多种形式办学，逐步形成以一定数量的特殊教育学校为骨干，以大量的特殊班和随班就读为主体，进行残疾儿童少年教育”的新格局。

1991年，全县6—14岁残疾儿童少年522人，其中持证的256人，174人随班就读，占总数的30%。1994年，全县残疾儿童少年为487人，其中持证儿童少年220人，随班就读301人，占总数的61.7%。

1999年，县残联开展“爱心大联动”活动，通过各种渠道共集资3.1万元，解决残疾儿童辍学问题。

2003年，新收聋儿语训6人；智残儿童康复训练6人；帮助残疾人在校随班就读学生或残疾人家庭子女就学19人，补助经费1.75万元。

2005年，县残联扶持残疾人及其子女15人进入高等院校接受教育，扶持经费7万元。协助县教育局做好三残儿童32人免费入学工作。

2005—2008年，县教育局每年选送三残中的盲、聋哑儿童少年到省、市特殊教育学校接受教育，至2008年，输送到省、市盲、聋哑学校接受教育的残疾儿童少年共24人。2012年，输送到省、市盲、聋哑学校接受教育的残疾儿童少年52人。凡输送外地教育的，人民政府给予每生每学期定额的补助经费。

2006年，县残联扶持残疾人及其子女进入高等教育的学生25人，扶持经费10万元，做好三残儿童41人免费入学，接受义务教育。2007年，扶助残疾学生和贫困残疾人家庭子女上学21人，扶持资金或慰问金奖励资金计1.7万元。

2009年，第十九个“全国残疾日”，泰顺县开展以“关爱残疾孩子，发展特殊教育”为主题活动，县残联会同县妇联、县教育局等部门走访慰问在普通学校随班就读的残疾学生和特殊教育学校就读的学生，为他们送慰问金和读书用品。全年为就读普通高中以上残疾学生及贫困残疾人子女进行补助，补助资金计11.4万元。

2010年，实施教育助学工程，全县贫困残疾学生和残疾人家庭子女101人得到助学补助。12月，罗阳镇第二小学智障儿童特教班，招收学生5人。

2011年3月，县培智实验学校正式挂牌成立，隶属罗阳镇第二小学管理。9月，县培智实验学校独立，地址在罗阳镇第二小学校园内，招收学生22人。

2012年，市教育局颁发《关于加强残障儿童少年随班就读工作管理的若干意见》，泰顺县成立随班就读指导中心，确定司前畲族镇中心小学和县实验小学为随班就读试点校。2012年，全县随班就读学生74人，2所试点学校有随班就读学生30人（县实验小学20人，司前畲族镇中心小学10人）。县教育局投入17万元，在2所试点校各建立1个资源教室，选派了试点学校的资源教师参加省培训。全县随班就读工作得到不断的发展和完善。

1997—2012年全县6—14岁持证残疾儿童少年随班就读简况表

表3-5-1

年份	持证总人数		已入学人数（随班就读）	入学率（%）
	合计	其中14岁		
1997	195	28	141	72.30
1998	190	27	138	72.00
1999	196	23	146	74.00
2000	198	23	148	74.74
2001	187	26	149	79.69
2002	179	14	148	82.68
2003	174	16	168	96.55
2004	172	23	166	96.51
2005	158	26	144	91.13
2006	156	17	142	91.02
2007	147	22	141	95.91
2008	129	29	124	96.12
2009	120	25	116	96.06
2010	118	15	115	97.45
2011	126	6	122	96.82
2012	122	11	122	100%

第六节　学校管理

一、学校组织机构与职能

清末，泰顺县小学堂负责人称监督、堂长。由堂长主持学堂教育事宜。学生人数不多，教务简单，行政职能尚未分化。监督、堂长和教职工均由学董（亦称校董）聘请。罗阳高等小学堂设堂长1人，统辖全校师生员役，主持一切教育事宜；设监学1人，掌理学堂学生功课勤勉及一切起居行为；设会计庶务1人，管理各项杂物及财务。学董由为学堂特捐巨款50元以上者及本族中乡耆硕学热心公益者担任，享有本学堂之最高权，有随时调查、检查学校教育、财务，聘请学校一切职员，监督堂长、教师，协议改进学堂一切章程之权。

民国元年（1912）1月，教育部令“学堂”一律改称为“学校”，“监督”“堂长”改称为“校长”。“五四”运动以后，县内校长改由县国民政府委任，校长自行“组阁”。民国6年（1917），学级较多之学校设教职员会议，教职员会议是教职工议事的最初机构。民国10年以后，规模较大的学校设事务、教务、训育三系，各系设主任1人，协助校长处理校务。民国12年，由县知事任命校长，校内的教职员工由校长自行聘请。教职员工都要秉承校长意旨办事。罗阳敬业高等小学校设教导、总务两处，各学级设级主任，协助校长处理校务。民国17年以后，规模较大的小学增设教育会议及教学研究会议。民国21年，改全体教职员会议为校务会议。是年，泰顺两等小学和规模较大的乡（镇）小学，校长下设教务、总务、训导三处，各设主任1人，以处理校务及研究教育工作。

民国23年（1924）4月，省教育厅颁布《浙江省各县市小学最低限度学校行政暂行标准》，对小学校内部的行政组织系统及各部属的职能做出规定，对小学的行政管理有明确标准。民国28年9月，国民政府公布了《县各级组织纲要》，规定乡（镇）中心国民学校和两等小学，校长下设教导、总务两处，各设主任1人，分管教育、教学和财务工作。校内教职员工由校长聘请，聘书送县教育行政机关验印，如“检定”不合格的，不予验印。不验印教员，校长同样可以聘请。

民国30年（1941），依照省教育厅指示，对全县小学校内部的行政组织系统及各部门的职能作如下规定：两学级（两个班级）以上小学，校长下设总务、教导两股，总务股负责文书、经济出纳、用品、图书购买、保管、编辑、统计等事项；教导股处理教育、测验、学籍、训导、奖励等事项；另设经济稽核委员会，负责学校经济的稽核工作；五个学级以上小学，校长下设总务处、教导处（职能基本与两股相同）。

1949年5月，县人民政府接管学校，废除旧的校务会议制度，建立由教职员大会民主选举产生的学校管理委员会负责学校工作，校长为委员兼主任。废除训育处，建立生活指导组，负责学生政治思想工作。下半年，县人民政府聘任全县各乡镇完全小学的校务委员会委员（一般每校聘任委员3人），由校务委员会集体负责学校的行政领导。罗阳小学校务委员会（简称“校务”）由县人民政府聘任5名委员组成，分别设校务副主任、校务兼教导处主任、校务兼会计和推广处主任、校务兼民教部主任、校务兼体卫处主任。全县完全小学（乡镇中心小学）教师，由县人民政府文教科统一调配。

1950年开始，乡镇中心小学校长均由县人民政府统一调配；村级小学（初级小学）教师仍由当地农会聘请，报区公所批准。是年，乡镇完全小学设少年儿童大队辅导员，负责指导少年儿童队工作。农村小学一般由乡镇中心小学大队辅导员兼任。

1952年9月，各区成立区中心小学。区、乡、村三级小学教师由区公所和区中心小学提出建议报县文教科统一调配。规模较大的小学，校长下设教导、总务两处，各设主任1人，协理行政、教育、会计、庶务事宜。小学校长、教导主任、总务主任和教职员工由县文教科任命调配。是年，贯彻《小学暂行规定（草案）》，小学实行校长责任制。学校设校长1人，负责领导全校工作，5个班以上的小学设教导主任1人，15个班以上的小学增设副教导主任1人，协助校长办理教导和行政事宜。规模较大的小学设总务主任或事务员，在校长领导下办理会计、庶务等工作。

1953年，土地改革以后，培养家庭出身好的教师担任领导工作，县人民政府对全县小学校长、教导主任作较大的调整。小学校长、教导主任、总务主任和教职员工由县任命、调配。

1956年，贯彻省教育行政会议精神，实行校务委员会制。县文教局规定：8个班级以上的学校由校长、教导主任、团支部书记、教育工会负责人和教师代表组成校务委员会，实行集体领导，分工负责。重大问题由全体教师参加的教务委员会讨论决定。8个班级以下的学校，要求经常听取教师意见，反对校长个人独断，发扬民主，提高教师的积极性。

1958年“大跃进”期间，特别是经整风“反右”斗争以后，强调党对学校教育工作的绝对领导。在已建立中共党支部的小学，实行党支部领导下的校长负责制，党支部贯彻执行上级党委和教育行政部门的决议和指示，领导学校各项工作。没有建立中共党支部的小学任命党员校长，学校教育行政权力全部由党员校长掌管。部分学校原设有的非共产党员的校长或副校长，在乡或公社党委领导下进行工作。

1960年，中央颁发《中小学暂行工作条例》，规定全国中小学实行党支部领导下的校长负责制。

1963年，全县有县立小学1所，区立中心小学6所，公社完全小学36所，村小学93所，其中31所小学配备党员校长，尚有12所公社完全小学未配备党员校长。自贯彻“调整、巩固、充实、提高”的方针以来，中小学领导干部基本上停止提拔，并根据事业的调整，免去20多名完全小学校长和教导主任职务，将一部分中学领导干部下放小学，充实小学领导力量，初步稳定教育干部队伍。

1969年下半年，全县农村小学以村为单位建立贫下中农管理学校领导小组（简称“贫管组”），以公社为单位建立贫下中农管理学校委员会（简称“贫管会”）。学校教师或原校长是“贫管会”或“贫管组”成员的由县革命委员会政治工作组委任为校外负责人（校长）和校内负责人（教导主任），对学校进行管理。随着各级地方人民政府党政一元化革命委员会的成立，公社中心学校建立革命委员会或革命领导小组，替代原有的学校组织机构，负责学校的行政管理工作。

1970年，县革命委员会决定，中小学教师在公社内调动的由公社革命委员会批准宣布，公社外调动的由县教育革命办公室调派。

1978年9月22日，教育部颁布《全日制小学暂行工作条例（试行草案）》，此后，县内中小学撤销“革命领导小组”和“三大组”（规模较大学校在革命委员会下设政工组、生产指挥组、后勤组），恢复学校党支部领导下的校长分工负责制，校长下设教导、总务二处，撤销“红小兵”组织，恢复少先队大队部组织。中小学教师由县文教局统一调派。

1978—1980年，全县各乡（镇）公社中心小学在学校党支部的领导下，由书记、校长、教导主任、总务主任、基层教育工会主席组成学校领导核心，分工负责学校的行政管理。学校的一切重大问题必须经党支部讨论决定。

1983年，全县中小学试行党支部领导下的支部书记、校长分工负责制。党支部书记以抓学校政治思想工作为主，学校教育行政实行校长负责制，对全体教职工试行岗位责任制。8月16日，撤销各区文教组，设立各区辅导中心小学，替代文教组。

1984年，全县中小学先后建立教师代表大会制度（教代会），行使教师当家做主的民主管理学校的权力。县教体局党组调整了一批中小学干部，大胆提拔一批有教学经验有能力有水平的教师充任学校领导，有力促进教育教学质量逐年提高。

1985年，县教体局贯彻执行《中共中央关于教育体制改革的决定》，在全县范围内选择几所条件较好中小学，进行校长负责制的试点工作。

1986年4月19日，撤销县教体局。6月，成立泰顺县教育委员会（简称“县教委”）。1987年7月3日，县教委为了进一步推进教育体制改革，理顺教育管理关系，落实分级办学分级管理原则，撤销各区辅导中心小学，设立各区教育委员会办公室（简称“区教委办”）作为县教委派出的常设机构，负责管理各区小学教育、成人教育、幼儿教育等日常的教育工作；原区中心小学改制为乡（镇）中心小学，归属于原区所在地乡（镇）人民政府管理。区属各乡（镇）范围内的教师调动由乡（镇）拟具方案，经区教办审批并发调令；区范围内乡与乡之间的教师调动或区与区之间的教师调动，由各区教办拟具方案，报县教委审批、调派。

1992年7月，县委、县人民政府为了使教育系统管理机制能适应全县行政区划实施撤区扩镇并乡后的工作需要，理顺乡镇中小学的管理体制，决定各乡、镇中小学由乡、镇人民政府实行“地方负责，分级办学，分工管理”，并决定各乡、镇人民政府成立教育管理委员会（简称“教管会”）协调管理本乡、镇的教育事业。

同年8月，县教委为适应撤区扩镇并乡后的新情况，及时落实教育事业管理的各项措施，依照县编委会文件精神撤销1987年7月全县建立的9个“区教办”（罗阳、百丈、司前、筱村、泗溪、彭溪、雅阳、仕阳、三魁）。全县部分中小学校名作统一更改规定。

1994年，为有利于分级管理，方便学生就近入学，在保证小学校点全面覆盖的前提下，以生源数量为参照，以地理环境为依据，以巩固普及初等教育成果，全面提高教育质量为目的，进行校点调整，改龟湖、东溪、下洪、百丈、大安5所小学为八年一贯制学校（小学五年，初中三年）；保留南院、仙稔、包垟、翁山、联云、洲岭、垟溪7所小学附设初中。

1995年，县委、县人民政府确立科教兴县战略，全县上下发扬“砸锅卖铁办教育”“省吃一口饭支持办教育”“武训办学”精神，在三种精神的感召下，各有关部门大力协同，各方齐抓共管，分级管理，包干到村、责任到人，形成大社会办大教育的良好氛围。县人民政府以学习贯彻教师法、教育法为契机，增强法制观念，形成依法治教格局。是年秋，经中共泰顺县委、县人民政府批准，县教委在泰顺一中和县实验小学进行“校长负责制、教师聘任制、结构工资制、岗位责任制”的“四制”改革试点工作。

1996年，围绕“以建设促双基，以改革求发展”，不断完善大社会办大教育的投资机制和办学格局。县成立校建工作领导小组，各乡镇也建立了相应工作班子，继续认真执行《泰顺县筹措教育经费暂行办法》和《全县中小学校舍工程建设的若干规定》，广泛、深入发动群众集资、投工、献料、献地，掀起了空前的大社会办大教育热潮。

1998年，全县选送40名学校后备干部参加市教育系统首届青年培训班。结业后，9人任小学校长，1人任副校长，8人调县教委机关或到学区办任业务干部，22人充实到学校中层锻炼。调整后，全县39所乡镇中心小学校长的平均年龄由46.6岁下降到39.6岁，学历大幅度提高。

2000年，致力于撤并散乱、微型小学和不合理的附设初中。全县撤并校点41个，推广黄桥、竹里经验，盘活资源存量，提高办学效益。“分离”多年的泰顺四中两部合并，完成资源重组合理利用。是年9月，根据实际，经县人民政府批准，柳峰乡中心校附设初中。2001年，继续调整校点布局，优化资源配置。全县撤并校点30个，15个乡镇校点布局基本趋于合理，6个乡形成一乡一校或一乡两校的格局。

2005年，全县撤并微型小学8所，全县小学校点降至107所，布局渐趋合理。小学专任教师1493人，学历合格率为96.2%。

2008年，罗阳、司前、三魁、筱村、雅阳、泗溪、黄桥等7个申报创强的乡镇，全部通过市级检查评估验收，实现了泰顺县教育强乡镇零的突破，为创建省级“教育强县”打下良好的基础。

2009年底，全县创建市级素质教育示范学校4所，市级教育强镇（乡）14个，省级标准化学校25所，基本达到省级教育强县的要求。

2010年4月14日，泰顺县省级教育强县通过评估验收。9月，省委、省人民政府授予泰顺等6个县“浙江省教育强县”称号。

2011年秋，县内行政区划大调整，县教育局对部分乡镇中心小学校名作了统一的更改。

2012年，县教育局组织7个督导组对各校进行开学工作的督导检查，通过听、看、查、访、问等方式，指导学校做好规范办学行为，执行课程计划等各项工作。是年，县教育局对全县中小学进行全年度审计，对19所学校（单位）包括部分学区办，特别对学校财务、基建工程、教育装备物资政府采购等重点领域加大监察力度，增强透明度。

二、县区乡（镇）中心小学辅导制度

民国12年（1923），县政府撤销劝学所，成立教育局，局长翁柽。全县划分罗阳、莒江、雅阳三个学区。民国17年，浙江大学（当时为省教育行政管理机构）将省内依照旧府属划分为十一个省学区，温州府为第十省学区，泰顺等七县属第十省学区，由省立第十中学（温州中学前身）附属小学负责辅导。是年春，县国民政府在莒江上村创办县立第二高等小学校（二高）。是年秋，改办雅阳百福岩启明两等小学堂为县立第三高等小学校（三高）。县立模范小学并入县立第一高等小学堂，易名为泰顺县立第一学区中心小学。全县划分为三个学区：第一学区（罗阳）、第二学区（莒江）、第三学区（雅阳）。高等小学校各负该学区辅导职责。各学区设教育员1人，第一学区教育员翁熬，第二学区教育员夏旭，第三学区教育员董旅。

民国21年（1932），各学区设立高等小学1所，负有辅导本学区内各初级小学之责。第一学区（罗阳）县立第一高等小学，该学区内有区立园桥、炉西、普育、岭北、察溪5所初级小学，私立有隆文、义成、徐氏、敬修、南园、广育6所初级小学。第二学区（莒江）县立第二高等小学，学区内漈头设有私立侯村高等小学，区立有乐群、蟾宫、百丈、峰柘、坡洋5所，私立有启智、东河、半文、公一、善群、义育、昭义、瑞峰、精一、朝阳、群一、新民、木埠、桂阳、联志、南峤、联源、启文、秀水、筱东、横坑21所初级小学。第三学区（雅阳百福岩）县立第三高等小学，学区内区立有峡屿、戬州、库村、双宅、启新5所初级小学，私立有洪口、觉新、养正、赤溪、三魁、严山、章峰、溪东、泗水、梧山10所初级小学。

民国29年（1940），实施国民教育制度，改省学区辅导制度为师范区辅导制。民国30年，十中（温中）附小停办，地方初等教育的辅导任务由温州师范学校负责。各乡、镇设中心学校一所，负责辅导各保国民学校。乡镇中心学校的辅导工作主要为：召开各保国民学校校长会议，讨论各校应兴应革事宜；督促各校教员研究改进教学和训育工作；举办示范教学；组织展览会和各种竞赛活动。

1949年7月30日统计，全县完全小学（中心国民学校）9所（包括高等小学），初级小学（保国民学校）98所，在校学生数共5053人。其中泰平区完全小学1所，初级小学35所，在校学生共1661人；泰东北区完全小学4所，初级小学33所，在校学生共1535人；泰南区完全小学2所，初级小学11所，在校小学学生共1014人；泰西区完全小学1所，初级小学10所，在校学生共439人；城区（罗阳）完全小学1所，初级小学9所，在校学生共404人。全县学校由县人民政府接管，废止省学区辅导制和师范区辅导制（地方教育对学校进行辅导的机构）。

1950年秋，县内开始划分辅导区，建立辅导委员会。各辅导区辅导委员会由委员5—7人组成，设主任委员1人，下设调研、联络、宣教等委员。辅导委员会的主要工作：开展社教（指扫除文盲、开展成人业余教育），举办职工夜校、民众夜校；帮助民办公助学校建立教育委员会；帮助私立学校健全校董会组织；检查、督促各科教学研究活动的开展。

1953年，县内各区成立区中心小学，负责对本学区小学的行政管理和辅导工作。辅导员由区中心小学校长兼任。区中心小学根据文教工作方针、政策、指示及文教科关于小学教育工作意见，对本区初等教育进行全面监督与检查，其基本任务是检查学校政治思想工作与教导工作情况，了解教师的思想、工作和学习情况；了解学生思想动向、知识质量及健康状况；考察学校工作的物质经济条件；总结与传播学校政治思想工作，教育教学工作，行政管理工作等方面的先进经验；具体指导和协助本区各小学的领导和教师提高学校工作及教学水平。

1960年，为了充分发挥人民公社举办教育事业的主动性和积极性，便于公社对该范围内小学的领导，区中心小学辅导区改为以公社范围划分，设立公社中心小学，对本公社内各小学实行辅导、管理工作。

“文化大革命”期间，小学的辅导体制被砸烂，全县除罗阳小学外，其余小学下放到农村大队办，大队建立贫下中农领导小组管理学校。1969年7月开始，全县各区相继成立教育革命办公室（简称“区教办”），为县教育革命办公室（简称“县教办”）派出机构，行使各该区内小学辅导管理之责。

1977年9月，撤销县教办，恢复县文教局。1978年，六个“区教办”改为“区文教组”作为县文教局派出机构，行使对各该区内小学辅导管理之责。

1983年8月，撤销各区文教组，恢复各区中心小学辅导制，任命区中心小学校长，恢复公社中心校，任命公社中心校校长，在县教育行政和同级党委（公社党委）双重领导下，负责全区、公社的教育行政工作和对各小学辅导工作。

1984年开始，随着机构改革和教育体制改革的推行，逐步实施地方基础教育分级办学、分级管理的办学体制，把教育工作纳入各级政府的轨道，各乡（镇）建立教育管理委员会，撤销中心小学辅导制。1992年7月，全县撤销各“区教办”。

1998年8月，县教委在原区片的基础上，设置7个学区教育办公室（简称“学区办”），作为县教委的派出机构，负责本学区教育行政管理和教学业务指导工作。

2012年12月，县教育局仍按罗阳、司前百丈、筱村、泗溪、雅阳彭溪、仕阳、三魁7个学区教育办公室（学区办）的地域面积、师资、生源数量及工作量等不同情况，从有关学校调整、配备、充实各学区教育办公室工作人员。各学区办在贯彻执行上级的方针政策、协调各项工作发挥应有的作用。

1953—1992年全县各区中心小学（区教办）负责人更迭表

表3-6-1

区（镇）名	姓　名	性　别	职　务	任职时间
三魁区（原名大安区）	刘家贤	男	区小校长	1953—1955
	张传伍	男	区小校长	1953—1955
	舒景云	男	区小校长	1955—1958
	高世泽	男	区小校长	1958—1959
	陶吉行	男	区小校长	1959.7—1960
	翁旭仁	男	区小校长	1960—1961
	苏锡快	男	区小校长	1962—1963
	王德标	男	区小校长	1964—1969.2
	郑锦镛	男	区教办负责人	1970.3—1972.12
	苏锡快	男	区文教组负责人	1973.1—1978.7
	曾　俊	男	区文教组组长	1978.8—1983
	周祖叙	男	书记、教委办主任	1983—1992.7
百丈区	周　民	男	区小校长	1953—1958
	周圣尧	男	区小副校长	1954.8—1957.8
	吴松华	男	区小校长	1955.3—1958.7
	夏宝勤	男	区小校长	1958—1959.2
	吴自杰	男	区小校长	1959—1970.2
	吴自杰	男	区教办负责人	1973.3—1978.7
	吴自杰	男	区文教组组长	1978.8—1983.7
	周贤雅	男	区教办负责人	1970.2—1973.1
	翁齐清	男	区小校长	1980—1983.7
	陈明理	男	区小校长	1983.8—1986.6
	陈明理	男	区教委会主任	1986.6—1991.8
	翁信德	男	区小副校长	1983.8—1984.8
	毛宗龄	男	区小副校长	1984.8—1985.1
司前区	毛宗龄	男	区小校长	1985.2—1986.7
	陈维足	男	区小校长	1986.7—1987.9
	夏克巧	男	区教委办负责人	1987.10—1992.7
仕阳区	董朝椿	男	区小校长	1953—1955.8
	刘家胥	男	区小校长	1955.9—1956.8
	毛　芬	男	区小校长	1956.9—1958.8
	雷志洪	男	区小校长	1958.9—1959.12
	陶文辽	男	区小校长	1960.2—1962.8
	毛　芬	男	区小校长	1962.9—1964.8
	董朝椿	男	区小校长	1964.9—1965.8
	张　整	男	区小校长	1965.9—1967
	毛　芬	男	区小校长	1967.9—1969
	周贤雅	男	革领小组组长	1969.7—1970.1
	蔡祈盈	男	革领小组组长	1970.2—1970.12
	陈法灵	男	区教办负责人	1971.1—1973.2
	王作华	男	区教办负责人	1973.2—1978.8
	雷志洪	男	文教组长	1978.9—1980.8

续表3-6-1

区（镇）名	姓　名	性　别	职　务	任职时间
仕阳区	王德标	男	文教组长	1980.9—1983.8
	林光耀	男	区小校长	1984.9—1987.8
	林家言	男	区教办主任	1987.9—1990.12
	林光耀	男	区教办主任	1991.9—1992.8
罗阳区	潘乐群	男	县立罗阳小学校长	1949.10—1950.7
	张　彦	男	县小校长	1950.8—1951.12
	卓　泰	男	县小校长	1950.8—1952.7
	潘增炎	男	县小校长	1952.2—1952.7
	郑超平	男	县小校长	1952.8—1957.7
	陈宪岳	男	县小副校长	1957.8—1970.10
	高世彬	男	县小校长	1956.8—1958.8
	杨泽民	男	县小党支部书记	1964.11—1970.7
	吴立察	男	县小革领小组长	1969.11—1970.7
	齐　伟	男	区贫管组长	1969.7—1970.5
	潘立胤	男	区教办主任	1970.3—1972.12
	潘立胤	男	教办负责人	1974.6—1977.9
	胡希任	男	区文教组长	1977.10—1978.9
	罗邦武	男	区文教组长	1978.11—1983.8
	郭建华	男	罗阳区小校长	1983.9—1984.8
	齐　伟	男	罗阳区小校长	1984.9—1986.6
	朱清顺	男	区教办主任	1986.7—1992.7
雅阳区（原松东区）	尤庭芳	男	区小校长	1955—
	毛期俊	男	区教办负责人	1970.3—1972.2
	王德标	男	区教办负责人	1973.1—1980.1
	汪茂秩	男	区文教组长	1980.2—1984.7
	王日挺	男	区小党支部书记	1984.7—1986.7
	王日挺	男	区教委办主任	1986.7—1988.6
	谢景漫	男	区教委办主任	1988.8—1992.7
泗溪区	刘来家	男	区小校长	1955.1—1958.1
	包崇峨	男	区教办主任	1986.8—1992.7
彭溪区	李忠存	男	区教办主任	1986.8—1992.7
筱村区	包衍盛	男	区小副校长	1951.8—1957.2
	陈树文	男	区小副校长	1952.6—1957.2
	包志明	男	区小第一副校长	1957.2—1958.2
	夏志雅	男	区小副校长	1958.4—1961.1
	彭纪绸	男	区小第一副校长	1958.8—1960.1
	彭纪绸	男	革领小组长	1969.2—1970.2
	彭纪绸	男	区教办负责人	1970.3—1973.1
	赖霖和	男	区小党支部副书记兼副校长	1965—1970.2
	翁哲平	男	区教办负责人	1973.1—1978.8
	翁哲平	男	区文教组长	1978.8—1983
	翁齐清	男	区小校长	1983.8—1985.11
	翁元芳	男	区小党支部书记兼校长	1983.8—1986.7
	翁元芳	男	区教办负责人	1986.8—1992.7

1998年8月至2012年8月全县各学区办公室主任更迭表

表3-6-2

学区名	职　务	姓　名	性　别	任职时间
罗阳学区	主　任	毛立考	男	1998.8—2005.12
	副主任（主持）	王家胜	男	2006.1—2007.8
	主　任	王家胜	男	2007.9—2012.8
	主　任	周曙光	男	2012.8—2012.12（续）
筱村学区	主　任	蓝天友	男	1998.8—2003.8
	副主任（主持）	程惺惺	男	2003.8—2005.8
	主　任	程惺惺	男	2005.8—2008.8
	主　任	包学拉	男	2008.7—2012.8
	主　任	夏宝新	男	2012.8—2012.12（续）
司前百丈学区	主　任	余序鸿	男	1998.8—2008.7
	主　任	程惺惺	男	2008.7—2012.12（续）
泗溪学区	主　任	蔡汝谷	男	1998.8—2003.8
	主　任	林志情	男	2003.9—2011.7
	主　任	林直庆	男	2011.7—2013.8
雅阳彭溪学区	主　任	谢世肖	男	1998.8—2012.8
	主　任	何克怀	男	2012.8—2012.12（续）
仕阳学区	主　任	李元卿	男	1998.8—2003.8
	主　任	蔡汝谷	男	2003.9—2005.8
	主　任	王盛备	男	2005.8—2012.12（续）
三魁学区	主　任	林光耀	男	1998.8—2003.8
	主　任	胡荣木	男	2003.9—2007.6
	主　任	邱兆永	男	2007.7—2012.12（续）

附录三：小学教育机构选介

泰顺县实验小学

泰顺县实验小学址设人民广场东侧，广场路9号。学校前身为明代嘉靖十一年（1532）创办的罗阳书院。清代光绪三十二年（1906），罗阳书院改办为敬业高等小学堂（亦称城区第一高等小学堂）。民国8年（1919），易名为县第一高等小学校；民国17年改称泰顺县第一学区中心小学。民国32年，改名罗阳镇中心小学。1949年5月，易名为罗阳小学。1950年秋，城区私立义成小学并入罗阳小学，易名为泰顺县立罗阳小学。1986年9月，改名为泰顺县实验小学，作为全县小学教育科研和教学改革的实验基地。1992年，学校加入省实验小学会员校。

1995年，学校综合楼富康楼竣工，楼中设美术教室、音乐教室、舞蹈教室等功能教室。

1996年，学校建立电脑室，语音室，并开始“双语教学”。

2002年，学校实现了操场塑胶化，班班配备小媒体教学平台。

2005年，学校新增城北路校区，形成一校两校区的办学模式。2007年，又新增新城校区，形成一校三校区办学模式。

2009年1月，学校被命名为首批“温州市体育特色学校”，学校提出学生人人有拍、个个有球、班班有队的要求，建成乒乓球知识长廊，开设快乐乒乓球校本课程，成立乒乓球社团。各校区添置二十多套室外乒乓球桌。

2010年，学校修建总面积达6271平方米的室外塑胶操场、环形运动场。全面翻修改造两校区的办公用房和教学楼，将广场校区原来的教师宿舍楼改造成办公楼，将办公楼开辟成功能教室，配以先进的教学设备。城北校区进行景观改造，在综合楼与操场之间建成一个面积近2000平方米的景观广场——知行广场。

2011年，学校进一步完善网络设施，让无线网络覆盖校园的每一角落。建成OA办公系统、电子备课系统、电子图书系统、视频会议系统、电子学籍系统、监控系统、校园广播系统等七大系统，配备班级多媒体小平台，专任教师每人拥有一台办公电脑。

2012年，学校占地面积37142平方米，建筑面积12528平方米。学校各项设施设备先进齐全，校园优美、雅观。全校有59个教学班，在校学生2408人，教职员工计129人。其中有全国优秀教师2人，省级各类优秀教师15人，市级各类优秀教师95人。

学校先后被评为浙江省先进单位、浙江省文明学校等，学校少先队被评为浙江省红旗大队。

泰顺县实验小学历任校长（负责人）更迭表

表3-6-3

姓　名	性　别	职　务	任职时间	备　注
潘鸿康	男	堂长	1906—1909	
潘锦江	男	堂长	1910—1912	
许　超	男	堂长	1913.1—1916）	县立敬业高等小学堂
林大璋	男	堂长	1917—	
周物正	男	堂长	1918—	
潘　伍	男	校长	1919—1923	
胡若谷	男	校长	1924—1925）	县立第一高等小学
包际春	男	校长	1926—1927	
高宗龙	男	校长	1928—1929）	
高宗选	男	校长	1930—	
翁　鳌	男	校长	1931—1932.7	县立第一学区中心小学
徐　穆	男	校长	1932.8—1933.7	
陈伯煌	男	校长	1933.8—1934.7	
吴作霖	男	校长	1934.8—1935.7	
潘元辅	男	校长	1935.8—1938.3	
高世凯	男	校长	1938.4—1938.7	县立第一学区中心小学
包成章	男	校长	1938.8—1939.7	
吴立程	男	校长	1939.8—1940.7）	
高仲珊	男	校长	1940.8—1941.7	罗阳镇中心小学
王　宣	男	校长	1943.8—1943.7	
王　宣	男	主任	1943.8—1948.7	
高世进	男	主任	1948.8—1949.1	泰师附小
徐　毅	男	主任	1949.4—1949.7	
潘乐群	男	校长	1949.10—1950.7	罗阳小学

续表3-6-3

姓　名	性　别	职　务	任职时间	备　注
张　彦	男	校长	1950.8—1951.12	县立罗阳小学
潘增炎	男	校长	1952.2—1952.7	
郑超平	男	校长	1952.8—1955.7	罗阳中心小学
高世彬	男	校长	1955.8—1957.8	
陈宪鹤	男	校长	1957.8—1970.10	
杨德荷	男	扫盲校长	1958.8—1959.7	
李君清	男	扫盲校长	1959.8—1960.7	
王怀映	男	扫盲校长	1961.8—1962.1	
吴立察	男	革领小组组长	1969.9—1970.11	罗小革领小组
毛　芬	男	革领小组组长	1970.12—1973.1	
吴家足	男	革委会主任	1973.1—1978.1	
胡希任	男	革委会副主任（主持工作）	1973.1—1978.11	
包爱珠	女	革委会主任校长	1978.11—1980.1	
夏继业	男	校长	1980.2—1986.7	罗阳小学
林兆祥	男	校长	1986.8—1990.3	县实验小学
卢亦挺	男	副校长（主持）	1990.3—1991.7	
王日挺	男	校长	1991.7—1999.7	
林成亩	男	校长	1999.7—2002.7	
李　安	男	校长	2002.8—2004.7	
陶一砖	男	校长	2004.8—2008.7	
钱起建	男	校长	2008.7—2011.8	
王　芳	女	校长	2011.8—2012.12（续）	

罗阳镇中心小学

泰顺罗阳镇中心小学（简称罗阳镇小），创办于1981年9月，址设罗阳镇西外村，占地面积8.14亩（5426.69平方米），建筑面积1883.7平方米。

学校选择了书法作为特色教育内容，确立了“一笔一画写好字，一生一世做真人”的书法特色教育。2001年开始进行写字教育活动，学校遵循循序渐进的原则，采取从单一初级阶段到深入普及阶段直至拓展提高阶段三个层次逐步推进的发展思路。以重大节庆日为契机，开展学生书画作品展及现场书写展示活动，为学生搭建了展示的平台；在校内定期举行集体、个人写字比赛，激发学生的竞赛意识，提升学生的书写水平。在书法特色教育取得成功之后，学校继续深入教学研究，以基础课《小学写字教育状况及对策研究》为脚本，把写字教学的研究和师生的写字活动紧密结合起来。在教授写字技巧和加强书法练习的基础上，增加相关书法的传统文化教育，形成技能训练、艺术熏陶、文化积淀三线并进的教育内容体系。

2012年，学校有25个教学班，学生1200多人，教职工80人，其中小学高级职称65人，中学高级职称2人，大专学历45人，本科12人；县级骨干教师（教坛新秀）13人，市级以上骨干教师（教坛新秀）7人。

学校先后获得全国写字教育实验学校、浙江消息报现代教育技术实验校、温州市示范小学、市行规达标学校、市电教推广应用先进学校、市红领巾示范校、市德育特色学校、市示范性家长学校、温州市素质示范学校等20多项荣誉。

罗阳镇中心小学历任校长（负责人）更迭表

表3-6-4

姓　名	性　别	职　务	任职时间
夏素玉	女	校长	1981.8—1984.7
陈宪鹤	男	校长	1984.8—1988.1
吴爱芳	女	校长	1988.2—1988.7
王日挺	男	校长	1988.8—1991.7
包必久	男	校长	1991.8—1992.7
周祖叙	男	校长	1992.8—1999.7
李　安	男	校长	1999.8—2002.7
周曙光	男	校长	2002.8—2012.7
吴安福	男	校长	2012.7—2012.12（续）

百丈镇中心小学

百丈镇中心小学是一所古老又年轻的学校。早在民国元年（1912年），横街王绍文、街尾夏作秀筹资创办百丈镇第一所私立初级小学即“广益学堂”，校舍设在街尾大帝宫。民国21年（1932年）广益学堂定为区立初级小学。民国26年（1937年）学校改办短期小学，招收年龄较大的儿童，学制一年。

民国28年（1939年），学校由初级小学改为完全小学。是年，陈树人（瑞臣）、叶体仁等建立“校董会”，筹建新校舍。民国30年（1941年），新校舍建成并投入使用，叶体仁为首任校长。

1949年，学校隶属区人民政府领导管理。1952年，学校由民办改为公办。

1966年，“文化大革命”开始，百丈和全国各地一样，教育停滞后退。

1970年，改六年制为五年制，并附设了初中班，学校改名为“五七学校”，隶属“贫管会”领导。

拨乱反正后，学校工作的重心移到了教学上来，教师队伍结构得到调整，校风学风发生根本的变化，教学质量不断提高。学校改名为“百丈镇中心学校”。

2000年，因温州珊溪水库枢纽工程建设，学校停用。2001年，新校舍落成，坐落于飞云湖上游的飞云湖畔（百丈镇江滨路139号）。原洪口乡、莒江乡等学校并入新建的百丈镇中心学校。2006年，又将阳山、黄坑两所小学并入。2007年通过省三类标准化学校评估验收。

2012年，学校占地面积20360平方米，建筑面积4582平方米。由于百丈的库区移民，受交通不便和镇所在地家长就业低等影响，学校呈自然小小班化走向。学校有6个教学班，学生34人，专职教师13人。师资学历合格率100%（其中本科4人，专科6人，中师3人）。

学校先后获市级绿色学校、温州市中小学教育信息化建设二类达标学校、温州市中小学行为规范达标学校、温州市中小学标准化Ⅱ类实验室、温州市中小学标准化Ⅱ类美术室等荣誉称号。

百丈镇中心小学历任校长（负责人）更迭表

表3-6-5

姓　名	性　别	职　务	任职时间
叶体仁	男	校长	1940—1941
陈瑞臣	男	校长	1942—1943
陈　光	男	校长	1943—1944
陈定新	男	校长	1944—1945
赵圣迪	男	校长	1945—1946.1
陈　达	男	校长	1946.2—1946.8
陈景明	男	校长	1946.9—1947.8
吴光锡	男	校长	1947.9—1948.10
陈　耀	男	校长	1948.11—1950.12
郑明权	男	校长	1951.2—1951.8
周　民	男	校长	1951.9—1954.8
周圣尧	男	校长	1954.9—1956.8
吴松华	男	校长	1956.9—1957.8
周　民	男	校长	1957.9—1958.8
夏宝勤	男	校长	1958.9—1959.8
林成套	男	校长	1959.9—1962.8
吴士杰	男	校长	1962.9—1970.8
周贤沐	男	贫管会正主任	1970.2—1972.12
许秀察	男	贫管会副主任	1970.2—1972.12
杨炳楚	男	校内负责人	1973.2—1978.8
夏宝勤	男	校长	1978.9—1980.8
翁齐清	男	校长	1980.9—1983.8
陈明理	男	校长	1983.9—1987.8
林绍多	男	校长	1987.9—1989.8
叶忠亮	男	校长	1989.9—1995.8
余序鸿	男	校长	1995.9—1998.8
陶文华	男	校长	1998.9—2002.8
李一平	男	校长	2002.9—2006.8
白晓双	男	校长	2006.9—2011.8
夏克武	男	校长	2011.9—2012.12（续）

筱村镇中心小学

清乾隆年间，监生林伯穆在东垟上村（宽四房）创办文峰家塾。嘉庆元年（1796），林凤鸣在林氏宗祠左侧创办竞成书院。宣统三年（1911），林逊吴、林子章在林氏宗祠创办八乡公学，是年十月停办。民国15年（1926）新学在筱村兴起，原文峰书院易名上村国民小学，由林幸贻任教，学生40余人，竟成书院易名下村国民小学。民国21年，两校合并，易名东垟国民小学，为筱村镇小办学开始。民国27年，林尉青又创办了筱村中心国民学校（六年制）。此后，随着时间的推移和区域的变迁，学校先后易名为筱村乡完全小学、筱村区第一中心小学、筱村公社辅导中心学校、筱村区辅导中心学校、筱村公社五七学校、筱村乡中心小学、筱村区辅导中心学校，1992年8月易名筱村镇中心小学。

学校规模随着形势的发展而变化，校址多次搬迁。1953年，学校搬迁至大翁宫，坑边、徐岙、北坑等小学和翁山完小的高小部并入。1962年，因筱村中学并入莒江中学，学校搬入筱村中学。1972年筱村中学创办高中。校舍紧缺，小学撤出，分散教学，分成长垟、徐岙、新楼、东垟等小学。1977年，立东垟小学为公社中心小学，1983年恢复为筱村区辅导中心学校，1987年，教育体制改革后，改名筱村乡中心学校，1989年长垟小学并入。2006年葛垟中心校并入。

校园现有占地面积8100平方米，生均占地面积37平方米，校舍建筑面积2860平方米，生均占地建筑面积13.1平方米。学校拥有实验室、仪器室、电脑房、多功能教室、图书室、阅览室、音乐舞蹈室、美术室、体育室、卫生室、心理健康辅导室、广播室等功能室，有9个教室小平台，56台电脑，实现学生信息课一人一机，配备15台办公电脑，教师人手一台；图书室现有存书9500册，生均达40册，教学仪器、音体美器材配置达到省Ⅰ类标准，每个班级与实验室、音乐室均配备多媒体设备，同时阶梯教室配备宽幕大型媒体，学校的每个场所均实现有线和无线上网。还有完整的广播、通讯、校园网等系统。

2012年，学校有7个教学班，218名学生，教职工23人，专任教师21人，专任教师专科以上学历18人。县级骨干2人。70后专科以上学历100%。

学校先后获得浙江省第一轮农村中小学现代农远教育工程先进学校、温州市文明学校、温州市中小学日常行为规范达标学校、温州市中小学教育信息化建设二类达标学校、温州市绿色学校、浙江省标准化学校、温州市一类标准化音乐室等多项荣誉。

筱村镇中心小学历任校长（负责人）更迭表

表3-6-6

姓　名	性　别	职　务	任职时间	备　注
林成乐	男	校长	1927—1931	短期小学
林成趣	男	校长	1933—1937	东垟国民小学
林蔚青	男	校长	1938—1944	竟成公学
林汝庄	男	校长	1944—1945	
林　益	男	校长	1945—1946	
林将森	男	校长	1946—1947	
毛景龙	男	校长	1947.7—1948.2	
翁　泰	男	校长	1948.2—1948.7	
林淑仁	男	校长	19480.8—1949.2	
林干香	男	校长	1949.2—1949.8	
林　益	男	校长	1949.9—1951.5	筱村乡完全小学
包衍盛	男	校长	1951.6—1953.2	区第一中心小学
陈树文	男	校长	1953.2—1957.2	
彭纪绸	男	校长	1958.6—1970.2	第一副校长
吴自杰	男	校长	1970.2—1973.2	
翁仲华	男	校长	1973.2—1982.12	
翁齐清	男	校长	1983.9—1987.8	1983年区校
蓝天友	男	校长	1987.8—1998.7	1987年改乡中心校
包学拉	男	校长	1998.8—2003.7	1992年改称镇中心校
翁圣润	男	校长	2003.8—2004.7	
方广西	男	校长	2004.8—2006.7	

续表3-6-6

姓　名	性　别	职　务	任职时间	备　注
毛定飞	男	校长	2006.8—2009.7	
夏晓远	男	校长	2009.8—2012.12（续）	

泗溪镇中心小学

泗溪镇中心小学创办于1940年9月，借用泗溪溪东“娘娘宫”为校舍。1941年，学校迁往白粉墙村东场祠。

1942年，月湖、峰文、富垟、秀溪、东溪、横坑、凤垟等地学生到该校就读，寄宿学生有100多人。1944年，学校改称泗溪乡中心国民学校。1949年，中共鼎平泰中心县委在泗溪成立新民主主义泗溪教育分会，与学校合署办公。学校改名为泗溪第一中心小学，1961年，又易名为泗溪人民公社完全小学，是年成立泗溪函授辅导站，承担泗溪各小学行政管理和教学业务辅导职能。1985年，泗溪区从雅阳区分出，学校更名为泗溪区辅导中心小学，承担全区辅导任务。后学校改名为泗溪镇中心小学，承担白粉墙村、玉岩村、上院村、下桥村、半溪村、溪源村义务阶段教学任务。

学校教育教学设施完备，建有三幢教学楼，建筑面积达3270多平方米；占地面积达15520平方米，围墙800多米。学校各学科仪器设备按省级标准配备，班班配置多媒体小平台，实现教学、办公网络全覆盖。还拥有音乐室、美术室、图书室、阅览室、科学实验室、电脑房、综合实践室、卫生室等功能房。

2012年，学校有23个教学班，学生988人，教职工62人，专任教师62人，其中高级教师45人，温州市优秀班主任和先进教育工作者各1人，温州市师德楷模1人，市级骨干教师3人，县级教坛新秀2人，县级骨干教师2人，县级骨干班主任2人，县名教师1人。

学校先后荣获浙江省示范性家长学校、温州市行为规范达标学校、温州市示范性家长学校、温州市信息化达标Ⅱ类学校等80多项市、县荣誉称号。

泗溪镇中心小学历任校长（负责人）更迭表

表3-6-7

姓　名	性　别	职　务	任职时间	备　注
陈　旭	男	校长	1940.9—1941.7	乡长兼任
史致彧	男	校长	1941.9—1943.7	泗溪区长兼任
黄鼎华	男	校长	1943.9—1943.12	
张登骅	男	校长	1944.2—1944.7	泗溪区长兼任
曾　珙	男	校长	1944.9—1946.7	乡长兼任
林蔚崧	男	校长	1946.9—1947.7	乡长兼任
陈立德	男	校长	1947.9—1948.7	
吴　超	男	校长	1948.9—1949.7	
王怀民	男	校长	1949.9—1950.8	
林　渊	男	校长	1950.9—1951.1	
卓　泰	男	校长	1951.2—1953.1	
刘莱家	男	校长	1953.2—1965.8	
徐克胜	男	校长	1965.9—1970.1	

续表3-6-7

姓　名	性　别	职　务	任职时间	备　注
林邦禹	男	校长	1970.2—1978.8	
张庆佃	男	校长	1978.9—1984.8	
林朝拱	男	校长	1984.9—1985.8	
林育民	男	校长	1985.9—1988.8	
陈士旺	男	校长	1988.9—1991.8	
包松峨	男	校长	1991.9—1994.7	
林志情	男	校长	1994.8—2003.7	
邱兆永	男	校长	2003.7—2007.8	
翁圣润	男	校长	2007.7—2009.7	
李　严	男	校长	2009.7—2011.8	
蔡其贵	男	校长	2011.7—2012.12（续）	

彭溪镇中心小学

清光绪二十四年（1898），钟国托借用新厝内民房，开办蒙馆，招收生徒10人开始办学。光绪三十二年（1906），蒙馆迁址到火墙内民房，更名为彭坑小学堂，学生自备课桌椅，学制两年。民国8年（1919），学校搬移到石门楼民房，更名彭坑初等小学，开始有了复式班教学，同时招收女生上学。民国11年，学校又搬迁到马仙宫上课。民国22年，实行国民义务教育，改初等小学为短期小学，学制一年。民国26年正式命名为彭坑小学。民国29年改名为鹏山小学。民国33年，奉县署命令实施强迫性教育，开办妇女班，成人夜校，学校更名为鹏山中心国民学校。1949年春，人民政府接管学校，成为彭坑乡中心小学，1956年，改名彭溪小学。1970年，改称为彭溪公社“五七”学校，附设初中班，开始招收初中学生，是年，兴办彭溪“五七”学校五金厂。1977年改为彭溪公社小学。1984年，彭溪中学建成，中小学分离，初中班撤并到彭溪中学，学校更名为彭溪中心小学。

1992年，撤区并镇，彭溪乡中心小学改名为彭溪镇中心小学。并先后将内垟、丁步脚、香菇寮、黄竹蓬、昌基、内板山、外板山等村小合并到镇中心小学。原富垟乡的富洋小学、五里牌乡的五里牌小学划归彭溪镇中心小学管理。2007年9月，车头小学并入。学校下辖两个教学点，即五里牌教学点和富垟教学点。

2012年，学校教学设施已基本实现现代化，小媒体、校园网络、智能广播、安全监控等一应俱全。体育活动设施、实验室、仪器室达省Ⅱ类标准，电脑房、音乐室、美术室、图书室达省Ⅰ类标准，图书藏书量达14728册，生均达39册。

2012年，全校（含教学点）共有有23个教学班，学生数689人，教职工55人，其中专任教师51人，小学高级职称23人，本科学历14人，大专学历20人。教师学历合格率为100%。学校总占地面积11484平方米，其中中心校占地面积4481平方米，建筑面积3124平方米，有教学楼3幢，运动场面积2250平方米，绿化面积880平方米。

学校先后被评为浙江省义务教育标准化学校、温州市义务教育标准化水平三级学校、温州市《国家体育锻炼标准》先进学校、温州市雏鹰红旗大队、浙江省农村中小学远程教育工程先进单位、校园环境建设先进学校、温州市模范希望小学和温州市中小学教育信息化建设Ⅱ类达标学校、温州市绿色学校、温州市中小学行为规范市级达标学校。

彭溪镇中心小学历任校长（负责人）更迭表

表3-6-8

姓 名	性 别	职 务	任职时间
钟国托	男	创始人	1898—1949.12
张真汀	男	校长	1950.1—1953.8
卓 清	男	校长	1953.9—1958.8
包成贵	男	校长	1958.9—1961.8
林秉禅	男	校长	1961.9—1977.8
李忠存	男	校长	1977.9—1985.8
杨世全	男	校长	1985.9—1986.8
李忠存	男	校长	1986.9—1988.8
曾家孔	男	校长	1988.9—1992.8
谢尚君	男	校长	1992.9—1994.8
谢逢坤	男	校长	1994.9—2004.8
何克怀	男	校长	2004.9—2005.8
林正窍	男	校长	2005.9—2012.12（续）

雅阳镇中心小学

泰顺县雅阳镇中心小学前身为创办于晚清的白巢书院。宣统元年 (1909)，雅阳绅士用原宝林寺田租，借用百福岩周氏宗祠，重办书院。民国元年(1912)。更名启明两等小学堂。民国17年易名为县立第三学区高级小学。民国19年易名为县立第四学区高等小学。民国31年学校从百福岩周氏宗祠迁到雅阳官口垅大帝宫。

2010年，投入资金738万元平整土地和新建综合楼，建筑面积达7739平方米，生均建筑面积5.11平方米；绿化面积2322平方米，生均1.53平方米。

2012年，学校拥有1间多媒体教室、1间电脑房、2间科学实验室、2间仪器室、2间音乐教室、1间美术教室、2间图书室、一间阅览室，多媒体教学网络覆盖所有教室。学校有35个教学班，学生1515人，专任老师79人。行政人员1人，门卫2人，后勤2人，教职工总数84人。有市级骨干教师1人，县三坛教师3人。

学校先后荣获温州市绿色学校、温州市信息化建设达标学校（Ⅱ）、温州市农远工程先进学校、温州市四项教学规范优秀学校、温州市示范学校、浙江省义务教育标准化学校等十多项荣誉称号。

雅阳镇中心小学历任校长（负责人）更迭表

表3-6-9

姓 名	性 别	职 务	任职时间	备 注
周景旦	男	校长	1920—1927	
林植三	男	校长	1927.2—1927.12	
周广如	男	校长	1928—1929	
胡肇辉	男	校长	1930—1931.7	
陈东升	男	校长	1931.9—1931.12	
张福履	男	校长	1932—	
翁 唐	男	校长	1933—	

续表3-6-9

姓　名	性　别	职　务	任职时间	备　注
邱师杰	男	校长	1934—	
周广如	男	校长	1935—	
欧碧如	男	校长	1936—1938	
季　荣	男	校长	1939—1941	
林俊才	男	校长	1942.8—1945.8	
季卓群	男	校长	1946—1947	
季庆泉	男	校长	1947.9—1948.1	
方　超	男	校长	1948.2—1949.1	
欧季良	男	校长	1949.2—1949.8	
季邦施	男	校长	1949.9—1951.1	
王慕周	男	校长	1951.2—1953.8	
施巨凤	男	校长	1953.9—1954.8	
尤庭芳	男	校长	1954.9—1957.8	
高世泽	男	副校长	1959.9—1960.11	主持工作
卓　清	男	校长	1960.2—1962.1	
周圣美	男	校长	1962.2—1963.1	
金成康	男	校长	1963.2—1963.8	
林家友	男	校长	1963.9—1964.8	
翁哲平	男	校长	1965.2—1969.8	
季才家	男	贫管组组长	1970—1973	
刘志源	男	负责人	1973.9—1977.1	
卓　泰	男	校长	1977.2—1977.8	
王日挺	男	校长	1977.9—1979.8	
林细如	男	校长	1979.8—1980.8	
王日挺	男	校长	1980.9—1987.8	
杨道样	男	校长	1987.8—1992.8	
谢景漫	男	校长	1992.8—1993.8	
杨道样	男	校长	1993.8—1995.8	
林光耀	男	校长	1995.8—1998.8	
蔡曙华	男	校长	1998.8—2002.8	
林直庆	男	校长	2002.8—2008.8	
何克怀	男	校长	2008.8—2012.7	
方　函	男	校长	2012.7—2012.12（续）	

仕阳镇中心小学

仕阳镇中心小学位于仕阳镇人民政府驻地溪东村岭仔头。清光绪十二年（1896），溪东村林兆雷以本村林姓四房书斋为舍创办锦山书塾，聘陈楚为教师，收徒七八人。

民国元年（1912），林念伊在仕阳自治公所创办“启明学堂”。民国11年，林念侃在溪东横厝开办私立初级小学。民国13年，林肖岩报请县教育科批准，创办淑德女子小学，其妻卓栖吾任校长，民国16年并入仕阳国民小学。民国25年，国民小学停办。民国26年，林材创办私立溪东初级小学。民国29年，借用溪东林氏宗祠为舍，创办仕阳中心小学，林念侃任校长。民国38年春，改为仕阳完全小学。1949年，人民政府接管学校，学校定名为仕阳中心小学，统辖全区各乡小学。1958年成立仕阳区中心小学党支部。1970年，实行贫下中农管理学校，学校更名为仕阳五七学校。1983年更名为仕阳区辅导中心校。1987年更名为仕阳镇中心小学。

学校长期借用林氏宗祠为舍，1972年，在宗祠周边进行扩建。2004年春，投资328万元，在溪东村岭仔头建成新校舍，从此告别校祠合一的状况。新校舍占地面积18855平方米，建筑面积6793平方米，有150米环型田径运动场，校内图书室、计算机房、音乐室、美术室、实验室等功能室设备齐全，教学仪器设备达到省Ⅰ类标准。

2012年，全校有21个班级，学生896人，在岗教职工67人，专任教师61人，门卫2人，后勤人员4人，专任教师中具有大学专科以上学历57人，占专任教师数的93.5%，小学高级教师33人。

学校先后获得全国智力七巧板推广学校、浙江省标准化学校、浙江省雏鹰红旗大队、浙江省读书征文活动团体优胜奖、温州市文明学校、温州市示范小学、温州市素质示范小学、温州市科普示范学校、温州市办学水平二级学校、温州市教育工会先进集体、温州市教学四项规范达标优秀学校、温州市模范希望小学、温州市优秀红领巾社团、温州市标准化实验室、图书室、音乐室、体育室、温州市二级社区学校、温州市语文优秀教研组、温州市先进党支部、温州市家长示范学校等30多项荣誉称号。

仕阳镇中心小学历任校长（负责人）更迭表

表3-6-10

姓　名	性　别	职　务	任职时间
林念侃	男	校长	1940.9—1942.6
林　均	男	校长	1942.9—1945.6
王　誉	男	校长	1945.9—1947.6
林念侃	男	校长	1947.9—1949.6
林植三	男	校长	1949.9—1951.6
林守规	男	校长	1951.9—1952.6
董朝椿	男	校长	1952.9—1954.6
刘家贤	男	校长	1955.9—1956.6
毛　芬	男	校长	1956.9—1958.6
雷志洪	男	校长	1958.9—1959.6
陶文辽	男	校长	1959.9—1962.6
毛　芬	男	校长	1962.9—1964.8
董朝椿	男	校长	1964.9—1965.8
张　整	男	校长	1965.9—1967.8
毛　芬	男	校长	1967.8—1969.8
蓝　骏	男	校长	1971.9—1977.8
林尚德	男	校长	1979.9—1980.6
林家严	男	书记	1980.9—1983.6
林光耀	男	校长	1984.9—1987.8
胡昌语	男	校长	1987.9—1992.8
林光耀	男	校长	1992.9—1994.8
李　安	男	校长	1994.9—1997.8
王盛备	男	校长	1997.8—2000.7

续表3-6-10

姓　名	性　别	职　务	任职时间
董夫凑	男	校长	2000.8—2003.7
陈友静	男	校长	2003.8—2004.7
翁圣润	男	校长	2004.8—2007.7
刘志强	男	校长	2007.8—2011.7
饶祖全	男	校长	2011.8—2012.12（续）

仕阳镇龟湖中心学校

龟湖中心校址设龟湖村中心区。民国时期，借用“王氏宗祠”为舍，开办国民小学附设短期小学班。1950年2月，县人民政府恢复龟伏完全小学（“龟湖”曾名“龟伏”），舍设上寨，定名为仕阳第二小学。1962年，学校易名为“龟伏人民公社完全小学”，担负龟伏、后章两个分社小学的辅导任务。

1970年春，响应“社社有中学”号召，学校招收首届初中一个班27人，实行“五二”学制（小学五年，初中二年）。学校易名为龟伏公社“五七”学校。1984年，恢复乡镇建制，学校改名“龟湖乡中心学校”，负责全乡21个村级小学的辅导任务。1988年，利用本地矿藏资源，举办雕刻兴趣小组，学生利用课余时间学习雕刻，兴趣高，进步快，得到上级领导的充分肯定。1993年9月，县教委正式批准龟湖中心校为九年一贯制学校。是年，中考成绩位居全县第一。12月1日，《浙江教育报》以“教学成绩斐然，学生近视严重”为题予以报道。

1994年，龟湖建镇，学校更名为龟湖镇中心学校。1995年，镇内部分微型小学的撤并和“普九”的实施，学生数猛增到1100人，24个班级。1996—2009年，共投入近540万元资金，拆原校舍重建，二幢教学楼竣工投入使用，师生宿舍楼、食堂、办公楼、厕所等配套设施全部完工。改建师生食堂，改进锅炉等炊事设备，改进生化实验室，配备教学媒体、校园广播器材、音体美和卫生室器材，改造了250米环形塑胶跑道运动场，实施校园绿化和校园文化建设。学校面貌焕然一新，设备日益完善，办学条件日趋完备。

2011年，泰顺县行政区划调整，撤龟湖镇并入仕阳镇，学校又易名为仕阳镇龟湖中心学校。

2012年，学校占地面积14492平方米，建筑面积5377平方米，校舍6幢。全校共有18个班级（其中初中6个班，小学12个班），学生511人（其中初中生171人，小学生340人）。在职教职工62人，其中专任教师54人，学历合格率达100%，中级以上职称25人。

学校先后被评为温州市文明学校、温州市示范学校、温州市绿色学校、温州市农村寄宿制达标学校、温州市小学信息化建设Ⅱ类达标学校。

仕阳镇龟湖中心学校历任校长（负责人）更迭表

表3-6-11

姓　名	性　别	职　务	任职时间
王　誉	男	校长	民国时期（不详）
王静观	男	校长	民国时期（不详）
王存庆	男	校长	1949—1951
董培英	男	校长	1951—1954.8
蔡祈法	男	校长	1954.9—1958.1
王德标	男	校长	1958.2—1959.8
陈　善	男	校长	1959.8—1960.8
林家友	男	校长	1960.8—1961.8
吴安详	男	校长	1961.8—1963.8
董守廉	男	校长	1963.8—1969.8
王仁德	男	负责人	1969.8—1971.1
季帮齐	男	负责人	1971.2—1977.8
郑兆育	男	校长	1977.9—1982.8
王存玄	男	校长	1982.9—1983.8
王仁德	男	校长	1983.9—1998.8
雷建全	男	校长	1998.9—1999.8
林明芳	男	校长	1999.9—2000.8
梅相文	男	校长	2000.9—2004.8
陈体班	男	校长	2004.9—2009.8
王宜友	男	校长	2009.9—2010.7
李永校	男	校长	2010.8—2012.12（续）

三魁镇中心小学

泰顺县三魁镇西旸中心小学坐落在西旸社区门楼坳村东北方。民国7年（1918），创办峡屿初级小学，舍借屿垟墩民房。办学经费主要来源于蔡氏十六世祖在积库的田租和本村蔡家勤带头捐集的资金。首任校长蔡家勤，教员2人，1个班级，学生18人。民国11年，峡屿初级小学移至蔡氏宗祠，教员3人，学生50余人，2个教学班。民国13年，由于资金不足，学校停办。

民国21年（1932），峡屿划归第三学区（泗溪学区），改为区立初级小学，教员2人，学生44人。民国23年，学校由2个班级扩展到3个班级，学生67人，教员增至3人。民国30年，抗日战争期间，经费断源，学校停办。民国32年，学校复课。

1951年，峡屿初级小学由蔡氏宗祠迁回垟墩，改名为屿垟小学，校长张重友。1958年，屿垟小学改为西垟完全小学，学制6年。1962年，泰顺县遭受严重的自然灾害，农村农民生活困难，学生入学率急剧下降，全校学生只有53人。1970年，学校更名为西旸五七学校，附设初中2个班，学生95人。成立“贫下中农管理委员会”，管理学校一切事务。1972年春，附设初中班停办。秋，改校名为西旸完全小学。

1978年，学校更名为西旸乡中心学校，实行校长负责制。1989年秋，学校附设初中2个班，招生102人。1994年8月，中小学分离，学校易名为西旸镇中心小学。1996年 10月，通过省级扫除青壮年文盲评估验收。1997年10月，通过省级普及九年义务教育评估验收。

2005年，“浙江省圣雄希望小学”新校舍落成，学校搬迁到新校。2008年2月，横路、底西坑、外西坑、叶瑞阳等四所村小并入该校。12月，学校通过温州市“四项规范”教学常规达标验收。2011年，全县行政区划调整，学校易名为三魁镇西旸中心小学。

2012年12月，学校占地8568平方米，建筑面积3801平方米；共12个教学班，在校生305人；专任教师32人，其中中学高级教师1人，小学高级教师21人，占总人数的71%；大专以上学历30人，占总人数96%。

学校先后获温州市希望工程模范希望小学、浙江省农远工程先进单位、温州市素质教育示范学校、温州市教育装备先进集体、浙江省希望工程模范希望小学、浙江省示范性图书馆、温州市文明学校、温州市德育特色学校、温州市标准化学校、温州市现代化学校、全国‘两基’工作先进单位等称号。

三魁镇中心小学历任校长（负责人）更迭表

表3-6-12

姓　名	性　别	职　务	任职年月	备　注
邱晞陶	男	校长	民国2—5年	
邱克光	男	校长	民国9年	
邱翰儒	男	校长	民国10年	
董仲儒	男	校长	民国20—23年	
张　书	男	校长	民国23—29年	
张　彦	男	校长	民国29—31年	
张独哨	男	校长	民国31—34年	
邱克光	男	校长	民国34年—1949.7	
张　整	男	校长	1949.5—1950.7	
刘哲新	男	校长	1950.8—1951.2	
陶少岸	男	校长	1951.2—1952.10	
舒景云	男	校长	1952.10—1953.8	
林吉安	男	校长	1953.9—1958.7	
陶洁行	男	第一副校长	1958.8—1959.2	
陈发灵	男	第一副校长	1959.2—1960.8	
翁旭仁	男	校长	1960.9—1961.8	
王德标	男	副校长	1961.9—1962.8	主持工作
苏锡快	男	副校长	1961.9—1965.8	主持工作
张　整	男	副校长	1962.9—1963.8	主持工作
董朝椿	男	副校长	1965.8—1969.4	主持工作
李爱玉	女	学校负责人	1970.9—1976.8	
周祖叙	男	校长	1978.9—1987.7	
王善大	男	校长	1987.8—1989.7	
刘美英	女	校长	1989.8—2002.7	
蔡曙华	男	校长	2002.8—2003.7	
杨恭录	男	校长	2003.9—2005.7	
王　芳	女	校长	2005.8—2009.7	
梅相文	男	校长	2009.8—2012.12（续）	

三魁镇西旸中心小学

泰顺县三魁镇西旸中心小学坐落在西旸社区门楼坳村东北方。民国7年（1918），创办峡屿初级小学，舍借屿垟墩民房。办学经费主要来源于蔡氏十六世祖在积库的田租和本村蔡家勤带头捐集的资金。首任校长蔡家勤，教员2人，1个班级，学生18人。民国11年，峡屿初级小学移至蔡氏宗祠，教员3人，学生50余人，2个教学班。民国13年，由于资金不足，学校停办。

民国21年（1932），峡屿划归第三学区（泗溪学区），改为区立初级小学，教员2人，学生44人。民国23年，学校由2个班级扩展到3个班级，学生67人，教员增至3人。民国30年，抗日战争期间，经费断源，学校停办。民国32年，学校复课。

1951年，峡屿初级小学由蔡氏宗祠迁回垟墩，改名为屿垟小学，校长张重友。1958年，屿垟小学改为西垟完全小学，学制6年。1962年，泰顺县遭受严重的自然灾害，农村农民生活困难，学生入学率急剧下降，全校学生只有53人。1970年，学校更名为西旸五七学校，附设初中2个班，学生95人。成立“贫下中农管理委员会”，管理学校一切事务。1972年春，附设初中班停办。秋，改校名为西旸完全小学。

1978年，学校更名为西旸乡中心学校，实行校长负责制。1989年秋，学校附设初中2个班，招生102人。1994年8月，中小学分离，学校易名为西旸镇中心小学。1996年 10月，通过省级扫除青壮年文盲评估验收。1997年10月，通过省级普及九年义务教育评估验收。

2005年，“浙江省圣雄希望小学”新校舍落成，学校搬迁到新校。2008年2月，横路、底西坑、外西坑、叶瑞阳等四所村小并入该校。12月，学校通过温州市“四项规范”教学常规达标验收。2011年，全县行政区划调整，学校易名为三魁镇西旸中心小学。

2012年12月，学校占地8568平方米，建筑面积3801平方米；共12个教学班，305名在校学生；专任教师32人，其中中学高级教师1名，小学高级教师21人，占总人数的71%；大专以上学历30人，占总人数96%。

学校先后获温州市希望工程模范希望小学、浙江省农远工程先进单位、温州市素质教育示范学校、温州市教育装备先进集体、浙江省希望工程模范希望小学、浙江省示范性图书馆、温州市文明学校、温州市德育特色学校、温州市标准化学校、温州市现代化学校、全国‘两基’工作先进单位等称号。

三魁镇西旸中心小学历任校长（负责人）更迭表

表3-6-13

姓　名	性　别	职　务	任职时间
蔡家勤	男	校长	1918—1922
蔡德坤	男	校长	1922—1932
王尤凤	男	校长	1932—1943
蔡　民	男	校长	1943—1945
陈　琦	男	校长	1945—1951
张重友	男	校长	1951—1958
吴久鲁	男	校长	1958—1970
徐建超	男	贫农会副主任	1970—1978
杨典森	男	校长	1978—1983
上官松瑞	男	校长	1983—1987
李笃贤	男	校长	1987—1994
王善大	男	校长	1994—1998
邱兆永	男	校长	1998—2001

续表3-6-13

姓　名	性　别	职　务	任职时间
许仙平	男	副校长（主持）	2002.1—2002.7
刘　武	男	校长	2002.8—2006
许方厚	男	校长	2006—2008
蔡尤奇	男	校长	2008—2012（续）

县培智实验学校

2010年12月，学校创办第一个弱智儿童班，招收学生6人，附设在泰顺县罗阳镇第二小学内。

2011年3月，泰顺县培智实验学校正式挂牌成立，为县教育局直属的一所九年制义务教育的特殊学校。校址设在罗阳镇云寿路145号，校园占地400平方米，其中操场占地90平方米，建筑面积为550平方米。是年，学校有一、二年级各1个班，学生22人，其中住校生13人。教职工12人，专任教师8人。专任教师均为小学高级教师，其中本科6人，大专1人，中师1人。学校根据弱智学生身心特点和个体差异，寓教于乐，因材施教，采用班级授课与个别化教学相结合，知识传授与康复训练相结合的教学模式开展教学工作。

2012年，学校开始实施重度残疾儿童义务教育“送教上门”工作，采用“孩子居家学习，教师送教上门”的特殊教育方式，遵循家庭自愿、免费教育的原则，教师定期入户，送教上门。全县有送教上门服务对象16人，教师每人分配2名服务对象，每周2次，每次3课时，每年不少于60课时，重点进行语言能力、生活自理、认知能力、动作能力、交往能力等方面的专门训练。是年，曹启城为校长。

全县乡镇小学历任校长（负责人）名表

表3-6-14

学　区	学　校	历任校长（负责人）	备　注
罗阳学区	罗阳镇第二小学	钱起建　杨恭录　陈体班	
	南院中心小学	林彦若　夏成旺　齐　伟　黄齐应　沈亦科　王贻森 沈振韫　毛立考　陈国平　钱起建　翁学飞　翁士锴	
	仙稔中心小学	徐茂珠　徐朝东　胡亦北　包明传　毛立考　赖宝楼 谢光达　白晓双	
	岭北中心小学	周　汉　王贻森　潘德岳　范志勇　蓝道烈　雷德宗 潘成佳　胡昌来　赖圣芳	
	下洪中心小学	陶雨辰　陶汉臣　陶溯周　蔡琢荣　尤庭芳　高世泽 张　育　林允专　王作华　林允专　王作华　吴久鲁 黄先期　林传笃　黄可明　叶于岳　吴道边　林长聘 邱兆星　胡荣辉　雷建阳　邓宗福	
	洲岭中心小学	范俊人　赖定波　吴宝铭　吴立程　吴吉中　范子云 吴明益　吴乐云　翁公木　吴　平　张传伍　高世泽 郑秉诚　毛守善　徐建超　朱义佃　缪　达　吴用武 叶于岳　张维桥　吴宗河	

续表3-6-14

学区	学校	历任校长（负责人）	备注
司前百丈学区	百丈镇包垟中心学校	郑承望 涂侃如 陈良准 陈良水 龚鼎熏 郑超 陈琳 陈宣 夏积平 翁吉鳌 夏元亦 夏宝勤 夏盛金 周文明 余序鸿 周世华 夏克定 雷本海 龚学大	
	司前镇黄桥中心小学	徐仲鼎 夏盛益 叶应高 毛定飞 陈振全 谢光达 董钱森	2012年7月并入司前镇小
	司前镇峰门中心小学	徐家松 严荣 徐永魁 苏景荣 夏克强 严金满 周良瑶 胡传坦 郑银寿 陈志鹏 刘继根 徐永银 周运奎 陈学良 郭庭旺 陈圣余 章宗孟 方广西 白晓双	2006年7月并入司前镇小
筱村学区	筱村镇第二小学	王华 吴自杰 翁仲华 翁孔雅 叶应庭 翁孔智 雷宜真 吴少芳 包学拉 夏宝新 陶思觉	
	新浦中心小学	包凤藻 包圣其 吴夙庸 包长沛 陈树文 夏达 翁学藏 翁学文 包盛外 翁元芳 翁学算 项应超 魏如龙 叶忠亮 夏宝新 吴日民	
	联云中心小学	毛志强 毛淑明 毛俊 毛仲玉 毛仁夹 严志亮 夏振年 陈光 高世泽 周友东 郑九宣 王宜校 夏志雅 毛秀华 包志伟 包达光 林志亮 陈伟民 夏克俊 毛克件	
	翁山中心小学	翁同怀 翁学藏 翁仲华 吕益荣 蓝永星 林育民 蓝天友 翁元芳 包成外 翁晓 吴维定 夏克俊 翁学算 夏洋友 毛伍姑 翁圣润 夏宝新 夏晓远 翁士才	
泗溪学区	泗溪镇第二小学	包聪贤 包佐贤 包炳燊 赖再宇 陈恒 包鸿卿 包梅峨 赖再宇 包衍竹 王怀民 汤孝勤 卓泰 王景华 陈发灵 林正宜 苏敏辉 林春仪 王益贤 苏敏辉 张庆佃 林邦禹 包衍盛 陈东旭 陈仕旺 曾安锦 苏秉交 蓝福德 许方厚 曹启城 王小军	
	凤垟中心小学	陈子权 苏秉恭 包建守 林邦禹 吴鹏聪 夏翁菊 陈学联 周家奋 苏敏辉 毛志玉 周家奋 包崇峨 何克怀 蔡其贵 周盛西	
	九峰中心小学	包小钦 王友泰 包礼如 包道荣 王益贤 李挺家 郑昌河 曾家法 包道员 林松 包松娥 包序张 陈邵锐 张庆佃 吴有如 周祖雄 林梅高 曹启城 曾安锦	
	横坑中心小学	翁友忠 王日静 王勋华 包致伟 林邦禹 林邦明 包道员 陈成超 陈绍锐 周家奋 周曙光 许方厚 陈以伟 林飞阵 夏立富	
	东溪中心学校	蔡蔚文 李绍立 蔡祈法 刘来家 王日静 王勋华 翁学文 吴安祥 王德标 雷志洪 蔡汝谷 雷志洪 李元卿 毛芬 蔡家赐 蔡汝谷 夏兆省 刘志强 陶浦生 吴德胡	

续表3-6-14

学区	学校	历任校长（负责人）	备注
雅阳彭溪学区	彭溪镇月湖中心小学	谢　兴　卓　清　陈仕旺　林贵策　谢逢坤　谢世茶　唐宗省　谢爱勤	
	彭溪镇峰文中心小学	林　松　林秉华　谢尚君　曾加孔　谢逢酒　林秉查　林金榜	
	雅阳镇松垟中心小学	欧余德　毛其骏　郑新华　毛其骏　曾安联　何世进　陈光辉　徐永梅　季庆赤　郑德据　吴周志　钟秀英　郑祖蕴　谢爱勤　雷盛松	
	雅阳镇柳峰中心学校	叶碧松　何世进　季庆赤　郑挺宜　刘万利　李　严　方　函　徐有灵	
仕阳学区	仕阳镇第二小学	林　信　范文书　董朝椿　林尔臣　包礼如　王作华　蓝　骏　董朝队　李元卿　林开兰　章云兴　林兴吕　胡翠芝	1902—1941年失考
	雪溪中心小学	刘家文　林守规　卓晓友　王德标　吴安祥　陈德昌　周善雅　胡荣畅　刘来家　董守廉　苏锡快　蔡家允　李元卿　胡昌郑　林　聪　吴周志　钟志仁　董元快　谢晚渊	
	万排中心小学	谢　农　谢　惠　谢　博　林勉卿　张何风　蔡汝谷　董朝椿　李元卿　蓝天宝　毛显玲　董李奎　谢心丽　蔡凑祥　谢晚渊　董元快　钟志仁　林永辉	
三魁学区	三魁镇第二小学	赖雄超　王周兰　蔡养正　张毅民　潘立胤　刘莱家　苏锡快　蔡雪家　林允专　张来莫　徐建超　李竹贤　林乃福　王运飞　蓝长茂　夏晓菲	
	大安中心学校	林培嵩　蔡祥云　包敏如　柳善聘　郑念梓　赖子云　张　义　翁　芹　郑秉诚　刘家贤　高世泽　林吉安　翁学文　郭　仁　徐建超　杨典森　王善大　林全笃　刘方玲　梅相文　陶思觉　季永忠	
	垟溪中心学校	苏锡快　薛公友　郑锦镛　包志伟　苏丁乃　苏为秀　翁吉汉　吴建能　董玉明　雷建阳　邓宗福　陶思觉　季永忠　洪志靖	

第四章 中学教育

第一节 发展概况

民国26年（1937）“七七”事变发生后，日寇大举入侵，东南沿海大中城市相继沦陷，学校纷纷内迁或停办。县内学生外出求学困难，迫切希望家乡能有一所中等学校。县教育局长高宗龙审时度势，于次年9月创办瓯南公学，邀请知名教师高仲伦、许笃仁等担任教师，借民众教育馆为教室，学制与课程悉同正规初级中学。瓯南公学招收1个初中班，学生30余人，此为泰顺中等教育之始。办学半年，奉省教育厅令改为县战时初中补习学校，招收失学青年19人，址迁罗阳书院（县机关幼儿园旧址），学制三年。学校实施战时教育办法，教育学生养成雪耻御辱的决心和献身殉国的勇毅，遵奉“读书不忘救国，救国务须读书”的宗旨，唤醒民心，激励群情。民国30年2月，县国民政府报请省教育厅批准，改县战时初中补习学校为县立简易师范学校（简称“简师”）。原县战时初中补习学校未竟学业的第二届、第三届学生62人并入县简师就读，共3个班，学生计71人。采用普通中学和普通初级师范学校两套教材。民国32年7月，第三届县战时初中补习学校学生36人毕业，县简师独立办学。

民国36年（1947），县简师附设初中一个班，招收高小毕业生44人，翌年又招收初中新生一个班40人。民国37年12月，县简师停办。

1950年4月，县人民政府主办泰顺县初中补习中学，邀请在寿宁中学任教的高仲伦返泰具体筹办事宜。补习中学借莒江上村五显庙为舍，招收高小毕业生1个班50人，县长林永中兼任校长，高仲伦主持校政。7月，县人民政府搬迁到罗阳镇，补习中学随县署迁到县简师旧址。是年秋，招收新生1个班，并招回原县简师及初中班最后一届未竟学业的部分学生插班就读，设初一、初二2个班，学生计99人。是年10月23日，经省教育厅批准，县立补习中学更名为县立初级中学。

1954年，县人民政府加强对学校的领导，充实了教师队伍，确定“面向工农，择优录取”的招生工作方针。是年，学校6个班级，在校学生300人，教职员工24人。

1956年4月，县人民委员会（简称“县人委”）决定在泗溪区中心小学附设初中班，招收新生2个班，110人，9月正式开学，命名为县第二初级中学，县初级中学同时更名为县第一初级中学。

1958年，在“大跃进”形势影响下，全县中学骤增。6月，由县人委拨款，雅阳当地群众义务出工兴建教学宿舍楼1幢，创办雅阳小学附设初中班，招收新生1个班45人，9月上旬开学。8月，大安区委筹办三魁初级中学，择址薛宅村坝头垟，购买民房3间，借用碉堡1个，搭草棚1个，招收初中一年级新生2个班110人，9月开学。同时，仕阳区初级中学创办，招收新生2个班110人，附设于仕阳区中心小学校内。莒江初级中学创办，校址设莒江上村夏氏大宗祠，招收初中一年级新生3个班150人。筱村初级中学创办，校址始设大翁宫，借用筱村区中心小学教室两间，招收新生2个班，110人。彭溪小学、司前小学各附设初中1个班各招收新生50人。7月18日，县人委发文，县第一初级中学更名为泰顺县第一中学。秋，开办高中班，招收高中一年级新生100人。全县在校初中学生计1234人，教职员工63人，形成区区有中学，县内有高中的格局。全县实行“两条腿走路”方针，根据“因地制宜，就近上学”的原则，先后创办15所农业中学，这批农业中学多数由公社、大队办，校舍多数是破旧寺庙、公屋，师资、经费、设备严重不足，多数学校难以维持，不久，多数农业中学停办。

1959年9月，因初中教师欠缺，雅阳、彭溪初中班并入县第二初级中学；司前初中班并入莒江初级中学。1960年2月，县文教局选送27名小学骨干教师到温州师范学院进修半年以解初中教师紧缺之急。1960年9月，在温进修教师返泰，雅阳、彭溪、司前初中班复办，招收初中一年级新生各1个班计166人。

1961年，县人委根据“调整、巩固、充实、提高”的工作方针，着重进行调整，缩短文教战线，支援农业。是年，根据中共省委指示，动员小学14足岁、初中16足岁以上的学生回乡参加农业生产。雅阳、彭溪、司前初中班再次并入泰顺县第二初级中学和莒江初级中学。全县有完全中学1所（泰一中），初级中学5所（县第二初级中学、三魁初级中学、仕阳初级中学、莒江初级中学、筱村初级中学）。1962年3月，筱村初级中学并入莒江初级中学，仕阳初级中学并入三魁初级中学。全县保留1所完全中学，3所初级中学。1965年，实行“两种教育制度”，全日制泰顺三魁初级中学改为半农（工）半读学校。

1966年“文化大革命”开始，全县大多数中学“停课闹革命”，部分师生外出串联，学校领导受批斗，学校瘫痪，形成两派群众组织，校舍设备遭到破坏。1966—1969年，高中停止招生。1966年、1967年初中停止招生。1968年虽“复课闹革命”，但“工宣队”“贫宣队”进驻学校，农村中学由贫下中农管理，开展“斗、批、改”运动。1969年，动员城镇户口的中学“三届生”（1966年、1967年和1968年初中、高中毕业的学生）支边支农（到农村插队落户当农民，支援边疆建设）。中学（包括初中、高中）学制宿短为二年，实行所谓“开门办学”，中学校名大多都改名为“五七”学校，取消升学考试和留级制度，实行推荐的办法招生。连年动员高中、初中毕业生上山下乡、到农村去“接受贫下中农再教育”。实行农村中小学下放到公社、大队办理。这一系列所谓“教育革命”措施，造成中学教育灾难性的严重后果。

1970年，响应毛泽东主席“把学校办到贫下中农家门口”的号召和“学制要缩短，教育要革命”的指示，全县掀起“社社办中学”的热潮，各公社中心小学附设初中班，在校学生数急剧增加。由于师资匮乏，便采取层层拔高的方法，提拔部分小学教师任教初中，初中教师任教高中，吸收社会知识青年以代课或民办编制补充入教师队伍，造成小学师资水平下降。各区中学和泰一中仍实行推荐办法招生。改秋季招生为春季始业。春，司前“五七”学校开办初中班，招收初一新生30人；南溪小学开办附设初中班，招收初一新生25人。

1972年春，6所初级中学开办高中班，全县招收高中一年级新生计14个班，700人。

1976年10月，各中学深入揭批江青反革命集团破坏中学教育的罪行，肃清流毒。从学校撤出“工宣队”“贫宣队”，恢复“文化大革命”前学校管理体制，逐步恢复正常教学秩序。

1977年，全县完全中学6所，招收初中、高中新生计4765人，在校生8583人，其中高中20个班，在校学生1110人，初中在校学生4953人，小学附设初中班56个班，在校学生2520人。

1978年，贯彻“调整、改革、整顿、提高”方针，调整中学的网点布局，适当撤并部分小学附设初中班，适当扩大独立初中的规模，压缩高中招生数。全县完全中学6所，招生数由上年的4765人减到3929人，各区保留1所中学。是年，泰顺县第二初级中学易名为泰顺县第二中学（简称泰二中），三魁半工半读中学易名为泰顺县第三中学（简称泰三中），仕阳初级中学易名为泰顺县第四中学（简称泰四中），莒江初级中学易名泰顺第五中学（简称泰五中），筱村初级中学易名泰顺第六中学（简称泰六中）。1981年，省教育厅确定泰一中为浙江省第二批重点中学，县人民政府按省教育厅“注重办好重点中学，以重点带动一般学校，促进中学教育质量的提高”的精神，撤销第四、第五中学高中部。1982年，全县初中和泰一中高中学制恢复为三年。

1984年春，县城关中学创办，9月正式开学上课。首届招收初中新生4个班201人，教职工29人。

1984年，泰二中、泰三中高中一年级招收新生，学制恢复为三年，高二年级开始分文、理科教学。

1985年，全县中学开始进行中等教育结构改革，积极发展职业技术教育，部分普通中学增办职业班。泰四中率先在早阳设立分部，招收农业职业技术专业2个班80人，学制二年。仕阳区公所将原区办早阳农场82亩（54666.94平方米）土地移交职业技术班作实习园地。10月，泰三中根据当地劳务输出的优势，开设高中建筑专业班，学制一年。泰一中开设文秘、电工、食用菌培育、花木种植等劳技课。根据中共中央《关于教育体制改革的决定》，全县中小学教育实施地方负责、分级办学、分级管理的体制，原县属中学分为县办县属和县属区管两类，加强了农村基础教育领导。

1987年，县教委制订《实施九年义务教育规划》，坚持实事求是、积极稳妥，承认差别，因地制宜，分期分批的原则，把全县实现普及八年制义务教育的时间定为2000年。1989年，先在罗阳镇实施八年义务教育，小学毕业生升学率在95%以上，基本达到普及初等义务教育标准。

1990年，全县普通中学10所（其中完全中学3所），在校学生10647人（其中初中学生9481人，高中学生1166人），教职员工686人（其中专任教师533人）。14所乡中心小学附设初中48个班，在校学生2255人，专任教师98人。

1991年，县教委坚持“降低重心，巩固初等教育成果，实事求是，积极稳妥地发展初中教育，为全面实施八年义务教育创造条件”的指导思想，制订《泰顺县实施八年义务教育规划》；继续深化和完善教育管理体制改革，进一步理顺内外关系，基础教育由地方负责，分级管理的体制初步形成。全县初中共173个班，在校学生8703人，年巩固率为91.61%，4个乡（镇）普及了八年义务教育。泰一中的办学重心逐渐从初中向高中倾斜，初中从每年级段6个班级减少到2个班级，高中从每年级段4个班级增加到8个班级。1993年，全县独立初中7所，小学附设初中班15所，初中计181个班，在校学生8291人。是年，彭溪初级中学易名为泰顺县第八中学（简称“泰八中”）；雅阳初级中学易名为泰顺县第七中学（简称“泰七中”）；司前初级中学改为县民族中学。

为有利于分级管理，方便学生就近入学，县教委制订了《1994—2000年泰顺县教育事业发展规划》（下称《规划》），在巩固初等义务教育成果的基础上，从1994年开始全县实行八年义务教育。全县在原有10所中学的基础上，增设西旸、新浦、九峰3所独立初中，保留5所小学附设初中班。龟湖、东溪、下洪、百丈、大安5所原小学附设初中改为八年一贯制学校。全县初中二年级取消改制，原初二学生如数升上初三。初三年级由48个班增加到54个班，初三学生由2376人增加到3148人。为保证班级学额，初三设班相应集中到完全中学或独立初中。是年，全县高中招生424人，完成招生计划的91.1%。因家庭经济困难，无力就读高中的学生，县教委继续实行奖学金政策。泰一中面向全县招收高中新生1个重点班50人，并动员31名已考上初中专的初中毕业生就读泰一中，保证生源质量。

1994年，多数居住偏远家庭经济困难的学生弃学打工，有的家长重男轻女，导致部分女生中途辍学，外出求职，全县初中流生率达17.54%，居高不下。初中流生是约束着泰顺县普及义务教育的瓶颈，县人民政府及时下发《泰顺县制止流生控制留级的若干规定》，要求教育行政部门、学校必须加强教育执法和教育督导力度，制止中小学生流生。9月，县教委请示省教委批准后，向全县招取高师预科班40人附设泰一中就读。

1995年，县教育基金会成立，全县掀起大社会办大教育的热潮。是年，全县小学毕业生7126人,初中一年级招生5986人，升学率为84%，初中巩固率为90%。垟溪、龟湖、月湖、峰文、筱村、黄桥等6个乡镇开始实施初中义务教育，人口覆盖率达到45.7%。

1996年，全县12—14周岁学龄人口入学率90%，比上年提高5.2个百分点。初中在校生年巩固率92%，比上年提高2个百分点。16周岁读满初中完成率为51%，比上年提高4个百分点。全县初中一年级新生增加到70个班，全面实施普及八年义务教育。县人民政府改革高中招生制度，初中毕业报考初中专（含中师）、高中的前150名先录取到泰一中就读，对品学兼优的家庭贫困学生实行奖学金和救助金制度。全县招收高中新生576人，超额完成招生计划。

1997年5月，县教委制定《泰顺县1997年高中招生工作实施意见》，面向全县择优录取140名应届初中毕业生进入泰一中就读，并规定给万排、九峰等9个贫困乡各安排一名泰一中定向生，对市级优秀学生干部、少数民族子女、“希望工程”救助对象给予适当照顾，对品学兼优而家庭贫困的学生继续实行奖学金和救助金制度。是年，全县招收高中新生681人，超额完成招生计划。9月，附设于泰一中的高师预科班40人，完成了学习任务，除部分升学继续深造外，其余作为中师毕业生由县教委安排到小学任教。

1997年，全县初级中学义务教育全面达标。12至14周岁儿童、少年入学率达95.71%，比上年提高5.71个百分点，巩固率为97.09%，比上年提高5.09个百分点。通过大规模举办初中文化补习班，16周岁少年的初级中等义务教育完成率达到82.17%，比上年提高31.17%。10月14—17日，泰顺县“五三”学制的八年义务教育通过省评估组验收。

1998年，全县初中在校生14815人，12—14周岁学龄人口17725人，已入学14637人，入学率为90.59%。16周岁学龄人口的初中完成率为81.96%，初中流生率2.87%。县教委要求各校在普及八年义务教育验收后，进一步抓住机遇，切实做好普及实验教学（下称“普实”）工作。5月，县教委成立“普实”领导小组，各中学建立相应组织。县人民政府下发《关于加强中小学普及实验教学工作的通知》，明确“普实”工作的重要性，并对筹措“普实”经费作出具体的规定和安排。是年秋，县育才高级中学正式挂牌办学，首届招收高中一年级新生4个班231人。首次向全国招聘5名中学高级教师，3名中学一级教师。是年，珊溪水库主体工程竣工并开始蓄水，泰五中（莒江）停办。

1999年秋，县内“五三”制八年义务教育逐步过渡到“六三”制九年义务教育。全县完全中学3所（泰一中、泰二中、泰三中）、高级中学1所（育才高中），独立初中10所，九年一贯制学校5所，小学附设初中班4所。初中在校学生12682人，16周岁学生学龄人口的初中完成率为86.21%，初中流生率2.93%。普通高中在校学生2376人。

2000年，县内农民外出打工成潮，中小学流生大幅度反弹。县人民政府下发《关于制止中小学流生工作的紧急通知》，把控制学生流生工作作为乡（镇）领导工作考核的重要内容。7月，泰七中经市教委批准增设高中部，招收高中一年级新生1个班50人。在全县学校布局大调整、大撤并的时候，县人民政府从实际需要出发批准创办柳峰乡中心校附设初中部。12月统计，全县完全中学4所（泰一中、泰二中、泰三中、泰七中），高级中学1所，独立初中10所，小学附设初中10所（包括6所九年一贯制学校），职业高中1所。初中在校学生11872人，16周岁学龄人口的初中完成率为90%，初中流生率2.87%。普通高中在校生3014人。全县初中专任教师851人，高中（含职高）专任教师187人。

2001年，继续推进中小学布局结构调整，努力改善办学条件，重点加强农村初中和边远山区、少数民族地区寄宿制学校建设，改善学校卫生设施和学生的寄宿条件，提高实验仪器和图书的装备水平。是年，全县初中10所，小学附设初中10所，高级中学2所，完全中学3所。2002年2月，县教育局进一步扩大高中招生规模，挖掘原有高中校内潜力，利用职高校园增设高中一年级1个班。7月，泰一中完成最后一届初中三年级的教学任务，不再招收初中一年级新生，改办为独立高中。全县高中招收新生2055人，高中在校学生增加到4119人，初中在校学生13486人。4月，县育才高级中学通过省评估，被评为浙江省一级民办高中。

2005年，全县基本达到小学进乡，初中进镇，高中进城的校点布局，形成结构科学合理、资源优化重组、效益明显提高的格局。

2006年，全县12—14周岁人口的初中入学率为99.33%，16周岁学龄人口的初中完成率为91%。初中毕业生升高中的升学率为79.74%。

2007年，县教育局实行小学、初中、高中的教学质量检测，建立教学业绩数据库，将检测结果及时反馈给学校，作为评价学校的重要依据，对办学质量优秀的学校进行表彰。开展教学规范“达标”活动，加大对教师备课、上课、作业布置与批改等方面的质量测评力度。同时，推广“轻负担、高质量”的课堂教学模式，提高课堂教学质量。是年，中学生参加竞赛获国家级奖励3人，省、市级奖励290人次；4所学校通过省标准化学校评估，1所学校通过省示范初中评估，3所学校通过市级文明学校验收。高中在校学生7570人。初中在校学生12769人，入学率为99.8%；高中招生2933人，初中毕业生升高中升学率为85.13%。

2008年，县委、县人民政府《关于坚持教育优先发展争创教育强县的决定》和《泰顺县创建省级教育强县实施意见》（以下简称“创强”），全县各级人民政府不断加大教育投入，优化教育环境，形成“政府主导，教育主体，以县带镇，以镇促县，部门参与，社会支持”的“创强”工作态势。是年，罗阳镇、筱村镇、司前镇、泗溪镇、三魁镇、雅阳镇、黄桥乡通过市人民政府督导室、市教育局“示范学校”验收。县教育局被评为市2008年度薄弱学校改造工作先进单位。

2009年，经市教育局批准，泰顺县第一中学更名为泰顺中学。

2010年4月14日，泰顺县通过浙江省教育强县评估验收。

2011年，全县优质教育资源覆盖率达60.8%，实现了义务教育阶段全免费的目标。

2012年秋季开始，泰二中、三中、七中3所完中高一停止招生，迈出高中进城实质性的一步。全县7所小学附设初中29个班，在校学生924人。3所完全中学和10所独立初中共有219个班，在校学生9937人，初中专任教师735人，普通高中184班，在校学生6232人，高中专任教师559人。

2012年全县附设初中班基本情况表

表4-1-1

校名	班级数				学生数			
	合计	一年级	二年级	三年级	合计	一年级	二年级	三年级
南院中心校	1	0	0	1	29	0	0	29
包垟中心校	3	1	1	1	286	127	159	0
柳峰中心校	6	2	2	2	132	41	42	49
龟湖中心校	6	2	2	2	163	62	47	54
东溪中心校	1	0	1	0	2	0	2	0
大安中心校	6	2	2	2	163	52	51	60
下洪中心校	6	2	2	2	149	54	52	43

说明：小学附设初中班教职工数计在中心校教职工数内

2012年全县初级中学基本情况表

表4-1-2

校名	班级数				学生数				专任教师
	合计	一年级	二年级	三年级	合计	一年级	二年级	三年级	合计
泰顺民中	12	4	4	4	541	156	166	219	42
泰二中	18	6	6	6	834	282	270	282	58
罗阳二中	38	12	13	13	1601	554	525	522	108
泰三中	14	6	4	4	499	169	153	177	59
泰四中	17	6	6	5	516	210	158	148	51
泰六中	12	4	4	4	426	142	130	154	44
泰七中	18	6	6	6	762	291	240	231	64
泰八中	9	3	3	3	281	74	106	101	39
泰顺城中	27	9	9	9	1270	389	422	459	96
新浦中学	5	2	1	2	138	56	36	46	23
西旸中学	6	2	2	2	156	35	46	75	24
新城学校	12	4	4	4	1601	554	525	522	36
育才初中	31	10	10	11	1312	425	463	424	100

2012年9月全县普通高中基本情况表

表4-1-3

校名	班级数				学生数				教职工数			校长
	合计	一年级	二年级	三年级	合计	一年级	二年级	三年级	合计	专任教师	职工	
城关中学	29	10	9	10	1420	528	429	463	251	198	—	陈立蔚
泰二中	9	2	3	4	429	96	149	184	116	37	—	陈时杉
泰三中	10	2	4	4	386	77	140	169	112	43	—	林一叶
泰七中	6	1	2	3	299	58	92	149	92	28	—	施正同
泰顺中学	36	12	12	12	1795	595	610	590	146	123	—	曾汝芝
育才高级中学	44	13	16	15	1903	561	690	652	187	130	—	周　寒

说明：教职工数包括全校。

第二节 德 育

抗日战争时期，县瓯南公学执行省教育厅颁布《中等以上学校实施战时教育应注意事项》，注重抗日救亡教育，教育学生“养成雪耻御辱的决心和献身殉国的勇毅”。学校还增加《总裁言论》课程和适应抗战需要的训练内容，如防空、防弹、救护等。民国27年（1938），泰顺简师实施国民政府在《青年训练大纲》中提出的12条“青年守则”。

民国28年（1939）3月，第三次全国教育工作会议决定，以“礼、义、廉、耻”作为学校共同校训。瓯南公学书写“礼、义、廉、耻”于礼堂，作为德育内容。

民国37年（1948），泰顺简师学生展开反内战、反饥饿、反迫害运动，一些学生遭到迫害。

中华人民共和国成立后，根据《共同纲领》规定的文化教育政策，采取一系列措施，除旧布新，实施新民主主义教育，废除旧的训育制度，废止公民课程，开设政治课，在师生中进行政治思想教育和革命人生观教育。

1950年8月，教育部颁布《中学暂行教学计划（草案）》，县内初级中学把师生思想政治工作放在首位，开设政治课。

1950—1951年，结合减租减息、民主反霸、土地改革、镇压反革命和抗美援朝运动，县内各学校开展爱国主义、国际主义的教育，进行马列主义、毛泽东思想教育；对学生进行“抗美援朝、保家卫国”教育，发动师生开展为捐献飞机、大炮集资捐物，给志愿军写慰问信等活动。

1952年3月，教育部颁发《中学暂行规程（草案）》，提出德育的具体目标是“培养学生效忠祖国，为人民服务思想，养成五爱（爱祖国、爱人民、爱劳动、爱科学、爱护公物）的国民公德和刚毅、勇敢、自觉遵守纪律的优秀品质”。是年，县内初级中学还配合“三反”（反贪污、反浪费、反官僚主义）和“五反”（反行贿、反偷税漏税、反盗骗国家财产、反偷工减料、反盗窃国家经济情报）运动，对学生进行思想教育。

1953年，县内中学进行党在过渡时期总路线、总任务的教育。是年，遵照中共中央毛泽东主席关于“身体好、学习好、工作好”的“三好”指示，开展学校德育工作。

1954年，根据省教育厅指示，学校对学生进行共产主义道德教育，防止资产阶级思想对青少年的侵害。随着生产的发展和社会主义改造的深入开展，学校政治教育的重点逐步转向端正学生的社会主义政治方向和劳动观点的教育，培养学生辩证唯物主义世界观和共产主义的道德。

1955年，学校围绕反对“胡风反革命集团”和清查暗藏的反革命分子的政治运动对学生进行教育。是年，县内初级中学实施教育部公布的《中学生守则》10条，并以守则为主要依据，评定学生操行成绩。

1956年，政治思想教育以全国社会主义改造高潮为中心内容。

1958年，县内各中学进行“三面红旗”（思想路线、“大跃进”、人民公社）的社会主义教育。同时，发动师生参加大办钢铁、大办“三场”（工场、农场、畜牧场）等劳动实践。

1959年，县内各中学遵照教育部《中等学校政治课教学大纲（试行草案）》规定，政治课加强理论知识教学，普遍开设“共产主义道德”“社会发展简史”“社会主义革命和社会主义建设”“中学生思想品德”等政治常识课。各校配合反“右倾”斗争，在学生中以社会主义教育运动作为政治教育内容，开展树标兵、抓先进赶帮竞赛。

1962年，县内各中学进行反修防修教育。

1963年，县内各校对学生进行“一颗红心，两种准备”的教育，要求学生以正确的态度去对待升学和参加劳动。是年，教育部重申中学教育任务是：“既要为社会主义建设事业培养劳动后备力量，又要为高级学校培养合格的新生。”全县各中学响应毛泽东提出的“向雷锋同志学习”的号召，开展正面教育，向雷锋、王杰、刘英俊等学习。

“文化大革命”期间，学校以阶级斗争为主课，开展“革命大批判”，批判“修正主义教育路线”。

1972年，批判林彪反革命集团的罪行。

1973年，开展“批林批孔”（批判林彪和孔子）运动。

1974—1975年，开展“反击右倾翻案风”运动。

1976年，粉碎江青反革命集团后，开展揭批江青反革命集团反革命罪行运动。

1977年9月，教育部重新确定社会发展简史、科学社会主义常识、政治经济学常识、辩证唯物主义常识等政治理论基础常识作为政治课内容。

1978年，开展“实践是检验真理的唯一标准”的学习。

1979年，贯彻中共十一届三中全会精神，批判两个“凡是”。

1980年，开展“学雷锋，争三好，树新风”活动。

1981年开始，各中学开展文明礼貌月活动，进行以“五讲”（讲文明、讲礼貌、讲道德、讲纪律、讲卫生）、“四美”（心灵美、语言美、行为美、环境 美）和“三热爱”（热爱祖国、热爱人民、热爱共产党）为主要内容的教育。

1982年4月，县文教局下发《关于深入开展“创三好”活动》，要求各中学进一步贯彻党的教育方针，引导广大学生提高社会主义觉悟，培养共产主义道德品质，刻苦学习科学文化基础知识，积极参加体育锻炼，增强体质，将来成为“四化”建设的生力军。是年开始，每学年评选一次“三好生”。

1983年春，贯彻中央教育部《关于组织高中学生学习〈邓小平文选〉的通知》，中学各年级的政治课开展学习《邓小平文选》。7月，各中学掀起“学习张海迪”热潮。11月，县文教局发起在中小学校开展电影放映活动和振兴中华读书活动。是年，遵照教育部《关于在大、中学校学生中开展学习宣传新宪法的通知》，各校开展学习新宪法的活动。

1984年，全县中学对学生进行集体主义、爱国主义、社会主义和共产主义思想教育，普遍开展“学雷锋、创三好”“五讲四美”“三热爱”“文明礼貌月”活动。

1985年冬，各中学组织学习《中共中央〈关于改革学校思想品德和政治理论课程教学〉的通知》，明确中学政治理论课的主要内容和要求，要求学生要适时地以亲切而严肃的态度进行自尊、互尊教育，防止早恋现象和其他失误。

1988年8月，国家教委颁布《中学德育大纲》，把思想政治课列于实施德育途径的第一位

1990年，各中学贯彻《中华人民共和国国旗法》，普遍举行升旗仪式，对学生进行“爱我国旗、爱我中华”教育。8月，县内遭受百年未遇的特大洪水灾害，各校师生奋起自救，重建校园，开展“爱在校园中闪光”“我为灾民献爱心”等活动，踊跃为灾区师生捐资捐物。是年，各校开展以“两

史一情”（中国近代史、中国现代史和国情）为中心内容的爱国主义教育。

1991年，各中学开展“党在我心中”为重点的爱国主义教育和反对和平演变教育。从培养社会主义建设者和接班人的战略高度，进行近代史、现代史教育和国情教育。是年，团县委、县教委联合开展“希望之星”评选活动，全县10名中学生被评为1990年度县级“希望之星”。

1992年，全县开展“二五”普法教育。县教委印发宪法、国旗法、义务教育法、治安管理条例等法律法规读本，提出学习法律的任务和要求。各中学开展人口教育、法制教育，开展“学习雷锋做合格中学生”“学历史知国情，爱国旗建中华”系列教育活动。

1993年，各中学掀起“学雷锋”思想品德教育热潮。为纪念毛泽东诞辰100周年，各校根据各年级学生年龄特点组织学生读一本有关毛泽东的书、唱一首相关毛泽东的歌、讲一个有关毛泽东的故事的“三个一”活动。

1994年3月11日，国家教委颁发《中学生日常行为规范》40条。10月31日，县教委对全县德育工作开展调研活动。

1995年4月4日，国家教委正式颁布《中学生德育大纲》，指出中学德育工作的基本任务是把全体学生培养成为热爱社会主义祖国的具有社会公德、文明行为习惯的遵纪守法的公民。在这个基础上，引导他们逐步树立科学的人生观、世界观、并不断提高社会主义思想觉悟，使他们中的优秀分子将来能够成长为共产主义者。是年，县教委依据国家教委颁发的《爱国主义教育实施纲要》，制定《泰顺县中小学生爱国主义教育实施意见》。

1996年，县教委印发《中学生行为规范达标评比细则》，全面开展中学生日常行为规范达标活动。罗阳二中开展“达标生”“规范生”“文明生”评比活动，并制发相应胸卡佩戴。

1997年，全县各中学开展以香港回归为主题的系列读书活动和《校园歌曲》演唱录音评比活动等。是年，向全县中小学征集1997年度德育论文100篇，组织全县中学生参加“浙南山城泰顺”知识竞赛。

1998年4月，县教委召开全县中小学德育工作会议，统一思想，明确德育工作任务。各中学为配合法制教育，分别配备兼职法制副校长。5月，在泰三中召开全县中学生跨世纪素质培养“曙光计划”经验交流会。9月，召开全县中小学德育工作干部会议，要求各校在实际工作中认真研究，积极探索新形势下德育工作的有效途径，建立实施素质教育的德育工作新局面。

1999年，县教委通过骨干培训，把邓小平理论引入中学政治课课堂教学中，并以专题讲座、知识竞赛、演讲比赛等课外活动形式，学习邓小平理论。是年，为加强学校德育工作，中学教导处分为教务处和政教处。9月，县教委按照市教委《关于对全市中小学生进行“孝敬教育”的通知》精神，结合庆祝“国际老人年”活动，把“孝敬教育”列为学校德育内容，弘扬中华民族“孝敬父母”“敬老爱老”的传统美德。

2001年3月，开展全县中小学校的团干部、少先队辅导员和科技辅导员素质培训，加强对学校德育工作的管理。7—8月，两次举办班主任和心理健康教师培训班，全面开展心理健康教育。11月，召开班主任工作研讨会，对新时期班主任工作的性质、职能、作用、方式方法等展开理论性的研究和探讨，并根据泰顺学生德育工作实际，制定出《泰顺县中小学德育规范评估标准》。是年，先后举办学生科技节、体育节、文化艺术节、法制教育周、安全教育周等活动。

2002年，县教育局继续开展德育行为规范达标评比、考核、验收活动，推进德育规范学校的创建，制定《班主任工作考核标准》和《班集体基础建设标准》。及时下发《关于进一步加强预防青少年违法犯罪工作的意见》，充分发挥副校长和法制教师的作用，坚持以教育为主，预防为主的方针，切实降低学生违法犯罪率。

2003年8月，县教育局印发《关于在全县中小学校开展“三项教育”和“两项训练”的通知》，要求各中小学开展“三项教育”（法制教育、青春期生理和心理卫生教育、防火避险教育）和“两项训练”（意外伤害自救互救训练，犯罪预警能力、临界防卫原则及实用技术训练）。是年，全县教育系统掀起学习贯彻“三个代表”重要思想新高潮，开展以弘扬载人航天精神为主题的爱国主义、民族精神和科学精神的学习教育活动。

2004年，各校深入研究网络环境下的学生德育工作，以增强学校德育工作的针对性和实效性。

2005年，贯彻中共中央总书记胡锦涛关于社会主义荣辱观的重要论述，进行“以热爱祖国为荣，以危害祖国为耻；以服务人民为荣，以背离人民为耻；以崇尚科学为荣，以愚昧无知为耻；以辛勤劳动为荣，以损人利己为耻；以诚实守信为荣，以见利忘义为耻；以遵纪守法为荣，以违法乱纪为耻；以艰苦奋斗为荣；以骄奢淫逸为耻”为内容的“八荣八耻”教育。

2006年5月11日，县教育局下发《关于在全县中小学开展社会主义荣辱观教育活动的通知》，要求各校在语文、历史、艺术等学科中有机渗透社会主义荣辱观的内容。是年，全县中学全面实施“德育导师制”。

2007年5月，全县开展“知荣辱树新风”的读书活动，各中学积极推荐选手参加全县演讲比赛和征文比赛。是年，坚持把学校德育工作摆在素质教育的首位，加强机构、阵地和师资等基础性建设，深入研究网络环境下学生德育工作；积极创设载体，开展艺术节、科技节、读书节和绿色校园、特色德育学校创建活动。

2008年3月，县教育局成立校建安全科，指导学校开展日常安全管理工作。主要负责“三防”建设、应急管理、消防、交通、防溺水、特种设备、危险品、隐患排查等工作；开展安全知识宣传教育、信息报送等工作；配合局领导做好学校突发事件的处置工作；协同相关部门做好学校周边综合整治等工作。

2009年，全县以“构建和谐校园”为重点，继续开展“校园文化建设年”活动，不断加大投入，推进校园文化建设。全年共投入500多万元，用于校园文化建设。是年，全县创建校园文化建设先进学校36所。新城学校被定为“全国青少年文明礼仪教育示范基地”，泰顺中学、育才小学创成市级现代化学校，育才小学创成市级环境教育实践基地。全县市级绿色学校11所，市级文明学校4所，市级科普教育特色学校1所，毒品预防教育五星学校2所，市级示范性家长学校2所，市级心理健康一级教导站2个。

2010年2月3日，县教育局印发《泰顺县教育系统“重剑2号”消防安全大行动实施方案》，在全县各级各类学校开展消防安全专项整治工作，全面开展消防安全专题教育。各校充分利用板报、广播、集会、讲座、校园网等多种新闻宣传手段，向在校师生员工进行多种形式的消防安全常识宣传教育，同时各校组织开展灭火应急疏散演练，切实提高广大师生员工的消防安全意识和自救自护能力。

2012年3月，各中学积极开展“学雷锋精神，展青春风采”系列活动。全县确定8所学校申报市级特色学校创建。城关中学等4所学校完成特色项目学校认定工作。5月，县教育局、县人民政府防范和处理邪教问题办公室下发《关于继续深入开展“无邪教校园”创建活动的通知》，全县各中学校开展

"无邪教校园"创建活动。5—9月，在全县开展"六五普法校园行"法制宣传主题活动。

第三节 智 育

一、学制

民国元年（1912），教育部颁布《壬子学制》，中学修业为4年。民国12年，颁行新学制，中学始分高中、初中两级，各修业3年。

民国27年（1938），县瓯南公学创办，原定学制3年，办学半年后改办县战时初中生补习中学，学制3年。

民国30年（1941）2月，县战时初中补习中学根据本地实际改为县立简易师范学校。县立简易师范学校实行师范班、附设初中班两种学制。初中班学制为3年，简易师范学制为4年。

民国31—34年（1942—1945），简易师范实行春秋两季招生，共招7期，学制4年。民国34年，改为3年。民国35年，继续招收附设初中班，学制与简师班同为3年。

1951年10月1日，中央人民政府发布《关于学制改革的决定》，对新中国成立初期各类学校的地位和修业年限作明确规定，"中学分初、高两级修业，年限可各三年，均可单独设立"。此后至1955年，县内初级中学按初中三年学制面向全县招收高小毕业生。

1958年，全县农业中专、林业中专、茶叶中专、师范、财经和红专大学等职业技术教育学校大量举办，学制各异。是年，全县初级中学改制为初、高中两级完全中学，修业年限各为3年。

1970年，县革命委员会根据毛泽东"学制要缩短，教育要革命"的指示，从1970年起改中学"三三分段制"为"二二分段制"（初中、高中学制各2年），改秋季招生为春季始业，已读完初中二年的学生，为适应招生，增读"过渡班"半年。

1977年9月，全国恢复高考（包括高中专和初中专）。1978年秋，实行"三二分段制"（初中学制3年，高中二年），恢复秋季招生。

1983年，泰一中最后一届二年制高中学生毕业，学校恢复"三三分段制"。1985年下半年，泰二中、泰三中最后一届二年制高中学生毕业，学校恢复高中学制3年。

1994年，全县初中取消初二改制，读满初二学生全部升入初三年级。2010年，育才高中进行初中毕业直接升入高中的尝试，育才初中实行"五四学制"的尝试（小学5年，初中4年）。

1995—2012年，泰顺各中学学制均采用"三三分段制"。

二、课程

民国18年（1929）8月，教育部颁发初级中学暂行课程标准科目：党义、国文、外国语、历史、地理、算学、自然科、生理卫生、图画、音乐、体育、工艺、童子军、职业等。民国21年，教育部对中学暂行课程标准科目作如下修订：改党义科为公民科，内容除党义外增加道德政法及经济等教材；自然科分设植物、动物、化学、物理4科；工艺科改为劳作科。民国29年2月，初中英语改为选修课。民国30年，县立简易师范学校创办，基本按简易师范暂行课程标准开课授业。民国36年，泰顺简师附设初中部，民国37年，因简师停办，第二届、第三届初中生未竟学业。

1950年，县人民政府根据中央《各级学校改革暂行办法》对县立初级中学课程作如下改革决定：停授公民、童子军、历史、军训等科目，将该课程时间酌量加授自然课或改为劳动课与课外活动课；国文、国语、地理、美术、音乐等科目内容应慎重选择，删除反动的或含有毒素的教材；自然学科基本采用原教材。

1951年10月，省人民政府颁布《浙江省各级学校改行新学制的实施方案》，规定初中设置的课程有政治、语文、数学（算术、代数、平面几何）、自然（植物、动物、达尔文学说基础、生理卫生）、化学、物理、历史（本国史、外国史）、地理（本国地理、外国地理）、外语、体育、音乐、美术等。

1951—1952年，县内初级中学开设政治、语文、数学、物理、化学、外语、历史、地理、生物、体育、图画、音乐等12门课程。1954年，改春秋两季招生为秋季始业。为加强劳动教育和劳动技能的培养，各年级增设农业常识课，提倡学校办工场和小农场，组织师生参加农业生产劳动。

1954年秋，县内初中实施省教育厅颁发的《中学教学计划》，初中一律停授英语，二、三年级已开设的也停授（1957年又恢复英语课）。

1956年，县内中学设政治常识、数学、物理、化学、外语、历史、地理、生物、生理学、卫生常识、工农业基础知识、体育、图画、音乐，语文分为汉语和文学两科。

1957年秋，按上级规定初中开设俄语课程。

1958年，县内各中学试用省编教材，汉语、文学合并为语文科。为贯彻执行“教育为无产阶级政治服务，教育与生产劳动相结合”的方针，中学增设劳动课。学校在正常情况下学生年劳动时间不少于一个月，可以集中安排，也可以分散各周安排。

1959年，实施省教育厅颁发的《浙江省全日制普通中学暂行教学计划》，将课程分为三大类：政治思想教育类，约占总时间19%；文化科学知识教育类，约占55%；生产劳动和体育类，约占26%。同时把课外政治教育活动、生产劳动和课外体育活动正式列入教学计划内。课堂教学时间减少，原初中每周课堂教学时数平均31课时，减为26课时，其中文化科学知识课，初中平均每周22课时。初中一、二年级开设图画、音乐课。

1960年，中学外语课一律学习俄语。

1963年7月13日，教育部颁布《全日制中学教学计划》，对中学课程设置和教学时间作出具体安排。这个教学计划（草案）对政治课、文化课、生产知识课和劳动时间作了较大的改变。规定中学生每年参加劳动一个月，平时每周一次（初中3小时）；对语文、数学和外语3门的要求适当提高，理化课时也有增加；为避免史地教材重复，初中授中国史地、高中授世界史地。每周总课时数，初一为33课时，初二、初三为34课时。泰一中，泰二中采用教育部编教材，其他中学仍沿用省编教材。

1966年“文化大革命”开始，县内各中学忽视基础理论知识和基本技能教学。课程、教材改革都以农村实用为原则。各中学曾把《毛泽东著作选读本》列为必修课，或把政治与语文合并称“政语”课；化学物理并为工业基础知识，音乐图画合称“革命文艺课”。体育改称“军体”课，史、地、生理卫生一度被取消。各中学相继“停课闹革命”达三年之久。1970年，“复课闹革命”，中学开设毛泽东思想教育课、语文、数学、工业基础知识、农业基础知识、军事体育、革命文艺、农业生物、卫生等科目，并安排学工、学农、学军为兼学课程，没有统一的教学计划。部分中学和附中师资欠缺，不开设外语课。

1978年，县文教局根据教育部颁发《全日制中学各科教学大纲（试行草案）》，调整了中学课时，强调“双基”教学（基础文化知识教学和基本技能训练），使用部编教材，实施《浙江省全日制五年制中学教学计划（试行草案）》，初中开设法律常识课程。1981年4月，教育部颁发《全日制六年制重点中学教学计划（试行草案）》和《全日制五年制中学教学计划（试行草案）》（二类教学计划）。

1982年，全县试行全日制中学二类教学计划。9月，泰一中招收三年制高中新生，试行全日制六年制中学教学计划。

1989年，全县各中学依照省教委《关于普通中学开设劳动技术课的通知》，增设劳动技术课。12月，市教委颁发《关于严格执行全日制初中教学计划的通知》，强调要求各初中“必须认真严格执行，所有年级的各门课程都不得任意增加或减少每周授课时数”。

1993年秋，全县中小学使用省编义务教育课程教材，执行省订《义务教育教学计划（试行）》。初中阶段开设公民、体育与保健、语文、数学、自然科学、社会、音乐、美术、农业技术基础、劳动技术、家庭生活和职业指导等12门必修课程。八年一贯制学校文化知识选修课为外语、自然、科学、劳动（职业）技术等。

县教委通知各级各类学校根据国家规定，从9月1日开始，实施新工时制（每周教学时间为五天），并对中小学课程和教学计划作相应调整。

1996年3月15日，市招生委员会与市教委联合印发的《关于初中中专（技）、普通高中、职业高中招生考试科目等有关问题的通知》规定，考试科目与分值：语文、数学各120分，自然科学150分，社会80分，英语100分，体育30分，计600分为满分。

2000年10月，按照省教育厅颁发的《关于实施〈全日制普通高级中学课程计划（试行修订稿）〉的通知》，全县普通高中于2000年秋季起，从高一年级开始全面实施《全日制普通高级中学课程计划（试行修订稿）》并使用与该计划相配套的高中教材。每周按5天安排教学，周活动总量34课时，每课时45分钟。

2001年6月，市教委印发《关于中小学开设信息技术课程的实施意见》，确定了中小学开设信息技术课程的基本目标是争取用五年左右时间在全市普及中小学信息技术教育。

2003年7月，省教育厅制定的《关于实施教育部“基础教育课程改革纲要（试行）”的意见》，对义务教育阶段课程设置及课时比例作出安排。秋季，全县基础教育课程改革工作在罗阳二中和县实验小学起始年级实施。罗阳二中七年级（初中一年级）每周开设语文5节、数学5节、英语4节、科学4节、历史与社会3节、信息技术2节、体育与健康3节、思想品德2节、音乐1节、美术1节、实践活动与地方课程人与自然每周4节，周课时总计34节，学年1190节。9月1日，全县各级各类学校开始施行教育部《关于学校艺术教育工作规程》，按照国家规定开足开齐艺术课程。初级中学（包括小学附设初中班）执行县教育局制定的《泰顺县2003年初级中学实验操作考查工作手册》所规定的各项目标、任务和要求进行教学。是年秋，县教育局制订《泰顺县2003年普通高中招生工作实施方案》，规定文化知识考试科目及分值：语文150分，数学150分，英语120分（含听力测验25分），自然科学200分，社会100分，体育30分；艺术素质测试科目及分值：音乐、美术各15分，总分为780分。

2004年4月，县教育局成立县基础教育课程改革工作领导小组和专家指导小组，统一规划和组织实施基础教育课程改革工作。加强各中学信息化建设，并开通泰顺教育信息网络。乡（镇）中心校以上学校均开设信息技术课。

2006年7月，省教育厅办公室与省出版总社办公室发出联合通知，全省中小学在秋季新学年开学时将科学计算器的教学作为中小学有关学科的必修内容。县教育局转发省教育厅《关于浙江省普通高中新课程实验第一阶段课程设置意见及有关配套文件的通知》，9月，县内高中一年级新生全部进行普通高中新课程实验。

2007—2012年，全县初中课程按九年义务教育课程设置标准设置，高中课程按《浙江省普通高中新课程实验第一阶段课程设置意见》设置。

三、招生

民国时期，省教育厅规定初中生入学资格是高小毕业及其同等学力者，同等学力者的录取名额限制在30%以下。当时县内高小毕业生很少，战时初中补习学校放宽入学条件。简易师范从国民小学（初小）毕业参加考试成绩合格者中录取。

中华人民共和国成立后，提出学校要向工农开门的方针。县初中补习中学面向全县招收高小毕业生。

1950年秋，县初中补习中学除招收新生1个班外，再招收原简师及附设初中肄业生为初三年级1个班。

1958年，中共泰顺县委、县人委发出《关于1958年大力发展中等教育事业意见和当前应做好的几项工作的紧急通知》，规定县第一初级中学、县第二初级中学共招收初一新生220人。新办的四所初中（三魁、仕阳、筱村、莒江）招收新生560人，同时，县第一初级中学招收高中新生110人，并要求“坚决贯彻学校向工农开门的方针，初师、初幼师坚决不招收剥削阶级子女，普通中学原则上不招收剥削阶级子女”。

1959年，县中等学校招生委员会成立，中学招生工作在各级党委领导下，坚持贯彻阶级路线，采取分点报考、统一命题、统一录取的方法，在保证政治质量和优先录取工农及其他劳动人民子女的前提下对老工人、雇农、贫农、下中农、烈属、革命干部子女优先录取。

1967—1969年，学校停止招生。

1970年2月，各公社小学附设初中班，由贫管会、公社、大队推荐的办法招取新生。1972年，采用推荐和测试相结合的方法招生。

1978年7月，全县实行小学五年级毕业生升初中考试和初中升高中考试后录取新生。初中考试科目为政治、语文、算术三科。总分270分。高中考试科目为政治、语文、数学、理化四科，总分400分。

1986年，全县中考第一层次成绩录取为中专和中师生；第二层次成绩录取为高中生，对台胞、华侨子女予以照顾，对“三好学生”和团队优秀干部、优秀班干部实行加分。

1991年，县内义务教育阶段实行“五三学制”（小学5年，初中3年）。由于教育经费紧缺，初中二年级实施改制，通过改制考试，择优录取初中三年级学生，各中学同时恢复学籍管理，不能升上初三的初二学生由原校发给“初中二年级”结业证书。是年，全县招收初中新生67个班，3768人，比

1990年增加13个班，小学毕业生升学率为54.4%，比上年提高3个百分点。全县4个乡（镇）普及了八年义务教育。

1991年秋，县教委根据初中毕业生报考类别与志愿，对3所完全中学（泰一中、泰二中、泰三中）分别划定高一新生录取分数线。是年秋，普通高中一年级招生9个班430人（包括10%的自费代培生）。

1992年，县教委制定“量力发展初中，控制高中发展，大力发展职业技术教育”的办学原则，对全县初中三年级班级数和学生数下发指令指标，严格实施初二改制，大批初中二年级学生未竟学业。全县初一招收新生68个班，3672人。高中招生8个班，396人。

1993年7月9日，县教委《1993年高中初中招生工作实施意见》规定，高中招生对象必须是户粮关系在泰顺县的应届初中毕业生，年龄不超过18周岁。是年，全县普通高中招生10个班476人，其中泰一中6个班276人，招收学区内（包括新浦乡）176人，向全县统招100人。泰二中2个班100人，招收原筱村（除新浦外）、泗溪、彭溪、雅阳四个学区的学生。泰三中2个班100人，招收原三魁、仕阳两个学区的学生。

1994年，高中招生434人。泰一中向全县招收一个重点班，并动员31名考上初中专考生转读泰一中。县教委依照省教委指示精神，决定是年下半年开始在泰二中、泰三中试行普通高中分流教育。

1995年，全县招高一新生500人，其中泰一中300人，泰二中100人，泰三中100人。普通高中与初中专（含中师）招生考试合并进行。

1996年，泰顺县计划招收高中新生550人，其中泰一中350人（包括面向全县招收重点班150人，向本学区招普通班150人，计划内自费生50人）。泰二中、泰三中各招收高中新生100人（各招收计划内20%的自费生）。7月，全县招收高中新生576人，超额完成招生计划。

1997年秋，全县普通高中计划招生572人。县教委对普通高中招生作出规定：泰一中重点班150个招生名额中，老少边穷地区9人，特长生若干名，县教委调节30人。是年，全县三所完全中学实际招收高一新生681人。

1998年，全县高中在校生2065人，职高在校生202人。全县报考初中专（含中师）4236人。

2001年，全县初中毕业生升高中（含中专、技校）的升学人数达到2232人，比上年增加5个班254人，升学率达64%，增长13.6%。初中在校生12173人，16周岁学龄人口的初中完成率为91.5%，初中流生率2.89%。普通高中在校生3480人，职高在校生206人。

2005年，加强对初中毕业升学考试后30%学生的质量检测工作，积极开展多形式、多层次的教学科研活动，切实大面积提高教学质量和效益。全县初中12—14周岁人口入学率为98.16%；16周岁学龄人口的初中完成率为99.7%。初中毕业生升高中（含中专、技校）升学率为79.7%。

2007年，全县初中在校生12769人，小学毕业生升初中入学率99.8%。高中招生2933人，初中毕业生升学率为85.13%，比上年提高5个百分点。

2008年，全县独立初中9所，在校学生13862人，小学毕业生升入初中入学率为100%，初中在校生巩固率为99.8%；高中招生1877人，初中毕业生升学率为92.9%，比上年提高7个百分点，初中毕业生升入普通高中的比例为54.4%。

2009年3月27日，县教育局制定《泰一中2009年招收保送生工作实施办法》。泰顺中学招收保送生240人（推荐数为360人）。

2009年，全县独立初中11所，在校学生12447人（含小学附设初中班），小学毕业升初中入学率99.6%。高中招生2100人，比上年增加223人，初中毕业生升学率95%（含中专、中技），比上年提高2.1个百分点。重点高中（泰顺中学）招生名额分配比例达40%以上。全县高中在校学生6094人。

2010年，全县高中招生2212人，初中毕业生升学率95.09%，比上年提高0.9个百分点，其中升入普通高中的比例为53.98%。

2011年，泰顺中学实施自主招生，扩大重点高中招生名额，分配到各初中学校比例达到50%。全县初中毕业生升学率为96.2%（含中专、技校）。在全省重点高中提前招生中，全县30名学生被温州中学等省一级重点中学录取。

2012年，全县初中毕业生3360人，初中毕业生升学率为96.22%（包括职业教育）。升上普通高中1915人，升学率为57%。全县高中在校生8026人。

四、课堂教学

1954年下半年，全县中小学学习苏联凯洛夫教育理论，改革课堂教学，强调课堂教学五大原则（直观性原则、系统性原则、巩固性原则、量力性原则、自觉性原则），推行五个环节教学方法（组织教学、复习旧课、讲授新课、当堂巩固、布置作业）。强调课堂教学前的准备，一般学校各科教师都能做到开学初熟悉教材，制订计划，平时做到超周备课，提出精心设计提问和板书。全县中小学学习苏联教学经验，废除百分制记分法，试行五级分制记分法。

1958年，贯彻“教育必须为无产阶级政治服务，教育与生产劳动相结合”方针，在课堂教学中强调深挖教材的内在思想性，加强对学生的政治思想教育，结合课堂教学搞科学试验，组织勤工俭学劳动，培养学生的劳动观点和劳动技能。中小学一度出现劳动过多、过重，教学时间减少的现象，影响了学校正常的教学秩序。

1963年，贯彻《全日制中学工作条例》（俗称“四十条”），推广上海育才中学经验，落实“双基”（基础知识、基本技能）的十六字经验（精讲多练、新旧联系、当堂巩固、因材施教）。教学中强调知识之间的衔接，“块块”过关，允许学生自由讨论，相互启发。各校根据实际情况，开始把教学的基点放在承认差别、面向全体和提高45分钟的质量上，做到每堂课有讲有练、讲练结合，同时重视学习方法的指导。

1965年，推广“少而精”“启发式”和充分调动学生积极性的一整套先进教学经验。各校教师受到启迪，逐步摸索出启发思维，抓住主要矛盾，吃透两头（教材和学生两头），因材施教的教学方法。

“文化大革命”时期，学校教学陷于混乱，多数中学的课堂教学打破“三中心”（课堂为中心、教师为中心、教材为中心），强调以社会为课堂，以实际应用为中心，强调各学科和农业生产劳动挂钩，与社会相结合，否定学科的科学性、系统性和教师的主导作用。

1978年“拨乱反正”后，全县各中学恢复以教学为中心的教学秩序，加强教学工作的科学管理，贯彻执行教育部新颁布的中学教学计划，统一使用部编教材。在强调课堂教学落实“双基”的同时，重视实验和实践，注重从实际出发，因人而异，因文而异，努力提高45分钟的课堂教学效率。鉴于“文化大革命”时期造成的教学质量低下的情况，各中学招收历届初中、高中毕业生进行补习，曾一度出现片面追求升学率的现象。

1984年，各中学教师努力探索教学中如何提高45分钟效率的教学方法。语文科探索“单元集中教学法”和“茶馆式教学法”，数学等其他学科也都在积极探讨新的教学方法。普遍学习和推广课堂教学十大原则：目的明确、要求恰当；内容正确、结构紧凑；突出重点、突破难点；培养能力、发展智力；思想教育有机结合；面向全体、因材施教；教为主导、学为主体；方法多样、效果求好；语言清楚、速度恰当；板书清晰、布局合理。

1990年，县教委要求各中学做到“三不”（不准办初复班和高复班，不搞加班加点，不分快慢班）和“三限制”（限制作业量，限制考试次数，限制刻印资料）。各中学贯彻执行《教师教学常规》和《学生学习常规》，课堂教学趋向规范化。

1992年，全县各中学开展“六个认真”和“六个一”岗位练兵活动。

1994年，县教委根据省教委《关于实行新工时制对中小学教学计划进行调整的意见》，决定秋季入学的高中一年级按国家教委调整后的普通高中教学计划安排教学。初中和高中二、三年级仍实行原教学计划。

1995年，“两机一幕”（录音机、投影机、银幕）和音像教材在中学教学中广泛应用。

1996年，县教委要求各中小学将课堂教学讲练工程作为一项以现代教育理论为指导，改革课堂教学，建立讲练常规，优化课堂教学过程，提高教学效率和教学质量的重大改革措施，并作为一次教学行为的规范要求和具有创新意义的教育科学研究课题予以实施。

1998年5月，成立县中小学“普实”领导小组，各乡（镇）、学校相应建立“普实”领导小组，制订工作日程表，做到分工明确，责任落实，通力协作，齐抓共管。11月15—18日，省教委“普实”验收组对泰顺县进行“普实”评估验收。评估验收顺利通过。

“九五”期间（1996—2000年），全县中小学电化教育技术实现三个层面的飞跃，一是以“两机一幕”进教室为标志，音像教学从试点走向普及；二是以光盘等多媒体技术进教室为标志，计算机教学崭露头角；三是以计算机网络技术进教室为标志，多媒体和计算机网络技术的课堂教学得到较快发展。全县教学仪器奖配乡（镇）12个，大部分学校班级配备了“两机一幕”，中小学图书生均7册。

2002年5月，县教育局按照教育部颁布《关于在中小学加强写字教学的若干意见》精神，县教研室再次向全县中小学强调写字教学，要求中小学生写好汉字，继承和弘扬中华民族优秀文化。

2003年，县教育局对全县各级各类学校实施新课程标准，建立科学、实用并在日常工作中运行良好的教学常规管理机制。

2004年，按照省教育厅规定，对泰一中、泰二中、泰三中高中学生学籍档案进行清理整顿登记造册，然后按省标准办理。是年，新一轮基础教育改革工作在全县初中一年级（七年级）全面实施。8月，该年级各学科举办了新课程师资培训。

2005年4月21日，县教育局转发《浙江省教育厅〈关于中小学评价与考试改革的指导意见〉》，提出五项基本原则（目的性原则、发展性原则、科学性原则、多元化原则、公平性原则）。

2006年，全县学习贯彻市教育局《关于普及推行信息技术与学科教学整合模式的指导意见》，进一步明确整合教学目标，通过实施整合教学模式，促使教师在教学设计中将传统的基础知识教学与网络信息教育有机结合，改变以应试教学为目标的传统观念与方式，充分开发利用信息技术的强有力的潜在功能，达到表现方式多样，检索信息方便，反馈系统灵活，课堂教学生动的目标。

2007年，全县实施课堂教学评价的指导意见，促进学校课堂教学的八大转变：教师由一维的教学目标转向三维的课堂教学目标，从强调统一规格教育转向差异教育，由“以教定学”转向“以学定教”，由知识传授为中心转向以学生发展为中心，过分重视结果教学转向重视过程教学。教师向民主平等、和谐、融洽的新型师生关系转变，由不够重视在教学中运用现代信息技术转向积极主动运用信息技术，教师评价由过于强调学生成绩、甄别考试选拔的功能转向促进学生向全面发展。

2008年，县教育局全面推进素质教育，要求教师面向全体学生，关注学习成绩后20%的学生，全县学校要建立学生学习成绩后20%的人数比例、辍学情况的监控和通报制度。8月，县教育局决定全面实施支教行动，利用县内教育资源比较优势的学校支援县内比较薄弱的学校。

2010年12月7日，省教育厅作出《关于进一步深化教育改革的决定》。县教育局根据上级指示精神，结合全县实际，提出加强领导，加大经费投入，加强考核监督和建立奖励机制，全面落实数字化校园建设的措施。

2010年8月，县教育局根据省、市有关“减负”文件精神，结合泰顺县中小学的实际，制定了《泰顺县义务教育阶段学校“减负”工作实施方案》和《泰顺县学校“减负”工作量化考核指标》，成立了工作领导小组，在全县各级各类学校贯彻执行，尽力做到既减轻学生过重课业负担，又提高教育教学质量。

2011年，县教育局认真实施市教育教学研究院《关于中小学实施有效教学的指导意见》，从县内教育实际出发，采取一系列措施，向全县各级各类学校提出实施有效教学的四项基本要求：要关注学生的需求；要讲求单位时间的效益；要建立目标反馈机制；要注重教学反思。根据有效教学的总目标和要求，制定有效教学的基本策略。

2012年，县教育局深化教学改革，开展“决战课堂”活动，积极推进“有效教学”，努力提高课堂教学的实效性，以全员赛课为平台，开展磨课、上课、论课等改进课堂教学行为，提高教学实效活动。全县有1500多名教师直接参加活动。5月，县教育局出台《县教育局教研员蹲点教研制度》，制定教研员蹲点调研方案，实现教研工作重心下移，增强教研的针对性和实效性，有效指导学校教科研工作。是年，县教育局出台《泰顺县关于进一步抓好教学管理，努力提升教学质量的意见》，要求把成绩后30%的学生作为提高学校教育教学质量的重点和突破口，进一步全面提升教育教学质量。是年，全县评选出学科教学质量优秀学校24所，学科教学优秀教师306人。

第四节　体育与卫生

一、学校体育

清末，罗阳书院、雅阳白漕书院已设有体操课。

民国初元（1912），学校设有体操课。民国11年，改体操课为体育课，每周2课时。民国13年1月，省教育厅规定：“学校体育课除法定时间外，每日须有1小时以上之课余活动。”

民国27年（1938），县战时中学创办，体育课的设置以“锻炼全体学生之健全体格，培养良好品德”为宗旨，每周2学时。根据教育部《中等学校体育实施方案》规定，教学内容有：体操、韵律活动、游戏活动、技巧运动、球类运动、竞技运动、自卫运动和其他运动。民国28年，省颁《实施国防教育纲要》，县战时初中生补习学校依照纲要在体育课中开展战时国防体育训练，即射击、刺杀、投掷、游泳、登山、远足等，并进行“四防”（防空、防火、防弹、防毒）演习。

中华人民共和国成立后，中学体育课每周为2课时，每天下午安排1—2小时的课外活动。1952年，贯彻教育部等九个单位联合颁发的有关体育运动的指示，中学改进体育教学，加强学生的体格锻炼，组织学生参加体育运动。早操列入作息制度，推行广播体操。冬季早操改为晨跑，课间操均在上午第二节课后。1954年，国家体委颁发了《准备劳动与卫国体育制度》，俗称“劳卫制”，体育课以“劳卫制”的项目作为教学内容。

1956年，县文教局要求县内初级中学体育教学采用苏联的四段教学法（开始部分、准备部分、基本部分和结束部分）。

1958年“大跃进”期间，一度以劳动代替体育活动。

1961年，由于自然灾害，学生口粮严重不足，体质下降，学校不能进行正常体育教学。

1962年，改《劳卫制》为《青少年体育锻炼标准》。

1963年，贯彻“中学五十条”，体育课逐渐恢复正常。

“文化大革命”期间，按“五七”指示“学军”的要求，中学体育课改为军体课。教学班也改为连队编排，田径、体操、球类、技巧等运动项目为军事操练、投弹、射击、野营拉练所取代，“达标”活动中断。1977年恢复体育课。

1978年4月，各中学施行教育部重新制定的《全日制十年制学校中学体育教学大纲》，采用新编中学体育教材进行教学，明确体育课要“真正使学生学到体育知识技能和科学锻炼身体的方法。”

1979年下半年，贯彻教育部、国家体委颁布的《中小学体育工作暂行规定》，规定中学男女分班上课，由女教师上女生体育课。

1980年，泰一中体育“达标”率为45%。下半年，初三以上开始实行男女生分班上体育课。1981年，要求学生脱外衣，穿平底运动鞋上体育课。学校制定《学生体育常规》《体育教师教学常规》《体育课成绩考核规定》等制度。是年，考上体育院校6人。4月，在乐清县举行温州地区中小学田径运动会，并举办田径裁判员学习班，泰顺县三名裁判员经过理论与实践的考核，获得国家二级田径裁判员资格证书。

1981年4月，全县中学体育教师在泰五中召开研讨会，传达温州地区体育工作会议精神，总结体育教学经验，进行观摩教学。

1982年，各中学贯彻全国学校体育、卫生工作会议精神，强调“三为主”（增强体质为主，普及为主，经常锻炼为主）原则，普遍开展“两课两操两活动”（“两课”即体育课和运动训练课，“两操”即早操和课间操，两活动即课外体育活动和运动竞赛活动）。是年3月，市属县业余体校女子排球赛在泰顺举行。

1983年5月，在罗阳举行全县中学生排球赛，各中学派代表队参加比赛，同时举行体育教学研讨会，传达省体育工作会议精神，研究学校体育业余训练工作的改革措施。

1984年，贯彻执行全日制学校《国家体育锻炼标准》和省体委、省文化厅、团省委联合转发的《全国农村体育工作会议纪要》。是年，全县中小学生体育“达标”率为85%。各中学普遍建立运动训练档案。泰一中为全省重点中学体育锻炼标准验收及格单位。

1985年，全县适龄学生数31753人，已达标14764人，达标率为46.4%。其中，优秀级2719人，占总数8.6%。中学生女子篮球队两次夺取温州市级冠军，被评为精神文明运动队，并为省、市体校输送4名优秀运动员。

1986年，全县各中学统一使用省编中学体育教材。

1987年7月15日，在泰四中举办首届中学生少年举重比赛；8月，在县城举办中小学教工中国象棋比赛；10月6日，县教委在罗阳举办全县中学生长跑、竞走比赛。

1988年3月，县教委召开体育工作座谈会，总结交流各中学实施《国家体育锻炼标准》“达标”情况，贯彻省、市“达标”工作会议精神，制定泰顺县学校实施《国家体育锻炼标准》的工作意见，广泛深入地开展“达标”活动。6月14日，县教委、县体委下发《关于参加全省中小学体育教学评比活动的通知》，要求各校加强体育教学工作，积极创造条件参加省体育教学评比。

1990年4月8日，县教委组织10名中小学教师参加全市教育系统第九届教工田径运动会。4月19日，县教委为了保证《中学生体育合格标准》的实施，要求各中学（含附中）做好中华人民共和国中学生体育合格证发放工作和体育合格登记表的登记工作。同时，根据国家教委关于“体育不合格的学生不得报考高一级学校”的规定，各校应届毕业生在报考高一级学校时，须持有体育“证书卡”。

1991年3月，县教委要求学校每年至少举行一次田径为主的全校性运动会，平时可开展小型、单项、分散的体育竞赛。

1991年，县教委执行《国家体育锻炼标准》和《学校体育卫生工作条例》，各中学坚持两课两操两活动，按期进行体育达标验收。是年，体育达标8847人，达标率达到81.2%。参加市级中小学体育项目竞赛中，共得金牌5枚，银牌12枚，铜牌5枚，并向高校、体育运动学校输送8名优秀运动员。

1993年12月，在泰一中举行全县中小学生田径运动会，运动会各项竞赛采用国家新田径竞赛规则。

1994年秋，全县高中招生开始加试体育，以30分计入总分。

1996年，施行《国家体育锻炼标准》，城关中学被市体委评为先进学校。11月，举行全县中小学升国旗仪式和广播体操录像比赛，泰三中获得中学组第一名。

1998年，认真落实《中学体育锻炼标准》和《学校体育工作条例》。学校两课两操基本得到保证，体育达标实施面达98%，达标率为94.64%。城关中学被评为市级体育达标先进学校。全县中学的体育设施、体育器材相继得到改善。泰一中、泰二中、泰七中、泰八中、罗阳二中相继举办了学生田径运动会。泰一中建立了坚持常年训练的学校运动队。5月，全县各级各类学校课间操推行“中小学生幼儿系列广播体操”。是年，罗阳二中300米环形跑道田径场落成，举办全县全民运动会。

1999年，全县达标实施面达99.3%，达标率为93%。在达标活动的推动下，学校“两课两操两活动”进一步开展。各中学的体育场所，体育器材不断得到增加和改善。是年，育才高中建造全县第一个拥有400米环形跑道的标准田径场。

1999年6月，县教委与县体委在罗阳二中运动场联合举行泰顺县中小学生暨教工田径运动会，781人参赛。是年秋，创办少体校，址设罗阳二中，招收县内有体育特长的应届小学毕业生一个班40人。

2000年，全县大部分学校体育达标工作正向制度化、规范化、科学化发展。中学施行面达到100%，达标率达到97.6%。县教委结合本地区学校实际举办了大部分学生都能参加的“体育节”活动，利用课余时间开展小型多样的体育竞赛。各中学举办广播操、乒乓球、篮球、羽毛球、跳绳、小型田径运动会等竞赛。

2001年，泰顺少年象棋队参加在湖州举行的中日象棋比赛，郑俊来获得个人第一名。少年象棋队参加市第十二届全运动会，获得女子团体第一名，男子团体第二名，男女团体总分第一名。县少年足球队获市全运会足球比赛第四名。

2003年，罗阳二中少体校基地开展足球、田径等项目的专项训练，着手对学校体育项目进行规划，突出重点，确立一校一队的发展思路。

2004年度，全县实施《国家锻炼标准》的中小学校共160所，实施面达98.1%，达标率95%，优秀率20.5%。是年，举办县第五届全民运动会，举行中国象棋、门球、篮球、乒乓球、田径等7个大项的比赛，参赛运动员近1500人。运动会中9人10次打破7项县少年纪录，2人2次平2项少年纪录。在县外赛事中，学生黄川津获全国摔跤邀请赛古典式51公斤级第二名，学生柳飞在全国柔道比赛获52公斤级第4名。

2005年，课外体育活动按“达标”要求进行训练，体育设施按省农村中学规定标准布局建设，基本能满足学校体育教学和学生课外体育活动的需求。是年，全县有省级传统项目学校1所（泰一中）、市级传统项目学校1所（县实验小学），县级传统项目学校4所。是年，学生陈青婷、林丽燕、翁晓晓、林敏参加中国象棋少年部比赛获团体冠军，青少年部的罗健获得蝶游金牌，郑晓娜获得44公斤级柔道金牌。泰顺选手（学生）黄川津参加全国少年摔跤锦标赛获得男子古典式58公斤级第二名，参加浙江省少年摔跤锦标赛获得金牌。陈青婷参加青少年中国象棋比赛获得女子冠军。

2005年，泰一中搬迁新址，体育设施全部按省一级重点中学规定布局建设，大型体育馆规模宏伟，田径、球类各项课外体育活动可以满足学生个性特长和兴趣爱好要求。是年，新浦中学、雅阳中学相继建立了田径、足球、中国象棋训练基地。同年，泰顺向温州市输送运动员11名。

2006年，民族中学7名学生代表温州市参加浙江省第三届少数民族运动会，共获得1枚金牌，5枚银牌，2枚铜牌。泰顺组队参加温州市少年棋类比赛获得中国象棋女子丙组团体冠军，女子丙组个人第三名；围棋获团体第四名。

2007年，县教育局结合《学生体质健康标准》的全面实施，在全县开展学生阳光体育运动。是年，县教育局先后组织代表队参加温州市青少年中国象棋比赛，获4个第一名，4个第三名；参加市青少年武术比赛，获得冠军；参加市中小学生田径分龄赛，获3个第三名。县中国象棋女选手杨敏在“培园杯”全国少年中国象棋锦标赛中获女子乙组第四名，并获国家二级运动员称号；杨敏、陈青婷参加省少年儿童中国象棋比赛获得女子团体第二名；蔡玲玲参加全国少年女子柔道锦标赛获48公斤级第一名。

2008年，根据赛事计划，进一步优化组合项目设置，调整项目布局，全县确定中国象棋、田径、乒乓球等重点项目，建立5所学校业余训练基地（网点），抓好业余训练工作，做好运动员选拔、组队、赛前训练工作，积极培养优秀运动员输送工作和市体育学校招生工作。在全国少年女子柔道锦标赛中，学生郑明娜获得女子52公斤级第二名。在“天马杯”2008年省少年中国象棋比赛中城关中学陈青婷获得女子甲组第一名，女子团体获得第二名；在2008年全省青少年举重锦标赛中，林祖福获得男子甲组48公斤级第一名。

2009年，学校业余训练基地网点不断健全，以乒乓球、田径、棋类、跆拳道、篮球、足球等项目为重点，建立6所学校业余训练基地，县竞技体育工作开始走向规范化、制度化发展轨道。7月19日，在安吉举办的2009年“博瑞杯”第二届全国中国象棋青年锦标赛，陈青婷以九局八胜一和战绩荣获女子冠军。12月13日，全县中小学生运动会在泰顺中学举行，有2队16人25次打破17项县中小学运动会记录。是年，县组队参加市第十四届运动会，青少年部举重、田径等七项比赛，学生共获得4金3银1铜。

2010年3月，全县开展对学校体育课程教学的检查、督导工作。城关中学学生，中国象棋选手陈青婷在第七届“威凯杯”全国冠军赛中获得金牌，在“博瑞杯”第三届全国象棋青年锦标赛中获得铜牌，在全省首届体育大会上获得银牌。在“永太杯”全省象棋团体锦标赛中获得团体银牌。省第十四届运动会上，学生蔡玲玲（女）、林祖福相继在女子柔道甲组52公斤级、男子举重甲组48公斤级等项目上获冠军。是年，县体育局出台《泰顺县业余体育训练网点校暂行管理办法》和《泰顺县运动员教练员奖励暂行办法》，建立学校业余训练网点布局，体育工作走向规范化、制度化发展轨道。

2011年5月，县教育局和体育局联合召开全县体育教师工作会议，对全县学校体育工作进行全面部署安排，要求各训练网点学校建立各项目在册训练运动员的档案，制定训练计划，为市体校教练下基层选才提供原始依据。11月，在罗阳二中举行县第二十五届暨“罗二中杯”中小学生田径运动会，全县10个代表队626名运动员参加比赛。

2012年10月，举办县第三届“城中杯”中学生篮球赛，有21个代表队参加角逐，其中，初中13个代表队，高中8个代表队。

二、学校卫生

民国22（1933）年，《中学训育标准》阐明卫生教育目标：“学生卫生旨在保持健康与相当的体格，起居饮食有定时，注意公共卫生，养成整治卫生的习惯，具有强健活泼的体魄。”民国34年7月，省教育厅颁布《加强实施卫生教育三项办法》，规定各县国民政府每年暑假期内应开设中小学卫生教育讲习班，在举办卫生讲习会时，应以卫生教育列为主要课程。学校卫生教育之设施应列为各学校主要行政考绩之一，视导人员视导时应特加注意考察。当时，卫生列入课程外，还辅有一些公共卫生和个人卫生制度。泰顺山区学生生活困苦，卫生条件差，患病者较多，县立简师和初级中学学生尤以疟疾和疥疮为甚。

1951年8月，政务院颁发《关于改善各级学校学生健康状态的决定》（简称《决定》）。县人民政府文教科根据《决定》精神，要求各级学校应该着手改善学生健康状况。同时规定初中学生每日学习时间不得超过8小时，每日睡眠时间保证9小时，要求学校设立医务室和女生生理指导员，向学生进行卫生教育，培养学生良好的卫生习惯，开展以预防疾病为主的爱国卫生运动。

1953年第一学期，县初级中学制订《开展爱国卫生运动计划》，规定每两周全校大扫除一次；组织卫生委员会，领导全校的爱国卫生工作；每月举行一次卫生讲座，向学生进行爱国卫生重要性的思想教育。

1955年8月，县文教局举办为期七天的“学校保健导师训练班”，由县卫生院负责教材内容，全县4个班级以上的中小学推选二三名教师参加业务学习。学习的主要内容有早会检查、种痘方法、环境卫生与儿童卫生的关系、儿童几种常见疾病的预防常识、一般外伤急救常识以及一般常用药品的性能与用途。通过示范实习，参加培训的教师掌握了简易治疗方法。学习结束时，发给各校保健箱和常用药品。

1960年4月5日，县人委卫生科和县文教局联合发出通知，要求各校认真贯彻中央关于保护学生视力的指示，组织视力调查组对学校学生视力进行调查。据罗阳镇中小学校584名学生抽样检查结果，近视学生所占的比例，高中学生占14.09%，初中学生占6.07%，小学生占7.4%。

1963年，县文教局通知各级学校，经常对学生进行卫生常识教育，积极开展爱国卫生运动，重视防治各种疾病，继续认真贯彻劳逸结合指示，帮助师生合理安排学习、工作、生活时间，认真办好师生伙食，尽可能地改善师生营养条件。

1979年，全县受查学生1217人，近视眼人数76人，占学生总数6.2%；1980年，全县受查人数1358人，近视眼人数189人，占13.9%。

1980年，全县各中学贯彻《关于中小学卫生工作的暂行规定》，进一步重视和加强学校卫生工作。各中学设置了医务室，并配备专职医务人员。学校食堂指定专人负责管理，制定食堂规章制度和卫生公约。大部分中学饮用自来水，改善饮水、用水条件。坚持做好保护视力工作，改善灯光照明，单向受光教室，定时给学生调换位置等。

1981年，泰一中的卫生工作以预防为主，培养学生良好的卫生习惯，改进学校环境，加强防病措施，改变环境卫生和个人卫生条件。一年进行一次全校性学生体格检查，建立学生健康档案。是年，受查学生1272人，近视172人，占13.5%。

1985年9月15日，县教体局组织有关人员对泰一中、泰二中、泰三中、城关中学、实验小学、罗阳镇小学生身体的健康状况进行全面检查并建立和健全学生健康档案，实行面对面的业务指导。

1989年6月1日，县教委、县卫生局对泰一中、城关中学、县实验小学、罗阳镇小、雅阳中学、雅阳镇小、泰二中、泗溪镇小等8所中小学学生进行健康体检。

1991年3月10—16日被国家教委确定为“保护学生视力宣传周”，要求各级教育行政部门要把保护学生视力，防治学生近视眼工作作为学校工作的重要内容之一，在短时间内努力做到“小学近视率明显下降，初中稳中有降，高中新发病率有所控制”，切实加强学生视力保护工作。

1995—1998年，全县每年进行一次学生肠道蠕虫综合防治工作，每年接种一次乙脑疫苗和流脑疫苗。

1997年，县卫生局、县防疫站对全县中小学生进行全面体检。通过体检发现学生常见病总检出率高达40.07%，主要表现为：视力低下率为4.49%，龋齿率为20.26%，小学生段沙眼、鼻炎等患病率很高。

1997年春，天气寒暖交替，温州地区“流行性腮腺炎”暴发，全县入托入园幼儿和在校中小学生487人受到感染，占发病率78%，其中2人并发脑膜炎，2人并发心肌炎，3人并发睾丸炎。县教委、县卫生局要求各中小学和幼儿园采取切实可行措施，加强预防力度，及时与家长联系，共同做好预防、医治工作。

1998年3月，国家教委发布《学校卫生管理条例》，县教委根据文件精神，会同县卫生局于2001年8月制定《关于加强学校卫生工作的实施意见》。

2003年春，全县各级各类学校加强结核病防治工作。冬，国内传染性非典型性肺炎（非典）疫情发生。全县教育系统在当地人民政府的统一领导下，全面开展非典防治工作。9月，县内各级各类学校全面实施《泰顺县中小学校卫生基础设施改造方案》，改造范围包括学校生活饮用水源、厕所、食堂和学生宿舍。

2006年2月下旬，泰一中发生疑似流感患者129例，送检9份含漱液标本中5份检出乙型流行性感冒病毒，证实为乙型流行性感冒。学校为此停课放假5天，现症病人居家隔离，教室、宿舍等场所进行全面彻底的消毒。

2007年5月底至6月初，泰七中和雅阳中心小学先后发生风疹疫情，二校累计报告风疹病例分别为31例、23例。9月，按照省市防疫部门统一部署，县教育局对全县15岁以下学生、幼儿施行乙肝疫苗补种工作。

2008年3月，开展以口腔保健为切入点的健康促进项目工作。初中三年级以下学生，不论其以往麻疹疫苗接种史及麻疹、风疹患病史，均每人接种一剂次麻疹疫苗，剂量0.5毫升。9月21日，泰四中部分学生出现发热、头晕、头痛、腹泻等疑似食物中毒疫情。截至9月27日，共发现病例45例，男生2例，女生43例。县疾病预防控制中心对采样的17个肛试标本、4个食品标本、3个校内水样标本进行检测。根据病例临床表现、实验室检测结果及现场流行病学调查，本次事件为使用被污染的生活用水引起的水源性细菌性痢疾。

2009年10月，泰六中10名学生被确诊为甲型H1N1流感病例，县教育局紧急通知全县各校做好甲型H1N1流感防控工作，最大限度地减少甲型H1N1流感疫情对师生健康造成的危害和对学校正常教育教学秩序的影响。

2010年5月，全县中学进一步开展加强手足口病防控工作。9月，急性出血性结膜炎（俗称“红眼病”）在温州地区流行，县内部分学校学生受到感染，因及时做好防控工作，病情得到控制。是年，在新农村新校园建设中，全县一次性开设学校“卫生室”64个，并配备了专职或兼职校医。

2012年，全县68所（含4所教学点）中小学开设了“健康教育”课程，开课率达到100%。

1997年全县学生健康体检统计表

表4-4-1

项　目		总　计	高　中	初　中	小　学
体检数		31640	1640	15879	14121
视力低下人数	4.7—4.9	4075	676	2152	1247
4.4—4.6	1378	474	775	129	—
4.3以下	555	161	346	48	—
龋齿人数		6413	235	1717	4461
龋齿数		15264	437	2727	12100
沙　眼		907	50	469	388
鼻　病		1080	1	56	1023
辨　色		474	20	270	184
脊　柱		1	—	—	1
疥　疮		2	—	1	1
平足	Ⅰ°	446	35	227	184
	Ⅱ°	363	33	231	99
	Ⅲ°	69	10	40	19
常见病总检出数		12964	1309	4647	6990
常见病总检出率%		40.92	79.82	29.27	49.50

第五节　高　考

民国27年（1938），教育部设立全国统一招生委员会，负责全国统一高考。委员会负责制定招生简章；命题阅卷及出台录取标准；复核成绩；分配录取学生。同时，还负责研究招生制度的改进及其他相关事宜。同年，进行第一次全国统一高考。当时，泰顺还没有创办高中，只有一所初中，读完初中到外地继续深造的学子寥寥无几，能考上大学的实属凤毛麟角。

1958年秋，县第一初级中学开办高中班，招收高一新生110人。

1961年首届高中毕业生30人，高考情况不详。

1964年，泰顺一中高中毕业生20人，14人到平阳一中参加高考，录取11人，录取率为全市第二。

1966年，“文化大革命”开始，高考废除，高校停止招生。

1971年，高等学校逐步举办试办班，恢复招生。招收的新生初中毕业即可，但须经过两年以上劳动锻炼。按照“自愿报名，群众推荐，领导批准，学校复审”的原则，招收工农兵学员到大学学习。从1971—1975年，泰顺工农兵学员计有400多人。

1976年10月，“文化大革命”结束。

1977年10月12日，国务院批转教育部《关于1977年高等学校招生工作的意见》，正式恢复了高等学校招生统一考试制度。是年冬，泰顺高考报名331人，其中文科113人，理科218人；录取7人，其中文科2人，理科5人。

恢复高考初期，高考科目包括语文、数学、物理、化学、历史、地理、政治七门学科，文科和理科都考语文、数学、政治，文科加考历史、地理，理科加考物理、化学，都是五科，总分500分。

1978—1982年，全县高中毕业生共3204人，被各类高等院校录取计147人，屡复不第者众多，升学率为4.6%。

1981年，高考理科增加生物科。1983年，英语纳入高考必考科目。

1985年，教育部规定，可以从参加统一高考的考生中招收少数国家计划外的自费生。一向由国家“统包”的招生制度，变成不收费的国家计划招生和收费的国家调节招生同时并存的“双轨制”。“双轨制”的实行为泰顺部分学子圆了大学梦。

1990年3月15日，市教委下达《一九九〇年温师院专科文科类提前招生定向指标的通知》，指出为了使师范院校培养热爱教育事业，有志于从事教师工作，具有良好教师素质的青年，经省教委、省招办同意，可进行提前单独招生。是年，温师院专科文科类、英语类提前单独招生，泰顺县考生被高师提前招生录取17人。

1993年，全县3所完全中学应届高中毕业生456人，其中泰一中233人，泰二中85人，泰三中138人，共考取大中专158人，升学率为34.6%。县人民政府教育基金会对高考文理科前30名考生予以奖励。

1991—1994年，全县被高师提前录取总计135人。

1995年起，高师停止提前招生。

1997年，省高校、高中专招生改为“并轨”计划，实行“一种计划、一道分数线、一种收费”

的措施，取消招生“双轨制”的做法。县内3所完中应届高中毕业生441人，报考高校考生607人（含报考高中专考生），上线人数202人（含高中专），先后五批共录取154人（含高中专），上线率为33.3%。

1998年，全县应届高中毕业生543人，报考高校674人（含历届毕业生），上线128人，五批共被录取120人。

2001年，全县普通高校报名904人，比上年增加194人，增幅达27.3%。文科上线163人，录取135人；理科上线339人，录取289人；艺术上线57人，录取52人；体育上线4人，录取1人；高职上线27人，录取27人。各科类上线总人数590人（含高职），上线率为65.3%，录取501人（含高职），升学率为55.4%。

2003年起，高考时间提前1个月，固定安排在每年6月的7日、8日、9日。

2003年，全县普通高校文科录取319人，理科录取454人，艺术录取75人，体育录取3人，总计851人。

2004年，省高考语文、数学、外语三科开始自行命题。

2008年，全县普通高校报名人数2201人，比上年增加181人，其中报考文史类671人，艺兼文237人，体兼文13人，理工类1217人，艺兼理48人，体兼理15人。高职类共报名116人。普通高校文理科总上线人数为1276人，其中文史266人，艺文174人，体文3人，理工796人，艺理33人，体理4人，本科上线率为20.17%。高职类上线35人，上线率为30.17%。自主招生高校录取6人，单考单招录取1人。

2010年，全县普通高校文理科总报名人数2132人，其中文史类327人，艺文类242人，理工类1467人，艺理类86人，体理类10人，上线人数1480人，上线率达69.42%。一本上线77人，本科上线率为29.32%。高职类上线36人，上线率为30.25%。自主招生考试录取11人。

2012年，全县普通高校文理科报名共计1941人，录取1509人。一本上线113人，高职类上线32人，自主招生考试录取35人，刷新泰顺高考录取纪录。

1977—2012年全县高校报考、录取人数统计表

表4-5-1

项目/科目/年份	报考人数						录取人数						备注
	文科	理科	外语	体育	艺术	合计	文科	理科	外语	体育	艺术	合计	
1977	113	218	—	—	—	331	2	5	—	—	—	7	
1978	267	382	—	—	—	649	0	21	—	—	—	21	
1979	98	144	—	—	—	242	4	20	—	—	—	24	
1980	29	122	4	1	—	156	—	—	—	—	—	20	
1981	38	88	20	18	—	164	12	34	0	—	—	46	
1982	98	125	2	26	—	251	7	27	0	1	1	36	
1983	—	—	—	—	—	—	—	—	—	—	—	55	
1984	73	58	6	13	1	161	10	32	2	7	1	52	
1985	—	—	—	—	—	—	—	—	—	—	—	88	
1986	76	229	10	33	3	351	11	49	3	3	1	67	不含温大等5校录取17人
1987	61	136	36	20	1	281	20	55	6	4	0	85	含省府代培生20人

续表4-5-1

项目 科目 年份	报考人数						录取人数						备注
	文科	理科	外语	体育	艺术	合计	文科	理科	外语	体育	艺术	合计	
1988	87	197	25	17	1	327	15	36	4	3	0	58	
1989	59	176	31	11	2	279	21	46	7	2	1	77	
1990	55	117	36	13	3	224	17	45	3	4	2	71	不含高师提前招生录取17人
1991	88	182	47	9	6	332	12	36	4	1	2	55	不含高师提前招生录取28人
1992	81	109	29	7	7	233	17	33	5	1	3	59	不含高师提前招生录取25人、社优录取1人
1993	101	123	36	8	6	274	15	58	3	4	1	81	不含高师提前招生录取47人
1994	126	180	23	3	10	344	26	78	9	2	7	122	不含高师提前招生录取35人，浙财特招录取1人
1995	280	272	—	6	8	566	63	87	—	0	3	153	不含浙财特招录取1人
1996	290	253	—	5	21	569	35	58	—	4	6	103	报考人数含高中专
1997	282	302	—	3	20	607	40	71	—	1	7	119	报考人数含高中专
1998	303	331	—	—	—	674	30	74	—	—	—	120	
1999	257	367	—	4	22	650	—	—	—	—	—	186	
2000	—	—	—	—	—	710	—	—	—	—	—	388	
2001	266	527	—	16	57	866	135	289	—	1	52	477	
2002	402	547	—	14	74	1037	248	410	—	2	62	722	
2003	541	665	—	23	99	1328	319	454	—	3	75	851	
2004	569	774	—	26	136	1505	291	591	—	15	118	1015	
2005	655	739	—	33	238	1665	264	442	—	3	147	856	报考人数含职高
2006	646	789	—	38	198	1671	214	441	—	0	111	766	报考人数含职高
2007	568	972	—	29	251	1820	175	542	—	6	172	895	报考人数含职高
2008	671	1217	—	28	285	2201	190	676	—	9	175	1050	
2009	541	1104	—	26	359	2030	295	893	—	3	263	1454	
2010	327	1467	—	10	328	2132	273	993	—	3	211	1480	
2011	251	1071	—	11	242	1575	204	703	—	0	161	1068	
2012	361	1355	—	14	211	1941	332	1009	—	3	165	1509	

2004-2012年全县高考情况一览表

表4-5-2

年份	校名	本届原生数（人）	报考生数（人）	上线考生数			其他重点
				录取	本科	其他	
2004	泰一中	527	680	642	312	330	31
	泰二中	128	138	75	12	63	0
	泰三中	279	270	161	30	131	0
	育才高中	—	221	188	96	92	6
	泰七中	—	114	60	8	52	0
	招办	—	82	60	24	36	1
	合计	—	1505	1186	482	704	38
2005	泰一中	543	626	557	256	301	16
	泰二中	134	195	77	14	63	—
	泰三中	306	287	113	12	101	—
	育才高中	—	303	202	73	129	4
	泰七中	—	154	41	4	37	1
	招办	—	77	48	14	34	—
	职高	—	23	7	—	—	—
	合计	—	1665	1045	373	665	21
2006	泰一中	485	587	478	229	249	20
	泰二中	—	182	41	3	38	—
	泰三中	141	172	52	7	45	—
	育才高中	—	435	201	88	113	8
	职高	—	47	10	4	6	—
	泰七中	—	191	44	6	38	—
	招办	—	57	27	14	13	2
	合计	—	1671	853	351	502	22
2007	泰一中	475	575	513	267	246	30
	泰二中	—	174	45	6	39	—
	泰三中	269	237	79	8	71	—
	育才高中	—	604	356	92	264	5
	职高	—	29	5	0	5	—
	泰七中	—	145	52	8	44	—
	招办	—	56	38	24	14	—
	合计	—	1820	1088	405	683	35
2008	泰一中	518	624	591	317	274	48
	泰二中	—	229	49	5	44	—
	泰三中	329	293	70	7	63	—
	育才高中	—	581	331	94	237	4
	城关中学	—	224	131	7	124	—
	泰七中	—	179	64	5	59	—
	招办	—	71	40	9	31	2
	合计	—	2201	1276	444	832	54

续表4-5-2

年份	校名	本届原生数（人）	报考生数（人）	上线考生数			其他重点
				录取	本科	其他	
2009	泰一中	533	554	542	392	162	67
	泰二中	—	191	70	3	67	—
	泰三中	210	203	97	8	89	—
	育才高中	—	541	393	135	258	4
	城关中学	—	300	233	37	196	—
	泰七中	—	167	73	2	71	—
	招办	—	74	44	13	31	—
	合计	—	2030	1452	578	874	71
2010	泰一中	597	607	596	414	182	62
	泰二中	—	204	76	10	66	—
	泰三中	284	265	109	2	107	—
	育才高中	—	505	362	175	187	14
	城关中学	—	359	267	32	235	1
	泰七中	—	169	56	3	53	—
	招办	—	23	14	9	5	—
	合计	—	2132	1480	645	835	77
2011	泰一中	527	536	519	348	171	58
	泰二中	—	114	25	—	25	—
	泰三中	260	199	40	—	40	—
	育才高中	—	359	313	154	159	6
	城关中学	—	265	134	26	108	—
	泰七中	—	79	14	0	14	—
	招办	—	23	14	—	8	—
	合计	—	1575	1059	534	525	64
2012	泰一中	636	632	611	453	158	95
	泰二中	—	116	43	2	41	—
	泰三中	—	163	76	4	72	—
	育才高中	—	371	358	241	117	18
	城关中学	—	534	374	58	316	—
	泰七中	—	115	35	1	34	—
	招办	—	10	3	1	2	—
	合计	—	1941	1500	760	740	113

第六节　学校管理机构与职能

民国元年（1912），改制革新，县劝学所废置。县国民政府设教育科，科长、科员，佐理知事处理教育公牍，不独立对外。县内一切教育行政事宜，秉承县知事意旨办理。是年，教育部颁《中学校令》，学堂改称学校，“堂长”改称“校长”。校长管理校务，主持全校工作。

民国30年（1941），泰顺简师按《浙江省中等学校行政组织暂行规程》之规定，设校长1人（首任校长由县长洪季川兼任）。民国33年，副校长叶木峰主持校务；教导主任1人，掌理全校课程，支配、查核教员服务情况，考查学生成绩，办理注册、统计及其他关于教务的一切事宜；训育主任1

人，掌理公民训练、品格陶冶、生活指导及其他关于训育的一切事宜；总务主任1人，掌理预算、决算，掌理校产，办理庶务及其他不属于教务、训导之事宜。每班设级主任1人，处理班级一切教务、训导事宜。学校设立校务会议、教务会议、训育会议、总务会议和经济稽核委员会，讨论并决议所管各项重要事务。

1949年上半年，县人民政府采取“维持现状、逐步改造”的方针接管学校。是年5月，根据温州市军管会决定，撤销旧校务委员会，建立学校管理委员会，校长、教导主任为当然委员。1950年4月，县人民政府借用莒江上村五显庙，创办县补习中学，县长林永中兼任校长，高仲伦主持校政。10月，改县补习中学为县公立初级中学，由校务委员会集体负责学校的行政领导，县人民政府只聘任中学校务委员会主任（校长）1人，其他组成人员均由学校自定。校务委员会由校长、副校长、教导主任、总务主任、教职员代表和学生代表组成，校长为主席。同时撤销训育处，事务处改称总务处。

1951年5月，根据省文教厅颁布《浙江省公立中等学校实行校长制的暂行规定》，实行校长负责制，设校长1人（多数中学设有副校长），由省人民政府任命。1952年11月，温州专署发文规定，各县立中学校长均由所在县的县长兼任。1956年，县（市）立中学校长由县报专署审批任免；中学副校长、教导主任由县人民委员会任免；教师由县文教局调配。是年下半年，县文教局通知规定，8个班级以上的学校由校长、教导主任、团支部书记、教育工会负责人和教师代表组成校务委员会，实行集体领导分工负责，重大问题由全体教师参加的校务委员会讨论决定。8个班级以下学校要求经常听取教师意见，反对校长个人独断，发扬民主，提高教师的积极性。

1958年下半年起，贯彻执行中共中央、国务院发布的《关于教育工作的指示》，中学实施党支部领导下的校长负责制，强调党对学校的绝对领导。县各中学建立党支部或任命党员校长、党支部书记。

1960年，中央颁发《中小学暂行工作条例》，规定全国中小学实行党支部领导下的校长负责制。1960—1967年，由中共泰顺县委组织部任命的中学校长都是共产党员，其职务是学校党支部书记兼任校长。

“文化大革命”期间，群众组织“夺权”，领导被污蔑为“走资派”，受批斗，学校原领导体制遭到破坏，组织瘫痪。1968年下半年，县“工宣队”“贫宣队”进驻县、区管中学，建立校“革命委员会”，工宣队、贫宣队成员成为革命委员会主任、副主任。在学校革命委员会领导下，分别设立政工组、教育革命组和后勤组，具体管理学校。

1970年，县革命委员会决定，县直属中学革命委员会成员由县革命委员会任免；公社中学革命委员会或革命领导小组成员，由公社革命委员会审核，报县政工组任免。中学教师调动由县教育革命办公室调派。

1977年，全县各中小学撤销贫管会或贫管组。

1978年秋起，各中学按照《工作条例有关规定》，撤销中学革命委员会及其政工组、教育革命组、后勤组，恢复党支部领导下的校长分工负责制，恢复学校教导处、总务处。

1978—1980年，各中学在学校党支部的领导下，由党支部书记、校长、教导主任、总务主任、基层教育工会主席、共青团书记组成学校领导核心，分工负责学校的行政管理。学校的一切重大问题必须经党支部讨论决定。

1983年，提倡党政分工，实行岗位责任制。全县中学逐步试行党支部领导下的支部书记、校长分工负责制。党支部书记以抓学校政治思想工作为主，学校教育行政实行校长负责制，对全体教职工试行岗位责任制。

1984年，泰一中教导处分设教务处和政教处。政教处职责是：主管学生的学籍管理，监管班制、招生、升学、值周、值日等校务工作；教务处专管教学业务工作和教学研究，监管学生考查等学校管理工作。总务处管理职能延续变化不大，其下设会计、出纳、食堂管理、财产管理等，专人负责学校的经费开支、教职工工资奖金发放、财产管理、校舍设备配量、学校环境美化和师生食堂安排等工作。

1985年，县教体局提拔一批有教学经验、有工作能力的中小学教师充任领导岗位，并选择几所条件较好中学进行校长负责制的试点工作。

1986年，实施“分级办学、分级管理”，县属中学校长由县人民政府任免，副校长、正副教导主任、正副政教主任、区属中学正副校长、正副教导主任、正副政教主任、正副总务主任由县教委任免。

1987年7月3日，撤销全县各区辅导中心小学，建立区教育委员会办公室（简称“区教办”）。“区教办”作为常设机构，负责管理全区的教育工作。为加强学校民主管理，各中学从1984年开始，先后实施教职工代表大会制度（简称“教代会”），每届任期2年。

1992年8月，县教委根据县委、县人民政府的指示精神，撤销各“区教办”，由县教委直接对乡、镇的普教、职教、成教进行管理指导。各乡镇建立教育管理委员会，对本乡镇的教育工作进行宏观控制、平衡协调和管理指导。

1993年，继续实行“分级办学、分级管理”体制。乡镇中小学校长以上干部由县教委任免（征求乡镇意见），其他权力全部下放给乡、镇人民政府和学校，扩大学校办学自主权。是年，县教委逐步扩大学校办学自主权，在部分中学试行校长负责制、教师聘任制，定编不定员，工资总额包干制，取得经验后，再向全县推广。凡是实行校长负责制的学校，充分发挥党支部的保证与监督作用，发挥教代会的民主管理、民主监督职能，支持校长行使职权。

1998年8月，经县委批准，县教委在原区片基础上，设立罗阳、司前百丈、筱村、泗溪、雅阳澎溪、仕阳、三魁7个学区教育办公室（简称“学区办”），作为县教委派出机构，负责本学区教育行政管理和教学业务指导。

1999年，泰一中成立校长办公室，配备主任1名，配合校长处理日常校务，其职能是负责学校对外联系、协调处室工作，制定学校规章制度，协助校长的职能管理。

进入21世纪，全县各中学普遍设立办公室、教务处、教研室（教科室）、政教处、总务处五个行政职能部门。校长是学校的法人代表，对政府主管部门承担学校管理的责任，对学校的行政工作全面负责。办公室承担学校行政办公职责，处理校长交办的日常政务工作，是组织和协调全校各项工作的综合职能部门。教务处是校长直接领导下的学校教学行政管理职能部门。教研室（教科室）是校长直接领导下的学校教学、教研管理的职能部门。政教处负责学生德育、学校安全、卫生工作。总务处是校长直接领导下的学校后勤工作的职能部门。

2003年，逐步开展学校管理机制改革，积极探索灵活高效的管理模式，最大限度地激活现有师资队伍的主动性和创造性，加快教育事业发展步伐。经县人民政府研究，于11月5日批复同意实施《泰一中实施结构工资方案》。

2005年以后，随着教育改革不断深入，在基础教育“分级办学，分级管理，分工负责”的办学原则推动下，县委、县人民政府于6月29日出台《新泰一中运行机制的实施意见》，学校实施校长负责制、岗位目标责任制、教职工全员聘任制、工资动态包干的结构工资制，扩大学校行政领导的办学自主权。

2007年6月，县教育局制定《关于进一步加强学校领导班子建设的意见》，强调进一步完善校长负责制，建立校长工作目标责任制度，建立学校重大事项议事决策制度，健全校务公开制度，进一步完善学校教职工代表大会制度，进一步健全学校财务审查审计制度，建立干部谈心谈话制度，建立学校主要领导个人重大事项事前报告制度，健全学校领导班子及其成员的考核评价与奖惩机制。

2008年11月，县教育局下发《关于实施校长任期制（试行）的通知》，决定从2008学年开始在全县中小学开展校长任期制工作试点。先在城关中学、泰三中等校实行试点工作。并决定，校长每个任期为3年，在同一单位连续任职一般不超过3个任期，满3个任期者一般应进行轮岗或交流；校长任期期满，经考核合格的可以继续任用。任期满考核不合格的经县教育局党委会议研究决定免除其职务，不再继续任用。

2010学年度，全县教育事业取得新发展，学校管理成绩显著，教师队伍建设进一步加强，教学质量和办学效益明显提高，涌现出一批优秀领导班子和领导干部。2011年12月21日，县教育局对泰顺中学等8个学校优秀领导班子、9名优秀校长、8名优秀副校长予以表彰。

2012年，县人民政府督导室对全县中小学管理行为进行专项督查。

附录四：中学教育机构简介

泰顺中学

泰顺中学前身为县长唐天森于民国18年（1929）创办的泰顺师范讲习所。民国23年（1934），因经费断源，学校停办。民国27年，集资兴办欧南公学，校址圣人庙。半年后更名为战时初中学生补习学校，迁址泰顺民众体育馆（现实验小学广场校区）。民国30年改县战时初中学生补习学校为县简易师范学校。1949年7月，县人民政府迁莒江上村。1950年4月，县人民政府在莒江上村五显庙举办泰顺县补习初中，县长林永中兼任校长，高仲伦主持校政。同年8月随县治迁回县简易师范学校旧址。1950年10月，县立补习初中改名为县立初级中学。

1956年，县立初级中学更名为县第一初级中学。1958年，县第一初级中学改称县第一中学（泰一中）。1962年9月，泰顺师范停办，泰一中迁入其址（现城关中学址）。1966—1969年，泰一中被迫停课，同时军宣队进驻学校。1970年2月复课，9月由工宣队接管。1972年2月，学校贯彻落实“教育要革命，学制要缩短”的最高指示。初、高中学制改为二年，实行春季招生，招收高一新生4个班237人。1974年，学校扩大规模，拥有16个教学班，800多学生，90名教职工。

1978年7月10日，取消学校“革委会”，恢复校长制，学校党、团组织先后重新整顿。1979年8月，学校贯彻三中全会精神，贯彻《把工作重心转移到提高教育质量上来》，及时成立教研组，提倡教师潜心钻研教学。初、高中学科进行全县统考。1980年9月，学校制订教职工考核制度和学校管理规章制度。10月，学校学习温州等地经验，筹办校办工厂，厂址设戏台湾校舍。1982年8月，学校教学大楼竣工。9月，恢复高中三年制。1983年，学校建造学生宿舍450平方米，扩建操场2000平方米。

1984年10月，恢复泰一中工会委员会。是年开始，增添教学仪器，开展电化教学。1986年，学校设立初、高中重点班和高考复习班，重抓升学率。提出“面向全体，全面衡量”的办学方针和“严教勤学”的教风。学校严抓中学生的纪律教育和法律知识教育，注重校园文化建设，设立校办工厂，增加学校收入，建立学生劳动实验基地。

1994年秋，学校面向全县招收部分优秀小学毕业生升入初中。7月，县教委决定中考学生由高中重点班优先选拔，打破泰顺中考学生先由中专优先挑选的惯例，保证高中学生的生源质量。同时，招收高师预科班1个班40人。1996年，设立“刘铭奖学金”。2000年9月，学校重新制订五年发展规划（2000—2005年），按发展需要停止初中招生，面向全县扩大高中招生。2002年，学校最后一届初中毕业生升学，之后不再招收初中班，成为面向全县招生的高级中学。

2003年1月6日，坐落在罗阳镇北外村上庄垟的泰一中新校工程奠基。是年，学校实行《泰一中结构工资方案》，教师按照学历、技术职称、职务、学科、工作量和工作成绩等指标实行多劳多得、优劳优酬的结构工资。2005年1月，学校被省教育厅确认为省二级重点中学。9月1日，泰一中新校正式投入使用，原校址置换给城关中学。是年，根据县委、县人民政府《新泰一中运行机制的实施意见》实施校长负责制、岗位目标责任制、教职工全员聘任制、工资总额动态包干制和结构工资制，不断扩大学校办学自主权。

2006年1月7日，学校举行新校乔迁典礼。是年，学校建立科技、劳技、文化艺术、体育等各种活动基地。2007年，学校提出“打造浙南山城名校”的办学方向。2008年11月，学校400米标准塑胶跑道和标准足球场竣工投入使用。2009年11月10日，泰顺县第一中学更名为泰顺中学。12月，泰顺中学举办80周年校庆活动。2010年12月，由92届校友捐资兴建的学校中心文化广场竣工。

2011年2月，按省一级重点中学标准建设的“广泰图书馆”落成。图书馆总造价400多万元，建筑面积 2700多平米，内设藏书室、采编室、借书室、师生阅览室、电子阅览室、视听阅览室以及学术报告厅。共有藏书8万多册，是县内规模最大、设备最先进、功能最齐全的图书馆。

2012年，泰顺中学占地132000.66平方米，总建筑面积达4.3万平方米，分教学区、生活区、运动区，布局合理，格调高雅。学校有36个教学班，在校生1800多人，在编教职工150多人。学校有全国优秀教师2人，省劳动模范、师德楷模、优秀教师8人，省特级教师1人，市级教坛新秀（中坚）10人、市级教学骨干10人、县级名师15人。

经过几代人不懈的努力，学校先后获得省文明单位、省现代教育技术实验学校、省依法治校示范校、省绿色学校、省教科研先进集体、省体育先进单位、市现代化学校、市文明学校、市花园式单位等荣誉，逐渐成长为一所具有一定知名度和美誉度的浙南山城名校。

泰顺中学历任校长（负责人）更迭表

表4-6-1

姓　名	性　别	职　务	任职时间	备　注
唐文森	男	所长	1929.9—1930.2	泰顺师范讲习所
赵天声	男	所长	1930.2—1931.8	
高宗龙	男	所长	1931.8—1933.7	
徐虎侯	男	所长	1933.7—1934.1	
何芸生	男	所长	1934.1—1934.7	

续表4-6-1

姓 名	性 别	职 务	任职时间	备 注
李文恺	男	校长	1938.9—1940.1	
朱匡时	男	副校长（县长兼）	1940.2—1942.1	
洪季川	男	校长	1942.2—1946.2	
罗 杰	男	校长	1946.2—1946.8	
高仲伦	男	校长	1946.8—1948.1	
凌九霄	男	校长	1948.2—1949.1	
林永中	男	校长	1950.3—1950.7	
何剑锋	男	校长	1950.7—1954.1	
刘日亮	男	校长	1954.1—1954.8	
郑中卿	男	校长	1954.8—1958.5	
张育青	男	校长	1958.5—1959.2	
卢立今	男	副校长（主持）	1958.9—1960.10	
李清堂	男	校长	1960.10—1963.2	
刘维宗	男	校长	1963.6—1966.4	
方章勇	男	校长	1966.4—1969.6	
李士干	男	主任	1969.8—1970.12	革命委员会
张宏春	男	主任	1970.12—1972.1	
陈维飞	男	主任	1972.1—1977.9	
周贤沐	男	副校长（主持）	1978.8—1984.8	
王挺高	男	校长	1984.7—1988.9	
张凤志	男	副校长（主持）	1988.9—1990.6	
包国兴	男	副校长（主持）	1990.6—1992.7	
张凤志	男	校长	1992.8—1993.7	
尤珍珍	女	副校长（主持）	1993.7—1994.8	
尤珍珍	女	校长	1994.8—1998.8	
夏邦忠	男	校长	1998.8—2004.2	
曾汝芝	男	校长	2004.2—2012.12（续）	

泰顺县第二中学

泰顺县第二中学，位于泗溪镇溪东底葛藤坪。1956年4月，泗溪小学创办初中班，校址临时设在泗溪小学西侧，正名为县第二初级中学，区委书记杨欣来兼任校长。1957年2月，择新校址于狮峰南麓溪东底，并将溪东娘娘宫、大陈翁宫及居士林划归学校作为校舍。国家三年困难时期，大多数学生因家庭贫困，迫于生计而纷纷弃学，全校学生锐减。1963年，学校从困顿中恢复过来，学生逐年增多。1965年初夏，为迎接全县第四届中小学运动会在校举行，全校师生一齐动手，搬小山，平操场。是年，全校有教职工18人，7个教学班，240多名学生。

1972年春，增设高中部，招收高中学生两个班120人。次年，学校重视整顿、提高，将高中学生调整为一个班。1974年春，首届高中学生48人毕业。中共十一届三中全会以后，学校在劫难中复兴，兴建校舍，扩大招收，教育教学质量明显提升。

1991—1997年，学校健全各种管理制度，完善硬件设施，进一步改善办学条件。1997—2001年，通过多种渠道提高教师队伍整体素质，大批青年教师脱颖而出，成为学校教学骨干。

2003—2005年，完成新教学楼的施工和校园整体绿化的规划等工作。2006年9月，新教学楼投入使用，12月学校举行50周年校庆。2008年8月学生食堂竣工。2009年年初，社会热心人士捐助兴建的校门竣工。2010年通过校友、上级拨款等方式筹集资金90多万元兴建了塑胶操场。2011年1月通过浙江省A级普通高（完）中评估验收。

2012年，泰二中占地面积16675平方米，建筑面积15536平方米，绿化面积2241平方米，拥有23个教学班（其中高中9个班，初中18个班），在校学生计1274人（其中高中400人，初中874人）。在职教职工136人，其中专任教师99人，高级职称8人，中级职称54人，具有中、高级职称教师占45.6%，教师学历合格率达100%。

学校先后荣获省A级完中、省标准化学校、市文明单位、市工会先进集体、市绿色学校、市首批教学四项规范达标学校、市文明学校、市教师教育先进集体、市教育装备先进集体、市毒品预防教育五星级学校、市一类信息化达标学校、市先进网络中心机房等40多项省、市、县荣誉称号。

泰顺县第二中学历任校长（负责人）更迭表

表4-6-2

姓 名	性 别	职 务	任职时间
吴克非	男	副校长	1956.10—1957.2
姜杰华	男	副校长	1957.2—1958.3
倪学缪	男	副校长	1958.3—1959.4
周贤沐	男	副校长	1959.5—1969.10
麻永海	男	学校革命委员会主任	1969.10—1972.8
赖霖和	男	革命委员会主任	1972.8—1977.8
周时疏	男	革命委员会第一副主任	1973.2—1976.2
郑欣华	男	副校长	1977.8—1980.8
林世如	男	副校长	1980.8—1982.8
吴开诚	男	副校长	1982.8—1985.8
翁信德	男	校长	1985.8—1991.3
陈正平	男	副校长	1990.8—1991.8
苏丁乃	男	校长	1991.9—1992.8
王长波	男	副校长	1991.9—1992.8
季永铎	男	校长	1992.8—1998.8
欧自黎	男	校长	1997.9—2001.8
包序威	男	校长	2001.9—2003.12
包伟东	男	校长	2004.1—2006.8
陈志新	男	校长	2006.9—2012.7
陈时杉	男	校长	2012.7—2012.12（续）

泰顺县第三中学

泰顺县第三中学位于三魁镇坝头垟。学校于1958年5月筹建，9月15日租用民房作教室，招收初中新生2个班，定名为三魁初级中学。1959年2月，学生搬入新建第一幢4个教室教学楼，教学负责人张整。10月，首任副校长李文龙主持校政。1960年2月，第二幢教学楼竣工投入使用。1961年1月，学校大会堂兼师生餐厅投入使用，一所农村初级中学初具规模。

1962年3月，仕阳初级中学并入三魁初级中学。当时正处国家三年困难时期，学生流生率高达46.6%，虽经教师多方动员，但收效甚微。学校划有12亩（8000.04平方米）土地作为学生劳动基地，师生种菜种粮，竭尽全力度过灾荒。

1964年，三魁初级中学改为半农半读三魁中学，在西旸西坑村设立分校，建校舍600平方米，划耕地29.2亩（19466.76平方米），山场426亩（284001.42平方米），茶叶油茶210亩（140000.70平方米），管理和培育松林272亩（181334.24平方米）。分校每年上交国库粮食2万斤（1万公斤）。

“文化大革命”期间，学校停课，农林场、加工厂、校舍被侵占毁坏。

1972年2月，半农半读三魁中学改名为三魁完全中学，首次招收二年制高中2个班。

1975年7月，初中过渡班与初二毕业班学生同时毕业升入高中。1977年春，招收初中新生4个班，高中新生3个班，全校学生数计713人。

1978年8月，学校更名为县第三中学（泰三中）。

1984年，泰四中高中部并入。

1985年9月，学校因地制宜，开设建筑专业职高班、陶瓷专业职高班、宾馆旅游专业职高班，为当地培养不少人才。

20世纪90年代，普及义务教育工作扎实进行，学校初中普及率年均达99%以上，教学质量稳步提升。学校拆除所有危房，新建男生宿舍楼、建泰楼，极大地改善了学校的办学条件，校园面貌焕然一新。

2000年，全校学生数达1677人，成为全县规模最大的完全中学。2000年12月，学校顺利通过市教育督导组的评估，成为县内第一所省一级（A级）普通高（完）中。2003年7月，学校150人参加高考，117人上线。

2004年8月，建筑面积达1924平方米学生食堂竣工投入使用。2006年，学校积极争取资金，为全校30多个教室装上了多媒体教学平台；同时建成3个科学实验室，图书增加到25000册，新增或更换一批教学、科学仪器设备，并达到省一类标准。2007年9月，1200平方米女生宿舍投入使用；12月，由新明集团公司捐资100万元兴建的塑胶操场、跑道、灯光篮球场投入使用。

2008年12月28日，学校隆重举行50周年校庆。向校友及社会各界发出校庆纪念册《春华秋实》，两千多名校友从各地回母校，为母校捐款一千多万元。

2010年6月，学校参加高考学生有109人上线（不包括艺术类）。

2012年12月，学校占地面积21943平方米，建筑面积9383平方米。全校有24个教学班（初中14个班，高中10个班），在校学生823人（初中学生512人，高中学生311人）。教职工136人，其中专任教师122人（本科及以上学历91人，专科学历14人；中学高级职称9人，中级职称33人）。

学校先后荣获省级保护母亲河生态监护站、市级文明学校、市中小学德育工作先进集体、市级先进团组织、市优秀中学生团校等称号。

泰顺县第三中学历任校长（负责人）更迭表

表4-6-3

姓名	性别	职务	任职时间
张　整	男	教学负责人	1958.10—1959.8
李文龙	男	副校长（主持）	1959.9—1969.9
徐际定	男	校长（区委书记兼）	1962.9—1965.9
毛　芬	男	副校长（主持）	1962.5—1963.2
沈树荣	男	校生产领导组长（主持）	1967.5—1969.9
毛维樵	男	校革委会副主任（主持）	1969—1977.8
夏盛益	男	副校长（主持）	1977.8—1979.8
蔡赐文	男	副校长（主持）	1979.8—1982.8
林志垠	男	副校长（主持）	1982.8—1984,07
张凤志	男	副校长（主持）	1984.8—1986.7
郑锦镛	男	校长	1986.7—1988.8
包必久	男	校长	1988.8—1990.8
苏丁乃	男	校长	1990.7—1991.8
陈正平	男	副校长（主持）	1991.8—1993.8
胡昌迎	男	校长	1993.7—1996.7
林成亩	男	校长	1996.8—1999.2
薛仕跑	男	副校长（主持）	1999.2—2001.8
陶一砖	男	校长	2001.8—2004.8
陈立蔚	男	校长	2004.8—2008.7
赖志国	男	校长	2008.7—2012.7
林一叶	男	校长	2012.7—2012.12（续）

泰顺县第四中学

1958年8月，泰顺县第四中学创办，附设仕阳区中心小学内，招收新生2个班，110人。10月，搬迁至早阳下祠堂，学制3年，校长毛芬，教师6人。县文教局拨款择溪东村石人尖半山腰新建砖木结构4个教室，1959年2月搬入新校舍上课。教师宿舍和厨房租用溪东岭仔头民房。1959年春，在早阳修建六个教室，下半年，学校重迁早阳。9月，招收初一新生2个班120人。

1960年9月，招收新生2个班110人，全校有6个教学班，在校生300余人。1961年，泰顺遭受自然灾害，粮食紧缺，学生锐减。1962年3月，贯彻“调整、巩固、充实、提高”八字方针，仕阳中学并入三魁中学，部分教师和少数学生随校转入三魁中学。

1970年春，响应毛主席“把学校办到贫下中农家门口”的号召，在早阳旧址复办仕阳中学，招新生2个班120人，学制二年，实行贫下中农管理学校。1972年春，增设高中部，招收高中新生2个班80人，学制二年。1973年，县文教局拨款在石人尖半山腰新建教学楼一幢，6个教室，高中部学生搬入新校舍。

1978年8月，学校改名为县第四中学（泰四中），恢复校长制，改初中为三年制，全校11个教学班。1981年9月停止高中招生。1982年7月最后一届高中生毕业，高中部撤销。

1988年10月19日，经县教委批准，成立县仕阳职业技术学校（简称仕阳职校），实行两块牌子，一套班子的管理机制。1989年，仕阳职校开办石雕班、家电维修班、服装裁缝班。9月，县教委接管仕阳职校下属的敦煌雕刻工艺厂，并报县计经委批准领取了营业执照。省教委拨款40万元扶持。1991

年秋，招收石雕专业新生2个班60人。

1992年秋，学校开办美术专业班。1996年，美术专业班停止招生。

1995年9月，学校朝阳教学楼竣工，1998年12月，实验楼竣工。2000年3月，征地2666.68平方米，扩大操场。2000年9月，学校全部搬迁至早阳。仕阳中学由石人尖半山腰到早阳往返搬迁，先后达6次。2008年9月，投入资金275万元，完成占地面积1089平方米的女生宿舍楼建设。2009年9月，投入资金35万元，完成学校校门和传达室改建。学校拥有计算机、美术、音乐、实验、多媒体等专用教室，建有体育活动室、篮球场、田径场、学生活动区。同时，建立了校园网。学校教学仪器、电化教学设备均达省定标准；音、体、美、劳、卫、图书器材配备达到省定配备目录标准；教育教学设施达到浙江省义务教育标准化学校标准。

2012年10月，投入资金85万元，完成面积6500平方米塑胶操场建设。12月，泰四中占地面积65360平方米，建筑面积10213平方米，15个教学班，学生504人。教职工55人，其中专任教师49人，具有中、高级职称28人，本科及以上学历教师44人，大专学历5人。

学校先后被评为省义务教育标准化学校、市示范初中、市文明学校、市农村寄宿制学校、市毒品预防教育示范校、市教学规范达标学校、市最佳中学生团校等。

泰顺县第四中学历任校长（负责人）更迭表

表4-6-4

姓　名	性　别	职　务	任职时间
毛　芬	男	校长	1958—1962
陈发灵	男	革委会副主任	1970
林新喜	男	革委会副主任	1971
陈发灵	男	革委会第一副主任	1972.1—1973.1
潘增炎	男	革委会第一副主任	1973.1—1976
季邦齐	男	革委会第一副主任	1977.5—1978.7
季邦齐	男	支部副书记、副校长	1978.8—1979.8
季邦齐	男	校长、党支部副书记	1979.8—1980.8
吴永超	男	校长	1980.9—1983.8
毛方乔	男	副校长（主持）	1983.9—1984.8
毛方乔	男	校长	1984.9—1988.8
胡昌迎	男	校长	1988.9—1993.8
苏丁乃	男	校长	1993.9—1994.8
毛方乔	男	校长	1994.9—1997.8
钟金芳	男	副校长（主持）	1997.9—1998.8
钟金芳	男	校长	1998.9—2000.8
胡荣木	男	副校长（主持）	2000.9—2001.8
胡荣木	男	校长	2001.9—2003.8
吴宇明	男	校长	2003.9—2005.8
赖志国	男	副校长（主持）	2005.9—2006.8
赖志国	男	校长	2006.9—2008.7
林一叶	男	校长	2008.9—2012.7
蔡朱峰	男	校长	2012.9—2012.12（续）

泰顺县第五中学

县第五中学原名莒江初级中学，创办于1958年9月，校址设莒江上村原县委机关旧址。百丈区委书记藤跃斌兼任校长，教师5人。首届招生3个班150人，学制3年。

1959年，县文教局拨款购买夏氏“格梨祠堂”，拆建成二层砖木结构教学楼1幢4个教室。1961年起，县文教局陆续拨款向当地群众购买民房，修建2层砖木结构教学楼、学生宿舍和单层大礼堂兼厨房各1幢。

1962年，遭受自然灾害，贯彻“调整、巩固、充实、提高”的办学方针，调整学校布局，筱村初级中学并入莒江中学。全校拥有8个教学班，学生480人，教职工23人。

1966年，“文化大革命”开始，全校师生分成两派，陆续外出串联，学校行政领导和党、团组织陷于瘫痪，学校一度停课。1969年，学校复课“闹革命”，主要是学习毛泽东著作和有关文化大革命文件，到校学生寥寥无几。学生来去自由，处于无组织无纪律状态。

1970年开始，学制由3年改为2年，实行春季招生。筱村中学搬回旧址独立办学，自行招生。莒江中学招收初一新生两个班110人。是年秋，学校两派组织大联合，成立学校革命委员会。学校工作渐趋稳定。

1972年春，学校增设高中部，学制2年，采用推荐和选拔相结合方法招收高中一年级新生3个班165人。

1974年，“批林批孔”运动开始，领导班子思想不统一，学校工作放松，学生纪律松懈，秩序混乱，教学质量严重下降。

1978年，学校更名为县第五中学（泰五中），学校实行校长负责制。学校加强师生的思想政治教育与教学工作，建立各种规章制度，抓教学教育管理，教师精神振奋，执教认真；学生思想活跃。学校面貌起了根本的变化，学生数急剧增加，全校有初中5个班，学生265人，高中4个班，学生245人。

1983年秋，最后一届高中生毕业，高中部撤销。

1990年8月20日，莒江遭受百年罕见的洪灾。学校4间教师宿舍被冲毁。11月，县教委转赠巴西华侨南怀瑾捐助的2.8万元，扩建教师宿舍156平方米。全校理化、生物仪器价值2万元，图书3000册，12匹马力柴油机和8千瓦发电机各1台。

1993年，全校共有8个班级，在校生337人，教师35人。学校占地面积3066.68平方米，建筑面积4007平方米。

1999年8月，珊溪水库建成蓄水，学校停办。

泰顺县第五中学历任校长（负责人）更迭表

表4-6-5

姓　名	性　别	职　务	任职时间	备　注
金盛康	男	校长	1958—1962	
陈发灵	男	校长	1963—1964	
李君清	男	副校长	1965—1967	
张仙波	男	校长	1968—1970	
陈明理	男	校长	1971—1982	
钱克谛	男	校长	1983—1984	

续表4-6-5

姓　名	性　别	职　务	任职时间	备　注
翁　迪	男	校长	1985—1987	
夏克坚	男	校长	1988—1989	
费增亮	男	校长	1990—1997	
吴　敏	男	校长	1998—2000.01	1999年秋学校停办

泰顺县第六中学

1958年秋，筱村区借大翁宫筹办筱村初级中学，招辖区6乡新生2个班。1959年，址择长垟橹尾，建6间土木结构教室，4个教学班，学生180多人。负责人陶文辽。1959—1961年三年困难时期，荒祸交加，学生不得温饱，纷纷辍学，学生骤减。1961年停止招生。1962年4月，并入莒江中学。

1970年，响应中共中央主席毛泽东“把学校办在贫下中农家门口”的号召，停办8年之久的筱村初级中学复办，更名为筱村公社中学，以筱村区中心小学两层砖木结构10个教室教学楼为舍，招收初一新生2个班70人。是年冬，新建砖混结构两层24间教师宿舍。1972年春，学校招收高中一年级新生2个班110人，易名为筱村区中学。

1978年，易名为泰顺县第六中学（泰六中）。

1980年秋，县文教局决定，撤销葛垟初中班并入泰六中；初二实行改制，翁山、新山和泰六中初二学生统考选拔初三学生3个班。全校计有初、高中共13个班，学生700多人，教职工28人。1983年9月，撤销高中部。1984年9月，增设职业高中一个林业班。

1994年，取消初二改制考试，初二学生全部升上初三。1995年，实施初中阶段义务教育，学校增到18个班，学生数增至950多人。是年，省教育厅下达扶贫建校资金71万元；学校举办“六中校友暨同乡会”，筹资90余万元。利用两项资金建成2300多平方米的教学大楼、学生宿舍楼及教学配套设施。77届初中毕业生捐资兴建学校大门。1997年10月，学校通过省义务教育“两基”评估验收。

2003年秋，征地7733.37平方米，建第二操场。投入170万元资金建成综合楼、多功能教室，办学条件得到改善。2004年4月，校友捐资装备多功能教室、物理生化实验室、校园广播网等。

2007年，泰六中入选市139所薄弱学校改造项目之一，筹资近200万元兴建风雨操场，建成200米标准塑胶操场，绿化校园，续建宿舍楼，添置教学设施。学校实验室按市中小学I类标准配备。

2008年8月，2200平方米男生宿舍楼竣工并投入使用。

2010年8月，为实施全国中小学校舍安全改造工程，投入80余万元进行校舍加固维修。

2012年12月，学校占地面积18667平方米，建筑面积7111平方米，全校12个教学班，学生445人，教职工44人，其中专任教师39人，本科学历34人，大专学历5人；中学高级职称5人，中学一级职称10人。

学校先后被评为市农村寄宿制达标学校、市绿色学校、市示范学校、省标准化建设学校等。

泰顺县第六中学历任校长（负责人）更迭表

表4-6-6

姓　名	性　别	职　务	任职时间
陶文辽	男	负责人（主持） 副校长（主持）	1958.9—1962.6 1971.2—1977.8
周福山	男	革命委员会主任	1972.11—1976.5
翁学文	男	副校长（主持）	1977.9—1979.8
夏盛益	男	副校长兼党支部副书记	1979.9—1984.8
林兆祥	男	校长	1984.9—1986.8
夏盛益	男	校长兼党支部书记	1986.9—1988.8
吴学范	男	校长兼党支部书记	1988.9—1991.8
翁　迪	男	校长	1991.9—1992.8
翁学进	男	副校长（主持）	1992.9—1993.8
王长波	男	副校长（主持）	1993.9—1994.8
翁学进	男	副校长（主持）	1994.9—2000.8
翁永电	男	校长兼党支部书记	2000.9—2003.11
夏兆平	男	校长兼党支部书记	2003.11—2006.8
邱宗水	男	校长兼党支部书记	2006.9—2011.8
陈先盛	男	校长兼党支部书记	2011.9—2012.12（续）

泰顺县第七中学

泰顺县第七中学坐落于雅阳镇氡泉路108号。

1958年9月，雅阳镇中心小学附设初中1个班，学生45人，专任教师2人。1959年7月，办学经费匮乏，初中并入泰二中。1960年9月，招收小学毕业生120人，开设初中2个班，专任教师3人。1961年9月，再次并入泰二中。初中班停办八年，1970年春，响应中共中央主席毛泽东“把学校办到贫下中农家门口”的号召，改雅阳镇中心小学为雅阳“五七”学校，招收初中新生2个班，学制二年。

1976年秋，雅阳“五七”学校，改为九年制雅阳学校，招收高中一年级新生一个班。1978年，中共十一届三中全会召开，拨乱反正，教育步入正常轨道。中学专任教师25人，其中公办16人，70%是老中年教师。学校充分发挥经验丰富的老教师的教学专长，教学质量逐步提高。1979年7月，二年制应届高中毕业生高考成绩显著，轰动全县。是年，独立创办雅阳中学，学校兴建教室、厨房、厕所、宿舍等设施。师生开辟操场，购置教学仪器、图书、资料以及电教设备。学校被评为市级先进学校。

1980年春，中小学重新合并。是年秋，高中部撤销，并入泰二中，初中部独立办学，名为雅阳初级中学，6个教学班。1981年，雅阳初级中学“仪器及电教设备”按省初级中学一类标准配备，确定为省电教试点校之一。

1983—1987年，制定“严、导、爱、勤、钻、恒、精、实、美”九字工作方针，从整顿考风入手，狠抓学风教风建设，严管勤教，学生勤学苦练，学校大面积提高教学质量。1988年8月，学校更名为雅阳中学。

1993年11月，学校更名为县第七中学（泰七中），是一所全日制农村完全中学。是年，筹措20万元资金建起第一幢学生宿舍。1994年9月，雅阳镇人民政府发动雅阳埠下村、和平村、大厝底村、中村捐资助学兴建4个教室，4个村率先实现初中义务教育。2000年9月开始创办普通高中，招收高一新生1个班50人。2001年9月招收高一新生2个班100人。后经上级教育部门批准高中每年招收新生4个班200人。高中三个年级12个教学班，学生600人。2002年中考上重点高中38人。

2003—2009年，共投入资金660多万元兴建综合楼、理化实验室、阅览室与图书馆、学生食堂等设施。2010年，县人民政府实行“高中进城，初中进镇”政策，高中规模逐渐缩小，高中保留6个教学班，初中24个教学班。

2012年12月，学校占地面积46666.90平方米，建筑面积11385平方米，包括主教学楼、综合楼、学生食堂、学生宿舍楼、教师宿舍楼等，布置了校园网。学校有24个教学班，在校学生1048人（其中初中学生18个班级，752人，高中6个教学班学生296人），教职工93人，专任教师79人，其中研究生学历1人，本科学历68人，高级职称4人，中级职称24人，市教坛中坚1人，市级骨干教师1人，县级骨干教师3人。

学校先后被评为市校本教研示范学校、市禁毒教育五星级学校、市2008—2009年普通高中会考工作先进集体、市绿色学校、市家长学校、第一批农村初中教学规范达标学校、市中小学教育信息化建设I类达标学校、市中小学标准化实验室达标学校等。

泰顺县第七中学历任校长更迭表

表4-6-7

姓　名	性　别	职　务	任职时间
季家财	男	负责人	不详
刘志源	男	校长	1973—1977.1
卓　泰	男	校长	1977.2—1977.8
王日挺	男	校长	1977.9—1979.8
林世如	男	校长	1979.8—1980.7
王益贤	男	校长	1980.8—1982.8
陶文辽	男	校长	1982.8—1985.7
周长如	男	校长	1985.8—1988.7
毛叶华	男	校长	1988.8—1990.7
季永铎	男	校长	1990.8—1992.7
林志情	男	校长	1992.8—1993.7
何宇罗	男	校长	1993.8—1996.7
何克典	男	校长	1996.8—2000.7
徐永月	男	校长	2000.8—2004.7
王世美	男	校长	2004.8—2008.6
李美乾	男	校长	2008.7—2012.6
施正同	男	校长	2012.7—2012.12（续）

泰顺县第八中学

泰顺县第八中学坐落于彭溪镇内洋村，其前身为1958年10月创办的彭溪农业中学。1961年9月，农业中学并入彭溪镇中心小学，两块牌子，一套班子。1969年，彭溪镇小改为彭溪人民公社“五七”学校，附设初中班，学制二年。1983年，经县人民政府批准，拨款17万元，择址彭溪内垟村白马宫下，新建彭溪初级中学，承担彭溪镇、月湖乡、峰文乡初中教育。

1991年9月，学校发动社会捐资，筹建办公楼。1993年6月，总投资34.5万元的办公楼建成。学校改名为县第八中学（泰八中）。

1997年，学校通过县级普及九年义务教育验收。1999年9月，学校获省执行《国家体育锻炼标准实行办法》先进单位、市“百千万”教育结对扶贫先进集体及县级先进实验室称号。2001年，学校通过浙江省普及实验教学验收。

2003年10月，学校继续征地筹建新的宿舍楼、学校大门和学校防洪堤等工程，翌年，工程相继竣工，投入使用。

2008年，学校全面实施“新农村、新校园”建设，学校两幢教工宿舍楼及办公楼进行维修，改造了师生厕所，建造教工浴室和师生洗衣房，添置图书室、阅览室、体育室、音乐室、保健房等设施，添置小媒体和计算机。

2009年，总投入127.04万元的学生食堂建设工程竣工。学校设施教学设备基本完善，学校面貌焕然一新。

2010年，由当地知名人士和人民政府财政补助建成塑胶操场。2012年，建成校园广播系统、校园网络系统，安装报警器和监控系统。

2012年，泰八中占地面积22052平方米，建筑面积5746.7平方米。全校9个教学班，学生294人，教职工48人。

学校先后被评为市中小学教育信息化建设二类达标学校、市示范初中、市绿色学校、市四项常规达标学校、市农村寄宿制学校、市示范家长学校、市学生行为规范达标学校、市标准化学校。

泰顺县第八中学历任校长（负责人）更迭表

表4-6-8

姓 名	性 别	职 务	任职时间
林秉蝉	男	校长	1958.9—1959.8
张良涨	男	校长	1959.9—1961.4
林秉蝉	男	校长	1961.5—1977.8
张忠存	男	校长	1977.9—1984.8
李勉胜	男	校长	1984.8—1987.7
倪学善	男	副校长（主持）	1987.8—1988.7
倪学善	男	校长	1988.8—1991.7
毛方乔	男	校长	1991.8—1994.7
周祖雄	男	校长	1994.8—1997.7
周汝斌	男	校长	1997.8—1999.7
江朝晖	男	副校长（主持）	1999.8—2000.7
江朝晖	男	校长	2000.8—2004.7
林正靠	男	副校长（主持）	2004.8—2005.7
林正靠	男	校长	2005.8—2009.7
唐文标	男	副校长（主持）	2009.7—2011.7
唐文标	男	校长	2011.8—2012.12（续）

城关中学

1982年，经县人民政府批准，泰顺县城关中学开始筹建，选址城北镇中路15号，规模30个教学班，定名为县城关中学，隶属罗阳镇人民政府。1984年9月，城关中学建成，建筑面积计3200平方米，招收初一新生8个班400人，教职员工35人。

1988年，学校团队工作、学生社团组织等得到很好发展。1993年，团校被团市委命名为“最佳学生团校”；1994年，学校团委被团省委命名为先进集体；1996年，学校团委被团县委指定为实施“曙光计划”试点单位；1999年城关中学少先队被省少工委命名为“雏鹰大队”。社团组织先后成立了集邮协会、书法协会、“晨钟”文学社、《泰顺报》和《温州晚报》学生记者站等。

1992年，学校新建实验楼、行政楼、学生宿舍楼，改造校园道路、体育运动场，更新实验室、图书室，改建学生食堂，学校硬件设施逐步完善。1994年，学校加大对教师教科研的投入力度，教师的教科研热情高涨。1995年和1996年学校连续被评为温州市“教科研工作先进集体”。

1997年，学校普及九年义务教育，“四率”均达到98%及以上。1998年普及了“实验教学”。是年，通过县中小学生行为规范达标验收，成为县内首批行规达标学校。1999年，学校成立少年艺术学校，将艺术教育作为办学特色，被定为浙江师范大学文化艺术学校“初级艺术人才培训基地”。

2000年，学校开始心理健康教育模式的研究，经过多年的探索实践，初步建立起心理健康教育体系，逐渐探索出校园心理活动开展的有效途径，逐步形成独具特色的心理辅导模式，并建成由“心灵天空”“阳光工作室”“温馨小屋”“快乐活动室”等组成的“心理健康教育辅导中心”。2007年被命名为市二级心理辅导中心（站），2009年复评后升格为市一级心理辅导中心（站），成为县内级别最高的学校心理辅导机构。

2001年，学校对现代教育技术装备进行全面的配置和更新，并致力于推广和应用。2002年被命名为市现代教育技术推广与应用先进集体。

2005年8月，县人民政府为盘活县城教育资源，城关中学搬迁到罗阳镇西大街240号（原泰一中旧舍）。学校征地5.33公顷，扩建新田径运动场、高中教学楼、教师宿舍楼等基础设施；改造了物理、化学、生物、通用技术教学实验室，图书馆、体育器材室等；添置近200万元的实验器材和图书，办学条件达到省一类学校的标准。学校承担县城（大部分）、岭北、碑排、仙稔等乡镇的初中义务教育任务。

2011年，学校被评为市德育特色学校。2012年，学校工会被评为市先进职工之家。

2012年，学校共有55个教学班（其中初中27个教学班、高中28个教学班），教职员工231人（初中专任教师113人，高中专任教师118人），学生2700多人。学校有中学高级教师71人，中学一级教师84人。

城关中学历任校长更迭表

表4-6-9

姓　名	性　别	职　务	任职时间
郑朝训	男	校长	1984.8—1985.7
夏盛环	男	校长	1985.8—1988.1
陈宪鹤	男	校长	1988.2—1993.7

续表4-6-9

姓 名	性 别	职 务	任职时间
吴立辉	男	校长	1993.8—2008.7
陈立蔚	男	校长	2008.8—2012.12（续）

罗阳二中

罗阳二中坐落在罗阳镇城南南垟寨山脚，地理位置优越，环境优美。

1995年9月29日，兴建动员大会在县总工会召开，与会的单位部门、社会各界人士纷纷慷慨解囊，共捐助资金48万元。1996年9月，西楼教学楼建成投入使用，罗阳二中正式开学，隶属罗阳镇人民政府。首届招收初中一年级新生8个班438人，县教委副主任夏邦忠兼任校长。12月27日，温州大酒店总董事长倪铁城伉俪捐资50万元，兴建远程教学楼（东楼）、行政楼。

1997年9月，“远程教学楼”落成，罗阳二中初具规模，招收16个班级。2001年，建造学校围墙、校门与传达室。学校增设外语、数学、自然、科学实验班，每班学生数50人。2002年11月，市公园管理处和黄家旺捐建的第一期绿化工程完工。2003年，温州文泰笔业有限公司董事长陈明光伉俪捐助30万元兴建的文泰综合楼竣工。

2003年秋，浙江省进行新课程改革，县第一届新课程实验在罗阳二中七年级段率先实施。2004年12月，按照县教育局的部署，学校定为教育系统实施中层干部竞争上岗的试点单位。2008年9月，香港温州同乡会会长蔡俊远捐助120万兴建的“俊远教学楼”投入使用。2009年，蔡俊远再次捐资30万元设立“俊远助学基金”，累计资助学校贫困学生220人。

1999年秋，罗阳二中附设少年儿童体育运动学校。2000年5月，首次组队参加全市中小学田径运动分龄赛获得4个单项冠军，2个全能冠军。2001年8月，郑俊来获得全国象棋锦标赛男子乙组冠军。是年，成立少艺班，参加第六、七届全国“金球杯”少儿书法、美术、摄影大赛，获得三项金奖。2011年8月，董佳琪全国少年跆拳道锦标赛又获得冠军。

2012年，学校占地面积40002平方米，建筑面积12252平方米，绿化面积6800平方米，全校三个年段共36个班级，在校学生1597人。教职员工138人，其中，专任教师108人，高级职称44人，占40.7%，中级职称57人，占52.8%；学历合格率 100%，本科学历106人，占98.1%。

学校先后被评为市义务教育办学水平一级学校、省现代教育技术实验学校、市现代化学校、市电化教育工作先进单位、市信息化Ⅰ类学校、市教育科研先进集体、市教学评价实验学校、市校本教研师范学校、省农村中小学教师素质提升工程校本培训先进经验展示学校等。

罗阳二中历任校长更迭表

表4-6-10

姓 名	性 别	职 务	任职时间
夏帮忠	男	校长	1995.9—1997.8
何宇罗	男	校长	1997.9—2001.8
欧自黎	男	校长	2001.9—2004.8
吴国忠	男	校长	2004.9—2005.8
钟金芳	男	校长	2005.9—2012.8
邱宗水	男	校长	2012.9—2012.12（续）

西旸中学

西旸中学坐落于三魁镇西旸社区西旸中学路39号，创办于1994年。学校现占地面积38924平方米，其中校本部面积14800平方米。校园拥有4000平方米的塑胶操场，200米的环形跑道，1幢教学楼，2幢学生公寓，1幢学生餐厅，总建筑面积达5240平方米。

1993年，为完成各地方普及义务教育工作，人民政府发动群众集资筹建校舍，利用门楼坳村闲置的集体土地（茶园），投入67万元兴建1幢教学楼，教学楼于第二年上半年完工。1994年，学校投入53万元兴建1幢师生宿舍楼，年底竣工。学校利用课余和周末时间，组织师生用锄头、手推车等工具无偿劳动，经过开山、凿石、挖土、填坑等方式，建造操场。1998年学生人数首次超过500人，学校教育教学水平稳步提升。

2005年，学校投入25多万元兴建学校大门、围墙、厕所，次年又继续投入108万元兴建1幢宿舍楼，学校规模进一步扩大。2009年由于创建“教育强县”需要，县人民政府投入近200多万元进行地面硬化、校园绿化，外墙美化；学校配备了电脑房、小媒体，完善了仪器室、图书室、体育室、美术室等设施。

2012年，随着撤乡并镇，区域调整，且西旸多数居民在外经商，在西旸中学就读的学生生源数量急剧减少,特别是优秀学生大部分外流，西旸中学办学面临着巨大的挑战，发展陷入困难。县委、县人民政府、县教育局因地制宜，投入资金800万元，建立县中小学综合实践基地。

2012年，学校有6个教学班，学生121人，教职工24人，其中专职教师18人，高级教师4人。学校以“砺志、勤学、团结、进取”为校训。坚持“管理育人、教书育人、服务育人、环境育人”的育人理念。以“质量求生存，以管理谋发展”为办学思路。

学校先后获得县级文明学校、县级文明单位、县级先进党组织、市绿色学校、市教育装备先进集体，市农村寄宿制学校等荣誉。

西旸中学历任校长更迭表

表4-6-11

姓　名	性　别	职　务	任职时间
陶家享	男	校长	1994.8—1999.7
陶一砖	男	校长	1999.8—2001.7
林　伟	男	校长	2001.8—2003.7
蔡朱峰	男	校长	2003.8—2008.7
卓可龙	男	校长	2008.8—2012.7
陈　滨	男	校长	2012.8—2012.12（续）

新浦中学

新浦中学坐落在筱村镇新浦库村，占地面积12450平方米。校园拥有近4000平方米的运动场地、180米的环形跑道、4幢教学楼，总建筑面积达3984平方米。

学校创办于1995年，当时全校只有一座教学楼。后来得到企业的大力资助，兴保教学楼、育英楼、温华教工楼相继竣工并投入使用。拥有信息通畅的校园网，设施完备的计算机房、图书室、实验室、美术室、音乐室等功能房。每个教室都配有小媒体，有较先进的教育教学设施。

2012年，学校有4个教学班，学生117人，教职工20人，其中专职教师18人。中学一级以上教师9人，所有专任教师均取得相应的教师资格。

学校曾先后被评为县中小学生日常行为规范达标学校、县文明单位、县先进职工之家、县党风廉政建设先进单位、市业余体育训练先进集体、市示范家长学校等称号。

新浦中学历任校长更迭表

表4-6-12

姓 名	性 别	职 务	任职时间
夏克永	男	校长	1995.9—2001.8
洪志敬	男	校长	2001.9—2004.8
邱宗水	男	校长	2004.9—2006.8
陈先盛	男	校长	2006.9—2011.8
费增多	男	校长	2011.9—2012.12（续）

玉西中学

玉西中学坐落于原九峰乡西地村。学校占地面积8000平方米，校舍面积4630平方米，体育场地400平方米，绿化面积1600平方米。

1988年秋季，乡贤带动村民筹资，择西地秀垟底为新校址，征地6600平方米建校舍，创建“玉西附中”。是年，新招生84人，教职工8人。1990年，玉西附中已建成教学楼、宿舍楼、厨房、厕所等，总建筑面积1661平方米。初一、初二共4个教学班，学生158人，教职员工10人。1995年9月，玉西附中正式独立，改名为玉西中学，学制三年，学校肩负九峰、横坑两乡初中教育任务。是年，在校学生364人，教职员工25人。1996年，筹资70余万元，扩建四层教学楼1幢，建筑面积958平方米。并建成了校门。1997年，又投资70万元，新建600平方米的学生校舍楼1幢，解决300多名学生的住宿问题。同时，新建传达室50平方米。

2002年是玉西中学教育事业发展鼎盛时期，办学规模达到12个教学班，学生660人。学校再次筹资修葺学生食堂188平方米、厕所96平方米，砌围墙114平方米，校容校貌得到了改观。

2005年后，学生数逐年减少。

2009年，学校建筑和校园绿化面积均达到最大，有200米环形跑道，4个篮球场，1个排球场；教育装备三类达标；图书室、物理化学生物实验室、仪器室、音乐美术室、劳技室、卫生室、语言室、体育器材室、调频广播室、多媒体教室、计算机房等齐全，达到省教育强县验收标准。

2011年，学校撤销，并入泰二中。

玉西中学历任校长更迭表

表4-6-13

姓 名	性 别	职 务	任职时间	备 注
陈绍锐	男	校长	1988.8—1990.7	玉西附中
张庆佃	男	校长	1990.8—1992.7	
吴有如	男	校长	1992.8—1993.7	
周祖雄	男	校长	1993.8—1994.7	

续表4-6-13

姓　名	性　别	职　务	任职时间	备　注
林梅高	男	校长	1994.8—1995.7	玉西附中
林万海	男	校长	1995.8—1997.7	玉西中学（2011年学校并入泰二中）
包序威	男	校长	1997.8—1999.7	
包伟东	男	校长	1999.8—2001.7	
施正同	男	校长	2001.8—2004.7	
董洪励	男	校长	2004.8—2005.7	
卓可龙	男	校长	2005.8—2008.7	
林云毅	男	校长	2008.8—2010.7	
徐有灵	男	校长	2010.8—2011.7	

第五章　师范教育与卫技教育

第一节　师范教育

一、发展概况

民国18年（1929）春，仕阳溪东林念侃杭州师范毕业后返梓，借用民房，创办国语教员讲习所，并亲自执教。3个月后，学员结业，被介绍到仕阳各村小学任教。是年秋，县立师范讲习所创办。因当年遭受百年罕见的旱灾，开办不久便停办。民国19年（1930），县立师范讲习所复办。民国23年7月，因经费断源，再次停办。

民国30年（1941）2月，奉省教育厅令，改县初中生战时补习中学为泰顺县简易师范学校，进行正规的全日制中等师范教育。

民国34年（1945），奉省教育厅令，县简易师范学校易名为县师范学校。1949年1月，县城面临解放，时局动乱，经费断源，学校停办。

1958年秋，创办县初级师范学校。

1959年下半年，县初级师范学校改名为县师范学校。

1962年3月，县师范学校与泰一中合并。11月，县师范学校撤销。

1970年11月，县工农兵学校开办“红师班”，招收具有高中毕业程度的社会知识青年和代课教师100人，开设文、理两科，经过3个月的培训后，分派到公社“五七”学校任教。

1979年10月，泰一中设立瑞安师范学校泰顺教学点（普师班），招生学员17名，学制三年，教学任务由泰一中教师兼任。

1994年9月，教师进修学校开设瑞安师范学校泰顺教学点，承办“中师青教班”31位青年代课教师参加学习。毕业后颁发中师毕业文凭，分配原单位任教。是年，经省教委批准，在泰一中附设高师预科班，招收中考成绩优良学生40人，经预科班三年学习后，经高考进入高师。未考上高师的学生再经平阳师范学校专业进修1年后分配小学任教。

二、领导与管理

民国18年（1929），仕阳林念侃创办国语教员讲习所，创办人自行管理。办学经费由创办人出资。是年秋，县立师范讲习所由县长唐天森兼任校长，高仲伦主持校政，胡维基负责教务工作。民国19年，唐天森调离，新任县长赵天声接任校长。民国23年7月停办。

民国30年（1941），县简易师范学校由县国民政府负责管理，县长朱筐时兼任校长。民国31年，朱筐时离任，接任县长洪季川任校长。民国33年，聘请曾留学日本的叶木峰为教务主任监管校政。民国34年，副校长高仲伦主持县师范学校校政，高世进为教务组长。

1958年秋，县初级师范学校创办，由县委直接管理，潘增炎任学校教学负责人。1960年10月，县委任命县委副书记杨有志兼任校长，倪学谬任学校党支部书记兼副校长，周时疏任副校长兼教导主任。

三、任务与招生

仕阳溪东国语教员讲习所招收相当于高小毕业的社会青年和在职小学教师20余人，进行国语注音训练。县立师范讲习所的目的是培养县内合格的小学教师，首届招收高小毕业生33人。第二届招收24人，第三届招收13人，为泰顺培养出70名教育教学骨干。民国31年（1942）春，县立简易师范学校招收新生一个班14人，秋季招收新生16人。民国33年秋，除招收本县学生外，还有福鼎、平阳、景宁、寿宁、文成等邻县学生前来就读，在校学生7个班150人，民国34年春，招收新生一个班40人，秋季新招38人，共培养学生388人（毕业318人，肄业70人）。

1958年秋创办的县初级师范学校，主要培养本县小学教师和幼儿园教师，首届招收初师2个班120人和幼师一个班62人，1959年上半年招收初师3个班146人，下半年招收普师2个班110人。

1970年，县工农兵学校开办的“红师班”专门培训公社中心校附设初中班的教师。招收相当于高中文化程度、身体健康，出身贫下中农家庭以及有二年以上劳动锻炼的知识青年和民办代课教师100人。

四、学制与课程

县立师范讲习所采用省编通用师范教材，学制三年。民国21年（1932）秋招收的第三届新生，因办学经费困难，学制改为二年。县立简易师范首期（1941年）招收的学生，学制四年，按省编师范教材开设课程。翌年春，因抗日战争期间交通阻塞，无法购买到教学用书，学校自行刻印讲义作为教材，缺少油墨，则用锅底烟和入茶油代用。民国34年，奉省教育厅令，县立简易师范改四年制为三年制。

1958年秋，县初级师范学校初师学制为二年，幼师学制为一年，开设省编初级师范学校课程。1959年下半年，县初级师范学校改为县师范学校后，采用省编普通师范教材，学制三年。

附录七：师范教育机构选介

泰顺县立师范讲习所

民国18年（1929），社会各界呈请县国民政府要求创办泰顺中等教育。县长唐天森借用圣人庙（县粮食局旧址）为校舍，创办县师范讲习所，并向社会募捐及征收田粮附加税解决办学经费。首届招收高小毕业生33人，学生全部住校，不收学费，生活费用自理。不久，因泗溪白粉墙村木偶艺人曾官遇组织“青帮会”起义，县当局无暇顾及教育，讲习所停办。

民国19年（1930），“暴动”平息，学校复办。民国23年7月，因经费断源难以为继而被迫停办。师范讲习所历时6年，由于教师、学校领导治学有方，为县内培养出70名山区教师，深受群众好评，也得到省教育厅嘉奖。

泰顺县立简易师范学校

民国30年（1941）2月，县初中生战时补习中学改为县立简易师范学校。县长朱筐时兼任校长，址设罗阳书院（机关幼儿园址）。

民国33年（1944），朱筐时离任，接任县长洪季川任校长，聘请曾留学日本的叶木峰为教务主任兼管校政。其时适值抗日战争，环境极其艰苦，但师生心存“兴邦育才”之念，默默无闻，严谨治学，学生济济有志，认真学习。学校办得颇有起色，学生学业日见进步，学生数逐年增加。

民国34年（1945），奉省教育厅令，易名为县师范学校。副校长高仲伦主持校政。随着学生数增多，校舍拥挤，县国民政府批准将国民兵团部（县教委址）划归学校作学生宿舍。民国35年，叶木峰任副校长，民国36年6月21日，学校暴发反饥饿运动，全校200多学生上街游行示威。县城工、农、商罢工、罢市声援，迫使县政府开“常平仓”接济饥民。

1949年1月，县城面临解放，时局动乱，经费断源，学校停办。

学校举办7年（1941—1948），共培养学生388人（毕业生318人，未竟学业70人），毕业生遍及全县各个村落。

县立师范讲习所、县立简易师范学校历任校长

表5-1-1

学校名称	校长姓名	职　务	任职时间	备　注
泰顺师范讲习所	唐天森	校长	1929—1930	县长兼
泰顺师范讲习所	高宗龙	所长	1929—1934	
泰顺师范讲习所	赵天声	校长	1930—1932	县长兼
泰顺师范讲习所	徐虎候	校长	1932—1934	县长兼
泰顺师范讲习所	何荣生	校长	1934—1938	县长兼
泰顺师范讲习所	李文楷	校长	1938—1940	县长兼
泰顺县立简师	朱筐时	副校长	1940—1942	县长兼
泰顺县立简师	洪季川	校长	1942—1946	县长兼
泰顺县立简师	罗杰	校长	1946—1948	县长兼
泰顺县立简师	叶木峰	副校长	1944—1945	
泰顺县立简师	高仲伦	副校长	1945—1948	
泰顺县立简师	凌九霄	校长	1948—1949	县长兼
	高仲伦	主持校政	1948—1949	

泰顺县师范学校

1958年秋，县委为适应“教育大跃进”之急需，创办县初级师范学校（简称“初师”），址设罗阳镇西门外枫树岗山麓，新建平房一幢。教学负责人潘增炎。学生户粮关系全部迁到学校，国家统一供应粮油。

1959年，县人民委员会拨款2万元，新建砖木结构教室6个，计636平方米，师生宿舍340平方米。9月，学校易名县师范学校（简称“普师”）。

1960年10月16日，县委任命县委副书记杨有志兼任校长，任命倪学缪为学校党支部书记兼副校长，周时疏任副校长兼教导主任。8月，首届86位初师学生毕业，下放农村劳动（支农）7人，服兵役（当兵）2人，改行7人，留校继续学习13人，安排各小学任教57人。1960—1961年上半年，全县发生灾荒，农村粮食困难，第二届初师学生大部分未竟学业而流散。

1962年3月，贯彻中央“调整、巩固、充实、提高“的方针，精简整编，学校与泰一中合并，一套班子，两块牌子。11月，根据省调整师范学校布局，决定撤销县师范学校，18名普师学生并入温州师范学校继续学习，其余读完2年的普师学生和部分第二届初师学生分配小学任教。学校开办4年，授业学生共302人。

学校历任负责人：潘增炎（1958.9—1960.10）、杨有志（1960.10—1962）、倪学缪（1960.7—1962）、卢立今（1961—1962）、周时疏（1960.10—1962.11）、潘增炎（1962.08—1966）。

泰顺县教师进修学校

学校创办于1984年9月，址设县域罗阳镇西门外戏台湾。1987年秋，县人民政府拨款15万元，择罗阳镇东内霞阳路34号，新建教学楼870平方米。1988年10月，学校搬到新校舍办公、教学。该校是全市较早的一所集师训、干训、科研为一体的教师教育培训机构，基本任务是实行学历教育和继续教育，隶属县教体局管理。

1985—1993年，学校实施对小学教师以提高学历为重点的函授教育，共招收4届中师函授学员503人，到1993年暑假共毕业404人。其间，学校组织860多名小学教师参加专业合格证书考试，其中455名教师取得专业合格证书。

1993—2007年，学校主要围绕“全县中小学（幼儿园）教师基本技能、学习主题构建、新课程全员培训、素质提升工程”几大专题培训和“新教师岗位培训、班主任培训、校本研修培训、信息技术能力全员培训”等。其间，实施“课程改革与学习主题构建”的全员培训，开展小学教师课程改革与学习主题构建全员培训，对40所乡镇学校1721名教师进行全员培训。分三批次对中小学六个学科2252名教师进行素质提升培训。先后完成乡镇级校长培训和农村完小级校长培训；先后举办13期全县中小学校长岗位培训班，参训人数1206人次。

2008年 8月，学校并入成人教育中心。

学校办学14年，先后6次获得市教师教育先进集体称号和市三个文明综合先进集体、市先进党支部、市财务管理先进集体称号。

历任校长：郭廷士（1984—1985.1）、钱克谛（1985.1—1997.8）、季永铎（1997.8—2008.7）、吴学彬（2008.8—2012.12续）。

第二节　卫技教育

一、发展概况

1962年，县卫生科举办短期初级卫校，培养初级卫生人员50多人。

1972年，在没有校舍，缺乏教材、师资的情况下，办起卫生培训班，从区、公社卫生院及赤脚医生中招收学员，每期培训1年。

1977年8月，县卫生局在调查研究的基础上，由业务股负责，抽调陈仁山等3人组成工作班子，借用泰一中教室，举办基层医务人员短期培训班。

1979年春，向县医院借用旧房子300多平方米，经过维修，建立教室、实验室、食堂、宿舍等，先后购置价值达16500多元的各种教学模型和仪器。5月，经县革委会批准将培训班改称为县卫生进修学校（简称县卫校）。是年，学校专职教职工8人，校外兼职教师10人，招收学员2个班共70人。

1981年，在县城霞阳村征地建成占地面积1500多平方米，建筑面积1312平方米的新校舍。1990年，根据省卫生厅统一部署，县卫校成立乡村医生函授辅导站。9月，首次举办乡医函授班。

1980—1996年，县卫校连续举办12个正规班，一共毕（结）业学员达431人，其中经自学考试获中等专业学校医学教育学历的34人。

1997年，县卫生学校积极配合县委提出“脱贫致富，再图发展，共奔小康”的“十五”计划目标，面对山区实际情况，确定以“正规、函授、自考”三种形式并举的办学路子，加快医疗卫生队伍的壮大和医务技术水平的提高。

2002年，根据省卫生厅指示，县卫校对全县乡镇卫生院（社区卫生服务中心）和村卫生室（社区卫生服务站）中具有相应职业资格的医护人员进行以全科医学知识为主的转型教育。

1997—2002年，县卫校与温州职工中等卫校联合办学（招生计划和教学计划执行省卫生厅省教委的统一标准），举办各类脱产培训中专班，运用现有的办学力量对非脱产医护人员函授班进行辅导。学校还负责医学自学考试的申报考试工作，为地方培养初、中级卫生技术人才作出努力。

2003—2008年，县卫校教学方向转到医务技术人员的业务提高、学历深造上来。继续与温州职工中等卫生学校联合办学，开办护理中专班；与泰顺电大、浙江大学合作，开办药学、护理、检验等专业的远程教育专科班、本科班；与绍兴文理学院医学院合作学历教育，开办专科班、专升本班等。同时，完成上级布置的乡村医生注册培训班、全科医学培训班、社区医学中专班、社区护理中专班及函授中专班等。

2008年3月，县编委同意由县职业技术学校、县技工学校、县培民高级中学（筹）、县卫校全日制教育部分，合并组建县职业教育中心，主要承担中等职业教育、农村预备劳动力培训、全日制医学类中等层次教育等职能。是年至2012年9月，县卫校虽已并入职业教育中心，但教学和办公地点仍然在原址。2008年，温州职工中等卫生学校停招护理中专班。此后，泰顺卫校先后与海宁卫生学校联办2010级护理中专班、与永康卫生学校联办2011级护理班、与桐乡卫校联办2012级护理中专班。

2012年9月，卫生进修学校教学班正式迁入职教中心校区办公。

县卫校历任校长：李明锡（1983.2—1985.5）、潘本圣（1985.5—1990.6）、林培森（1993.8—

2004.1）、郑云蒸（2004.2—2006.4）、高小平（2006.5—2010.4）、梅相宝（2012.4—2012.9）。

二、全日制教育

20世纪五六十年代，县内护理人员大部分来自外地。80年代，外地籍护理人员陆续调离泰顺，县内护理力量减弱，给医疗工作造成不少困难。在此种背景下，1980年初和1987年夏，卫校先后举办了2期护士专业班，招生75人，学制3年。

1999年9月，县卫校开办旅游保健中专班（含成人职高班），由市职工中等卫校统一招生，学生共计73人。该班专业课程设有旅游学概论、旅游地理、英语、语文、政治、数学、解剖学、组织胚胎学等适应导游专业人员课程，及生物化学、生理学、中医学、药理学、诊断学、免疫学等适应保健旅游的专业课程。该班学员毕业时，有46位学员报名参加普通高校“高职”类考试，其中39人上高校录取分数线，上线率高达88%，分别被温州医学院、浙江高等医药学校、金华职业技术学院医学院等6所省内医学高等院校录取。

2002年9月，县卫校与市职工中等卫校联合开办卫生保健中专班，学员51名，目标是培养为社区服务的保健医生。1996年9月，开办社区医学兼检验职高班，学员45人，全部脱产学习，学制3年，设政治、语文、化学、解剖、微生物寄生虫学、生理学、生物化学、诊断学、病理学、药理学、传染病学、预防医学、外科学、妇产科学、儿科学、五官科学、针灸、检验学、基础护理学等20门课程。

2001—2008年，县卫校共开办4期学制3年的护理中专班，招收学员291人。护理中专班招收对象为初中毕业生，学习内容为全国中等卫生学校统一执行的护理专业课程，需参加卫生部组织的全国卫生资格专业考试（执业护士资格考试）。学校鼓励学生参加省医学高职类单招单考，并取得优异的成绩。01级护理班47人参加高考，上线42人，上线率达89.3%，赵素凡为当年省医学高职类单招单考全省第一名，李仰素为第二名；02级上线率达到91%，全省分数排名第四名在该班；04级上线率达到87.8%，全省分数排名第一、二、四名均在该班，全省前100名的学生该班占10%；05级高考上线率达到86.5%。4届学员全部通过执业护士资格考试。至2011年，县卫校共为卫生系统培养和输送了护理医技人才366名，就业率达100%。

县卫校历年开发的校本教材有《乡医函授》《中药炮制调剂》《生理学》《生物化学》《病原生物与免疫学》《外科学》《解剖学》《病理学》《传染病学》等。

县卫校历年实训基地有县人民医院、县第二人民医院、福安市中医医院、福安市第二人民医院、福鼎市人民医院、云和县人民医院、景宁县人民医院、苍南县人民医院、文成县人民医院、温州市中医院、乐清市第二人民医院、全县各乡镇卫生院，其中县人民医院、县第二人民医院为重点实训基地。

三、函授教育

1990年，根据省卫生厅统一部署，县乡村医生函授辅导站在县卫校成立。9月，首次招收学员20人，皆来自乡镇卫生院正式工。1993年6月，又举办乡村医生脱产培训班，学员36人，大多数为医务人员子女。乡村医生培训按《教学大纲》和省总校统一制订的教学计划实施教学。

1997年9月，县卫校开办1997级乡村医生函授班。该班招生办法执行“浙江省乡村医生培训学员入学条件”，经当地人民政府推荐参加全省统一考试，择优录取为学员。培训期间的函授、面授课程、考查科目执行《浙江省乡村医生培训学校教学计划、考试（考查）办法》。97级乡村医生函授班开办于1997年10月，共招收学员57人，开设的课程有政治、语文、医用化学、解剖组织胚胎学、生理生化、免疫学、病原生物学、病理学、药理学、诊断基础学、妇科学、儿科学、外科学、皮肤科学、内科学、口腔五官科学、中医学概要、预防医学、传染病学等。经三年的函授学习，该批学员考试成绩合格，获得省乡村医生培训总校颁发的毕业证书。

1998年，县卫校开办1998级乡村医生函授班。该函授班办学目的、招生对象、教学计划、考试办法与上届同。

2001年，县卫校开设函授中专班，学制2年，招收在职乡村医生参加成人中专函授学习。之后，开办2001级、2002级、2003级社区医学专业班，共招收学员57人，学制2年。学习课程有全科医学导论、社区常见健康问题、慢性病预防与保健、社区急诊、医学人文社会科学的理论与应用、伤病的社区康复、社区预防保健及护理、中医的社区医疗与保健等。考核合格者，由浙江省卫生厅发给全科医学知识培训合格证书，由教育行政部门发给成人中专毕业证书。

四、专业培训

1980年，县卫校举办中药调剂员培训班，招收全民集体医疗单位的在职人员参加培训。1983年3月和1987年12月，先后举办中医士进修班和中药炮制人员培训班，招收对象为在职医务人员及年老退休职工将要顶替上岗子女，共60名。

1984年，县卫校举办妇幼医士进修班，招收学员21人。通过2年正规培训，全部回原单位从事妇幼保健工作，其中7人被充实到镇中心卫生院担任妇幼业务骨干。1990年，学校还对在职妇幼人员进行三个月短训；1995年又举办妇幼、防疫人员进修班，对在职妇幼、防疫人员进行再培训，学员40人。

1999年，县卫校开办1999级乡村医生一年期培训班。招收对象为45周岁以上具有临床经验的个体医生或乡村医生。开设的课程有预防保健学、内科及传染病学、药物学、外科、妇产科学、中医学、急救与护理及农村卫生管理等。学员中年龄最大的60岁，最小的46岁，学员总数16人。该班学员一般具备比较长期的临床经验和医护技术操作能力，但文化水平不高，医学基础较差。学校对本班学员采用一年的短期培训，着重基础，加强操作实践，以应急与实用知识为重点。经统一考试，规定的7门学科和技术操作全部合格，全部学员于2000年5月毕业离校。

2001年，省乡村医生培训学校针对原具有卫生厅颁发的乡村医生中专学历证书的农村基层村级卫生人员，进行为期2年的全科医学知识培训，合格者颁发国家承认的中专文凭及省全科医学知识培训合格证书（即双证）。2001—2009年，县卫校共举办6届乡村医生注册培训班。共招收学员356人，结业合格356人，合格率99%。针对农村基层村级卫生人员的实际情况，按照培训计划要求，开设全科医学导论、医学人文科学的理论与应用、慢性病预防与保健、社区常见健康问题、社区急诊、社区预防保健与护理、伤病的社区康复、中医社区医疗与保健等8门课程，此外还进行为期半年的社区实践。

2002—2008年，县卫校共举办4期全科医学培训班，即2002级、2003级、2007级、2008级，招收学员182人，合格率100%。培训的主要课程有社区卫生服务导论、社区预防流行病学基本知识、社区保健、社区常见健康问题的诊断和处理等。

2004年和2005年，县卫校设1年制中专班、专业社区医学班，招生对象为基层卫生院、村卫生室无文凭不能参加执业医师资格考试的在职在岗人员，经考试合格由省卫生厅教育部门颁发中专文凭。2007年，设护理专业班，共招收学员227名。学员毕业后参加执业助理医师考试，合格率99%。

五、自学考试

1990年5月和1993年9月，县卫校分别举办中医和西医专业2个中专自考班，学员75人，学制3年。1992年上半年至1996年上半年，学员参加各学科自考1382门次，及格905门次，及格率67.9%。通过严格考试、考核，中医专业18名、西医专业16名学员获中专毕业文凭。1997—2001年，经学校组织参加自学考试的考生为94人。

六、学历教育

2005年始，县卫校与泰顺电大、浙江大学合作，开办药学、护理、检验等专业的远程教育专科班、本科班。2006年始，与绍兴文理学院医学院合作进行学历教育。至2012年，先后开办临床医学专科班7个班、临床专升本6个班、护理5个班、药学1个班。

第六章 职业技术教育

第一节 发展概况

泰顺古代职业技术的传承，通过父传子、子承父业或师带徒的方式进行，不少传统技艺和绝活秘不外传，有的因受封建思想的影响，传男不传女，致使有的精艺失传。民国8年（1909），泰顺敬业高等小学附设木工、蚕业、染织等实业补习班，此为泰顺职业技术教育之雏形。

民国12年（1923），仕阳溪东林肖岩妻卓栖梧自捐经费创办淑德女子小学。学校除学习文化知识外，并设缝纫、针织、刺绣等女红课程。

中华人民共和国成立初期，县内无专门的职业技术教育学校。中小学开设的劳动课，其教育目的是培养学生热爱劳动和学习农作物栽培知识。

1958年，全县兴起“社社办中学，村村有农中”的热潮。筱村、泗溪、雅阳、仕阳、下洪等十几所农业中学在校学生有1400余人。是年，大安公社在明山寺创办“农民红专大学”（相当于初中程度），少数公社和管理区也开办了季节性农业中学或业余农业中学。是年秋，经县委批准，县林场开办林业中学，址设下交垟黄厝，财政拨款兴建学生宿舍，借用沈氏宗祠为教室，首届招收高小毕业生和部分社会青年入学，计80人。

1959年春，县农林学校改为县林业专科学校，林场场长兼任校长，招收具有初中程度的学生56人，开设林业和林化两个专业，学制2年，专任教师2人，兼职教师（林场技术员）5人。同年3月，县农业局主办县农业技术学校，址设罗阳南门外梅氏宗祠，后迁至西门外戏台湾，学制2年，专职教师3人，兼职教师5人。

1959年，部分农业中学因师资、校舍、经费等条件缺乏，开办不久即停办或撤并。

1960年，全县9个公社计有农业中学9所，教职员工计26人，学生计494人，读满二年毕业的学生117人。

1961年，全县9所农业中学计有学生832人。次年，贯彻中央调整、整顿方针，大部分农业中学改为业余学习，处于半停顿状态。

1964年，实行“两种劳动制度和两种教育制度”（全日制教育制度和半工半读教育制度）。三魁初级中学改为半农半读三魁中学，学校在西垟公社西坑大队设立分校。11月，县林业专科学校、农业技术学校、罗阳镇农业中学三所学校合并，命名为县农林学校，由县农业局、县林业局联办，学制2年或3年。是年，全县恢复半农半读农业中学10所，其中区办1所，公社联办1所，公社办6所，大队联办2所。业余农业中学16所。

1966年，“文化大革命”开始，全县农业中学停止招生，农业中学陆续停办，职业技术教育跌入低谷。

1970年5月，县农林学校开设农业会计培训班，招收农村知识青年50人。9月，学校改名为县工农兵学校。1971年5—7月，县水利局在县工农兵学校主办农田水利培训班，学员50人。1972年2—5月，县农业局在县工农兵学校举办在职会计培训班，学员50人。1974年2—6月，县农业局在县工农兵学校开设畜牧兽医培训班，学员50人。“赤脚医生”培训班，学员55人。1975年县农业局创办农机培训班，址设县城东泰分路，开设手扶拖拉机培训班2期。1976年9月，县工农兵学校停办。县工农兵学校办学六年，共招收半工半读学生286人，举办各类专业培训班8期，培训学员588人。

1977年，南溪中心校附设农机夜班，招收社会青年学习农业机械的使用保管和维修知识。

1977年，在县农业局支持下，凤垟乡党委政府开办了凤垟茶校，址设半路庵，首届招收初中毕业生73人，教师6人，学习高中课程和茶树栽培技术。此届学生毕业后学校停办。

1979年5月，县技工学校创办，学校隶属县劳动人事局和社会保障局。面向全县招收居民户口的初中毕业生，毕业后，由县劳动人事局分配工作。

1981年，县物资系统职工业余学校创办，址设县物资局，采用短期分批脱产轮训或利用业余时间上课。办学经费由县物资局及所属公司筹集。

1982年，县农业局开办县农业广播学校，实行三年制成人中等专业教育，学员以收听广播自学为主，由农业局技术人员上辅导课。是年4月，县财政局开办泰顺县财政系统干部职工业余教育学校，对本系统干部职工进行高、初中文化补习和短期业务培训。同年，县工商银行在县城东大街开办县银行职工业余学校，采取文化教育和岗位培训相结合的形式办学。

1983年，县技工学校办学规模扩大，县劳动局在东大街石龟背新建校舍。

1985年，县技工学校根据当地经济发展的需要，进行多样化设置专业，以培养县内急需专业人才为主，开设陶瓷、机械、茶叶三个专业。是年秋，学校改变原来只招收城镇居民户口的学生的决定，有计划地招收非城镇居民户口的学生；学校还增设了县综合技术培训中心等培训机构，初步形成全日制学历教育和技能培训相结合的办学模式。是年，先农机局农机培训班增设新式农具操作手、农机员、农机修理工培训班。

1986年秋，退休教师李超发起创办县求知中学，址设罗阳镇西门外。8月，县财政系统干部职工学校改文化补习班为财政中专自学考试教学辅导班，以培训中等财会专业人才为主要任务。

1988年，县人武部协同劳动人事局和县教委，租用县技工学校为教室，创办泰顺县预备军人学校。

1989年秋，县求知中学改名为县求知职业中学。是年，泰四中在仕阳早阳设立分部，开办服装班和石雕专业班。

1991年5月，县农机局农机培训班改为农机培训学校，专职教师1人，兼职教师3人，教练员3人。

1994年9月，县职业技术学校创办。学校租借县农业培训中心为教学用房，设幼师和财务会计两个教学班。

1996年，县职业技术学校在农科所的空地上修建2间简易教室，并与温州东方技术学校联合办学，招收首届服装加工专业学生50余人。在温州东方职业学校的帮助下，购置25台缝纫机，借用附近民房创建了服装加工实习车间。

2001年1月26日，县编委批复同意建立县职业、成人教育中心，址选泰顺县罗阳镇北外村半垟。

2002年，县职成教中心教学综合大楼竣工，县职业技术学校搬入新校舍。是年，学校招收新生6个班300余人。

2005年，县培民高级中学创办，址设原百丈镇中心学校内。9月，招收初中毕业生73人。学校以农村预备劳动力为主要培养对象，以职业技能训练为主要教学内容。次年9月，学校迁至罗阳镇。

2007年，县培民高级中学招收学员251人（其中高中后学员77人，初中后学员174人）。开设计算机应用和学前教育专业，通过培训后首届学员先后分配到企业就业。

2008年2月，全县职业教育资源实行整合，将县职业技术学校、县技工学校、县培民中学、县卫生进修学校全日制教育部分合并，组建成县职业教育中心。

2008—2012年，县职教中心培民中学共招收学员947人（其中高中后学员245人，初中后学员702人）开设计算机应用、学前教育、会计、餐饮服务、形象设计、工业与民用建筑等专业。

2012年，县职教中心被确定为省山海协作职业技能培训基地、省非物质文化遗产传承培训基地、省中等职业教育改革发展示范校建设项目学校、省二级中等职业学校、市重点中等职业学校。是年，县职教中心教工总数111人，其中专任教师80人，高级职称28人，中级职称44人，初级职称38人；硕士学历1人，本科学历73人，专科学历4人。

第二节 管理机构

民国以前，县内没有专门的职业技术教育机构，民国8年（1919）敬业高等小学附设的实业补习班由学校负责管理。民国12年由私人创办的仕阳淑德女子学校则由创办者负责管理。

1958年创办的县林业专科学校由县林场组织管理，林场场长兼任校长，林场技术员担任兼职教师。其他由公社或管理区创办的农业中学，由公社或管理区负责主办。公社或管理区书记担任校长，另设副校长1名负责校内事务，由县教育行政部门统一管理。

1959年，县农业局主办的农业技术学校由主办单位管理，1964年林业专科学校和农业技术学校合并后，由县农业局、林业局联合负责管理。

1960年10月16日，县委研究决定，由县委主要领导兼任县农业中学、县林业学校、县工业学校、县特产学校和县卫生进修学校校长，以加强对学校工作的领导。

“文化大革命”开始后，农业中学遭到严重冲击，组织机构处于瘫痪，大部分学校停办。

1979年创办的县技工学校隶属县人事劳动和社会保障局，建校初设校长1人主持工作，下设教导处和总务处分别负责招生教学和后勤事务。

1981年创办的县物资局职工业余学校，由县物资局局长兼任校长，县物资局派干部负责具体工作。

1985年创办的仕阳镇职业技术学校，由县教委和仕阳区委领导，泰四中负责管理。

1986年由退休教师李超发起创办的县求知中学，隶属县教委和罗阳镇人民政府直接领导。

1988年创办的县预备军人职业学校，由县人武部、县劳动人事局、县教委各选派一名联络员参与学校领导班子，配合做好学校的招生、教学和管理等工作。1989年，学校搬迁到戏台湾后，由县人武部和县教委联合办学，县人武部选派军事干部负责军训和学生日常管理，县教委聘请兼职教师担任文化基础知识课和会计专业课的教学工作。1990年秋，经县人武部批准，学校由教师进修学校统一管理，一套班子，两块牌子。

2005年创办的培民高级中学（址设百丈镇中心小学），由县农民知识化工作领导小组办公室（简称农知办）主管，校长由县人民政府任命，校长室下设教导处和总务处。2006年9月学校迁至罗阳镇后，由县农知办和县教育局共同管理。

2008年成立的县职业教育中心，是由县人民政府领导、县教育局主管的办学实体，对外保留县技工学校、县卫生进修学校、县培民高级中学、县职业技术学校的牌子，实行“四块牌子、一套班子”的管理机制。设中心主任1人，由县人民政府任命，中心副主任5人分别分管教学、政教、就业指导、招生、后勤财务等工作，人、财、物统一管理。

第三节　教学工作

一、教育任务

民国时期，附设于中学的实业补习班是以《职业学校规程》提出的“授予青年较简易之生产知识与技能，以养成从事职业之能力”为教学目的，以培养学生个人获得谋生之能力和养成敬业、善良之个人品行为教育目标。

1958年及其以后兴办的农业中学和林业中学，其办学方向是“面向农村、面向生产，在阶级斗争、生产斗争、科学实践三大革命运动中，锻炼和造就农村公社的骨干力量，巩固无产阶级专政、巩固集体经济”。

1961年，县农业专科学校招收高小毕业生就近入学，毕业后回队劳动。其培养目标为：“培养具有社会主义觉悟有文化的农民和成为适应农业生产需要的人才，并适应农村的需要培养农村‘三员’，即记工员、会计员、技术员。”

1964年，县农业技术学校和林业中学合并为县农林学校后，主要是培养农业、林业的技术人员。

1981年，县物资局开办职工业余学校，旨在提高职工文化素质和业务知识。

1979年，县技工学校面向全县招收居民户口的初中毕业生，毕业生由县人事劳动局安排工作。1985年以后，学校根据社会经济发展的需要招生，进行多样化设置专业，以培养县内急需的专业人才为主，有计划地招收非居民户口学生。1994年以后，招生不受户口的局限。学校开始走校企联合办学之路。面向企业设置专业，确立“立足山区、开放办学、精心育人、面向市场、服务经济”的办学理念。办学方向亦转为向沿海发达城市输送急需专业人才为主。

2005年创办的县培民高级中学，主要是针对因家庭困难等原因辍学和中考高考落榜的学生进行农村预备劳动力的职业技能培训，以培养专业实用型人才为目标，以“短学制、低学费、高就业”为办学宗旨。2006年，根据教育厅《浙江省教育厅关于抓紧做好2006年农村预备劳动力培训工作的通知》精神，结合泰顺实际，确定以农村预备劳动力培训为主，农民知识化培训为辅的办学方向进行教学。

2008年，县职业教育中心坚持以服务为宗旨、以就业为导向的办学理念，构建以德育教育为主线，文化专业教育为核心，职业能力培养为重点，艺术教育为特色，全面发展为目标的育人模式，努力培养德艺双馨、身心健康、一专多能、适应社会、富有创新精神的综合型人才。

2011年，县职教中心培民高级中学为农村预备劳动力培训学员继续升学开辟新路子，为提高农村劳动力素质作出新尝试。是年，根据上级指示精神，学校由农村预备劳动力培训改为双证制教育培训。2012年，学校继续完成农村劳动力素质培训项目“大学生创业理念培训”，参训学员50人，全部获得市农知办颁发的岗位证书。

二、专业设置与学制

民国时期，县内小学附设的实业班设置木工、蚕业、染织、缝纫、刺绣等科目，未定学制。

1958年“大跃进”以来创办的农业中学，以学农为主。文化知识课采用普通中学教材，农业知识课则采用适合于当地生产实际的教材。学制2—3年，县林场开办的林业中学开设林业、林化两个专业，林业中学与农业技术学校合并后，学制不变。开设农业种植、植被保护、农业机械、农业种子、林业栽培、森林保护等科目。

1979年5月，县技工学校开办，办学设施简陋，办学规模小，只开设茶叶、机械两个专业，学制三年。1985年开设茶叶、机械、陶瓷三个专业。此后，学校先后开设茶叶、陶瓷、建筑施工、水电、幼师、护理、计算机应用、机电、电子技术应用、财会电算化、电工电子等20多个专业，并在校外建立了多处实习基地。

1986年，泰顺县求知中学采用全日制普通高中课本加专业性课程。先后有财会专业班，文秘档案专业班，法律专业班。

1985年，仕阳镇职业技术学校开办之初设果木、园林2个专业班，学制二年。1987年招家电维修专业1个班，开设电工基础、电子技术基础、电气原理及维修等科目，学制二年。1989年开办短期服装班，开设服装机械、裁剪、缝纫、排料知识与图例等科目，学制二年。同年秋，开办石雕专业二个班，开设石雕基础知识和书法、图画等科目，学制二年。

1985年秋，县预备军人职业学校招收首届财会专业班，开设普通高中相同的课程，加授军事知识、军事训练和财会专业课，学制三年。

1991年，全县职业高中招生6个班，316人，开设石雕、农作物栽培、财会、法律、文秘、摄影6个专业。全县社会力量办学中开设缝纫、家电维修、皮鞋制作、绣花4个专业，25个班级，在校生435人，其中缝纫专业学员结业后劳务输出150人。在努力办好职业高中的同时，在普通教育中也引进职业技术课和开展“三加一”形式的职业技术教育。

1995年，县职技校招生232人，开设电脑、幼师、美术工艺、财会4个专业，逐步完善学校内部管理，教育教学工作取得较好成绩，教学设施有所改进。

1997年秋，县职技校招收新生149人，其中与温州五中、温州育才职校联办的服装制作专业班50人。学制二年，第一年在县内学习，第二年到联办学校学习，学生毕业后由联办学校负责定向分配就业。这种联合办学形式在一定程度上缓解县职校的招生困难和设施不全等矛盾，有效地提高职业教育的效益和质量。是年，第二届幼师专业班23人全部取得上岗证和专业合格证，就业率达100%。

1998年，县职技校招收会计电算化专业（中专）1个班，56人，计算机应用文秘专业（职高）1个班，35人。学校实行“双证书”制度，培养学生成为“一专多能、一人多证”的综合性人才。

2006年以后，县培民高级中学进行农村预备劳动力培训，先后开设计算机应用、学前教育、会计、餐饮服务、形象设计、工业与民用建筑等专业。初中后学员学制为一年半，毕业后学历为成人职业高中。高中后学员学制为一年，毕业后学历为职业中专。

2012年，县职业教育中心设有现代农艺、工艺美术、建筑工程三大类主体专业，电子技术、学前教育、护理、信息等为辅助专业。其中现代农艺技术（原称种植）专业为省级示范专业，工艺美术专业为省级品牌专业（技校类）。民间传统工艺（雕刻）和农村经济综合管理专业为市级示范专业。现代农业实训基地被定为省级实训基地，民俗文化技术实训基地被定为市级实训基地。

附录八：职业技术教育机构选介

筱村农业中学

学校创办于1958年4月，址设筱村区长垟村。学校创办时只有1名教师，9位学生，借用一座破旧祠堂为校舍。教学设备仅有一块黑板和几张桌子。是年冬，原东垟、筱村两所在文教普及运动中办的业余农业中学并入，一小农场耕地划归学校实验耕种，正式成立半工半读性质的筱村农业中学。3个月后，学生增加到39人。

1959年，筱村农业中学有3个教学班，学生86人。根据学生的不同文化程度和不同专业，分班进行教学，开设省编农业中学课程，配备专业专职教师。

1960年，筱村农业中学小农场耕地面积135亩（90000.45平方米），畜牧场养猪55头，长毛兔44只，耕牛4头，羊8只。学校应用科学种田年年取得好收成，单位面积产量比农民种的高，特别是采用水稻与玉米套种技术，提高了粮食的产量。县委先后两次在筱村农业中学召开现场会议，向全县推广农业技术。公社在学校召开播种等五次现场会议。学校开展科学研究，培育出21种大小麦优良品种，受到县委奖励，并获得温州专署授给的“培育良种”奖状。

筱村农业中学多次被评为县级、市级、省级半工半读农业科研先进单位。1960年2月，《浙江工农教育》刊物第四期以《教学赶上普中（普通中学）生产赛过老农》为题，介绍筱村农业中学的办学经验。校长陈明理出席当年全国劳模会议。

1966年，受“文化大革命”的冲击，筱村农业中学停办。

泰顺县农林学校

学校创办于1958年秋，址设下交垟黄厝，借用沈氏祠堂为教室。同年，县人民政府拨款兴建学生宿舍，招收高小毕业生和部分社会青年计80人。

1959年春，改为县林业专科学校，招收具有初中程度学生56人，开设林业和林化两个专业，学制二年，专任教师2人，兼职教师（林场技术员）5人，林场场长兼任校长。同期，县农业局主办县农业技术学校，址设罗阳南门外梅氏宗祠，后迁西门外戏台湾，学制2年，专职教师3人，兼职教师5人。

1960年，因经济困难撤销县林业专科学校，部分学生留林场劳动，大部分学生回乡参加农业生产。

1964年11月，县林业专科学校、县农业学校和罗阳镇农业中学合并，由县农业局、县林业局联办，命名县农林学校，学制2年或3年，招收高小毕业生2个班62人（其中农业班30人，林业班32人），教师8人，其中专职教师3人，兼职教师5人，开设农业种植、植物保护、农业机械、农业种子、林业栽培、森林保护等科目。

1965年秋，学校开办农业班和林业班，向全县招收初中毕业生110人。翌年春，向全县招收会计一个班，学生50人，全校共有在校生222人。县农场、县林场作为学生的实习、劳动基地，实行半耕半读。学生每月由学校发给生活费13元，免费供应书籍，学生粮食由农场供应，家庭生活贫困者，每生每月可享受5元补助费。

1970年春，“复课闹革命”，5—12月，学校举办农业会计培训班，招收农村知识青年50人。1971年5—7月，由县水利局主办农田水利培训班，学员50人。1972年2—5月，由县农业局举办农村在职会计培训班，学员50人。“文化大革命”期间，学校停办。

泰顺县技工学校

学校创办于1979年5月，隶属县人事劳动和社会保障局。

学校创办时，无自己的办公场地，租用罗阳镇儒学路民房，办学设施简陋，办学规模小，开设茶叶、机械两个专业，学制3年，学生60人，教职工8人。1985年8月，学校搬迁到石龟背新校舍。学校建筑面积800平方米，占地面积5亩（3333.35平方米），有办公室、教室、学生宿舍、食堂等办学设施。添置有财会模具、茶叶评审室等教学设备。1985年，学校增设县综合技术培训中心等培训机构，初步形成全日制学历教育和技能培训相结合的办学模式。学校除招收居民户口的学生外，还计划外招收非居民户口学生，毕业后同样正式分配工作。1986年12月，学校通过省劳动人事厅合格评估验收，成为全省第一批合格技校。

1994年开始，学校扩建教学楼，拓宽小操场，还新建一幢综合楼。至2007年，学校占地和建筑面积分别为6707平方米和4280平方米。学校先后建立微机房、多媒体教室、多功能报告厅、钳工实验室、电工实验室，改善了教育教学条件。学校与双涧溪电站等相关专业企业建立实习基地，先后与温州交通技校、绍兴职业教育中心、中宇建设集团等学校企业开展联合办学，与深圳多彩、温州合和、瑞安佳固、浙江超达等10余家企业签订合作办学协议。开始走强强联合、校企联合办学之路。2006年，在校生达600人，设置6个专业，教职工26人。

学校先后开设茶叶、陶瓷、建筑施工、水电、幼师、护理、计算机应用、机电、电子技术应用、财会电算化、电工电子等20多个专业。在校外建立了多处实习基地，为实习教学提供了必要的物质保证。

学校除开办常规班级外，还设有县职业技术鉴定站等机构。多年来一直承担着摩托车维修、美发、客房宾馆服务员、水轮机操作员、计算机网络安全员、计算机应用能力、机械工等多个工种的短期培训考核鉴定工作。学校实行学历教育与非学历教育、长期与短期培训、鉴定与考核相结合的新型教育模式。

1994年，学校开始实行调节性计划招生，开始招收农转非学生和农业户口学生。

1999年以来，学校先后被评为省级创安达标先进单位、市级文明单位、省级爱国卫生先进单位。当地群众称之为“山区科技的摇篮”，《浙江日报》以“浙南山区的一颗明珠”为题予以报道。

2008年，县职业教育资源整合，县技工学校并入县职业教育中心。学校自办学以来，向当地、温州、杭州、深圳等地输送了6000多名外向型中级技术人才。

历任校长：郁宗楷（副校长主持1979.8—1986.4）、李昌贤（1986.4—1990.8）、吴学彬（1990.8—2008.7）。

泰顺县物资局职工业余学校

学校创办于1981年，采用短期分批脱产轮训，或利用晚上和周末业余时间上课。办学经费由县物资局及所属各公司筹集，校长由局长陈水铨兼任，谭明明负责具体工作。

1981年8月，首期开设物资管理、机电产品等四门课程的短期业务培训，20多人参加一周的培训。1982年开办文化补习班，为“文化大革命”中的初中、高中毕业生进行文化补习和业务知识培训。时间两年，参加文化补习职工32人，占全系统青年人数的85%；1984年经考核“双补”合格率为80.1%。1987年开办中级岗位专业业务培训班，学员57人。1989年下半年，开办浙江省中专教育物资经济管理专业自学考试指导班，学员33人。省物资学校为专业指导学校，开设普通课、专业基础课、专业课等十三门课程。考生单科合格证书、毕业证书均由省高等教育自学考试指导委员会颁发，取得毕业证书者，按国家规定享受全日制中等学校毕业生同等待遇。

1990年10月，开办理论教育培训班，时间为10天，第一期56人次，第二期99人次均获得结业证书。是年，全系统140多职工，已获得岗位合格证70%，22人获得物资中专文凭，7人获得大专文凭，21人取得经济师、助理经济师、经济员等职称，高中文化程度职工已占职工总数的70%，改变了职工文化结构，适应物资经营工作的需要。1984年学校被授予市职工教育先进单位。1990年被授予市物资系统职工教育先进单位。

仕阳职业技术学校

1985年秋，泰四中在仕阳早阳设立分部，创办职业技术班。首届招收学生80人。因找不到专业教师，没有实验基地，仍开设普通高中课程。

1986年，仕阳区公所将原区办早阳农场82亩（54666.94平方米）土地移交职业技术班作为实习基地。秋，招收果木园林专业一个班50人，学制二年，开设土壤肥料、植物生理、植物保护、柑橘栽培等农业技术课程。选派1位教师到浙江林学院进修，聘请区农业站技术员来校兼课，市教委派讲师团来校讲课。

1987年秋，招收果木园林一个班40人。10月19日，经县教委批准，正式成立仕阳职业技术学校，调派技术和文化基础课教师，增设香菇培植技术课。第一届果木园林专业班毕业生20人，2人考入浙江林学院，6人受聘参加工作。

1988年秋，招收家电维修专业一个班25人，开设电工基础、电子技术基础、电器原理及维修等科目，添置电器有关仪器和电视机元件等供师生实习，并组织学生到外地参观学习。后因办学经费短缺，家电维修专业班中途停办。

1989年春，开办服装班和石雕专业班，服装班开设服装机械、剪裁、缝纫、排料知识与图例等科目，延聘温州名师，指导西装裁缝技术。石雕专业班开设石雕基础知识、书法、图画、素描等科目。学校聘请青田著名石雕师和著名美术教师执教，聘请青田八级矿工鉴别石料。学校选派三位老师到青田、温州培训，作为后备师资。

1990年4月，学校报县教委批准筹建县敦煌雕刻工艺厂，学生实行半工半读，学生作品论质按量付酬。是年4月17日《温州日报》刊登《高山石雕放异彩》，盛赞仕阳职业技术学校开办石雕班所作的努力和学生的雕刻技术。

1991年3月上旬，石雕作品在北京展览，北京电视台予以转播。8月，县扶贫办公室向国际申请援助泰顺石雕产业项目。9月，县教委接管敦煌雕刻工艺厂，并领取营业执照，省教委拨款40万元扶持。1991年秋，招收石雕专业新生2个班60人。

1997年，石雕专业毕业生15人。1998年，学校停办。

泰顺县求知职业中学

1986年秋，退休教师李超发起创办县求知中学，为隶属县教委和罗阳镇政府直接领导的民办中学，址设罗阳镇西门外戏台湾。是年，招收高中一年级新生140人（其中女生63人），设2个教学班，学制暂定2年，教职工16人，其中专职教师2人，兼课教师14人。开设全日制高中主要课程和相关专业性课程（幼师、计算机基础、农经、财会），向学生收取略高于普通高中的学费。

办学两年，经县教委统一毕业考试，合格者106人（其中女生50人），发给成人高中毕业证书，办学成绩得到社会认可。1988年秋，经县教委批准，改名为县求知职业中学，招收学生62人（其中女生32人），开设财会专业课和部分成人高中课程，学制二年。是年冬，县财税局拨款2000元，购置课桌椅。《温州日报》以“收获在新耕的土地上”为题，介绍了“求知中学”的办学成绩。

1989年9月，招收新生一个班，45人（其中女生21人），开设文秘档案专业课和部分普通高中文科课程。1990年9月，招收新生43人（其中女生15人），学制二年，开设法律专业课程和部分成人高中文科课程。同年，财会职业专业班经有关部门考核，毕业37人（其中女生23人）。1995年，计算机基础专业毕业生16人，幼师专业毕业27人，农经专业毕业13人，财会毕业17人。

县求知职业中学办学10年，共培养二年制高中和职业专业毕业生500多人，其中10人升上高一级院校，100余人被社会各企业事业单位聘用。

泰顺县预备军人职业学校

1988年6月，县人武部牵头协同县劳动人事局和县教委创办县预备军人职业学校，校舍租用县技工学校。县人武部、县劳动人事局、县教委各选派一名联络员参与学校领导班子，配合做好职业学校的招生、教学、管理等项工作。是年秋，招收初中毕业生56人，开办财会专业班，开设普通高中的语文、数学、政治、物理、化学、历史、地理和军事训练以及财务会计专业课程，学制二年，专职教师2人，兼职教师6人。县财政局每年拨部分补助经费，其余自筹，学生费用自理。

1989年，学校搬迁县进修学校老校舍戏台湾，由县人武部和县教委联合办学。县人武部选派军事干部负责军训和学生日常管理；县教委聘请兼职教师担任文化基础知识课和会计专业课的教学工作。

1990年6月，54人成绩及格，发给职业高中毕业文凭，其中20人参军，28人由劳动人事局和有关企业招工就业，2人考上大、中专院校，4人回乡为当地经济建设服务。

1990年秋，经县人武部批准，学校由教师进修学校统一管理，一套班子，两块牌子。下半年，招收第二届文秘专业班新生50人，学制二年。学生上课在教师进修校本部，食宿在戏台湾。1990年，有职业高中高一、高二两个文秘专业班，在校学生106人，教职工13人，其中专职教师3人，兼职教师10人。1991年，学校搬到党校，聘请退休教师张一望负责管理。

1995年，招收财务会计专业一个班36人。1995年底财务会计专业班结业，学校停办。

泰顺县职业技术学校

县职业技术学校于1994年8月筹建，租借县农业培训中心场所（县农业局院内）暂为学校用房（2个教室，2个办公室）。全校教职工8人，9月4日正式开学。校长张平。

1995年，新招生150人，全校有5个教学班，学生230余人。租借3个大厅作为教室。10月，学校向在校老师借款2万元，自筹资金2万元，购置20台电脑（386黑白显示器），建了第一个机房。1996年，随着学生数增多，在农科所的空地上修建起2间简易教室。同时，学校与温州东方技术学校（现升格为温州东方职业学院）联合办学，在温州东方技术学校的帮助下，购置了25台缝纫机，借用附近民房创建了服装加工实习车间。

1997年，市教育局拨款25万元，购置40台彩显电脑。

1997—2000年，学校连续和温州第二职业中专联合办服装专业班，共计3届，培养120余名服装加工技术人才。他们中部分就业于华氏集团、森马集团、报喜鸟集团等服装加工企业，部分在外从事服装加工或经营创业。

1999年1月10日，县人民政府第三次常务会议决定筹建职成教中心，址选县城罗阳镇北外村半垟。2000年1月26日，县制委批复同意建立县职业成人教育中心。县职业技术学校并入职业成人教育中心。

2002年，县职成教中心教学综合大楼竣工。全校师生搬入新校舍。

2008年，学校并入县职业教育中心。

历任校长：张平（1994.8—2001.8）、周祖雄（2001.8—2007.8）、吴学彬（2007.8—2008.2）。

泰顺县职业教育中心

2008年2月，县人民政府对县内职业教育资源进行重新整合，泰顺县技工学校、泰顺县卫生进修学校、泰顺县培民高级中学、泰顺县职业技术学校4所学校合并，成立泰顺县职业教育中心，实行四块牌子一套班子合署办学，隶属县教育局。中心设主任1人，负责学校全面工作；设中心副主任5人，分别分管教学、政教、就业指导、招生、后勤财务等工作。学校成立后，继续改善办学条件，至2011年，学校占地面积8000平方米，建筑面积29500平方米，有教学楼（包括综合实训楼）2幢、学生公寓2幢、A级食堂1幢、办公综合楼1幢。

学校倡导“先做人，再学技；要成才，先成人”的精神，鼓励学生在校既学知识更学做人，通过多种载体活动，提升学生综合素质；推行德育导师制、学生“千分制”德育量化考核，实行半封闭半军事化管理模式。职教中心是泰顺县职业教育、培训、科技推广、文化建设的公共服务平台。

2012年，泰顺县职业教育中心占地面积66666.7平方米，建筑面积29500平方米，设置16个专业，42个教学班，在校生2000多人，教职工145人。设有现代农艺、工艺美术、建筑工程三大类主体专业，电子技术、学前教育、护理、信息等为辅助专业，其中现代农艺技术专业为省级示范专业，工艺美术专业为省级品牌专业，民间传统工艺（雕刻）和农村经济综合管理专业为市级示范专业。是年开始，学校由农村预备劳动力培训改为双证制教育培训。

学校先后被评为省山海协作职业技能培训基地、浙江省非物质文化遗产传承培训基地、浙江省中等职业教育改革发展示范校建设项目学校、浙江省二级中等职业学校、温州市重点中等职业学校。

历任校长：吴学彬（2008.2—2008.8）、吴立辉（2008.8—2011.3）、潘家晓（2011.3—2012.12续）。

第七章　成人教育

第一节　农民识字教育

清末，县内已有扫除农民文盲之举。宣统二年（1910），根据清政府筹备立宪的需要，学部颁布《简易识字学塾章程》。县内设简易识字学塾20余所，为年长失学者及因家庭贫寒无力就学之儿童开办，免学费，书籍、文具、纸张皆由学塾供给，采用部颁简易识字课本，并酌授浅易算术或珠算。识字学塾附设于小学堂之内，教师多为塾师兼任，每日授课二三小时，教授完识字课本与浅易算术二书即准予毕业。

民国初期，改简易识字学塾为简易识字学校。据民国4年（1915）浙江省《视学详报》记载："泰顺乡间失学儿童满目皆是，欲谋补救之法，非多设半日学校或夜校不可。学务学员秉承知事切实筹划于乡间，不能设学校之处所，借民房办理或就私塾改办，择其文理明通者充担教员。"民国8年，县内成立通俗教育讲演所，附设于劝学所内，每年派员到各乡（镇）讲演二至三次，讲演内容主要是政治时事与国民常识。

民国18年（1929），教育部颁布《民众学校办法大纲》，大力推广民众学校，规定凡年在12岁以上50岁以下之男女失学者，均应入"民众学校"。是年，县识字运动宣传委员会成立，根据《拟订浙江省识字教育计划大纲》，进行不识字人数的调查，开展识字运动宣传。民国19年，农民识字教育称之为民众教育，县通俗教育讲演所改为县民众教育馆（以下简称"民教馆"），作为推行社会教育中心机关，馆设原罗阳书院（现县实验小学址），馆长高宗龙，职员2人，下设智能、娱乐二部。根据民众实际施行补习教育。民众学校以年在16岁以上50岁以下男女失学者为入学对象，学员不收学费，学校供给书籍和文具纸张。学习科目有国语、常识、珠算或笔算、乐歌，每日教学时间以2小时为原则，修业期限3个月，一般由小学教员兼任教师。学级按学习能力编制，学级（班级）以50人为限，但因村落分散，不满数亦单独设学级者很多。是年，全县民众学校29所，学员911人，其中县立民众学校2所，学员451人；区立或私立民众学校27所，学员460人。县国民政府教育科设立流动民众学校（施教团）1所，定期到罗阳、百丈、三魁、泗溪等地轮流施教、宣传，对失学者施以民生、民德、民智上最基本的补充教育。全县设立识字牌19处，其中县立4处，区立与私立15处；设立问字处25处，其中县立8处，区立与私立17处。民国21年，全县有民众学校18所，29个学级，就学592人，并有图书阅览处11所，其中县立5所，区立3所，私立3所，问字处23处。县办图书馆、体育场各一。

民国22年（1933），中共地下党在太平区山后村举办农民夜校，开展识字教育，学唱革命歌曲，对广大贫苦农民进行革命宣传教育。民国24年，全县有民众学校27所，教员44人，学员600人，毕业84人。抗日战争期间，成立县战时民众补习教育推行委员会，隶属县教育科。全县4个学区，各区设立推行委员会，主持区内战时失学民众补习教育事宜。施教对象是16—30岁以下之男女失学民众，补习教育内容是识字教育、公民训练、歌咏等。每期以两月为限，每日教学时间以2小时为原则，学习用品由学校免费供给，读完民校课本两册为毕业。民国25年，刘英、粟裕率领红军挺进师进驻白柯湾，在浙闽边临时省委领导下，组织农民办夜校，读书识字，学习革命道理，由机关干部亲自执教。

民国28年（1939），县国民政府执行上级限期肃清文盲的强迫教育命令。县教育行政会议强迫失学民众入学，鼓励私人或社团办理民众学校，失学民众在入学时免派各项临时服役。同时设置学警，以督促学龄儿童及失学民众入学，并由县国民政府加以考核，施于奖励。是年，全县总人口123921人，未受过教育为119594人。

民国29年（1940），泰顺县没有达到部定社教民众教育标准。为此，县政府拨社教经费14492元（占教育经费7%），给全县各学校附设民众学校，每所每期津贴5元。

民国30年（1941），县立战时民众学校8所，兼办战时民校50个班；乡（镇）中心国民学校附设民众教育9个学级（班），学员计265人，妇女5个学级（班），学员157人；保国民学校民教部设29个学级（班），学员840人，妇女班11个学级，学员316人，全县计入学人数1164人，其中妇女473人。

民国33年（1944），县强迫入学委员会成立，委员31人，委员会议决：先以甲级文盲入学，次及乙级，限期达到规定标准。中心学校开办成人男子、妇女各1个班，入学民众要达到40%的标准。是年6月，全县38个乡镇，341保，人口189445人。乡（镇）中心学校民教部入学926人（男562人、女364人）保国民学校民教部入学2889人（男2522人、女367人），全县失学民众118784人，入学人数计3815人，入学率为3.1%。民众学校教学内容按温州师范学校民教部规定，开设国语拼音、时事摘要、常识讲座（农业常识和卫生常识）等科目。

民国35年（1946），全县文盲83800人。县国民政府决定从民国36年8月起3年内肃清文盲，每年每校需办三个班，每班40人，办学经费由地方自筹和县政府拨款各半分担。民国36年，中央发布成人教育方针为：办理失学民众补习教育应注意识字教育并灌输国民常识，培养国民道德，自治能力，促进生产技能及激发民众意识，使教育与社会、国家及民族的需要一致。9月，县政府规定设立乡（镇）强迫入学委员会，由乡长任主任委员。第一次乡（镇）长会议议决：民众教育补习以12岁以上35岁以下的失学民众及12—30足岁以下妇女为强迫入学对象。

民国37年（1948），各乡设置保文化股主任或干事，依规定选员兼任，加强基层组织推动之力量。规定征调强迫仍不入学的民众由强迫入学委员会处1000元以上5000元以下的罚金（款存乡作为肃清文盲经费），强制入学而无故旷课等同样处以罚金。

中华人民共和国成立后，广大农民迫切要求学习文化和技术。人民政府结合土地改革、农业合作化运动和农村经济的开发，对农民进行以识字为主的文化基础教育和农业技术知识的培训活动。

1949年5月，泰顺县全境解放，各村成立了农会，各地也先后办起夜校，农民利用晚上学习识字、记账、“打路条”（外出时个人成分证明）等。上半年，全县有识字夜校113所，6626人参加夜校学习，其中成年男子3196人，妇女2110人，儿童1320人，民校教师113人。教材由县委宣传部编印，分农民、妇女、民兵三类，成人课本分甲、乙两种，由学员根据自己文化程度选读，教师自选党报、刊物文章、“庄户字”等作为补充教材。民兵增加学习“三大纪律”“八项注意”。是年冬，响应全国教育会议提出的“全国进行识字教育”的号召，结合农村减租减息的政策教育，继承革命老区的民众识字小组的传统，成立县冬学委员会，鼓励广大农村兴办冬学，泰平区、泰东北区、泰东南区普遍举办农民冬学。入学对象以农会干部和有组织的群众为主，农村20—35岁的男女青年为数最多。全县计有成人识字班43班，1857人参加学习，其中妇女693人。办学经费由各村农会、妇女会自行解决。当地小学教师义务兼任教学。

1950年，县人民政府按省人民政府颁布的《关于1950年农村冬学实施办法》，由政府、学校、群众团体负责人组成各级冬学委员会，加强对冬学的领导与管理。是年，全县有5314名成年男女农民及失学儿童参加冬学学习。

1951年3月16日，县人民政府召开全县中小学校长会议，研究搞好民校工作，并从各区抽调517名完全小学教师组成教育工作队，各区文教助理员任组长，巡视检查冬学办学情况。是年春，全县计有冬学学员4083人，其中罗阳镇293人，罗阳区558人，泗溪区1738人，仕阳区600人，百丈区497人，大安区397人。冬学办学经费主要来自地方公产、反霸斗争果实、群众捐募、学员劳动生产收入等。

1952年1月，各区、乡举办冬学教师（民师）训练班，全县500人参加学习。各地小学教师下村辅导，帮助民师制订教学计划。11月，成立县扫盲工作委员会，各区配备3名专职扫盲教师，分片包干负责，并经常抽调各区扫盲专职教师组成全县性扫盲工作队，分点巡视教学。是年，全县有冬学985所，民师1777人，其中受过培训的民师有1085人，学员22478人，其中女学员6107人。是年冬，大部分冬学转为常年民校，成为比较正规的农民业余文化学校，配备专职校长管理民校教学、经费等事宜。实行“农闲集中学，农忙分散学”和“农闲多学，农忙少学，大忙放假”的办学方针。民校分设初级班（扫盲班）和高级班，初级班开设识字和算术两科，三年结业；高级班开设语文、算术、政治三科，二年结业。

1953年1月，举办全县民师骨干培训班，349人参加学习。县人民政府提出“以民教民，就地取材”的民校工作方针，多渠道多层次培训民师，广泛发动互助组记工员、中小学毕业生担任民师。是年春，开办民校194所，学员5702人。11月，三魁、百丈二区率先开办速成识字法实验班，各班设组长1人，教师2人，辅导员4人。学员的主要对象是农村干部、共产党员、青年团员、民兵、互助组组长，以40人以上为班，学习期限104天。1954年4月开办夏学扫盲班，学习时间为3个月。是年，全县夏学87个班，学员2394人，民师262人。

1954年，县文教局配备扫盲专职干部，各区分设扫盲中心校长1人。扫盲班设政治时事、语文和农业常识三门课程。是年，全县有扫盲班183班，学员3636人，其中女学员917人，专职教师15人，达到扫盲标准的毕业生223人。业余高小一个班，学员32人，教师2人。1955年，全县青壮年农民文盲、半文盲68015人，占青壮年农民（包括妇女）总数的85.4%。县人民政府针对文盲众多的现实，决定以农业生产合作社为基础，利用“民教民”的方法，由文教局具体负责，发动小学四年级以上的学生给不识字的家人、邻居包教保学，运用送字上门等形式加快扫盲速度。是年冬，全县有扫盲班489个，学员5968人，其中妇女1143人，高小一个班，学员87人，初小班（组）学员26407人。以“学以致用”为原则，由专职教师自编《记工识字课本》为主要教学内容。

1956年，经县人民政府全面动员，农村扫盲运动蓬勃开展。全县各地以互助组或初级农业合作社为单位开办民校，成立扫盲协会（小组），实行“不忙多学，小忙少学，大忙放假”的原则，坚持常年学习，全县有民校1190所（组），学员23899人，文化村37个。1957年，发动四年级以上学生开展“一人扫一盲”、争取年内扫盲毕业10000人的全民运动。1958年1月，芦西民校的蓝家呈，垟溪民校的苏尾菊，模范民师吴自杰、陈光文，工农教育干部林在秩等人参加浙江省文化方面社会主义建设先进集体和先进工作者代表大会。泰顺县农民业余教育受到省人民政府嘉奖。

1958年，县人民政府对农民教育提出“小忙多学，大忙也学，有空一定学”的口号，全县掀起人人要“读百本书，写一万字”运动。根据不同的生产季节和生产特点，开展多种形式学文化活动，强调教学形式和内容随生产变化而变化。农忙时就分散到小组学习，工地学，山岗学，田头学，放下农活就学习。是年，全县扫盲7951人。全县青壮年农民51365人，入学26014人，入学率52%。

1960年7月，成立县业余教育委员会，下设办公室，由县文教局具体负责业余教育工作，各公社成立相应组织。各公社中心小学配备了业余教育辅导员或专职教师，以民校为阵地，以贯彻中央关于农业工作的十二条政策、推广田间管理技术当作教材。各地按不同生产季节和农活，以政治为中心，以推动生产为目的，举办田间读报组、“星期学校”、短期专业训练班、牧童班、妇女班、农村干部专业班。在当时文化氛围的感染下，目不识丁的老农民也开始“学官话”（普通话）

1962年，各区扫盲干部兼任各区中心小学副校长，专管全区扫盲和业余教育工作，并将业余教育工作列入小学日常工作之一，扫盲任务由此全部落实在小学。学校的扫盲任务由小学教师分村包干负责，白天在学校上课，晚上下村教民校。民校经费包括民师用的课本、教学参考书、粉笔、纸张和学员上课用的灯油、添置黑板等开支，一般在生产队公益金中开支或由生产队补贴一部分，学员自筹一部分予以解决。

1963年，县文教局对全县业余教育专职干部进行调整，配备一批骨干教师充实业余教育队伍。为减轻小学教师的过重负担，采取“以民教民，能者为师”的办法，大量培训当地识字农民担任民师。强调业余教育为“三大革命运动”服务，教育内容要坚持政治、文化、技术教育相结合，要求85%的生产大队办业余学校。

1964年，全县民校450所，入学7650人，夜小学102所，入学1169人，常年坚持学习近1000人。1965年，民校663所，农村青壮年入学8770人。

1966—1970年，农民业余教育停顿，农村文盲率回升。

1970年下半年，农村逐渐恢复民校。

1979年12月，恢复县工农教育委员会，全县各区、公社配备专职工农业余教育干部58名（区级6名，公社级52名）。贯彻国务院扫盲教育指示，各小学举办业余夜校，入学对象为12—25周岁的农村青少年、党员、生产队队长以及社队创办企业的青年职工。坚持“农闲多学，农忙少学，大忙放假，忙后复课”的原则，农民业余教育稳步发展。是年，全县文盲、半文盲总数74735人，入学人数35245人，入学率为47.1%。

1981年，全县12—40周岁失学农民19933人，其中12—15周岁学龄儿童5743人，16—27周岁文盲半文盲农民1478人，28—40周岁文盲半文盲农民12712人。全县开办常年性、季节性各种民校476个班，入学人数9683人，其中业余高小班37个班，575人，业余初中班3个班，125人，技术学习班8个班，472人。常年夜校165所，3385人参加学习。新山、岩上两个公社实现了无盲社，包垟、莒江、百丈三个公社达到脱盲标准，32个公社脱盲率达到60%以上；66个大队扫除了文盲，全县计扫盲5500人。是年，区文教组配备一名业余教育专职干部，每两个公社设一名专职干部，各公社业余教育工作由公社中心小学校长负责，教学内容密切结合农村的实际需要，采用省编农民业余课本，小学教师兼任教学工作。

1982年，业余教育在扫盲的基础上，举办业余高小班，做巩固提高工作，防止复盲，并且充分发挥公社农科所、农技站和四级科技网的作用，大力发展农业技术教育。全县参加文化技术学习的农民有2738人，其中常年民校5所，在校学员1113人；季节性民校45所，在校学员778人；初等农业技术班8个，在校学员96人；短训班3个班，在校学员46人；分散识字，包教保学、定期脱盲等形式的学员705人。全县脱盲530人。

1984年，全县举办农民夜校116所，161个班，入学总人数3215人，其中扫盲班86个，在校学员1742人；高小班37个，718人；初中班10个，186人，初等农技班18个，412人；其他专业班10个，157人（包括裁缝班，养殖培训班、文艺班等）。春节前后经县考核验收发证，全县扫盲528人。

1985年，经验收达到基本无盲的有岩上乡、包垟乡和罗阳镇。1986年，全县农村少年、青年和壮年中文盲半文盲人数有32249人，文盲半文盲率达26.38%，其中12—15周岁的文盲半文盲3406人，占该年龄段总人数的13.4%。

1987年12月，经验收，百丈镇、莒江乡等9个乡达到无盲乡（镇）标准。县教委根据上级指示精神，结合泰顺实际，制定了1988年《扫盲验收细则》。

1988年，全县各地坚持以业余学习为主，鼓励自学，解决好农学矛盾，利用长期学习、短期培训、业余学习、脱产、半脱产学习等方式达到扫盲目标。经省级验收，后章、峰文、月湖、黄桥、碑排、秀涧、翁山等25个乡（镇）基本达到无盲标准。

1990年是国际扫盲年。全县完成1736名青壮年扫盲任务。59个乡（镇）已达到脱盲标准，15—40周岁总人数的非盲率达90%。

1991年，继续贯彻国务院《扫除文盲工作条例》，各乡镇政府和教育管理委员会按“两个基本”要求，统筹规划，制订扫盲工作实施意见，堵住新文盲的产生，扫除剩余文盲，农村广大小学教师暑假参加扫盲工作。全县举办124个扫盲班，青壮年农民2220人参加脱盲学习。经县评估组验收，1843人脱盲，其中妇女1181人。

1992年，全县扫除青壮年农民文盲1594人，15—40周岁人口非盲率达到90%以上。

1994年，全县举办123个扫盲班，1708人参加扫盲学习，1654人脱盲，非盲率达到94.4%。

1995年，全县举办198个扫盲班，在学青壮年农民3614人，经文化考试，发证脱盲1550人，待考2000人，非盲率提高到95.02%。非盲率达到95%以上的乡镇23个。

1996年，县委、县人民政府依据国务院《扫除文盲工作条例》，进行全民动员。中小学教师不计报酬，积极参加扫除文盲宣传、建立档案、办扫盲班和教学工作。全县38个乡镇掀起“扫盲大决战”高潮。举办124个扫盲班，入学2655人。创建成人学校38所，372个村级教学点，青壮年非盲率达到96.1%；15周岁人口的文盲率为0.4%；县、乡（镇）、村三级成人管理网络基本形成。是年10月，省人民政府扫盲评估验收组根据扫盲验收标准、方法和程序，通过听、查、看、考、访等形式，对泰顺县扫盲工作几项主要指标进行全面核实检查。评估、检查结果认为泰顺县扫盲的几项主要指标已达到国务院颁布的《扫除文盲工作条例》和国家教委规定的《基本扫除青壮年文盲单位的标准》，通过验收。

第二节　农民实用技术培训

1982年6月23日，全县常年民校代表座谈会召开，会议总结1979—1982年农民业余教育的工作，并确定以后工作的重点：农民业余教育要为农业现代化服务，农民业余教育必须实行文化、科技、政治三结合，对农民的教育要和经济利益联系起来，农民业余教育要从提高农民的文化技术水平出发，从发展农业生产出发，从农业的经济利益出发。从此，农民教育从识字教育逐步转向实用技术培训。

1986年，苏家坑农民业余技术学校创办。首期举办水稻栽培培训班，接着举办家禽家畜饲养和裁缝等各种类型培训班32期，2000多人次参加培训。

1988年，县农村青壮年实用技术培训指导小组成立，开始扭转农村技术培训缺乏合作、力量分散、缺乏系统领导、各自为政、零打碎敲的局面。从农村当地实际需要出发，大力发展多门类、多层次、多规格、多种形式的农村成人职业技术教育。

1989年，全县创办3所成人教育中心，578人参加学习。

1991年，创办成人文化技术学校3所，成人教育中心学校8所，创办24个村级文化技术班，在文化、技术学校学习的青壮年农民1700人。

1992年，开展实用技术培训与扫除文盲相结合，提高农民的文化、科技素质。

1994年，举办成人文化技术学校23所，4189人参加培训。其中举办46个种植培训班，1600人参加培训；22个养殖培训班，567人参加培训；45个其他各类专业培训班，1240人得到不同专业技术的培训；29个文化提高班，634人参加学习；148人参加成人高中班学习，取得成人高中毕业文凭64人。

1995年，各类农村实用技术培训班305个班，学员达2.4万人次。

1996年泰顺县通过省级扫盲评估验收后，积极组织已脱盲或半文盲的青壮年农民，以成人文化技术学校为阵地，以实际、实效、实用为宗旨，发挥农业、科技、教育部门的优势，举办以种植业、养殖业和加工业为主的培训班246期，4026名脱盲学员参加培训。举办青梅、板栗、花菇、茶叶、稻田养鱼等18个种类的实用技术培训，把扫盲与学习科学技术结合起来，既巩固了扫盲成果，又为脱贫致富服务。岭北乡、包垟乡、莒江乡已分别成为花菇、青梅、蔬菜基地。岭北乡仅花菇收入一项就使81%的农户人均收入增加3000元。是年，全县举办种植业培训班67个班，3417人参加培训；养殖业培训班16个班，605人得到培训；其他专业技术（包括糕点制作、成衣、刺绣等）32个班，8780人得到培训。

1998年，全县开展以“一优两高”（优质、高产量、高效益）为主线开发性农业为重点的实用技术培训，受培训人数达1.7万人。以学历教育为主的农村成人教育在全县各地全面展开。

1999年，举办农民科学技术知识培训班280期，接受培训12000多人，培训内容有名茶加工、蔬菜栽培、低产毛竹改造和山羊养殖等。农业函授大学培训631人，626人取得“绿色证书”。

2000年，全县有乡镇成人文化技术学校36所，村级教学点467个；以乡镇技校为龙头，扩大村级办学点的农村成人教育。举办农村实用技术培训218期，20128人参加培训。农村劳动力素质的提高，为农民增收，农业增效，农村经济的发展起到积极作用。

2001年，以乡镇文化技术学校为阵地，走农、科、教相结合的路子。通过举办扫盲学习班、农村实用技术培训班、农村干部文化补习班等形式，青壮年非盲率达到99.4%；广泛开展种植业、养殖业和副产品加工培训，接受培训达2.5万人次；县教委配合县委组织部在罗阳、司前、三魁、仕阳四片对184名农村干部进行高中学历培训。

2002年，广泛开展扫盲工作和种植业、养殖业副产品加工培训，全年共举办农村实用技术培训293期，2.3万人次受训。是年，第二期农村干部高中学历文化补习班学员156人。

2003年4月，县委、县人民政府实施以提高农民劳动技能来增加农民收入的“农民知识化”工程。举办种植、养殖、竹木加工、美发美容、家政服务、家电维修技能培训班。

2004年4月，按照省教育厅转发教育部关于印发《关于农村劳动力转移培训计划的通知》精神，开展农村劳动力转移培训。县技校共开展12个工种17期培训，615人参加学习，其中获劳动技能等级证书387人，技术等级证书202人，结业证书26人，获证率达100%，就业615人，就业率100%。县教育局、县劳动局等部门配合农民知识化工程的实施，为100多名农民进行“双百工程”学历培训。2004年12月统计，全县累计完成农业实用技术培训48636人次（16208人），劳动技能培训14244人，学历培训2322人，劳务输出8747人（其中79人输送到俄罗斯，21人输送到日本）。

2006年7月17日，浙江科技学院泰顺教学点举行毕业典礼，100多位农民拿到了大专文凭。是年，县农民知识化工程按照“提升农民、减少农民、富裕农民”的思路，坚持以市场需求为导向，以促进农民增收和服务于新农村建设为目的，深入实施“百千万就业工程”（百名大学生就业、千名农村劳动力纯转移、万名农村劳动力素质提升）全力推进农村劳动力素质培训工作县委、县人民政府及时调整充实领导小组，全年共投入资金430.8万元，按劳动力人均投入近300元，为工程稳步推进提供了资金保障。县人民政府制定《泰顺县农村劳动力素质培训工程财政补助资金管理办法（试行）》和《泰顺县农村预备劳动力培训基地管理暂行规定》，对培训资金的使用进行规范化的管理，进一步健全工作机制，加大培训力度，全年共完成各类培训14116人，其中农业专业技能培训3157人，农民转移就业技能培训9227人，务工农民岗位技能培训834人，农村预备劳动力培训898人。通过各种形式的培训后转移就业8245人。全县设置了经纪人、餐厅服务、农家乐服务、文秘、服装制作等十多个技能专业供农民自主选择，使培训工作能真正体现按农民所需、市场所需、企业所求、学以致用。

2008年以后，农民教育实行多元化的社区教育。

第三节　社区教育

泰顺社区教育始于2007年，是年12月泰顺社区学院经市教育局批复挂牌成立。泰顺社区学院依托省广播电视大学泰顺工作站办学，与省广播电视大学泰顺工作站实行两块牌子一套班子合署办公。社区学院院长由县教育局分管副局长兼任，常务副院长由电大校长担任。县教育局教育科、电大等相关人员组成院务委员会，具体负责实施全县社区教育工作。2008年9月，经县教育局批准，建立罗阳镇等7个乡镇社区学校，其中罗阳镇社区学校成为泰顺首个市二级社区学校。是年，围绕“建章立制、健全机构、建设队伍、设施建设、加强管理”的工作要点，制定一系列规章制度，开展各类社区教育活动200多人次。

2009年4月，创建百丈镇等14个乡镇社区学校；9月，创建罗阳镇鹤祥等3个社区分校；11月，罗阳镇北城社区分校成立；11月23日，泰顺社区学院、筱村镇社区学校顺利通过市二级学院和二级社区学校评估验收，罗阳镇社区学校通过市一级社区学校评估验收。12月，全县等级社区学校达3所，其中市一级1所，市二级2所。是年，召开社区教育经费落实协调会，县人民政府决定每年下拨35万元，作为社区教育专项经费。同年，社区学院成立社区教育专职干部队伍，其中讲师团20人，志愿者25人，开展心理健康讲座、计算机应用能力培训、师资队伍培训、学历培训、各种岗位培训、创业培训等达1533人次。

2010年，社区学院进一步明确指导中心、信息中心和培训中心及理论研究职能定位，围绕“县三级网络建设、社区教育提质扩面、特色培育”为目标开展各项工作。全县36个乡镇先后建立起26所社区学校和4所社区分校，逐步形成县、乡（镇）三级社区教育网络。是年，筱村镇社区学校通过市一级社区学校评估验收，西旸镇社区学校、罗阳镇北城社区分校通过市二级社区学校（分校）评估验收。社区学院全年（学校）培训人数达1200多人次。

2011年，根据《温州市社区教育发展十二五规划》，结合泰顺实际，制订《泰顺县社区教育发展十二五规划》，进一步明确“十二五”期间社区教育的主要目标和任务。是年，新建飞云湖社区分校1所，新增等级学校3所。罗阳镇社区学校通过市示范性社区学校评估验收。罗阳镇北城社区分校通过市一级社区分校评估验收。泗溪镇社区学校通过市二级社区学校评估验收。

2012年，按照全县乡镇总体规划调整和城乡统筹发展要求，调整社区教育网点布局，将原来确定的36所社区学校调整为10所社区学校，重新构建县三级社区教育网络。调整后，全县共有社区学院1所，社区学校10所，分校12所，其中新建分校6所。全县上等级社区学校（学院、分校）8所，其中市级示范社区学校1所，市一级社区学校（分校）2所，市二级社区学校（学院、分校）5所。新增等级社区分校2所（百丈镇飞云湖社区分校、罗阳镇西城社区分校）。全县社区教育专职教师67人，兼职教师368人，志愿者600多人。教师涉及县职业、教师中心和成人教育中心的专业课教师、工艺美术师、各行各业专业技术骨干、民间艺人、五老人员等。是年，县社区学院先后组织3次专题培训，培训人数达800多人次。是年，泰顺社区学院、罗阳镇社区学校、筱村镇社区学校、泗溪镇社区学校、罗阳镇北城社区分校被评为温州市2012年度数字化学习社区优胜单位。

第四节　成人高等教育

一、自考成考

1984年4月，县干部、职工高等教育自学考试工作站成立，其任务是负责接纳考生报名，主持考试，承办省自学考试办公室布置的有关自学考试等事宜。凡常住户口在境内的公民，除全日制学校和省政府批准、教育部门同意备案审定的各类成人高等学校的在校生外，均可申请报考，高等教育自学考试不受年龄、学历限制。在职人员按学用一致的原则选择对口专业考试。自学考试学历分别为大学本科、专科和基础科。是年，泰顺考点自学考试设有本科、专科和中等专业三个层次，31个专业。44人参加考试，平均合格率69.4%。

1993—1998年，全县成人高校累计报名1170人，录取499人。

1997年，县高等教育自学考试办公室成立，与县教委招生办公室合署办公。

2001年，成人高校报名1264人，录取709人，创历史新高。

2002年，全县高等教育自学考试报考3398人次，8145科次，通过自考取得大专、本科毕业证书90人。

至2010年，高等教育自学考试专科和本科有行政管理学、汉语言文学、法律、行政管理学、数学教育、中医学、汉语言文学教育、秘书学、新闻学、英语教育、公安管理、护理学、市场营销、音乐教育、英语语言文学、会计、心理健康教育、教育学、体育教育、计算机信息管理、药学、思想政治教育、金融、计算机及应用、律师、计算机通信工程等30多个专业。

2011年，参加自学考试人数244人，报考科次507科，实考科次200科，实考率39.45%，合格92科次，合格率46%。

2012年，报考人数186人，383科次，实考187科次，实考率48.53%，合格93科次，合格率49.73%。

二、广播电视大学

浙江广播电视大学（简称“电大”）泰顺分校是县内唯一的地方高等教育基地，其主要任务是培养当地以大专学历为重点的各类应用型人才，进行多层次、多规格、多形式的高等教育、继续教育、终身教育和各类培训。1983年4月，省教育厅、省广播事业局批准泰顺成立浙江电大泰顺工作站。7月，由县人民政府发文正式成立，隶属县委宣传部管理，租用罗阳镇南外跑马坪2号为校址。教职工6人，负责人张超飞。当月开始招生，招收电气工程、党政管理专业计65人。1986年毕业21人。

1984—1996年，共开设电气工程、财会、文史、党政管理、法律、档案管理、政史、金融、审计、经济法、农学、汉语言文学、农村金融小学师资教育、计算机信息管理、公共事业管理等16个专业，计培养大专学员583人。

学校自开办至1997年，先后租用跑马坪、霞阳路、东大街等5处民房为校舍。学校筹措资金61万元，购置跑马坪2号民房。从此结束长期达14年的游击办学状况。

1999年，学校招收学员211人，在校学员达281人。

2000—2005年投入资金150万元，先后建立计算机中心1个，多媒体教室5个，控制中心2个。卫星地面接收站2座，建立起与因特网、电大专用网、浙江大学远程教育网等相连接的三大网络

2001年11月，成立浙江大学远程教育泰顺学习中心，春秋两季面向全县招收本科学员，毕业后发给浙江大学远程教育毕业证书。2002年，招收浙大远程教育本科35人。

2004年，县委、县人民政府确认县电大为农村劳动力素质培训基地，负责农村劳动力素质学历教育培训工作。

2005年，成立浙江泰顺奥鹏学习中心，利用“菜单式目录”，由学员在网上自主选取院校和课程，进行本科学历远程教育。2006年，招收奥鹏学习学员31人。

2007年，经市教育局批复，学校增设社区学院，负责全县社区教育工作。

2008年上半年，招生73人，学历教育在校生193人。学校自开办至本年累计已培养大专毕业生1536人，中专毕业生212人，职业培训2400多人次。是年8月，中共泰顺县委、县人民政府整合成人教育资源，学校合并到县成人教育中心，搬迁到石龟背新校园，并设立学历培训科和招生办公室。

2009年，春季招生106人，秋季招生200人，全年招生306人，比上年增加233人。12月21日，省电大批准泰顺工作站升格为省广播电视大学泰顺分校。是年，按照县教育局《关于实施泰顺县幼儿园教师学历提升工程的通知》精神，招收大专学历学前教育专业24人。11月，县委组织部、县农办、县教育局、县财政局联合下发《关于实施“一村（居委会）培养一名大学生计划”的通知》。2010年春季，学校开始实施“一村一名大学生计划”，开设农村行政管理、茶叶生产加工技术等专业，首届招收农村行政管理专业20人。

2011年，参加幼儿园教师专科学历教育36人，参加不同学科的福建师范大学本科学历教育42人。

参加奥鹏本科学习的学前教育人数逐年增加。是年，电大开放教育招生107人，浙大远程教育招生425人，奥鹏教育招生42人，合计577人。

2012年，开放教育招生110人，浙大远程教育招生52人，奥鹏远程教育招生42人，学前大专学历教育招生36人，超额完成学年招生任务。

电大泰顺工作站历任站长（负责人）：陈酉孙（1983.7—1984.7）、蔡福同（1984.7—1998.12）、章云焕（1999.3—2000.7）、张超飞（2000.8—2008.7）、吴学彬（2008.8—2012.12续）。

附录九：成人教育机构选介

泰顺县芦西民校

泰顺县司前区黄桥乡芦西村，地处高山，土地贫瘠，离县城46公里，交通阻塞，文化落后，有“泰顺西伯利亚”之称。1949年，全村42户，149人（男86人，女63人），95%以上是文盲，80%以上男女青壮年目不识丁。

1947年8月，芦西村的4名中共党员发动群众，暗中组织农民成立识字小组，参加学习的有十余人。学习中共政策和文化知识。1949年5月，泰顺山城解放。芦西村成立常年性民校，66人参加民校学习，根据不同文化程度，分设2个教学班。

1951年，根据“农闲多学、农忙少学、大忙不学”的办学原则，结合当地实际情况，农会对全村青壮年进行摸底调查排队，针对不同家庭条件和文化水平，采取自愿报名，分组编班进行教学。开设语文、算术、珠算等科目，并兼学农村应用文，政治时事课集中上，隔周上一次，由农会干部主讲。家务重的妇女只学语文、珠算两门课。

芦西民校自办学起至1957年春，全村达到高小毕业程度的21人（4人担任民师），识字500个以下15人，其余均达扫盲标准，并培养出人民教师、信用社和区粮管所干部共4人。芦西民校取得成绩，被人誉为“铁民校”，县人民政府多次授予“无盲村”“文化标兵”等光荣称号。

1956—1960年，芦西民校三次荣获省“社会主义建设先进集体”“扫盲先锋”的奖旗；连续四个年度荣获温州地区“扫盲先进单位”的光荣称号。《浙江日报》头版以《深山里的无盲村》为题、全国刊物《工农教育》以《扫盲战线上的火车头》为题，详细介绍芦西民校的创办经过和取得的成绩。

泰顺县成人教育中心

2008年3月，由县教育局教育教学研究室、县教师进修学校、县电大工作站、县卫生进修学校成人教育部分合并组建成县成人教育中心（简称“成教中心”），实行四块牌子一套班子合署办公，人、财、物统一管理，内设办公室、师训科、学历培训科、卫生培训科、总务科5个科室，吴学彬任主任。成教中心承担五个方面基本职能：教育教学研究和指导、教师培训、卫生从业人员培训、学历提高培训、政策咨询和服务等职能。址设罗阳镇东大街152号（原县技工学校址），占地面积6707平方米，建筑面积4280平方米。

2012年，全面实施教师专业发展培训，开设学前教育、小学数学、小学语文、小学英语、初中语文、初中科学、初中英语、初中社会与历史、中小学英语9个学科90学时县级培训项目，培训总人数724人，年度完成率占教师总数23.87%。完成全县298名教师2011学年度国家、省、市级中小学幼儿园骨干级园长、骨干教师培训任务计190人（其中国培23人，省培41人，市培126人）。先后开展中小学信息技术、中小学体育、中小学心理健康、中小学科学、初中数学5个学科素养提升行动主题培训受训人数487人。组织全县教师学科素养提升行动首轮考核工作，2300名教师参加考试，参考率达98%，优秀人数338人，合格人数1962人。

在学历教育工作上，开放教育、奥鹏远程教育、浙江远程教育齐头并进。是年，共招新生185人，同比增加15人。学历教育在校生472人，其中开放教育专科248人，奥鹏远程本科95人，浙大远程本科129人。

第八章　少数民族教育

第一节　少数民族人口分布

泰顺是多民族杂居的山区县。据2010年全国第六次人口普查数据，全县有25个民族，各少数民族人数分别如下：蒙古族14人，回族9人，藏族1人，苗族88人，彝族13人，壮族23人，布依族25人，朝鲜族3人，满族21人，侗族90人，瑶族24人，白族5人，土家族41人，哈尼族4人，傣族2人，黎族49人，傈僳族4人，佤族6人，畲族18310人，拉祜族1人，水族26人，仫佬族1人，毛南族4人，仡佬族7人。全县各少数民族总人口18771人，占全县总人口36.05万人的5.2%左右，其中，畲族总人口18310人，占全县总人口的5.1%，其他24个少数民族总人口461人，占少数民族总人口的2.5%。

1984年，司前乡6个行政村83个生产队，总人口4075人，其中畲族人口1921人，占全乡总人口47.20%。是年3月28日，县人民政府批准同意恢复司前畲族乡建制。1990年，司前畲族乡畲族人口1797人，占全乡总人口36.60%。1992年，全县撤区、扩镇并乡，原里光乡并入司前镇，设司前畲族镇为建制镇。是年全镇总人口11232人，畲族人口2669人，占全镇总人口的23.80%。

1985年，竹垟乡（竹里乡）5个行政村，总人口3184人，其中，畲族人口953人，占全乡总人口30%。是年，省民政厅批复同意将泰顺县司前区竹垟乡改建为竹里畲族乡。

县内少数民族大多居住在高山、远山、深山。少数民族人口千人以上的有罗阳镇、仕阳镇、彭溪镇等3镇。少数民族人口占全村总人数30%以上的民族村有40个，民族自然村有128个。

2011年，全县区划大调整，全县调整为九镇一乡，其中，保留司前畲族镇和竹里畲族乡。司前镇畲族人口2785人，占全镇总人口的18%；竹里乡畲族人口1100人，占全乡总人口的33%。

第二节　少数民族教育发展概况

1949年春，全县畲族人口7000余人，其中小学毕业生10人，初中毕业7人，无高中毕业生。

1950年下半年，司前左溪和垟斜民族村创办畲族初级小学。1956年，在畲族人口较为聚集的司前筱条村，仕阳的桥底、坑原底，龟湖的北岭村和彭溪的玉塔村等创办了少数民族（畲族）小学。

1958年，罗阳镇江家山民族村创办江家山民族完全小学，开设小学各个年级，学生120人，教师7人。畲族学龄儿童全部入学。同时，创办了朱家山、樟树垟、黄砂坑、南岗村5所民族初级小学。

1980年，县人民政府设立“少数民族大学新生奖学金”制度，按考上重点大学1000元/人、本科500元/人、专科300元/人的标准，对考取高等院校的本县少数民族学生进行奖励（1980—2003年，累计发放奖学金10万元）。

1984年，泰一中设民族高中班，降分录取少数民族初中毕业生，集中培养少数民族学生。2003年8月，全县考取各类大学的少数民族新生27人。8月，市民族宗教局支持泰顺县民族中学开办1个民族班，招收泰顺籍少数民族小学毕业生50人，并给每生每学期补助费500元。是年，全县在读的少数民族大学生76人，中专生428人。

1999年12月，由县财政拨款11.7万元减免全县1668名畲族小学生学杂费，每生70元。

2003年，县人民政府安排12万元的补助经费，对全县1569名小学生的学杂费实行全额减免。

2004年8月3日，市少数民族联谊会组织会员企业到司前镇帮扶助教，捐助司前畲族镇中心小学5.8万元，帮助改善办学条件。是年，竹里乡少数民族小学并入司前畲族镇中心小学。2004学年度全县少数民族中小学生杂费补助金共计22万元，补助对象2397人，其中，小学生1512人，每生补助70元，计105840元。

2005年3月4日，县民族宗教局、县财政局下发的《关于下达2004学年少数民族中小学生杂费补助金的通知》决定，2004学年度全县少数民族中小学生杂费补助金22万元，其中补助初中在校学生756人，每生补助120元，计90720元；高中在校生129人，计补助23440元。各有关学校按照分配金额，酌情补助家境贫困品学兼优的少数民族学生。

2008年，全县32名少数民族学生考上大学，其中，重点大学1人，普通高校9人，大专22人。县民族宗教局提高了该奖项金额，重点大学2000元/人，普通高校本科1000元/人，专科生奖学金500元/人。

2009年，全县34名少数民族学生被高校录取，其中考上重点大学3人，分别按不同档次予以奖励。

2012年，全县少数民族在校小学生977人，初中生528人，高中生331人。

2004学年度全县少数民族小学生杂费补助分配表

表8-2-1

学　校	学生数	补助金额（元）	学　校	学生数	补助金额（元）
罗阳镇小学	99	6930	泗溪镇小学	20	1400
罗阳镇二小	46	3220	横坑乡小学	4	280
实验小学	57	3990	凤垟乡小学	1	70
新城小学	26	1820	彭溪镇小学	101	7070
育才小学	13	910	月湖乡小学	15	1050
南院乡小学	27	1890	峰文乡小学	6	420
仙稔乡小学	73	5110	雅阳镇小学	95	6650
岭北乡小学	25	1750	松垟乡小学	31	2170
司前镇小学	290	20300	柳峰乡小学	53	3710
黄桥乡小学	1	70	仕阳镇小学	182	12740
百丈镇小学	32	2240	龟湖镇小学	27	1890
包垟乡小学	6	420	万排乡小学	9	630
筱村镇小学	39	2730	雪溪乡小学	25	1750
新浦乡小学	19	1330	东溪乡小学	14	980
联云乡小学	1	70	三魁镇小学	52	3640
翁山乡小学	3	210	西垟镇小学	36	3520

续表8-2-1

学　校	学生数	补助金额（元）	学　校	学生数	补助金额（元）
筱村镇二小	55	3850	垟溪乡小学	8	560
下洪乡小学	3	210	三魁镇二小	8	560
洲岭乡小学	8	560	合计（38）	1512	105840
大安乡小学	2	140			

2012年全县在校少数民族小学生数统计表

表8-2-2

乡镇名	学校名称	在校学生数	其中少数民族学生数	少数民族学生数占全校学生总数%
罗阳镇	全镇合计	3958	188	4.75
	罗阳镇中心小学	2148	96	7.69
	罗阳镇第二小学	1092	53	4.85
	南院中心小学	103	2	1.90
	仙稔中心小学	95	21	22.10
	岭北中心小学	33	11	33.30
	下洪中心学校	388	2	0.52
	洲岭中心小学	99	3	3.03
司前畲族镇	全镇合计	958	272	28.30
	司前镇中心小学	958	272	28.30
百丈镇	全镇合计	161	5	3.11
	百丈镇中心小学	25	5	20.00
	包垟中心学校	136	—	—
筱村镇	全镇合计	1200	24	2.00
	筱村镇中心小学	236	3	1.27
	筱村镇第二小学	523	15	2.87
	新浦中心小学	222	6	2.70
	联云中心小学	86	—	—
	翁山中心小学	133	—	—
泗溪镇	全镇合计	1883	32	1.70
	泗溪镇中心小学	980	20	2.04
	泗溪镇第二小学	248	1	0.40
	凤垟中心小学	224	—	—
	九峰中心小学	94	—	—
	横坑中心小学	138	2	1.45
	东溪中心学校	199	9	4.52
彭溪镇	全镇合计	761	53	6.96
	彭溪镇中心小学	572	51	8.92
	月湖中心小学	147	2	1.36
	峰文中心小学	42	—	—
雅阳镇	全镇合计	1509	104	6.89
	雅阳镇中心小学	1361	60	4.41
	松垟中心小学	107	4	3.74
	柳峰中心学校	414	40	9.66

续表8-2-2

乡镇名	学校名称	在校学生数	其中少数民族学生数	少数民族学生数占全校学生总数%
仕阳镇	全镇合计	1723	123	7.14
	仕阳镇中心小学	922	104	11.28
	仕阳镇第二小学	220	1	0.45
	龟湖中心学校	353	17	4.82
	雪溪中心小学	175	—	—
	万排中心小学	53	1	1.89
三魁镇	全镇合计	1892	28	1.48
	三魁镇中心小学	1080	21	1.94
	三魁镇第二小学	148	—	—
	西旸中心小学	281	5	1.78
	大安中心学校	237	1	0.42
	垟溪中心学校	146	1	0.68
实验小学		2408	69	2.87
育才小学		1811	50	2.76
新城小学		1163	29	2.49
合计		19427	977	5.03

2004学年度全县少数民族中学生杂费补助分配表

表8-2-3

学　校	学生数	补助金额(元)	学　校	学生数	补助金额(元)
城关中学	114	13680	玉西中学	1	120
育才中学	9	1080	柳峰中学	30	3600
罗二中	80	9600	龟湖附中	14	1680
民族中学	168	20160	东溪附中	7	840
泰二中	11	1320	西旸中学	17	2040
泰三中	24	2880	下洪附中	2	240
泰四中	107	12840	大安附中	1	120
泰六中	54	6480	垟溪附中	3	360
泰七中	51	6120	洲岭附中	2	240
泰八中	35	4200	南院附中	7	840
新浦中学	15	1800	新城附中	4	480
			合　计	156	90720

2012年全县中学在校少数民族学生统计表

表8-2-4

校　　名	在校学生总数	在校少数民族学生数	少数民族学生占全校总数%	一年级少数民族学生数	二年级少数民族学生数	三年级少数民族学生数
下洪初中班	155	—	—	—	—	—
包垟初中班	76	2	2.63	0	2	0
柳峰初中班	106	14	13.21	3	6	5
龟湖初中班	176	11	6.25	5	6	0

续表8-2-4

校　　名	在校学生总数	在校少数民族学生数	少数民族学生占全校总数%	一年级少数民族学生数	二年级少数民族学生数	三年级少数民族学生数
大安初中班	149	—	—	—	—	—
垟溪初中班	30	3	10	1	2	0
实验中学	546	16	2.93	6	5	5
泰二中	837	14	1.67	5	3	6
泰三中	509	13	2.55	3	8	2
泰七中	763	40	5.24	16	11	13
泰四中	516	53	10.27	22	14	17
泰六中	427	31	7.26	7	11	13
泰八中	281	29	10.32	6	15	8
城关中学	1226	77	6.28	30	20	27
罗阳二中	1599	57	3.56	23	19	15
民族中学	494	122	24.70	52	34	36
新浦中学	138	5	3.62	3	0	2
西旸中学	122	2	1064	1	0	1
育才初级中学	1309	39	2.98	14	18	7
泰顺中学	1759	94	5.34	29	35	30
泰二中（高中）	430	15	3.49	3	5	7
泰三中（高中）	387	11	2.84	3	1	7
泰七中（高中）	299	14	4.68	2	3	9
城关中学（高中）	1422	81	5.70	28	30	23
职教中学	1247	67	5.37	18	22	27
育才高中	1903	49	2.57	13	24	12
合　计	16906	859	5.08	—	—	—

附录五：少数民族教育机构简介

竹里畲族乡中心小学

民国19年（1930），竹里村蓝瑞明等集资兴办竹垟初等小学校，借用民房为舍，聘周伯志、罗荣执教，开设《国文》《修身》等科目。因经济困难，学校时办时停。民国27年，何宅垟村办私塾，以“养贤田”为办学经费，学生60余人。民国35年，改为何宅垟村小学。

1951年，学校搬迁到水碓垟村，改为民办公助小学，校舍借用民房。1952年，学校改为公办。1953年，党和国家为发展少数民族教育事业，把学校办到畲族家门口，每年拨给畲族教育事业补助费，畲族子女全部免费上学。1958年“大跃进”期间实行大并校，水碓垟小学、石角坑小学并入何宅垟小学，学校改称竹里乡中心小学。全乡学龄儿童90%以上入学，少数民族学生和困难户子女全额免费。

1964年秋，学校搬迁到竹里村，校舍租用民房。1965年，县文教局拨款兴建竹里乡中心小学教室300平方米。“文化大革命”期间，学校受到冲击，上课不正常。1969年，学校成立革命领导小组，教师7人，5个教学班，学生120多人。学校开展学工、学农、学军，教学质量下降。

1970年，全校师生开展勤工俭学，学校8亩（5333.36平方米）茶园为师生劳动基地。1971年，根据“把学校办在贫下中农家门口”的指示精神，学校附设初中一个班，学生20多人。是年秋，新建教学楼泥墙倒塌，学校租用民房。1972年秋，重建砖木结构教室440平方米，师生搬回学校上课。1978年，附设初中班停办，学校实行校长负责制。1986年，县委和县委统战部拨款，修建竹里中心校教学楼。石坑、坑头、石角坑等村相继兴建校舍。

1990年，竹里小学开办学前班，招收幼儿20余人。学校以“勤奋、向上、文明、友爱”为校训，注重培养学生文明礼仪良好习惯，重视劳动教育，师生利用课余时间参加劳动，开辟十多亩板栗基地、茶叶基地，为学校增加收入，改善办学条件。1998年，学校有学生150余人，一至五年级5个教学班，教师14人。

2004年上半年，全校学生20人。9月，教育局根据山区教育发展的特点，将竹里乡中心小学并到司前畲族镇中心小学。

竹里畲族乡中心小学历任校长（负责人）更迭表

表8-2-5

姓　名	性　别	职　务	任职时间
蓝瑞明	男	校长	1930—1957
高　跃	男	校长	1958—1964
林成奎	男	校长	1964—1968
雷君土	男	校长	1969—1970
蓝永德	男	校长	1970—1971
杨炳楚	男	校长	1972—1975
钟传清	男	校长	1976—1981
罗式景	男	校长	1982—1985
胡传坦	男	校长	1985—1987
毛立考	男	校长	1987—1991.07
罗承超	男	校长	1991.08—1998.07
蓝永斌	男	校长	1998.04—2004.04

司前畲族镇中心小学

民国6年（1917），司前村陶荣先创办司前初级小学，址设陶氏宗祠。办学经费来源陶氏族田400担田租，学生大部分是陶族子弟。民国12年，小学易名为司前普育初级小学，学制4年，学生70余人。

1950年春，人民政府接管学校，司前初级小学改为民办公助五年制小学。学校办学经费除人民政府拨给部分补助经费外，主要来源仍是“学田”，学生免费上学。1952年，学校改为公办。1959年，改司前小学为百丈辅导区二部，担负全乡村校辅导任务。1966年，“文化大革命”开始，教育教学秩序受到严重的冲击。1970年秋，学校成立 “贫下中农管理小组”。1971年教师“回队任教”，实行工分加补贴工资制，接受贫下中农再教育。

1978年，中共十一届三中全会后，司前乡中心小学校风、学风、教风大有改观，教学质量逐步提高。1990年，学校担负着全乡9所村小的辅导任务。

1991年以后，周边的部分村校先后撤并到司前镇小。2004—2006年，竹里乡小、峰门乡小先后并到司前镇小。学校承担“一镇两乡”的小学阶段的义务教育任务，形成“片区集中办学，共享教育资源”的办学模式。针对学校所处的特殊地理位置，在全体学生中开展“保护温州大水缸——飞云湖”为主题的系列环境教育和实践活动。1993—2012年，投入400多万元进行硬件建设，校园环境焕然一新，办学设备日趋完备。

2012年，学校占地10320平方米，建筑面积4958平方米，22个班级，在校学生958人，其中少数民族学生272人，占28.3%，在岗教职员工65人，其中畲族教师17人，占教师总数26.2%。学校专任教师63人，具有小学高级职称23人。专任教师学历合格率为100%，大专及以上学历的教师为52人，占专任教师的82.3%。市教坛新秀2人、县名教师1人、县教坛新秀1人、市、县学科骨干教师4人。

学校先后获得市示范小学、市绿色学校、市教育信息化工作先进单位、市青少年思想道德教育先进集体等30多项荣誉称号。

司前畲族镇中心小学历任校长（负责人）更迭表

表8-2-6

姓　名	性　别	职　务	任职时间
陶荣先	男	校长	1917.9—1920.8
陶　沅	男	校长	1920.9—1933.8
饶　璋	男	校长	1933.9—1941.8
陶跃晨	男	校长	1941.9—1946.7
陶仲武	男	校长	1946.8—1949.12
陶毓挺	男	校长	1950.1—1950.6
陶毓健	男	校长	1950.7—1950.12
高启元	男	校长	1951.1—1951.6
高世彬	男	校长	1951.7—1954.12
夏宝勤	男	校长	1955.1—1956.12
夏立发	男	校长	1957.1—1958.12
翁哲平	男	校长	1959.1—1963.12
林成奎	男	校长	1964.1—1966.7
赖兆余	男	校负责人	1966.8—1967.12
赖兆夏	男	校负责人	1968.1—1968.7
赵汉局	男	校负责人	1968.8—1972.12
徐克胜	男	校负责人	1973.1—1976.12
赵汉局	男	校负责人	1977.1—1977.6
夏继业	男	校长	1977.7—1979.8
林成奎	男	校长	1979.9—1984.6
毛宗龄	男	校长	1985.2—1986.6
陈维足	男	校长	1986.7—1987.8
罗式景	男	校长	1987.9—1988.8
雷声泰	男	校长	1988.9—1990.1
夏兆摘	男	校长	1990.2—1992.8
夏克巧	男	校长	1992.9—1994.8
刘化钰	男	校长	1994.8—1997.8

续表8-2-6

姓　名	性　别	职　务	任职时间
夏克巧	男	校长	1997.9—2003.8
陶　新	男	校长	2003.9—2006.8
高启罗	男	校长	2006.9—2011.8
陈修远	男	校长	2011.9—2012.12（续）

司前民族中学

泰顺县司前民族中学创办于1970年春，是市两所民族中学之一，坐落于司前镇民中路5号。

1970年1月，县革委会颁发《关于农村中学下放公社办的几点意见》，决定在司前“五七”学校（即司前小学）开办七年一贯制学校。是年春，招收初中学生1个班30人，学制2年。1976年春，遵照“把学校办在贫下中农家门口”的指示，“五七”学校招收高中1个班，学制2年。

“文化大革命”期间，师生大量时间参加频繁的政治运动，管理混乱，基础设施极其贫乏，师资严重不足，教学质量严重下降。1978年拨乱反正后，废除学校“贫管会”，恢复校长制。1979年秋，小学搬迁到“大跃进”期间创办的农业中学旧址。1980年，县人民政府批准单独创办泰顺县司前初级中学，设5个班，学生260人，教职工18人。是年，县拨款6万元新建师生宿舍620平方米。司前乡是畲族主要聚居地，畲族学生占全校学生四分之一多。1986年，市委副书记、市长卢声亮视察民族中学，题写“泰顺县民族中学”校名，并从市长办公资金中批拨4万元资助民族中学建造师生宿舍楼。是年秋，县人民政府报省人民政府请准后，改司前初级中学为泰顺县民族中学。省人民政府民族事务局副局长李绍英亲临民族中学指导工作，并拨款8万元援助学校基础建设。县财政拨款25万元，为学校建造教室、宿舍。当地群众自觉拆除校内二座陶氏宗祠，修缮校舍，进一步改善办学条件。

2012年，学校占地面积8000多平方米，建筑面积7058平方米，拥有教学楼三幢，行政办公楼、学生生活综合楼、教师宿舍楼各一幢以及150米环形塑胶运动场等，拥有校园网络中心和电脑、音乐、舞蹈、美术、多媒体等专用教室。学校有12个教学班，在校学生数482人，专任教师中具有高级职称7人，中级职称26人，本科学历37人；市、县级以上名师及培养对象、教坛新秀、教学骨干30多人次；市、县级以上优秀教师、优秀班主任、先进教育工作者90多人次；2012年获市、县级以上优质课一、二等奖20多人次。

学校先后被评为省民族教育先进集体、市标准化学校、市示范初中、民族团结进步模范集体、市行规达标学校、市首批寄宿制达标学校等。

司前民族中学历任校长（负责人）更迭表

表8-2-7

姓　名	性　别	职　务	任职时间
赵汉局	男	副校长（主持）	1970.1—1973.2
徐克胜	男	副校长（主持）	1973.3—1974.8
赵汉局	男	副校长（主持）	1974.9—1976.10
徐克胜	男	副校长（主持）	1976.11—1977.7
夏继业	男	副校长（主持）	1977.8—1979.7
杨炳楚	男	副校长（主持）	1979.8—1982.7

续表8-2-7

姓　名	性　别	职　务	任职时间
郭建华	男	教导主任（主持）	1982.8—1983.7
翁小平	男	副校长（主持）	1983.8—1984.7
罗邦武	男	副校长（主持）	1984.8—1986.7
吴立辉	男	副校长（主持）	1986.8—1988.7
吴立辉	男	校长	1988.8—1992.7
吴大敏	男	副校长（主持）	1992.8—1993.7
吴大敏	男	校长	1993.8—1995.7
夏立明	男	副校长（主持）	1995.8—1996.7
夏立明	男	校长	1996.8—1999.7
吴国忠	男	副校长（主持）	1999.8—2000.7
吴国忠	男	校长	2000.8—2004.7
吴碎锡	男	副校长（主持）	2004.8—2005.7
吴碎锡	男	校长	2005.8—2008.7
邱成亮	男	副校长（主持）	2008.8—2009.7
邱成亮	男	校长	2009.8—2012.12（续）

第九章 民办教育

第一节 发展概况

一、旧制私学

旧制时的民办教育，其办学形式主要是家塾、私塾、书院、学馆或门馆。自五代时期开始，有些官宦士族为避祸乱，迁入泰顺境域。他们为使诗礼传家和科举文脉的赓续，自办家塾，以训子孙。如唐代迁居库村的进士包全、吴畦，北宋时的进士吴梓和泗溪林韶等均设有家塾。

南宋时期，随着政治、文化中心的南迁，泰顺文风鼎盛，很多村庄设立私塾和书院，特别是库村吴氏祖创办的桂芳堂社学、石镜书院、侯林书院、岚壁堂私塾和中村书院均颇负名气。

明景泰四年（1453），泰顺建立官办县学，但广大山区的学校教育仍然依赖于私学。

清代，书塾进一步扩展。乾隆年间，筱村林伯穆在东洋兴建文峰书塾，罗阳周启耕在城南创办广成书塾，司前里光林绍昌创办隆文书塾，境内各村、族建训蒙之所达22处。

民国2年（1913），全县登记在册的小学计35所，学生1307人，绝大多数是原有私塾改名，其办学经费均由民间凑集。民国4—28年，人口较集中的村庄继续开办私塾。在此期间，全县新办私塾近20所。继而，县署采取措施改良私塾，凡基本符合初等小学教学要求的予以升格为代用小学或正式小学，于是私塾逐渐淘汰。民国22年，县国民政府决定在离学校较远之村落设立半日二部制短期小学，学制分一年或二年两种，设早、晚班轮流教学，每次授课二小时，经费由地方自筹，筹措有困难者，政府给予补助，但不得超过二分之一。是年，全县共有短期小学21所，36个班，在校学生1443人。至民国24年（1935），全县私立乡村小学70所，教师120人。

二、集体办学

1952年9月，教育部颁发《关于接办私立中小学的指示》，决定1952—1954年全国私立中小学全部由政府接办，改为公立。接办的原则是先接办外资举办的学校，后接办中国人自办的学校；先接办成绩较差的学校，后接办成绩较好的学校；先接办经费困难的学校，后接办经费还能维持的学校。泰顺县在1954年全部完成了所有私立小学的改造，学校全部转为国家办。

1956年，县文教局作出“适当发展公立小学，积极发展民办小学”的决定，全县开办民办小学12所。

1958年“大跃进”期间，县委提出“苦战十天，基本普及小学义务教育”的口号，民办小学新增

116所，学生2703人。

1962年，因教育经费紧缺，县人委于8月4日作出决定，将130所公办小学转为民办小学，110所公办小学改为民办公助小学。

1964年，贯彻中央“两种教育制度和两种劳动制度”，积极兴办简易小学（又称耕读小学）。这些农村社队集体办的学校，主要办学经费由社队统筹统支，国家酌情给予补助。有的社队采取义务劳动、社队上缴提成、集体提留等办法解决，有的社队采取按农村人口分担等办法筹集。是年，新办民办小学121所。

1970年，为响应“把学校办在家门口，方便贫下中农子女就近入学”的号召，几乎有人居住的村落都开办了民办小学。

1974年，全县抓普及小学教育工作，小学数猛增，至1975年，全县民办小学增到768所，民办教师1125人，代课教师224人。

中共十一届三中全会以后，县内农村经济快速发展，一大批妇女从家庭中解放出来外出创业就业，故而对幼儿教育的社会需求日增。1980年，县人民政府加强对幼儿教育工作的领导，动员社会各方面的力量，采取多种办园的形式，加快幼儿教育事业的发展。9月，雅阳中学由各生产大队凑资，自聘教师，自发兴办民办高中。招收一、二年级各一个班，共有87人。教学场所借用雅阳五七学校初中部内，负责人何国忠。是年，全县很多小学开办了集体办的幼儿班和学前班。1983年，县城建筑陶瓷厂开办起“建陶”幼儿园。

随着“下山扶贫”和城镇化建设步伐的加大，很多偏僻山村的村民迁入集镇，再加上计划生育的社会效应，很多民办学校的学生数逐年减少，成为“微型小学”。县教育部门从1980年开始至1990年对这些“微型小学”进行全面的调整，撤并学生数在10人以下的村级学校，民办小学逐年减少。

1991年，全县中小学教职员工2858人，其中民办（含代课）教师1018人，占全县中小学教职员工总数的35.62%。

此后几年，对于民办小学的民办教师，根据上级教育行政部门的指示精神，泰顺县采取“关、转、招、辞、退”（“关”即不再招收民办教师，“转”即将符合条件的民办教师转为公办教师，“招”即招收有实践经验的青年代课教师经过培训后为正式教师，“辞”即辞退部分代课教师，“退”即给老民办教师退休或退养）的“五字方针”予以统筹解决。

1998年12月，最后50位民办教师转为公办教师。全县大集体办的民办教育也就至此结束。这些民办教师大多是社会青年，虽然学历不高，但长期以来在泰顺山区艰苦的条件下为山区农民的教育事业做出了很大的贡献。

1977年全县民办学校分布情况表

表9-1-1

区　名	公社名称	民办学校所数	民办教师数	公办学校民办教师数	民办学校办学地点
大安区	三魁	13	34	7	薛内　薛外　赤岩前　刘宅　西岙　占垟　黄沙坑　陈垟　金家坑　秀溪边　银洞坑　岩际脚　坑尾
	战州	9	27	4	上武垟　安前　下武垟　彭家堡　官垟　曲尺潭　金竹坪　东垟底

续表9-1-1

区 名	公社名称	民办学校所数	民办教师数	公办学校民办教师数	民办学校办学地点
大安区	夏炉	10	14	3	金狮 寨顶 柴岚头 水车垟 夏家山 塔头 垟尾 小卢梨 淡竹垟 杨梅垄
	下洪	18	27	2	上洪 洪三 洪四 旺坑 百庄 风车 四架 上边 洪美 下垄 贝谷 彭家山 大溪源 交塘 龙井坑 长坑 半坑 下彩
	大安	10	24	3	罗汉 下后垟 洪岭头 大岗后 大丘坪 下塔 大丘田 南山下 林店 上后垟
	西旸	17	35	3	瑞后 竹林头 莨衣山 黄沙地 底西坑 竹底 底垟 王家垟 老鹰岩 双桂山 川山 山头垟 竹宅 叶瑞垟 小垟坑 横路
	垟溪	22	33	3	彭坑垟 叶家山 余坑 陶军垟 可溪 富家垟 前坪 大山 溪兜仔 上岩后 山后 坑斗 王坎下 水流 下垟仔 占垟仔 田楼 后头 王连山 东瓜坪 石滕 公家山
	洲岭	25	36	8	马迹岭 苏家山 苏垟 长垟 石岭 长堋 岩坑 宅里 半路 上半山 横溪 溪头 长坑 下舟洋 前埕 黄客乾 黄家垟 上舟垟 岩头 弯门 三条华 岭头 上庄
仕阳区	东溪	19	42	7	竹下岭 前坪 半岭 后宅垟 蔡宅底 秀溪 山头仔 黄淡漈 徐家庄 岭头坪 大岗 矿步 炉后 吾坪 积库 长垟 九榜 园潭面
	雪溪	9	23	4	铁炉坑 东岸 排山 垟面 武岭 岩溪 焦溪 大龙口 富头
	雪临	9	16	4	桐岚 坑下 山前 堂众山 下堡 石马下 坑兜岚 上垟 北斗
	万排	8	12	3	下排 上排 黄家垟 吴公垟 湖头 墓前 高畲
	章坑	8	16	4	柘头 双路 排路 龙头 山调 坑西 瑞昌 董源
	仕阳	20	27	3	桥底 大丘林 垟西尾 早阳 南坑 坑源底 山楼 赵垟 大岗岚 杨梅岑 沙丘 石竹后 园岩 严山 仙洞下 翁地 苧坑 柘头仔 大垟坑
	章成	12	23	3	双神 赤泥 将军炉 林垟 坑底 龟垟 月山 大山 山谷垟 李家山 北斗 柘面
	后章	12	18	3	应家山 陈海垟 石涧湾 后章岗 山架 寨岗下 榅垟 茶坪坑 山头 槽底坑 下坪仔 城水亭
	龟湖	20	27	5	白石坑 垟坪 岗尾 乾山 大垟 下村 龙漩 交溪 叶岭 徐家山 外岗 白岩 岩后 郑家庄 北岭 竹坪 秀溪岭 长坝头 棕树下 南岭尾
泗溪区	泗溪	7	24		下桥 玉岩 溪源 半溪 沈山 上院 吴坑
	金溪	9	20		前坪 企石 秀垟 洪坑 金竹坑 苏家坑 高畲 半地垟
	凤垟	13	29	4	漈头垟 泮路 叶加垟 李垟 底溪仔 吾垟 坑下 西溪 新梨 下村垟 垟头 乾头 印山堂
	横坑	7	12	4	池源 春臼坑 大坪 岐岭 坑头 华垟 华垟山
	玉西	6	18	6	石门 上寮 斋堂 沙岭 高前坪 白岩下

续表9-1-1

区　名	公社名称	民办学校所数	民办教师数	公办学校民办教师数	民办学校办学地点
雅阳区	雅阳	20	38	8	排岭　新登　承天　沐峰　雅北　青竹坪　新平　大湾　埠下　垟上　新爱　下村　铁炉垟　新久　北溪　十簭　新联　中和　突头　新爱桥下
	柳峰	12	17	1	杨岗仔　门头仔　国岭　卓宅　下垟　高场　山茶岚　上柘头　外垟　东桥　梧村　五斗　墩头
	东安	18	32	6	大岙　松基　秀中　永和　古洞坑　乾头子　叶婆坑　松垟　上仁　下仁　东溪　松岭　隘门　东福　天门下　东华　三簭　莲头
	五里牌	3	9	3	官引　官坑　玉塔
	峰文	7	9	1	双溪　钓鱼坑　丰牛　丰岭　新娘坑　隔后　峰坳
	彭溪	11	14	3	香菇楼　昌基　岭头　沙潭　外板山　黄泥岗　矴步脚　内垟　新厝内　溪头　内板山
	富垟	6	12	5	车头　均山　富山　半坑　大湖　黄泥坪
	月湖	7	20	6	柘下　东云　隘门　银洞　外炉　半岭　西关
百丈区	百丈	18	25	6	陈庄　下革　西岸　东岸　徐山垟　后坑　朱坪　严家垟　上朱岭　左窟　下朱岭　方山　严公垟　花田　丰路　占大垟　黄山底
	包垟	11	17	4	马迹　东山　少年垟　小院　新垟　双田　涂山头　小院底　林岙　横溪　白云
	洪口	17	20	2	深渡　沙坑　潭口　马宗岗　陶家山　方山　大山　外龙垟　岭脚　秀洪　下宅　阳山　小岭　上周山　下周山　山后
	莒江	13	19	2	叶山　岭头坪　江口　斜坑　叶寮　上宅　横山　白岩栋　西山　东山　村头　坟头岗
	黄坑	5	15	3	上林　南溪　五爱　叶垟　和平
	司前	12	15	2	白鹤　高塔　章庄　左溪　大住　坑口　朱家台　林山　溪口　黄步山
	里光	17	24	1	垟心　圆州　泮竹垟　和庄　新桥　犁头厝　叶山　海洋湖　上地　恩坑　楹垟　徐信坑　台边　上升　半天　岩林
	竹垟	8	16	1	何宅垟　五叶　茶坪　白岩　东山　坑头　石角坑　黄泥岱　何宅
	黄桥	10	14	4	小燕　横路　平滩　库竹井　黄山　木岱山　石章坑　陈吴坑　墨斗住　石章坑
罗阳区	仙居	16	22	4	叶坑　塘底垄　下稔　山头仔　黄沙垒　垟畴　岭头垟　上稔　麻坑　仰天湖　岭下　百丈岭　三滩　书院　圆台角　柿树垄
	南山	10	14	2	南丘　横岗　山底　陈坑　章后　半路　梨畲　岩头垟　大龙湾　七丘
	岳巢	18	22	3	胡家坪　吴家山　袁家地　金瓜坑　赤坑　山交　岩下　下察溪　豆腐岭　寮下　杨家岭　林水垟　后山　川山垟　江渡　汤垟　长垄　安前岗
	罗阳	17	24	3	棋盘岩　溪底寮　葛藤岭　李家山　毛竹下　卓家坑　东外　溪坪　樟树垟　山头垄　江家山　西外　金北斗　毛垟坪　南外　东溪头　黄沙坑

续表9-1-1

区　名	公社名称	民办学校所数	民办教师数	公办学校民办教师数	民办学校办学地点
罗阳区	毛垟	24	27	1	毛垟仔　上察溪　山头仔　南院　叶盛坑　上井　大垟　竹坪　毛垟　彭畲　二贯　管禄底　漈坪岗　可洋　大山脚　上棠坪　下棠坪　朋家山　螺狮脚　坑边　榅垟　苏家垟　外垟
	碑排	17	20	2	黄家岱　龙尾坑　高岱　罗尖　五斗　石柱后　大岗　张坑下　北山　外板岱　金坑垟　马迹坑　联山　板岱头　里垟　粗山
	岭北	11	14	2	村尾　关漈后　北坑　上垟　山头仔　板场　半岭仔　陈家垟　翁溪　白岩　五岱
筱村区	筱村	25	41	3	秀洪　王家山　长垟　翁山岭　岩头　林山　维墩　坡头　占庄　大场　徐岙　下园　梅树仔　林山岭　北坑　新楼　坑边　大里垟　坑下　东垟　炉坑　石柱　小岭　小岭头　王家塘
	新山	10	15	5	后垟　黄山　乌石　白牛坑　小垟　桥头溪　陈山　坑岭　后垟　山寮
	葛阳	6	18	3	下垟坪　东山　小岭　下村　下泽　五蒲
	翁山	15	21	4	罗坑　山峡　北岭　坑底　和平　和平坑　华桐　平坑下　榅垟　梨垟　四丘　十字路　南阳　茶坑源　新源
	南浦	14	28	4	南山下　周山　大岗　茶园　南进　潘垟　龙前　孙坪　山后　丰收　新厂　周坑　吴山　新田
	联云	13	20	2	包坑　岩培　下垟　山后坑　打石坑　山碓坑　吴源　桥头垟　黄山背　银坑　石柱　新畲
总计		674	1123	179	—

三、社会力量办学

20世纪80年代开始，随着社会主义市场经济体制的逐步建立，民营经济逐步壮大，一些有识之士敏锐地观察到教育市场的巨大潜力和教育事业发展的前景，投资于教育领域。在这种背景下，产生了以个体独资办学和私人股份办学的新型民办教育。

1986年秋，退休教师李超为满足初中毕业继续升学的需求，创办求知中学，址设罗阳镇西门外戏台湾。

1990年，有保育、晨曦等社会力量办的幼儿园8所。

1993年7月，市人民政府颁发《关于加快温州教育改革和发展的若干规定》提出8条发展和鼓励社会办学的具体措施。于是，县内社会力量办的幼儿园快速崛起。

1998年5月，县内企业家董顺生率先在城关创办第一所民办股份制高中——育才高中。9月，正式挂牌办学，首届招收高中新生5个班231人，首次向全国招聘5名中学高级教师，3名中学一级教师。

1999年5月，温州新城建设股份有限公司在城关创办泰顺县新城小学，范月闰为董事长，址设城关北门垟城北路原罗阳镇北外小学。9月正式开学，招收小学一年级新生6个班270人。

2001年3月，泰顺育才教育集团创办育才初级中学。12月，该集团又创办股份制民办幼儿园，总园址设城南开发区。

2003年秋，泰顺育才教育集团更名为温州立人教育集团，创办全日制、寄宿制民办小学。至此，育才（立人）教育集团在县内创办起从幼儿园、小学、初中、高中各自独立而又融合的一条龙教育体系。是年，新城小学董事会扩大办学规模，又设立初中部，成为“九年一贯制”学校。

2004年4月22日，经市教育局督导室认定，育才高级中学为浙江省一级民办高中。

2005年7月，雷盛俊创办艺声艺术学校。该校逐步发展成为省音乐考级点、省舞蹈考级点、中央音乐学院考级报名点、中国少年儿童歌曲卡拉OK大赛小歌手培训基地、省小舞蹈家组织单位。是年9月创办育才幼儿园公园路园区，址设城关公园路193号。

2008年2月，温州立人教育集团创办育才幼儿园泰景园区。至此，育才幼儿园有3个园区，设大、中、小、小小四个年龄段，实行半托、全托制，学制四年。是年，全县社会力量办的幼儿园达32所。

2011年，全县民办中小学在校学生6207人，占全县中小学在校学生总数的17.9%。县财政落实2011年民办教育资金30万元，按照公办学校标准落实民办学校，生均公用经费补助239万元。是年10月31日，温州立人教育集团宣布资金链断裂，资产进行重组。

2012年1月20日，县委、县人民政府为确保泰顺育才高级中学、育才初中、育才小学、育才幼儿园（以下简称育才系列学校）的安全稳定，促进学校健康持续发展，根据《中共温州市委、温州市人民政府关于实施国家民办教育综合改革试点加快教育改革与发展的若干意见》精神，结合育才系列学校的特殊实际，印发《中共泰顺县委 泰顺县人民政府关于做好育才系列学校发展和稳定工作的若干意见》（以下简称《意见》）。《意见》提出要提高认识，切实支持育才系列学校的发展；要强化措施，落实扶持政策；要加强管理，维护教育教学秩序；要强化领导，营造良好环境。在县委、县政府的关心扶持下，育才系列学校得到健康持续的发展。

2012年，泰顺有民办高级中学1所，40个教学班，在校学生1899人；有民办初级中学2所，45个教学班，在校学生1919人；民办小学2所，70个教学班，在校学生2871人；民办幼儿园64所，在园幼儿达9754人。12月12日，泰顺育才系列学校进行公开转让，温州教育发展投资集团公司以3.5亿元获得育才系列学校的所有权和经营权。

第二节　领导与管理

一、行政管理

明清时县内创办的书院分官办和私立两种，书院设山长，私立书院由创办人管理。

明清时书塾亦分为私办和官办两种，私办的有学馆、家塾、私塾和门馆。私塾由族中主事者负责管理，学馆或门馆由主办者自行管理。另外还有以地方众产或族产办的社学，除主事者负责管理外，还有学官循例检查。

清末废科举创新学，废县学务局立县劝学所，区设劝学员，负责本区内调查、筹款、兴学事宜。

民国时期，县署派督学对私塾和由原私塾改良的学校深入督查，并采用举办塾师讲习所和对学生学业统考等措施加强对学校和私塾的管理。

中华人民共和国成立后，党和国家十分关注民间办学，并在不同的时期，采取不同的措施，给予

2010年全县民办中学情况统计表

表9-2-1

学校名称	班级数									在校学生数									教职工数		学校占地面积（平方米）	校舍建筑面积（平方米）
	总计	高中				初中				计	高中				初中				计	其中：专任教师		
		计	高一	高二	高三	计	初一	初二	初三		计	高一	高二	高三	计	初一	初二	初三				
新城学校	13					13	4	4	5	489					489	155	145	189	62	37	21800	22077
育才初中	33					33	11	11	11	1236					1236	429	425	382	143	94	66700	22408
育才高中	34	34	11	11	12					1302	1302	405	393	504					174	110	83375	40100
合计	80	34	11	11	12	46	15	15	16	3027	1302	405	393	504	1725	584	570	571	379	241	171875	84585

2010年全县民办小学情况统计表

表9-2-2

学校名称	班级数	在校学生数							教职工数		学校占地面积（平方米）	学校建筑面积（平方米）
		合计	一年级	二年级	三年级	四年级	五年级	六年级	合计	其中：专任教师		
新城学校	24	985	155	149	164	164	173	180	168	65	同上表	同上表
育才小学	35	1245	346	262	204	137	145	151	220	105	70065	26433
总计	59	2230	501	411	368	301	318	331	388	170	70065	26433

支持与引导，使之健康发展。

1958年“大跃进”至“文化大革命”期间，民办教育没有一套完整的管理办法。特别是“文化大革命”期间，公社成立贫下中农管理学校委员会（简称“贫管会”），大队成立贫下中农管理学校小组（简称“贫管组”），实行贫下中农管理学校，一些文化素质不高的农民成了学校的决策者，特别是民办小学，形成由自然村、大队贫管组、公社贫管会、辅导中心校多头管理的局面。

1983年4月4日，省教育厅制定《浙江省中小学民办教师管理试行办法》（简称《办法》）。县文教局按照《办法》精神，把民办教师的管理逐步纳入轨道。《办法》对民办教师管理权限和范围、考核和晋升、经济待遇和福利以及奖惩等方面作出明确的规定，对民办教师实行规范化的管理。

1994年11月15日，县教委印发《关于开展全县各类幼儿园、学前班进行定级评估的通知》，对全县的幼儿园、学前班作出明确规定：对符合办园基本条件的幼儿园、学前班由县教育行政部门颁发统一级别的证书，对不符合办园基本条件的，要采取措施，限期改进，再予以定级；对个别办园思想不正，坑害幼儿身心健康的予以制止，直至取缔。

1995年7月5日，国家教委在批复《关于社会力量办学管理体制问题》中规定，社会力量办学（包括社会力量举办的职业培训）应由县级以上人民政府的教育行政部门归口管理。

1998年11月9日，省教委、省物价局、省财政厅联合颁发的《浙江省社会力量办学收费管理办法》规定，社会力量举办学历教育不得以营利为目的，收费项目为学费和住宿费两项。学费标准根据年生均培养成本，按照“以收抵支、收支平衡”的原则确定。年生均培养成本包括以下支出内容：公务费、业务费、设备购置费、修缮费、教职工人员经费、固定资产折旧等办学费用支出。不包括灾害损失、事故、校办产业等非正常办学费用支出。

2002年1月30日，县教委为新城小学附设幼儿园等31所幼儿园发放社会力量办学许可证。

2002年8月19日，县机构编制委员会（简称县编委）下发《关于教师队伍的若干意见》，对到本县社会力量办学学校应聘的公办教师作出规定：经教育局同意，公办学校的教师可以到社会力量办学的学校应聘，并报县人事劳动保障局和县财政局备案，人事关系挂县教育局。被聘到社会力量办学学校任教教师的职称由社会力量办学学校负责申报。职称评审、调资等享受公办教师同等待遇，教师外聘期间，县财政及所在学校停发其工资及福利待遇，养老、医疗、失业、工伤、生育等社会保险费用以及住房公积金由其聘任的学校和本人负担。

2004年6月14日，县编委又作补充规定：公办学校教师不得到本县社会力量在本县行政区域以外举办学校应聘。同时，在教育局审批前须经县编办审核，教育局审批后报县编办备案。若到本县社会力量办学学校应聘未经审批而擅自离岗的，一律作为自动离职处理。

2011年11月，育才系列学校进行资产重组。12月29日，县教育局受温州立人教育集团董事会的委托，在保持学校民办性质不变的情况下，成立育才系列学校管理委员会作为县人民政府派出机构，履行原育才系列学校董事会的管理职能。

2012年5月，县教育局为加强民办学校的规范管理，提高民办学校办学质量和管理水平，促进民办教育事业的发展，开展对经教育、民政、工商部门依法批准设立的持有两证（中华人民共和国办学许可证、法人登记证书）的各级各类民办中小学、幼儿园和教育培训机构进行年检和评优工作，表彰2011年度民办幼儿园优秀举办者1名，优秀园长25名，优秀教师50名、

二、学校内部管理

社队（乡、村）集体办的民办学校，大部分是一师一校，其业务由公社（乡）辅导中心校负责管理。改革开放后，社会力量办的民办学校的内部管理与公办学校不同，民办学校更具有办学自主权，其机制灵活，激励性强。其学校管理主要是实行董事会领导下的校长负责制。

董事会是股份制民办学校管理最高的权力机构。育才系列学校和新城学校均有董事会，制定董事会章程，行使下列职权：聘任和解聘校长；修改学校章程和制定学校规章制度；制定发展规划，批准年度工作计划；筹集办学经费，审核预、决算；决定教职工的编制定额和工资标准；决定学费收费标准；决定学校的分设、合并、终止；决定其他重大事项。董事长行使下列职权：召集和主持董事会会议；检查董事会决议的实施情况；检查学校财务状况；法律法规和学校章程规定的其他职权。校长依法独立行使教育教学和行政管理职权。校长每届任期3年，可以续聘。校长对董事会负责，并行使下列职权：执行学校董事会的决定；实施发展规划，拟定年度工作计划、财务预算和学校规章制度；聘任和解聘学校中层干部及其他教职员工，实施奖惩；组织教育教学、学科研究活动，保证教育教学质量；负责学校日常管理工作；负责学校稳定和师生安全工作；学校董事会的其他授权。学校设立监事会。行使下列职权：检查本单位财务；对本单位董事、校长违反法律、法规或章程的行为进行监督；当本单位董事、校长的行为损害本单位的利益时，要求其予以纠正。

第三节　办学特色

自20世纪80年代起，社会力量办的民办教育得到持续健康的发展，覆盖着幼儿教育、中小学教育、艺术教育、成人教育、职业教育等领域。育才系列学校形成了幼儿、小学、初中、高中的基础教育体系。新城学校也办成九年一贯制学校。它们从开办到发展，有着与公办学校不同的办学特色。

一、办学模式

民办学校依法自主办学，包括自主招生、自主聘任教师、自主决定专业和课程设置、自主确定分配办法，有很大的灵活性，符合教育改革的方向。育才系列学校和新城学校面向社会跨区域招生，突破了行政区域的限制，拓宽了学校发展的空间。同时，面向全国，不拘一格招聘人才。育才高中在开办之初聘任原瑞安中学校长张玉兰为校长，面向全国招聘中学高级教师。新城学校在开办之初聘任原县教育局教研室主任、特级教师林丛为校长，从公办学校中招聘优秀教师。民办学校对学校的教职员工实行全员聘任，彻底打破铁饭碗，真正做到能进能出，能上能下，教职员工的收入、待遇与办学的成效和个人的能力、水平、贡献密切挂钩。这种激励与约束、竞争与合作相结合的机制，激发了广大教职工的敬业精神和创新意识，促使教职工队伍整体优化。

二、教学改革

民办学校的教育质量和毕业生的升学与民办学校的生存和发展密切相关。民办学校大胆改革教学方法，注重教育质量，因材施教，对学生进行全程服务，优质教育，推行“封闭式”“全托制”的学生管理模式，培养学生的创新精神和适应社会的能力，使学生德、智、体、美全面发展，办出了特色，赢得社会的好评。

育才高中实施以美术为龙头的艺术特色教育和国学、国粹、传统美德教育取得显著成效。育才初中进行一系列教育教学改革，坚持以“感恩教育”“责任教育”为德育特色，推崇主动德育、非惩罚性德育；以“自主学习”和“有效教学”为教学指导思想，推行“分层教学”“先育（人）后教”“先学后教”等教学策略。育才小学以创建高起点、高标准的英语特色学校为目标，从师资配备、学习时间安排和课程设置上体现“双语”并重策略。并提倡“以棋载德、以棋启智”和创设“书香工程”，积极推进素质教育，注重学生全面发展。新城学校坚持以提高质量为本的“四个一”办学特色（提升一个档次的英语水准，培养一种终生读书的习惯，体验一天当家的滋味，形成一种诚信做人的品德），德育活动和学科教学有机结合，使学校的德育与教学融为一体，以朴实的形式、显著的成效，走出一条适合学校校情的特色之路。

三、教学设施

县内社会力量创办的学校在开办初期都是租用校舍，设备简陋。如育才高中开办时租用泰顺广顺陶瓷厂厂房作为校舍,新城学校开办时租用邮政局大楼作为校舍。经过几年的努力，不断加大经费投入，办学条件有了质的飞跃。如育才系列学校现代化教育教学设备先进、齐全，有综合实验办公楼、标准化400米塑胶跑道田径运动场、图书馆、艺术馆、室内篮球馆、专家楼、多媒体阶梯教室、计算机房（兼视听功能）、画室、音乐教室、多功能校园广播系统、校园全景监控系统等。每个教室均配备多媒体教学平台，教师人手一台笔记本电脑，实现教学信息化和网络化。校园占地80067.07平方米，建筑面积39010.70平方米。2002年，被评为省一级民办学校。2008年，育才幼儿园被评为省一级幼儿园。新城学校校园占地面积25308平方米，建筑面积22077.25平方米，绿化面积7600平方米，总投资3300多万元，校园环境优美，办学设施齐全，2005年被评为省示范学校。彭溪镇富垟福星幼儿园由林祥长独资兴办，占地面积1580平方米，建筑面积900平方米，幼儿园环境优雅，空气清新，教育教学设备配套齐全，同年被评为省三级幼儿园。

附录六：民办教育机构选介

泰顺县育才高级中学

育才高级中学是由泰顺育才教育集团于1998年5月投资创办的股份制民办学校，址设泰顺县罗阳镇云寿路282号。

学校现代化教育教学设施先进、齐全，有综合实验办公楼、标准400米塑胶跑道田径运动场、图书馆、艺术馆、室内篮球馆、专家楼、多媒体阶梯教室、计算机房（兼视听功能）、画室、音乐教室、多功能校园广播系统等。

2011年，学校由原民办非企业单位转为民办事业单位，并被列为市首批“民办教育综合改革试点单位”。

2012年，学校有40个教学班，在校生1856人，教职员工192人。

学校先后获得全国教育系统先进集体、全国民办教育先进集体、省文明单位、省优秀民办学校、省艺术教育特色学校、省先进团组织、省国防教育先进单位、市重点中学、市现代化学校、市绿色学校、市魅力民校、市一级心理健康教育辅导站、市禁毒预防教育五星级学校、市信息化建设一类达标学校、市体育特色学校、市群众体育先进单位等称号。

泰顺县育才高级中学校长更迭表

表9-3-1

姓　名	性　别	职　务	任职时间
张玉兰	女	校长	1998.8—2000.7
陈正平	男	校长	2000.8—2007.7
范永华	男	校长	2007.8—2009.7
周　寒	男	校长	2009.8—2012.12（续）

泰顺县育才初级中学

县育才初级中学为股份制非营利性民办全日制初级中学，创办于2001年，址设泰顺县罗阳镇云寿路282号，为省级示范初中。

2012年．学校占地面积66700平方米，建筑面积28677平方米，绿化面积12512平方米，校园整洁美观，富有现代气息，是一所花园式学校。学校现有33个教学班，学生1368人，教职员工146人。

学校先后被评为省示范初中、市德育特色学校（感恩教育）、市第二届魅力民校、市文明学校。

泰顺县育才初级中学校长更迭表

表9-3-2

姓　名	性　别	职　务	任职时间
夏克永	男	校长	2001.8—2005.8
吴国忠	男	校长	2005.8—2011.4
夏克定	男	校长	2011.4—2012.2
吴国忠	男	校长	2012.2—2012.12（续）

泰顺县育才小学

育才小学是一所股份制民办全日制寄宿制学校。2003年秋创办，址设泰顺县罗阳镇云寿路282号。

学校硬件建设定位高、装备全，拥有三个多媒体大教室、两个电脑房、两个舞蹈厅、三个实验室、三个美术室，还有图书馆、阅览室、音乐室、多功能体育室、跆拳道馆、航模工作室、400米跑道标准运动场等。

2012年，校区占地面积60040平方米，建筑面积26273平方米，绿化面积22801平方米，50个教学班，在校生1938人，教职员工206人。

学校先后被评为省绿色学校、省卫生先进学校、市文明单位、市首批现代化学校、市素质教育示范学校、市师范小学、市教师教育先进集体、市“小数学家摇篮工程”活动基地学校、市花园式学校。

泰顺县育才小学校长更迭表

表9-3-3

姓　名	性　别	职　务	任职时间
董夫奏	男	校长	2003.6—2007.5
雷小草	男	校长	2007.5—2011.5
林海华	女	校长	2011.6—2012.12（续）

泰顺县育才幼儿园

育才幼儿园是一所股份制民办教育机构，创办于2003年8月，总园址设泰顺县罗阳镇二中路35号。占地面积2856平方米，建筑面积3415平方米，绿化面积1158平方米，户外活动面积1305平方米。2005年9月创办公园路园区，址设县城公园路193号，占地面积2200平方米，建筑面积560平方米，户外活动场地1300平方米，绿化面积1200平方米。2008年2月创办泰景园区，址设县城泰景路360号，占地面积942平方米，建筑面积550平方米，户外活动面积450平方米，绿化面积30平方米。2012年，育才幼儿园有3个园区，设大、中、小、小小四个年龄段25个教学班，在园幼儿728人，实行半托、全托制，学制四年，教职工79人。

育才幼儿园设施齐全，拥有多媒体教室、科学室、建构室、体育室、各班活动室，室外有大型活动器具，有幼儿戏水池、玩沙池、小动物饲养角、种植园地和塑胶跑道、幼儿接送车等。

育才幼儿园先后被评为市示范幼儿园、省示范幼儿园、市魅力民校、省一级幼儿园。

建园以来林晓珍任园长。

泰顺县新城学校

学校址设泰顺县罗阳镇城北路257号。1999年9月开办小学部，2006年9月开办初中部，2006年被评为省九年一贯制示范学校。

2012年，校园占地面积25308平方米，建筑面积22077.25平方米，绿化面积7600平方米。校园环境优美，办学设施齐全。全校有36个教学班，其中初中12个班，在校学生550人；小学24个班，在校学生1096人，教职员工230人。

学校先后被评为全国青少年文明礼仪教育示范基地、省示范学校、省优秀民办学校、省新锐民办学校、市文明单位、市首届魅力民校、市行规达标学校。

泰顺县新城学校校长更迭表

表6-3-4

姓　名	性　别	职　务	任职时间
林　丛	男	校长	1999.8—2000.8
雷建全	男	校长	2000.8—2001.8
林山森	男	校长	2001.8—2002.8
范春黛	女	校长	2002.8—2006.8
夏兆平	男	校长	2006.8—2012.12（续）

泰顺县艺声艺术学校

学校创办于2005年7月，址设泰顺县罗阳镇化工路7号。学校面积350平方米，专业教师10多名。学校现为省音乐考级点、省舞蹈考级点、中央音乐学院音乐考级报名点、中国少年儿童歌曲卡拉OK电视大赛小歌手培训基地、省小舞蹈家组织单位。

建校以来雷盛俊任校长。

第十章　教　师

第一节　发展概况

清末，各级学堂分主讲各门课程的正教习（正教员）和协助讲课的副教习（副教员）。清光绪二十九年（1903）颁布的《奏定任用教员章程》规定，高等小学堂教员以初级师范毕业及游学外埠寻常师范（修业）为准。县内因师范毕业生寥寥无几，有关规定并未实行。初等小学堂和高等小学堂教员大多由塾师充任，或聘请外地人士任教。尔后，省城和温州中学附设师范科，县内才逐渐有师范毕业生或其他高等学校毕业生待聘。清宣统二年（1910）颁布《检定两等小学堂教员章程》，规定高等小学堂教员检定试验科目为10门，初等小学堂教员为9门，专科教员为8门，检定合格者，方可聘任为教员。当时，县内尚无检定合格教员。

民国元年（1912），教育部颁布的《小学校令》规定，小学教员必须是师范学校毕业生或教育总长指定之学校毕业生或经小学教员检定委员会检定合格并持有许可证者始得充任。县内师范毕业生为数甚少，不敷小学之用。民国2年，县内免试验教员只有4人，受聘者大多是社会上有一定文化程度之人士。民国7年，县内教员计8人。

民国18年（1929），推行国民义务教育，初等教育得到不同程度的发展。全县有小学教职员174人，民众学校教职员51人。是年，县内开始进行小学教员甄别登记。登记对象为在校任教之小学教员或具有一定学历资格并愿登记为小学教员者，经登记甄别为合格者，由县国民政府分别对象发给有效期为半年、一年、二年三种证书，并通令各小学校长聘请任用。民国19年，县教育科呈省厅核准任免规定的小学教员设正教员、正助教员、助教员三等。各校校长由县政府委任，教员由校长聘任，但须呈县国民政府备案。初聘，以一学期为原则，以后继聘任期为一年。

民国21年（1932），全县有小学66所，教员154人。民国24年，小学96所，教员174人，其中初级小学教员120人，高等小学教员26人，短期小学教员28人。民国27年，小学92所，教员135人。民国29年，全县公立、私立小学教员计301人，检定合格者（含师范科毕业生或各种短期师范及旧制师范、高中师范科毕业者）占小学教员总数的21.6%，其他学校毕业者占62.1%，非学校毕业者占16.3%，合格教员奇缺。县国民政府于民国30年呈报省教育厅核准后开办县立简易师范学校，加上温州师范、福建福安师范毕业生返乡，合格小学教员逐年得到补充。

民国33年（1944），训练代用教师，甄试两次，全县小学合格教员128人。民国34年暑期，训练代用教师44人，合格者为40人。同年冬，甄别试验合格者60人。民国35年，县国民政府《施政计划》中称“本县师资素质低劣，贻误教育至深且巨，非彻底整理不足以谋教育之发展”，因而对全县小学教员办理考选甄别。考选教员办法规定，各级国民学校教员每学期开学前定期举行考选，考选分合格、代用两种，合格教员由中心国民学校聘用，凡非各级师范学校毕业生，一律充任代用教员。是年，全县合格教员213人，占31%，准代用者415人，占61%，不合格者52人。民国36年，全县小学教员合格者占总数23%。

民国37年（1948），县立简易师范学校停办，办学七年（1941—1948）共培养毕业生318人，未竟学业70人（其中读完二年40人，读完一年30人）。

民国时期，中等学校教员由校长遴选，呈报省教育主管机关核准后，由学校聘请；县立小学教员由校长遴选，呈报县国民政府核准后聘任之；区立或私立小学教员由校长遴选合格人员任之并报县政府备案。公民课教员、训育教员、军训教官的任用，则另有严格规定。

1949年5月，县人民政府接管文化教育机构。全县有小学226所，教职员工260人，原小学教师基本继续留用。

1950年，废除民国时期的教员聘任制，教师由县人民政府统一调派。随着人民群众政治地位的改变，迫切要求送子女上学，教育事业迅速发展，教师严重不足。县人民政府从本县和外县招收部分知识分子，经过短期培训，充任小学教师。农村兴办的民办小学，多数从当地选用辍学的学生或具有一定文化知识的人担任教师。

1952年上半年，全县中小学教职工647人。9月，在土地改革中因家庭成分不好等原因被清退的有130人，全县中小学教职员工共计517人，全部被列为国家工作人员编制，实行任用制，由县人民政府统一调配。

1953年7月，根据政务院“整顿、改进小学教育”的指示和“调整巩固、重点发展、提高质量、稳步前进”的方针，县人民政府对全县小学进行一次全面的整顿和调整，控制学校的发展，纠正设校不合理的状况，适当调整编制。对文化程度在高小毕业以下，不能胜任小学教学工作，身体健康的教师予以改行；对文化程度较低的年轻教师选送到师范学校进修；对年老体弱有严重疾病者予以精减辞退；对违法乱纪的开除公职。整顿后，全县小学教职工编制按下列标准配备：每班40个学生以上的三复式班级，配备教师2人，学生在85人以上的学校配备教师3人，学生在40人以上的学校配备教师2人。负担学习小组与工会小组辅导任务的重点小学，多配备1名教师。

1954年2月，县人民政府贯彻过渡时期总路线，集中力量搞工业建设，紧缩财政开支，继续调整、下放小学教师。4月16日统计，全县被辞退、改行、开除的小学教师74人。全县经过调整处理后有中小学专任教师592人，其中，中学专任教师11人，小学专任教师578人，幼儿教师3人。为了达到精减指标数，县人民政府继续动员下放小学教师。4—9月，全县被调整、处理的小学教师86人（男82人，女4人），其中属体弱多病回家休养2人，参加农业生产35人，改为企业部门7人，失业在家10人，经商2人，考入高一级学校12人，被逮捕法办3人，安排其他工作15人。第二次大调整大处理后，全县留用小学教职工420人，其中小学校长27人，教导主任21人，专任教师372人（男333人，女39人）。

1955年6月，全县有小学教职工463人，其中工友23人。是年，第一批整顿、处理教师23人，第二批整顿、处理教师81人。按省教育厅核定标准，全县小学教师应为465人，经整顿、处理后，1955年下学期缺教师24人，工友1人。县人民政府呈请省教育厅分配普师毕业生10人，简师或初师毕业生14人，以应急需。

1956年10月，全县小学公办教职工507人，加上工友28人，民办教师11人，计546人。其中，罗阳区62人，百丈区85人，筱村区67人，大安区89人，仕阳区85人，泗溪区119人。

1958年“大跃进”期间，全县掀起大办中等专业学校的热潮，中小学教职工猛增到734人。增加的教师大部分是从下乡、回乡知识青年中吸收进来的民办教师或代课教师。

1959年8月，省立瑞安师范学校72名普师毕业生分配泰顺山区任教（其中11人分配到中学任教），这一批普师毕业生成为泰顺教育系统的中坚力量。是年，县师范学校开办幼师班，招生60人。

1960年3月，县委为解决中小学教师短缺问题，决定由县初级师范学校开办师资短训班，招收家庭出身成分好，社会关系清白，思想进步，身体健康的具有初中文化程度的社会青年60名，培训半年，结业后分派各小学任教。从各区幼儿园教师中招收幼师一个班50人，同时举办教养员培训班，学员40人，历时一个月。选派小学教学骨干30人到温州师范学院进修4个月，分派中学任教。

1961年3月，全县中小学教职工755人，其中9所普通中学、1所初级师范计教职工126人（其中专任教师85人），小学教职工计629人。8月统计，全县教师超编，于是精减中小学教职工124人，其中小学精减122人，中学精减2人，公办小学教师转为民办70人。9月3日统计，全县中等学校教职工154人，其中专任教师107人，职工47人。

1962年，推行“坚决地简，积极地减，能够减的决不少减，能早减的决不迟减”的决定，精减下放一批教师回农村参加生产劳动。全县共下放改行教职工302人，其中改行转业到其他部门工作的59人，下放农村生产劳动的243人。全县保留完全中学1所，初级中学3所。大批教师精简后，全县教师缺额97人，县文教局又将部分精简下放教师请回来，编为民办教师，并吸收具有初中或小学文化程度的社会青年补充。

1963年，在1962年精简教师302人的基础上，继续下放小学教师50人。全县教育系统规定编制为493人，其中中学79人，小学414人，实际中小学教师只有456人，比县委核定保留数少37人。教师的大量精减，对泰顺教育事业的巩固、提高和事业的发展影响很大。为此，县教育局党组于1月13日报告县委，要求保持现有的编制数530人，不再继续精减。

1963年，再次对全县教职工进行调整补充。12月统计，全县有公办中小学教职工583人，其中中学教职工86人（其中专任教师64人，职员11人，炊事员11人）；公办小学教职工448人（其中专任教师435人，职工2人，炊事员11人）；农业中学公办教师2人；耕读小学公办教师22人；抽调到义乌搞社教（社会主义教育运动）16人；劳动锻炼9人。民办教师、代课教师或临时搭伙炊事员全县计567人，占全县中小学教职工总数的一半。

1964年，大力提倡发展农村民办教育，全县耕读小学迅速发展，教师骤增至1131人，其中专任中小学教师1024人，新增加的教师中除省分配给泰顺县9名中等师范学校毕业生外，其余是各地各校招收的民办、代课教师。学校数猛增，中学和公办小学在校学生分别比上年同期增加20%和40%，按省核定编制中学教师缺额22人，公办小学教师缺额26人，造成部分学校无法开足全部课程。

1967年春，一批参加社教工作队的大专院校毕业生分配泰顺山区任教；抽调到义乌搞社教的中学校长和教师回校接受“批判”和参加“闹革命”，县内4所中学教师编制超额10余人。小学的部分“红小兵”虽已毕业，因为中学不招生，所以仍滞留原校，加上小学仍继续招生，造成小学教师编制不足，所以将部分中学教师借用到小学任教。

1970年，县人民政府提出“社社有中学，队队办小学；初中不出社，小学不出村”的口号，在师资严重不足的情况下，创办民办小学，同时在公社中心小学附设初中班。

1971年，凡属1970年9月20日以前招收的临时代课教师全部转为公办教师。

是年，县内实行公办小学教师回队任教，500余名小学教师粮食下放生产队，实行工分加补贴工资制（1971年10月，仍由国家供应粮食，国家发给工资），100余名外地小学教师及其家属调回原籍。因大、中专院校停止招生达五年之久，县内合格师资得不到补充，中小学教师奇缺。9月，选送在职民办教师或代课教师24名到温州师范学校中师培训班学习4个月。11月，县工农兵学校开办“红师班”，招收高中毕业生和回乡青年2个班100人，进行为期三个月的培训后，到附设初中任教。

1978年，全县小学教职工1672人，其中公办教职工547人；民办、代课教师1125人，占总数的67%。中学教职工490人，其中公办教职工438人；民办、代课教师52人，占总数的10.6%。

中共十一届三中全会以后，大量师范院校毕业生成为教师队伍的新生力量。全县中小学教师素质得到改善，结构比例渐趋合理。

1985年4月30日统计，全县完全中学3所，初级中学10所，小学728所，中小学教职工计2666人，其中公办教师1196人，民办教师1193人，代课教师277人，公办教师占总数的44.8%。

1987年9月，全县进行首次中小学教师职务的聘任工作，1988年7月基本结束。

1989—1990年，继续进行中小学教师评审聘任工作。各级学校重新制订设岗方案，健全科学的考核制度，使聘任教师任务具体，责任清楚，职、责、利三者紧密相连，对推动教学改革，提高教学质量起到一定的积极作用。

1990年，全县中小学教师2277人，是1949年的11.2倍，其中高中专任教师97人，初中专任教师436人，小学专任教师1373人，幼儿园（班）教师134人（含私立幼儿园教师），成人教育专任教师78人，教师进修学校专任教师18人，职业技术中学教师20人，技工学校教师18人。

1991年12月，全县中小学（含幼儿园）教职工2858人，其中，公办教师1840人，民办教师和代课教师1018人，民办与代课教师占全县教职工总数的35.62%。县内公办教师数量不足，民办代课教师数量多，且部分教师不能胜任教育教学工作。针对以上现实，县教委采取以下措施：落实全县中小学教师定编定员工作，在调整学校网点布局的基础上，辞退100名代课教师，清理120名未经劳动人事部门审批的临时代课教师。

1996年，县教委制定并实施《关于泰顺县县城中学调配教师办法》和《泰顺县师范类大、中专毕业生调配暂行办法》。公开、公平、公正地择优选调10名政治思想表现好，教学能力强，业务水平高的教师到县城中学任教，鼓励师范类大、中专毕业生到偏远地区的缺编学校任教。是年，完成了全县中小学校长第一轮培训任务，达到省教委提出“从1996年开始中小学校长持证上岗”的规定要求。

1997年，全县2000名教师获得专业资格证书。安置师范类大专毕业生62人、中师毕业生58人，接收非师范类大专毕业生5人，招收有实践经验青年代课教师43人（小学39人，初中4人），这些教师被分派到缺编的中小学任教。

1998年12月，县教委根据省教委《关于民办教师转为公办教师的规定》，对全县民办教师采取了治理整顿、择优转正、培训进修、辞退离岗、改善待遇等措施，将全县最后50名民办教师转为公办教师，不能转为公办教师的分别给予适当出路。至此，县内圆满地解决了历史遗留的民办教师问题。

2000年7月，县人民政府批转《泰顺县中小学校长负责制和教师聘任制实施办法（试行）》。9月，泰顺二中、泗溪镇中心小学人事改革试点工作正式启动。2001年，县教委在教师队伍管理上突出师德教育，重视工作表现、教学过程管理与工作政绩并重的原则，在泰顺二中、泗溪镇小实行校长负责制和教师聘任制试点工作基础上，全县中小学（除县城中小学外）实行校长负责制和教师聘任制。

2002年，全县全面推行教师聘任制。在平等、自愿、协商一致的基础上，通过签订合同，确定学校与教师之间受法律保护的契约关系，建立和完善“职务能上能下，待遇能高能低，人员能进能出”的机制。全面推行教师聘任制和开展中层干部竞争上岗试点工作。

2003年，全县中小学、幼儿园评出名师名校长29人，县人民政府给予落实每人每月500元的特别津贴；选拔出小学后备干部35人，为学校管理工作培养后备力量。8月，县教育局公开择优录用泰顺籍大专及以上学历毕业生35人，安置到缺编中小学任教。

2005年，县教育局规定，对民办幼儿园专任教师在资格认定、专业技术职称评定和晋升、教龄计算、评先评优、业务培训等方面与公办幼儿园教师一视同仁。县教育局可选派公办幼儿园教师到乡镇中心幼儿园任教，其人事关系仍挂原单位，允许民办幼儿园经县教育局批准后，在公办幼儿园（学校）中招聘教师，以增强民办幼儿园的活力，规范幼儿园管理，促进乡镇中心幼儿园教育质量的提高。

2007年，县教育局采取三条措施以提高中小学、幼儿园教师的整体素质。一是择优录用114名师范类和15名非师范类大专及以上学历毕业生充实到教师队伍，优化队伍结构。二是对全县中小学教师分层次实施培训，分别对校长、教学骨干教师、新上岗教师施以不同的培训，全年完成1466人次的素质提升培训。三是深入开展机关行风作风建设，提高广大教职员工和干部“用心想事，用心谋事，用心办事”的水平和能力。

2008年，县教育局实行“错时引才”的办法，通过引聘、招录等方式充实中小学教师队伍。其中向浙江师范大学、东北师范大学等院校招聘师范类本科学历毕业生27人；招录本地区应届师范类毕业生175人，非师范类毕业生12人。年底，全县在岗中小学教师2838人，其中小学教师1532人，学历合格率达98.6%，小学高级或以上职称的教师占63.9%；初中教师909人，学历合格率达95.6%，中学高级教师占6.5%；高中教师397人，学历合格率达85.7%，中学高级教师占16.1%，具有研究生学历4人。

2009年，教育系统全年引聘、调人、招录教师计130人（中学73人，小学43人，学前教育14人）。是年，教育系统减员151人，其中，外调25人，退休56人，退养70人。

2010年，全县教育系统录用教师73人，其中录用本县中学教师24人，小学教师30人，学前教育教师12人。向东北师范大学招聘4人；向温州医学院招聘心理健康教师1人；外地调入2人。是年，全县减员100人，其中外调16人，退休77人，退养4人，死亡3人。2011年，全县教育系统录用59人。全县减员122人，其中外调18人，解聘7人，勤工俭学17人，退休78人，死亡2人。是年，县教育局制定《泰顺县教育系统优秀人才2010年度目标考核方案》，完成全县中小学、幼儿园各层次骨干教师的考核任务；完成2010年度各级学校领导班子及领导干部的考核任务，并对优秀者予以表彰。

2012年1月，县教育局根据县人民政府《关于加强学前教育改革与发展的实施意见》的指示精神，全县开展民办幼儿园（班）优秀举办者、优秀园长、优秀教师评选活动，评出优秀民办幼儿园园长25人、优秀教师50人。5月，县教育局按《泰顺县教育系统优秀人才管理和奖励办法》制定《泰顺县教育系统优秀人才2011学年度目标考核方案》，对市第一、二、三层次骨干教师（2009年获第二届市级学科骨干教师），第四轮县级名校长、名教师，首轮县级名班主任，县级第九届“教坛新秀”，县级首届“教坛中坚、教坛宿将”，县级首届学科骨干教师进行全面考核。是年，全县中小学、幼儿园在岗教职工为2398人，按省规定编制，结合中小学附加编制标准核算，全县中小学、幼儿园（公办幼儿园）编制为2545人。缺编教师147人（不包括当年要求外调25人，要求勤工俭学10人，退休77人），其中高中缺编42人，初中缺编23人，小学缺编48人，幼儿园缺编34人。是年，县教育局经县编委批准，录用教师127人，其中高中专任教师39人，初中专任教师17人，小学专任教师38人，幼儿园教师30人，特殊教育教师3人，校医3人。

1977—1990年全县小学民办教师与公办教师比例表

表10-1-1

年　份	教职工总数	民办教师数	民办占总数%
1977	1859	1312	70.6
1978	1672	1125	60.7
1979	2117	1346	63.6
1980	2201	1218	50.5
1981	2129	1171	55.3
1982	1989	1109	55.8
1983	2113	1077	51
1984	2050	1032	50.3
1985	2205	930	42.2
1986	1770	940	53.1
1987	1770	819	46.3
1988	1819	798	43.9
1989	1847	451	24.4
1990	1591	463	29.1

第二节　师资培训

民国时期，师资培训的机构有师范简易科、师范讲习所（或传习所），培训的主要对象是需要接受试验检定的不合格教员。一般都安排在暑假期间进行，培训结束进行考试，考试合格者发给结业证，作为教员学历检定的必要证件。民国2—7年（1913—1918），全县师范学校毕业或高中师范科毕业的免试验的小学教员只有8人，其余的教员均要通过考试检定后才算合格。

民国18年（1929），为迅速培养小学教员，以应急需，县教育科创办师范讲习所，招收原乡村塾师或高等小学毕业生及学历不合格的小学教员学习进修，学习教授新法及学校管理之规则。民国19年，省制定《小学教员假期讲习会办法标准》，规定各县、市举行教员假期讲习会，以党义、国语、注音拼音、复式教学为必设学科，其他可根据县、市所最切要者增设之，每期讲习会时间以2—4周为限。是年，成立省师资进修通讯研究部，以函授方式辅导小学教员业余进修，以半年为期，修满三期，由省组织毕业考试，合格者颁给毕业证书，可免小学教员检定试验之口试。县内亦有少数小学教员参加函授，其毕业者资料失考。

民国20年（1931），举办第二期小学教员师范讲习会，招收试验检定不合格的小学教员计33人。民国23年，全县4所区中心小学，17个班级，教员25人，其中受过师范教育一年以上者10人（甲种），中等以上学校毕业者（乙种）12人，学历在高小毕业或高小毕业以下程度者（丙种）3人。

民国24年（1935），成立小学学科研究会和读书会。县立罗阳小学召集教师进行教学演示等活动，加强在职教师的业务进修。

民国26年（1937）暑期，省举办小学教员培训班，泰顺派代表数人参加培训。

民国32年（1943），划分各中心学校之辅导区。全县14个乡镇正式成立国民教育研究会。寒假，举办全县小学教员进修讲习会，暑期举办集训班，参加集训36人，结业合格者34人。是年，参加温州师范学校小学教员训练班的泰顺代表58人。

民国33年（1944），省制定《小学教员暑期训练实施计划和办法》，令各县举办小学教员暑期训练班，并规定受训人员为国民学校或中心国民学校未经检定合格之教员，依照部颁课程实行培训，训练时间以4星期为限。是年，加强国民教育辅导工作，正式成立县国民教育研究会。7月，召开研究会，并进行乡镇国民教育研究会会员登记。

民国33年（1944）至民国35年（1946），县教育科遵省令每年暑期对未经试验检定合格的小学教员组织单级短期训练班，每期以3星期为限。民国35年，全县小学教员参加国立师范函授学校进修有15人，参加省教育厅师资进修研究部学习有40人。

中华人民共和国成立后，重视教师政治、文化业务水平的提高，多层次、多渠道、多方式地培养和训练教师。1949年，县人民政府利用暑假在泗溪等解放区举办小学骨干训练班，学习时事政策和党的教育方针、政策，提高教师的思想认识。

1951年5月，成立县教师学习委员会，并制定简章，负责教师在职学习的计划、总结、检查、考核等工作。委员会下设学习、研究、通讯、总务四股。各区乡（镇）设立分会，组织学习小组，交流学习心得。7月10日，县人民政府下发《关于暑期集训及中小学教师学习方案》的通知，集训骨干教师90人。

1952年5月，全县各校提前放假， 教师全部参加思想改造，地点在瑞安师范学校，学习时间75天。

1954年，为了提高教师文化业务水平，分批抽调具有高小毕业以上文化程度教师选送或报考师范学校进修。7月27日，抽调18名在职教师参加瑞安师范学校（初师）轮训班学习半年。8月16日，选送4名高小程度的小学教师到平阳师范报考，经考试，录取3名，进修二年，达到初级师范毕业水平。

1955年，县文教局提出教师要按照“教什么学什么”“先学后教”“边学边教”的办法进行在职学习，并系统地学习教育理论以及《小学语文阅读教学法》和《小学算术教学大纲》。是年，举办小学教师普通话训练班，组织文化水平较低者参加学习。

1956年，县人民委员会印发《关于小学教师参加函授学习的通知》。是年，县内186位文化水平初师（初中）以下的小学教师参加温州师范函授学习。

1959年3月，县文教局提出“大鼓干劲、自学挂帅”的号召，动员全体教师加强自学。8月，县委根据国务院通知精神，举办中小学教师集体备课讲习班，时间三个星期，小学教师450人参加学习。中学教师23人参加温州专署文教局备课15天。

1960年1月，抽调30名在职中小学教师和社会知识青年到温州师范学校培训4个月。暑期，组织教育骨干、教师集中备课，为中小学语文教师上汉语拼音辅导课，帮助教师掌握汉语拼音，提高全县语音教学质量。

1961年暑期，县文教局举办为期8天的初中语文、数学、物理、化学教师备课会，与会者26人。

1962年，县中师函授工作站成立，文教局长兼任站长，配备专任辅导教师3人，当年参加函授学习学员300余人。函授站采用以老带新的方法，从教学的实际水平和教学工作需要出发进行函授，全面提高学员政治、文化、业务水平。

1965年上半年，全县参加中师函授站学习的学员625人。

1970年，选拔24名在职的民办和代课教师到温州师范学习4个月。

1974年“批林批孔”运动开始，教师培训工作被批判为“走白专道路”，全部停顿。

1978年11月，县文教局成立高师函授工作站，副局长兼任站长，配备专任辅导教师2人，兼任辅导教师数人。次年春，招收文理两科学员60人，经过四年函授学习，50人取得高师毕业文凭。1984年4月，高师函授站划归业余教育股管理。

1980年1月，浙江教育学院举办高中语文、数学教学骨干进修班，泰顺一中骨干教师参加进修，学习时间4个月。是年，在全省中小学在职教师培训会议后，县文教局遵照省教育厅通知精神，对全县中小学教师进行全面调查，从实际出发制定教师进修、提高规划，广泛开展以中师函授为主要形式的文化、业务的系统培训。

1982年3月23日，按照省教育厅指示，整顿考核公办教师，考核的主要对象是1971年以后从社会上直接吸收的教师和“文化大革命”期间推荐上学的大、中专毕业生以及教师退休、退职后补员的子女。7月21日至8月5日，县文教局在罗阳小学举办全县暑期小学教师语文、数学培训班，52人参加培训。是年，先后组织160多人次到温州、乐清、苍南、寿宁等地听课、取经，交流教育教学经验；选送20名幼儿教师到杭州、上海幼师培训班进修学习；组织幼儿教师参加“专业合格证书”和“教材教法考试”辅导培训班。

1983年，根据教育部6月7日指示，在教学上有困难的中小学教师都参加教材教法进修，并把教材教法考核作为教师考核的重要内容，考核成绩记入业务档案，作为教师评定职称和晋升的重要依据之一。

1984年，全县700多名中小学公、民办教师参加教材教法进修，612人取得合格证书。

1986年9月，县教委举办中师函授预备班，招收对象是在职在编的小学公办、民办教师和有志于长期从事教育事业的教龄连续三年以上的代课教师。预备班开设语文、数学、理化常识三门课程，集中面授时间语文40课时，数学50课，理化常识25课时，学完所开课程，于1987年参加温州中师函授招生考试。

1987年，按照国家教委《关于开始有计划地进行中小学教师专业合格证书、文化专业知识考试的通知》，全县实行合格证书考核制度，凡不具备合格学历的教师应按照自己的具体情况，在自学的基础上，自愿申请参加考试。

1990年，师资培训工作的重点逐步从系统文化进修转向岗位培训。中小学教师在职培训工作的任务是从教师的实际情况出发，根据教师的岗位职责要求，以树立坚定正确的政治方向，提高思想政治水平和教学业务水平为重点，开展多种形式、多层次的培训。是年冬，全县受过短期培训的教师1286人次，达到中师函授毕业503人，高师函授毕业225人。小学教师参加中师函授取得单科合格证书466人，114人取得中师毕业文凭。

1978—1990年，全县民办教师通过中等师范学校进修毕业的有226人；离职到县教师进修学校培训半年以上取得相应学历业务合格文凭的280人。

1991年10月，全县中师函授招收新生58人，在学190人，中师自考191人，513科，取得合格学科

176科。参加（87）届中师函授学员86人取得毕业资格；举办中师自考培训班5期，《专业合格证书》考试报考142人，140科次，合格20科。全年先后举办中师毕业生见习期培训、教师子女上岗前培训、小学自然科学教师业务培训等不同对象的培训200多人次。同年，鼓励幼儿园教师参加中师函授学习和专业合格证书考试。35名幼儿教师获得专业合格证书；26人获得教材教法合格证书。

1992年，确定县机关幼儿园为县级示范幼儿园。县教委、县妇联以机关幼儿园为基地举办全县园长，托儿所长培训班，提高管理水平和业务素质。组织县机关幼儿园骨干教师到农村幼儿园进行“传、帮、带”活动，帮助农村幼儿园教师解决教学中的实际问题。县机关幼儿园向全县开设学科观摩教学活动，在活动中，予以适当点评，使之及时获得教改信息。

1994年，组织人员为全县中小学教师作《中华人民共和国教师法》辅导报告20余场，听众达2000人次；参加《中华人民共和国教师法》知识考试教师2500余人。先后印发《中华人民共和国教师法》学习辅导资料1000多份。县教育工会印发《教师职业道德规范》2000份和《人民教师巍巍丰碑》等优秀教育工作者的事迹材料1000份。9月，全县开展《中华人民共和国教师法》宣传月和庆祝第十个教师节活动。

1994年，报名参加自考的教师1810人，毕业7人，其中参加高师自考（含函授）100人，完成第三、四学期学习任务，及格210科次。举办小学校长培训班，62人参加《学校管理学》《教育政策法规》学习，经考试全部及格。举办见习期教师培训班，42人参加培训全部结业，转为正式教师。9月，在教师进修校开设瑞安师范学校教学点，承办代课教师“中师青教班”，31人参加学习，翌年结业，走上教学岗位。

1995年，县教委印发《教师职业道德规范》，进行师德教育。先后举办中小学校长、教委干部、财会人员培训班，小学以乡（镇）为单位，中学以校为单位，举办“两法”（中华人民共和国教育法、中华人民共和国教师法）学习班计50期，参加学习3100人次，印发“两法”小册子8000余份。

1996年，县教师进修校完成最后一期中师自学考试工作，138人获得中师毕业文凭；通过教师自考和函授学习，669人获得中师毕业文凭，360名民办教师达到“民转公”（民办教师转为公办教师）的学历要求；125名代课教师招收“青教班”培训后转为正式教师。全县小学教师学历合格率由1985年的34.1%提高到1996年的70%，基本完成小学教师学历补偿教育任务。是年秋，教师进修校举办大专“小学教育专业”辅导班，实施小学教师大专学历的培训工作。完成中学教师“三沟通”高师自考全员学历培训，96人取得大专文凭，全县中学教师学历合格率提高12.3%。是年，完成中小学校长第一轮培训任务。

1998年初，全县39所乡镇中心小学校长平均年龄46.6周岁，其中50周岁以上17人，占43.6%。大部分小学校长具有中师学历，其中7人高中以下学历。县教委举办首期小学领导班子后备青年干部培训班，学员40人。8月，18所乡镇中心小学校长进行调整，其中14名校长调任他职，培训班学员中9人任乡镇中心小学校长，1人任副校长，其余充实到各乡镇中心小学任中层干部进一步锻炼。调整后，全县小学校长平均年龄39.6周岁。全县选送7名中青年中学校长到温州市校长提高班学习。

1998年，县教委先后制订《泰顺县中小学专业技术学年度考核量化计分办法（试行）》和《泰顺县城关中小学选调教师办法（试行）》等文件，增强考核、选调教师等工作的客观性和透明度，鼓励教师参加函授和高等自考等多种形式的继续教育，提高教师的学历合格率。全县204人参加成人高校招生考试，144人被录取。暑假，组织40多名实验教师到温州师范学院和乐清师范学校培训。是年，全县小学专任教师学历合格率达93.01%；初中专任教师学历合格率达到81%。8月，市教委举办幼儿园园长培训班，泰顺县按定额派园长参加培训。

1999年，全县公办教师3019人（含退休人员605人），小学专任教师学历合格率96.67%；初中专任教师学历合格率为82.14%。全县评选出30名教师为“名师”培养对象，6名校长为“名校长”培养对象。

2000年，高中专任教师参加对口专业学历进修，提升学历层次。全县参加高校学习120人；参加各类业余函授、高校自考的在册教师600余人。7月，县教委组织1800名中小学教师参加师德理论业务素质书面测试，成绩计入年度考核，并与评优、评先进、职务评聘、新教师转正定级挂钩。全县选派150多名学科带头人参加省、市骨干教师研修班培训，促进教师业务水平的提高。是年，市教委公布全市中小学（幼儿园）221名“名师名校长计划”，泰顺县入选“名师”11人，“名校长”3人。

2001年，全县未定级幼儿园专任教师82人，中师毕业6人，幼师毕业5人，高中毕业37人，职技校幼儿教育专业毕业21人，初中以下文化程度13人。

2002年3月，县教育局决定采取公开推荐与考试、考查相结合的方式，选拔27名德才兼备的小学中青年骨干教师，确定为小学后备干部，提高小学领导班子的整体素质，以适应教育改革与发展的需要。是年11月，选送县级高中“名师、名校长”培养对象到温州中学学习管理、教学与教科研先进经验。

2003年，参加各类学历进修的教师400多人。

2006年，县教育局从提高教师道德品质、业务素质和树立良好的导向三个方面抓教师队伍建设工作。制订《泰顺县教育拔尖人才培养2005—2008年计划》和《泰顺县农村中小学教师素质提升工程计划》，实施校长、骨干教师、新教师分层次的全员培训。

2007年，择优录用114名师范类和15名非师范类毕业生充实教师队伍，继续分层次实施对校长、骨干教师、新教师进行培训，全年完成1466人次的素质提升培训。

2008年3月，县成人教育中心组建，9月，正式实行四块牌子一套班子合署办公，承担着全县中小学和幼儿园教师的教育培训等任务。。

2008年，县教育局根据省、市农村中小学教师“领雁工程”实施意见，制订《泰顺县中小学“领雁工程实施方案”》。11月21日开始，组织32名小学语文骨干教师赴浙江师范大学进行为期10天的第一阶段理论学习。是年，县教育局人事科举办第三届全县中小学校长论坛。

2009年，继续实施“领雁工程”，完成59位小学数学、初中语文骨干教师的理论培训和教育实践活动。组织首批“领雁工程”优秀结业学员送教下乡，推动城乡教育均衡发展。编辑学员研修成果论文集3册。是年，组织124人参加省、市、县级“领雁工程”培训。选派71名骨干教师、校长赴绍兴有关学校挂职学习，选派20人赴东北师范大学、温州大学等高等院校进修学习。全年举办的各种培训班，共培训2000多人。依托“名师工作室”和新建成的泰顺教育城域网，组织全县教师网络直播活动，实现优质资源共享。

2010年，县教育局坚持“面向全员，突出骨干，倾斜农村”的原则，加强师资培训工作，继续实施省、市、县“领雁工程”培训102人；选派50多名校长和骨干教师赴绍兴挂职锻炼；通过其他形式培训人员100多人次。组织全县2000多名中小学教师参加“赛课”活动，为教师搭建成长平台，举办全县中小学“校长论坛”。是年，成教中心围绕“引领骨干、辐射全员、推进校本、发展远程、促进均衡”的教研培训主线，丰富培训的形式和内容，形成多元、开放的培训体系，深入实施“领雁工程”，创新教师和干部培训工作。汇编“领雁工程”成果论文集4册，开展学员讲座6次，组织学员送教下乡12次。

2011年，县教育局启动全县中小学教师教育技术能力培训项目。是年，组织全县2736人参加各类项目的校本培训，参加培训人数占教师总数98%。

2012年2—4月，组织开展第九届“教坛新秀”“教坛中坚”“教坛宿将”（“三坛”）评比活动，73人获县级“教坛新秀”荣誉称号，23人获“教坛中坚”称号，评出首届“教坛宿将”称号6人，推荐参加市“三坛”评选20人。是年，参加市级骨干教师和名校长培训104人，县级骨干教师校长培训471人，其他培训188人。

第三节　地位　待遇

一、社会地位

清宣统二年（1910），学部规定，“小学堂教员者，地方官即应待以职绅之礼”“教员免缓兵公役，免其子女学费”，教师在社会有较高的地位，受人尊敬。民国初期，社会上仍持尊师之风尚，特别是泰顺偏僻山区，教育落后，文化知识匮乏，村民们书写信札和契约之类应用文，大都依靠教师，教师在农村中颇受尊敬，但无职业保障。

民国28年（1939），教育部规定每年8月27日（孔子延寿）为教师节，旨在以法定“教师节”来提高教师的社会地位和经济待遇。

中华人民共和国成立后，各级党委和人民政府本着“争取、团结、改造”的方针，对旧社会留下来的教师，继续安排任教，对失业教师予以登记，帮助他们重新就业。

1949年6月1日，在泗溪白粉墙村成立县人民政府，召开各界人民代表大会，教师代表汪茂铁、包衍竹等人参加会议，参政议政，选举人民政府领导人。

1950年10月10—14日，召开县第一届各界人民代表会议，教育界代表有18人，高仲伦选为常委会副主席。

1951年7月5—8日，在莒江上村夏氏宗祠召开县首届文化、教育代表会（简称“文代会”），代表69人。

1952年暑假，全县教师集中到瑞安师范学校进行思想改造学习。会议期间，成立中国教育工会泰顺县委员会，教师被列入国家工作人员编制，正式成为工人阶级的一部分。

1957年，“反右”斗争扩大化，45名中小学教师被错划为“右派分子”，其中32人被责令回家，13人留校察看。1958年11月，13名留校察看的右派分子被送至司前人民公社司前、竹垟、里光、黄坑大队劳动改造。1959年，在“反右倾”运动中，全县121名中小学教师受处理，其中111人遭受批判和斗争。

1962年9月10日，县委对在“反右”和“反右倾”运动中受到错误批判处理的121名中小学教职员进行甄别平反。

“文化大革命”期间，许多教师遭受不同程度的批斗和迫害；1970年，全县小学教师下放在生产队，实行回队任教。

1978年后，各级党委、人民政府认真贯彻执行党的知识分子政策。根据上级指示精神，为无辜受批判、处理的中小学教职员工复查案件，给他们进行平反并安置工作，补发工资。

1979年，县委、县人民政府、县文教局按照文件精神，抽调10人组织调查组，清理和纠正县内文教系统历史遗留下来的238件冤假错案。1980年，县委、县人民政府对教师复查处理情况如下：审查结论1人，恢复公职13人，定性处理2人，右派改正4人，改变处分15人，开除公职2人，毕业分配工作2人。

1983年，县人民政府积极倡导全社会尊师重教，不断创造条件提高教师的社会地位和经济待遇，对工作成绩优异的教师，各级人民政府给予表彰。县人民政府颁发《关于维护学校正常教学秩序保护教师人身安全不受侵犯的通告》，并对殴打教师侵犯学校权益等事件进行调查、处理。

1984年，设立"师德杯"奖，开展评优活动，召开先进办学单位和先进工作者表彰大会，提高教师的社会地位，鼓励教师忠诚于人民的教育事业。全县12名民办教师转为公办教师。是年，全县有87户中小学教师的配偶及其子女计287人"农转非"（农业户口转为非农业户口）。

1985年，第六届全国人民代表大会决定每年9月10日定为"教师节"。县人民政府作出《关于尊师重教的决定》，规定每年"教师节"前后，在全县广泛开展多种形式的尊师重教活动；把节日活动和平时教育结合起来，使尊师重教工作经常化。全面落实党的知识分子政策，积极为教师排忧解难。维护教师的正当权益，坚决制止和严肃处理歧视、侮辱、殴打人民教师的行为。在第一个"教师节"期间，县委、县人大、县人民政府、县总工会、县教体局领导分头到各级各类学校，向教师们表示节日的祝贺。给25年以上教龄的中小学教师和幼儿园教师颁发"园丁"荣誉纪念章；给30年以上教龄的颁发荣誉证书；给141名"以工代干"的教师转为干部；给71名民办教师转为公办教师。

1986年，全县25名民办教师转为公办教师。

1987年10月，全县各中小学先后建立以教师为主体的教工代表大会制度，二年为届，每学期至少召开一次至二次教工代表大会，审议学校的重大决定，监督学校领导的工作，维护教职工的合法权益。各级各类学校认真积极创造条件实施教工大会的合理建议，切实加强学校的民主管理，努力办好学校，提高办学效益。是年，全县106名民办教师转为公办教师。

1988年度，全县41名民办教师转为公办教师。

1988年全县参加职称评审的教师为1728人。评审出中学高级教师14人，一级教师69人，初级职称263人。公办小学教师中评审为中学高级教师1人，小学高级教师146人，小学一级教师475人，小学二、三级教师共760人。

1989年5月15日，县教委印发《关于评选1988年度为人师表优秀教师和先进教育工作者的通知》，全县评选出，"为人师表"优秀教师49人，优秀班主任38人，先进教育工作者37人。8月，7人被评为省级"春蚕奖"，19人被评为市级优秀教师，112人被评为县级先进工作者。雷建阳、林丛、朱昌培、张维德、郭华华、陈顶忠6位教师荣获1988年和1989年"全国优秀教师"称号。1989年，全县30名民办教师转为公办教师。

1990年7月，全县中小学教师10人获省第三届"春蚕奖"，72人获县级"师德杯"奖；1人获省优秀班主任荣誉称号。全县22名民办教师转为公办教师。

1991年，根据择优录用原则，全县28名民办教师转为公办教师，6名代课教师招收为正式教师，56名年老体弱民办教师办理退休手续。200多人办理教师技术专业职称与工资挂钩；100多名大中专毕业生招为正式教师。

1993年，对1960年底前参加教育工作的民办教师全部转为公办教师。

1994年5月18日，县教委转发县劳动人事局的《关于继续做好部分专业技术人员和党政干部家属“农转非”工作的通知》指出，凡干部（职工）、教师年满40岁，工龄满20年，中级以上专业技术职务（中学一级、小学高级），聘任满三年的，其家属是农业户口的可转为非农业户口。是年，全县76名民办教师转为公办教师；招收代课教师43名，通过师范院校“青年教师培训班”（下称“青教班”）培训后分派任教，一年半见习期满转为正式教师。为26名教师子女安排工作（小学代课或学校炊事员等）。

1995年，贯彻执行县委《关于加强教师队伍管理的若干规定》，县教委采取事业留人，成绩留人，待遇留人的措施，鼓励教师安贫乐教。为100多名教师家属或其子女办理“农转非”；招收50名民办教师通过“青教班”培训后，转为公办教师；招收60名（小学50名，初中10名）代课教师参加“青教班”培训后转为正式教师；为部分年老多病的离岗民办教师增加生活补助费。全县116名民办教师转为公办教师。是年，全县244名中小学教师配偶及其子女计253人“农转非”。录用43名代课教师，经“青教班”培训后，安排乡镇小学任教；16名民办教师转为公办教师。根据省教委规定，不能转为公办教师的离岗民办教师，每月生活补助费人均增加到310元。1997年，全县招收代课教师43人，经培训后转为正式教师。

1998年12月，对中小学民办教师采取了治理整顿，择优转正，培训进修，改善待遇等措施，解决历史遗留的民办（代课）教师问题。

2005年，县教育局坚持积极鼓励，大力支持，正确引导，依法管理的原则，决定民办幼儿园教师和教育工作者的工资、社会保险、福利待遇由举办者依法予以保障。

1993—2007年，有59位教师当选为十一至十四届县人大代表，71位教师当选为四至七届县政协委员，5位教师当选为四至八届市政协委员。

2012年，县教育工会继续开展“和谐校园”“一对二二”（各校工会主席带头联系帮扶两名特困教师两名贫困学生）系列活动。全县各级各类学校工会组织45周岁以上教师参加体检。

二、工资与福利待遇

民国23年（1934），全县4所高等小学，教员25人，其中受过师范教育一年以上的甲种教师月薪18元（银元），中等以上学校毕业的乙种教师月薪10元，丙种教师月薪8元，教师一个学期平均补助经费46元。民国24年，据浙江省统计，县立小学教员待遇为专任教师月薪最高为72元，最低为20元。民国29年，浙江省小学教员平均月薪为10.84元。民国33年，省统计正教员月支80元，代用教员月支60元，并加发公粮（稻谷）五斗。

民国35年（1946）8月至36年10月，县政府分期派员下乡督筹校田，办理产权。县成立教育特种基金保管委员会，掌管教育经费。县立小学和区中心小学之教员，从民国35年起，比照县级公务员支给，经费较裕之学校并能发给实物。

民国37年（1948）上半年，泰顺简易师范学校教师平均月薪为国币145元。中华人民共和国成立前，县内大多数小学教师工资根据各村学校全年校租收入多少决定，每学期最多1000斤稻谷，最少400斤稻谷。县简易师范学校的教员月薪一般为100斤至200斤大米，大体上可以维持两三个人的生活。由于物价猛涨，绝大多数小学教员承担不起家庭生活重荷，经常断炊。

1949年人民政府接收学校后，教师工资主要来源于旧有学校校产田租，人民政府维护旧有学校田产的合法收入，按教师原薪标准发给。1950年上半年，为防止因物价波动而影响教师生活，改用折实单位发放。下半年，以折实单位为基数，按当月米价发给货币工资。小学教师每月大米为8斗至1.5石，平均每人每月79斤（39.5公斤）大米。小学校长每月平均为60个单位（浙江省折实牌价，一单位为人民币0.51元），教师平均为40个单位。

1952年9月开始，教师纳入国家工作人员编制，对各级学校教职工工资进行调整，实行统一的"工资分"单位工资标准，由人民政府按月拨发，并补发2—8月自筹经费的不足部分。11月开始实行工资分制，教师月工资平均215个工资分（当时1个工资分值折合人民币0.23元）。调整后，小学教师每人每月平均折合大米173.4斤（86.7公斤），平均增加120%。

1954年上半年，中小学教师月平均工资分为109单位，折人民币228900元（22.89元，当时以万为单位）。1954年全县中小学教师482人，原工资分平均为107.54分，调整后，教师月平均增加工资分7.3分，增加比例为6.79%。

1955年，全县中小学教师工资标准为：9级月工资分280分（调整前为266分）；10级月工资分260分；11级月工资分240分；12级以上分为七个等级（13级、15级、17级、18级、20级、22级、23级）依级递减。11月12日，县人民政府制订《教职员工退休和退职休养待遇的暂行办法》，对退休、离职休养和退职的教职员工的待遇作了明确规定。12月15日，县人民委员会按照省教育厅通知，全县中小学教职工工资改为货币制，取消工资分计酬制，实行货币工资加地区津贴。

1956年秋，进行工资改革，改折实工资制为工资薪给制，对学历高、教龄长、教学成绩优秀的中老年教师给予适当的照顾，重新评定级别，既体现按劳分配原则又稳定了广大教师的专业思想。中学教师工资分为十二级，小学教师分为十级。教师工资增加幅度很大，与1955年相比，中学教师增长了18 %，小学教师增长35.2%，幼儿教师增长39.1%。全县教职工月平均工资：中学23人，月平均工资49.71元（1955年为42.1元）；小学469人，月平均工资35.27元（1955年为26.09元）；幼儿园1人，月平均工资36.30元（1955年为26.09元）。

1960年，小学7级教师月工资37元，8级33元，9级29元；中学教师8级48.50元，9级42元，10级38元。上半年，举办两期速师班，充实小学教师队伍，速师结业分配工作的待遇分为：小学毕业或相当小学毕业参加学习者月薪16元；初中肄业二年以下的月薪18元；初中毕业或相当于初中毕业的20元；高中毕业月薪24元。

1961年5月，文教局对民办教师医疗费作出规定：民办教师的医疗费由办学单位、教师、国家三结合筹集。如办学单位确实无力负担，则由国家予以补助。

1962年，从教育经费中拨出部分款项，作为是年第四季度民办教师的医疗费，每人每月1.5元，实行区、乡包干，由中心小学统一掌握。5月6日，集中18名病残教师到泰顺一中疗养。5月19日，县文教局印发的《关于发放退职补助金的通知》规定，凡是在1952年以前参加村小教育工作人员其工作年限一律从1952年2月份算起，参加完小以上学校教育工作人员其工作年限一律从1949年10月1日算起。其退职补助费总额在300元以下的，当年一次发完；在300元以上的分两期发给。

1963年7月25日，国务院批发了教育部《关于调整中小学教职工资的办法》，在停止增资七年后，约有40%教师提高工资。

1970年上半年，全县公办小学（除罗阳小学外）下放到大队办，教师回队任教，粮食下放生产队，实行工分加补贴工资制。严重影响了教师队伍的稳定，造成广大农村小学教育不应该的损失。1971年9月9日，县革委下发文件予以纠正，自1971年10月份起，粮食恢复由国家供应，教师工资同时由国家按月拨发。

1977年，调整工资偏低的教职员工工资，调资面为总数的40%。1978年，教师总数的2%调整工资，晋升的重点是教学成绩优异、贡献较大的教师。

1981年，根据中共中央和国务院的决定，给全县中小学教职工普遍增加一级工资，对少数工作成绩显著的教师增加二级工资。民办教师在原有国家补助费的基础上，每人每月增加50元。

1982年5月，全县中小学教职工949人晋升一级工资，月增资总额6877元，其中晋升二级58人，月增工资总额为429.80元。12月，全县中小学公办教职工全年平均每人奖励金额75元，民办教师37.50元，代缺教师31.30元。全县公办教职工1172人，补发卫生医疗费28128元，平均每人24元。民办教师1253人，补发卫生医疗费15036元，平均每人12元。12月31日教育部决定：为从事教育工作25年的教职工颁发“园丁”荣誉纪念章；除荣誉鼓励外，给全县在农村中小学任教的中专毕业教师每月津贴10元，大专毕业的教师每月津贴12元。

1985年6月，全县中小学教师公费医疗费从年平均30元提高到50元。住院治疗的先由个人垫付，超额药费年终按比例给予报销。给1985年度工作成绩突出教师晋升一级工资。通过庆祝“教师节”活动，为教师办了实事，尊师重教气氛逐步形成。全县62个乡镇，38个乡镇解决了民办教师工资拖欠问题；全县医疗单位为教师进行第一次免费体格检查。教师子女就业，教师住房建设开始得到政府重视。县委拨款7万元，逐步解决140多名离退休教师的房屋修理费。是年，教职工的工资改为结构工资制，由基础工资、职务工资、工龄津贴、奖励工资四部分组成

1986年，全县参加工资改革的公办中小学教师1240人次；民办教师1015人次，月增加工资总额为19081元。1987年10月开始，中小学专任教师和幼儿园教师在现行各级工资标准的基础上提高10%。根据1988年8月30日市教委通知，对全县从事中小学、幼儿园工作满30年教龄的180位退休教师的退休金从1989年1月1日开始，按100%标准发给。

1988年，进行低工资调整，359名退离休教师工资上升一级。1989年，晋升二级工资的中小学教师共1381人，全县月增加工资总额11057元。

1989年，给在农村中小学任教期满5年以上的大、中专毕业生的教师的子女296人转为非农业户口。拨款14万元，解决因“农转非”后出现的粮食差价问题的补贴，并办理66户遗属补助。为1989年前退休的26名教师补发房屋修理费。组织50名年老多病的教师体格检查，举办61名教师子女就业前培训。

1990年，全县中学教师月平均工资144.5元，小学教师月平均工资为127.4元。民办教师（含教育费附加）月平均工资119元。

1991年，为250名教师调整工资；落实1990年度全县退休教师的房屋修理补助费计3.4万元。下半年，县教委、县妇联为稳定民办幼儿园（班）教师队伍，对农村部分工资偏低的民办幼儿园（班）教师实行工资补贴，每班补贴35元，全县计2520元。

1992年，微型小学校点撤并，全县辞退代课教师100多人，被辞退的代课教师连续教龄三年以上

的按教龄计，一次性发给的每年1个月工资（45元）作为生活补助费。

1994年，《中华人民共和国教师法》颁布施行，尊师重教风气日臻，全县2860名教师（含退离休教师）月平均增加工资130元，略高于当地政府公务员工资水平。

1995年10月，县人民政府《关于提高离岗民办教师生活补助费标准的通知》规定，全县69名离岗民办教师从10月16日开始，提高生活补助费。离岗民办教师每月生活补助费国家部分由原来每月人均80元提高到每月120元。各乡（镇）人民政府对离岗民办教师的生活补助费每月人均标准不得低于60元，经费从农村教育费附加中列支。

1996年，县教委对500多名中小学教师分别聘任为高、中、初级职务，增加了工资，调整了3500多人次教职工岗位津贴费，每月人均增加65元。

2008年，全县乡（镇）（不含城关）以下义务教育学校、特殊教育学校中正式在编专任教师和在上述农村学校从事教学管理工作的管理人员实行农村任教津贴。11月，县教育局成立县教职工解困互助会，及时传递组织对困难教职工的关怀与帮助，积极为教职工排忧解难。

2009年，县人民政府办公室转发县人事劳动社保局、县财政局、县教育局《泰顺县义务教育学校绩效工资实施办法》，核定义务教育教师规范后的津贴补贴平均水平由县人事劳动社保、财政部门按照教师平均工资水平不低于本县公务员平均工资水平的原则确定，同时规定绩效工资分为基础性和奖励性两部分。基础性绩效工资主要体现地区经济发展水平、物价水平、岗位职责等因素，占绩效工资总量的70%，奖励性绩效工资主要体现工作量和实绩贡献等因素。该办法还对农村条件艰苦的义务教育学校教师加发任教津贴。

2010—2012年，全县各校继续执行绩效工资制。

第十一章　教学研究

第一节　教研（辅导）机构

民国4年（1915），全县分为3个学区，每学区设6所公学，对所辖小学的教育教学进行辅导。民国17年，全省推行中心小学制，乡（镇）中心小学担负本乡（镇）内其他小学的教育教学辅导工作。

民国20年（1931），县立罗阳小学设教育辅导和试验研究机构，担任全县教育教学辅导工作。

民国33年（1944），建立乡（镇）中心学校辅导保国民学校的辅导体制。

20世纪50年代初期，县内实行区辅导委员会体制，由区辅导委员会成立教育训导组，对区内学校教育教学进行训导。

1955年3月，县教育局建立视导组，主要负责教学研究工作。

1958年，视导组分为中学视导组和小学视导组，各组均配备3名视导员。

1960年，小学辅导工作调整为以公社为单位进行，全县各公社分别设立辅导中心小学。

1971年下半年，成立县教育教学调查研究组（简称“调研组”）。

1983年8月16日，各区设立区辅导中心小学。

1984年2月，县教体局成立教研室，主任1人，副主任2人，教研员7人。

1986年，进一步充实教研机构，教研室分为中学教研室和小学教研室两大块，各室分别设置主任1人。中学教研室配备政治、语文、数学、英语、物理、化学、体育专职教研员，小学教研室配备幼儿、语文、数学、思品、常识专职教研员。

至2012年，仍为两大教研室合署办公。

第二节　教研活动

民国20年（1931），县立罗阳小学教育辅导工作的主要工作内容：举办教师讲习会，指导各区中心小学从事研究工作，协助教育局筹划成绩展览会，协助各小学举办儿童假期作业指导，指导各小学举行儿童健康检查与比赛，举行公开讲演和教学演示。

民国35年（1946），县教育科规定每学期召开一次国民教育研究会，研究内容大略为小学算术教学、国语教学、小学日记写作指导等。

1952年，全县中、小学普遍建立备课、听课制度，举行教学演示、相互观摩等活动，探讨教学方法。

1956年，普遍进行五项教学原则（直观性原则、系统性原则、巩固性原则、量力性原则、自觉性积极性原则）和五个教学环节（组织教学、复习旧课、讲授新课、当堂巩固、布置作业）的研究和实施。中学着重抓语文教学的“文道结合”和作文教学。

1959年，县文教局规定：各区辅导校长应在中共党支部统一领导下做好本辅导区内教育辅导工作，规划本辅导区教育事业发展、学校网点设置、教师调配、师资培养、学校经费审核以及有关教育行政工作。

“文化大革命”期间，教研工作几乎停顿。

1979年，县教育部门根据各学科的性质、特点和任务，有针对性地开展多层次多形式的教研活动。

20世纪80年代初期，县教育教学研究工作在加强“双基”的同时，以发展智力、培养能力为中心课题开展教研活动；80年代中期，则以改革各学科的课堂教学结构和授之以法、提高自学能力为研究中心课题；80年代后期，以加强德育和培养学生的全面素质为目标，开展整体优化的教育实验。

1991年，县成立领导小组，根据泰顺实际，制定整体优化改革方案，确定泗溪镇中心小学、县实验小学、柳峰乡中心小学为试点学校。举行县、区协作片的大型教研会、学科教学研讨会、学科教学论文征集评比、教案评选和学科竞赛等教研活动，组织教研员、骨干教师送教下乡，取得良好效果。是年，全县以点带面地开展整体优化教改实验，推动教育改革的发展。

1992年，继续抓好县实验小学和泗溪镇中心小学整体改革试点工作，总结经验，逐步推广。4月，为提高幼儿园教师的业务素质，县教委普教科举办全县编写幼儿园语言教案比赛。营造全县各级各类幼儿园教师钻研业务、增强教学研究的良好氛围。

1993年暑期，县教委教研室组织义务教育新教材的备课及教研活动，及时研究和解决义务教育新教材在教学中可能出现的问题，尽快领会新教材编写的指导思想，掌握各学科的教学要求以及相应的教学手段和方法。

1994年暑期，县教委教研室组织初中和小学语文、数学等学科备课活动，使教师掌握新教材特点，明确教学目标。秋，县教研室深入城关中学、民族中学、龟湖镇校、雅阳镇中心小学进行教学研究和新教材使用质量评估，并组织骨干教师作巡回讲座。教研室会同县教育工会开展全县性优质课比武、组织教学论文评选和学科知识竞赛活动。

1995年，县教委教研室以提高全体学生的全面素质为目标，以课堂教学为中心，抓教法改革和学生学法指导，努力提高课堂教学的效率。组织中小学主要学科骨干教师、教坛新秀送教下乡活动；举办学科教研会、讲座；组织学科教学论文征集、评比；优质课评比等一系列教研活动。

1996年春，县教委下发《加强课题管理的通知》，动员中小学教师申报教科研课题，有6个市级教科研课题成果或阶段性成果报告市教科所进行评审，16个1997年度省、市级教科研课题申报到市教科所评审立项。先后组织13位教科研骨干教师赴市参加专题培训；选派50多人次外出参加教研活动。全县举办中小学社会、语文、自然、数学、化学、思想品德、体育等学科的研讨会、经验交流会、教学论文评选以及学科竞赛，组织了省编义务教育新教材备课、教研员下乡讲座、“教坛新秀”送教下乡等活动。开展百名中青年骨干教师和第五届“教坛新秀”评选活动。

1997年9月，全县小学开展语文教学“四结合”（识字教学、编码打字、阅读理解、作文训练四者结合）的教学改革试验研究。

1998年3月，县教委教研室先后举办高中数学教师优质课评比及基本功大赛、中学自然科学教师业务水平竞赛、中学自然科学、语文、劳技课、音乐、体育教师说课比赛，初中数学教师教案编写及说课评比活动和小学教师基本功大赛。11月2—25日，浙闽五县政协教育协作会在泰顺城关召开，各县政协、县教委及部分县内乡镇中小学教师共600多人参加会议。泰顺、文成、景宁、寿宁、柘荣五县教师代表分别开出教学观摩课，并交流教学论文。是年，县教研室通过“三抓”促进“三线”教研活动的蓬勃发展。一抓学校的学科教研组建设；二抓学校教研大组的教研活动工作；三抓各学区（片）的教研活动，促进学校——学区——县教研室“三线”的教科研工作正常有序开展。

1999年4月，召开全县各级各类幼儿园教育教学研讨会，并进行说课、评课、专题讲座。10月21日，县教委教研室在机关幼儿园举办全县幼儿园教师常识学科说课、上课、评比活动。11月，组织中学音乐教案比赛，引导学校纠正重视“主要学科”而忽视其他科目的倾向，另外还组织各学科教师说课比赛、中小学体育课评课比赛以及小学活动课教案设计评比等。是年，县教研室发挥“研究、指导、管理、服务”职能，组织多层次多形式的教学研究活动，帮助广大教师执行教学计划，钻研、掌握教学大纲和浙江教育出版社（浙教版）教材，不断改进教学方法，努力提高课堂教学质量。

2000年，县教委教研室举行中小学体育教师大比武、小学教导主任听课评课比赛、初中数学“教坛新秀”汇报课、中学语文教师现场编写教案比赛等一系列教研活动。征集中小学教学论文，有50篇在省、市获奖。

2001年5月9日，全县小学素质教育研讨会在三魁镇中心小学召开。研讨会围绕“课堂教学是实施素质教育的主渠道”这一主题展开。10月下旬，县政协、县教委领导率部分城关中小学校长和学科骨干教师到福建省柘荣县城关参加浙闽毗邻五县教育协作会。

2003年5月，县教育局教研室举办幼儿园教师优秀教育案例评选、优秀教育教学论文评选活动。10月，县教育局召开幼儿园园长、骨干教师研讨会，从幼儿教育实际出发，探讨从“知识教育”到“完整儿童”的培育。是年，县教育局积极扶持、鼓励机关幼儿园和育才幼儿园在教科研上的示范和辐射作用，以点带面，推动乡镇中心幼儿园和三个班级以上的民办幼儿园教育教学研究，营造幼儿教学改革氛围。

2003年秋，新课程在罗阳二中、县实验小学起始年级开始实施。两所学校担任新课程的教师均参加市、县、校新课程通识和学科新课程培训。学校分别组织教师到温州实验中学、温州实验小学听课，领会新课程、新理念。县教育局教研室中学各科教研员到罗阳二中进行了为期一周的集体备课，确保新课程的顺利实施。是年，县教育局教研室围绕提高课堂教学效益和教育教学质量这个中心，以落实教学常规为基础，为学校课改实验、教学改革提供有效指导和优质服务。

2004年4月28日，县教育局教研室举办幼儿园各学科教学论文评比活动。5月，组织幼儿园骨干教师到三魁镇、仕阳镇“送教下乡”活动。10月，在育才幼儿园举办幼儿教育研讨会，会议特邀市第二幼儿园园长、省市“教坛新秀”讲座、上示范课。县“教坛新秀”举行公开课。11月，举办大规模的新课程教学研讨会，承办全市小学数学送教下乡活动，先后组织教师赴杭州、温州、瑞安、苍南等地观摩学习。是年，县教育局教研室先后组织市、县“教坛新秀”和名教师到筱村、泗溪、雅阳、三魁、司前学区片进行送教活动。

2005年，继续按新课程标准落实教学常规，深化课堂教学改革，开展多样式、多层次教学科研活动。开展校本教研活动。罗阳二中、泰三中、县实验小学、三魁镇小开展校本教研工作，规范学校教研组建设，提高学校教研活动的实效性，促进教师专业成长。是年三四月份，组织小学各学科优质课评比活动，用新的《课堂教学评价质量表》作为教师课堂教学评价的基本标准。4月中旬，县教育局教研室在罗阳镇中心小学组织闽浙三校联谊教研活动。是年，县教育局教研室出台《关于改进小学、初中备课工作的意见》。以实施课堂教学模式改革和教学方法创新、学习方式转变为重点，加大对新课程实施的过程性管理与指导。深入不同类型学校听课、座谈、问卷调查，掌握新课程实施中的具体情况，帮助教师正确领会课标精神和实质，纠正认识偏差。

2006年，依照《关于改进备课工作的意见》《中小学教研组（备课组）等级评估指标及评估办法（试行）》《中小学校校本培训管理办法》等，开展创建先进教研组（备课组）活动，让日常教研工作走上规范化的轨道。10月、11月，开展县级先进教研组（备课组）评选活动，经过学校自评、学区教办审核推荐，教研室组织人员深入学校复评考核，表彰了33个中小学教研组（备课组）。仕阳、三魁、雅阳、泗溪、彭溪五镇的连片教研活动继续开展，而且组织机构健全，分工明确，互动充分。4月，在机关幼儿园举行全县幼儿教育研讨会。是年，全县二年级（全面铺开使用新教材的年段）、四年级（使用浙教版教材的最后一个年段），有代表性地各抽取10所学校，进行语数学科统一命题统一检测批改。

2007年，精心组织三年级、九年级、高一新课程学科培训活动，高一各科教师赴温州参加新课程备课培训，受训教师近1200人次。10月，在新城学校开展“主题教学”幼儿教育教学研讨会。是年，省人民政府启动“农村中小学现代远程教育工程”。

2008年，开展校际之间合作，改进联片教研，形成教学研究的共同体，为优化运作模式增强教研实效。4月9—10日，省名师、名校长工作站“百人千场”名师4人到泰顺“下乡送教”活动。11月，举办全县小学“聚焦有效教学，推进校本教研”大型现场交流会。小学校长、教导主任、教研组长和教师代表近500人观摩育才小学展示的语文、数学、英语三个学科教研活动全过程。是年，承办省市“百人千场名师送教下乡活动”和“特级教师携手农村大行动”。全县中小学教师参加活动逾1300人次。

2009年4月，县教研室出台《全县中小学教师全员赛课方案》，经宣传发动，专任教师（包括校长）全员参加分类别、分层次、多形式的不同学科上课比赛，1800多名专任教师人人参与。12月1—2日，由外语教学与研究出版社和北京立鼎时代科技有限公司联合主办的“全国小学英语阅读改革实践研讨会”在泰顺外国语实验学校举行。来自北京、山东、安徽、海南等8个省市和全县各学区近两百名英语骨干教师参加研讨活动。12月29日，在育才小学举行首次课堂教学直播活动。全县1000多名小学教师在分会场进行网络听课，并与主会场的专家互动，进行远程评课，研讨教学问题。

2011年，致力于建构以学为主的有效课堂，追求教学的时效性和创新性，分别采取“同课异构”“异课同构”“多人同课，循环研究”等形式；跨段开课或借班上课进行赛课。把重点从“赛”转移到“研究”上来，克服“只赛不研、赛而不研”的现象，强化赛课后的评议和交流，做真教研、真评课、真交流，克服只夸优点，不讲缺点的“形式教研”风气，引导教师在课后评议中摆正心态，做到坦诚、公正、宽容。是年，根据县农村学校学生源逐年递减的现状，县教育局把推进“小班化教育”作为义务教育阶段实施素质教育的重要载体和有力抓手。

2012年，进一步推进区域“小班化教育”，推动农村学校教育教学改革，提升农村学校整体办学水平，努力缩小城乡、校级之间差距，确定泰顺四中、泗溪镇二小、筱村镇联云小学、泗溪镇风垟小学、雅阳镇松洋小学等5所学校为县内第二批小班化教育试点学校。为继续做好《泰顺县义务教育阶段区域推进小班化教育的实践研究》课题工作，选派教师参加长江三角洲第八届中小学小班化教育研讨会等外地培训活动。

第三节　教研成果

1991—2012年，全县众多教师撰写的教科研课题论文获得国家级或省、市、县级各奖项。下文列表记述国家级、省级教科研一、二等奖及市级一等奖获得者。

1991—2012年国家级和省级教科研一、二等奖获得者名表

表11-3-1

姓　名	性　别	所在单位	课题与获奖等级	授予时间	授予单位
苏丁乃	男	泰顺三中	《在化学教学中渗透农业知识的尝试》一等奖	1991.9	省教委教研室
林　丛	男	县教委教研室	《准、真、实——思想品德课教学三步“曲”中的“三字经”》二等奖	1993.9	省教委
包新文	男	城关中学	《试析初中体育学习困难生的教育对策》二等奖	1995.4	省教委教研室
包新文	男	城关中学	《初中生体育兴趣和学习动机对学习效果影响的初步研究》二等奖	1997.4	省教委教研室
吴胜利	女	罗阳二中	《浮力测力计》二等奖	1998.9	省教委
夏志达	男	职业学校	《职高语文“读、写、改、说”整体教学模式的实践与研究》二等奖	2000.8	省教育厅
包日存	男	泰顺一中	《“3+1”综合高考模式下生物教学的三点思考》二等奖	2001.1	省教育厅教研室
蔡春晓	女	泰顺一中	《优化课堂教学，培养学生创新意识和实践能力》二等奖	2002.9	省教育科学研究院
苏志清	男	泰顺一中	《高中数学研究性学习指导的探索》二等奖	2002.4	省教育厅教研室
林作坡	男	泰顺一中	《山区学生学习动机与家庭教育的关系》二等奖	2004.4	省教育厅教研室
谢逢楷	男	泰顺一中	《几何画板支持下的数学教学探索》二等奖	2004.12	省教育厅教研室
曾汝芝	男	泰顺一中	《政治课教学矫正学生几种认识误区策略初探》二等奖	2005.1	省教育科学研究院
薛青艳	女	泰顺一中	《利用有限课堂，创造无限精彩》二等奖	2005.1	省教育厅教研室
钟义钧	男	育才小学	《小学数学综合实践活动的探索研究》三等奖	2005.4	国家教育部
庄平悌	男	泰顺一中	《语文教学必须凸现生命意识》二等奖	2005.4	省教育厅教研室
郑挺谊	男	泰顺七中	《初中课堂教学无效行为的调查与思考》一等奖	2005.12	省教育科学研究院 省教育科学规划领导小组
钟义钧	男	育才小学	《学生说谎心理的分析及对策》心理教育论文二等奖	2006.1	中央教育科学研究所

续表11-3-1

姓　名	性　别	所在单位	课题与获奖等级	授予时间	授予单位
薛青艳	女	泰顺一中	《山区普通高中生物课本课程的开发和利用》一等奖	2006.2	省教育厅教研室
潘本华	男	泰顺一中	《多媒体手段在高中教学中的辅助作用》二等奖	2006.6	省教育科学规划领导小组
高剑锋	男	泰顺一中	《培养学生抽象思维，提高课堂教学效率》二等奖	2006.11	中央教育科学研究所
黄可建	男	泰顺一中	《几何画板在高中物理新课程教学中的应用探索》二等奖	2006.9	省教育科学研究院
周祖雄	男	泰顺职校	《农村中职学校心理健康教育的探究与实践》论文一等奖	2006.12	省教育厅职成教教研室
叶育萌	女	泰顺一中	《地球表面形态》二等奖	2006.12	省教育厅教研室
林美香	女	城关中学	多媒体教育软件评比一等奖	2007.1	省教育厅
刘海宇	男	泰顺一中	《温州市高中英语教学设计》一等奖	2007.7	省教育厅教研室
吴学树	男	泰顺一中	《谈“设计与创新”思维的激发》一等奖	2007.12	省教育厅教研室
郑挺谊	男	泰顺七中	《山区外出家庭留守子女教育现状的调查研究》二等奖	2007.12	省教育科学研究院
周祖雄	男	泰顺职校	《农村中职学生心理障碍的原因分析和教育对策》二等奖	2007.12	省教育厅职成教教研室
饶尚格	男	罗阳二中	《“有痕”“无痕”双剑合璧 打开思品“情感之门”》二等奖	2007.9	省教育厅教研室
叶育萌	女	泰顺一中	《例谈高中地理教材处理的误区》二等奖	2008.1	省教育厅教研室
蓝其明	男	县教育局研究室	《山区初中语文课改的“诊断”与“处方”》省优秀教育教学论文评选一等奖	2008.4	省教育科学研究院
蓝其明	男	县教育局研究室	《探寻骨干教师快乐成长的良方——山区初中语文骨干教师研修班的策略构建》省“教研工作智慧”主题征文评比二等奖	2008.8	省教育厅教研室
翁永电	男	泰顺六中	《发现并解决“真问题”——校本教研的真谛》在省2008年“教研工作智慧”主题征文 二等奖	2008.10	省教育厅教研室
郑挺谊	男	泰顺七中			
夏巧娟	女	县教育局	《回归简约的音乐课堂》二等奖	2008.12	省教育厅教研室
蔡灵智	男	泰顺一中	《新课程理念下关于语文课堂教学流畅度数思考》一等奖	2009.4	省教育科学研究院
江丕武	男	泰顺一中	《浅析带电微粒在正交电磁场中运动轨迹的可视化处理》二等奖	2009.4	省教育教学研究院
郑挺谊	男	泰顺七中	《山区中学校外网络问题与干预策略研究》省青少年校外教育课题二等奖	2009.5	省少年工作领导小组、办公室
林秀容	女	泰顺中学	《巧设课堂“自助餐”，激发学习兴趣》二等奖	2010.5	省教育科学研究院
庄平悌	男	泰顺中学	《以语言同义手段看古典诗歌教学内容的确定》二等奖	2010.11	沪、浙、苏、皖省教研室
吴旭辉	女	泰顺中学	《让我们成为最佳拍档》二等奖	2010.12	省教育厅教研室

续表11-3-1

姓　名	性　别	所在单位	课题与获奖等级	授予时间	授予单位
王芳	女	三魁镇小	《山区小学教师“校本教研”有效模式研究》省级二等奖	2010.12	省教育行政干部培训中心
曾汝芝等	男	泰顺中学	《市场经济下教师奖励制度的改革研究》一等奖	2010.12	中央教育科学研究所
郑挺谊	男	泰顺七中	《新课程下化学必修模块学生作业负担情况调查研究》一等奖	2010.12	省教育科学研究院
曾辉	男	泰顺中学	《省高中数学高三复习专题培训“命题竞赛”》二等奖	2011.12	省中小学教师培训中心 浙江外国语学院科学技术学院
庄平悌	男	泰顺中学	《二度创作：从“原生价值”到“教学价值”》二等奖	2011.9	省教育厅教研室
谢景秋	男	泰顺中学	《省高中数学例题专题培训说课竞赛》一等奖	2012.4	浙江省中小学教师培训中心 浙江外国语学院科学技术学院

1991—2012市级教科研一等奖获得者名表

表11-3-2

姓　名	性别	所在单位	教科研课题	授予时间	授予单位
张庆勉	男	泰顺一中	《中学生物教学中的生态环境意识教育》一等奖	1991.11	温州市教委教研室
张庆勉	男	泰顺一中	1991.1992年度温州市教科研论文《高中生物学科多媒体组合教学》一等奖	1992.11	温州市教委
张庆勉	男	泰顺一中	《自然科学（生物）多媒体组合教学设计理论与实践》一等奖	1995.7	温州市电化教育馆
蓝其明	男	城关中学	温州市初中语文优质课评选一等奖	1995.11	温州市教委教研室
张笑蓉	女	实验小学	温州市德育工作论文一等奖	1996.6	温州市教委
王雪清	女	实验小学	温州市优秀论文评选一等奖	1996.9	温州市教委教研室
张庆勉	男	泰顺一中	温州市“双百工程”青年重点课题《生态环境意识教育的实践与认识》成果奖一等奖	1996.9	温州市教委教研室
谢宏钧	男	实验小学	温州市优秀教学案例评比一等奖	1997.7	温州市教委
方彩珍	女	实验小学	温州市优秀教学案例评比一等奖	1998.6	温州市教委教研室
谢宏钧	男	实验小学	温州市优秀教学案例评比一等奖	1998.6	温州市教委教研室
王雪清	女	实验小学	温州市小学思想品德教学论文一等奖	1998.6	温州市教委教研室
包爱媚	女	三魁镇小	第九册第9课《白杨》“语文课堂教学”语言文字训练片断设计一等奖	1998.6	温州市教委教研室
王金育	男	城关中学	《思想政治课堂实施“讲练工程”尝试》一等奖	1998.9	温州市教委教研室
陈传敏	男	三魁镇小	温州市首届小学教师基本功竞赛（全能）一等奖	1998.11	温州市教委
陈传敏	男	三魁镇小	教学简笔画（单项）一等奖	1998.11	温州市教委
何克怀	男	雅阳镇小	温州市小学教师基本功竞赛“三笔字竞赛”一等奖	1998.11	温州市教委
翁学炉	男	罗阳二中	《立足课本，优选初中数学复习试题》一等奖	1999.9	温州市教科所论文评审组

续表11-3-2

姓　名	性别	所在单位	教科研课题	授予时间	授予单位
王雪清	女	实验小学	温州市课题优秀成果一等奖	2000.3	温州市教委
李　安	男	罗阳镇小	1999年度温州市《双百工程》青年课题优秀成果《多媒体参与作文模式课题研究实验报告》一等奖	2000.3	温州市教委教研室
王雪清	女	实验小学			
胡江虹	女	泰顺一中	The PTCSCHCT‘SOU211t8一等奖	2000.6	温州市教委教研室
蓝其明	男	县教育局教研室	《引导自主学习，培养创新能力》温州市教学论文评选一等奖	2000.6	温州市教委教研室
苏光誉	男	泰顺一中	温州市中学体育教学听课教案比赛一等奖	2000.10	温州市教委教研室
林佩佩	女	泰顺一中	《论加强中学生“独立性”的培养》一等奖	2001.2	温州市教委教研室
梅晓华	女	泰顺一中	《跨文化交际和高中英语教学》一等奖	2001.6	温州市教委教研室
苏光誉	男	泰顺一中	《初中体育合作浅谈》一等奖	2001.6	温州市教委教研室
李晓娟	女	泰顺一中	《思想政治课中的创新教育》一等奖	2001.6	温州市教委教研室
林在安	男	泰顺一中	市少儿歌曲创作比赛《我们的家》一等奖	2001.6	温州市教委教研室
张作铭	男	泰顺一中	《高中物理实验制作与改正》一等奖	2002.6	温州市教委教研室
李晓娟	女	泰顺一中	《高二政治课中非智力因素的培养》一等奖	2002.6	温州市教委教研室
吴凌俊	男	泰顺一中	《重视模型教学培养创新思维》一等奖	2002.6	温州市教委教研室
蔡春晓	女	泰顺一中	《历史教学中对学生人文因素的培养》一等奖	2002.6	温州市教委教研室
李敏鸽	女	泰顺一中	《合理利用多媒体网络技术优化高中英语研究性学习》一等奖	2002.6	温州市教研院
李敏鸽	女	泰顺一中	《高三英语复习课堂应适应用多媒体网络技术》一等奖	2002.6	温州市教研院
毛叶琴	女	泰顺一中	《市高中英语任务型阅读活动课堂教学》优质课评比一等奖	2003.2	温州市教委教研室
李晓娟	女	泰顺一中	温州市高中政治优质课评比一等奖	2003.3	温州市教育局教研室
王文宁	女	泰顺一中	《浅谈多媒体技术与生物学科的整合》一等奖	2003.4	温州市电化教育馆
郑慧翠	女	育才小学	《温州市小学口语交际》教学案例评比一等奖	2003.6	温州市教育局教研室
郑慧翠	女	育才小学	《关注战争，拥护和平》教学案例一等奖	2003.6	温州市教育局教研室
周帼霞	女	育才小学	活动案例一等奖	2003.6	温州市教育局教研室
陈修远	男	司前镇小	《结构性探究材料的构建策略》一等奖	2003.6	温州市教育局教研室
沈文慧	女	城关中学	《培养中学生的个体精神》德育论文评比一等奖	2003.9	温州市教育局
章汉建	男	泰顺一中	《校园植物区系调查成果》一等奖	2003.10	温州市教育局教研室
李光华	男	泰顺一中	《市信息技术与高中语文课堂教学整合》优质课评比一等奖	2003.11	温州市教研院
林宏卢	男	泰顺一中	《在网络环境下的探究式课堂教学》一等奖	2003.12	温州市教育局教研室
徐小芬	女	罗阳镇小	温州市体育教学多媒体理论优质课一等奖	2004.4	温州市教研院
周帼霞	女	育才小学	活动案例《Unit 6 Part A Let’s learn，Book 1》获市一等奖	2004.4	温州市教研院

续表11-3-2

姓　名	性别	所在单位	教科研课题	授予时间	授予单位
蔡坚旺	男	泰顺一中	《在网络环境下的探究式课堂教学》一等奖	2004.5	温州市教研院
陈修远	男	司前镇小	《在合作中探究，在探究中交流》论文评比一等奖	2004.6	温州市教研院
郑玉华	女	罗阳二中	《让改革焕发活力，让学生品尝快乐——以实验改革为突破口，转变学生学习方式》一等奖	2004.9	温州市教研院
郑挺谊	男	泰顺四中	《山乡学校师德规失范现象透视与再认识》论文评比一等奖	2004.12	温州市教育工会
胡昌语	男	泰顺四中			
沈正会	男	实验小学	温州市优秀教学案例评比一等奖	2005.1	温州市教研院
周帼霞	女	育才小学	活动案例《My friend》获市一等奖	2005.3	温州市教研院
李晓娟	女	泰顺一中	温州市高中政治探究性教学案例评比一等奖	2005.4	温州市教研院
章汉建	男	泰顺一中	温州市高中生物概念建构教学设计案例评比一等奖	2005.4	温州市教研院
苏永超	男	泰顺一中	2005年温州市高中英语优质课评比一等奖	2005.4	温州市教研院
罗发用	男	泰顺一中	2005年温州市高三化学复习专题教学设计一等奖	2005.4	温州市教研院
高启强	男	泰顺一中	温州市中学英语教学案例评比一等奖	2005.6	温州市教育局教研室
沈正会	男	实验小学	温州市教科研论文评选一等奖	2005.6	温州市教研院
林晓挺	男	泰顺一中	《几何画板在教学探究性教学中的应用》一等奖	2005.6	温州市教育局教研室
李晓娟	女	泰顺一中	《经济发展与文物保护孰轻孰重》一等奖	2005.6	温州市教育局教研室
谢逢楷	男	泰顺一中	《浅谈几何画板辅助高中数学教学》一等奖	2005.6	温州市教育局教研室
李光华	男	泰顺一中	温州市高中语文信息技术优质课评选一等奖	2005.11	温州市教研院
章汉建	男	泰顺一中	《温州市生物实验设计能力的培养（案例）》一等奖	2005.11	温州市教研院
蔡海娃	女	泰顺二中	温州市初中数学优质课评比一等奖	2005.11	温州市教研院
刘英涛	男	泰顺一中	温州市高中历史优质课评比一等奖	2005.12	温州市教育局教研室
林晓娟	女	筱村镇小	小学教学优秀案例评比一等奖	2006.1	温州市教研院
翁永电	男	泰顺六中	教学案例：课堂评价——从走进文本到走出文本评比一等奖	2006.2	温州市教研院
郑挺谊	男	泰顺七中			
包晓程	女	城关中学	温州市初中语文优质课评选一等奖	2006.4	温州市教研院
苏永超	男	泰顺一中	温州市中学英语优秀案例评比一等奖	2006.6	温州市教研院
林在安	男	泰顺一中	《温州市少儿歌曲比赛——走向西部》一等奖	2006.6	温州市教育局办公室
薛青艳	女	泰顺一中	《论失败实验中的成功教育》一等奖	2006.6	温州市教研院
郑建锋	男	实验小学	温州市教科研论文评选一等奖	2006.6	温州市教研院
黄可建	男	泰顺一中	《几何画板支持下的物理新课程教学探索》一等奖	2006.7	温州市电化教育馆
梅丽翠	女	实验小学	温州市现代教育技术论文评比一等奖	2006.7	温州市电化教育馆
林海鸿	女	包垟乡校	多媒体教育软件评比小学组一等奖	2006.7	温州市电化教育馆 温州市教育信息中心

续表11-3-2

姓　名	性别	所在单位	教科研课题	授予时间	授予单位
林海鸿	女	培智实验学校	多媒体课件《望庐山瀑布》一等奖	2006.7	温州市电教馆
陈尚松	男	泰顺一中	高中化学实验教学创新设计一等奖	2006.11	温州市教研院
陈尚松 吴宇明	男	泰顺一中	《温州市化学实验教学创新设计展示》一等奖	2006.11	温州市教研院
胡丽文	女	育才小学	教学案例《让“预设”与“生成”精彩相约》获市一等奖	2006.11	温州市教研院
雷　霄	男	泰顺六中	农村初中教师教学案例评比一等奖	2007.1	温州市教研院
丁世正	男	新城学校	初中科学“新生代”优质课一等奖	2007.1	温州市教研院
吴裕额	男	泰顺一中	《第21届温州市青少年科技创新大赛实践活动项目》一等奖	2007.3	温州市科协 温州市教育局
刘海宇	男	泰顺一中	《温州市高中英语优质课评比》一等奖	2007.4	温州市教研院
徐红霞	女	罗阳二中	温州市初中英语优质课评比一等奖	2007.5	温州市教研院
郑挺谊	男	泰顺七中	《钠与酸反应机理探究实验的教学设计》高中化学新课程教学设计评比一等奖	2007.6	温州市教研院
苏永超	男	泰顺一中	《温州市高中英语新课程教学设计评比》一等奖	2007.7	温州市教研院
谢秀娟	女	泗溪镇小	温州市农村小学学科优秀教学设计评比一等奖	2007.8	温州市教研院
应晓芳	女	泰顺三中	高中生物教师现场教学设计比赛一等奖	2007.9	温州市教研院
陶蔡翁	男	泰顺三中	教学案件评比一等奖	2007.9	温州市教研院
郑挺谊	男	泰顺七中	《密度也可以这样测》农村初中教师教学案例评比一等奖	2007.10	温州市教研院
张剑霖 张桂丽 陶晓云	女	育才幼儿园	温州市《稻草乐》制作一等奖	2007.10	温州市教育局
谢海青	女	罗阳二中	温州市农村初中“教学规范达标”英语课堂教学评比一等奖	2007.11	温州市教研院
彭飞凤	女	实验中学	温州市农村初中“教学规范达标”英语课堂教学评比一等奖	2007.12	温州市教研院
陶婷婷	女	实验中学	温州市初中英语“新生代”课堂教学评比一等奖	2007.12	温州市教研院
薛青艳	女	泰顺一中	《温州市高中生物优质课评比》一等奖	2007.12	温州市教研院
林美春	女	城关中学	《山区外出家庭留守子女教育现状调查研究》一等奖	2007.12	温州市教育科学规划领导小组
龚仕忠	男	泰顺一中	《温州市历史优质课教学评比》一等奖	2008.1	温州市教育局教研室
薛青艳	女	泰顺一中	《温州市生物优质课教学评比》一等奖	2008.2	温州市教研院
高剑锋	男	泰顺一中	《2007年温州市高中生化、研究性学习教学案例评比》一等奖	2008.2	温州市教研院
郑湖滨	男	罗阳二中	温州市初中语文优质课评选一等奖	2008.4	温州市教研院
江丕武	男	泰顺一中	《温州市物理优质课教学评比——振东图像演示器》一等奖	2008.4	温州市教研院
沈正会	男	实验小学	市教师优秀教育教学论文评选一等奖	2008.6	温州市教研院
林　南	男	三魁镇二小	小学数学教师学科协作命题评比高段组一等奖	2008.7	温州市教研院
沈正会	男	实验小学			
张灵洪	男	实验小学			

续表11-3-2

姓　名	性别	所在单位	教科研课题	授予时间	授予单位
包能近	男	西旸镇小	小学科学学科现场协作命题评比一等奖	2008.7	温州市教研院
许仙平	男				
陈修远	男				
陈桂程	女	三魁镇小	温州市小学语文学科现场协作命题评比（中段组）一等奖	2008.7	温州市教研院
周穗敏	女				
吴秋娟	女				
胡丽文	女	育才小学	温州市小学英语教师现场协作命题评比一等奖	2008.7	温州市教研院
雷丽丽	女	育才小学	温州市小学英语教师现场协作命题评比一等奖	2008.7	温州市教研院
刘桂芳	女	育才小学	温州市小学英语教师现场协作命题评比一等奖	2008.7	温州市教研院
董友敏	女	实验小学	温州市优秀教学案例评比一等奖	2008.9	温州市教研院
潘成世	男	新城学校	小学数学教学案例评比一等奖	2008.9	温州市教研院
翁旭艳	女	罗阳二中	《钱能买到什么》一等奖	2008.9	温州市教育局
翁旭艳	女	泰顺二中	温州市农村初中数学课堂教学评比一等奖	2008.11	温州市教研院
林玲	女	泰顺四中	《在错题中淘“金”——纠错本在英语学习中的作用》一等奖	2008.12	温州市教研院
苏双双	女	泰顺四中	《用“针”绣出精彩课堂》一等奖	2008.12	温州市教研院
郑挺谊	男	泰顺七中	《新课程下优化高中化学作业设计研究》优秀成果一等奖	2008.12	温州市教研院
蔡灵智	男	泰顺一中	《温州市中小学（幼儿园）教育教学评价优秀案例评比》一等奖	2008.12	温州市教研院
沈正会	男	实验小学	《以问题解决为核心，培养高年级学生数学思考方法的研究》温州市课题研究优秀成果一等奖	2008.12	温州市教研院
曾文娟	女	育才小学	《PEP Book 6 Unit 6 Part A Let’ s learn》小学英语教师板书设计征集评比一等奖	2009.2	温州市教研院
胡阿娜	女	育才小学	《Starting Line Book 6 Lesson 83》获温州市小学英语教师板书设计征集评比一等奖	2009.2	温州市教研院
林允强	男	泰顺一中	《温州市高中生物模块学习评比命题评比》一等奖	2009.2	温州市教研院
林在凑	男	育才小学	温州市第六届小学数学优质课课题《真分数与假分数》评比一等奖	2009.4	温州市教研院
钟义钧	男	育才小学	第六届小学数学优质课评比一等奖	2009.4	温州市教研院
付海荣	女	新城学校	第三届三小学体育教师基本功比赛一等奖	2009.6	温州市教研院
江丕武	男	泰顺一中	《物理新课程改革中有效教学情境的创设策略》一等奖	2009.6	温州市教研院
陶立志	男	大安乡校	中小学体育教师基本功比赛/一等奖	2009.6	温州市教研院
董春雪	女	罗阳镇小	温州市第三届中小学体育教师基本功比赛一等奖	2009.6	温州市教研院
林晓珍	女	育才幼儿园	《挖掘山区资源，创设幼儿园环境》一等奖	2009.7	温州市教研院
庄平悌	男	泰顺一中	《温州市高中新课程优秀课例评选》一等奖	2009.7	温州市教研院

续表11-3-2

姓　名	性别	所在单位	教科研课题	授予时间	授予单位
蔡灵智	男	泰顺一中	《温州市普通高中语文课堂教学评比》一等奖	2009.9	温州市教研院
胡丽文	女	育才小学	《Nature Park》获温州市小学英语教师作业设计征集评比一等奖	2009.9	温州市教研院
胡阿娜	女	育才小学			
夏笑琴	女	育才小学	小学英语教师作业设计征集评比一等奖	2009.9	温州市教研院
刘晶晶	女	垟溪乡校	农村初中英语教师现场设计比赛一等奖	2009.9	温州市教研院
李钰琰	男	罗阳二中	《山区初中学生语文自主学习习惯培养的实践与研究》一等奖	2009.10	温州市教研院
季庆祥	男	泰顺一中	《2009年市高级中学物理青年教师学科知识竞赛》一等奖	2009.11	温州市教研院
季小银	女	育才小学	小学英语教师百科协作命题评比一等奖	2009.12	温州市教研院
沈　琼	女	彭溪镇小			
翁俏翠	女	育才小学			
蔡灵智	男	泰顺一中	《2009年温州市普通高中语文课学科命题竞赛》一等奖	2010.2	温州市教研院
章可乐	女	泰顺一中	《2009年温州市普通高中语文课学科命题竞赛》一等奖	2010.2	温州市教研院
毛克生	男	泰顺一中	《2009年温州市普通高中语文课学科命题竞赛》一等奖	2010.2	温州市教研院
程春香	女	泰顺一中	《2009年温州市普通高中语文课学科命题竞赛》一等奖	2010.2	温州市教研院
林允环	男	泰顺一中	《2009年温州市普通高中语文课学科命题竞赛》一等奖	2010.2	温州市教研院
沈正会	男	实验小学	温州市优秀教学案件评比一等奖	2010.3	温州市教研院
董友敏	女	实验小学	温州市优秀教学案件评比一等奖	2010.3	温州市教研院
夏笑琴	女	育才小学	《Auction》小学英语教师原创游戏设计评比一等奖	2010.3	温州市教研院
封林化	男	城关中学	初中数学优质课《矩形（1）》评比一等奖	2010.4	温州市教研院
潘蔡前	男	泰顺二中	温州市体育优质课一等奖	2010.6	温州市教研院
梅丽翠	女	实验小学	温州市优秀教育教学论文评选一等奖	2010.6	温州市教研院
舒娜叶	女		优秀教育教学论文评比一等奖	2010.6	温州市教研院
彭建新	女	育才小学	温州市第四节少先队辅导员技能技巧比赛金奖	2010.9	温州市教育局
胡阿娜	女	育才小学	《PEP3 Unit 4A Let' s learn》小学英语教师数学设计与课件征集评比一等奖	2010.9	温州市教研院
陶俏娜	女	罗阳二中	《莫让“合作”变“合坐”——浅析初中英语课堂小组合作学习的有效性》一等奖	2010.9	温州市教研院
陶文建	男	泰顺二中	温州市农村初中语文优质课评选一等奖	2009.9	温州市教研院
陈爱芬	女	罗阳二中	《精彩，生在“兴奋”时》一等奖	2010.9	温州市教研院
裴彩萍	女	雅阳镇小	《农村小学科学实验材料优化的实践研究》评审一等奖	2010.11	温州市教育科学规划领导小组

续表11-3-2

姓　名	性别	所在单位	教科研课题	授予时间	授予单位
柳黎明	女	泰顺一中	《温州市高中英语新课程教学能力评比》一等奖	2010.11	温州市教研院
董子禹	男	泰顺一中	《2011温州市高中物理新课程实验创新评比》一等奖	2010.12	温州市教研院
江丕武	男	泰顺一中	《2011温州市高中物理新课程实验创新评比》一等奖	2010.12	温州市教研院
刘万波	男	泰顺一中	《2011温州市高中物理新课程实验创新评比》一等奖	2010.12	温州市教研院
吴圆圆	女	筱村镇小	小学语文教育论文评比/一等奖	2010.12	温州市教研院
夏慧芳	女	新城学校	2010年温州市小学生英语书写比赛一等奖	2010.12	温州市教研院
董夫振	男	泰顺三中	温州市初中信息技术课堂教学评比一等奖	2011.1	温州市教研院
吴淑白	女	城关中学	温州市中小学教育教学案例“出乎意料”评选一等奖	2011.1	温州市教研院
何维平	女	新城学校	小学新课程质量评价资源征集一等奖	2011.1	温州市教研院
谢景辉	男	城关中学	教育教学案例评选一等奖	2011.1	温州市教研院
董夫振	男	泰顺三中	初中信息技术课堂教学评比一等奖	2011.1	温州市教研院
毛克生	男	泰顺中学	《2010年温州市普通高中各学科命题竞赛》一等奖	2011.3	温州市教研院
庄平悌	男	泰顺中学	《2010年温州市普通高中各学科命题竞赛》一等奖	2011.3	温州市教研院
柳飞燕	女	泰顺中学	《2010年温州市普通高中各学科命题竞赛》一等奖	2011.3	温州市教研院
林佩佩	女	泰顺中学	《2010年温州市普通高中各学科命题竞赛》一等奖	2011.3	温州市教研院
苏永超	男	泰顺中学	《2010年温州市普通高中各学科命题竞赛》一等奖	2011.3	温州市教研院
刘海宇	男	泰顺中学	《2010年温州市普通高中各学科命题竞赛》一等奖	2011.3	温州市教研院
陈敏来	女	泰顺中学	《2010年温州市普通高中各学科命题竞赛》一等奖	2011.3	温州市教研院
季月清	女	城关中学	初中英语课堂教学评比一等奖	2011.3	温州市教研院
潘爱华	女	岭北乡小	《画蛇添足》“领雁工程”优秀论文和《画龙点睛》“案例”分析一等奖	2011.3	温州市教育学院
陈雪银	女	新城学校	市级小学语文命题一等奖	2011.5	温州市教育局教研室
曾秋平	女	三魁镇二小	小学数学教师学科协作命题比赛低段组一等奖	2011.6	温州市教研院
林在溱	男	育才小学			
陶春华	男				
郑挺谊	男	泰顺七中	《三类型教师课堂教学行为组合特征分析》优秀教育教学论文评比一等奖	2011.6	温州市教研院
王仁龙	男	泰顺中学	《高效课堂路在何方》一等奖	2011.6	温州市教研院
郑挺谊	男	泰顺七中	《打造低碳课堂，追求高效教学》高中化学优秀教学论文一等奖	2011.6	温州市教研院
雷爱聪	女	岭北乡小	小学语文教师学科协作命题评比一等奖	2011.6	温州市教研院
郑慧翠	女	岭北乡小			
钟金芝	女	岭北乡小			

续表11-3-2

姓　名	性别	所在单位	教科研课题	授予时间	授予单位
胡智慧	女	育才小学	温州市2011年小学英语教师学科协作命题评比（高段组）一等奖	2011.6	温州市教研院
张爱红	女	育才小学			
徐碎飞	女	育才小学			
钟金芝	女	育才小学	温州市2011年小学语文教师学科协作命题评比（低段组）一等奖	2011.6	温州市教研院
雷爱聪	女	育才小学			
郑慧翠	女	育才小学			
夏林楠	女	泰顺三中	中小学艺术节美术类剪纸比赛指导老师一等奖	2011.9	温州市教育局
蓝其明	女	县教育局教研室	《山区语文教学资源的挖掘与利用》一等奖	2011.9	温州市教研院
陈爱娥		罗阳二中			
翁青枝	男	泰顺六中	论文《笃定角定，敲开细度之门》一等奖	2011.10	温州市教研院
王兴红	女	育才小学	市小学英语农村教师英语书写评比一等奖	2012.2	温州市教师教育院
林海明	女	泗溪镇小	2011年温州市小学英语农村教师英语书写评比一等奖	2012.2	温州市教研院
刘碧影 林郑宁	女 男	泰顺中学	《2012年温州市普通高中生物学科命题竞赛》一等奖	2012.3	温州市教研院
章可乐	女	泰顺中学	《2012年温州市普通高中语文教师教学能力评比》一等奖	2012.6	温州市教研院
唐绍龙	男	育才小学	温州市2012年小学教师学科协作命题评比一等奖	2012.6	温州市教师教育院
章海燕	女	罗阳二中	《回归文本，找寻孩子与文本的共情点》一等奖	2012.9	温州市教研院
沈正会	男	实验小学	《基于问题解决的小学数学实践活动课程开发与实施研究》温州市课题优秀成果一等奖	2012.12	温州市教育局
薛育秦	女	泰顺三中	2012学科素养通用技术一等奖	2012.12	温州市教师教育院

第十二章　经费与设施

第一节　教育经费

明清代，政府不专设教育经费，办学经费收入主要靠学捐、学田。清末县内学堂的经费、资产由县劝学所管理。县学、书院都置有学田，除县学学官和书院山长的薪俸由官府支给外，其他均以学田租息作为廪生缮食（廪银）、教员束修、生徒考课、奖励及祭祀等费用开支。学田、学产的来源有官府拨充的官地，废置寺庙的产业，地方士绅捐输购置的田地，家族、祠堂众产扩充及其他个人捐资等。

民国时期，教育经费采用专款制。教育经费及资产由县政府征收管理，由县教育款产委员会具体掌管。教育经费主要来源于五个方面：一为旧时书院之田产，如罗阳小学、义成小学和归县属公办的区中心小学之款产，由县款产委员会管理；二为各乡（镇）新募之小学基金；三为县国民政府以赋税的四成充作教育经费；四为省下拨的补助经费；五为学生缴纳的学费（学费主要用于各校的办公费）。乡、村小学的经费主要由地方自筹。民国16年（1927），县国民政府在地丁税项下每两带征教育经费两角。民国17年，县设管理教育款产委员会，实行统收统支。民国20年，教育经费实行田赋附加四成征收，并以多种名目征收教育费。

民国20年（1931）9月25日，省教育厅拨补县教育经费每月64元（银元），全年概算数768元。民国21年4月统计，全县土地面积1761.5平方公里，人口163243人，小学校数58所，每30.37平方公里一所小学，全年小学教育所用经费12521元，每人平均负担小学教育经费0.08元。是年9月24日，县政府呈请省教育厅、省财政厅，拟在田赋项下加征附捐2角充教育经费。

民国24年（1935），县属及县以下各小学的经费来源，除乡镇之小学经费由设立人承担并受公款补助外，其余县立或区立各小学经费主要来源如下：（一）书院产款（从前各郡所有书院款产，废府存县后，摊归各县，作为办理小学经费）；(二)族中祀产祭田拨充（指一姓祠堂之田产）；（三）校产收入（如田租等）；（四）基金利息；（五）殷户捐入；（六）私人筹划；(七)地方各项私款；(八)学杂费收入；（九）公款补助。私立小学经费，大都量入为出。民国24年统计，全县义务教育经费，省政府拨补1920元，县筹集经费960元，计2880元。

民国26年（1937），县地方财政实行统收统支，教育经费和产款归县财务委员会管理。田赋所附教育捐名目虽存，但教育经费是以收入多少为支配标准，教育经费得不到保障。是年，省教育厅拨发泰顺县社会教育经费1920元，普通教育经费17527元。

民国29年（1940），全国实行国民教育。泰顺征收学谷捐，每亩征收2斤至4斤，佃户、业户各半负担。教育经费入不敷出。

民国30年（1941），泰顺筹募学田739亩，基金295400元，同时推行“学米制”。因适值日寇入侵，县财政移缓就急，拨补经费得不到保障，故以学生缴学米来分担办学经费。民国31年，省教育厅规定泰顺教育经费占全县财政的17%，泰顺教育经费支出的百分率低于规定标准。是年下半年，县政府为解教育经费之困，广泛动员群众，发起由富户捐资兴学扩大运动。是年，县国民政府采取多种方法筹集地方教育经费，但收效甚微。

民国32年（1943），县地方岁出经费为3347346元，岁入教育经费为170728元，教育经费占地方岁出经费总数的5.10%。

民国33年（1944）为全国教育年，省教育厅领饬各县遵照部令拟订小学教育福利事业设施计划及经费筹集与管理办法。规定教育年应努力推进各项教育，教育、文化费支出浩大，亟应提高教育经费在地方岁入经费的比例。泰顺为三类丙等县，教育经费应占县地方财政经费的17%。是年，行政院核定县教育经费为特种基金，原有法令规定的教育款产及其收入，均拨入教育特种基金存款户储存，专项使用。并采取按当地乡、镇田亩、人口摊派以及收集摊派贩捐等方式筹集经费。乡村小学由祀会提款及学生缴费。11月，成立县教育特种基金保管委员会，教育款产移交特种基金保管委员会掌管。各乡镇中心小学经费之收支均由各乡镇校董会掌管。泰顺特种基金主要以校田为大宗。筹集乡、镇教育经费开始以富户为对象分等征收，后改为在田赋项下代征。

民国时期，县立简易师范学校经费由省、县国民政府拨款。其余学校的教育经费虽设立繁多名目，但学校所得甚少，收不敷出，亏欠甚大。

中华人民共和国成立后，人民政府为了迅速发展教育事业，实行“两条腿走路”办学方针，通过多种渠道解决办学经费。中小学办学经费的主要来源有国家财政拨款、社队集体提成、教育费附加、学生缴费、企事业单位和社队集资、人民教育基金及勤工俭学收入等。

1949年，县人民政府接管各级各类学校，规定学校田产仍归学校作为办学经费，乡、村学校仍为民办公助。小学经费一般均由校田租谷收入解决。中华人民共和国成立初期，实行减租减息，校田租谷收入减少，工农子女申请免费上学人数增加，学杂费收入减少，办学经费困难。是年12月统计，全县完全小学220所，校田、祠堂田、寺田和乡田约有2500亩（1666675平方米），可收稻谷75万斤（37.5万公斤），能维持180余所小学一年的办学费用，实行“二五”减租后，只收稻谷58.75万斤（29.375万公斤），缴纳农业税后，只剩39万斤（19.5万公斤），全县校田佃户欠租20万斤（10万公斤），校田租纯收入19万斤（9.5万公斤）。

1950年，国民经济尚未恢复，教育经费由县人民政府在公粮附加中统一征收。2月20日，召开全县完全小学校长会议，贯彻“民办公助”方针，以乡为单位组织清理校产委员会。广泛宣传、动员教职工生产节约，减少支出，增加收入。全县完小原校田租332538斤（166269公斤），减租减息后，约可收干谷108160斤（54080公斤），大部分学校仅维持上半年办公费用，下半年大多数学校没有办公经费。11月6日，县第一届各界人民代表会议第四次会议提案复查，县人民政府拨款600万元（万元为单位）修建全县中小学校舍；县人民政府批准拨机动田10亩（6666.70平方米）给县立初级中学作为办公费用。土地改革运动中，学校田产留下部分作为师生劳动生产园地、兴建校舍和操场外，其余分给农民，办学经费断源。县人民政府决定公立小学由县人民政府拨款，民办公助小学以群众自筹为主，政府补助一部分，民办小学由主办单位集资。

1952年9月，全县民办小学全部转为公办。中小学教职员工工资、福利等由国家包下来，贯彻执行“包、禁、筹”的工作方针，除学杂费外，禁止向群众摊派办学经费，教育经费由县财政统筹安排，县人民政府制定学校经费使用管理规定。

1953年，全县月教育事业经费为7701元，其中幼儿教育事业费13元；小学教育事业费7262元；中学教育事业费386元；工农业余教育事业费40元。县人民政府于3月制定各级小学每月公杂费开支标准为：罗阳小学每班28个工资分；百丈、莒江、筱村、大安、三魁、仕阳、泗溪、南溪、雅阳各区中心小学每班23个工资分；一般完小每班21个工资分；村级小学学生在15人以上的班级21个工资分，15人以下班级18个工资分（每个工资分折人民币0.2358元）。各校如有少量校舍维修费或教师调动工作的车旅费，可在核拨定额的公杂费内调剂开支。是年，全县初中学生每学期缴学杂费标准：住校生11.64万元（折合新币11.64元），通学生缴10.2万元（折合新币10.2元）。上半年，县初级中学全校学生252人，55人享受助学金，88人减免学杂费。

1956年 12月，教育经费全部由国家财政支出。城镇学校学费收入4293元（货币单位已由万元改为元），支出12560元；乡村小学学费收入26996元，支出168931元，其中教职工工资139684元，每人月平均工资26.2元。全县全年办公费支出20100元（上半年全县小学生12000人，下半年17000人，每生平均月负担办公费0.12元）。省拨县教育基建修缮费28000元。

1958年“大跃进”期间，坚持以国家办学为主的原则，提倡社队办学和群众团体办学。民办小学大量发展，民办小学的经费除政府给少量的补助外，主要由办学单位筹集，筹措方式不一，大部分民办小学办学经费由大队统一筹划支付。

1960年，省教育厅拨给泰顺教育经费520100元。1961年下半年省拨经费191000元。

1959—1961年是国家三年困难时期，国家对教育经费支出减少。农村部分公办小学转为民办，经费转由公社、大队负担，部分教职工精简下放。

1962年2月，县人民政府为节约开支，对全县中小学业务费、公杂费及人民助学金支出作了具体规定：（一）中学业务费按班级定标准：6个班以下，初中每班每月20元，高中30元，师范32元；7个班以上，初中每班每月办公费18元，高中28元，师范30元。（二）公杂费：初中每班每月22元，高中26元，师范32元。（三）小学业务费按标准开支。（四）学校贯彻阶级路线，培养工人阶级知识分子，实行人民助学金制度，对于入学或坚持学习有困难的工农子女，或政治觉悟高，品学兼优的其他劳动人民出身的学生，发给一定助学金。人民助学金发放比例：中等师范按学生数的100%发给，初中按学生数的23%发给，高中按学生数的30%发给；根据经济困难大多补助、困难小少补助原则，分为4—6个等级发放，普通中学全年发10个月，师范学校发11个月。

1963年，省下拨泰顺县中小学教育经费（除重点学校修缮费3.1万元外）28.4万元，核定实际需要30.74万元，超支2.34万元。县域贫困，地方财力不足，无法调剂解决。县教育行政部门从下属各校扣拨经费，不少学校教师、校长因公出差或回家探亲的差旅费几乎由本人负担，中学生助学金大部分拖欠。县文教局请示省厅追加，无果。为解决学校经费困难，县文教局向县人委请准，重新规定中学收费标准：初中生学费（每学期）6元，代管费2.8元；高中学生7元，代管费3.2元，并强调必须全数收足。2月，中央教育部、财政部规定，对公办中小学杂费收支采取学校比例留成管理办法，一部分归学校用于正常的公务及业务开支和零星房屋修缮以及设备补充，一部分上缴教育主管部门统筹调剂，用于重点修缮和设备补充等开支，并规定从农业税附加中提取部分用于校舍维修和课桌椅购置。根据上述精神，各区、乡中小学建立相应的学校财务管理机构和制度。

1964年，省下拨泰顺县教育经费44.42万元，比上年增加5.29万元，其中民办教育补助费1.39万元。8月，县文教局为减轻学生经济负担，对中等学校学生助学金和减免费比例作以下调整：全县4所中学在校生821人，其中贫下中农出身学生624人，占76.5%，其他劳动人民子弟83人，占10%。是年新招高中、初中一年级学生350名，其中贫下中农子女315名，占90%。根据贫下中农子女比例高，山区、革命老区经济尚困难，不少人读不起初中、高中的实际情况，高中人民助学金由原来总学生数的20%提高到30%，初中由原来15%提高到24%（按第四类地区标准，甲等助学金每月9.5元）。城镇中学学费减免率提高到40%；农村初中提高到45%。

1965年4月，经县人委核定，全县教育行政事业费为46.19万元，其中，中小学教育经费43.54万元，少数民族学校补助经费0.18万元。10月，市财贸、市文卫办公室给泰顺5所半工半读中等学校补助棉布800尺（266.67米），其中三魁半工半读学校500尺（166.67米）、县农技学校150尺（50米）、仕阳农中80尺（26.67米）、司前农中35尺（11.67米）、筱村农中35尺（11.67米）。

1972年4月，县革委会政工组对中小学收取学生学费、发放助学金、减免费比例规定为：高中每生每学期收取学费5元，初中3元，小学低年级1元，中年级1.5元，高年级1.8元，各校收到学费总数的20%上缴县教育办公室作为统一使用。中小学生学费减免率一律定为30%；助学金每月每生高中0.5元、初中0.2元，全年发10个月。

1979年5月23日，县文教局为了加强财务管理，严格财经制度，规定各级各类学校建立经费互审制度。8月，省财政厅、省教育厅追加泰顺县教育经费5.2万元，其中中小学发展经费2.1万元，教师工资0.8万元，中小学办公经费2.3万元。10月13日，省财政厅、省教育厅追加泰顺县教育事业费13.7万元，其中包括中小学危房和台风等损坏校舍修理补助费6万元，作为一次性补助不列入经费基数。

1980年5月，实施“划分收支，分级包干”的财政管理体制，省教育厅再次给泰顺下达普通教育事业费指标7.8万元，不包括暑假分配高、中师毕业生工作的事业发展经费和教师调整工资经费。对于教育部门节约下来的经费不收回，仍给通盘安排，用于弥补经费缺口、改善办学条件、危房维修和添置教学设备等。是年，拨入教育经费182.96万元（其中地方补助经费10.5万元），全年总支出182.5974万元，暂付仪器款0.3625万元。

1981年，贯彻省人民政府《关于地方财力用于教育事业和集资办学的若干规定》指示精神，提倡社会、集体和个人集资办学，加强对各级学校财会人员的教育，严格财经管理制度，全年实行一切公用经费包干（包括病假、公假兼代职经费包干到区）制度。是年，拨入经费194.5万元（其中地方补助经费11万元，上年结转0.3625万元），比上年增加11.54万元，总支出194.8626万元。1982年拨入教育经费214.69万元（其中地方补助10万元），比上年增加20.19万元，总支出215.84万元。

中共十一届三中全会以后，泰顺县教育经费逐年增加，但随着事业的发展，教师工资开支多，地方财政收入少，教育经费递增率低。1982年，泰顺教育经费极为困难，全县戴帽下达教育经费230多万元，除全县教职工、退离休教师的工资外，用于改善办学条件等方面的经费所剩无几。县内教育经费原来所定的基数低，1978年的基数全县为195万元，1982年为237万元，五年间增加42万元，平均每年增加8万元，远远不能满足事业发展的需要。地方财政收入低，1978—1982年，全县财政收入4年只浮动在400万元左右，源头水不足，流渗到教育的也自然少。

1982年全县小学764所，学生41860人；中学8所，附设初中10所，学生5936人；全县公办中小学教职工1175人，民办教职工（包括代课教师）1253人；教职工工资占总经费的74.5%。

1984年下半年，调整中小学减免费比例，县城学校按学生数的6%减免；各区小、一般中学按10%减免；乡中心校、村校按20%减免。各校学杂费收入的15%上交县文教局统一掌握使用。

1985年，教育经费拮据，县人民政府决定实行分级管理，乡（镇）中小学切块包干。一方面向上级要求追加经费；一方面着手进行征收教育费附加，以解困境。8月23日，县人民政府一次性追加教育经费15万元作为中小学一级危房修理经费。12月10日，县财税局一次性追加教育事业费9万元，作为补助小学公杂费减半的补助。

1986年，全县教育经费405.1万元，经费主要来源除上级拨款外，还通过征收教育费附加、收缴学生学杂费、学校开展勤工俭学等多渠道多层次筹措。因教育事业发展快，经费缺口仍然很大。8月15日，县人民政府下发《关于征收教育费附加的通知》对各区、乡政府及直属各单位明确规定，自1986年8月1日起，在全县范围内实行征收教育费附加，扩大地方教育经费的来源，以改善教育设施，发展教育事业。

1987年，全县教育经费625.71万元（其中教育费附加征收39.10万元）。4月，全县教育系统开展增产节约、增收节支运动，精打细算，节减支出，把要办的事情压缩到财力能承受的程度和范围之内，严格控制学校商品购置和人员编制。9月15日，省教育厅补助给泰顺“老、少、边、穷”地区普及初等教育经费2万元，学杂费上解5.26万元，县财政预算外农业税收入资金中拨付3.4万元。

1988年，采取分级管理，切块包干，指标突破不补，节余留用的管理方法，全县下达各级学校教育经费408.93万元。全县中小学学杂费上解15%计6.3万元，作为统筹解决维修及补充公务费。

1989年，全县普遍征收教育费附加，吃商品粮和定销粮的学生家庭，由粮食部门征收，农村户粮学生由乡人民政府征收。罗阳镇人民政府8月10日《关于征收教育费附加的若干问题通知》规定征收范围，凡在罗阳镇内所有中小学、托儿所、幼儿园学生除吃商品粮和定销粮的学生家庭已征收外，户粮关系在农村的，不论是镇内或外区乡的学生（不包括泰一中高中部）均属征收范围。征收标准：高中学生每人征收15元，初中学生12元，小学生10元，托儿所、幼儿园学生10元。罗阳镇外村级小学学生每人征收5元。征收办法：由学生所在学校开学注册时开具县教育费附加专用缴款单收据，向学生一次性征收后，统一递解罗阳镇教育委员会办公室，上解县教委。外区乡学生征收的教育费附加30%返回学校作为各学校教育经费。是年，各级学校学生学杂费（初中小学按20%、高中按40%），分二期上解县教委。

1989年，农村按人均收入2%计征教育费附加。12月统计，全县征收60万元，完成88.2%，另外以税带征教育费附加10万元，教育基金共集资17万元，以上三项计87万元。除解决民办教师国家补贴部分工资外，30万元用于修建校舍，改善办学条件。是年教育事业拨款796.7万元，比1988年的644.5万元增长了23.6%，占1989年县财政总支出3481万元的22.88%。

1990年，县财政拨款的教育经费比上年增加3.3%。农村部分的教育费附加79万元，实际征收35万元，完成应征数44.3%。

泰顺经济落后，财政收入少，教育经费欠缺。1991年全县财政收入1031万元，教育经费支出827万元。1992年，全县财政收入1133.5万元，教育经费支出1034.7万元。1993年，全县财政收入1483万元，教育经费支出1076万元，教职工工资支出达954万元，作为事业发展的中小学校舍建设和维修经费所剩无几。1993—1994年，雅阳镇政府、雅阳中学发动有关村委会和民众集资25万元余，为雅阳中学建造四个教室及一幢学生宿舍楼，推出“哪个村捐建一个教室，哪个村提前普及初中”的“雅阳政策”（县委命名）。“雅阳政策”得到县委县人民政府和县教委的肯定，并在全县逐步推行，一定程度上弥补了财政对教育投入严重不足。

1998年，全县共投入教育经费5219.1万元（未含幼儿园），其中国家财政性教育经费3779.1万元（包含离退休教师工资在内）。社会捐资、集资办学经费455.2万元，事业收入900万元。

1999年，共投入教育经费5628万元，其中国家财政性教育经费3365万元，比上年增长9.25%（未含离退休教师工资）；社会捐资、集资办学经费484万元，事业收入1169万元。

2000年，全县共投入教育经费5289万元（未含幼儿园），其中国家财政性教育经费3730万元，比上年增长10.8%；社会捐资、集资办学经费338万元，事业收入1133万元。

2003年，全县教育总投入13610.7万元，增长33.96%。教育经费总投入为9177万元，比上年的9047万元增加130万元，增长1.44%。全县生均预算内教育事业费支出如下：职业中学生均预算内教育事业费支出2204元；普通高中生均预算内教育事业费支出1304元；普通初中生均预算内教育事业费支出1132元，比上年增加47元；普通小学生均预算内教育事业费支出1219元，比上年增加147元。全县生均预算内公用经费支出如下：职业中学生均预算内公用经费支出710元；普通高中生均预算内公用经费支出31元；普通初中生均预算内公用经费支出40元，比上年增加16元；普通小学生均预算内公用经费支出44元，比上年增加6元。全县国家财政性教育经费6524万元，在财政总支出中占25.86%，占县内生产总值3.88%。全县人均教育经费322元，人均国家财政性教育经费182元，人均预算内教育经费180元。

2005年，全县教育总投入为15153万元（未含民办学校），比上年增长26.5%。预算内教育经费总投入为11783万元。全县生均预算内教育事业费支出如下：职业中学生均预算内教育事业费支出2100元，比上年增长31.66%；普通高中生均预算内教育事业费支出5230元，比上年增长149%；普通初中生均预算内教育事业费支出2030元，比上年增长30.38%；普通小学生均预算内教育事业费支出2163元，比上年增长25.46%。国家财政性教育经费11904万元，在财政总支出中占33.85%，占县内生产总值6.2%。全县人均教育经费526元，人均国家财政性教育经费342元，人均预算内教育经费338元。

为确立教育优先发展的战略地位，2006—2008年县人民政府连续三年加大教育投入，优化配置教育资源。2006年，教育总投入18853万元，2007年总投入22027万元，比上年增长16.84%，2008年总投入39350万元，比上年增长78.64%。

2008年，全面免除城乡义务教育阶段学生课本费和学杂费。全年共免除课本费786万元，学杂费780万元。共完成家庭困难学生资助扩面5809人次，资助金额232.8万元，营养餐工程11789人次，金额121.64万元。资助贫困学生1645人次，实现了“应助尽助”。是年，在中小学生均公用经费分别由345元、245元提高到450元、300元。在此基础上对人数100人以上的小型农村学校按至少1.5倍于预算内生均公用经费定额标准予以划拨；并按不同的学校类别来提高生均公用经费标准。全年共下拨公用经费1324万元。

2009年，全县总投入教育经费34777.9万元，国家财政性教育经费总投入28641万元。2010年，总投入教育经费47672.8万元，国家财政性教育经费总投入37852.8万元。2011年，全县总投入教育经费56434.8万元，国家财政性教育经费总投入44945.8万元。

2012年，全县总投入教育经费61410.3万元，国家财政性教育经费总投入47953万元。随着社会、经济的发展，国家对教育事业的投入不断增加，泰顺县教育事业得到健康、均衡、快速发展。

清光绪三十四年全县学务岁入类别统计表

表12-1-1　单位：元（银元）

产业租入	存款利息	官款拨给	公款提充	学生缴纳	派捐	乐助	杂入	合计
564	—	250	490	1418	600	155	400	3877

清光绪三十四年全县学务岁出类别统计表

表12-1-2　单位：元（银元）

薪金	教员薪金	仆役工食	租息粮税	服食用品	试验消耗	图书标本	营建修缮	杂用	合计
240	1028	255	—	1759	16	322	368	236	4224

民国24年全县教育经费岁入岁出清册

表12-1-3　单位：元

收　入（岁入）		支　出（岁出）		垫款或挂欠
科　目	数　额	科　目	数　额	
合　计	9305.03	合　计	10838.23	1533.20
上年度结存	—	教育行政	2142	
特捐四年教育费	780.30	学校教育费	5713.88	
上期田赋教育附捐	590.20	社会教育费	1366.00	
上期田赋增加教育附捐	421.32	义务教育费	—	
二成田赋特捐	136.54	惩收公费	24.37	
旧赋项下各项教育费	62.20	其他各项教育经费	1627.98	
县立学校学杂费	315.25	1.县教学会议费	10.00	
验契地方教育费	1.05	2.县学区教学会议费	58.00	
屠宰教育附税	420.00	3.暑期讲习会经费	143.75	
学产租息	1313.85	4.中等学校学生奖学金	20.00	
基金及存款利息	—	5.地方教育参考室	30.00	
教育捐款收入	—	6.校长、民教馆长差旅费	120.00	
拨补收入	4134.50	7.预备费	80.00	
其他各项教育经费收入	1079.80	8.偿还旧欠	1087.45	
1.教育储备金折卖	1000.00	9.本地挪移利息	40.16	
2.民国23年省拨废除存款	79.80	10.偿还旧城区立小学租息	52.62	

1998—2012年全县每年国家教育经费总投入统计表

表12-1-4　单位：万元

年　份	总投入 教育经费	国家财政性 教育经费	年　份	总投入 教育经费	国家财政性 教育经费
1998	5219.1	3779.1	2006	18853.2	12601.3
1999	5628.2	3365.0	2007	22027.2	18995.2
2000	5289.0	3730.0	2008	29354.8	23676.9
2001	7134.2	4359.9	2009	34777.9	28641.0
2002	10159.9	9042.7	2010	47672.8	37852.8
2003	13610.7	9177.3	2011	56434.8	44945.8

续表12-1-4

年　份	总投入教育经费	国家财政性教育经费	年　份	总投入教育经费	国家财政性教育经费
2004	14566.8	9126.9	2012	61410.3	47953.0
2005	15153.0	11783.0			

2012年全县教育经费总收入表

表12-1-5

单位：万元

项目	序号	总计			教育部门和其他部门			企业办学			民办学校
		合计	中央	地方	合计	中央	地方	合计	中央	地方	地方
甲	乙	1	2	3	4	5	6	7	8	9	10
总计	1	61410.3	—	61410.3	49058.7	—	49058.7	—	—	—	12324.6
一、国家财政性教育经费	2	47953.0	—	47953.0	46594.2	—	46594.2	—	—	—	1358.8
1.预算内教育经费	3	46241.0	—	46241.0	45532.2	—	45532.2	—	—	—	708.8
（1）教育事业费拨款	4	46241.0	—	46241.0	45532.2	—	45532.2	—	—	—	708.8
（2）基本建设拨款	5	—	—	—	—	—	—	—	—	—	—
（3）科研拨款	6	—	—	—	—	—	—	—	—	—	—
（4）其他拨款	7	—	—	—	—	—	—	—	—	—	—
2.各级政府征收用于教育的税费	8	1712.0	—	1712.0	1062.0	—	1062.0	—	—	—	650.0
（1）教育费附加	9	650.0	—	650.0	—	—	—	—	—	—	650.0
（2）地方教育附加	10	62.0	—	62.0	62.0	—	62.0	—	—	—	—
（3）地方基金	11	1000.0	—	1000.0	1000.0	—	1000.0	—	—	—	—
3.企业办学中的企业笔款	12	—	—	—	—	—	—	—	—	—	—
4.校办产业和社会服务收入用于教育的经费	13	—	—	—	—	—	—	—	—	—	—
5.其他属于国家财政性教育经费	14	—	—	—	—	—	—	—	—	—	—
二、民办学校中举办者投入	15	—	—	—	—	—	—	—	—	—	—
三、社会捐赠经费	16	2.1	—	2.1	2.1	—	2.1	—	—	—	—
其中：农村	17	—	—	—	—	—	—	—	—	—	—
四、事业收入	18	6926.5	—	6926.5	2121.9	—	2121.9	—	—	—	4804.6
其中：农村	19	4675.5	—	4675.5	963.9	—	963.9	—	—	—	3711.6
五、其他收入	20	6528.7	—	6528.7	367.5	—	367.5	—	—	—	6161.2
补充资料：从土地出让收益中计提的教育资金1000万元											

第二节　建设与维修

清末，县内学宫、书院各有专设院舍，私塾和小学大多是利用祠堂、庙宇或村、族公房办学，或借旧宅课士。民国时期，小学单独建舍极少，大多数栖于祠堂，设备简陋，条件甚差。民国29年（1940），县立简易师范学校创办，设原罗阳书院。后呈请县长拨款，为简师建造教室4楹，始有校舍。继而，借用原国民军团部营房作简师学生宿舍。民国21—36年，县内大部分乡村小学都由当地士绅募资，利用祠堂、庙宇改建或扩建，添置课桌凳，开办乡中心国民学校。各保国民学校亦利用旧祠堂、公房、庙宇维修为舍。

中华人民共和国成立后，人民政府采取国家拨款与群众自筹相结合的办法，维修和新建各级各类学校校舍。

1949年，农村小学校舍沿用旧祠堂、庙宇，很少维修。土地改革时，没收了部分地主的房屋用作校舍。原泰顺简师没有操场，县长何剑锋拨机动田20亩（13333.40平方米）调换中学外侧甲等田14亩（9333.38平方米），作为操场。11月17日，第一届各界人民代表会议第四次会议提案议决，县人民政府拨款6000万元（万元为单位）进行重点学校修建。

1955年11月，省教育厅拨给泰顺县中小学校舍基建经费57869元（改货币单位为元），其中泰顺县立中学修建费417元，公立完全小学20所，修建费46842元，公立初级小学72所，修建费10610元。

1956年上半年，省教育厅拨款18000元，其中小学修缮费5079元。9月统计，全县小学新建校舍3190平方米，其中教室55间，教师寝室和学生宿舍20间，礼堂5座，厨房6个，厕所5个，合计投入资金73400元。全县17所小学没有适当教室上课。农村中小学校舍和场地被挤占的情况时有发生。是年，全县校舍遭台风袭击，损失严重，108所小学遭受不同程度损坏，县人民政府拨款8000元进行维修。

1958—1962年上半年，教育经费只够维持教职工工资和少量公务费，校舍靠当地政府和群众筹措经费进行维修，无力新建。

1962年9月5日，台风过境，全县22所完全小学受到严重损害。百丈小学、洪口小学及雅阳、大安、仕阳三个区数十所小学损失惨重。

1963年冬，县文教局对6所区中心小学校舍进行检查，绝大部分系祠堂、庙宇。建造年代久远，长期失修，破烂不堪，没有维修价值。

1964年，县人民政府先后下拨中小学校舍维修经费170027元，新建中小学校舍共投资94468元。在小学校舍维修和中学校舍新建中，群众助工助料，国家给予少量补助，校舍面貌略有改善。

1965年，省教育厅下拨给泰顺县中小学校舍修理、新建经费计156510元，基本建设计划钢材4吨、木材48立方米、水泥250吨。

“文化大革命”期间，多数学校校舍无人管理，损坏严重。1969年以后，县革委会也曾拨款兴建了一些简易校舍，因受当时经济条件和建筑材料的限制，造成校舍工程质量差、危害多，埋下安全隐患。

1976年，采取“国家拨一点，群众集一点”的办法，努力改造危房，新建教室、宿舍和生活用房。1979年7月10日，省教育厅分配泰顺教育事业费维修部分125万元，另加照顾4.75万元，后又追加泰顺县教育局补助费2100元。1980年10月25日，追加泰顺县中小学校舍修理补助3.4万元。6月5日，县财政局拨款4.5万元，建造县文教局办公用房600平方米。

1981年，基建经费集中使用于县属泰一中和新办罗阳镇中心小学。8月，拨给泰一中48730元，拆除原泥木结构教室506平方米，新建教室592平方米，征用零星山园3亩（2000.01平方米）。罗阳镇小学新建教学楼1149平方米，总造价90988元。全县其余中小学校舍维修、拆建只拨给少量补助费，主要依靠当地群众解决。石岭小学新建校舍，县文教局给补助费1500元，群众献工献料，建造教室4个、小礼堂1个、教师办公室1个，总建筑面积320平方米。

1982年6月，县人民政府抽调财政局和县文教局有关人员，对全县中小学进行全面普查：（一）

普查重点中小学3所，校舍13100平方米，危房7幢，计2676平方米，占总面积20.4%；（二）普查普通中学7所，校舍17910平方米，危房8幢，计2814平方米，占总面积15.7%；（三）检查区、公社中心小学和部分村级完全小学102所，校舍总面积55970平方米，危房65幢，计18781平方米，危房占总面积33%；（四）检查大队级小学669所，校舍总面积74400平方米，危房181幢，计18500平方米，危房占总面积24.8%。综上一级危房8400平方米，二级危房17500平方米，三级危房16876平方米。结果表明危房多，严重威胁师生安全。地方财力不足，群众集资有限，上级拨款仍是杯水车薪，难以根治。全县中小学781所，校舍总面积16万平方米，其中用于教学的11万平方米，不少校舍是中华人民共和国成立前遗留下来的旧祠堂、庙宇、仓库、碉堡和土改时没收地主旧房改造的。20世纪50年代建造的一批校舍，均系泥木结构，多数是平房。60年代和70年代以后新建、扩建近20000平方米的校舍，大多数质量差，不符合教学用房要求。

1983年12月，全县校舍危房26600平方米，其中一类危房7530平方米，面临倒塌，维修经费无着落。在"保证重点"思想的指导下，从1982年筹建城关中学开始，全县三年内其他基建经费12万元和维修经费18万元，全部用在城关中学的基建，各级各类学校基建、修理项目几乎全部停止。1985年统计，全县中小学20000多平方米的危房无力顾及，其中一级危房有7530平方米，需修建经费61.63万元；二级危房17470平方米，需修建经费122万元。1986年8月19日，经县人民政府办公会议研究，挤出资金22.37万元专项用于补助中小学危房修理，其中中学5.7万元，农职业中学6.5元，小学10.1万元。1986年，全县中小学新建校舍投资31万元，危房拆建和维修投资109.8万元，共拆除危房5163平方米，撤并10人以下小学52所，拆除危房26处，修建校舍8200平方米。危房校舍面积比例由1985年的17%下降到12%，15个乡（镇）无危房校舍。

1987年，全县中小学危房22056平方米，其中县属中小学危房3300平方米，乡中心小学危房3858平方米，87所村小学危房14898平方米。1985—1987年，全县中小学校舍危房的修缮改造共投资416万元，其中国家补助216万元，群众集资200万元，共拆建危房18000平方米，修缮校舍7000多平方米，新建校舍6000平方米，拆除、新建、维修共31000平方米。

1989年，全县中小学校舍计20万平方米，占地面积681亩（454002.27平方米），其中拆修建总面积16512平方米，总投入维修、拆建经费922.12万元，危房面积占学校校舍面积的比例从年初的7%下降到2%以下，全县基本实现"一无两有"（无危房、班班有教室、人人有课桌凳），部分学校实现了"六配套"（围墙、大门、操场、旗杆、水井、厕所）。

1990年，拆除危房4500平方米，拆建4900平方米，扩建8700平方米，大小维修204所学校，修缮校舍10000平方米，共投入资金109万元（1985—1990年全县用于中小学校舍改造总投资1130万元，其中国家补助470万元，地方自筹660万元，拆除危房面积5.5万平方米，新建校舍面积1.46万平方米）。8月，泰顺受12号台风袭击，受灾学校达275所，其中受重灾无法开学53所，冲毁或倒塌校舍692平方米。中小学危房增到4万平方米，共损失985万元。县委、县人民政府发动群众献爱心，全县9100名中小学生按时返回校园。

1991年，县教育财政拨款805万元，征收教育费附加85万元，筹集人民教育基金32万元，群众集资110万元，采取双管齐下，多头并进的举措，校舍改造工作取得较大成绩，全年共排除危房4000平方米，改造破旧房7000平方米，新建扩建校舍2000平方米。

1992年，进一步落实"分级办学、分级管理"的管理体制，充分调动区、乡、村的办学积极性，建立责任制，继续采取国家、地方和群众各拿一点的办法，全年投入校舍改造经费160万元，新建校舍面积3500平方米。彭溪中学、西旸中学第一期工程、凤垟乡中心校在紧张施工中；雅阳中学、司前乡校等单位部分急需基建项目积极筹建。

1993年，社会捐资达132万元，征收教育费附加农村部分77万元，三税50万元。三魁镇小、大安乡校、西旸中学、司前镇小、凤垟乡小部分校舍先后竣工并交付使用。1991—1993年，全县共投入校改（建）经费701万元，其中省补助320万元，乡镇自筹381万元，扩建校舍15000平方米，新建校舍16500平方米。

1994年，国家补助、群众捐资、争取外援共筹措经费200多万元，其中征收农村教育费附加70万元，基础教育发展基金50万元，群众捐资100万元，省、市下拨的部分救灾款投入基础建设。枫林恩美楼、泰七中学生宿舍楼、泰二中教工宿舍楼、松垟希望小学教学楼、泰八中、民族中学、司前镇小等20余个基建项目先后动工，新建校舍、修建校舍计10000平方米。

1995年，县委、县人民政府进一步确立教育优先发展的战略地位和“治穷先治愚，脱贫先兴教”的指导方针。县人民政府成立以分管教育的副县长为组长，教委主任为副组长的中小学校建工作领导小组，统一领导和协调校建工作。由省长万学远倡导的为全省办好100所初中而开展的“扶贫建校”活动，给予泰顺教育大力的支持。是年，全县已落实省财政及社会各界扶贫建校项目23个，建筑面积31307平方米，总投资1616.5万元。省财政和16个省级机关、企事业单位、社会团体为泰顺校建扶助资金857万元。与此同时，全县群众集资达350万元，征收农村教育费附加150万元，基础教育发展基金38万元，三项合计538万元。是年7月8日，县委召开全县扶贫建校工作会议，总结和交流扶贫建校情况，研究落实建校各项任务。9月，县人大常委会与县政协组织联合检查组，对全县扶贫建校的资金落实情况、工程进度及建校工作中存在的问题进行全面检查。

1996年9月，县人民政府下发《关于〈泰顺县筹措教育经费暂行办法〉的补充规定》和《全县中小学校舍工程建设的若干规定》，加大筹措教育资金的力度，广泛深入发动群众集资、投工、献料、献地，各有关部门积极配合，保证了校建工作的顺利进行。是年，全县集资400万元（含农村教育费附加），改造破旧房1200平方米，改造危房5000平方米。泰二中教学楼、泰三中综合楼等13个扶建项目和泰二中学生宿舍楼等6个扶建项目基本完成。龟湖镇中心校、东溪乡中心校等第二批6个扶建项目加紧筹建。校建工作的不断加强，危房和破旧房的积极改造，初步改善了全县中小学的办学条件。

1997年，泰顺县多渠道筹措校建经费868万元，完成校建面积2.3万平方米；省两期扶贫建校项目36个，建筑面积4万平方米，综上合计建筑面积6万多平方米。其中小学建筑面积13.11万平方米，生均建筑面积4.4平方米（小学占地面积31.66万平方米，生均占地面积10.65平方米）；初中建筑面积6.84万平方米，生均建筑面积4.12平方米（初中占地面积30.67万平方米，生均占地面积18.48平方米）。全县初中和乡（镇）中心校以上小学教学用房基本满足教育需要。根据统计，1995—1997年建成的校舍使用面积超过中华人民共和国成立后47年校舍使用面积之总和。

1998年，新建校舍1.53万平方米，原拆原建校舍0.1万平方米，大修理0.06万平方米。全县10所学校建筑面积9729平方米教学楼竣工投入使用。

1999年，新建、扩建校舍1.52万平方米，修理危房、破旧房1.13万平方米。

2000年，新建校舍1.5万平方米，原拆原建0.2万平方米，修理1.2万平方米。泰一中校友楼等11个项目建筑面积13417.1平方米的工程竣工并投入使用。

2001年，县人民政府制订《泰顺县中小学危房改造工程规划》和《泰顺县中小学危房改造工程规划实施方案》。各乡镇成立中小学危房改造工作领导小组，负责做好本辖区内中小学危房改造工程的具体工作。6月，县教委协同县建设局、房管局对全县中小学校舍进行了地毯式的大检查，经鉴定，全县中小学共有危房、破旧房面积69670平方米，占全县校舍总面积的27.68%，其中D级危房30583平方米，占总面积的16%，共需改造资金5768万元。12月，第一期改建、新建39个项目启动，总建筑面积30200平方米。

2002年10月24日，市教育局批复同意泰一中迁建。

2003年，全县中小学危房改造工作顺利实施。通过向上级争取财政投入和乡镇自筹，共投入危房改造和校建资金达1250多万元，其中财政投入700万元。全县继建并竣工投入使用的项目14个，建筑面积2.3万平方米。2004年，共计投入中小学危房改造、校舍修理及中小学卫生基础设施经费达1528.9万元。

2005年，全县校舍改造项目8个，总建筑面积9718平方米，总造价825万元，工程进展顺利。泰四中餐厅、月湖乡校教学楼、泰一中新校舍均投入使用。2005年9月4日，泰一中搬进新校址，为优化县城教育资源，理顺城关三所学校的产权关系，同时考虑到新泰一中资金缺口的实际，经县人民政府研究同意，第一，将泰一中原校址共占地24545.6平方米，建筑面积19664.61平方米，按协议价1100万元，有偿转让给城关中学；第二，将城关中学原校址占地面积28014平方米，建筑面积7022.92平方米按协议价820万元，有偿转让给县实验小学。县财政局给予办理国有资产划转手续。

2006年4月，县发展和改革局批复同意泰二中食堂等7所学校学生食宿改造工程项目首先启动，总建筑面积4760平方米，总投资382万元。

2007年，全县“农村中小学食宿改造工程”全面开展，县委、县人民政府将该项工程列入2007年“十大民生实事工程”之一。根据县内实际，全年实施该工程项目27个，建筑面积22080平方米，投入资金2221万元。新农村新校园建设项目149个，其中围墙31堵，厕所31座，操场21个，卫生室66个，共投入1343.65万元。建设经费由省、市、县补助经费和地方教育费附加解决，其中食堂改造工程省补助60%，市补助10%，县配套30%；新农村新校园建设工程市补助70%，县配套30%。

2008年，全县完成食宿改造工程10个，建筑面积9013平方米，并投入使用。创建了12所省级标准化学校，13所学校列入“市农村薄弱学校”改造项目，总投资882.05万元。14所学校被列入省维修改造小规模农村学校项目，总投资108万元。泗溪镇小综合楼、罗阳二中俊远教学楼、三魁二小教学楼竣工投入使用。育才学校综合楼开工建设，县职业技术教育中心二期工程稳步推进。

2009年，全县学校办学条件得到进一步改善，全年共新建校舍12333平方米，维修校舍58290平方米，全县学校面貌焕然一新。职业教育中心二期工程（教学楼一幢、学生宿舍楼两幢、学生食堂一座）总建筑面积8083平方米，总投资1450元，全部竣工投入使用。新城区九年一贯制学校校舍建设项目前期工作完成。投资1000多万元维修、改造农村中小学危旧房17166平方米，其中翁山乡小宿舍楼、仕阳镇小宿舍楼、罗阳二中食堂加层都已竣工。民族中学、罗阳二中、东溪乡校、大安乡校、城关中学宿舍楼开工建设。总投资400多万元的泰顺中学图书馆主体工程结顶。全县投入400多万元实施小规模学校改造工程项目39个。通过乡镇投一点，社会捐一点，教育部门补助一点的办法，投入1000多万元，将15所学校的操场进行硬化，并修建了塑胶跑道。是年，以“构建和谐校园”为重点，继续开展“校园文化建设年”活动，不断加大校园文化建设的投入。大部分学校校园环境均达到绿化、美化、硬化、净化的要求。

2010年5月，省财政厅、省教育厅根据省政府办公厅《关于印发浙江省中小学校舍安全工程实施方案的通知》精神，下达给泰顺县补助资金3062.7万元，被列为泰顺县“十大民生实事工程”之一的校舍安全工程快速推进。全年维修和加固破旧校舍25幢，面积1.3万平方米，重建校舍6幢，面积2.4万平方米，总投资4000万元。泰顺中学图书馆竣工；职教中心实训综合楼开工建设；雅阳镇小综合楼、仙稔乡小教学楼进入前期工作。11月，县教育局成立乡镇幼儿园建设领导小组，罗阳镇、司前镇、筱村镇、泗溪镇、雅阳镇、彭溪镇、仕阳镇、龟湖镇、三魁镇九个建制镇各设一个筹建组，加快建制镇幼儿园建设，促进学前教育和谐发展。

2009—2010年，全县中小学校舍安全工程规划改造面积为122361平方米，总投资概算10050.2万元，其中，重建面积为45074平方米，总投资8149万元；加固面积为72049平方米，总投资1266.1万元。

2011年，县人民政府将中心镇幼儿园建设列为县“十大民生实事工程”之一，全年投入幼儿园建设资金787.5万元。司前幼儿园、龟湖幼儿园正在施工中；筱村镇、泗溪镇、雅阳镇幼儿园已上报土地审批；三魁镇、仕阳镇、彭溪镇幼儿园完成控规及规划选址意见书。新城区九年一贯制学校建设工程已完成投资4900万元，风雨操场、宿舍楼、艺术楼主体工程正在施工中，教学楼、食堂已结顶。职业教育中心二期工程实训综合楼建筑面积6000平方米，总投资900万元，已建设完成。万排中心校等8所学校塑胶操场建设竣工投入使用。是年，县教育局为促进各级各类教育科学协调、优质均衡发展，根据国家和省长期发展规划纲要的精神，制定了《“十二五”泰顺教育十大建设项目》，明确“十二五”期间基础设施等工作的目标和任务，对各项工程的启动和实施进行了全面的规划和部署。

2012年，新城区九年一贯制学校建设进入收尾阶段。2012年共完成投资4647.8万元，超额完成16%。县职教中心续建工程宿舍楼项目开工建设，完成征地10000.05平方米，12月底完成土石方开挖和施工图纸审核。乡镇中心幼儿园建设快速推进，完成投资1650万元，司前镇幼儿园完成建设并于9月份投入使用；仕阳镇龟湖幼儿园、筱村镇幼儿园完成主体建设；泗溪镇幼儿园已开工建设；其余幼儿园进行方案设计等前期工作。中小学设施改造工程进展顺利，完成投资1739.6万元，维修校舍面积11837平方米，新建塑胶操场5个。筹备综合实践基地，选址西旸中学，规划在学校原有的基础上再征地52000.26平方米，2012年前正在抓紧相关手续报批等前期筹备工作。

经过20多年的不断努力，2012年，全县各级各类学校和校舍基本满足现代化教育的需求，并有计划的逐步创建绿化、美化、净化、优化的校园环境。

1985—1990年全县中小学新建校舍面积统计表

表12-2-1　　单位：万平方米

年份 数量 类别	1985	1986	1987	1988	1989	1990	总面积
中学	3.88	4.19	3.66	4.4	4.62	4.49	25.24
小学	13.2	13.46	14.95	13.69	13.95	14.88	84.13
每年合计面积	17.08	17.65	18.61	18.09	18.57	19.37	109.37

第三节 教学设备

民国时期，县立简易师范学校和县立高等小学以及泗溪、三魁、百丈等乡、镇中心小学有少量的教学挂图、图书、生物标本和体育器材，全县大部分小学没有教学仪器，设备极为简陋，有的小学课桌凳要学生自备。

中华人民共和国成立后，人民政府重视教学质量的提高，陆续拨款改善办学条件，教学设备逐年增加，渐趋完善。1949—1960年，全县中小学教学仪器，除省地县陆续拨款购置部分急需的教学仪器外，其余部分依靠群众资助，教师自制，教学设备有所改善。

1963年，各中学教学仪器，特别是物理、化学、生物教学仪器逐步得到充实，各校实验室也随之加强。但大部分小学还没有教学仪器，无法开设自然实验课。4月，县文教局对全县中小学教学仪器进行一次检查、清理、调整，纠正仪器设备不平衡与使用不合理的现象。

1964年，财政局下达设备费1.8万元，其中小学1.5万元，中学0.3万元。

“文化大革命”期间，大部分中学教学设备和广大农村小学的课桌凳被盗窃，被砸碎，所剩无几。泰一中多年苦心购置的教学仪器设备全部被洗劫一空，损失十万余元。

1978年，县文教局专门配备了教学仪器管理员，加强对教学仪器工作的管理。1979年，虽有省、县财政拨款补助泰顺县部分教学仪器设备的购置，但广大农村小学的教学设备主要还是依靠教师自制。泗溪镇下桥小学校长陈顶忠制作的教学分解仪、活动电光数轴、滚轮识字仪、多用电光仪、时钟电光仪和“火山喷发”投影器材等20多件，先后参加温州地区、省自制教学仪器教学演示，获得县、市、省幻灯教学自制教学教具一等奖。“火山喷发”投影参加全国幻灯教学演示深受好评。1981年3月20日，温州地区在平阳城关召开小学自然常识学科电教经验交流会，泗溪下桥小学、仙居小学、司前小学、罗阳小学等单位代表参加，泰顺有2个项目在会上汇报演示，5个项目被评选为参加省小学自然常识学科电教经验交流会。

1982年，经省教育厅批准，县内部分学校建立实验中心，按部颁目录二类标准配给仪器的有示范初中1所，城镇和区级中心小学实验中心7所，完全中学补助配备1所。全县建立初中实验中心6个，每点补助经费1800元。12月统计，全县缺学生课桌凳3279副。

1984年，县教体局设立仪器站，与勤工俭学办公室合署办公，站长毛延华，专职干部3人。

1985年8月30日，省教委拨给县职业教育购置教学仪器、设备和图书资料专项经费8万元。全县教学仪器设备按部颁标准配备的有重点中学1所，区镇小学10所，计有实验室11间，仪器室21间，专职或兼职实验教师21人，县教学仪器站专职干部3人。

1986年12月15日，市教委拨给泰顺扶贫教学仪器设备经费3.2万元，分配落实到指定的学校。1987年，电化教学开始在全县中小学中运用。2月，省配发教学录像机15台，录像带50盒，并对电教工作搞得好的中心学校每年补助经费1万元，完全小学3000元。3月16日，县教委更新中小学课桌凳1000副。

1989年5月统计，全县教学仪器设备按不同类型标准配备了重点中小学各1所，示范初中1所，完全中学2所，农村实验中心6所，乡（镇）中心校35所，完全小学80所，村校60所，其中2所中学和1所小学达到部定的一类仪器配备标准，其余中学达到二类仪器配备标准。全县仪器设备共计价值55万元。

1990年，为达到省定实验设备的标准化、规范化、科学化的目标，县教学仪器站通过大力宣传，发动社会、学校集资购买电教设备。县实验小学学生家长一次性集资电教、音乐器材经费5万多元。各乡（镇）中心小学自筹教学仪器经费计2万元。全县中小学计有录像机26台，电影放映机5台，电视机89台，收录机500台，录像资料1060多盒，并有一定数量的投影仪、幻灯片。全县建立19个录像播放点。在县仪器站的直接指导下，三魁、莒江、筱村、东溪相继安装了卫星地面接收站，每个点补助1万元，并给10个边远乡中心小学配备了黑白电视机。全县11所中学全部设立实验室，8所中学和40所小学实验仪器达到部颁二类标准。全县有实验室21个，仪器存放室38间，建筑面积计2816.5平方米。中小学实验教师42人，教学用的电影机4台，投影仪80台，摄影机1台。

1991年，县教委加强对中小学实验室的建设，新配发价值18.2万元的仪器设备。安装地面卫星接收站，录制教育节目录像带185盒，共260多小时，19个播放点，全年放映1054场，观看人数达5万多人次。

1992年，县教委充分利用地面卫星接收站的优势，继续发展电教事业，制作电教录像片为教学研究服务。创建教育电视台和着手电化教育实验县的申报工作。5月17日，省教委批复同意建立县教育电视台，拟定2频道为县教育电视台频道，发射功率为50瓦，天线30米高，覆盖面积110.9平方千米。新增百丈、岳巢、雅阳三个乡（镇）电教和仪器设备。秋，泰二中等9所初中增班补助教学设备经费3万元。

1993年秋，全省中小学起始年级使用省编义务教育新教材，执行省编《义务教育试行教学计划》。实施新教材，必须有配套的电教硬件和软件。根据泰顺县的实际，把音像教材配备到各中学、乡（镇）中心校和中心小学，共需投入经费17.1万元，县教委采取“四个一点”的方法（县教委拨一点，按照中学每班330元，小学每班340元计算；乡镇政府投一点，按小学每班200元计算；学校预算外经费挤一点，按照中小学每班200元计算；学生家长捐一点，每生收取资料费10元），统筹教学设备资金。

1994年，县教委下拨各乡（镇）中心校以上中小学配备音像教材硬、软件经费17万元，配备各种教学仪器经费8万元。录制音像资料350小时，教育电视台共播出教育新闻168条，制作专题片6个，课堂实况4节，专题文艺节目1个。

1995年，全县中小学共配发价值9万元的教学仪器，配备价值19万元的各种音像教材。泰一中、县职业技术学校和教师进修校筹建电脑室，配备了电脑，为提高教学质量创造了条件。

1996年，全县中小学共配备价值12万元的音像教材，配发价值10万元的教学仪器。泰七中建立了电脑室，配备了486型电脑28台，586型电脑1台。县职业技术学校在办学条件十分简陋的情况下，不等不靠、艰苦创业，建立了电脑房、琴房、缝纫机房各1个，配备了386型电脑24台，风琴4台，录音机15台，缝纫机27台，为学生“进得来、留得住、学得好”创造了物质条件。

1997年，全县全面实施普及九年义务教育（简称“普九”），学生数大增，初中净增81个班级。县人民政府安排经费26万元，用于初中招生增班购置课桌凳。是年，开展教学仪器奖配工作，全县已奖配的乡（镇）达12个。各中小学自筹经费购置仪器、图书。县教委全年总计配发价值20万元的电教设备，配发价值60万元的图书，生均图书册数由原来的2册增至7册。“二机一幕”（录音机、投影机、银幕）进入大部分学校班级。3月，在温州范围内，开展百校扶贫结对免费培养贫困山区千名学生，千对教师“肩并肩”帮扶，万对学生“手拉手、心连心”的“百千万教育扶贫结对”活动。全县有关中小学校收到现金和实物价值128.6万元，促进学校的硬件和软件建设。8月，县人民政府安排初中增班经费25万元，购置课桌凳和住校生床架。

1998年，县教委克服困难，采取多渠道筹措资金，投入普及中小学实验教学（简称“普实”）建设，对19个乡镇实行奖配，为中小学征订价值9万元的音像教材，联系生产厂家，为学校无偿修理投影仪80台，录音机150台。有7所中学和1所中心小学的教学仪器配备达到Ⅰ类标准；37所中心小学达到Ⅱ类标准；一般完小达到Ⅲ类标准，大部分村级小学配备了简易仪器。全县中小学拥有实验室88间，面积5791平方米，仪器室112间，面积3500平方米，仪器厨802个，计算机室6个，面积444平方米，劳技室2个，面积153平方米。音乐室5个，面积332平方米；美术室3个，面积206平方米。计算机261台，其中“586”以上的有70台，计算机网络教室1个，终端30个，语音设备46套，多媒体22套。学校图书馆15所，馆舍面积1951平方米，总藏书量247543册，比上年净增2760册。师生自制教具，价值达1.2万元。县中小学“普实”工作顺利通过省教委评估验收。

2000年，全县各级各类学校共有计算机教室22个，面积1477平方米；音乐室14个，面积1134平方米；美术室13个，面积789平方米；计算机395台，计算机网络教室3个，终端98个；新增语音设备3套。学校图书馆（室）23个，馆舍面积6363平方米，总藏书量29万册，校均1156册，生均7册。是年，按省教委颁发的中小学教育条件装备标准，全县各中小学面积达标实验室22个，图书室11个，体育室8个。教学仪器达Ⅰ类标准的学校12所，Ⅱ类标准的36所，Ⅲ类标准的17所。图书馆（室）达到Ⅰ类标准的学校3所，Ⅱ类标准的16所，Ⅲ类标准的24所。电教器材达到Ⅰ类标准的学校5所，Ⅱ类标准的27所，Ⅲ类标准的27所。劳动技术和文艺教育设备两项未达到省定标准。

2001年，全县中小学有多媒体教室8个，语音室4个，计算机室17个，省现代教育实验学校3所，多媒体教室和计算机室增幅比率分别是166%和70%。全年新增语音机120台，投影器70台，“二机一幕”全部配齐。新增图书5万册，配备音像教材价值25万元。

2002年，镇级小学均建好一个计算机教室，乡级小学单机拨号上网。建成县级教科网平台，独立初中和九年一贯制学校建好计算机教室，开设信息技术课；建设一批校园网，配置多媒体教室、语音室、电子教室、计算机室共30个；建成教育资料库10个。按省定教学仪器装备配备标准，全县初中达到Ⅰ类，乡级小学达到Ⅱ类，村级完全小学“二机一幕”进入班级。中小学音像教材使用率达到90%以上。

2003年，县教育局对教育装备按“规划、措施、协调、指导、供配、监督”工作方针，及时调整工作重点。加强规划，重视建设，加强学习，重视培训，加强管理，重视效益，不断提高教育装备水平，逐步实现教育教学手段现代化。是年，全县各级各类学校计算机拥有量增至1800多台，新增多媒体教室11个，建校园网学校14所，其他方式上网学校58所，建立网站（主页）学校13所。乡级以上学校基本上开设了信息技术教育课。

2004年，泰顺县加快信息化装备工作的进程，信息化装备向薄弱乡镇大村一级小学（学生数在100人以上）扩展，填补了村一级小学信息化装备空白。6月，县教育局下达150950元扶贫资金，31所村级小学购置了信息化装备。县教育局通过政府采购，投入资金20多万元，添置了服务器、防火墙等设备；投入50多万元配置泰顺县教育网平台服务器4台以及其他配套设备。泰一中等10所学校接入教育网并与市教育网联网。

2005年，全县新增小媒体和多媒体教室29个，建立校园网学校（主页）20所。翌年，建立校园网学校5所，省级现代化教育技术实验学校5所，实施农村中小学远程教育工程，小媒体班级总量达223

个。2007年，中小学拥有计算机3047台，计算机教室70个，多媒体教室36个，小媒体300套，接入光纤学校14所，建立学校网站（主页）26所，全县学校都接入宽带，各级各类学校师生均可通过VPN远程登录，免费使用教育资源。

2008年，县教育局下达中小学食宿工程购置资金70万元，为22所学校配置了食宿设备，为78所学校配置了功能室，乡镇中心校以上均配备了计算机教室和多媒体教学平台。全年共新增电脑1060台，小媒体76套，达到省Ⅰ类标准实验室13个，新增图书12.33万册，为20所村级学校建置图书室。

2009年，中小学教育教学装备投入1594.85万元，按新课程标准配备实验仪器。实施“农村薄弱学校改造工程”，松垟乡小等42所学校添置图书、音体美器材及实验仪器，总投资334万元。省级骨干职业学校民间传统工艺（雕刻）重点建设专业项目补助经费75万元。

2010年，县教育局在教育装备上共投入资金1000多万元，建成省普通中小学标准实验室5个、标准图书室11个，购置音体美器材13套，全县中小学基本完成标准化实验室、图书室、音体美等五大功能房建设。是年共新增多媒体教学平台43套，计算机405台；启动教育城域网教育资源建设工程，已建成教育数字图书馆，创建市信息化达标学校31所；加强教育技术应用研究工作，全年共完成应用培训300人次。2月，县教育局在县教学仪器管理供应站内设信息中心，内设勤工俭学办公室。

2011年，县教育局累计投入1161万元用于教育装备配备。实施书香校园工程建设，共新增图书102300册，为13所学校更新了图书室阅览室设施设备。实施薄弱学校改造工程，共为20所学校配备实验室仪器设备，全年新增音体美器材39套。加强教育信息化基础设施设备建设，共新增计算机1130台、多媒体教学平台145套。投入225万元资金用于义务教育学校校园安全装置的配备，乡（镇）中心校以上的学校均安装了视频监控系统、紧急按钮报警系统，校园巡更系统、防护器械、灭火器等装置。

2012年，县教育局加强信息化装备工作，投入资金1158.7万元。全县新增图书7.9万册，全新改版泰顺教育网，实现中心校以上学校光纤接入，新增小媒体116套，新增电脑683台（根据省教育厅新标准，努力提高有效生机比，超额完成483台），实现全县中小学班套比1：1。罗阳二中成为县内首个成功创建市数字化校园的学校。

第四节　希望工程

一、创建希望小学

1991年6月，团中央确定泰顺县为全国一百个“希望工程”实施县之一。县委为加强对该项工作的领导，决定成立泰顺县“希望工程”实施领导小组，下设办公室，“希望工程”正式启动。

1993年5月，由香港旭辉文化学社捐助24万元援建的泗溪旭辉希望小学教学楼竣工，并投入使用。7月，浙江省青少年发展基金会（简称“省青基会”）批复同意命名下洪乡旺坑小学为泰顺县旺坑希望小学，并拨款5000元，用于改善该校办学条件。

1995年6月，县实施“希望工程”办公室批复同意赤坑村小学为荣旺希望小学，下洪乡中心学校为下洪希望学校。截至是年，“希望工程”捐款收入2075239.93元，拨入经费1301428元，增值收入50247.36元，累计救助7657名失学和即将失学的适龄少年儿童，受助面遍及38个乡镇400多所学校；援建19所希望小学，其中11所已竣工交付使用；修缮16所学校的危房；修复1所水灾冲毁学校。“希望工程”的实施，使泰顺农村小学的流生得到控制，改善了贫困山区的办学条件。

1996年5月，县“希望工程”实施办公室命名大安小学为建行希望小学。是年，大安建行希望小学等3所希望小学竣工投入使用。

1997年，县扶贫建校投入资金3700多万元，完成或在建项目34个，建筑面积达1万多平方米。

是年，翁山乡旅法华侨翁学赞捐资27万元兴建翁山希望小学。

1998年，建立三辰影库 1 个，洲岭希望小学教学楼、横坑乡国土希望小学教学楼竣工验收。由省审计厅、省青基会援建的南院乡察溪希望小学，由鹿城区人民政府援建的泗溪镇中心小学鹿城希望教学楼和仙稔乡三滩希望小学，仕阳镇严山希望小学在建。

1999年，由武警水电安装总公司三峡工程公司援建的柳峰希望教学楼和由圣雄集团援建的柳峰乡圣雄希望小学共投入资金72.69万元，相继竣工验收投入使用。

2000年，县“希望工程”办公室向全县发行1500套“希望工程”明信片，为“希望工程”筹集资金，共接受各地捐款50.49万元。雪临希望小学、三魁镇刘宅希望小学竣工交付使用，并落实4万多元资金为8所乡村学校危房进行修缮。

2001年，共接受社会各界捐款60余万元，罗阳镇横岗希望小学、九峰乡石门新街希望小学竣工。

2002年，全年接受捐款60余万元，援建3所希望小学，为50多所小学配备希望书库；为下洪乡希望小学等校配备电脑100台，完善希望小学的教学设备。

2003年，圣雄集团再次为泰顺山村援建2所希望小学。

2004年，深圳发展银行温州分行援助25万元，兴建龟湖镇深发展希望小学。杭州科泰通信设备有限公司援助25万元，兴建了联云乡科泰希望小学。

2005年，县“希望工程”办公室对46所希望小学的师资状况，受助生学习、生活情况和学校配套设施进行普查后，投入11万元，配齐46个希望书库，并配备20余台电子琴等教学设备。2007年再投入32.4万元增配希望书库。2008年，为翁山希望小学、仕阳圣雄希望小学配备了2万多元的体育器材。

2009年，进一步加强希望小学的后续管理工作，投入10万元，改造了仕阳、洲岭、彭溪、翁山5所希望小学“梦想操场”。杭州中萃食品有限公司捐资50万元，援建大安乡温州太古可口可乐希望小学。

2011年，中国平安保险有限公司捐助30万元，援建九峰乡平安希望小学。2012年，宁波港集团捐助100万元，援建雅阳宁波港希望小学，配备希望书库10个，图书15000册。

2012年，筹集资金30万元，援建九峰希望小学综合楼；筹资10万元，援建希望书库、配备音乐器材、梦想操场等设施8项；筹资5万元，改善希望小学篮球运动设施，帮助建成希望小学塑胶操场1个。3月27日，杭州中萃食品有限公司捐助大安希望小学价值2万元的体育器材。5月23日，宁波港集团到雅阳宁波港希望小学开展捐书助困活动，捐助价值2万元书籍和“六一”礼物。6月12日，温州市图书馆给东溪中心校送来1000册少儿读物。

全县实施“希望工程”，共援建希望小学52所，修缮乡村危旧校舍53幢，配备梦想操场6个，建立希望书库45个，三辰影库1个，为30所希望小学配备了钢琴、电子琴、电脑、希望书架等，受助面遍及全县36个乡镇，改善了贫困地区的办学条件，推进农村基础教育事业的发展，唤起了全社会的重教意识。

二、资助贫困学生

1991年6月，省青基会为泰顺县“希望工程”注入第一笔资金，结对资助100名贫困学生。团县委、县教委从中命名10名品学兼优而家庭困难的学生为“希望之星”。

1992年4月，泰顺旅台同胞陶家伟等11位、女士回泰顺探亲期间为鼓励家乡品学兼优、家境清贫的青少年努力求学，筹集212万元新台币（约合8万美元）设立“爱泰顺育才基金”。

1993年12月7日，县教委下发《关于给“希望工程”受助生和联络员优惠政策的通知》，对受助生和联络员采取以下优惠政策：（1）各乡（镇）10%的教育费附加减免指标和各校10%的杂费减免指标主要用于“希望工程”受助生。少数民族学生的减免指标主要用于少数民族受助生。（2）“希望工程”受助生在升初中时给予适当降分录取。（3）县级以上“希望工程”先进工作者与其他先进教育工作者享有同等待遇。（4）各校应在课余时间组织师生为受助生家庭进行帮耕活动。（5）各校要配合当地团委做好“希望工程”工作。是年12月，中国青少年发展基金会，振兴中华教育科学基金会和浙江省基金会颁发给泰顺“希望工程”11名中学生特别奖学金，奖学金标准每人每学期60元，资助时间1993年9月直至初中毕业。12月，经省青基会牵线，全县9名学生获得在美国的中国教育救援基金会的“特别奖学金”，奖学金标准为每人200元。

1994年2月，省教委《关于对受“希望工程”资助的学生收费问题的通知》规定，除贫困县小学减半收取杂费的政策继续执行外，对其他县及贫困县“希望工程”资助的学生减免全部杂费。

为了进一步推动“希望工程”的顺利实施，以唤起更多的人来关心支持“希望工程”，1994年5月下旬，省青年成才基金会组织新闻单位记者组成采访团到境内有关乡镇进行为期一周采访活动。

1998年，团市委、市教委在泰顺招收九八届高中“希望班级”学生6名为市“希望班级”的学生，免收学校建设捐助费、学杂费、代管费、住宿费、水电费；免费发给书籍、簿册及生活用品，对特困学生发给生活补贴费，成绩优秀学生享受奖学金。11月，团县委按照团市委、市希望工程办公室《关于社会发行“爱心卡”的通知》精神，认真做好下岗职工子女入学困难为主要内容的“爱心行动”，加大“爱心基金”的筹资力度，在全县做好“爱心卡”发行工作。每张“爱心卡”发售面值为30元。6—10月，县希望工程办公室。是年，全县救助失学少年和就学困难的大中小学生291名，向省青基会推荐“希望之星”4名。

1999年，发放助学金9万多元，救助失学少年和就学困难的大中小学生283人，14名贫困学生录取到高中“希望班”就读。第一届8名“希望班”学生参加高考，其中7名考上大学。

2000年，“希望工程”资助贫困生工作进一步拓展和延伸，启动大学生助学项目。是年，资助大学新生7人，高中希望生14人。

2001年，全县50多名贫困生在“希望工程”帮助下完成学业，25名优秀贫困生选送到市“希望班”就读。

2002年，全县结对270名贫困中小学生，选送15名中学生到温州高中“希望班”就读，结对资助12名大学新生入学就读。

2003年，继续做好“希望工程”项目延伸工作，全县共选送23名品学兼优的特困生到温州高中“希望班”就读，选拔33名高考上榜优秀特困生接受大学生助学计划救助，并且广泛开展形式多样行之有效的助学活动，积极争取社会资金，共接受社会各界捐款10多万元，援助400多名贫困中小学生。

2004年，县希望工程办公室建立青少年维权、帮困、助学、志愿服务为一体的“爱心在线”网站，建立广播电台“青年之声”栏目。全县投入30多万元助学金，救助500多名中小学生，资助22名大学新生；开展“希望工程”复信大赛活动，选送28名贫困学生到温州高中“希望班”就读。组织选拔7名希望小学生代表赴京参加首届全国希望小学运动会。

2004年，环球私人信托公司（简称TPTC）为资助农村品学兼优的少年儿童和青年，建立“明德奖学金”。“明德奖学金”由中国青少年发展基金会和TPTC合作实施管理，泰顺县被省青基会列为第一批全省十个启动县之一，成立“明德奖学金”执行委员会。“明德奖学金”资助标准：小学阶段每学年200元/人，初中阶段每学年600元/人，高中阶段每学年900元/人，大学阶段每学年4000元/人。

2005年3月，浙江圣雄集团、中国红蜻蜓集团共同设立“圣雄·红蜻蜓助学基金”，资助因家庭贫困而失学或辍学的学生，共为泰顺县资助320名学生返回校园。3月5日，县希望工程实施办公室和共青团中宇建设集团委员会联合发出《有您的爱心　就有希望》的爱心助学倡议书，希望社会各界、各级各部门和富有爱心的仁人志士参加助学活动。“完美青天”泰顺店等社会各界积极响应，捐款2万多元爱心助学金。是年，全县结对救助贫困中小学生578人，大学生26人，选送高中“希望班”学生16人，发放助学金共189600元。

2006年10月2日，由天阳置业有限公司、省青基会主办的“天阳爱心之旅——自驾车希望工程浙江行”一行25辆车105人，到达雅阳镇“五一”希望小学，向团县委希望办捐献希望书库5个，结对认亲10户贫困家庭学生。是年，全县发放助学金471860元，救助残疾、单亲、孤儿等贫困学生690人，资助大学生52人，选送8名高中“希望班”学生到杭州、温州等地就读。是年，泗溪旭辉希望小学荣获全省模范希望小学称号，黄桥希望小学校长谢光达荣获全省希望工程“园丁奖”。

2007年，以明德奖学金助学、“圣雄·红蜻蜓”助学、社会热心人士助学等多种方式，开展大学新生圆梦助学活动，全县结对资助贫困生822人（其中大学总计发放各类贫困生助学金577360元）。推荐2名希望小学教师参加全国希望小学教师培训和圣雄希望工程教师培训；联合EF教育机构为22所希望小学教师进行英语培训。10月，由林圣雄参与实施希望工程项目而设立的“圣雄百所希望小学奖教跟踪培养基金”在省内圣雄希望小学实施，其实施内容为：“圣雄希望之星跟踪培养计划”为每所圣雄希望小学培养3名六年级的“圣雄希望之星”；“圣雄希望小学园丁奖”为每所圣雄希望小学奖励1名教师。

2007学年至2008学年，全县获得“圣雄希望小学园丁奖”6人，每人发给奖金2000元，“圣雄希望之星”获奖小学生18名，奖励标准每生每年500元，升入初中每生每年1000元，升入高中每生每年2000元，考入大学后每生每年5000元。

2008年，团县委对低收入农户青少年实施“爱心行动”，启动新一轮“希望工程”，通过爱心助学、“1+1”结对助学，结对资助中小学生700余人，发放助学金116210元。“希望工程圆梦大学”助学行动，落实助学资金60多万元，资助110名大学新生。

2009年，把关心关爱低收入农户青少年作为推动青少年群体民生的工作重点，动员社会力量共同参与，实施“助困、助学、助医、助业”四大工程，继续开展“圣雄·红蜻蜓”“1+1结对助学”“千家党团助学”“大学生圆梦助学”“爱心温州结对助学”等结对助学活动，累计发放助学金113.8万元，救助各类贫困学生1114人。是年，县实施希望工程办公室刘海月被中国青少年发展基金会评为“全国希望工程建设奖”先进个人。

2010年，继续开展“1+1爱心结对助学”“青联委员1+1结对助学”“低收入青少年关爱”等结对活动，救助各类贫困学生1140人。组织动员各级团组织和少先队组织为西南旱灾、玉树地震灾害捐款26.77万元。2月6日，由团县委主办、县学联联办的“情系家长，爱心助学”义卖义演活动在文化广场举行，活动共筹得爱心善款4万元，用于资助贫困生。6月5日，由团县委、县工商局、县希望工程办公室、泰顺中学等单位在城关文化广场举办一场以“爱心扶助希望”为主题的义卖活动，得到20多个商家的支持，共接受义卖捐款13602元，发放资助款3万元，现场30名贫困生得到资助。推荐6名骨干教师参加全省希望小学教师培训。仕阳、西旸等4所希望小学被授予市“模范希望小学”称号，县希望工程办公室被授予“温州市希望工程建设奖”先进集体。

2011年，整合社会资源，筹集资金达51.114万元，开展“心相连，爱相圆结对助学”活动，资助贫困学生50人，爱心温州助学结对学生382人。开展大学生圆梦助学活动，累计筹资78.6万元，资助贫困学生184人。2月19日，温州星火义工队到泰顺开展结对助学活动，与县内153名贫困学生结成助学对子。县委宣传部、团县委、县希望工程办公室、志愿者联合举办的“凝聚爱心，传递真情”助学活动在雅阳镇剧院举行，现场结对66名贫困生，落实结对帮扶资金22.2万元。8月6日下午，县希望工程办公室举行2011年“希望工程圆梦助学”捐资座谈会，温州港瑞（财团）投资股份有限公司向县希望工程捐资25万元，帮助家庭贫困、品学兼优的学子圆大学梦。

2012年，开展青联委员助学，微笑私家车、爱心温州结对助学，义工助学等活动，筹集资金30万元，结对资助贫困学生700人。广泛动员社会各界，开展2012年贫困大学生调查和各项助学活动，筹集资金25万元，帮助70名贫困大学新生实现入学梦。联合温州奥康鞋业，筹集物资15万元为九峰、南院、翁山、联云、包垟、万排、新浦、东梧等8所地处高山的偏远小学提供1104双儿童皮棉鞋，为山区贫困学生送来温暖；筹资5万元，救助农村3—6岁学前幼儿中的孤儿、残疾儿童、留守儿童。

通过“希望工程”的实施，县内逐步形成特困家庭生（包括孤儿、残疾儿童、单亲子女）以及外来务工人员子女从小学到大学的救助体系，那些因家庭生活困难而面临失学或将失学的少年儿童得到资助，得以重返校园。

1991—2012年全县“希望工程”捐助建校简表

表12-4-1

学校名称	捐助单位	捐助金额（万元）	建筑面积（平方米）	竣工时间
泗溪旭辉希望小学	香港旭辉文化学社	24.0	550	1993.5
松垟萧山希望小学	萧山市政府	30.0	597	1994.1
联云新畲希望小学	温州市工行	12.0	200	1994.1
下洪旺坑希望小学	团市委	1.2	200	1994.2
东溪矴步希望小学	县希望办	4.3	383	1995.1
仕阳早阳希望小学	春英集团	40.0	860	1995.3
下洪希望小学	温州市政府	30.0	925	1995.3
荣旺希望小学	鹿城金属材料公司	20.0	393	1995.3
筱村温开希望小学	温州经济技术开发区鹿城工商局	24.0	910	1995.2
台边乐清希望小学	乐清市政府	20.0	370	1995.7
洲岭上舟垟希望小学	乐清市政府	5.0	250	1995.2

续表12-4-1

学校名称	捐助单位	捐助金额（万元）	建筑面积（平方米）	竣工时间
九峰鹿城希望小学	温州鹿城区经济技术开发区	23.0	250	1995.10
彭溪车头希望小学	泰顺县烟草专卖局	13.5	380	1995.12
南院希望小学	温州东海石化实业联合公司	15.0	400	1995.8
翁山希望教学楼	省农发行	19.0	400	1996.3
横坑国土希望小学	温州市土管局	20.0	500	1996.5
泰顺县建行希望小学	鹿城建行	22.8	300	1996.8
龟湖郑家庄希望小学	乐清市政府	5.0	300	1996.8
泰顺县实小希望教学楼	温州公管处	20.0	820	1996.10
下洪贝谷希望小学	温州侨办	7.0	360	1996.2
雅阳“五一”教学楼	宁波卷烟厂	40.0	720	1996.5
大安后垟希望小学	温州市交通银行	10.0	490	1996.6
洲岭文华希望小学	温州市米莉莎信联房地产有限公司	32.0	500	1996.8
三魁镇夏炉希望小学	浙江房地产开发公司	15.0	400	1996.6
黄桥交通希望小学	浙江省交通工程建设集团	26.0	660	1997.7
东岭希望小学	乐清市政府	20.0	320	1997.1
万排福和希望小学	香港陈廷骅基金会	20.0	751	1997.1
三魁战洲希望小学	温州鹿城区政府	10.0	490	1997
雪临希望小学	香港云大棉	21.0	680	1997.8
仕阳严山希望小学	萧山市工业局	20.0	480	1997.10
彭溪五里牌希望小学	温州康乐集团	10.0	350	1997.10
彭溪希望小学	温州市个协	20.0	751	1998.12
松垟秀涧希望小学	温州鹿城区政府	20.0	800	1998.11
南院察溪希望小学	省审计厅	10.0	285	1998.1
柳峰希望教学楼	武警水电安装总公司三峡工程公司	10.0	300	1999
柳峰乡圣雄希望小学	圣雄集团	20.0	4650	1999.5
罗阳横岗希望小学	乐清市政府	20.0	270	2000.8
三魁刘宅希望小学	温州市金鹿客运有限公司	6.0	250	2000.8
仕阳章坑希望小学	温州鹿城区政府	20.0	4003	2000.1
泗溪鹿城希望小学	温州鹿城区政府	20.0	1130	2000.8
东溪圣雄希望小学	圣雄集团	20.0	1100	2001.2
峰文水利希望小学	浙江厅水利厅	22.0	659	2001
横坑乡希望小学	龙湾经济技术开发区	18.0	550	2001.7
下洪圣雄希望小学	圣雄集团	20.0	1040	2003
仕阳镇圣雄希望小学	圣雄集团	20.0	3110	2003.1
西旸镇圣雄希望小学	圣雄集团	20.0	2900	2003.1
龟湖镇深发展希望小学	深圳发展银行温州分行	25.0	806	2004.3
联云乡科泰希望小学	杭州科泰通信设备有限公司	25.0	1900	2004.3
筱村镇圣雄希望小学	圣雄集团	20.0	—	2007.7
大安乡温州太古可口可乐希望小学	杭州中萃食品有限公司	50.0	1260	2009.9
九峰乡平安希望小学	中国平安保险股份有限公司	30.0	293.96	2012
雅镇镇宁波港希望小学	宁波港集团	35.0	390.5	2011.6

1991—2012年全县"希望工程"资助贫困生统计表

表12-4-2

年份	受助学生数			
	合计	初中小学	高中	大学
1991	110	100	10	—
1992	500	500	—	—
1993—2001	6227	6117	59	51
2002	227	200	15	12
2003	476	420	23	33
2004	584	535	27	22
2005	671	630	16	25
2006	692	609	10	73
2007	822	741	8	73
2008	893	783	—	110
2009	1114	998	—	116
2010	1266	1140	—	126
2011	1500	1316	—	184
2012	1229	1091	—	138
总计	16311	15180	—	963

第五节　勤工俭学

泰顺民风淳朴，素有勤工俭学传统，农家子弟一面读书，一面参加劳动，农闲读书，农忙参加劳动。民国时期，提倡实利教育，大部分小学设手工课，课外进行园艺等劳动。民国14年（1925），仕阳淑德女子小学就开设缝纫、针织、绣花等科目。抗日战争时期，县立简易师范学校，让学生种菜、运粮、刻印讲义、装订薄册等劳动，收入用以补充学校经费、津贴教师、奖励学生。

20世纪50年代初，学校实施教育与生产劳动相结合，组织学生参加力所能及的工农业生产劳动，养成劳动习惯，学以致用。许多学校创办小农场、苗圃、饲养场等，对学生进行劳动生产技术教育，并以劳动收入补充教育经费。

1956年，全县中小学强调劳动教育，把生产劳动纳入教学计划，开展种植、养殖活动，除开展经常性校内活动外，还组织师生参加农村生产劳动。

1957年，泰二中师生同甘共苦，实地勘测，进行建校劳动，运砖、搬木料、洗沙等。政府拨给部分补助经费，学校依靠师生劳动兴建3间泥木结构教室和一间厕所。全校师生历时23年平整出6000余平方米的操场。

1958年，三魁半农半读中学师生上山烧砖瓦、挑砖瓦、背木料，690平方米的教学楼用材90%以上是师生人力运回。全县多数中小学还组织学生开展"小秋收"活动。勤工俭学的广泛开展，丰富学生的劳动知识，提高学生生产劳动的技能，增加学校的部分经济收入。

1959年和1960年，全县中小学把劳动课作为政治任务，师生经常由当地政府调派，白天参加生产队劳动，夜间组织学生上课。1959年，泰一中兴建新校舍，师生自己动手制瓦烧砖，新建一幢拥有24个教室的教学楼。包垟小学师生新开17亩（11333.39平方米）茶园（1957年当地群众已将16亩

（10666.72平方米）茶园划归学校管理），33亩（22000.11平方米）勤工俭学基地，仅茶叶一项年收入就达15000多元，学生免费上学，其余经费还用于添置教学设备，修理校舍，改善师生福利。

1970年，温州地区革命委员会政工组下发《关于加强学校办工厂办“三场”领导的通知》。泰顺县根据上级指示精神，要求各校实行“开门办学”。之后，学校掀起办工厂、办“三场”热潮。筱村区葛垟五浦小学师生开劈荒山，种植茶园7亩（4666.69平方米）多。1971年，彭溪区峰文小学继承当年“红军医院”的革命传统，开荒办药场，栽种2亩（1333.34平方米）多药材。

中共十一届三中全会后，学校贯彻“育人聚财”的方针，开展勤工俭学，将校办工厂、农场、林场作为实施教育与生产劳动相结合的重要途径。1979年全县中小学勤工俭学总收入13000多元。

1980年，泰一中采取公私合营办法，创办日用制品厂，校方投资1万元。

1981年，县文教局设立勤工俭学办公室，配备专职干部，加强勤工俭学的管理。全县开展勤工俭学的中小学计227所，占学校总数的29%，其中校办工厂3个，校办“三场”土地442.3亩（294868.14平方米），粮食收入2000元，工农业合计年收入1.93万元，占教育经费的1.03%。

1982年，县内中小学从山区的实际出发，对勤工俭学工作进行整顿，端正方向，加强管理，提高经济效益，勤工俭学得到巩固和发展。全县772所中小学校，已有262所学校开展勤工俭学活动，占总数的34%，其中新增加校办工厂2个，菌种培育场一个，小茶园、小林场261个，共有茶园337亩（224667.79平方米），水田12亩（8000.04平方米），山林、油桐果树134亩（89333.78平方米），总计土地483亩（322001.61平方米）。通过勤工俭学收入实行三免费（学杂费、书费、簿册费）的学校有8所，二免费（书费、簿册费）有9所，一免费（书费）有39所。全县勤工俭学年总产值为10.8万元，纯利润25258元，平均每个学生收入0.53元。

1983年，学校受追求升学率的影响，忽视了勤工俭学，也削弱了对学生的劳动教育，停办一批工厂，农林果场转让农民耕种或因无人管理而荒芜。

1984年，中共中央《关于经济体制改革的决定》发布后，县教委设立校办企业公司。校办工厂（场）逐步进行改革，不少校办企业实行承包制，独立经济核算，讲求经济效益，先后有泰一中橡胶厂的兴办，泰四中电器维修部的开业，也曾取得一定的成绩，但由于管理不力，经费源头不足，销售不畅等原因，多数校办工厂开办不久便关闭。

1986年，县教委加强对校办企业和勤工俭学的领导和管理，全县勤工俭学出现新的发展趋势，陆续办起小型工厂和“小三场”（小农场、小林场、小畜牧场）。

1988年，全县勤工俭学总收入3万元，居全省倒数第二位。1989年，县教委勤工俭学办公室投资17.52万元创办纸箱厂，其中县财政工业贴息贷款8.96万元。城关中学的县教育印刷文化用品厂、三魁区西旸乡中心校的陶瓷采釉厂、黄桥乡中心校的竹木加工厂、罗阳镇小学的县教具仪器厂和华兴腊纸厂、仕阳区职业中学的叶腊石雕刻厂等相继创办。全县开展勤工俭学学校计104所，占学校总数15%，工农业总产值41.4万元，纯收入为6.21万元。

1990年8月，县教委对各级各类学校开展勤工俭学活动下达通知，指出勤工俭学活动要把育人、创收和农村经济建设服务紧密结合在一起，从种养自给型逐步转向种养、加工、销售一条龙的商品化、科学化、集体化的效益型，并对全县中小学校勤工俭学活动的布局作了一些调整。全县开展勤工俭学活动的学校达337所，校办工厂11家，从业人员82人，工业利润9.4万元。校办“三场”241个，耕地、山林面积526亩（350668.42平方米），农业产值15.84万元。校办小百货、小饮食店3家，第三产业及其他产业总值26.84万元。全县总产值达105.07万元，完成市下达指标的132%，实现利润15.85万元，上交国家税收7.32万元，提取教育发展基金8.93万元。全年发放“春播秋收”资金10万元。县校办小型工厂，校办“小三场”逐年增多，后因周转资金短缺等原因，有的校办工厂处于窘境，有的因经营管理不善渐而停闭。

1990年，县教委根据上级指示精神，决定农村中小学，特别是乡村学校都要积极发展校园经济，有条件的学校可以开展“十小”活动（“十小”即小种植、小养殖、小采集、小拣拾、小作坊、小菜园、小药圃、小林园、小果园、小鱼塘），使校园经济区成为对学生进行劳动和技术教育的场地，促进教育更好地为经济建设服务。

1991年，县教委继续以“十小”为主，在全县中小学开展勤工俭学活动。全县45%的中小学创建学校基地，部分学校“一校一园”。全县校办企业15家，年产值计300万元，创利润20万元。是年3月，市教委制定《关于1991年勤工俭学工作要点》，县教委与市教委签订《温州市勤工俭学各项指标1991年目标责任书》。3月7日，县教委向县财政局要求借调1991年度教育经费作为勤工俭学周转金。5月20日，县教委批复仙稔乡中心校兴办泰顺县校办车木工艺厂。6月10日批复岳巢乡中心校、南山乡中心校等联合兴办泰顺县校办竹炭厂。7月10日，县计划经济委员会（简称“县计经委”）批复县校办叶腊石磨粉厂和“泰顺县校办仕阳建筑材料厂立项。7月26日，泰顺县校办教具仪器厂呈文县计经委请求批准复办。9月5日，县教委向县计经委提交《关于创办泰顺县校办雕刻工艺厂的报告》。9月23日，县教委向省教委、省财政厅要求借款40万元，作为泰顺县校办雕刻工艺厂的周转金。11月13日，县教委决定由城关中学重新组建、经营“泰顺县教育印刷文具厂”。12月10日，县教委决定创办泰顺县教育养殖场。

1992年6月，县教委鉴于部分校办企业在经营管理中违反《全国中小学勤工俭学暂行工作条例》和《全国中小学财务管理条例》的有关规定，撤销泰顺县校办竹筷厂和泰顺县西旸校办熔块加工厂。

1992年6月29日，县教委向县委、县人民政府提交的《关于勤工俭学办公室实行职能转变的请示报告》提出，县教委所属的勤工俭学办公室（简称“勤工办”），原是全县中小学勤工俭学的行政管理机构，属教育事业编制。勤工办下属的教育服务部是全县教育系统的服务性机构，属集体企业。县教委将教育服务部与勤工俭学办公室实行合并，改建为县校办企业公司，并从教育行政机构中分离出来，从机关分离出来的人员与教委机关脱钩，办成全县教育系统的经济实体，实行职能转变。并提出鼓励超编学校的非骨干教师从事勤工俭学活动。

1993年，全县开展勤工俭学的中小学达358所，开办工业企业10家，总产值614万元；学校开展农业勤工俭学355个，所用耕地面积366001.83平方米，农业产值 10万元，第三产业营业额26万元。全年勤工俭学总收益63万元，其中补充教育经费1万元，上缴税金41万元。

1993年，县教委和市教委签订《温州市勤工俭学各项指标1993年目标责任书》，泰顺县责任指标为：确保完成勤工俭学开展面达到全县学校数的68%；确保完成工农业总产值500万元；确保完成勤工俭学总收益60万元，力争70万元。3月4日，县教委批复同意将司前区校办家具厂更名为泰顺县校办竹木制品工艺厂。3月18日，批复同意县实验小学兴办县实验小学竹木综合厂，批复同意县教育工会兴办县教育服装厂，批复同意彭溪中学兴办泰顺县彭溪中学工艺石雕厂。4月16日，县教委向县计经委报告要求开办泰顺县校办工业辅料厂。5月10日，县计经委批复同意由泰三中创办管理泰顺县校办工业辅料厂。1993年8月28日，县城乡建设环境保护局下发通知，要求立即停建泰三中在三魁饮用水源保护区内建造的腊石磨粉厂。11月20日，县教委批复同意泰顺县校办五金电讯工具厂由雅阳中学搬迁到罗阳城关。

1993年，泰一中办的泰顺县橡胶厂发生火灾事故，对泰顺的勤工俭学工作以沉重的打击。火灾将档案、文件、资料、会计账证毁于一炬，固定资产、房屋、机器、原料、半成品烧毁，估计直接经济损失80万元，余留残值20万元。

1994年12月28日，省教委《关于加强校办企业消防安全工作的通知》指出，各级教育部门，勤工俭学校办产业管理部门的领导，要重视并加强对校办企业消防安全工作的领导，立即认真组织所属校办企业（包括第三产业企业）安全防火大检查。

1995年10月，县教委向县委、县人民政府呈递的《关于对原办理勤工俭学手续的部分教师进行妥善处理的请示》规定，教育部门要严格执行中共泰顺县委《批转〈关于加强教师队伍管理的若干规定〉的通知》，对原办理勤工俭学的部分教师，勤工俭学合同期满后仍未归校者，作自动离职处理；一时无法返校的现实，进行正常的勤工俭学归口，向本委勤工俭学办公室交缴统筹金后，将其创办或与人联办的企业纳入校办企业轨道，统筹金标准为每人每学年4000元或5000元，同时停发其当年工资，由学校用于代课金支出，并对申报有投资办企业人员的情况进行核查。

1995年，下桥小学南山茶场被评为温州市“十佳”校办“三场”。

1996年，全县开展勤工俭学的中小学有329所，全年有5万人左右参加勤工俭学活动，其中工业企业9家，总产值 648万元；所用耕地面积350001.75平方米，农业产值31万元；第三产业营业额8万元。全年勤工俭学总收益63万元，其中补充教育经费13万元，上缴税金44万元。

1997年，全县勤工俭学总产值353万元，总收益67万元。

2001年，全县各中小学校因地制宜，加快劳动教育基地建设，进一步加强对现有劳动教育基地的管理，发挥基地在素质教育中应有作用。

2004年5月9日，市教育局《关于校办企业改制的意见》指出，校办企业要成为自主经营、自负盈亏、自我约束、自我发展的独立法人实体和市场竞争主体。对资产规模小、产品缺乏竞争力，经济效益不好，或已处于停业、半停业状态的企业，原则实行关闭歇业；对资产规模较小但产品有一定市场、经济效益相对较好的企业，原则实行租赁经营或拍卖；对资产规模较大，且发展前景比较好的企业，原则实行股份制或股份合作制。县教育局按照市教育局文件精神，对全县中小学校校办企业进行处理。

2004年，县教育局采取关、停、并、转等措施，处理校办企业。此后县内大部分校办企业通过资产优化重组，转化为私人企业。勤工俭学人员基本上转为下海经商、自主创业。

至2012年底，经县教育主管部门审批“勤工俭学”的中小学教师共计113人。

第十三章 教育行政与党群社团

第一节 教育行政

一、行政机构

明景泰四年（1453），建立泰顺县学，设教谕、训导署，置教谕、训导各1人。教谕掌管教育所属生员，一般不直接管理学校教务，训导佐理教谕管理学校教育事务。清宣统二年（1910），撤销教谕、训导署，设立县劝学所。县劝学所有所长1人、学董2人，在县知事监督下，负责综合全县教育事务。各区设劝学员1人。劝学员由县总董选择该区士绅品行端正并能热心学务者，禀请地方官札派，负责该区内教育调查、筹款、兴学事宜。其具体任务则是统合办法、讲习教育、推广学校、实行宣讲、详绘图表等。因劝学所职权与地方自治事务所职权相冲突，改劝学所为县教育行政辅助机关，辅佐知县办理教育行政事宜。

民国元年（1912），废劝学所，设教育科，首任科长为潘鸿康。教育科为县公署所属机关，一切教育行政事宜均秉承县知事办理，科长、科员对县知事负责，佐理知事处理教育公牍，不独立对外，对全县教育计划、教学研究工作少有涉及。同时，于各乡（镇）设学务委员，负责规划、查核及报告诸事，由科长或科员兼任。县设视学，由县知事保荐，报省教育厅委任，直属县公署。5月，教育司通令各县设置视察员。

民国2年（1913）5月，教育科改称第三科。同时设教育委员会，筹议全县教育行政事宜，吴谔任教育委员会主任。民国3年，第三科改称教育科。

民国4年（1915）12月，北洋政府颁布《劝学所章程》，泰顺县遵照章程复设劝学所。劝学所辅佐县知事办理教育行政事宜，并综合各区教育事务。劝学所在办理教育行政事宜及处理一切事项，如需讨论或征集意见时，应召集县教育会议，重要事项须经教育会议决议。设劝学所期间，县公署仍设教育科或在民政科内设主任教育职员。教育行政事务主要由劝学所处理，县公署教育科起监督作用。

民国10年（1921），撤销县视学。县署教育科再次改称第三科，但只起承转作用，教育行政中心转到劝学所。是年秋，劝学所所长推荐委任区学务委员2人，编制在劝学所，但不支薪，只给每人每月车马费（夫马费）5元，其职责为辅佐区学董办理该学区教育事宜。

民国12年（1923），县劝学所改为县教育局，县教育局由局长、视学、事务员组成，首任局长翁柽。县教育局长商承县知事主持全县教育行政事宜，并督促指导县内教育事务。

在劝学所期间，由县教育会议演变而来的董事会是教育局的审议机关。董事会除县知事指派视学1人担任外，其余均由县参议员选任。

民国16年（1927）8月，县教育局改为县政府教育局，设局长1人，县视学改为教育局职员之一。另设县教育委员会作为筹议并辅佐全县教育行政之机关，以取代董事会，其职权为筹议全县教育行政事宜。教育局以下划分学区，每区设教育委员1人，办理该学区教育事务。同时，为保障教育经费之独立，设立县教育款产委员会以掌管一切教育公款公产。

民国19年（1929）8月，国民政府推行新县制，县教育局改为县政府下设机构，恢复为县公署组织的一部分。以佐理县长处理教育行政事宜，不独立对外。改县视学为督学。县教育局掌管学校、民众教育馆、图书馆、博物馆、公共体育场、公园等教育及文化体育事宜。全县划分3个学区，各区设教育员1人。县教育局受县政府之监督，指导掌理全县教育事宜。教育局设局长1人，承县长之命，综理全局事务。局长人选由县长于考试或训练合格人员中遴选，并由省教育厅转呈省政府委任。

民国21年9月，《浙江省县政府教育局规程》再次修订，县教育局确定为单独设置的地方教育行政机关。县教育局受县政府指挥、监督，掌理全县教育事宜和图书馆、公共体育场等其他文化体育事业，县教育局局长由省教育厅委任，虽受县长之指挥，监督，但对于全县教育之重大事宜的处理须呈省教育厅核办。

民国24年（1935）7月，省政府为统一县长职权起见，裁局设科，改各县教育局为县政府教育科，隶属县政府。泰顺县政府教育科设科长1人，科员2人，督学1人，指导员1人，事务员1人。县长负责全县教育行政，教育科为县国民政府组织的一部分，教育科所有人员均为县佐治人员。

民国时期泰顺县历任教育行政负责人名单

表13-1-1

机构名称	职务	姓名	任期
教育科	科长	潘鸿康（兼视学）	民国元年（1912）
第三科	科长	潘鸿康	民国2年
教育科	科长	高宗龙	民国3年
劝学所	所长	林复权	民国4年
劝学所	所长	潘鸿康	民国5年
教育科	科长	潘鸿康	民国6年
劝学所	所长	潘鸿康	民国7—11年
教育科	科长	潘鸿康	民国7—9年
第三科	科长	潘鸿康	民国10—11年
教育局	局长	翁圣木	民国12—16年
教育局	局长	陈茂扬	民国16—18年
教育局	局长	陈勉哉	民国19年
教育局	局长	高宗龙	民国20—24年
教育科	科长	王品芳	民国25年
教育科	科长	王鼎新	民国26—27年
教育科	科长	周新民	民国28年
教育科	科长	高宗龙	民国29—33年
教育科	科长	高钟岳	民国34—35年
教育科	科长	吴作霖	民国36年
教育科	科长	刘师恺	民国37—38年

1949年8月，县人民政府设教育科。10月，县委宣传部部长刘家驹兼任科长，科员1人，助理员2人。

1950年6月，县教育科改为县文教科。县文教科在县人民政府直接领导下管理全县文化、体育、教育行政。教育行政主要是管理小学教育和扫盲工作，中学由省、行署管理。

1952年，县文教科按丙等县编制4人，科长陈史英。全县划分罗阳、百丈、雅阳三学区，各区设文教助理干事1人。

1953年，各乡中心小学在区公所和乡政府领导下，管理本乡教育工作。

1954年10月，县文教科、县卫生科合并为县文教卫生科，张子瑾任科长。1955年2月，文教、卫生分设，县文教科长张奎贤。是年11月19—23日，县第一届人民代表大会第四次会议议决，县人民政府改为县人民委员会，县人民政府文教科改为县人民委员会文教科。1956年8月，改县人民委员会文教科为县文教局，下设秘书、教育、文化、工农业余教育等股。文教局为文教行政的专管机关，接受县人民委员会和县委宣传部领导。

1958年8月"大跃进"开始，强调党委一元化领导，各区文教助理干事撤销，改由区中心小学（1959年改称公社中心小学）在区委（或大公社党委）领导下代行区级文教行政职能。是年，县科协、县体委、县扫盲办公室、县文化馆均并入县文教局，叶日初任局长。1961年8月，设立县文教局党组（1964年12月撤销），局长兼任书记，实行党、政统一领导。

"文化大革命"期间，文教局一度由文教局内群众组织掌管，原有县文教局干部"靠边站"。实行军管后建立"临时生产领导小组"。1969年6月3日，县革命委员会成立（下称"县革委会"），实行"一元化领导"，集中党、政、财、文大权。县革委会下设办事组、政治工作组、生产指挥组和人民保卫组。政治工作组下设教育革命办公室(简称"县教办")，包才准任办公室主任。县教办在县革委会政治工作组领导下，分管全县宣传、文化、教育工作。1969年7月至1970年2月，各区相继设立革命领导小组。1970年3月，各区统一设立教育革命办公室（简称"区教办"），为县教办派出办事机构。1971年5月，县教育革命办公室改为县教育革命领导小组，王银顺任副组长，主持工作。

1977年9月，撤销县教办和各区教办，恢复县文教局，周福山任局长。各区、公社恢复中心校，任命校长；各区、公社设教育干部1人，在县文教局和同级党委领导下，负责全区、公社的教育行政工作。

1979年8月，周时疏任县文教局局长。

1984年2月，县文教局撤销。4月，改县文教局为县教育体育局，萧若驹任局长。县教育体育局下设人事秘书、教育、财务计划、业余教育、文化、体育等股和电大工作站，高师函授站归属业余教育股。

1986年4月19日，县教育体育局撤销。1986年6月，体育、文化分别设局，教育系统成立县教育委员会，副县长林致垠兼任主任。县教委下设人事秘书、计划财务、普通教育、成人教育等科室。

1990年6月，翁清选任县教委主任。县教委下设办公室、人事科、计划财务科、普通教育科、成人教育科、教学研究室、招生办公室、电教仪器站等科室，高中会考办公室与教学研究室合署办公。1990年6月，县教委编制39人。

1993年6月，林世如任县教委主任。1995年1月，何平接任县教委主任。

1997年，县教委成立教育科学研究室（简称"教科室"，与教学研究室合署办公），同时成立内部审计科（简称"内审科"，与计划财务科合署办公）。

1998年8月，全县设立罗阳、司前百丈、筱村、泗溪、雅阳彭溪、仕阳、三魁7个学区教育办公室

（简称“学区办”），为县教委派出办事机构。

2000年8月，郑韶裕任县教委主任。2002年2月，县教育委员会更名为县教育局。县教育局下设办公室、人事科、计划财务科（包括2008年设立的校建安全科与计划财务科合署办公）、普通教育科和教育督导科5个行政科室；设5个事业科室，即招生办公室（包括自学考试办公室）、教学研究室（包括教育科学研究室和高中会考办公室）、教学仪器管理供应站（电教仪器站）、勤工俭学办公室以及教育工会。

2003年6月，蔡亚里任县教育局局长。11月，教育督导科成为县人民政府督导室办事机构。

2007年3月，何学文任县教育局局长。7月，董宏光接任县教育局局长。

2010年3月，县教育局副局长林伟主持工作。

2011年7月，林伟任县教育局局长。7月，县教育局设立县人才交流市场管理办公室教育系统人事代理分部。

2012年6月，县教育局下设办公室、人事科、计划财务科、基础教育科（12月改普通教育科为基础教育科，含行政审批科）、安全保卫科、教育督导科6个行政科室和招生办公室（包括自考办）、教研室（教科室）、仪器站、会计核算中心、教育系统人才代理分部等6个事业科室和教育工会。12月，县教育局共有编制89人，其中行政编制14人，事业编制74人。

1949—2012年泰顺县教育行政领导人（正职）名录

表13-1-2

机构名称		职 务	姓 名	任职时间
泰顺县人民政府	教育科	科 长	刘家驹	1949.6—1950.6
	文教科	科 长	刘家驹	1950.7—1952.8
	文教科	副科长	吴克非	1950.7—1952.8
		科 长	陈史英	1952.9—1954.9
	文教卫生科	科 长	张子谨（女）	1954.10—1955.2
	文教科	科 长	张奎贤	1955.10—1956.8
泰顺县人民委员会	文教局	局 长	张奎贤	1956.8—1956.12
	文教局	局 长	吴德华	1957.5—1958.5
	文教局	局 长	叶日初	1958.8—1969.6
泰顺县革命委员会	教育革命办公室	主 任	包才准	1969.8—1971.3
	教育革命领导小组	副组长（主持）	王银顺	1971.5—1977.8
泰顺县人民政府	文教局	局 长	周福山	1977.9—1979.8
	文教局	局 长	周时疏	1979.8—1984.4
	教育体育局	局 长	萧若驹	1984.4—1986.4
	教育委员会	主 任	林致垠	1986.6—1990.4
	教育委员会	主 任	翁清选	1990.4—1993.6
	教育委员会	主 任	林世如	1993.6—1995.1
	教育委员会	主 任	何 平	1995.1—2000.8

续表13-1-2

机构名称		职　务	姓　名	任职时间
泰顺县人民政府	教育委员会	主　任	郑韶裕	2000.8—2001.12
	教育局	局　长	郑韶裕	2002.1—2003.1
	教育局	局　长	蔡亚里	2003.6—2007.3
	教育局	局　长	何学文	2007.3—2007.6
	教育局	局　长	董宏光	2007.7—2010.3
	教育局	副局长（主持）	林　伟	2010.3—2011.6
	教育局	局　长	林　伟	2011.7—2012.12（续）

1949—2012年泰顺县教育行政领导人（副职）名录

表13-1-3

机构名称		姓　名	籍　贯	职　务	任职时间
泰顺县人民政府	文教局	周福山	泰顺	副局长	1956.9—1956.12
	文教局	夏宝勤	泰顺	副局长	1956.9—1958.5
	文教局	张郁文	泰顺	副局长	1957.5—1958.5
	文教局	周福山	泰顺	副局长	1956.12—1958.5
	文教局	夏宝勤	泰顺	副局长	1956.12—1958.5
	文教局	张郁文	泰顺	副局长	1958.5—1958.8
	文教局	周福山	泰顺	副局长	1959.7—1960.1
	文教局	夏宝勤	泰顺	副局长	1956.12—1958.5
	文教局	陶吉行	泰顺	副局长	1960.1—1960.5
	文教局	李君清	乐清	副局长	1960.7—1962.5
	文教局	林在秩	泰顺	副局长	1960.7—1961.4
	文教局	张郁文	泰顺	副局长	1962.8—1963.2
	文教局	张郁文	泰顺	副局长	1963.2—1969.6
	文教局	周时疏	平阳	副局长	1977.9—1979.8
	文教局	徐振权	泰顺	副局长	1979.10—1981.9
	文教局	林世如	泰顺	副局长	1982.8—1984.4
	文教局	陈西孙	福州	副局长	1982.8—1984.4
	教育体育局	陈西孙	福州	副局长	1984.4—1984.11
	教育体育局	彭建成	泰顺	副局长	1984.4—1986.6
	教育体育局	吴兴吾	泰顺	副局长	1984.4—1986.6
	教育委员会	叶克致	福州	副主任	1986.6—1990.4
	教育委员会	夏继业	泰顺	副主任	1986.6—1993.6
	教育委员会	彭建成	泰顺	副主任	1986.6—1990.12
	教育委员会	张凤志	泰顺	副主任	1990.6—1994.11
	教育委员会	胡希任	文成	副主任	1990.6—1997.3
	教育局	夏邦忠	泰顺	副主任（副局长）	1997.4—2004.2
	教育局	包明清	泰顺	副主任	1997.11—2002.1
	教育局	蔡志扬	泰顺	副主任（副局长）	2000.3—2008.5
	教育局	吴振荣	泰顺	副主任（副局长）	2000.8—2003.6
	教育局	章云焕	泰顺	副主任	2000.3—2000.11
	教育局	翁宗朝	泰顺	副局长	2003.6—2007.2

续表13-1-3

机构名称		姓名	籍贯	职务	任职时间
泰顺县人民政府	教育局	邱可可	泰顺	副局长	2004.10—2012.3
	教育局	林伟	泰顺	副局长	2007.5—2011.7
	教育局	毛叶华	泰顺	副局长	2009.3—2012.12（续）
	教育局	邱虹玲（女）	泰顺	副局长	2011.12—2012.12（续）
	教育局	陶一砖	泰顺	副局长	2012.4—2012.12（续）

1984—2012年泰顺县教育局（文教局、教育体育局、教育委员会）科室负责人更迭表

表13-1-4

机构名称	职务	姓名	性别	任职年月
办公室	主任	林兆祥	男	1990.5—1997.5
	主任	王仁树	男	1997.5—1999.9
	主任	章林松	男	1999.10—2003.11
	主任	蔡曙华	男	2003.12—2008.8
	主任	陈可操	男	2008.9—2010.3
	副主任（主持）	林正章	男	2011.8—2012.8
	主任	林正章	男	2012.8—2012.12（续）
人事科（人事秘书股）	科长（股长）	陈岳槐	男	1984—1996.9
	科长	章云焕	男	1997.6—1999.6
	负责人	卓仲标	男	1999.6—2002.12
	科长	卓仲标	男	2002.12—2003.12
	科长	林伟	男	2003.12—2005.3
	科长	徐崇专	男	2005.3—2008.8
	科长	蔡曙华	男	2008.9—2012.12（续）
计划财务科（计划财务股、会计核算中心）	副科长（股长）	吴胜雄	男	1984—1996.12
	副科长	林家言	男	1991.1—1996.12
	科长	周卓章	男	1996.12—2006.8
	科长	朱廷乐	男	2006.8—2012.7
	科长	包序威	男	2012.8—2012.12（续）
普教科（教育股、基教科、行政审批科）	股长	张采松	男	1984—1984.5
	科长（股长）	胡希任	男	1984.6—1990.5
	科长	翁信德	男	1991.5—1997.12
	科长	胡昌迎	男	1997.8—1998.12
	科长	周长如	男	1997.12—1998.1
	科长	陈正平	男	1998.1—2001.7
	科长	毛叶华	男	2001.8—2003.11
	科长	吴乐彤	男	2003.12—2006.7
	科长	邱兆星	男	2006.8—2012.12（续）
	科长（行政审批）	陈志新	男	2012.8—2012.12（续）
职成教科（业余教育股）	副科长（股长）	李声勉	男	1984—1996.3
	副科长（主持）	卢亦挺	男	1996.3—1997.5
	科长	卢亦挺	男	1997.6—2003

续表13-1-4

机构名称	职　务	姓　名	性　别	任职年月
体育股	股　长	吴兴吾	男	1984—1984.3
招生办公室（招生领导小组办公室、自考办公室）	副主任（主持）	翁齐清	男	1986—1997.3
	副主任（主持）	朱清顺	男	1997.3—2003.12
	副主任（主持）	陈可操	男	2003.12—2008.8
	副主任（主持）	周万盟	男	2008.9—2012.12（续）
安全保卫科（校建安全科）	副科长（主持）	刘万利	男	2008.6—2009.4
	科　长	刘万利	男	2009.5—2011.8
	科　长	杨恭录	男	2011.8—2012.12（续）
教研室	主任（中学）	高启佑	男	1984.2—1996.1
	副主任（主持小学）	林　丛	男	1986—1996.8
	副主任（主持小学）	孟美香	女	1996.8—2003.8
	主任（中学）	陈正平	男	1997.5—1999.2
	主任（中学）	毛叶华	男	1999.3—2001.7
	主任（中学）	何宇罗	男	2001.8—2003.11
	主任（小学）	陈东旭	男	2003.12—2012.12（续）
	主任（中学）	翁永电	男	2003.12—2012.12（续）
督导室（科）	副主任（主持）	王日挺	男	1999.8—2003.11
	科　长	何宇罗	男	2003.11—2012.12（续）
监察室（内审室）、局纪委副书记	副主任（主持）	林智灵	男	1997.5—
	主任	周汝斌	男	1999.9—
	纪委副书记主任	蔡景祥	男	2001.12—2003.9
	纪委副书记主任	吴可植	男	2003.8—2007.3
	纪委副书记主任	江朝晖	男	2008.9—2012.12（续）
仪器站	站　长	毛延华	男	1984—1986
	站　长	周长如	男	1986—1996.12
	站　长	吴胜雄	男	1997.5—2003
	站　长	毛叶华	男	2003—2009
	站　长	林兆誉	男	2009—2011.8
	副站长（主持）	陈善峰	男	2011.8—2012.8
	站　长	陈善峰	男	2012.8—2012.12（续）
局机关工会	主席	洪志敬	男	2012.3—2012.12（续）
勤工俭学办公室（县校办企业公司）	副主任（主持）	叶信笃	男	1984—1994.8
	副主任（主持）	章林松	男	1994.9—1996.12
电大工作站	站　长	蔡福同	男	1984—2000.8
	站　长	张超飞	男	2001.8—2008.8

二、管理体制

清末，县学儒官由知县就本籍合格士绅保选，开具履历清单，申请省提学使司派充，并报部立案，任期一般以3年为限。公立小学堂的建立或停办须报县知事批准，私立小学堂则须报地方官核查。县劝学所成立后，由劝学所负管理监督之责。各书院设山长和董事。山长由知县聘任，总领院务及讲学。书院董事由生员数人联名荐举，知县批准。

民国时期，公立幼稚园由县教育局（科）或区公署管理，经费由县教育行政机关单独支给。私立幼稚园由主办者自行管理。小学校由各县教育局（科）管理。各区设立区教育委员，成立中心小学后，中心小学校长监管该学区小学。县教育行政长官由县长就考试成绩合格之行政人员中遴选具有下列资格之一者：（1）毕业于大学教育科、师范大学或高等师范学校；（2）毕业于师范学校，并曾任教职3年以上；（3）专科以上学校毕业并曾任教职2年以上，曾任中等学校或小学校长3年以上；（4）曾任教育行政职务五年以上，成绩显著者，呈请省教育厅委任并报教育部备案。

民国元年（1912），学堂改称学校，堂长改称校长。“五四”运动以后，小学校长开始改由县政府委任，学校管理机构由校长实行“组阁”。民国12年，由县知事任命校长，校内教职员工由校长自行聘请。

民国24年（1935），省教育厅规定，县教育科长任用后，不随县长进退，并不得由县长任用他职，非有重大过失，不得免职。督学、科员应就合格人员中遴选，呈请县政府核准，并报教育厅查核备案。巡回指导员、区教育委员由科长在就任教育职务3年以上、成绩优良者中遴选委任，并报县政府转呈教育厅查核备案。

民国28年（1939）9月，国民政府公布《县各级组织纲要》，规定乡设中心国民学校，保设国民学校，并实行乡（镇）长、中心校校长、壮丁队队长“三位一体”制，乡（镇）长兼任中心国民学校校长，保长兼任国民学校校长。

1949年5月，县内全境解放。县人民政府采取“维持现状、逐步改造”的方针接管学校。小学由县文教科管理，县中学由温州专署领导。下半年，县人民政府聘任全县各乡镇完全小学校务委员会委员（一般每校聘任委员3人），由校务委员会集体负责学校的行政领导。县立初级中学，县人民政府只聘任校务委员会主任或副主任一人，其他校务委员均由学校自定。全县完全小学教师由县人民政府教育科统一调配。

1950年开始，乡、镇中心小学校长均由县人民政府统一调派；村校教师仍由当地农会聘请，报区公所批准，由区文教助理负责管理。

1951年秋，泰顺初级中学实行校长负责制，县长林永中兼任校长，学校议事机构为校务委员会，委员由校长、教导主任、总务主任、教师代表、学生代表组成。

1953年9月，各区成立区中心小学。区、乡（镇）、村三级小学教师由区公所和区中心小学提出建议报县文教科统一调配。校长、教导主任、总务主任，小学由县任命调配，中学由专署（专区）教育行政部门任命调配。

1955年，提倡集体领导，全县中小学逐步形成由校长、教导主任、基层工会主席和教师代表组成学校领导核心。1956年，中学校长由县报专署审批后任免；中学副校长、教导主任、区、乡中心小学校长、教导主任由县人民委员会任免。中小学教师一律由县文教局调派。是年，全县各区文教助理撤销，区中心小学成立相应组织，负责对辖区内小学实行行政及业务管理。1959年开始，中小学正副校长、教导主任均由县人民委员会任免和调派。

整风“反右”以后，强调党对学校教育工作的绝对领导。1960年，中央颁发《中小学暂行工作条例》，规定全国中小学实行党支部领导下的校长负责制。

1960—1967年，由县委组织部或宣传部任命的中小学校长基本上是共产党员，其职务是学校党支部书记兼任校长。

1968年秋，遵照中央《关于派工人宣传队进驻学校的通知》和中共中央主席毛泽东提出的“在农村，则应由工人阶级最可靠的同盟者贫下中农管理学校”的意见。派工人宣传队、贫下中农宣传队进驻县、区管中学。

1969年，各级革命委员会成立，全县中学和区中心学校陆续建立革委会或革领小组，公社成立贫下中农管理学校委员会（简称“贫管会”），大队成立贫下中农管理学校小组（简称贫管组）负责管理学校。中学革委会下设政工组、教育革命组和后勤组。1970年，县属中学革委会成员由县革委会任免。公社中心校设立校外负责人和校内负责人，由县革委会政工组任免。校外负责人负责全公社小学的教育行政工作（相当校长），校内负责人负责所在校和全公社教学工作（相当于教导主任）。中小学教师在本公社内调动由公社革命委员会安排，公社外调动由县教育革命办公室调派。

1976年，全县贫管会和贫管组撤销。

1978年，县属中学党支部正副书记、正副校长由县委任免；区属中学、重点小学党支部书记、正副校长由中共泰顺县委组织部任免；中学教导主任、公社中心小学校长、教导主任由县文教局任免。中小学教师由县文教局统一调派。

1978—1981年，全县通过甄别、平反冤假错案，落实党的知识分子政策和干部政策。恢复建立学校党支部和学校行政组织，全县中小学实行党支部领导下的校长负责制。任命教导主任、总务主任。县属中学领导由县委任命，农村乡镇中学和中心小学领导由乡、镇人民政府管理。

1983年，中学党支部正副书记、正副校长由县委宣传部任免。是年，提倡党政分工，实行岗位责任制。全县中小学逐步试行党支部领导下的校长责任制。党支部书记以抓学校政治思想工作为主，学校教育行政实行校长负责制，对全体教职工实行岗位责任制。是年8月16日，撤销各区文教组，设立区辅导中心小学以替代文教组。

从1984年起，县中小学先后建立教师代表大会（简称“教代会”），参与学校的管理、监督工作。

1985年，遵照省人民政府颁发《我省教育事业领导管理体制的暂行规定》，县属全日制小学由县文教局管理，农村小学由乡（镇）政府管理。

1987年7月3日，撤销全县各区辅导中心小学，建立区教育委员会办公室（简称“区教办”）。县人民政府为了进一步搞好教育体制改革，理顺教育管理关系，实施落实“分级办学、分级管理、分工负责”的办学原则，决定县属中学校长由县人民政府任免，副校长、正副教导主任、正副总务主任、区属中学正副校长、正副教导主任、正副政教主任、正副总务主任、乡中心小学正副校长由县教委任免，正副教导主任、完全小学校长、教导主任由区教办任免，报县教委备案。区教办负责管理全区公、民办教师。区属各乡（镇）范围内的教师调动，由乡（镇）拟具方案，经区教办审批并发调令，区范围内乡与乡之间教师的调动，或区与区之间的教师调动，由各区教办拟具方案，报县教委审批，由县教委调派。

1992年8月，根据县编委会文件精神，撤销各区教办。各乡、镇建立教育管理委员会，对该乡镇的教育工作进行宏观控制、平衡协调和管理指导。县教委根据县委、县人民政府的指示，及时落实对教育事业管理的各项措施，将部分中小学名称作出更改。是年，原泰一中、泰二中、泰三中、泰四中、泰五中、泰六中、城关中学、雅阳中学、彭溪中学等九所中学和岭北乡、碑排乡、黄桥乡、竹里乡、洪口乡、莒江乡、峰门乡、联云乡、柳峰乡、松垟乡、万排乡、雪溪乡、月湖乡、峰文乡、罗阳镇、泗溪镇、雅阳镇、仕阳镇、三魁镇、凤垟乡、横坑乡等21所乡镇中心小学以及全县村级小学的名称不作变动，其余乡镇中心小学名称作统一更改。原由县教委与各区公所双重管理的各中学，仍按原学区承担初、高中的招生任务，实行条块结合的管理体制。初中小学以乡镇管理为主，完全中学以县教委管理为主。泰一中、县实验小学、县教师进修学校、县职业技术学校由县教委管理。被撤并的乡中心学校、中心小学、完小、村小隶属新乡镇中心学校或中心小学管辖，并负责原学区学校的业务辅导工作。

1993年，全县中小学继续实行“分级办学、分级管理”体制，乡镇中小学校长以上干部由县教委任免（征求乡镇意见），其他权力下放给乡、镇人民政府和学校，扩大学校办学的自主权。

1995年秋，县教委在调查研究的基础上，经县委、县人民政府批准，首先在泰顺一中、县实验小学进行“校长负责制、教师聘任制、结构工资制、岗位责任制”的“四制”改革试点工作。

1996年，县成立校建工作领导小组，各乡镇也相应成立工作班子，推行《泰顺县筹措教育经费暂行办法》和《全县中小学校舍工程建设的若干规定》，发动群众集资办学，投工、献料、献地，掀起办教育热潮。

1998年8月，经县委批准后，县教委在原区片的基础上，设置罗阳、司前百丈、筱村、泗溪、雅阳彭溪、仕阳、三魁7个学区教育办公室（简称“学区办”），作为县教委派出机构，负责本学区教育行政管理和教学业务指导工作。

1998年11月，全县各级幼儿教育事业一律划为县教委管理。县机关幼儿园为县教委的直属单位。

2003年12月，成立教育系统会计核算中心，负责全县学校的财务管理工作。

2011年，县内进行行政区划调整，全县保留九镇一乡。县教育局为适应新行政区划对教育管理体制上的需要，对全县部分中小学名称更改作了统一规定。

2012年2月，成立县教育局创建省级业务教育均衡发展县工作领导小组。3月，成立泰顺中小学数字化校园建设技术指导小组。

三、视学与督导

机构与职责

民国初期，省教育厅设视导员，泰顺县设视学，直属县公署，与劝学所地位同级。民国7年（1918），教育部颁布《省、县视学规程》，将视学改为督学，并规定员额、资格和职责，林复权为县首任督学。同年，原各区教育委员会主任改称为教育辅导员或国民教育指导员。

民国18年（1929）6月，省教育厅修正《督学服务细则》，督学的主要职责为视察指导全县境内县立、区立和私立各小学之学校教育、社会教育以及区教育辅导员（或指导员）所办理之一切事项，并督促地方谋教育事业之发展。

民国34年（1945），省国民政府规定全县人口10万以上的县份，县国民政府应设置督学2—3人，每区设国民教育指导员1名，泰顺县督学2名，国民教育指导员3名。县督学、区指导员必须有二分之一时间下乡进行视导。省视学、督学除对各县教育事务进行视察外，还对专员、县长实施教育的状况进行考核。其考核内容为教育行政、教育视导、教育经费、社会教育等项。

1953年，市文教局成立初等教育视导团。1955年，县文教局建立视导组，配备视导员若干名。视导员除分工深入学校外，每学期还需组织2—3次集体视导，着重对社会主义思想教育和劳动教育方面进行专题视导。全面掌握情况，及时总结经验，加以推行。

“文化大革命”期间，视导组撤销。

1983年7月，全国普教工作会议召开，教育部提出要建立普通教育督导制度。1986年，六届全国人大第四次会议明确提出“要加强教育事业的管理，逐步建立系统的教育评价和督导制度”。1987年3月，国家教委要求全国各地积极稳妥地建立督导机构。1989年，县人民政府教育督导室成立（以下简称“县教育督导室”），办公地点在县教委。

1992年，全县行政区划调整，为适应“撤区扩镇并乡”后教育督导工作的需要，各区教育委员会办公室（区教办）撤销，任命原区教办主任为教育督导员。

1996年，县教委实行中层干部“轮岗”，一批年龄较大的中层干部充实到县教委教育督导科。

2003年冬，县教育局进行内设机构改革，教育局设立教育督导科，属行政科室，履行县教育督导室职责，“一套人马，两块牌子”。

2007年，县人民政府任命县教育局党委委员毛叶华为县人民政府教育督导室副主任。2009年8月，毛叶华离任，由教育局党委委员陶一砖接任。2012年4月，陶一砖离任，由教育局局党委委员徐崇专接任。

督导与评估

1990年，县教育督导室根据国家教委指示，对全县中小学教育工作开展五项督导、检查。（1）检查教育经费增长情况和教师经济待遇的落实情况；（2）检查校舍中危房的改造情况；（3）检查中小学生流失的制止情况；（4）检查乱收费现象的纠正情况；（5）检查贯彻《中共中央关于改革和加强中小学德育工作的通知》的初步情况。

1997年，根据《浙江省试行九年义务教育条例》及省政府的要求，县教育督导室积极配合省人民政府督导评估组工作，泰顺县顺利通过浙江省“基本普及九年义务教育”（以下简称“普九”）达标评估验收。

1998年，遵照省教委关于建立“两基”年审制度的通知精神，县教育督导室在县人民政府的统一领导下，与县教育局一道，指导各乡镇的自查工作，积极进行督促和指导。是年，泰顺县通过省级“两基”年审。

是年，贯彻国家教委提出的在1998年全面推行对普通中小学校进行督导评估的制度，县教育督导室按照省教委《浙江省普通高（完）中办学水平督导评估方案（试行稿）》的标准，配合省人民政府督导室、省教委督导评估组对泰一中进行督导评估。评估组依据办学指导思想、办学条件、学校行政管理、师资水平、教育质量、教育科研示范作用等共45项指标逐项进行评估，泰一中顺利通过，并被命名为省三级重点中学，开启了泰顺县学校办学水平上等级的先例。

2001年，市人民政府教育督导室对泰顺县进行两次专项督导。一是宣传、贯彻、落实《国务院关于基础教育改革和发展的决定》情况，重点是“一保、二控、三监管”（“一保”是保证做到教师工资按时发放，“二控”是控制中小学生辍学、流生和教师外流，“三监管”是监管中小学安全工作、校舍危房检查、严防学校乱收费）。县教育督导室就督政、督学做了两方面工作：一是根据市政府教育督导室的布置，对全县各乡镇教育经费收支情况进行专项督查；二是制定《泰顺县中小学办学水平督导评估方案》，并于11月对全县所有的中小学校进行督导评估。

2002年，省教育厅、省人民政府教育督导室派评估组到县内实地进行“两基”年审，顺利通过。同年，泰二中、泰三中顺利通过省普通高（完）中办学水平督导评估，分别被命名为浙江省B级、A级普通完中。育才高级中学顺利通过省级督导评估，成为省一级民办学校。

2003年，市人民政府教育督导室派出专家评估组，到泰顺县机关幼儿园进行督导评估，就办园条件、工作人员、园务管理、卫生保健、教育工作等共30项指标逐项核定，充分肯定了该园数年的创建工作与成效，被命名为市示范幼儿园，标志着机关幼儿园步入市级优质教育资源行列。县新城小学经市人民政府督导室派出的专家评估组从办学条件、学校管理、办学成果等共26项指标督导评估，被命名为市示范小学。

2004年，泰顺县再次分别接受省、市评估组对“两基”实地年审和党政主要领导年度工作目标实地考核。泰一中经省级专家评估组的多次督导评估，晋级为浙江省二级重点中学。育才幼儿园（民办）、育才高级中学顺利通过市专家评估组的督导评估，被命名为市示范幼儿园、市重点中学。

2005年，罗阳镇中心小学经市督导评估，被命名为市示范小学。

市人民政府教育督导室派出的专家评估组对新城学校（九年一贯制），从学校管理、教师队伍、办学条件、教育改革、教育科研和教育质量、示范作用的发挥等34项B级指标督导评估后，报省政府教育督导室、省教育厅审核，被命名为浙江省示范学校。

是年，县教育督导室、县教育局出台《泰顺县示范中小学评估操作办法（试行）》。

2006年，育才幼儿园、育才初级中学经省市专家评估组督导评估，分别被命名为省示范幼儿园、市示范初中。育才幼儿园、新城学校、育才高级中学经市评估组评估后，跻身市“魅力民校”行列。

2007年，育才初级中学再次接受督导评估，被命名为浙江省示范初中。育才小学被命名为市示范学校。

是年，县教育局颁发《泰顺县等级幼儿园评估标准》，县教育督导室评估组对泰顺县中心幼儿园、新城幼儿园、文化馆蓓蕾幼儿园、图书馆童舟幼儿园、司前镇中心幼儿园、雅阳镇中心幼儿园等7所幼儿园进行县一级、省三级幼儿园督导评估，并分别予以命名。冬，省、市、县级示范幼儿园的督导评估改为等级幼儿园的督导评估。

2008年，根据新出台的评估标准，育才幼儿园、机关幼儿园成功转评为省一级、二级幼儿园。是年，县委、县人民政府印发《关于坚持教育优先发展，争创教育强县的决定》，启动省级“教育强县”创建工作。县教育局编制《温州市教育强镇评估操作标准解读与台账整理指南》，在分指标解读、台账参考目录、台账建设补充说明三个方面予以指导。冬，市人民政府教育督导室、市教育局的专家评估组根据20项指标逐项评估，7个乡镇顺利通过，并被市委、市人民政府命名为教育强镇（乡）。10月，县教育局、县教育督导室印发《关于在全县建立督学责任区制度的通知》，以7个学区加上直属学校共设立8个督学责任区，聘任责任区督学。并制定责任区督学的聘任条件和职责。11月，县教育督导室和县教育局督导科对全县58所中小学体育工作进行共34项指标的督导。督导结果：全县中小学体育专职教师仅有118人，占应配数158.5人的74.4%。学校配备卫生保健教师（校医）有9所，占应配数的15.5%。全县有56.9%的中小学操场面积达到规定标准。

2009年，县教育督导室、县教育局首次承办全市教育督导工作例会。完成省督导室布置的县义务教育均衡发展督导评估数据采集工作。经省评估，县职教中心升级为种植示范专业和生态农业实训基地。泰顺中学、育才小学顺利通过市现代化学校督导评估。是年，泰七中等4所中小学通过县级示范中小学督导评估。14个乡镇被市委、市人民政府命名为教育强镇（乡）。

2010年3月，4个乡被市委、市人民政府命名为教育强镇（乡）。4月，省教育厅省教育强县评估验收组对泰顺县创建省级教育强县工作进行评估验收。评估验收组对泰顺县创建省教育强县工作给予高度评价和充分肯定，认定创建省教育强县的25条指标中有23条达标，2条基本达标，达到浙江省教育强县的评定标准，顺利通过省教育强县评估验收。评估验收组也同时指出，职业教育、学前教育是县教育事业发展的“两条短腿”，校网布局和学校后勤服务仍需加强。9月，泰顺县被省委、省人民政府命名为“浙江省教育强县”，标志着泰顺县教育进入“快车道”发展。是年，罗阳、三魁、西旸三镇中心小学通过首期市义务教育学校素质教育示范学校督导评估。职教中心的“民俗文化艺术”实训基地经市级专家组实地考察、专题评审、公示后被命名为市级实训基地。

2011年，泰二中经市级督导评估，晋级为浙江省A级完全中学。县职业教育中心经专家评估组评审为首批省山海协作职业技能实训基地（全省有10个单位，温州市仅此一家）。是年，县督导科撰写的《实施学校发展性评价 促进学校可持续发展》一文入选市学校发展性评价经验交流会材料汇编。

2012年，根据教育部关于《学前教育督导评估暂行办法》的规定，县中心幼儿园经市评估组督导评估，被命名为省二级幼儿园。是年，县职教中心通过省二级中等职业学校的验收，被评为省中等职业教育改革发展示范校，跻身于优质职业教育资源行列。同年，罗阳二中、县实验小学、西旸中心小学顺利转评为“温州市一级办学水平学校”。

2004年温州市县（市、区）教育工作考核督导公报（泰顺县）

表13-1-5

1.教育经费投入（A）

预算内教育经费拨款（万元）	增长率（%）	预算外教育经费拨款（万元）	增长率（%）	教育费附加拨款（万元）	上级教育经费拨款（万元）	财政经常性收入（万元）	增长率（%）	转移支付用于教育（万元）
8071	24.82	0	0	95	1205	5742.7	16.98	941

2.教育经费投入（B）

教师年人均工资（元）	初中生均公用经费（元）	小学生均公用经费（元）	危房改造经费（万元）	房舍建设经费（万元）	省标准化校完成比例（%）	教育费附加完成数（万元）	教育费附加增收比例（%）
21398	483	457	800.6	1500		105.3	100

3．教育发展程度

初中入学率（%）	初中年巩固率（%）	小学入学率（%）	小学年巩固率（%）	“三残”儿童入学率（%）	外来务工人员子女入学率（%）	初升高比例（%）	普高比例（%）	学前三年入园率（%）	已建中心幼儿园乡镇比例（%）
98.2	98.89	97.7	100	83.8	97	70.66	69.9：30.1	70.1	13.89

2012年温州市县（市、区）教育发展水平重要指标督导公报（泰顺县）

表13-1-6

1.中小学基本情况

幼儿园		小学		初中		普高		中职学校		特殊教育	
园数	在园幼儿数	学校数	在校生数	学校数	在校生数	学校数	在校生数	学校数	在校生数	学校数	在校生数
68	12039	39	19180	10	9497	5	6182	1	2005	1	48

续表13-1-6

2.中小学普及水平

学前三年入园率（%）	平均班学额		初中毕业生升高中比例（%）	中职学校校均人数	普高学校与中职学校招生比（%）
	小学	初中			
92．10	33	39	95．02	2005	2．42

3.中小学办学条件

生均占地面积（平方米/生）					生均建筑面积（平方米/生）					计算机生机比（人/台）	生均图书册数（册）	班级多媒体配备率（%）	标准化图书馆达标率（%）	标准化实验室达标率（%）
小学	初中	普高	中职	平均	小学	初中	普高	中职	平均					
25	39	48	32	33	9	13	20	11	12	5	34	97.86	20.37	22.22

4.中小学师资队伍

幼儿园教师资格证书持有率（%）	高一层次学历			中职学校专业课教师的比例（%）	中职学校专业课双师型教师的比例（%）	市级以上骨干教师占专任教师的比例（%）	专任教师中学高级教师的比例（%）
	小学（%）	初中（%）	普高（%）				
28.00	87.63	89.25	2.98	69.05	70.69	5.00	10.52

5.教育投入

年生均教育经费投入（元）	财政教育支出占公共财政支出的比例（%）					财政教育支出增幅与财政收入增幅比较（%）	年教师培训经费支出占工资总额的比例（%）	财政对民办教育的支出占财政教育支出的比例（%）
	财政教育支出（万元）	公共财政支出（万元）	财政教育支出占公共财政支出的比例（%）	省定核定比例（%）	比较（%）			
13193	38732.32	194431.32	19.92	21.6	-1.68	22.57	4.39	2.83

6.教育发展水平

公办幼儿园		等级学校覆盖率		省义务教育标准化学校		中小学学生体质健康测试			普通高校招生考试			
所数占比（%）	在园幼儿占比（%）	幼儿园在园幼儿（%）	中级学校在校生（%）	省备案学校所数（所）	比例（%）	测试人数	优秀率（%）	合格率（%）	报名人数	录取人数	录取率（%）	每万人口录取人数
5.88	22.44	68.34	100	20	40.82	33638	11.92	91.12	1944	1510	77.67	42

全县中小学创建情况一览表

表13-1-7

学校名称	评为、命名或认定的荣誉、称号	授予单位	时　间
泰顺县第一中学	省三级重点中学	省教委	1997
罗阳二中	省现代教育技术实验学校	省教委	1999.12
泰顺县实验小学	省现代教育技术实验学校	省教委	1999.12
泰顺县第二中学	浙江省B级普通完全中学	省教育厅	2002
泰顺县第三中学	浙江省A级普通完全中学	省教育厅	2002
育才高级中学	浙江省一级民办学校	省教育厅	2002
机关幼儿园	温州市示范幼儿园	市教育局	2003
新城小学	温州市示范小学	市教育局	2003
育才高级中学	温州市重点中学	市教育局	2004.6
育才幼儿园	温州市示范幼儿园	市教育局	2004
泰顺县第一中学	省二级重点中学	省教育厅	2004
罗阳镇中心小学	全国写字教育实验基地	中国教育学会写字专业委员会	2004
罗阳镇中心小学	温州市示范小学	市教育厅	2005
新城学校	浙江省示范学校	省教育厅	2005
育才小学	温州市示范学校	市教育局	2005
罗阳镇第二小学	温州市示范性家长学校	市教育局	2006.2
新城学校	温州市示范性家长学校	市教育局	2006.2
民族中学	温州市农村寄宿制达标学校	市教育局	2006.3
龟湖镇中心校	温州市农村寄宿制达标学校	市教育局	2006.3
泰顺民族中学	温州市农村寄宿制达标学校	市教育局	2006.3
龟湖镇中心学校	温州市农村寄宿制达标学校	市教育局	2006.3
育才初级中学	浙江省温州市示范学校	市教育局	2006.5
职业技术学校	温州市中小学日常行为达标学校	市教育局	2006.10
罗阳二中	温州市中小学日常行为达标学校	市教育局	2006.10
实验小学	省九年义务教育标准化Ⅲ类学校	省教育厅	2006.10
新城学校	九年义务教育标准化Ⅱ类学校	省教育厅	2006.10
三魁镇中心小学	温州市德育特色学校	市教育局	2006.10
实验小学	温州市德育特色学校	市教育局	2006.10
泰顺县第八中学	温州市农村寄宿制达标学校	市教育局	2006.12
泰顺县第四中学	温州市农村寄宿制达标学校	市教育局	2006.12
洲岭乡校	2006温州市“绿色学校”	市教育局	2006.12
玉西中学	2006温州市“绿色学校”	市教育局	2006.12
育才高中	温州市中小学艺术教育特色学校	市教育局	2006
育才幼儿园	浙江省示范幼儿园	省教育厅	2006
实验小学	温州市示范学校	市教育局	2006
罗阳镇第二小学	全国青少年文明礼仪教育示范基地	中国关爱成长组织委员会办公室 全国青少年文明礼仪普及活动组织委员会	2007.7
垟溪乡中心小学	温州市农村寄宿制达标学校	市教育局	2007.12
泰顺县第一中学	浙江省“依法治校”示范校	省教育厅	2007
泰顺县第六中学	温州市农村寄宿制达标学校	市教育局	2007
泰顺县第八中学	温州市减灾示范学校	市教育局	2007

续表13-1-7

学校名称	评为、命名或认定的荣誉、称号	授予单位	时　间
包垟乡中心学校	温州市减灾示范学校	市教育局	2007
新浦中学	温州市减灾示范学校	市教育局	2007
育才小学	温州市示范小学	市教育局	2007
罗阳镇第二小学	温州市“绿色”学校	市环保局 教育局	2007.12
泰顺县教育局	农村薄弱学校改造工作先进单位	市教育局	2008.2
育才初级中学	浙江省示范性学校	省教育厅	2008.8
泰顺县第六中学	温州市示范学校	市教育局	2008.12
泰顺民族中学	温州市示范学校	市教育局	2008.12
司前镇中心小学	温州市示范学校	市教育局	2008.12
泰顺第四中学	温州市示范学校	市教育局	2008.12
三魁镇中心小学	温州市示范学校	市教育局	2008.12
泰顺县职教中心	中小学信息化工作先进单位	市教育局	2008
西旸镇中心小学	市九年义务教育标准化Ⅲ类学校	市教育局	2008
柳峰乡校	市九年义务教育标准化Ⅲ类学校	市教育局	2008
月湖乡校	市九年义务教育标准化Ⅲ类学校	市教育局	2008
龟湖镇中心校	市九年义务教育标准化Ⅲ类学校	市教育局	2008
黄桥乡校	市九年义务教育标准化Ⅲ类学校	市教育局	2008
西旸中学	市九年义务教育标准化Ⅲ类学校	市教育局	2008
岭北乡校	市九年义务教育标准化Ⅲ类学校	市教育局	2008
玉西中学	市九年义务教育标准化Ⅲ类学校	市教育局	2008
县第八中学	市九年义务教育标准化Ⅲ类学校	市教育局	2008
大安乡校	市九年义务教育标准化Ⅲ类学校	市教育局	2008
县第四中学	市九年义务教育标准化Ⅲ类学校	市教育局	2008
横坑乡中心小学	市九年义务教育标准化Ⅲ类学校	市教育局	2008
泰顺县育才中学	浙江省艺术特色学校	省教育厅	2009.3
育才幼儿园	浙江省一级幼儿园	省教育局	2008
机关幼儿园	浙江省二级幼儿园	省教育局	2008
司前畲族镇中心小学	温州市示范小学	市教育局	2009.3
三魁镇中心小学	温州市示范小学	市教育局	2009.3
泰顺县第四中学	温州市示范初中	市教育局	2009.3
泰顺县民族中学	温州市示范初中	市教育局	2009.3
泰顺县育才小学	素质教育示范学校	市教育局	2009.3
泰顺县育才学校	温州市科普教育特色学校	市科协 市教育局	2009.5
罗阳二中	温州市示范初中	市教育局	2009.10
泰顺县第八中学	温州市示范初中	市教育局	2009.10
龟湖镇中心学校	九年一贯制示范学校	市教育局	2009.10
西旸镇中心小学	温州市示范小学	市教育局	2009.10
洲岭乡中心学校	温州市农村寄宿制达标学校	市教育局	2009.12
九峰乡中心学校	温州市农村寄宿制达标学校	市教育局	2009.12
彭溪镇中心学校	温州市农村寄宿制达标学校	市教育局	2009.12
泰顺育才小学	温州市首批现代化学校	市教育局	2009.12
松垟乡中心小学	温州市农村合格学校	市教育局	2009.12
东溪乡中心学校	温州市农村合格学校	市教育局	2009.12
万排乡中心小学	温州市农村合格学校	市教育局	2009.12

续表13-1-7

学校名称	评为、命名或认定的荣誉、称号	授予单位	时 间
雪溪乡中心小学	温州市农村合格学校	市教育局	2009.12
泰顺县新浦中学	温州市农村合格学校	市教育局	2009.12
育才小学	市九年义务教育标准化Ⅰ类学校	市教育局	2009
城关中学	市九年义务教育标准化Ⅱ类学校	市教育局	2009
泰顺四中	市九年义务教育标准化Ⅱ类学校	市教育局	2009
泰顺六中	市九年义务教育标准化Ⅱ类学校	市教育局	2009
泰顺七中	市九年义务教育标准化Ⅱ类学校	市教育局	2009
育才初中	市九年义务教育标准化Ⅱ类学校	市教育局	2009
下洪乡校	市九年义务教育标准化Ⅲ类学校	市教育局	2009
罗阳二中	市九年义务教育标准化Ⅲ类学校	市教育局	2009
彭溪镇小	市九年义务教育标准化Ⅲ类学校	市教育局	2009
雪溪乡校	市九年义务教育标准化Ⅲ类学校	市教育局	2009
包垟乡校	市九年义务教育标准化Ⅲ类学校	市教育局	2009
泰顺二中	市九年义务教育标准化Ⅲ类学校	市教育局	2009
三魁镇小	市九年义务教育标准化Ⅲ类学校	市教育局	2009
南院乡校	市九年义务教育标准化Ⅲ类学校	市教育局	2009
司前镇小	市九年义务教育标准化Ⅲ类学校	市教育局	2009
民族中学	市九年义务教育标准化Ⅲ类学校	市教育局	2009
筱村二小	市九年义务教育标准化Ⅲ类学校	市教育局	2009
筱村镇小	市九年义务教育标准化Ⅲ类学校	市教育局	2009
新浦乡小	市九年义务教育标准化Ⅲ类学校	市教育局	2009
泗溪二小	市九年义务教育标准化Ⅲ类学校	市教育局	2009
泗溪镇小	市九年义务教育标准化Ⅲ类学校	市教育局	2009
凤垟乡小	市九年义务教育标准化Ⅲ类学校	市教育局	2009
峰文乡小	市九年义务教育标准化Ⅲ类学校	市教育局	2009
仕阳二小	市九年义务教育标准化Ⅲ类学校	市教育局	2009
三魁二小	市九年义务教育标准化Ⅲ类学校	市教育局	2009
县职教中心	省级种植示范专业与生态农业实训基地	省教育厅	2009
泰顺中学	温州市现代化学校	市教育局	2009
育才小学	温州市现代化学校	市教育局	2009
泰顺县第四中学	市级“绿色学校”	市环保局 教育局	2010.1
泰顺县第六中学	市级“绿色学校”	市环保局 教育局	2010.1
泰顺县第七中学	市级“绿色学校”	市环保局 教育局	2010.1
泰顺县第八中学	市级“绿色学校”	市环保局 教育局	2010.1
龟湖镇中心学校	市级“绿色学校”	市环保局 教育局	2010.1
百丈镇中心学校	市级“绿色学校”	市环保局 教育局	2010.1
筱村镇中心学校	市级“绿色学校”	市环保局 教育局	2010.1
凤垟乡中心小学	市级“绿色学校”	市环保局 教育局	2010.1
岭北乡中心小学	市级“绿色学校”	市环保局 教育局	2010.1
东溪乡中心校	温州市示范家长学校	市教育局 市妇联	2010.5
西旸镇中心校	2008年度温州市九年义务教育标准化学校	市教育局	2010.2
月湖乡校	2008年度温州市九年义务教育标准化学校	市教育局	2010.2
柳峰乡校	2008年度温州市九年义务教育标准化学校	市教育局	2010.2
西旸中学	2008年度温州市九年义务教育标准化学校	市教育局	2010.2

续表13-1-7

学校名称	评为、命名或认定的荣誉、称号	授予单位	时 间
龟湖镇中心校	2008年度温州市九年义务教育标准化学校	市教育局	2010.2
黄桥乡校	2008年度温州市九年义务教育标准化学校	市教育局	2010.2
岭北乡校	2008年度温州市九年义务教育标准化学校	市教育局	2010.2
玉西中学	2008年度温州市九年义务教育标准化学校	市教育局	2010.2
泰顺县第八中学	2008年度温州市九年义务教育标准化学校	市教育局	2010.2
泰顺县第四中学	2008年度温州市九年义务教育标准化学校	市教育局	2010.2
大安乡校	2008年度温州市九年义务教育标准化学校	市教育局	2010.2
横坑中心小学	2008年度温州市九年义务教育标准化学校	市教育局	2010.2
育才小学	2009年度温州市九年义务教育标准化学校	市教育局	2010.2
城关中学	2009年度温州市九年义务教育标准化学校	市教育局	2010.2
泰顺县第四中学	2009年度温州市九年义务教育标准化学校	市教育局	2010.2
泰顺县第六中学	2009年度温州市九年义务教育标准化学校	市教育局	2010.2
泰顺县第七中学	2009年度温州市九年义务教育标准化学校	市教育局	2010.2
育才初中	2009年度温州市九年义务教育标准化学校	市教育局	2010.2
下洪乡校	2009年度温州市九年义务教育标准化学校	市教育局	2010.2
罗阳二中	2009年度温州市九年义务教育标准化学校	市教育局	2010.2
彭溪镇小	2009年度温州市九年义务教育标准化学校	市教育局	2010.2
雪溪乡校	2009年度温州市九年义务教育标准化学校	市教育局	2010.2
包垟乡校	2009年度温州市九年义务教育标准化学校	市教育局	2010.2
泰顺县第二中学	2009年度温州市九年义务教育标准化学校	市教育局	2010.2
三魁镇小	2009年度温州市九年义务教育标准化学校	市教育局	2010.2
南院乡校	2009年度温州市九年义务教育标准化学校	市教育局	2010.2
司前镇小	2009年度温州市九年义务教育标准化学校	市教育局	2010.2
民族中学	2009年度温州市九年义务教育标准化学校	市教育局	2010.2
筱村二小	2009年度温州市九年义务教育标准化学校	市教育局	2010.2
新浦乡小	2009年度温州市九年义务教育标准化学校	市教育局	2010.2
泗溪二小	2009年度温州市九年义务教育标准化学校	市教育局	2010.2
泗溪镇小	2009年度温州市九年义务教育标准化学校	市教育局	2010.2
凤垟乡小	2009年度温州市九年义务教育标准化学校	市教育局	2010.2
峰文乡小	2009年度温州市九年义务教育标准化学校	市教育局	2010.2
仕阳二小	2009年度温州市九年义务教育标准化学校	市教育局	2010.2
三魁二小	2009年度温州市九年义务教育标准化学校	市教育局	2010.2
泰顺县职教中心	非物质文化遗产传承教学基地	省教育厅	2010.5
城关中学	温州市体育特色学校	市教育局	2010.7
育才初中	温州市教育信息化建设达标学校	市教育局	2010.12
泰顺县第二中学	温州市教育信息化建设达标学校	市教育局	2010.12
城关中学	温州市教育信息化建设达标学校	市教育局	2010.12
罗阳镇第二小学	温州市教育信息化建设达标学校	市教育局	2010.12
泰顺县第六中学	温州市教育信息化建设达标学校	市教育局	2010.12
泰顺县第七中学	温州市教育信息化建设达标学校	市教育局	2010.12
泰顺县第三中学	温州市教育信息化建设达标学校	市教育局	2010.12
罗阳镇中心小学	温州市素质教育示范学校	市教育局	2010.12
三魁镇中心小学	温州市素质教育示范学校	市教育局	2010.12
西旸镇中心小学	温州市素质教育示范学校	市教育局	2010.12

续表13-1-7

学校名称	评为、命名或认定的荣誉、称号	授予单位	时　间
翁山乡中心学校	温州市农村合格学校	市教育局	2010.12
凤垟乡洲路小学	温州市农村合格学校	市教育局	2010.12
柳峰乡东梧小学	温州市农村合格学校	市教育局	2010.12
彭溪镇富垟小学	温州市农村合格学校	市教育局	2010.12
柳峰乡中心小学	温州市农村寄宿制达标学校	市教育局	2010.12
包垟乡中心学校	温州市农村寄宿制达标学校	市教育局	2010.12
联云乡中心小学	温州市农村寄宿制达标学校	市教育局	2010.12
泰顺县西垟中学	市级“绿色学校”	市环保局 教育局	2010.12
罗阳二中	市级“绿色学校”	市环保局 教育局	2010.12
新浦乡小学	市级“绿色学校”	市环保局 教育局	2010.12
九峰乡小学	市级“绿色学校”	市环保局 教育局	2010.12
黄桥乡小学	市级“绿色学校”	市环保局 教育局	2010.12
泗溪镇第二小学	市级“绿色学校”	市环保局 教育局	2010.12
横坑乡小学	市级“绿色学校”	市环保局 教育局	2010.12
雅阳镇小学	市级“绿色学校”	市环保局 教育局	2010.12
垟溪乡中心学校	市级“绿色学校”	市环保局 教育局	2010.12
凤垟乡洲路小学	市九年义务教育标准化Ⅲ类学校	市教育局	2010
罗阳镇中心小学	市九年义务教育标准化Ⅲ类学校	市教育局	2010
仕阳镇中心小学	市九年义务教育标准化Ⅲ类学校	市教育局	2010
翁山乡中心校	市九年义务教育标准化Ⅲ类学校	市教育局	2010
罗阳镇中心小学	温州市素质教育示范学校	市教育局	2010
三魁镇中心小学	温州市素质教育示范学校	市教育局	2010
西旸镇中心小学	温州市素质教育示范学校	市教育局	2010
育才小学	温州市素质教育师范学校	市教育局	2010
司前镇小	温州市素质教育师范学校	市教育局	2010
实验小学	温州市现代化学校	市教育局	2010
育才高级中学	温州市现代化学校	市教育局	2010
罗阳二中	温州市现代化学校	市教育局	2010
下洪乡校	温州市示范学校	市教育局	2010
泰顺县第二中学	浙江省A级普通完中	市教育局	2011.1
仕阳镇中心小学	温州市示范学校	市教育局	2011.1
雅阳镇小	温州市示范学校	市教育局	2011.1
筱村镇第二小学	温州市示范学校	市教育局	2011.1
下洪乡中心小学	温州市示范学校	市教育局	2011.1
泰顺县第二中学	市毒品预防教育五星级学校	市教育局	2011.1
泰顺县第七中学	市毒品预防教育五星级学校	市教育局	2011.1
泰顺县第四中学	市毒品预防教育五星级学校	市教育局	2011.1
罗阳二中	市毒品预防教育五星级学校	市教育局	2011.1
育才高级中学	市毒品预防教育五星级学校	市教育局	2011.1
实验小学	市中小学艺术教育特色学校	市教育局	2011.2
泰顺县新城小学	市语言文字规范化学校	市教育局	2011.4
泰顺县育才小学	市语言文字规范化学校	市教育局	2011.4

续表13-1-7

学校名称	评为、命名或认定的荣誉、称号	授予单位	时　间
泰顺县实验小学	市语言文字规范化学校	市教育局	2011.4
凤垟乡洲路小学	2010年温州市九年制义务教育标准化学校	市教育局	2011.4
罗阳镇中心小学	2010年温州市九年制义务教育标准化学校	市教育局	2011.4
仕阳镇中心小学	2010年温州市九年制义务教育标准化学校	市教育局	2011.4
翁山乡中心校	2010年温州市九年制义务教育标准化学校	市教育局	2011.4
仕阳镇中心小学	温州市素质教育示范学校	市教育局	2011.6
司前畲族镇中心小学	温州市素质教育示范学校	市教育局	2011.6
罗阳二中	中小学生禁毒书画比赛组织奖	市禁毒委办公室 市教育局	2011.6
月湖乡小学	市乡村学校少年宫学校	市教育局	2011.6
松垟乡小学	市乡村学校少年宫学校	市教育局	2011.6
东溪乡中心学校	市乡村学校少年宫学校	市教育局	2011.6
下洪乡小学	市乡村学校少年宫学校	市教育局	2011.6
司前镇小学	市乡村学校少年宫学校	市教育局	2011.6
三魁镇二小	市乡村学校少年宫学校	市教育局	2011.6
筱村镇小学	市乡村学校少年宫学校	市教育局	2011.6
泗溪镇小学	市乡村学校少年宫学校	市教育局	2011.6
包垟乡中心小学	市乡村学校少年宫学校	市教育局	2011.6
三魁镇中心小学	温州市科普教育特色学校	市科协 市教育局	2011.6
三魁镇西旸小学	温州市现代化学校	市教育局	2011.12
三魁镇大安中心学校	温州市现代化学校	市教育局	2011.12
三魁镇大丘坪小学	农村合格学校	市教育局	2011.12
彭溪镇五里牌小学	农村合格学校	市教育局	2011.12
泰顺县新城学校	温州市中小学教育信息化建设达标	市教育局	2011.12
泰顺县职业教育中心	温州市中小学学校（I类）	市教育局	2011.12
罗阳镇仙稔中心小学	温州市中小学教育信息化建设达标	市教育局	2011.12
罗阳镇南院中心小学	学校（Ⅱ类）	市教育局	2011.12
泗溪镇玉西中学	学校（Ⅱ类）	市教育局	2011.12
彭溪镇峰文中心小学	学校（Ⅱ类）	市教育局	2011.12
雅阳镇松垟中心小学	学校（Ⅱ类）	市教育局	2011.12
雅阳镇柳峰中心小学	学校（Ⅱ类）	市教育局	2011.12
仕阳镇第二小学	学校（Ⅱ类）	市教育局	2011.12
仕阳镇万排中心小学	学校（Ⅱ类）	市教育局	2011.12
三魁镇大安中心学校	学校（Ⅱ类）	市教育局	2011.12
实验小学	市办学水平一级学校	市教育局	2012
罗阳二中	市办学水平一级学校	市教育局	2012
三魁镇西旸中心小学	市办学水平一级学校	市教育局	2012
职教中心	浙江省二级中等职业学校	省教育厅	2012

第二节　党群社团

一、中国共产党地方组织

1954年10月，设立县文卫（文教、卫生）党组（1958年9月撤销），陈萃顺任书记。1958年下半年，各公社中学和大公社小学先后建立党支部，设专职支部书记。各管理区（乡、镇）一般由完全小学党员校长任支部书记。党支部成为各级各类学校的领导组织，学校各项工作在当地党委和学校党支部的领导下进行。县文教局党员参加县级机关党支部活动。

1961年8月，设立县文教局党组，叶日初任书记。

1964年12月，撤销县文教局党组，设立县文教卫生党组（1966年撤销），王德成任书记。

“文化大革命”期间，学校和文教局党组织停止活动。

1978年“拨乱反正”后，县管中学党支部由县委宣传部党委领导；区管中学的党支部以区党委领导为主；各公社学校党支部由公社党委领导。县文教局设立党支部，1984年改为县教体局党组，县属中等学校和县实验小学党支部隶属县教体局党组。1987年6月，成立泰顺县教育委员会（简称县教委），建立县教委党组，党员7人。1990年，县教委党员34人，党组书记翁清选。区管中学党支部由当地区委领导，乡（镇）小学党支部由当地公社党委领导。

1993年6月，林世如任县教委党组书记，党组成员4人。

1995年1月，何平任县教委党组书记，党组成员7人。

1997年4月，县教委成立“中共泰顺县教育委员会委员会”，何平任书记，郑韶裕任副书记，周长如任纪委书记，党委委员6人。12月，县教委机关分设三个支部，办公室、普教科、督导室、教育工会的党员属第一支部；计财科、职成教科、纪检监督室（内审科）、教研室、招生办、仪器站、勤工办的党员属第二支部；退离休党员属第三支部。县教委所属党基层组织有县教委机关第一支部、第二支部、第三支部、泰一中支部、实验小学支部、教师进修学校支部、职业技术学校支部。

2000年8月，郑韶裕任县教委党委书记，吴振荣任副书记，章云焕任纪委书记，委员7人。2001年3月，改任吴翠娟为纪委书记。

2002年2月1日，县教委更名为县教育局，同时建立县教育局委员会，撤销中共泰顺县教育委员会委员会。

2003年5月，蔡亚里任县教育局党委书记。

2004年，县教育局委员会批复局机关三个党支部，林伟任第一支部书记，周卓章任第二支部书记，陈岳槐任第三支部书记。

2007年3—7月，何学文任县教育局党委书记，林伟任纪委书记（4月吴可植任纪委书记），委员6人。

2007年7月，董宏光任县教育局党委书记，吴可植任纪委书记，委员8人。

2010年12月，设立局机关党委。

2011—2012年，县教育局党委会委员8人，林伟任书记，邱虹玲任副书记，吴可植任纪委书记。

1990—2012年中共泰顺县教育局（县教委）历届党委（党组）成员名录

表13-2-1

组织名称	职　务	姓　名	性　别	籍　贯	任职时间
中共泰顺县教委党组	书记	翁清选	男	泰顺	1990.6—1993.6
	纪检组长	夏继业	男	泰顺	1990.6—1993.6
	党组成员	张凤志	男	泰顺	1990.6—1993.6
	党组成员	胡希任	男	文成	1990.6—1993.6
	党组成员	徐克胜	男	泰顺	1990.6—1993.6
	党组成员	陈岳槐	男	泰顺	1990.6—1993.6
	党组成员	林兆祥	男	泰顺	1990.6—1993.6
中共泰顺县教委党组	书记	林世如	男	泰顺	1993.6—1995.1
	纪检组长	胡希任	男	文成	1993.6—1995.1
	党组成员	夏继业	男	泰顺	1993.6—1995.1
	党组成员	陈岳槐	男	泰顺	1993.6—1995.1
	党组成员	林兆祥	男	泰顺	1993.6—1995.1
	党组成员	徐克胜	男	泰顺	1993.6—1995.1
	党组成员	张凤志	男	泰顺	1993.6—1995.1
中共泰顺县教委党组	书记	何　平	男	慈溪	1995.1—1997.4
	纪检组长	胡希任	男	泰顺	1995.1—1997.4
	党组成员	夏继业	男	泰顺	1995.1—1997.4
	党组成员	陈岳槐	男	泰顺	1995.1—1997.4
	党组成员	张凤志	男	泰顺	1995.1—1997.4
	党组成员	余作喜	男	泰顺	1995.1—1997.4
	党组成员	郑韶裕	男	泰顺	1995.12—1997.4
中共泰顺县教委党委	书记	何　平	男	慈溪	1997.4—2000.8
	纪委书记	周长如	男	泰顺	1997.4—1997.11
	委员	郑韶裕	男	泰顺	1997.4—2000.3
	委员	夏邦忠	男	泰顺	1997.4—2000.8
	委员	包明清	男	泰顺	1997.4—2000.8
	委员	尤珍珍	女	泰顺	1997.4—2000.8
	副书记	郑韶裕	男	泰顺	2000.3—2000.8
中共泰顺县教委党委	书记	郑韶裕	男	泰顺	2000.8—2002.1
	副书记	吴振荣	男	泰顺	2000.8—2002.1
	纪委书记	章云焕	男	泰顺	1999.1—2000.11
	纪委书记	吴翠娟	男	泰顺	2001.3—2002.1
	委员	夏邦忠	男	泰顺	2000.8—2002.1
	委员	包明清	男	泰顺	2000.8—2002.1
	委员	尤珍珍	女	泰顺	2000.8—2002.1
	委员	蔡志扬	男	泰顺	2000.8—2002.1
中共泰顺县教育局党委	书记	郑韶裕	男	泰顺	2002.1—2003.4
	副书记	吴振荣	男	泰顺	2002.1—2003.3
	纪委书记	吴翠娟	女	泰顺	2002.1—2002.11
	纪委书记	董直文	男	泰顺	2002.11—2003.3
	委员	夏邦忠	男	泰顺	2002.1—2003.3
	委员	蔡志扬	男	泰顺	2002.1—2003.3

续表13-2-1

组织名称	职 务	姓 名	性 别	籍 贯	任职时间
中共泰顺县教育局党委	书记	蔡亚里	男	泰顺	2003.5—2007.2
	副书记	吴振荣	男	泰顺	2003.3—2003.5
	副书记	翁宗朝	男	泰顺	2003.6—2007.1
	纪委书记	董直文	男	泰顺	2003.3—2003.12
	纪委书记	林 伟	男	泰顺	2006.3—2007.3
	委员	夏邦忠	男	泰顺	2003.3—2006.12
	委员	蔡志扬	男	泰顺	2003.3—2006.12
	委员	曾汝芝	男	泰顺	2003.3—2007.2
中共泰顺县教育局党委	书记	何学文	男	泰顺	2007.3—2007.7
	纪委书记	林 伟	男	泰顺	2007.3—2007.4
	纪委书记	吴可植	男	泰顺	2007.4—2007.7
	委员	蔡志扬	男	泰顺	2006.12—2007.7
	委员	曾汝芝	男	泰顺	2007.3—2007.7
	委员	毛叶华	男	泰顺	2007.4—2007.7
	委员	林 伟	男	泰顺	2007.4—2007.7
中共泰顺县教育局党委	书记	董宏光	男	泰顺	2007.7—2010.3
	副书记	林 伟	男	泰顺	2009.3—2011.7
	纪委书记	吴可植	男	泰顺	2007.7—2011.7
	委员	林 伟	男	泰顺	2007.7—2009.3
	委员	蔡志扬	男	泰顺	2007.7—2008.4
	委员	毛叶华	男	泰顺	2007.7—2011.7
	委员	曾汝芝	男	泰顺	2007.7—2011.7
	委员	徐崇专	男	泰顺	2008.7—2011.7
	委员	陶一砖	男	泰顺	2008.7—2011.7
	委员	蔡曙华	男	泰顺	2009.3—2011.7
中共泰顺县教育局党委	书记	林 伟	男	泰顺	2011.7—2012.12（续）
	副书记	邱虹玲	女	泰顺	2011.12—2012.12（续）
	纪委书记	吴可植	男	泰顺	2011.7—2012.12（续）
	委员	毛叶华	男	泰顺	2011.7—2012.12（续）
	委员	陶一砖	男	泰顺	2011.7—2012.12（续）
	委员	徐崇专	男	泰顺	2011.7—2012.12（续）
	委员	曾汝芝	男	泰顺	2011.7—2012.12（续）
	委员	蔡曙华	男	泰顺	2011.7—2012.12（续）
	委员	陈可操	男	泰顺	2012.3—2012.12（续）

二、中国共产主义青年团地方组织

民国25年（1936）6月，中国新民主主义青年团泰顺县委员会成立，主要活动范围在县境东北部游击区内。次年4月，因国民党军队围剿浙南根据地，活动中止。

1950年1月，在莒江村建立新民主主义青年团支部。1952年，中国新民主主义青年团泰顺县委员会第一次代表大会召开，张奎贤任团委副书记。10月，中国新民主主义青年团县立初级中学支部委员会成立，吴达任书记。1953年，团员发展到26人（教师5人，学生21人）。1955年3月，新民主主义青年团县立初级中学总支委员会成立，吴达任书记，傅惠兰任副书记。

1957年7月，新民主主义青年团更名为中国共产主义青年团（简称“共青团”），新民主主义青年团县立初级中学总支委员会更名为中国共产主义青年团泰顺县第一初级中学总支委员会。1958年11月，三魁初级中学团支部建立，陈国华任支部书记。1959年，筱村初级中学建立团支部。1960年9月，三魁初级中学团总支委员会成立，郑锦镛任书记，徐秀英任副书记。

1966年，“文化大革命”开始，各中学党、团组织瘫痪，活动停止。1969年6月，团县委撤销。1970年10月，共青团泰一中支部重新建立，县革委会政工组任命张宏春为团支部书记。1971年，下洪乡中心学校建立团支部，叶招盟任书记。

1972年，团县委恢复工作。4月，泰一中共青团组织扩大，以班级为单位成立团支部，学校成立共青团委员会（简称团委），团委设立书记、副书记，组织、宣传、文体等委员。是年春，共青团泰顺筱村公社中学总支委员会成立。1975年，雅阳“五七”学校团支部成立。

1976年10月以后，全县团工作逐渐恢复正常。1980年，共青团司前初级中学委员会成立，王家胜任书记。1981—1984年，大力开展团的建设工作，各中学相继建立团支部、团总支部、团委。1985年，共青团泰顺城关中学委员会成立，夏慧文任书记。1989年，团省委、省教委联合颁发《浙江省中学共青团工作条例（试行稿）》，进一步改进和加强中学共青团工作。该条例规定团员在三人以上的学校可建立团支部；团员在五十人以上的学校建立团总支，上级团委授予发展团员的审批权；团员在一百人以上的学校，可建立团的基层委员会。

20世纪90年代，泰八中、西旸中学、龟湖中心学校、新浦中学先后建立共青团团委。1998年，泰顺育才高级中学创办，并建立共青团委员会，包日宇任书记。2004年，泰顺新城初中和育才初级中学相继成立共青团委员会。

2012年，全县中小学有18个团委，378个支部，共有团员8067人。

2012年全县各中学团组织简表

表13-2-2

学　校	团员数（人）	支部数（个）	团委书记
泰顺县职业教育中心	202	28	包永新
泰顺中学	1602	36	童莉里
泰顺县第二中学	534	22	陈春露
泰顺县第三中学	356	19	吴　琦
泰顺县第四中学	262	15	谢吉松
泰顺县第六中学	204	12	刘化多
泰顺县第七中学	483	26	陈成章
泰顺县第八中学	195	10	颜学会
泰顺县城关中学	1402	55	潘剑锋
泰顺县罗阳二中	458	36	陶光俊
泰顺县民族中学	118	12	陈昌城
泰顺县新浦中学	20	4	刘芳芳
泰顺县西旸中学	82	6	郑克育
泰顺县育才高中	1250	42	谢连胜
泰顺县育才初中	544	33	陈成轮
泰顺县新城中学	120	12	严广庆

续表13-2-2

学　校	团员数（人）	支部数（个）	团委书记
下洪中心校	67	6	雷朝平
包垟中心校	33	1	夏彬彬
龟湖中心校	135	3	江文斌
合　计	8067	18个（团委） 378个（支部）	—

三、中国少年先锋队地方组织

泰顺是老革命根据地县，革命历史悠久。20世纪30年代，浙南人民革命委员会在东云（现彭溪镇所属）成立时，就建立少年组织“儿童团”。这些少年儿童在革命战争年代中发挥了重要作用。

1950年6月，莒江小学成立少年儿童队，有队员10人，县委派夏克翼担任辅导员。继而，少年儿童队遍及各校。10月，全县土地改革开始，农村普遍建立儿童队，协助各村农会站岗放哨。土改结束后，农村儿童队自行解散。1952年，县罗阳小学、县立中学少年儿童队成立。

1953年6月，少年儿童队改名少年先锋队（简称“少先队”），全县共有队员1022名，分设24个中队，每队配辅导员1—2名。

1954年，戬州小学建队，队员21人。到1955年，仕阳区已发展少先队员386人。1958年10月，召开全县少先队代表大会，选出11名委员，组成中国少年先锋队泰顺县队队部。

1990年，全县有少先队大队102个，少先队员3.96万名，辅导员1472名。

1991年1月5日，少先队工作委员会成立，翁士欢任主任。此后，各区均建立“少工委”并聘任区少先队总辅导员。

2012年，全县有少年先锋队大队40个，大队辅导员41人。

四、泰顺教育工会

1952年5月，全县教职工在瑞安师范学校进行思想改造学习时，正式成立第一届中国教育工会泰顺县委员会（简称“县教育工会”），下设组织、宣传、业务、生活、女工、劳动保险等股，会员354人，委员11人，陈史英任主席，周福山任副主席。各区设基层委员会，基层委员会设正、副主席、秘书、组织、文教业务等委员7名；乡设工会小组，有正、副组长各1人。1953年，新收会员37人，全县教育工会会员391人，后被开除会员5人。

1955年10月，选举产生第二届县教育工会，张奎贤任主席。

1957年8月，选举产生第三届县教育工会，郑超平任主席。

1962年8月，选举产生第四届县教育工会，张郁文任主席。

“文化大革命”期间，知识分子接受工人阶级的再教育，教育工会一切活动停止。

1978年6月，恢复县教育工会。1979年12月5日，县总工会筹备委员会召开全县工会第四届第二次代表大会，分配教育系统代表名额69人，实际出席代表71人（百丈区12人，大安区10人，筱村区8人，仕阳区11人，雅阳区15人，罗阳区10人，泰顺一中5人）。

1986年4月，召开第五届县教育工会代表大会，正式代表67人，特邀代表40人，选举吴兴吾为主席、夏继业为副主席，委员13人。是年，全县基层委员会23个，会员2004人。县教育工会在加强县级教育工会自身建设的同时，并在全县教育系统推行教职员工代表大会制度，开展各种社会主义劳动竞赛和合理化建议，努力为教职员工排忧解难。

1990年，选举产生第六届县教育工会，选举夏继业为主席，徐克胜为副主席。全县有基层教育分会（小组）51个。

1991年，县教育工会下设罗阳、司前、百丈、筱村、泗溪、雅阳、彭溪、三魁、仕阳和县教委10个分会，各乡镇成立工会小组。

1992年，全县实行撤区扩镇并乡，原有区教育分会自然解散，38个乡镇成立教育分会。

1993年3月25日，县教育工会召开第七届代表大会，正式代表72人，特邀代表37人，其中妇女代表15人，少数民族代表3人。会议学习贯彻党的十四大文件精神和中共中央、国务院《中国教育改革和发展纲要》，审议教育工会工作报告。会议选举夏继业为主席。

1994年，配合县教委自下而上开展全县性的优质课评比活动，活动历时半年，取得良好效果。

1995年，受市场经济的影响，全县教师离岗现象严重，师心不稳，县教育工会协同县教委，有效地进行师德教育，结合学习孔繁森、杨东海、吕正水和全县教育系统全国优秀教育工作者朱昌培等先进人物忠诚人民教育事业、扎根山区、淡泊名利、甘于清苦、奉献一生的革命精神和高贵品质，引导教师安贫乐教、无私奉献、教书育人、为人师表。

1996年，县教育工会遵照江泽民总书记“讲政治、讲学习、讲正气”的指示，以弘扬爱祖国、爱家乡、爱学校、爱学生的“四爱”精神为契机，举办全县性“爱我祖国”演讲比赛，并组织8位获一、二等奖教师组成演讲团，分赴9个镇作10多场巡回演讲，3000多人受到教育。

1997年，县教育工会配合县教委为广大教职工排忧解难，推进“送温暖”工程的实施。教师节、元旦、春节期间，慰问经济困难教职员工，深入细致地做好全县特困教职员工（包括离退休人员）的调查工作，利用有限的经费，积极开展“送温暖”活动，并尽可能给予他们真诚的帮助。

1998年，县教育工会协助县教委深入开展“敬业、爱岗、奉献”活动，以典型引路，正面引导，强化政策为导向，建立和完善教师政治思想和职业道德的考核和管理办法，加强教师的法制教育和职业道德教育，使教师自觉严格要求自己，抵制社会不良风气的影响，形成奋发向上的良好氛围。

2000年1月14日，县教育工会召开第八次代表大会，选举郑韶裕为主席，林崇伟为副主席，委员13人。是年县教育工会成立“送温暖工程”小组，为教职员工办实事，办好事。各校工会建立困难教职员工档案，解决突发性困难，给生活困难教职员工送去温暖。

2005年3月，县教育工会召开第九次代表大会，选举翁宗朝为主席，林崇伟为副主席，委员18人。

2009年，县总工会在全县开展“金秋助学”活动，对被普通高等院校录取的困难职工和农民工家庭子女发放助学金。

2011年10月，县教育工会召开第十次代表大会，选举吴可植为主席，林崇伟为副主席，委员17人。是年，县教育工会印发《泰顺县民主管理与校务公开实施办法》，使全县教职员工参与学校民主管理与监督有章可循。

2012年下半年，县教育工会配合教育局人事科实施支教行动，利用县城及乡镇29所教育资源较优越的学校中教学经验丰富的教师下乡支教，组织百名优秀教师进课堂送教活动。继续开展“和谐校园”“一对二二”系列活动，各校工会主席带头联系帮扶两名特困教师，两名贫困学生。动员各校组织四十五岁以上教师进行体检。举办创建现代化学校的教育成果图片展。组织教职工排球赛，组队参加市教职工各项比赛；开展教育工会优秀调研成果（论文）征文评选活动。9月9日，会同县退教协会举办庆祝第二十八个教师节“老有所乐”联欢会。举办新任工会主席上岗业务培训班，组织学习新颁布的《中小学教职工（代表）大会工作规程》。表彰2011年度工会各级各类先进积极分子和2012年度校务公开先进集体。全年慰问名师、先进教师、特困教师计211人次，发放慰问金20.76万元。

县教育工会历任主席：陈史英（1952.10—1955.10）、张奎贤（1955.10—1957.8）、郑超平（1957.8—1962.8）、张郁文（1962.8—1966.8）、吴兴吾（1986.4—1990）、夏继业（1990—2000.1）、郑韶裕（2000.1—2005.3）、翁宗朝（2005.3—2011.10）、吴可植（2011.10—2012.12续）。

五、教育会和教育学会

民国2年（1913），县内始建教育会，吴谔为第一任会长。各区设立相应教育会，大多附设在各区公学内。教育会主要活动是组织学生会考，不定期召开教师会议，讨论改进教学教育工作，举办演讲会、展览会等。

民国15年（1926），奉省长公署令，解散各县教育会。民国21年，县内恢复教育会，会长周新民。民国24年，改称国民教育研究会，设理事1人，其主要活动是按季进行征文评比和研究教学等事项。之后，区、乡（镇）建立相应研究会。

1997年5月，全县召开教育科学研究大会，成立县教育学会，选举何平为会长（县教委主任兼任），夏继业等人为副会长（县教委副主任兼任），陈正平为秘书长。会议期间，成立县中小学各学科专业分会，幼儿教育分会、劳动技术教育分会。1998年增设实验教育分会，并召开小学语文、数学和中小学体育分会年会。

2002—2007年，县教育学会把基础教育课程改革作为工作的重点，共召开年会5次，理事会5次，常务理事会5次；各分会组织教研活动120次，召开教研会230次。全县共收集论文3100篇，举行教科研论文评比5次，其中刊出论文集12集，在市级以上报刊发表360篇，省级报刊发表124篇，全国性刊物发表79篇。

2002—2012年，共举办学术讲座56次，其中，影响较大的有省特级教师送教活动讲座，市、县“素质教育在课堂的展示活动”“备课、上课、命题、作业批改与检测四项教学规范达标活动”讲座等。教育学会组织县级以上教科研课题立项计260项，获奖83项，其中获省一、二等奖6项，被市级以上单位推广采用5项。

六、泰顺县离退休教育工作者协会

1991年，全县离退休教师达1058人。3月15日，成立县离退休教育工作者协会筹备小组，筹备成立退教协工作。4月29—30日，在县总工会召开退教协成立大会。会议制定协会章程，通过无记名投票，选举产生退教协理事会。高世彬当选为会长，陈子平当选为副会长兼秘书长，办公地点设在城关横街5楼教育工会内。5—7月，全县各区（镇）退教协分会先后成立，计12个分会，与县退教协组成网络化管理。1994年12月1日，补选陈德昌为副会长兼秘书长。该届设泰一中、实验小学、司前、筱村、仕阳、泗溪等12个分会。

2000年12月18日，县退教协第二次会员代表大会在县总工会召开，来自各分会的代表92人。县城各中小学领导列席会议，会议通过无记名投票，选举新的理事会17人，由理事会推选高世彬为会长，陈德昌为副会长。办公地点移至县委党校内。该届设教育局、泰一中、实验小学、城关中学、罗阳、司前、百丈等16个分会。

2012年，退休教师已达1290人。6月25日，召开县退教协第三次代表大会，来自各分会代表70多人参加会议。会议选举产生新一届理事会理事17人，常务理事9人，由理事会推选朱清顺为会长，林兆祥、苏丁乃为副会长（兼秘书长），会计蔡柏林，出纳李楚茵。该届设教育局、泰顺中学、城关中学、实验小学、第二实验小学、罗阳、仕阳、泗溪、三魁等25个分会（含小组）。

2012年9月25日，县退教协办公地点从县党校搬到原体育局三楼。

七、泰顺县教育发展基金会

教育发展基金会是以“推进尊师重教、资助贫困师生、支持教育创新、促进教育发展”为宗旨的公募性地方性组织机构。其业务范围为：筹集、管理、使用基金，奖励教育教学突出的教师和成绩优异的学生，资助家庭经济困难的学生顺利完成学业，推动全社会关心、支持教育事业，促进教育改革和发展。

1989年，翁山乡翁同文、翁同伦兄弟出资20万元，成立翁氏昆仲爱家乡育才基金会。推选翁清选、翁惟龙为基金会理事会正副主任。基金会的主要宗旨是奖励翁山乡内优秀学生和祖籍翁山乡翁氏族亲的优秀学生。截至2012年，共奖励1221人，奖励总金额41.1万元。

1990年，陶家伟联络20多位旅台泰顺同乡，于8月5日在阳明山聚会，联名发起海外同乡为泰顺教育募捐活动。当年，泰顺籍台胞共募集80万元，于次年成立爱泰顺育才基金会。该基金会旨在激励泰顺县家庭贫困品学兼优的学子自强不息，勤学奋进，成功成才。从1992年开始，基金会以取息助学的方式，每年资助本县家庭贫困品学兼优的学生百名左右。1995年暑期陶家伟返泰，将爱泰顺育才基金会全部基金一次性交给泰顺，由泰顺方面操作基金会的运转。自该基金会成立以来，已有2000多名敬业有为的教师和品学兼优的学生受泽。此外，陶家伟还于1994年8月设立下洪乡教育奖励基金会，旨在奖励该乡优秀教师和学生。

2007年，三魁薛宅村薛学兄弟的远发企业集团捐献30万元，成立三魁教育发展基金会。

2008年，全县10个乡（镇）中有雅阳、西旸、横坑、洲岭、柳峰、筱村、彭溪等7个乡镇成立了教育发展基金会，筹措教育经费改善办学条件。

2008年，翁山乡企业家翁宗财出资100万元，创办翁宗财育才和敬老基金会，并出任基金会理事会主任。基金会的奖助对象：当年考取重点高中和五年制（3+2）、大学（含大专）、研究生、博士生的泰顺籍翁氏宗亲的学生，县内九十岁以上的翁姓寿星和翁山乡内九十岁以上的寿星。截至2012年，共奖助学生314人，总金额为31.41万元。发放敬老金6.7万元，134人次。

2008年2月，经省民政厅批准,雅阳镇成立雅阳教育发展基金会，由基金会发起人等自发捐赠基金总额1040万元。经基金会全体会员研究讨论，制定了《雅阳镇教育发展基金会章程》，并推选15名理事组成理事会，彭日大任会长，何学仲任副会长。基金会按照章程规定，坚持公开、透明的原则，资助雅阳镇各中小学家庭贫困的学生，奖励教育教学成绩突出的教师和学习成绩优异的学生，促进雅阳镇教育事业的发展。2012年，发放奖教金额1119656元，奖学金额261800元，助学金额141500元，接送学生车队等助教金额达98000元。2008—2012年的五年间，共发放532万元。

2008年3月，柳峰乡成立教育发展基金会，吴祖额任会长。基金总额200万元，资助对象是柳峰、东梧、东岭三所小学家庭贫困的学生，并对本乡内教育教学成绩突出的教师和学习成绩优良的小学生以及高考成绩优良的学生发放奖金。2012年，计发放金额15万元。

2010年12月，县民族中学教育发展基金会成立，基金总额360万元。基金会设有理事会和监事会，陶瑜南任会长，陈道义、苏孝锋、陶国忠、周海波任副会长，严立森、高立存任顾问。基金会的宗旨是奖教助学。2011年、2012年，共发放奖教助学金56万元，受奖学生46人，受奖教师107人次。

2011年2月，泗溪镇东溪社区在外创业企业家蔡祈敢发起成立东溪教育发展基金会。蔡祈敢任会长，基金总额120万元。

2011年4月，泰顺六中利用2008年校庆时校友捐赠的120万元基金成立泰顺六中教育发展基金会，林敏贤任会长，基金会设立的奖项是：教学管理奖最高5万元，九年级中考完成目标奖最高10万元；中考进入重点高中的学生每生1000元；学区内学生前10名，每生500元；七、八年级县统考成绩优秀的任教教师，最高3万元。2012年5月颁发第二次奖学金，计28.8万元。

2011年4月，泰二中校友成立教育发展基金会，主要捐赠人林永辉任理事长，基金总额100万元，用于奖励泰顺二中教育教学突出的教师和成绩优异的学生以及资助家庭贫困的学生。

2011年10月，泗溪镇玉岩包氏宗亲成立教育发展基金会，发起人包晓武任理事长，基金总额150万，资助对象是玉岩包氏宗亲家庭贫困学生和成绩优秀高考上线的学生。

2012年10月，泗溪镇横坑社区成立横坑教育发展基金会，翁士录任理事长，基金总额80万元。2012年度可使用金额15万元，其中10万元用于横坑小学购置电子教学设备，5万元用于奖励横坑小学师生和上重点高中以及高考上线的学生。

第十四章　教育人物

第一节　人物传略

陶　史

陶史（876—968），字用文，安固县义翔乡六十都百丈下革人（后迁今葛洋）。自幼敏异，通五经。五代后唐天成二年（927）登第，后官至国子监祭酒，立朝有声。对《易经》研究颇深，洪村《陶氏族谱》所载诰敕称其“学贯天人，才兼文武”。唐末返归故里，居家办学，亲授子侄族人。

吴　畦

吴畦（840—923），字祯祥，山阴（今绍兴）人，泰顺早期开发始祖。出身书香门第，幼承家学，习儒书，通经史，以道德文章闻名于时。咸通元年（860）登第，任桂州（今桂林）刺史。之后因除寇功成而被改任为京兆尹。任职期间，以德施政，励精图治，深受当地百姓的拥戴，不久擢升为河南节度使。光启二年（886），因政绩突出，被招入内辅，授中书令、同平章事，拜谏议大夫，进太子太保。大顺元年（890），因语词尖锐得罪权臣，触怒昭宗皇帝，被贬为润州（今江苏镇江）刺史。乾宁三年（896），率兄弟子侄，沿飞云江而上，隐居于安固县义翔乡五十七都卓小阳（今新浦后坪村），后迁库村吴宅。此后在库村畲山垦土，开馆兴学，给当地带来全新的文化氛围，泰顺境域两宋时期文化高潮的到来奠定基础。两宋时期，其后裔高中进士的还有18位，库村因此成为远近闻名的进士村。《全唐文》卷八〇五收其文一篇，《全唐诗补编·续拾》卷三六收其诗一首。

徐　奭

徐奭（985—1030），字武卿，出生于瑞安县义翔乡五十九都木棉村（今司前镇宫头垟），后随父迁居于仙居一带，少年时期又随父游学于福建瓯宁（福建省建瓯县）。宋真宗大中祥符五年（1012年）状元及第，为温州历史上的第一位状元。考取状元后，首任兴化知府（福建莆田一带），大中祥符八年（1015）升任直隶侍郎，后以著作郎值集贤院，任开封府发解试考官。宋仁宗即位（1023）后，升任两浙转运使，协助淮南、江浙、荆湖制置发运使赵贺治理河道。由于兴修水利有功，得到朝廷褒奖，升迁礼部郎中，知制诰，负责起草机要诏令。天圣四年（1026年）八月，以起居郎、知制诰，出使契丹；五年（1027）十月，以礼部郎中、知制诰，奉命赴滑州（河南滑县）祭告黄河。八年（1030）四月，刘太后降懿旨封其为翰林学士，权知开封府，九月病死于任上，年仅46岁。死后，朝廷封其为晋宁侯，是宋代119位状元中唯一被封侯的人。归葬故里，墓境内仙居岭下。70多年后，宋徽宗赐其号“冲晦先生”。

林　韶

林韶（1042—1112），字仪甫，号芗岩居士，宋平阳归仁乡三十九都四溪（今泗溪）人。精通经史，喜文墨。元丰年间（1078—1085），设蓝儒宅学馆，招收族人及周边子弟入馆授课从学。自此始，泗水之畔，注重笔耕，学风鼎盛，文风蔚然，科甲蝉联。据《分疆录》《温州府志》及《林氏宗谱》记载，自北宋熙宁三年至南宋景炎二年的207年间，登文进士28人，武进士17人，时称“十八学士”，是县内著名的“进士之乡”。次子林杞登进士，授官尚书吏部郎。林韶因子而贵，钦赠大中大夫。一所开创的儒蓝宅学馆历史近千年，在泗溪乃至全县的教育史上都有其极大的贡献。儒蓝宅学馆实际上是境内早期的教育机构，林韶亦为境内历史上为泰顺教育作出杰出贡献的教育者。

徐元德

徐元德（1139—1201），字居厚，号牧斋，南宋瑞安义翔乡五十九都仙居人。好学笃行，青年时期游学于永嘉和东阳，后因研究《周易》而出名，与吕祖谦、陈龙、戴岷为友。淳熙四年（1177），赴漕司试夺魁，次年登进士第四名。任邵武军学教授期间，讲论明理，行为端正，为诸士表率。后历官莆田令、国子监正、太常寺主簿、徽州通判、通州知州等，居官清正，政绩显著，以身作则，为士人颂扬。任徽州通判时，“翻阅文案，至忘寝食。吏牍山积，迎刃而解，于是民皆称其明断”。江东转运副使、著名诗人杨万里向朝廷推荐徐元德这样评价他：“具官东浙名儒，朝列正士，持论鲠挺，特立不阿。”后晋知通州。善于栽培人才，著名学生有蔡幼学、徐邦宪、葛洪、章徕等。元德卒于通州知州任内，享年63岁，赠朝散大夫，入县先贤祠。与陈傅良合著《周礼制度精华》，下册是他力作。另有《樵夫集》，佚。

吴子益

吴子益（生卒年不详），南宋瑞安义翔乡五十七都库村人，宋进士吴驲之父，因子特封武略郎。宋淳熙八年（1181），为培养族内子弟，在库村创设侯林书院。据新山《吴氏宗谱》，“在谏议公墓前创办书院为子孙读书，故曰‘侯林’”，然至清乾隆时书院已是“久废址存”。

吴子良

吴子良（生卒年不详），字道醇，南宋瑞安义翔乡五十七都库村人。宋绍定己丑进士，官象州武仙令、殿前左司计议，曾于淳祐年间受命前往开封参与修复皇陵事。宋淳祐二年（1242），丁优在家，“建精舍数间，训诲子侄”。不久建中村书院，址设库村中宅巷口，因地得名。据《吴氏族谱》载：“在本村中宅巷口创办（中村书院），为子攻书于其内，宋淳祐二年殿前司计议子良公立。”之后，仿效窦燕山“五子联芳”，匾其堂曰“桂芳堂”，并作“道学”“孝友”“睦族”“修身”“齐家”五条格言，以训弟子。清雍正十一年（1733），其第十七世孙重建中村书院（今库存戏台坪旧址尚存）。

蔡起辛

蔡起辛（1228—1301），字若金，号絜矩，平阳县归仁乡四十都章峰里（今雪溪、富头）人。

南宋景定三年（1262），高中武科状元。左丞相叶梦鼎赏识蔡起辛之武功文略，推荐他为都督府计议（军府参谋）。因招安张瑄有功，擢升为翰林院侍讲，后补知韶州军。宋亡后，当年与蔡起辛同朝为官的好友大多归顺元朝。元朝至元癸未年（1283），叶梦鼎再次推荐他入元理政。他耻为元官，予以拒绝，不久即隐名改姓，周游于苏南浙北一带，历时17余年。元朝大德五年（1301），客死苏州，终年73岁。

董　鹏

董鹏（1498—1572），字汝冲，号图南，明代五十九都罗洋（今罗阳）人，选贡。初授河源学训，不久迁江西益王府教授，与崇仁王谈论政事，甚为相契，进与研讨《易经》，亦多有心得。训导学生以身作则，受其言传身教，诸王孙均能做到俭己爱民。后调建德王府，上善其贤，敕命总理十七王府事。其间，胆识过人，嫉恶如仇，遇事敢言，不避触讳，处事公正，深受王室及诸幕僚的尊重与敬畏。历官三十年，一心以社稷国运为重，甘冒杀身之祸与权贵斗争，贤劳茂异，因此朝廷赠“佐理咸宜”之匾，以资表扬。

林一道

林一道（1516—1577），字宏卿，号龙川，明代四十都是洋（今仕阳）人，敕授文林郎。自幼嗜学好问，博通经史，邃学卓才。为人光明磊落，仗义疏财。平生以兴学育人为务，教育生徒务以正心修身为本，并重文史诸课，规制严谨，因材施教。对品学兼优、勤奋进取者，则予奖励表扬，使之竿头日进；对贫乏不能自用，婚葬无力操办者，则捐俸给予救济，使之专心致学。每至一地，必先洞悉民情，以作施政之本。在上杭任教谕四年，教绩卓著，人文蔚起，声誉籍籍。所到之处，政绩斐然，连膺七奖。海内士子，望之如泰山北斗，唯恐不得谒见。之后调任亳州学正。离杭时诸弟子惘然若失，依依不舍，380人为之立“去思碑”于黉宫前，碑文有“德行可法则思，功绩可纪则思，思爱不忍忘，则勒之石”之句。后擢为全椒知县。全椒军民素豪黠，且多权贵，夙称难治。一道公正廉明，依法办事，抑强扶弱，除暴旌良，大政必亲自掌握，不委小吏，凡事皆细加过问，唯恐坑民欺上。夙兴夜寐，勤政爱民，终致风气大转，政通民和。因清勤过甚，积劳成疾。于万历五年（1577）殁于全椒任所，士民皆恸。引柩归梓时，沿途官绅士民具奠致祭，泪湿衣襟，攀号不返。著有《龙川集》手稿。

陶　灌

陶灌（生卒年不详），字君敬，明代五十八都葛阳（今葛洋）人，由增广生例贡国子监。以亲老不仕，居家孝友，家境富裕而乐于施予。嘉靖三十九年（1560），境内东部地区大荒，前来借粮的人很多，他一律“来者即予”，“邑东诸乡赖之全活”。明隆庆四年（1570），创办于宋端拱二年（989）的惜阴书塾（由陶乔四世孙在泰顺葛垟桂峰山麓创建）“蠹朽倾颓”，陶灌捐资重修，并扩建了天井、门楼、围墙。为鼓励族人入学，还捐田三十亩作为办学基金及塾师薪金开支。嘉靖年间（1522—1566），县学宫迁建，他又捐资独建大成门，知县称其为“罗阳高士”。

曾 镛

曾镛（1748—1821），字在东，一字鲸堂，晚号复斋，人称复斋先生，清代城外东隅人（今罗阳三垟）村，后迁居县城内士林坊。自幼好学，通六经、精性理，为文高古。先后在温州中山书院、杭州敷文书院读书九年。乾隆四十二年（1777）拔贡，进入国子监读书，充四库全书馆誊录；五十年，选授浙江孝丰县学教谕；五十五年其父亡故，丁忧回家；两年后出任云和县学教谕。之后受邀请到福建，先后在福州、将乐等地讲学授徒。嘉庆七年（1802），任金华府汤溪县学教谕；九年，浙江西部大洪水造成饥荒，浙江巡抚阮元委任曾镛等人到湖南、湖北采运大米救济灾民，事毕因廉干被推荐担任知县，候选期间回籍主讲罗阳书院；十九年正式出任湖南省东安县知县；出山之日，带学生董斿赴任。在东安七年，廉政爱民，遇民以恩，重视礼教，捐俸兴学；公务之余，“招秀士讲学，远近来受业者甚众”；二十六年，湖南巡抚左辅以“仕学俱优、民安于治”将曾镛推荐给上司。吏部尚书、军机大臣卢荫溥将人引见给道光皇帝，拟升任知州职务，但是时年已晚，不久即卒于东安官署。死后家无余财，其门生及士绅集资为其收敛。著有《复斋诗集》（4卷）、《复斋文集》（21卷）、《复斋制义》。同治八年（1869）入祀泰顺先贤祠和湖南名宦祠

潘 鼎

潘鼎（1775—1835），原名鹏，字程九，又字彝长、调生，清代罗阳人，举副贡，授直隶州判，曾充重庆知府林敏斋幕友，掌教川东书院，成绩卓著，归里后掌罗阳书院。51岁入京都，得到尚书穆崔舫器重，一时名驰京师。鼎为人倜傥好客，亲族中有急难，多请其排解。一生博览群书，乐于造就后进，受业生徒，多沐其益。笔札书法，初习颜体，后自成一家，名噪一时。鼎工书法，善画墨兰。水墨写意，皆有天趣，而所作兰、竹，更为人所钟爱。里邻交游，唯董斿、曾璜为最，尝镌“松亭”“竹坡”“梅溪”三石，自取“竹坡”，以“松亭”“梅溪”分赠董、曾，象征“岁寒三友”。晚年体虚多病，与罗阳南外村里人董斿及青田名士端木国瑚3人建石林精舍，用以授徒讲学及著书立说。一生诗画作品甚丰，惜多散佚。著有《小丽农山馆诗抄》《晤兰室尺牍》。

董 斿

董斿（1775—1842），字仲常，号霞樵，自署太霞山人，清代罗阳人，清廪生。幼慧，书史过目成诵。屡试不第，历游浙、苏、鲁、湘、鄂、陕、滇、蜀等省30余年，所到之处，均与名流逸士会聚，唱酬咏和。其人诚实端方，诗风冲雅温厚，卓然中唐名家，交往者无不惊其才华。清嘉庆三年（1798），李銮宣任温处道，提倡风雅，斿以能诗受知。十九年，曾镛出任湖南东安知县时，他被邀一同前往，担任幕僚和家庭教师，教曾璜的弟弟读书。二十一年，李升任四川布政使，聘往审定诗文。抵蜀四十日，李不幸病逝，无嗣，亲朋雀散。斿为其治理后事，恤眷属，立嗣子，刊诗文，义名震西蜀。四川总督蒋攸铦重其品学，议留斿掌教锦江书院，以资格不合而未成；后特为修书浙江巡抚，盛称其学行为浙中人物第一流，于是得任处州莲城书院山长，历时10年。回故居后，任罗阳书院山长。著有《湘南诗草》《太霞山馆文集》；所辑《罗阳诗始》4卷，收集乡贤54人之诗作623首，盛称于时。

林　鹗

林鹗（1793—1874），少名颉云，字太冲，号愚谷，清代一都李庄（今里光）人，后居七都南院桥下村。出身书香门第，自幼勤奋好学，博览群书。为人磊落耿直，刚正不阿，有“奇士”“正士”之誉。清道光二十二年（1842）考中岁贡后屡试不第，遂弃功名，出任粤西学使孙铿鸣幕僚，后为兰溪训导。告老还乡后，仍热心地方公益事业，于同治三年（1864）倡办南院社仓，并亲自制定《社仓章程》，确保赈济事功。独家修纂泰顺《分疆录》，认真考证，悉心订正旧志疏漏与舛误。对境内地理环境，亲历考察10余年，足迹遍及全县山山水水，订正了旧志疆界之谬误，对全县溪流源头，流经乡村，出口入海等亦一一补记。同治十三年（1874）逝世，享年82岁。未及著述的少数卷文，由其子林用霖续辑完成。林鹗以逾古稀之年纂辑泰顺《分疆录》，父死子继，历经十八春秋，纂成泰顺建县500多年来难得的史籍。除《分疆录》外，其著作尚有《望山堂文集》《花木栅》《借刊录》《阳符笺》《琴学全书》（二卷）等。

潘鸿康

潘鸿康（1856—1922），字弗巨，又字迪斋，清代罗阳人。清光绪二十四年（1898）岁贡。为人笃实浑厚，博学多才，一次在清理古籍中，偶然发现《九章算术》和《算学通考》两书，把书中400多道题全部解出，并将自学心得写成《代数启蒙》和《玉鉴代数》两书刊行。其时正值陈六舟试温州古学，他荣获温属数学桂冠。其数学演草还在《浙江校士录》刊出，从此声名大振，先后被聘为兰溪、乐清、秀水（嘉兴）及福鼎、宁德等县数学教习，深受学生欢迎。前后四次执掌罗阳书院。光绪三十二年（1906），书院改办高等小学堂，任首任堂长，对筹集经费、添置教具、增加班级、扩充校舍等，无不悉心规划。被誉为新学先导者。光绪三十四年，卸校长职，以视学身份下乡宣传文化，倡导新学。民国政府成立后，任劝学所所长，致力革新教育，对全县私塾改为小学堂作过贡献。

周恩锜

周恩锜（1875—1934），原名念琦，字季蓝，秀涧人，清光绪由优廪生中辛丑兼科副贡，时人称其为举人。与兄周恩煦同入诒善祠塾，拜孙衣言、孙锵鸣门下。博学多才，精通文史。年青时候，多在瑞安、平阳一带讲学，深得瑞、平文人的赏识。曾受聘浙江省任考官职。年老还乡，还手不离卷，学而不倦。一生待人和气、谦逊，深受当地人爱戴。

许笃仁

许笃仁（1887—1941），名超，又字福同，横坑人。17岁时，许笃仁负笈到罗阳书院学习，成绩优异。经书院主讲潘鸿康推荐，考入南京优级师范学堂。毕业后，因成绩优异、资质超群，被该校总教习蔡元培推荐到北京任北京图书馆馆员兼北大助教。民国2年（1913），应县知事张元成和劝学所所长潘鸿康的邀请，许笃仁任罗阳高等小学（原罗阳书院）校长。其间，曾赴北京，与温州同乡、词学泰斗夏承焘相识，并成为好友。民国12年，被省立第十中学特邀为国文科教员。民国18年，受邀回泰任教于泰顺师范讲习所。民国23年，因经费短缺，讲习所被迫停办，许笃仁再次应省十中的邀请重返任教。民国27年返乡，与高仲伦等兴办泰顺瓯南公学。民国28—30年，除了在瓯南公学任教外，还在三魁、筱村、莒江等地的自筹高、初中补习班任教。民国30年2月，许笃仁受邀到郑楼温州师范学校短期任教，后在县城三峰寺皈依佛门，不久去世。遗著有《转注浅说》《周易新论》《老子浅说》《周南补诂》《闽语释诂》《虚字含义解释》等，大多为手稿，藏于温州图书馆。

高仲伦

高仲伦（1890—1977），学名秉纲，号楷之，罗阳人。民国5年（1916）毕业于北京高等师范大学史地系，先后在处州（丽水）、宁波、绍兴、温州等中学执教。"七七"事变后返乡，历任泰顺战时中学、温州师范学校（时迁莒江）、泰顺简易师范学校教师。中华人民共和国成立后，再次执鞭于温州师范学校和温州中学，直至退休。毕生致力于教育，长达半个世纪。高对地理教学有专长，素有"地球仪"雅称。能背向黑板描绘地图，准确标出国界、省界、山脉、河流、交通枢纽和省、市、县位置。讲课生动、透彻。剖析全国各地物产、名胜、古今地名变异、历代兵家要塞、重关等，如数家珍。视学生如己子，督查学生作业要求严格，鼓励、资助贫困生尤不遗余力，受其恩惠者甚多。1956年，高仲伦被评为全省首批一级中学教师之一。解放初期当选为县第一、二届各界人民代表会议代表及常务委员会副主席。1964—1968年，被选为第三届省人大代表。

高宗龙

高宗龙（1901—1952），字卧卿，一字悟今，号荣年，罗阳人。毕业于浙江旧制第十师范。民国15年（1926）起，历任中小学教员、小学校长、县教育局长，国民党宣平、永康及县党部书记长，省参议员、省立处州民众教育馆馆长等职。在省立第十中学（温州中学）任教时参加CY（共青团）"四·一二"反革命政变后，涉嫌被捕，羁押于杭州陆军监狱达8个月之久。民国17年加入国民党。民国19年始任泰顺县教育局局长。任职期间，恢复泰顺师范讲习所，开办短期小学，创建民众教育馆、筹设瓯南公学，对发展泰顺教育事业作出较大贡献。

李　铭

李铭（1903—1944），小名李笃良，又名李天明，李松年，化名李力命，洪口人。从小天资聪颖，成绩优异，17岁进温州艺文中学，20岁赴上海劳动大学深造。在上海读书期间加入中国共产党。民国16年（1927）11月10日，和省委特派员郑敬衡同乘"海晏"轮由沪到温领导农民暴动。郑敬衡在温州码头被捕，李铭脱险潜回泰顺，带回一批宣传资料和油印工具。先后在洪口、百丈、罗阳等地张贴革命标语，并发动叶崇培、刘立铎、杨子麟等十余人秘密开展革命活动。民国17年秋在洪口被捕入狱。翌年，罗阳镇地方绅士多人具保释放就医。出狱后即偕刘立铎、叶崇培等避难福建8年之久。民国26年，回家乡洪口。民国28年，经乡民荐举，任洪口小学校长，捐助400银元作办学资金，赠送楼房一幢给学校为舍，并以学校为阵地，开展革命活动。民国33年6月被捕，次日被害。

张福履

张福履（1909—？），戬州人。13岁由雅阳高小毕业考入省立温十中。毕业后即回雅阳高小执教，曾任校长职。民国23年（1934），调任县政府建设科度量衡检定员，不久又升任为县苗圃主任。抗战爆发后，弃职奔赴嘉兴参加抗战活动。嘉兴沦陷后，返回温州，在平阳敖江北港水头新四军训练班任课。不久离温返泰。返泰后，四出活动，县长派人跟踪。张福履即星夜赴温。之后，辗转丽水、上饶等地。抗战胜利后任省教育厅督导员职。中华人民共和国成立后，加入中国民主同盟，转教于省技校、省工校、浙大，为钱塘书画研究社发起人之一。

胡维基

胡维基（1910—1978），乳名圆周，字飞翰，雪溪人。肄业于上海劳动大学，继转英语专科深造。民国18年（1929），与高仲伦、许笃仁、叶公望等创建并任教泰顺师范讲习所。1950年，再次受聘任教泰顺初级中学。在此前后，曾任福建沙县《沙县周报》编辑，浙江省遂昌、青田、嘉兴、松阳等县政府科员、秘书、区长和浙江省政府人事处股长。平生酷爱数学，自泰顺初级中学离任后，返回故里潜心研究数学，虽生计维艰，但仍矢志不渝。曾研究世界数学难题"任意角"。获得成功后，得到国务院办公厅的表彰，但因此项专题已被德国人于一周前发表，故未能跻身世界数学家之林。继之则研究"五次以上高次方程解法"，以近13年的刻苦钻研，反复验算，结果完全准确，不幸在大功即将告成之际病逝。浙江省科委曾派专家到泰顺抢救该项成果，但终因病情过急，论文未撰，该项成果最终未能问世。

徐志炎

徐志炎（1911—2002），字寄园，罗阳人，泰顺师范讲习所首届毕业生。民国时期，曾任县建设科长职。抗战期间，任《泰顺新报》编辑。1950年，在罗阳山头垄小学任教。1952年，在毛垟乡岩头小学任教。1958年，被定历史反革命，下放生产队劳动。1984年，县人民政府对其作退职待遇安置。平生爱好诗词、书法；师从许笃仁，为人刚正不阿。1989年，被聘任县志顾问，自编有《寄园吟草》传世。1992年起，收集泰顺乡贤名人诗词幸存作品，呕心沥血。1998年，主编出版《泰顺先哲诗词》。其书法苍劲老到，行书自成一家，深受名家赞赏。

翁同文

翁同文（1914—1999），翁柽长子，翁山人。民国24年（1935）考入清华大学历史系，抗战期间转到昆明西南联合大学文学院，先后受教于俞平伯、陈寅恪、雷海宗、钱穆、金岳霖等国学大师。大学毕业后，留西南联大师范学院教育系任助教，又曾执教国立东方语文专科学校、云南大学、上海圣约翰大学。民国37年，自费赴英国留学，开始长达30年的国外生活。最初在英国伦敦大学留学，后到法国巴黎，1955年被法国汉学界领袖、巴黎大学高级研究院的中国史学家白乐日聘请为助理，襄助"宋史研究计划"，并受命编纂《宋代人物生卒及第年录》。此后历任德国波恩鲁尔大学中文系教授、美国威斯康星大学东方语言系教授、新加坡南洋大学教授。1968年，往新加坡任南洋大学教授。1977年应台湾东吴大学端木恺校长多次邀请，赴台任该校历史系教授，主要讲授唐宋史。退休后仍被该大学继续聘用。在宋史、魏晋南北朝文化史、四库提要考订、科学技术、古文献考证、"红学"等方面，均有不菲研究成果。出版专著《中国科学技术史论丛》《艺林丛考》《四库提要拾补》《中国坐椅习俗》等7部。1989年，他和胞弟翁同伦等出资设立"爱泰顺育才基金"和"翁氏昆仲爱家乡育才基金"，奖励翁山优秀师生，共有1200多人（次）获奖。

林永中

林永中（1916—1953），又名林书松，化名老洪，福建省福鼎县前岐人，曾任小学教师。民国27年（1938）初赴武汉抗日学校受训3个月后入伍，同年5月加入中国共产党。抗日战争与解放战争时期，一直在浙闽边区，与陈辉、刘宝生等一起，开展抗日救亡运动，建立各级党组织，并领导武装斗争。1949年8月任县人民政府县长，12月县文教科向县长林永中提请设立县立中学。1950年3月县立补习中学创办，林永中兼任校长。病逝时仅留下一支随身携带的驳壳枪和几件旧衣，别无长物。1956年7月，县人民政府追认其为革命烈士。

叶　岳

叶岳（1929—1989），西旸人。1953年任三魁区完全小学副教导主任。1954年任洲岭乡小学副校长。1958年5月被错划为“右派分子”。1961年10月摘帽，1962年下放原籍参加农业生产。1977年重新参加教育工作，在西旸镇叶瑞旸小学任教。1978年县委对其恢复政治名誉。1982—1983年度连续被授予温州市先进教育工作者称号。1983年2月获省“五讲四美”为人师表优秀教师称号。1983年被评为全国优秀班主任，荣获金质奖章。

朱昌培

朱昌培（1932—1994），文成县人。中共党员。小学高级教师。1955年毕业于温州师范学校，分配泰顺工作，先后任县实验小学党支部书记、副校长。任副校长30年来，始终坚持教学第一线工作，探索教法，练就一身过硬的教学基本功。他教书育人、为人师表、率先垂范、成绩显著，数十次获得校、县级先进称号。中共十一届三中全会以来，先后获得市劳动模范、省优秀教师、省首次“报晖奖”等荣誉称号。1985年当选为县政协委员。1988年被评为全国优秀教师。1989年当选为市第六届党代会代表。

第二节　人物简介

吴应天

吴应天（1924—），原名吴竟，筱村镇人。国内文章结构学首创者、教授，北京海淀教育学院研究员。幼时在当地的私立候林小学读书，后考入省立温州师范。民国38年（1949）4月，考入华东军政大学，并被选入政文研究班。1951年调任该校高级干部班助教和军事学院文化教员。1953年兼任文史专修室副主任。1956年兼任《军学生活》特约记者，并出版《神秘的自行车队》《巧打钟鼓楼》《怒海轻骑》（电影故事），同时参加编写《语文基础知识》（内部出版）。1958年调任高等军事学院教员。1959年之后，转业到地方，在北京海淀教师进修学院和北京教育学院任教，并担任北京海淀教育科学研究所研究员。1982年在《写作》杂志发表《自然科学的基础学科》，受到钱学森教授的支持。1988年出版《古代散文鉴赏辞典》（晋赋部分）。1989年出版中国第一部《文章结构学》。

林　欣

林欣（1926—），百丈镇人，法学专家。民国29年（1940）毕业于泰顺战时补习中学。1944年7

月毕业于温州中学初中部，1947年7月毕业于杭州高级中学，1952年7月毕业于北京大学法律系。先后任中国人民大学外交系教师、中共中央政治研究室研究员、安徽大学外语系教师、《中国社会科学》杂志编辑室负责人、《中国国际法年刊》编委、中国政治大学硕士研究生导师、中国社会科学院研究所研究员、教授和中国法律咨询中心法律咨询顾问。长期研究国际刑法和国际私法，著有《国际法中的刑事管辖权》。1991年5—6月，作为国际法学家，出国赴比利时和芬兰考察国际法问题，在芬兰国际法学会用英语作国际法问题的学术报告。

周公度

周公度（1931— ），泗溪镇人，化学教育家。1946年毕业于温州师范学校，1948年毕业于南京励志中学，1950年入华西大学化学系，1952年院系调整转至四川大学，1953年毕业，旋即入北京大学化学系做研究生，1957年研究生毕业一直留校任教。1973年起先后聘任为副教授、教授，并被香港中文大学聘为客座教授。在北京大学，他长期担任物理化学实验、晶体结构测定及结构化学等科目的教学工作。曾连续20年在北京大学化学系主讲结构化学基础课。从20世纪70年代末起，先后应聘在北京、成都、郑州、西安、贵阳、惠阳、呼和浩特、西宁、香港等地为中国科学院及高等学校的教师和研究生讲学。1984年被高教部聘为理科教材编审委员，1990年被国家教委聘为首届高等学校化学教学指导委员会成员。1978年起先后担任《化学学报》《中国化学（英文版）》和《结构化学》等科学期刊的编委。主要科学著作有《晶体结构测定》《无机结构化学》《结构化学基础》《现代化学中的晶体学》等。

林汝聘

林汝聘（1934— ），筱村镇人，数学教育家。中学就读于温州第一中学，1957年考入南京大学数学天文系数学专业，1962年毕业于南京大学。1962年9月分配到上海铁道大学基础教学部数学教研室任教员。20世纪60—70年代，主要担任数学学科的教学工作，1980年开始调任研究生的教学工作，并开设大学本科生高年级学生的选修课，讲授矩阵理论等科目。编写有《线性代数》《矩阵理论》和《数学物理方程中的数学方法》等教学用书，同时亦参加铁道部工程师培训班的教学工作。1980年以后参与高铁信号研究，研究铁路轨道道岔区段信号参数的测量与计算。曾参加研制"轨道参数台式专用计算机"项目，该项目获得铁道部1982年科技三等奖。曾被聘为上海市教师系列高级职称评委会数学学科组评委组组员。

梁祥丰

梁祥丰（1938— ），筱村镇人，电子科技专家。1957年考取清华大学无线电系电子物理专业。1963年毕业后分配到国防科委823部队研究所从事电真空技术研究工作。1978年攻读激光技术研究生，1981年毕业，获工学硕士学位后继续从事理论研究工作。1982年开始负责组建电子部电子工业出版社，之后在该出版社工作，直至1999年退休。在此期间连续担任3年副社长和14年社长。1991年开始享受国务院特殊津贴。曾长期兼任中国软件行业协会副理事长、中国电子学会常务理事兼出版委员会主任、全国科技出版委员会副主任等职务。20世纪90年代中期被聘为中国科技大学的兼职教授，协助培养研究生。1991—2010年兼任着全国软件出版专业委员会的会长；2002—2008年出任中国首家上市传媒公司——北京赛迪（CCID）传媒集团的独立董事和顾问。

潘立登

潘立登（1938—），罗阳镇人，化工自动化专家。1956年考入天津大学化工自动化专业，毕业后分配北京化工大学自动化系工作。1981—1983年在加拿大多伦多大学作访问学者。1988—1989年任美国3I公司仪器仪表副总工程师，负责国家“七五”重点工程子项目分离蛋白厂的计算机控制。曾任北京化工大学学位委员，北京化工大学学报及一些杂志编委，自动化研究所所长，中国自动化学会过程控制专业委员会常委，国家自然科学基金、863项目和浙江省及国内外一些基金项目的评审专家，清华大学等高校和研究院所教授、博导资格的评审专家，国家、教育部和北京市科学技术奖评审专家，北京市科技会堂专家，自动化学报和清华大学学报等的审稿专家。拥有十多项软件著作权和发明专利，出版专著《化工对象动态特性测试方法》《先进控制与在线优化及其应用》，主编出版《石油化工自动化》《过程控制技术原理与应用》《过程控制》等。

吴 传

吴传（1940—），仕阳镇人，国内高等教育管理学科学术带头人。1959年考入南京航空学院无线电系，1964年毕业后留校任教，1982年起调任校机关从事教育管理工作至2000年12月底退休。在担任教师期间，多次组织校“产学研”教改实验小分队和技术人员培训班；为研究生、本科生开设过“信号、系统与控制”“脉冲与数字电路”等7门课程；参与或独立完成解放军总参谋部等部委下达7个重大科研任务。1994年调任校党委宣传部部长，1998年起兼任人文社会科学学院院长至退休。先后担任江苏省研究生教育研究会副秘书长、航空工业部研究生教育研究会副秘书长、南京航空航天大学学术委员会委员、南京航空航天大学职称评审委员会委员、南京航空航天大学学报(社科版)编委会副主任等社会职务。著作有《高等工程教育概论》《时事与政策》等。

林 丛

林丛（1940—），仕阳镇人，小学特级教师。1957年11月入伍，历任民办、代课、公办教师，教导主任等职。1958—1981年，曾数十次向全区、全县和毗邻省县的同行开观摩课、研究课，获得一致好评。自任县实验小学教导主任以来，热心地培养年青教师，精心地组织教研活动，为全县的教育教学改革尽心竭力。其教学论文多次在县、市交流并刊出。1987年，被聘任为小学高级教师。1985—1987年连续两年被评为市劳动模范。1986年被评为省优秀教师，1989年被评为全国优秀教师。曾参与编写《小学班主任工作原理》一书。1998年被省人民政府授予特级教师荣誉称号。

徐志伟

徐志伟（1941—），百丈镇人，复旦大学教授、复旦大学出版社社长。初中毕业于泰顺一中，1959年高中毕业于瑞安中学，1964年毕业于复旦大学核物理专业。留校后，担任助教、讲师，从事教学、科研和学生政治辅导员工作。1982年起，担任复旦大学原子核科学系副主任。1983年，调复旦大学人事处，先后担任科长、副处长。1985年起，担任复旦大学人事处处长并连续两届当选为中共复旦大学委员会委员。1988年被评定为副研究员。1989年初，调任复旦大学材料科学系副主任，直接参与重点工程项目——“国家微分析中心”的建设和国家重点科技攻关项目，获电子工业部奖励证书。1995年4月出任复旦大学出版社社长。2000年5月，评定为编审（教授）。退休后任华东地区大学出版社协会理事长、上海市出版工作者协会副主席等。

陈顶忠

陈顶忠（1942—），泗溪镇人。1967年入伍，1980年任泗溪镇下桥小学校长。自制教具50多件，补充电化教学中不足部分。参加县、市、省级演示都获得一等奖。教具“精彩的马戏”获省三等奖，“火山爆发”投影器获省一等奖并参加国家级演示。《浙江教育》《浙江教育报》《温州日报》先后8次报道陈顶忠的先进事迹。自1980年以来，先后多次获得县级、市级、省级荣誉称号。1989年被评为全国优秀教育工作者。

夏志松

夏志松（1943年—），百丈镇人，植物病理学专家。1965年毕业于浙江农业大学蚕桑系，1985年赴日本东京大学学习，1998年作为高级访问学者赴日本东京大学协作研究，一直从事桑树病理学研究。2001年7月晋升为研究员，享受国家政府特殊津贴。中国植物病理学会江苏省理事，中国蚕学会会员，中国植物病理学会会员。长期从事桑树保护研究，在植物病原类菌原体、桑树萎缩病、桑赤锈病、桑紫纹羽病、桑瘿蚊防治等研究上取得重大突破。研制出桑MLO特异单克隆抗体等均居国际先进水平。参加编写《实用桑树保护学》《世界蚕丝业》《中国农作物主要病虫害》等专著。获省部级科技进步奖6项。“桑黄化型萎缩病病原及防治技术体系”获1993年农业部科技进步二等奖。

郭华华

郭华华（1944—），女，浙江省萧山人。长期在泰顺从事教育工作，先后担任24个班的班主任。教学中十分注意培养学生的学习兴趣，采用游戏教学、小品表演、四人小组讨论、同桌活动等多种形式来发展学生的观察、思维、分析、想象、记忆能力。1980年以来，所任教的三届毕业班升学率为100%。1989年调县教研室担任小学低段语文教研员。先后被评为县、市优秀班主任、优秀中队辅导员、优秀少年工作者。1989年被评为全国优秀教师。

刘美英

刘美英（1947—），女，三魁镇人。1966年7月毕业于温州师范学校，小学高级教师，曾任三魁镇中心小学校长。多次被推选为县人大代表、市人大代表和县、市党代会代表。1995年5月，被评为市少先队事业功臣。1998年9月获市十佳优秀教师、市师德标兵称号。1998年9月荣获全国教育系统劳动模范和全国先进教育工作者荣誉称号。2001年9月被授予省“功勋教师”荣誉称号。

张维德

张维德（1951—），罗阳镇人。1984年9月温州师范学院中文系毕业后，担任泰一中高中语文教师、班主任、语文教研组长、教导主任等职。曾任泰一中教导主任，兼任县文协主席，为县第十届人大代表、市文学研究会理事。1985年、1986年、1987年连续三年被评为县级“为人师表”优秀教师；

1989年被授予“全国优秀教师”光荣称号。

董传万

董传万（1951—），罗阳镇人。中国矿物岩石地球化学学会地幔矿物岩石地球化学专业委员。1973年就读于南京大学地质系岩石矿物专业，1977年在浙江大学地质系任教至2012年。1988年在南京大学获理学硕士学位，1993年俄罗斯国立莫斯科大学访问学者，1997年在南京大学获理学博士。长期从事岩石学和矿物学的教学和研究工作，主持过国家自然科学基金及973、863等国家级科研项目多项。曾与浙江省文物考古研究所合作，进行科技考古，鉴定和研究良渚遗址群内大量史前玉、石器及良渚古城墙等遗址。曾获省政府科技进步奖多项；在《LITHOS》《CHINESE SCIENCE BULLETIN（科学通报）》《岩石学报》《矿物学报》等国内外高级别刊物上发表过50多篇科学论文；编著有《珠宝首饰系统评估导论》《山水探秘——浙江大地精品游》等。

雷建阳

雷建阳（1953—），畲族，仕阳镇人。1974年毕业于省少数民族师范学校，曾任章成乡中心校任教导主任、校长。1985年度评为市级“为人师表”优秀教师，1989年获省级“春蚕奖”，1990年度被评为市“先进教育工作者”。1991年获得全国优秀教师光荣称号。

吴松弟

吴松弟（1954—），罗阳镇人。中国移民史、人口史的重要研究者之一，中国近代经济地理研究的主要开创者和学术带头人。1974年应征入伍。1978年从部队考入东北师范大学历史系，1982年7月本科毕业，获历史学学士学位。1983年9月考入复旦大学中国历史地理研究所读研究生，1986年7月毕业，获硕士学位并留所任教。1990年师从谭其骧院士攻读在职博士，1993年1月获历史学博士学位，2000年升教授、博士生导师。曾在英、美、日和港台地区的多所大学任客座研究员。2010年10月起担任历史地理研究所所长、教育部重点研究基地复旦大学历史地理研究中心主任、中国地理学会历史地理专业委员会主任、《辞海》（第七版）分科主编等职。主要研究中国历史经济地理、中国人口史和区域经济史。先后出版六卷本《中国移民史》之第三卷（隋唐五代时期）和第四卷（辽宋金元时期）、《南宋人口史》、《两唐书地理志汇释》等个人专著15部。发现、整理、出版《美国哈佛大学图书馆藏未刊中国旧海关史料》共279册。享受国务院政府特殊津贴。

薛学共

薛学共（1956—），三魁镇人。中国近现代史学科学术带头人，硕士生导师；国防科技大学社会科学学部委员，湖南省中共党史学会、湖南省历史学会常务理事，曾国藩研究会副会长。1974年12月入伍，参加铁道兵。1978年9月考入黑龙江佳木斯师范专科学校政教系，次年分配到长沙铁道兵学院任历史教员。1987年6月至1990年6月，于湖南师范大学历史系攻读中国近代史硕士，师从著名历史学家林增平。2001年6月至2004年6月，在湖南师范大学历史文化学院攻读历史学博士，师从郭汉民教授。主要研究方向为中国近代军事思想史、湖湘军事文化思想。出版《燃烧的黑土地》《民族之魂》《周恩来超常智慧》《湖湘文化与毛泽东军事思想研究》等10余部专著，主持和参与《世纪之交的人口变化与兵役制度改革研究》《军队高素质专业人才培养研究》等国家、军队以及湖南省的科研课题10余项。

潘长旺

潘长旺（1957—），罗阳镇人，温州医科大学病原生物学学科带头人。1974年毕业于泰一中，1977年进温州医学院临床医学系学习，1982年考入南京医科大学高师班，1985年回温州医学院历任病原生物学寄生虫学教研室助教、讲师、副教授、教授。任温州医科大学继续教育学院院长，温州医学院食源性疾病安全研究所所长，中华药文化学会常务理事，中国动物学会专业委员会理事，浙江省血吸虫病防治委员会副主任委员，浙江省"151"跨世纪学科带头人，温州市"551"第一层次人选，《中国人兽共患病杂志》编辑委员会委员，《中国病原生物学杂志》常务编委。首次在中国大陆报道广州管园线虫病并攻破其诊断治疗的难题，承担国家级省部级多项课题，是教育部、科技部、卫生部、浙江省科技厅、教育厅、卫生厅、省自然科学基金评审专家。

张庆勉

张庆勉（1962—），三魁镇人，中学特级教师。1983年7月毕业于杭州大学生物系，理学学士。同年到泰一中担任生物教师，曾担任生物地理教研组长、年级组长、教务处副主任。先后担任过县科协副主席兼秘书长，县政协委员、常委，市科协委员、常委，民盟温州市委调研工作委员会常务副主任。1998年9月被评为省第六批特级教师。1998年12月经选调到市教育教学研究院工作。

曾陈家

曾陈家（1962—），泗溪镇人，中专文化，小学高级教师。先后在泰六中、泰七中、县实验小学任体育教师。1989年评为省体育工作先进个人。1992年被评为省优秀体育教师。1993年被评为全国优秀教师。

谢景秋

谢景秋（1962—），仕阳镇人，中国数学学会会员，中学高级教师。1988年后一直在泰一中（泰顺中学）任教。1994年被评为省优秀教师，1997年被评为市"师德标兵"，1998年被评为省"师德楷模"，1999年被评为省劳动模范和省优秀共产党员，2001年被确定为省"5522"名师培养对象，2004年被评为全国优秀教师。

林须端

林须端（1963—），雅阳镇人，电子科技专家。1984年毕业于浙江杭州大学数学系数学专业。1987年硕士学位毕业于北京邮电大学信息工程系应用数学专业。1990年博士学位毕业于北京邮电大学电信工程系通信与电子系统专业。博士毕业后在北京邮电大学信息工程系任教，从1992年起聘任为北京邮电大学教授。1992—1994年担任北京邮电大学信息工程系系副主任。1994年作为博士后在韩国电子与通信研究所从事数字移动通信系统研究。1995年作为访问教授在澳大利亚国立大学和英国伦敦大学从事移动通信与通信编码研究。1996年作为客座教授在瑞士高等技术研究院从事数字信息编码与数字卫星通信研究。1997年在美国华盛顿大学从事信息理论与数字通信技术研究。1998年起在美国硅谷高科技企业从事数字缆线接收芯片，数字卫星接收芯片和机顶盒芯片研发，以及宽带有线通信系统与视频度媒体系统研发。2003年在美国硅谷创办个人化数字电视技术公司。后在美国硅谷哈雷技术公司从事网络数字电视和云端视频信息处理与传送的系统架构研发。出版专著有《编码与密码学》《信息论与最优编码》，获批美国专利9项。

卓仲畅

卓仲畅（1963—），雅阳镇，国家科技部国际科技合作计划评审专家，自然科学基金通讯评审专家。1985年在吉林大学物理系获得磁学专业学士学位。1993年在燕山大学信息工程学院获得电路与系统专业硕士学位。2005年在吉林大学电子科学与工程学院获得微电子学与固体电子学专业博士学位。2007年10月至2008年10月，韩国仁荷大学光子信息处理中心研究教授。2009年10月至2009年10月，韩国国立教育大学物理系访问教授。2010年4月至2010年6月，西班牙马德里康普顿斯大学光学系访问教授。主要从事光电子学、光纤光学、非线性光学方面的研究工作，为美国光学学会会员，西班牙光学学会会员编委，受邀为《纳米技术与精密工程》《吉林大学学报》《物理科学》等学术期刊审稿人。

胡荣党

胡荣党（1965—），百丈镇人，口腔正畸学教授、主任医师、硕士研究生导师。1986年毕业于浙江大学口腔系，同年分配到县人民医院工作。1993年到温州医学院附属第二医院工作。2008年获得同济大学博士学位。2002年温州医学院口腔医院成立后，历任正畸科主任、医院副院长。曾主持多项国家级、省级继续教育项目。从2006年起主管温州医学院口腔医学本科生、研究生和留学生的教学工作。2006年到英国爱丁堡大学牙学院访问学习，2009年获得英国爱丁堡皇家学院口腔正畸专业院员资格。2010年，作为访问学者赴美国华盛顿大学学习临床科研和教学管理。兼任卫生部规划的高职、高专教材编委，《中华口腔正畸学杂志》《口腔医学研究》等杂志编委，中华口腔医学会正畸专委会委员，中医师协会睡眠医学专家委员会第一届委员，省口腔正畸指导中心专家委员会第一届委员，省医学会医学教育分会第五届委员，市口腔医学会第一届副会长，市医学会美容美学专业委员会副主任委员。

翁学进

翁学进（1965—），筱村镇，中学特级教师。先后在泰六中、泰五中、县城关中学、杭州市胜蓝实验学校、杭州市大成岳家湾实验学校任教数学，历任教导处主任、副校长、校长等职务。先后获得市先进教育工作者、市优秀教师、省春蚕奖荣誉称号。先后有《融人文教育于数学课堂教学》等30多篇教育教学论文在省、市级报刊、杂志上发表或获奖，曾承担多项省市级教研课题。2006年被评为浙江省中学特级教师。

张庆费

张庆费（1966—），三魁镇人，植物学专家。1988年7月毕业于浙江林学院林学系；1988年7月至1990年8月，在县罗阳林场工作；1993年7月毕业于东北林业大学林学系，获生态学硕士；1996年7月毕业于华东师范大学环境科学系，获生态学博士学位。1996年7月至2012年12月，在上海市园林科学研究所工作，教授级高级工程师，曾担任副所长、园林杂志社社长兼主编。受聘担任华东师范大学和上海应用技术学院生态学专业研究生导师。主要从事城市绿地生态、城市森林和城市生物多样性研究，主持完成20多项上海市科委、市建委、市绿化市容局课题，获多项科技奖项。曾获得上海市园林局“十佳园林青年”，上海市绿化林业行业生物多样性学科带头人。主要学术兼职有中国林学会森林生态分会理事与城市森林分会理事、上海市林学会常务理事兼城市森林专业委员会主任、上海市风景园林学会理事等。主编《环境修复绿化植物》。

董圣足

董圣足（1969—），罗阳镇人，教育研究专家。1991年7月毕业于南京农业大学，进入市委政策研究室工作，1993年辞职。历任温州地区多家大中型企业高管职务。2001年，调入上海建桥（集团）有限公司及其所属单位上海建桥学院工作，其间获得浙江大学工商管理硕士学位和华东师范大学教育学博士学位。曾任上海建桥（集团）有限公司副总裁、董事会秘书长等职。2010年10月，调任上海市教育科学研究院民办教育研究所所长。出版有学术专著《寻找职业校长》《民办院校良治之道》《民办高校发展战略选择》3部，参编教育类书籍5部（其中2部为执行主编）；主持完成或重点参与各类教育科研项目30多项。主要社会兼职有中国民办教育协会常务理事、中国教育发展战略学会终身教育专业委员会副理事长、北京师范大学中国教育政策研究院兼职教授、华东师范大学国家教育宏观政策研究院特聘教授。

胡戎恩

胡戎恩（1969—），罗阳镇人。1986年进入县人民法院工作。1989年毕业于全国法院干部法律大学（专科）。1996年毕业于北京大学法律系。2000年毕业于北京大学法学院（研究生、硕士）。2004年毕业于北京大学法学院（研究生、博士）。2001年9月起在上海政法学院工作，先后任法律系教师、宣传部副部长。2007年10月至2009年9月，参加中组部、团中央西部博士服务团，挂职担任贵州省铜仁地区行政公署专员助理、党组成员；2009年10年起，在上海政法学院任民营经济法治研究院院长、立法与法治研究所所长、培训部主任。2011年，挂职上海市人大法工委，担任主任助理半年。主要社会兼职：上海温州青年联合会执行主席、上海温州人才联谊会执行会长、上海工商联温州商会顾问、贵州省铜仁地区行政公署经济顾问、上海市人大立法专家组成员等。著有《走向财富——私有财产权的立法保护》《流动的土地——贵州铜仁地区土地流转社会调查》《天使抑或魔鬼：民间金融实证研究与立法》，主编《民企十年十大争议案例》《民营经济法治指数报告》。

曾文俊

曾文俊（1969—），罗阳镇人，中学特级教师。1988—2002年，先后在泰二中、泰一中任教。2002年9月，经招聘调入温州中学。担任中学生物教研组长、温大硕士生导师、省生物教育分会常务理事、市生物教育分会副理事长、省动物学会理事。2000年被评为省教坛新秀，2005年被评为省教科研先进个人，2006年确定为市“551人才工程”第二层次培养人选，被评为省中学生物特级教师。2007年被评为教授级中学高级教师。主编或参与编写《生物点金》《高中会考标准》《高考总复习导引》等10多种教学用书。

张明洲

张明洲（1970—），罗阳镇人。“生物化学与分子生物学”学科硕士生导师、省中青年学科带头人、省新世纪151第三层次人才、全国质量监管重点产品检验方法标准化技术委员会食品检验方法专业工作五组副组长、省农产品安全标准与检测技术重点科技创新团队核心成员、中国计量学院“微生物学”学科负责人。1993年6月毕业于浙江大学（原杭州大学）生物化学与微生物学专业，获理学学士学位；1996年6月毕业于浙江大学（原浙江农业大学）环境微生物专业，获理学硕士学位；2002年6月毕业于浙江大学生物物理学专业，获理学博士学位；2002年6月毕业后进入中国计量学院生命科学学院工作，主要研究方向为食品安全快速检测技术研究；2002年11月至2003年6月应邀前往瑞典农业大学进行合作研究工作。主持承担与参加国家级、省部级与杭州市科技局项目20多项，授权国家发明专利11项、授权实用新型专利3项，获国家质检总局“科技兴检”奖一等奖1项。

杨小牛

杨小牛（1973—），雅阳镇人，中国科学院长春应用化学研究所所长助理，兼任中国科学院高分子复合材料工程实验室主任。国家创新人才推进计划“中青年科技创新领军人才”第一批入选者，国家杰出青年科学基金、中科院“百人计划”获得者。主要研究领域为高分子结构与性能、聚合物太阳电池、高分子电磁和噪音抑制材料等。在国际权威期刊上发表论文90余篇，被引用3300余次；受Wiley—VCH邀请，组织全球17位著名科学家主编国际专著1部。申请专利24件、获权15件。主持科技部、国家基金委和中国科学院等多项重要科研项目。在聚合物太阳电池、半导体/绝缘体高分子复合材料等方面取得系列重要创新成果。研制的两类战略高技术新材料填补了国内空白，并在国防建设中获批量应用。先后获国家国防科技进步二等奖、吉林青年五四奖章、中国科学院创新文化建设先进个人、中国化学会—巴斯夫公司青年知识创新奖、中国科学院青年科学家奖等荣誉称号。

董直庆

董直庆（1974—），罗阳镇人，管理学博士，韩国首尔国立大学博士后，上海市曙光学者，华东师范大学紫江青年学者，中央统战部党外经济信息联络人，东北亚国际金融控股集团公司董事，华东师范大学商学院企业管理系教授、博士生导师，兼教育部国家重点实验室吉林大学数量经济研究中心教授、博士生导师、助理主任。获吉林大学首届青年学术领袖人才计划、吉林大学首届优秀青年人才计划、吉林大学十大杰出青年提名，兼任中国数量经济学会会员、国家社科基金、教育部人文社科基金和教育部留学回国人员科研启动基金项目评审专家，《中国社会科学》《经济研究》《吉林大学社会科学学报》等审稿专家。2012年获国家留学基金委全额资助，赴美国哥伦比亚大学经济系和福特汉姆大学商学院任访问学者。主要从事生产要素质量、企业生产效率和经济增长领域研究，主持国家及省部级课题几十项。在国内外刊物发表论文近百篇。

附录十：荣誉名表

1958—1990年获得国家级和省级荣誉称号教师名录

表14-1-1

年　份	姓　名	性　别	称　号
1958	蓝家呈	男	全国优秀民师
1958	涂玉长	男	省文教先进工作者
1958	苏尾菊	女	省文教先进工作者
1958	包明传	男	省文教先进工作者
1959	吴自杰	男	省文教先进工作者
1960	吴自杰	男	省文教先进工作者
1960	吴家清	男	省文教先进工作者
1960	杭圣福	男	省文教先进工作者
1961	苏尾菊	女	全国“三八”红旗手
1962	林兆祥	男	全国普通话教学观摩优秀教师
1978	吴自杰	男	省文教先进工作者
1979	朱清顺	男	省优秀少先队辅导员
1979	梁益昌	男	全国新长征突击手
1980	陶思超	男	省普及初等教育先进工作者
1980	周　普	男	省首届优秀体育教师
1981	朱清顺	男	省优秀少年儿童工作者
1983	苏尾菊	女	省先进教育工作者
1983	夏罗钗	女	省“五讲四美”为人师表优秀教师
1983	李　柽	男	省“五讲四美”为人师表先进教师
1983	叶　岳	男	省“五讲四美”为人师表先进教师
1983	叶　岳	男	全国优秀班主任
1986	林　丛	男	省优秀教师
1986	钱爱莲	女	省先进教育工作者
1987	叶诗旗	男	省先进教育工作者
1987	洪仕明	男	省先进教育工作者
1987	夏清华	男	省体育教学先进工作者
1987	吴学范	男	省实验中心建设先进工作者
1987	陶思超	男	省财务先进工作者
1988	朱昌培	男	全国优秀教师
1988	朱昌培	男	省“报晖奖”
1988	夏志才	男	省先进教育工作者
1989	陈顶忠	男	省第二届“春蚕奖”
1989	杨道祥	男	省第二届“春蚕奖”
1989	张凤志	男	省第二届“春蚕奖”
1989	雷建阳	男	省第二届“春蚕奖”
1989	刘德泽	男	省第二届“春蚕奖”
1989	蔡雪家	男	省第二届“春蚕奖”
1989	夏克巧	男	省第二届“春蚕奖”
1989	包美珍	女	省第二届“春蚕奖”
1989	白翠华	女	省第二届“春蚕奖”

续表14-1-1

年 份	姓 名	性 别	称 号
1989	蓝端彬	女	省教育系统先进财会工作者
1989	严进军	男	省体育卫生先进工作者
1989	曾陈家	男	省体育工作先进个人
1989	林 丛	男	全国优秀教师
1989	张维德	男	全国优秀教师
1989	郭华华	男	全国优秀教师
1989	龚学晋	男	省优秀辅导员
1990	朱昌培	男	省普及初等教育先进工作者
1990	何宇罗	男	省第三届“春蚕奖”
1990	林宜亩	男	省第三届“春蚕奖”
1990	林上德	男	省第三届“春蚕奖”
1990	李爱玉	女	省第三届“春蚕奖”
1990	蓝其明	男	省第三届“春蚕奖”
1990	翁信德	男	省第三届“春蚕奖”
1990	陶育禾	女	省第三届“春蚕奖”
1990	夏秋芬	女	省第三届“春蚕奖”
1990	蔡桂芳	女	省第三届“春蚕奖”
1990	罗翠柳	女	省第三届“春蚕奖”
1990	汤孝妙	男	省第一届“绿叶奖”
1990	季龙侯	男	省优秀班主任
1990	包达品	男	全国农村优秀体育教师
1990	蓝久林	男	省教育系统抗台救灾先进个人
1990	夏盛标	男	省教育系统抗台救灾先进个人
1990	夏继业	男	省教育系统抗台救灾先进个人
1990	吴安福	男	省教育系统抗台救灾先进个人
1990	余序鸿	男	省普及初等教育先进工作者
1990	吴道积	男	省普及初等教育先进工作者
1990	曹仲生	男	省普及初等教育先进工作者
1990	张庆岗	男	省普及初等教育先进工作者
1990	张善谦	男	省普及初等教育先进工作者
1990	陈成超	男	省普及初等教育先进工作者
1990	苏忠香	男	省普及初等教育先进工作者
1990	林志雄	男	省普及初等教育先进工作者
1990	林乃福	男	省普及初等教育先进工作者
1990	林在旭	男	省普及初等教育先进工作者
1990	周祖孝	男	省普及初等教育先进工作者
1990	蓝天宝	男	省普及初等教育先进工作者
1990	蔡家允	男	省普及初等教育先进工作者
1990	林典佐	男	省普及初等教育先进工作者
1990	林直彩	男	省普及初等教育先进工作者
1990	夏盛溪	男	省普及初等教育先进工作者
1990	毛定永	男	省普及初等教育先进工作者
1990	罗式景	男	省普及初等教育先进工作者
1990	蓝中堂	男	省普及初等教育先进工作者

1991—2012年获得国家级和省级荣誉称号教师名录

表14-1-2

姓　名	性　别	所在单位	荣誉称号	授予时间	授予单位
陶思超	男	泰顺一中	省教育系统优秀后勤工作者	1991.5	省教育委员会 省教育工会 省教育基金会
周长如	男	县教委	省教学仪器管理先进工作者	1991.6	省教委
罗旭良	男	民族中学	省教坛新秀	1991.7	省教委
杨方桃	男	泰顺三中	省第四届“春蚕奖”	1991.7	省人民教育基金会
陈宪鹤	男	城关中学	省第四届“春蚕奖”	1991.7	省人民教育基金会
陈昌炎	男	泰顺六中	省第四届“春蚕奖”	1991.7	省人民教育基金会
吴秀媚	女	实验小学	省第四届“春蚕奖”	1991.7	省人民教育基金会
蔡秀仪	女	仕阳镇小	省第四届“春蚕奖”	1991.7	省人民教育基金会
杨宗柳	男	南院乡校	省第四届“春蚕奖”	1991.7	省人民教育基金会
陈孟秋	女	梧村小学	省第四届“春蚕奖”	1991.7	省人民教育基金会
林细兰	女	南溪小学	省第四届“春蚕奖”	1991.7	省人民教育基金会
林秉润	男	峰文乡小	省第四届“春蚕奖”	1991.7	省人民教育基金会
徐明凑	男	包垟职中	省第四届“春蚕奖”	1991.7	省人民教育基金会
倪学善	男	泰顺八中	省第四届“春蚕奖”	1991.7	省人民教育基金会
王尚钱	男	玉西乡	省第二届“绿叶奖	1991.7	省人民教育基金会
雷建阳	男	章成中心校	全国优秀教师	1991.9	国家教委
周　普	男	泰顺一中	省先进档案工作者	1991.10	省教委
邱共正	男	泰顺一中	省优秀青年教师	1992.6	省教委
何桂琴	女	泰顺一中	省优秀青年教师	1992.6	省教委
曾陈家	男	实验小学	省优秀体育教师	1992.6	省教委
赵汉局	男	司前区小	省第五届“春蚕奖”	1992.6	省人民教育基金会
翁元芳	男	筱村区教办	省第五届“春蚕奖”	1992.6	省人民教育基金会
饶大旺	男	仕阳旱阳小学	省第五届“春蚕奖”	1992.6	省人民教育基金会
陈道燕	男	雅阳中学	省第五届“春蚕奖”	1992.6	省人民教育基金会
陈家相	男	泰顺三中	省第五届“春蚕奖”	1992.6	省人民教育基金会
程爱珠	女	实验小学	省第五届“春蚕奖”	1992.6	省人民教育基金会
蔡柏林	男	东溪乡校	省第五届“春蚕奖”	1992.6	省人民教育基金会
周祖孝	男	西旸中心校	省第五届“春蚕奖”	1992.6	省人民教育基金会
林小东	男	泰顺四中	省第五届“春蚕奖”	1992.6	省人民教育基金会
陈梅高	男	九峰中心校	省第五届“春蚕奖”	1992.6	省人民教育基金会
胡献莲	女	月山下小学	省第五届“春蚕奖”	1992.6	省人民教育基金会
张庆勉	男	泰顺一中	省优秀班主任	1992.9	省教委
陶育禾	女	实验小学	省语言文字工作先进工作者	1992.11	省语言文字工作委员会
毛志玉	男	凤垟乡小	省第六届“春蚕奖”	1993.8	省人民教育基金会
吴安福	男	莒江乡小	省第六届“春蚕奖”	1993.8	省人民教育基金会
谢逢酒	男	月湖乡校	省第六届“春蚕奖”	1993.8	省人民教育基金会
吴庆余	男	竹里乡小	省第六届“春蚕奖”	1993.8	省人民教育基金会
孙群华	女	龟湖镇小	省第六届“春蚕奖”	1993.8	省人民教育基金会
林邦易	男	司前镇政府	省第四届“绿叶奖”	1993.8	省人民教育基金会

续表14-1-2

姓 名	性 别	所在单位	荣誉称号	授予时间	授予单位
刘方高	男	铁炉坑	省第四届“绿叶奖”	1993.8	省人民教育基金会
曾陈家	男	实验小学	全国优秀教师	1993.9	国家教委
谢永康	男	罗阳镇小	省第七届“春蚕奖”	1994.8	省人民教育基金会
翁碎成	男	翁山山峡小学	省第七届“春蚕奖”	1994.8	省人民教育基金会
董朝队	男	章坑小学	省第七届“春蚕奖”	1994.8	省人民教育基金会
赵冬兰	女	民族中学	省第七届“春蚕奖”	1994.8	省人民教育基金会
林守任	男	泗溪镇小	省第七届“春蚕奖”	1994.8	省人民教育基金会
胡荣登	男	团县委	省第五届“绿叶奖”	1994.8	省人民教育基金会
吴学勃	男	地建公司	省第五届“绿叶奖”	1994.8	省人民教育基金会
朱昌培	男	实验小学	省优秀教育工作者	1994.8	省教委
包剑扬	男	实验小学	省优秀教师	1994.8	省教委
谢景秋	男	泰顺一中	省优秀教师	1994.9	省教委
黄维超	男	实验小学	省教坛新秀	1994.8	省教委
蓝传策	男	黄泥岱小学	省民族教育先进工作者	1994.9	省人民教育基金会
蔡家康	男	圆岩小学	省民族教育先进工作者	1994.9	省人民教育基金会
黄晓玲	女	三魁镇小	省第八届“春蚕奖”	1995.8	省人民教育基金会
陈东旭	男	泗溪镇小	省第八届“春蚕奖”	1995.8	省人民教育基金会
卢晓娥	女	城关中学	省第八届“春蚕奖”	1995.8	省人民教育基金会
林绍多	男	百丈镇小	省第八届“春蚕奖”	1995.8	省人民教育基金会
佟泰霞	女	仕阳镇小	省第八届“春蚕奖”	1995.8	省人民教育基金会
毛志玉	男	凤垟乡小	省第八届“春蚕奖”	1995.8	省人民教育基金会
章时趋	男	中共泰顺县委	省第六届“绿叶奖”	1995.8	省人民教育基金会
薛世张	男	薛宅村	省第六届“绿叶奖”	1995.8	省人民教育基金会
夏柳眉	男	洪口乡小学	省希望工程“园丁奖”	1995.9	中国青少年基金会
林细兰	女	泗溪镇二小	省希望工程“园丁奖”	1995.9	中国青少年基金会
刘美英	女	三魁镇小	省希望工程“园丁奖”	1995.9	中国青少年基金会
钟秀英	女	彭溪镇小	省希望工程“园丁奖”	1995.9	中国青少年基金会
吴慧丽	女	实验小学	省少先队优秀辅导员	1996.5	团省委、省少工委 省教委
王月华	女	东溪乡校	省第九届“春蚕奖”	1996.8	省人民教育基金会
林贵策	男	月湖乡校	省第九届“春蚕奖”	1996.8	省人民教育基金会
翁学赶	男	泰顺六中	省第九届“春蚕奖”	1996.8	省人民教育基金会
梅相凑	男	柳峰东岭小学	省第九届“春蚕奖”	1996.8	省人民教育基金会
魏德鑫	男	凤垟乡校	省第九届“春蚕奖”	1996.8	省人民教育基金会
林 彬	男	泗溪镇政府	省第七届“绿叶奖”	1996.8	省人民教育基金会
欧自黎	男	泰顺七中	省优秀青年教师	1996.8	省教委
李一平	男	司前镇小	省优秀青年教师	1996.8	省教委
夏慧文	男	城关中学	省优秀教育工作者	1996.8	省教委
翁庸庸	男	莒江乡校	省优秀班主任	1996.8	省教委
张庆岗	男	三魁学区办	省希望工程“园丁奖”	1996.9	中国青少年发展基金会
王雪梅	女	泰顺一中	省实验室先进工作者	1996.12	省教委
王松林	男	筱村二小	省第十届“春蚕奖”	1997.8	省人民教育基金会
夏秋芬	女	峰门小学	省第十届“春蚕奖”	1997.8	省人民教育基金会
陈昌坤	男	龟湖镇政府	省第八届“绿叶奖”	1997.8	省人民教育基金会
夏洋友	男	翁山乡校	全国希望工程园丁奖	1997.9	中国青少年发展基金会

续表14-1-2

姓　名	性　别	所在单位	荣誉称号	授予时间	授予单位
包新文	男	城关中学	省教坛新秀	1997.10	省教委研究室
赵浙文	男	泰顺一中	图书馆工作先进工作者	1997.12	省教委
刘美英	女	三魁镇小	全国教育系统劳动模范	1998.9	中华人民共和国教育部
董春燕	女	泰顺一中	省优秀团干部	1998.3	共青团省委员会
郭廷旺	男	峰门小学	省第十一届“春蚕奖”	1998.8	省人民教育基金会
林家再	男	泰顺二中	省第十一届“春蚕奖”	1998.8	省人民教育基金会
王贻宇	男	县实验小学	省第十一届“春蚕奖”	1998.8	省人民教育基金会
胡素娇	女	三魁镇政府	省第九届“绿叶奖”	1998.8	省人民教育基金会
王盛备	男	仕阳学区办	全国希望工程园丁奖	1998.9	中国青少年发展基金会
吴时凑	男	九峰中心小学	全国希望工程园丁奖	1998.9	中国青少年发展基金会
刘方玲	男	大安中心校	全国希望工程园丁奖	1998.9	中国青少年发展基金会
张庆勉	男	泰顺一中	特级教师	1998.9	省人民政府
谢景秋	男	泰顺一中	师德楷模	1998.9	省教委
何宇罗	男	罗阳二中	省电化教育先进工作者	1998.12	省教委
朱永成	男	县教委	省中小学读书教育先进工作者	1999.2	中共省委宣传部　省教委
林　杨	女	县教委教研室	省优秀教研员	1999.4	省教委
谢景秋	男	泰顺一中	省优秀共产党员	1999.6	中共省委
胡彩霞	女	仕阳镇小	省第十二届“春蚕奖”	1999.9	省人民教育基金会
周汝斌	男	泰顺八中	省第十二届“春蚕奖”	1999.9	省人民教育基金会
林云毅	男	泰顺二中	省第十二届“春蚕奖	1999.9	省人民教育基金会
谢景秋	男	泰顺一中	省劳动模范	1999.9	省人民政府
程春香	女	泰顺一中	省优秀教师	1999.9	省教委
郑韶裕	男	县教委仪器站	省普及实验教学先进工作者	1999.10	省教委
尤庭芳	男	退教协三魁会	省关心下一代工作先进个人	2000.6	省教育厅
陈明英	男	凤垟乡小	省第十三届“春蚕奖”	2000.9	省人民教育基金会
夏盛斌	男	泰顺三中	省第十三届“春蚕奖”	2000.9	省人民教育基金会
林祥锡	男	月湖乡校	省第十三届“春蚕奖”	2000.9	省人民教育基金会
曾文俊	男	泰顺一中	省教坛新秀	2000.9	省教委
潘家晓	男	职教中心	省中小学教坛新秀	2000.9	省教育厅
黄正强	女	县人民政府	省第十二届“绿叶奖”	2001.8	省人民教育基金会
欧爱娇	女	雅阳镇小	省第十四届“春蚕奖”	2001.9	省人民教育基金会
周爱萍	男	雅阳镇小	省第十四届“春蚕奖”	2001.9	省人民教育基金会
陈道束	男	包垟学校	省第十四届“春蚕奖”	2001.9	省人民教育基金会
刘美英	女	三魁镇小	省第二批功勋教师	2001.9	省人民政府
魏清华	女	凤垟乡小	省第十五届“春蚕奖”	2002.9	省人民教育基金会
章周富	男	雅阳镇小	省第十五届“春蚕奖”	2002.9	省人民教育基金会
刘方玲	男	大安中心校	省第十五届“春蚕奖”	2002.9	省人民教育基金会
陈大拱	男	技工学校	省技工学校优秀教师	2003.8	省劳动社会保障厅
周祖雄	男	县职技校	省第十六届“春蚕奖”	2003.8	省人民教育基金会
周晓光	男	凤垟乡小	省第十六届“春蚕奖”	2003.8	省人民教育基金会
刘志源	男	县教委教研室	省第十六届“春蚕奖”	2003.8	省人民教育基金会
包其才	男	泰顺一中	省第十六届“春蚕奖”	2003.8	省人民教育基金会
叶宇岳	男	洲岭乡小	省第十六届“春蚕奖”	2003.8	省人民教育基金会

续表14-1-2

姓　名	性　别	所在单位	荣誉称号	授予时间	授予单位
余中平	男	县人民政府	省第十四届“绿叶奖”	2003.8	省人民教育基金会
吴胜雄	男	县教育局仪站	音像教材发行先进工作者	2003.9	省教育厅
林胜春	男	县教育局仪站	音像教材发行先进工作者	2003.9	省教育厅
翁士农	男	翁山乡校	省第十七届“春蚕奖”	2004.9	省人民教育基金会
洪志敬	男	新浦中学	省第十七届“春蚕奖”	2004.9	省人民教育基金会
胡昌语	男	泰顺四中	省第十七届“春蚕奖”	2004.9	省人民教育基金会
曾爱民	男	泰顺七中	省第十七届“春蚕奖”	2004.9	省人民教育基金会
吴国忠	男	民族中学	省第十七届“春蚕奖”	2004.9	省人民教育基金会
张秋华	男	原县审计局	省第十五届“绿叶奖”	2004.9	省人民教育基金会
谢景秋	男	泰顺一中	全国优秀教师	2004.9	教育部
李敏鸽	女	泰顺一中	省优秀教师	2004.9	省教育厅
陶清标	男	罗阳镇小	省优秀教师	2004.9	省教育厅
许仙平	男	实验小学	省优秀少先队辅导员	2004.10	省教育厅
周维亮	男	中共泰顺县委	省第十六届“绿叶奖”	2005.9	省人民教育基金会
翁学进	男	城关中学	省第十八届“春蚕奖”	2005.9	省人民教育基金会
吴祖国	男	仕阳镇小	省第十八届“春蚕奖”	2005.9	省人民教育基金会
毛晓春	女	三魁镇小	省第十八届“春蚕奖”	2005.9	省人民教育基金会
刘美英	女	罗阳镇小	省第十八届“春蚕奖”	2005.9	省教人民育基金会
陈显机	男	柳峰乡校	省第十八届“春蚕奖”	2005.9	省人民教育基金会
郑挺谊	男	泰顺七中	省教科研先进个人	2005.12	省教育科学研究院
陈严柳	女	县教育局教研室	2006年省“因特尔未来教育”优秀培训奖	2006.1	省电化教育馆
周迎含	男	罗阳二小	省小学教师专题培训先进个人	2006.5	省中小学教师培训中心
季沧海	男	县教育局仪站	省音像教材发行工作先进工作者	2006.7	省教育厅电化教育办公室
翁学进	男	城关中学	省特级教师	2006.9	省人民政府
周小影	男	泰顺三中	省先进教师	2006.9	省人民教育基金会
沈正会	男	实验小学	省“教坛新秀”	2006.9	省教育厅
邓宗福	男	下洪乡校	省第十九届“春蚕奖”	2006.9	省教育厅
翁士超	男	新浦乡小	省第十九届“春蚕奖”	2006.9	省教育厅
陶翠松	女	罗阳镇小	省第十九届“春蚕奖”	2006.9	省教育厅
张　平	男	县人大常委会	省第十七届“绿叶奖”	2006.9	省教育厅
董顺生	男	育才学校	省第十七届“绿叶奖”	2006.9	省教育厅
周　寒	男	育才高中	省民办教育“红烛奖”	2006.9	省教育厅
谢景秋	男	泰顺一中	省第二批省级绿色公益使者	2006.11	省环保局 省教育厅
周小影	男	泰顺三中	省2006年度优秀共青团员	2007.1	共青团浙江省委
梅相文	男	三魁镇小	现代远程教育先进个人	2007.1	省教育厅
陈严柳	女	县教育局教研室	2006年度全省农村中小学现代远程教育工程先进个人	2007.1	省教育厅
林薛迪	男	育才小学	“回澜杯”省级优秀辅导员	2007.7	省青少年航空航天模型锦标赛组委会
周小影	男	泰顺三中	省优秀教师	2007.8	省教育厅
龚慧文	女	西旸镇小	省希望小学园丁奖	2007.8	省青少年发展基金会

续表14-1-2

姓　名	性　别	所在单位	荣誉称号	授予时间	授予单位
洪士明	男	彭溪镇五里牌小学	省师德楷模	2007.8	中共浙江省委教育工作委员会
苏秋芳	女	育才小学	省优秀教师	2007.8	省教育厅
周小影	男	泰顺三中	省优秀教师	2007.8	省教育厅
陈建明	男	县人民政府	省第十八届“绿叶奖”	2007.9	省人民教育基金会
夏晓慧	女	泰顺一中	省第二十届“春蚕奖”	2007.9	省教育厅
李德实	男	龟湖镇校	省第二十届“春蚕奖”	2007.9	省教育厅
雷声东	男	彭溪镇小	省第二十届“春蚕奖”	2007.9	省教育厅
林薛迪	男	育才小学	“胜达杯”省级少先队优秀辅导员	2008.7	省少工委
林玉慧	女	实验小学	省第二十一届“春蚕奖”	2008.9	省教育厅
郑叶香	女	黄桥乡校	省第二十一届“春蚕奖”	2008.9	省教育厅
毛定飞	男	筱村镇小	省第二十一届“春蚕奖”	2008.9	省教育厅
陈　浩	男	中共泰顺县委	省第十九届“绿叶奖”	2008.9	省教育厅
高启罗	男	司前镇小	省课程改革先进个人	2009.1	省课程改革领导小组
蓝其明	男	县教育局	省课程改革先进个人	2009.1	省课程改革领导小组
夏巧娟	女	县教育局	省第一轮农村中小学现代远程教育工程先进个人	2009.2	省电化教育馆
蔡晓凤	女	西旸镇小	省“农远工程”先进个人	2009.2	省电化教育馆
蓝其明	男	县教育局	省优秀教研员	2009.6	省教育厅教研室
夏兆平	男	新城学校	全国文明礼仪教育先进个人	2009.7	中共中央宣传部
曾秋平	女	三魁镇小	全国青少年文明礼仪普及活动优秀工作者	2009.7	全国青少年文明礼仪普及活动组委会
苏月辉	男	泰顺七中	农村教师突出贡献奖	2009.9	省人民政府
邓宗福	男	下洪乡校	农村教师突出贡献奖	2009.9	省人民政府
周宇美	女	泰顺三中	省第二十二届“春蚕奖”	2009.9	省教育厅 省人民教育基金会
毛春琴	女	实验小学	省第二十二届“春蚕奖”	2009.9	省教育厅 省人民教育基金会
庄千明	男	泰顺七中	省第二十二届“春蚕奖”	2009.9	省教育厅 省人民教育基金会
张洪国	男	县人民政府	省第二十届“绿叶奖”	2009.9	省人民教育基金会
李昌宗	男	泰顺三中	省第二十三届“春蚕奖”	2010.9	省教育厅 省人民教育基金会
庄平悌	男	泰顺一中	省第二十三届“春蚕奖”	2010.9	省教育厅 省人民教育基金会
毛克件	男	联云乡校	省第二十三届“春蚕奖”	2010.9	省教育厅
曾仁佩	男	广泰建设集团有限公司	省第二十一届“绿叶奖”	2010.9	省教育厅
钱起建	男	实验小学	省师德楷模	2010.9	中共省委
林朝拱	男	泰顺二中	省关心下一代工作先进个人	2010.11	省关心下一代工作委员会
季永忠	男	垟溪乡校	省农村教师突出贡献奖	2011.9	省教育厅等单位
雷圣锋	男	县职教中心	省第二届教坛新秀	2011.9	省教育厅
彭建新	女	育才小学	省优秀少先队辅导员	2011.9	省教育厅
蔡其贵	男	泗溪镇小	省少先队先进工作者（星星火炬奖）	2011.9	共青团省委

续表14-1-2

姓　名	性　别	所在单位	荣誉称号	授予时间	授予单位
郑挺谊	男	泰顺七中	省教科研先进个人	2011.11	省教育科学研究院、省教育科学规划领导小组
陶　聪	男	县教育局	省优秀教研员	2012.6	省教育厅教研室
胡希任	男	县教育局	省优秀离退休干部党员	2012.6	省委老干部局
董旭斌	男	县政府	省“绿叶奖”	2012.9	省教育厅
蔡坚旺	男	泰顺中学	省中小学师德楷模	2012.9	省人民政府
曾汝芝	男	泰顺中学	省第二十四届“春蚕奖”	2012.9	省人民教育基金会
雷建迅	男	泰顺六中	省第二十四届“春蚕奖”	2012.9	省人民教育基金会
季丽静	女	雅阳镇小	省第二十四届“春蚕奖”	2012.9	省人民教育基金会

文献选录

重修儒学记

泰顺境与闽接，去温最远，昔之建议割瑞、平裔地为邑，以分温郡之政。学旧在县之右，未久而圮。

弘治己酉，教谕王君銮、训导张君瑞，疏于督学，宪副吴公伯通暨藩臬当道，咸允迁之。于时，温之推官周侯珙承檄督理，偕署县事、典史刘君海卜地凤凰山之阳，位势轩豁，前峰秀立如画，风气所钟，龟筮协吉。越明年庚戌经始。又明年辛亥仲春，知县范侯勉下车，既而庙庭两庑告成。于时劝富民量助，众心乐应。乃凿山以拓其基，构讲堂于文庙之后，东西为二斋。埤土畜水，为泮池于戟门之前。而以棂星门之外为杏坛。又以旧学旷地，东易三峰寺僧屋三楹，地八亩以广之。饰其屋为养贤堂，亦为会馔之所。神厨、庾库、师生藏休止息之舍，以正以奠，大小毕备矣。周垣之内，其为深者四十一丈，广者二十四丈，而其黝垩轮奂，皆倍其旧。复塑圣贤像。士民聚观，相顾动色，以为昔所未有。侯之心亦至矣！

虽然，余尝审其旧学，创始非不善，室宇不广且备也，顾未久而废，何也？盖常人之情，始则锐，终则怠，暂则公，久则私。怠且私，则苟且继之矣。恶乎！其不废也！

侯受乡荐历师职，为政知先务，率人以公，不亟不徐，区画井井，董作教护，无间终始。故其纤悉必至，务在坚密久远。直欲使建学兴教之功，与吾夫子道德相与无穷，而士之学于斯者，顾瞻兴怀，笃学砥行，亦相为无穷。则侯之所以报国家者大，而士之所以德侯者深矣。

越明年壬子夏，功成而落之。庠生刘鋘辈咸愿纪成绩，以永邦人之思。王氏陛宇，造宇二生请言以勒诸石，嘉其善而乐道之。（明·潘琴撰）

桂林书院志

尝稽古今，自京至郡，列邑诸乡，皆以建立学校，造设庠序，端人伦，明学术。所以跻跻多士明经不一也。不然，则有田不耕仓廪虚，有书不教子孙愚，岂能出俗语外载？吾公兴思及此，所以奉议大夫子良公创设中村书院于巷口；武经大夫吴驲公重建侯林书院于宅前。而惓惓垂范，养育人才，迁善改恶以进于德。而为公卿，为大夫。衣冠继世，簪笏相承。及至保五公肇创南阚，未设书院，诸生肄业无地。所以文人少振，历经八传，至一琏公者，幼善诗文，早登黉序，仍拮据经营，分创积库村而肇创焉。每思百工居肆以成其事，欲求后昆精其业，必先择其地，以为潜修养性。由是祥卜本村员岭根地气所疆，龟筮协吉。雍正元年（1723）十一月，捐己鸠工饬其堂，扁曰：“桂林书院”。正竖五楹，共列十间。墙垣路道皆备，告成巍巍乎！诸生得此，忻忻然。吾公称怀，予因是以记之。忆公之规模宏远，创斯院功万百世，良非一日。上继数大夫之遗风，下垂诸子孙之官业。绵绵诸生，隆师好学不倦。子侄亲贤观摩，靡竟孙补祖，功岂浅鲜哉！兹览群英业崇而德，广广而道，充充而文，著先达于乡党，后显于朝廷，公大斯志。虽尭舜周孔乐于其中矣。子虽不敏，愿与后之贤达志士共识之。（吴士鼎撰）

重修学宫记

我泰先师庙自故明涉今，由东之卤而此已三迁矣。嗣道光甲申间，金陵欧阳宰公复选胜于邑治之南，而改建焉当河尾间。后人因之弗易，营之岁余，斧木而已。历恽公爰章官，此凡十五年。所始重新而丹漆之，迺饰美乎，庙貌比皆有记与迹可考矣。顷岁久就彫敝而鼠爵毁之者半，画栋欂题漏穿星日，环林之内彊半埃芜，士大夫佥以经始为艰，因循累载。

丙辰冬十月，杨侯尹兹土，朔望詹谒孔堂慨然曰："若是哉！夫子之堂乎！数轫之间，俨同坏壁，榈楹出势，几欲颓山，惟守土者之责，抑尔都人士之羞也。"辄捐清俸，率多士先于是，慕义者咸醵金乐输共赞成。厥功刻日，度材僝工，畀家茂才、潘国宝、董其役一时铺畚云会，子来齐事因故者而新之，且更有左偏旷址添构数椽为守庙者屋，计月虞之，俾有所资焉，规制视昔有加，于丙辰冬肇事至丁巳春讫。

后不数月，翚飞鸟革，丹绮炜煌，爀轮奂于维新，振文治于无斁。自此春秋肸蠁尊荣释菜，陈钟鼓筦弦，盛升降揖让俎豆，莘莘肃者若旧典，猗欤休哉！异日者将见邑之俊，造英英济济必有应运而兴接踵而起者，地灵人杰，岂徒然也！侯名炳春，号漱芸，吴江孝廉甫。下车剔蠹，兴踣美绩，难以偻指此其首务焉。落成之日，侯谓其部民潘福纶曰："子以吾记"。纶目睹盛事，不敢以伧荒辞，乐濡笔而贞诸石，其余捐数名氏，悉镵之碑阴云。

大清咸丰七年岁次丁巳暮春之初，邑人潘福纶谨撰并书。

泰顺县政府催缴学田租谷布告

查，本县各级学校经费，以学田收入为大宗。兹查各校田承种田户，能依照规定租额，按期缴租者固多，而任意拖欠者亦复不少。须知承种校田，即有应尽缴租之义务，自应尽先按期完纳，否则非惟学校收入锐减，而且教师待遇及其他一切措施，均无从改善，影响教育事业甚大。本县长现为整顿学田，加强统一征收起见，特规定自本年起，所有各校田承种田户，应纳租谷统限于立冬节以前，向当地学校一次缴纳清楚。倘有仍敢疲滞，逾期拖欠不缴者，准由各学校指名报府，定予依法严惩，绝不姑宽。合亟布告，仰各佃农一体知照！此布。

泰顺县县长　罗　杰

中华民国三十五年五月二十九日

抗战时期迁入泰顺的大中院校

英士大学

民国27年（1938）暑期，省国民政府开始筹备省立战时大学，办事处设在丽水三岩寺。民国28年（1939）5月，为纪念先烈陈英士，大学校名改为省英士大学。省立英士大学实行校务委员会制，分别由阮毅成等九人为校务委员会委员，指定许绍棣为主任委员。学校设工、农、医三个学院，赵曾珏兼任工学院院长，莫定森兼任农学院院长，王佶兼任医学院院长。

民国28年（1939）10月26日，全校各院系学生集中省立处州中学举行始业教育。之后因学生增多，三个学院分散各处办学。民国31年（1942）5月战役爆发后，农学院迁至云和县小顺村，工学院及医学院部分年级由教务长陈荩民率领，向云和县进发，后又转入景宁县，最后继续翻山南下泰顺，暂驻司前、里光。当时英士大学司前分部驻有医学院医学系、医药系二、三年级及医药系四年级，农学院农艺系、农经系、牧医系三个系的二年级及农艺系、牧医系三、四年级，学生数103人。教师25人。

民国32年（1943）6月，东南联大法学院并入国立英士大学，任命杜佐周为校长，英士大学工学院独立为国立北洋工学院。国立北洋工学院由里光迁至百丈口东岸村。

民国33年（1944）8月，日军发动丽温战役。在此背景下，英士大学决定将学校全部搬迁至泰顺。8月底，在小顺设办事处后，校长杜佐周便率领小顺及云和办事处师生（行政、财政、会计三个专修科跟随所属省政府厅处另地转移），沿云景古道，经景泰大路，9月中旬到达司前、里光，与先期抵达该地的农、医二院会合，并将法学院、艺术专修科、合作专修科和农、医二院一年级设在里光村，农、医二院二年级以上仍设在司前村。10月2日即告复课。1944年第一学期，司前、里光二村的国立英士大学教员数90人，职员数66人，合计156人；学生方面，法学院256人，农学院127人，医学院189人，艺术专修科21人，合作专修科23人，总计616人，其中男生563人，女生53人。如加上教职员工家属，国立英士大学总人数超过800人。另外，在云和和瑞安龙川（属文成）等地代办的行政、财政、会计三专科师生人数也接近200人，而已独立并迁至百丈口的国立北洋工学院师生总数为406人。该时期国立英士大学，杜佐周为校长，孙怀仁为教务长兼法学院院长，葛绥成为训导长，王子瑜为总务长，罗君惕为校长室秘书，陆飚绵为会计室主任，姚善涛为医学院院长，陈士文为艺术专修科主任，张包增元为合作专修科代理主任，徐陟（徐季丹）为农学院院长。

国立英士大学司前本部民国33年（1944）学年度第一学期各院科系组（农学院、工学院二年级以上各系）授课教员共计49人，占总教员的54.4%；学生总计226人，其中农学院92人，医学院134人，占总学生人数36.5%。里光分部民国33年学年度第一学期授课教员共计41人，占总教员的45.6%；各院科系人数：法学院256人、农学院一年级35人、医学院58人、艺术专修科21人、合作专修科23人，共计393人，占总学生人数36.5%。

民国34年（1945）7月，国立北洋工学院并入国立英士大学。抗日战争胜利后，医学院奉命从泰顺司前迁往临海，为浙江医专附设特科班，艺术专修科停办。同年11月，国立英士大学迁至温州。次年暑期再迁金华。1949年8月解散，主要科系并入浙江大学，部分学生入籍复旦大学。

在泰顺办学三年，学校发展成为一所拥有4所学院、5所专修科，学生数近十倍于初建之规模，其实力可望背浙江大学。英士大学的成功是抗战期间国统区高等教育发展的一个重要实例，有其现实的指导意义，她的办学实践，不仅丰富了中国近代高等教育史，也为中国近代高等教育的发展提供了极有价值的经验。

英士大学创办后，先后有不少学有专长、造诣精深的学者、教授，千里迢迢来到浙南后方，加入英士大学团队，从而使中国一批学术名流、精英得以度过难关，得以保全。先后在英士大学任教的教授中有不少博学鸿儒、知名专家，如潘天寿、谢海燕、阮毅成、王佶、莫定森、彭起、殷良弼、郑体华、陈椽、黄农、倪贻德、罗君惕、孙多慈、毕季龙、何正礼、徐桂芳、叶常丰、姜亮夫、闻诗、戴家祥、孙怀仁、葛绥成、许德瑗、皮高品、卓如、漆竹生、查猛济、吴兆莘、俞启人、叶作舟、董太和、何正森、许植方、王季午、范济洲、陈盛清、曹元宇、项廷宣、李笠等。中华人民共和国成立后，他们大多成为华东各大学学科带头人。英士大学前后办学10年，历史虽然短暂，却为民国36所国立大学之一，为国家培养了许多专业人才。据1987年英士大学金华校友会统计，在已联系的近700名校友中，具有正、副教授、研究员和高级工程师等职称的就有200余人。中华人民共和国成立前后，英士大学毕业生绝大部分投身革命，成长为军政干部和各条战线的业务骨干，为新中国的建设立下不可磨灭的功勋。

国立北洋工学院

民国32年（1943）6月，东南联大法学院并入国立英士大学，英士大学工学院独立为国立北洋工学院。民国33年（1944）8月，代理院长陈荩民于7月率领工学院移院址于百丈口东岸村，开始长达2年的国立北洋工学院办学时期。为区别于西安之北洋工学院，历史学家将在百丈口东岸村办学的国立北洋工学院称为“泰顺北洋工学院”。

刚迁至百丈口时，国立北洋工学院学生272人，教师40名；至1944年第二学期，教职员增至82人，学生增至324余人。82名教员中，土木工程系43人，机电工程系32人，应用化学系7人；324名学生中，土木工程系134人，机电工程系120人（女生1人），应用化学系70人（女生16人）。

民国34年（1945）7月，国立北洋工学院奉令归并国立英士大学，独立办学只有短短的两年时间。民国35年（1946），原北洋大学在天津复校，在上海设立联络站，负责照顾泰顺北洋工学院学生去天津。部分国立北洋工学院学生北上天津，与西安的北洋工学院等参加北洋工学院复校。

温州师范学校

民国30年（1941）4月19日，日寇从飞云江登陆（史称“四·一九”事变），浙江省立温州师范学校（以下简称“温师”），被迫从平阳郑楼搬迁到泰顺县莒江。

据统计，温师在平阳郑楼自民国22年（1933）9月创办至民国30年（1941）9月，八年中普师部共招生286人，其中泰顺籍学生6人，占普师部招生总数的2.1%；简师部共招生457人，其中泰顺籍学生22人，占简师部招生总数的4.8%。温师搬迁到泰顺，给泰顺的教育事业带来生机。民国30年秋至民国34年秋，温师普师部共招生287人，其中泰顺籍学生22人，占普师部招生总数的7.7%；简师部共招生354人，其中泰顺籍学生106人，占简师部招生总数的30%。温师在泰顺期间招收的泰顺籍学生合计128人。中华人民共和国成立后，在各行各业工作还有86人。他们绝大部分是各行各业的骨干力量，有的成为大学教授、作家、省级文艺刊物编辑、中学教师、美术家、重要岗位的领导，更多的是坚持在小学为泰顺普及初等教育做贡献的教师。

民国34年（1945）秋，抗日战争胜利，温师迁回平阳郑楼。

浙江省立温州中学

民国31年（1942）秋，时值抗日战争时期，温州、瑞安相继沦陷。浙江省立温州中学于民国33年9月搬迁到泰顺县江口村，历时一年。民国34年8月，日寇无条件投降，抗日战争胜利，温州中学迁回温州。

新民主主义泗溪教育委员会章程

（1949年2月26日通过）

第一章　总　则

第一条　本会定名为“新民主主义泗溪教育委员会”简称“泗溪教育会”。

第二条　本会以推行新民主主义的教育，反对帝国主义与封建主义的教育，培养人民民主思想，增进人民科学知识，提高人民文化水平与知识水平，使教育真正为人民服务为宗旨。

第三条　本会会址暂设泗溪中心国民学校。

第二章　会　员

第四条　会员资格，凡年满18岁，思想进步，品质纯正（素无反革命行为），愿热心为新民主主义教育服务的教育界人士，经本会会员二人介绍，委员会审查通过，遵守本会员义务者，均可为本会会员。

第五条　本会会员必须遵守本会章程，并执行本会一切义务及缴纳会费，按时出席会议之义务。

第六条　凡本会会员有在议会中发表决议、选举和被选举及享有本会一切福利、设施及权利。

第七条　会员如违背本会章程或决议案，受委员会或大会公决处分，其细则另定之。

第三章　组织及义务

第八条　本会组织，分为会员大会、委员会。委员会下设总务处、社会服务处、研究室。

第九条　会员大会，为本会最高权力机关，由全体会员组成，每一学期前开一次会，由委员会召之经委员会三分之一的请求亦得召开临时委员大会。会员大会的职权为：

1. 听取审查各处、室之工作报告；
2. 选举大会主席团（人数另定），主持会议；
3. 选举罢免委员会委员及会、处、室主任；
4. 决定和修改章程；
5. 议决各种提案；
6. 审查聘用或解聘各校校长及教员之建议。

第十条　委员会由五至九人组成，任期一年，可连选连任两届。委员会议设正、副主席各一人，由委员互推之，委员会职权如下：

1. 委员会向大会负责，为委员大会闭幕后规划、指导、监督各部门工作，处理本会一切事务；

2. 委员会两个月召开一次会议，如经三分之一以上委员请求，亦得召开临时委员会；

3. 接受三分之一以上会员请求，召开临时会员大会；

4. 各处、室主任得由委员会委员兼任；

第十一条　委员会主席职权如下：

1. 召开并支持委员会起草议案准备议事日程；

2. 执行大会及委员会决议，订定具体计划；

3. 指导、督促、检查各处、室工作；

4. 向大会报告工作；

5. 执行处理一切日常工作。

第十二条　总务处，设主任一人，干事若干人，办理庶务、会计、文书等事宜；社会服务处设主任一人，干事若干人，办理民众夜校、书报阅览室，巡回教育等事宜；研究室设主任一人，干事若干人，办理出刊读物，主持计划，各科研究讨论事项。

第十三条　教育款产整理委员会，设委员五人，由大会选举协助各村农会在整理本地区教育款产及处理学租等事宜。其细则另定之。

第十四条　各会、处、室除规定召开会外，得随时召开工作检讨会。

第四章　监督指导

第十五条　本会受当地主管机关监督和指导。

第五章　经　费

第十六条　本会经费除由会员费收入外，亏余则由大会决议筹措弥补（另则作为本会福利事宜）。

第六章　附　则

第十七条　本章程得由大会提出修订；

第十八条　本会章程送请本地主管机构备案、核准施行。

泰顺县革命委员会
关于农村中学下放公社办的几点意见（草案）

（1969年12月13日）

农村中学下放到公社办，是有利于贫下中农子女就近入学，普及初中教育的最好办法；是落实伟大领袖毛主席关于“贫下中农管理学校”的最新指示的革命措施；是有利于知识分子与工农兵相结合，接受贫下中农再教育的有效途径。对于贫下中农掌握教育大权，巩固无产阶级专政，巩固农村社会主义阵地，培养和造就无产阶级革命事业接班人，具有十分深远的意义。必须高举毛泽东思想伟大红旗，突出无产阶级政治，以两个阶级、两条道路、两条路线斗争为纲，切实加强领导，充分发动群众，认真学习，全面落实毛主席关于教育革命的一系列指示，坚决执行各项无产阶级政策，认真处理好下放过程中一些具体问题，办好农村中学。

一、关于领导问题

原县办的农村中学必须下放到公社来办，在公社革命委员会一元化领导下，建立以贫下中农为主体，有学校革命干部、革命师生参加的三结合的校革命委员会，领导学校斗、批、改。

农村小学附设初中班，由学校所在公社革委会一元化领导下，由公社贫下中农管理学校委员会或委托学校所在大队贫管小组直接管理。贫管会由公社革委会代表、所属大队的贫下中农代表为主体，有学校革命干部、革命师生参加，组成三结合机构。“公社贫管会”“大队贫管小组”在公社革委会一元化领导下，领导学校的斗、批、改工作及研究决定学校的一切重大事项。贫管会成员可分成“政工”“教育革命”“财务”三个组。建立对全公社学校进行定期管理制度，贫管会成员坚持不脱产。学校日常工作由学校中参加贫管会的革命干部、革命师生中的代表主持。

二、关于教师调整的充实问题

在县革委会的统一领导下，教师队伍基本搞清政治面貌后，根据“面向农村、下社任教、统一规划、合理安排”的原则，对教师进行调整。

教育事业发展后，师资不足，可采取以下几种办法解决：选拔政治觉悟高、胜任教师工作的工人、贫下中农、复员军人和经过两年以上的劳动锻炼的优秀知识青年，充实教师队伍；组织工农兵业余讲师团，定时定人定点到学校任课；挑选能胜任中学教学的小学教师，小学附设的初中班可由小学教师兼教一部分功课。

原有公办中学教职工的工资、口粮、福利等，暂按原规定执行，其经费由县、区统一拨给公社，由公社管理。小学提任中学教师的以及农业中学的教师，其工资要执行工分加补贴。从社员中选拔的新教师和社员一样评工记分。

三、全县中学布局

罗阳区：泰一中九年一贯制（小学五年、初中二年、高中二年）；

以下点由小学附设初中班：

下稔（仙居公社办）、上交垟（岳巢公社办）、南院（毛垟公社办）碑牌（碑牌公社办）、村尾（岭北公社办）、南春（南山公社办）。

大安区：薛宅（原三魁中学、三魁公社、战州公社合办）九年一贯制；

西坑（原三魁中学分部，西坑公社、大安公社办）七年一贯制；

下洪（下洪公社办）、洲滨（洲岭公社办）、垟边（垟溪公社办）、炉梨（下炉公社办）。

仕阳区：旱阳（仕阳公社办）九年一贯制；

以下点由小学附设初中班：

上村（东溪公社办）、东岸（雪溪公社办）、章坑（章坑公社办）、垟旺（章成公社办）、上村

（龟伏公社办）、茂竹园（万排公社办）、驮地（雪临公社办）。

小村区：路尾（原区小所在地，小村公社办）九年一贯制；

以下点由小学附设初中班：

际头（新山公社办）、南山下（南浦公社办）、箬阳（联云公社办）、

外垟（翁山公社办）、五蒲（葛垟村公社办）。

雅阳区：下桥（原二中所在地。泗溪公社、金溪公社合办）九年一贯制；

中和（原区小所在地，雅阳公社办）七年一贯制；

以下点由小学附设初中班：

彭溪（彭溪公社办）、月湖（月湖公社办）、垟头（风垟公社办）、夹边（横坑公社办）、松垟（东安公社办）、卓宅（柳峰公社办）、富垟（富垟公社办）。

百丈区：莒江（原莒江中学所在地，莒江公社办）九年一贯制；

司前（司前公社办）七年一贯制；

百丈口（原区小所在地，百丈公社办）九年一贯制；

以下点由小学附设初中班：

包垟底（包垟公社办）、里光（里光、竹垟公社合办）、洪口（洪口公社办）、

园桥（黄桥公社办）。

以上各点从1970年起办学，个别公社确有困难的可先办半日制或夜中班，各公社贫管会作为师资和学生来源的调查准备工作，及早做好课本预订。

中共泰顺县委
批转县文教局党组《关于中小学体制和教师队伍管理问题的意见》

（1978年7月25日）

为了“继续搞好教育革命”，多出人才，快出成果，以适应新时期总任务的需要，根据国务院〔1978〕1号和省革委会〔1978〕52号文件和有关指示精神，对中小学体制和教师队伍管理问题，提出如下意见：

一、中小学体制问题：

遵照华主席在全国五届人大《政府工作报告》中的有关指示精神，中小学一律实行党支部领导下的校长分工负责制。

各中学要建立和健全党支部。各公社完小应积极创造条件建立党支部。中学要配备党支部书记、校长、副校长、正、副教导主任、正、副总务主任；完小要配备校长、副校长、正、副教导主任。

各“区教办”改称“区文教组”，配备组长、副组长。干部的管理和任免权限：泰一中党支部书记、副书记、校长、副校长；各区文教组组长，中学党支部书记、校长由县委、县革委会任免和管理。

泰一中教导主任、总务主任、区文教组副组长、中学党支部副书记，副校长由县委组织部任免和

管理。

全县统一6所完中的名称：

泰顺县第一中学（原泰一中）

泰顺县第二中学（原泗溪中学）

泰顺县第三中学（原三魁中学）

泰顺县第四中学（原仕阳中学）

泰顺县第五中学（原莒江中学）

泰顺县第六中学（原筱村中学）

二、中小学教师管理问题：

中小学公办、民办教师队伍的管理和调配，必须在县委统一领导下，由文教局负责。任何部门不得占用教师编制，已占用的，应妥善安排，尽快做好归队工作。前几年的高、中师毕业生，被分配和调到其他部门担任一般工作，本人又适宜教学工作的，应尽量调回教育战线；任何部门和单位不得随意抽调和借用教师作非教学工作，凡借调的教师应一律回学校工作。凡继续借用教师，未经县文教局同意的，予以停发工资。

为了保证教师六分之五的时间从事教学工作，各地不要在教学时间内，随意抽调教师参加其他活动，不得任意要学校停课。

要加强民办教师队伍的管理和建设。吸收民办教师要坚持“任人唯贤、德才兼备”的原则。吸收办法是：自愿报名、区、社推荐、政治审查、文化考核、体格检查、择优录用、试用一年。试用期满，鉴定合格者，由文教局统一发给任用证书。凡随意聘请的，一律不予以承认，不发给民办补助费。

民办教师的辞退、处理，要经学校、公社、区核实材料，提出意见，由县文教局审查批准。

民办教师享有公办教师的同等政治待遇，如听报告、参加会议、入团入党、提拔干部、评比先进等。在工作上同样予以信任，业务水平同样予以提高。

民办教师工作辛苦，要关心他们的生活。工资、口粮要稳定，民办教师一律不负担义务工，不交公积金。要努力改善民办教师的生活待遇，使他们热心教育事业。

中国共产党泰顺县第六次代表大会
关于加强中小学教育工作若干问题的决议

（1984年6月13日）

党的十一届三中全会以来，各级党委和政府都进一步加强了教育工作的领导，使教育事业的形势发生了可喜的变化。但根据党的十二大提出的要求，我县教育事业的落后状况改变不快，同四化建设是不相适应的，必须引起各级党政领导和全社会的严重关注。

(一)

为使教育事业更好地为我县经济发展和精神文明建设服务，会议决定：

1．普及初等教育。要求在一九八五年前，县城和区所在地普及小学教育；一九八七年县城普及初中教育，一般乡村普及小学教育；地区分散、教育基础较差的乡村还可在稍长一点时间基本普及小学教育。全县要在一九八七年或稍长一点时间基本完成扫除少青壮年文盲的任务。十五周岁以下少年儿童中的文盲、半文盲由全日制小学按学区包干扫盲，有条件的地方还应积极发展幼儿教育，开办一所示范性幼儿园。

2．改革中等教育结构，发展职业技术教育。教育部门今年要在有条件的普通中学开办职业技术班，明年要选择一所中学改为农职业中学，其他普通中学也应增建职业技术课和劳动课。要求到一九八七年职业中学（班）在校生数与普通高中学生数的比例为一比二，力争一九九〇年，二者比例大体相当。

3．努力提高普通中小学教育质量。普通教育既要抓普及，又要抓提高，二者不可偏废，全面贯彻党的教育方针，面向全体学生，做到德、智、体一起抓，好、中、差一起抓，争取在三年内改变我县教学质量低下的状况，使中小学生的合格率有一个较大幅度的提高。

4．建设一支稳定、合格的教师队伍。教育部门必须切实抓好师资的培训提高工作，积极创造条件，开办县教师进修学校。从今年下半年起，对教学困难较大的小学教师定期分批组织轮训，要继续组织好小学和初中教师的教材教法进修，组织和选送未达到师专、中师毕业程度的中小学教师参加函授和离职进修，毕业生应按有关规定享受同等学历的工资待遇。要求到一九九零年基本完成在职中小学教师的培训任务。

(二)

各级党委和政府必须切实加强对教育工作的领导，把教育工作列入重要议事日程，做到思想上有位置，组织上有保证，计划上有安排，工作上有措施。

1．进一步明确办学指导思想。中小学要全面落实“双重”任务，除了为高一级学校输送合格的新生外，还要努力为四化培养大批优良的劳动后备力量，纠正片面追求升学率的错误倾向，在党的教育方针和统一规划的指导下，从我县实际出发，因地制宜，实行多层次、多规格、多种形式办学。在办好全日制学校的同时，还应举办一些半日制、隔日制、巡回制、早午晚班等多种形式的简易小学或教学班（组），积极办好民族学校（班）。少数民族小学生从今年起一律实行免费入学。

2．坚持“两条腿走路”方针，通过多种渠道集资办学，增加智力投资。今后每年教育经费的增长，要略高于财政总支出的增长比例。每年要从县级机动财力中拿出部分资金用于教育事业；城镇企事业单位，应按其职工子女入学人数，合理分担一部分办学经费；农村小学的校舍修建和课桌凳购置，一般应由乡、村负责或群众自筹资金解决为主的原则，改善农村办学条件。

学校要因地制宜，广开门路，积极开展勤工俭学活动，改善办学条件和师生福利。各级政府和有关社队要根据当地的实际情况，就近划给一定数量的土地，作为学校勤工俭学的生产劳动基地。凡已经拨给学校的土地，任何人、任何部门不得随意占用，已经占用的应立即退换学校。

3．认真落实知识分子的政策。各级党政领导必须以极大的热情关心教师。尊重他们的辛勤劳动，表彰他们的先进事迹，提高他们的政治地位和社会地位，注意改善其工作条件和生活条件，在全社会形成尊重老师的良好风尚。

要重视在中小学教师中的建党工作。符合入党条件的教师要及时发展入党，有条件的中学和区、乡小学都要建立党支部。

提高教师的生活待遇，消除他们的后顾之忧。对从事山区教育事业的大、中专毕业生要根据有关规定增加浮动工资一级。民办教师工资一般不能低于社队企业人员的工资收入。各乡政府要在年内解决好长期拖欠的民办教师工资，今后能使民办教师按月领到工资，保证他们有合理、稳定的收入。每年要根据省、市安排的专用劳动指标，将一部分经考核合格的优秀民办教师转为公办教师。

4．加强对学校政治思想的领导。首先要调整和配好教育行政部门和学校领导班子，把那些忠于人民教育事业、懂得教育理论、年富力强的同志选拔到领导岗位上来；对那些长期闹不团结，思想政治工作涣散软弱的单位的领导班子和不适合学校领导工作的同志，各级党委要下决心，坚决采取组织措施予以调整。

建立教师岗位责任制。每个教师做到教书育人，为人师表，加强学生的政治思想工作，广泛开展“五讲四美三热爱”“学雷锋、创三好”和文明礼貌月活动，并通过各科教学和勤工俭学活动，加强爱国主义教育、共产主义道德教育，法制、劳动等方面的教育，把学生真正培养成为有理想、有道德、有文化、守纪律的一代新人，把学校办成社会主义精神文明单位。

5．保证学校有一个安定的教学秩序。凡有发生哄抢校产、强占校舍、冲击学校、扰乱教学秩序的现象要及时制止和处理。

会议号召，各级党委和政府，全县党员、干部和人民群众，战斗在教育第一线的学校领导和全体教师，要齐心协力，振奋精神，勇于创新，为开创我县教育事业的新局面而努力奋斗。

泰顺县教育委员会
关于加速我县普及初等义务教育的十项规定

（1986年12月15日）

为了进一步端正办学指导思想，提高办学效益，加速我县普及初等义务教育，全面提高小学教育质量，针对目前我县小学教育工作中存在的问题，特作如下规定，望你们严肃认真贯彻执行，做到有禁必止、有令必行。

1．校长必须明确自己的首要职责，集中精力切实把普及初等教育工作作为“大政”来抓，做到一学期有三查：期初查入学率，期中查巩固率，期末查合格率。发现问题应及时采取相应的措施解决。尽快达到全体适龄儿童进得来，留得住，学得好的要求。必须懂得四率计算，及时做好统计报表，准确掌握四率有关的各种数据。

2．全面开展少年儿童文化户口普查，做好1—15周岁少年儿童和在校生的登记造册工作。按照分类指导、分步实施的原则，根据本乡的经验、文化发展状况，既要积极进取，又要实事求是，制订好普及初等教育规划并努力组织实施。

3．端正办学指导思想，全面贯彻教育方针，对全体学生负责。克服只抓智育，忽视德育和体育；只抓毕业班，忽视基础班；只抓少数，忽视多数的做法。要狠抓差生的转化，使全体学生的品德、智力、体质在原有的基础上有较大提高，按质按量地实现普及初等教育。

4．学校设置、布局要合理，做到不浪费人、财、物。生数很少，距离很近的村小，该撤并的撤并，完全小学该增设的增设。

实行多种形式办学。从本地的实际出发，因地制宜，在办好全日制学校的同时，还要举办一些半日制、隔日制、午晚班等简易小学或教学班，以提高学龄儿童入学率，对于巡回教学的和兼教午晚班的教师要给予适当的工资补贴。

5．重申市教委（85）55号文件《关于控制小学留级率的八项规定》。留级率按年级计算，一至四年级，严格控制在2%以内，五年级不留级。建立健全留级审批制度，完小、村校留级报乡中心校批准，乡中心校报区校批准，并如实上报教委备案。今后，努力实行不留级。

建立教师岗位责任制。在校生实行分班包干，保证在校生年巩固率在97%以上。建立流生汇报制度，及时做好扩劝生工作。对工作失职，流生严重的学校和班级，要追究校长和有关教师的责任。

6．学龄儿童年龄为7—11周岁。不许招收未及龄的试读生、旁听生和小学已经毕（结）业的重读生。每学期如实上报在校生人数，不许瞒报和多报。凡是未读满五年的12—15周岁的少年，可动员回校插班就学或举办普及初等教育速成班，学会2500个常用字和整数四测运算，以提高普及率。

7．加强学籍管理，建立和健全在校生和毕（结）业的学籍档案，严格转学、休学手续。凡正当理由需要转学的学生一律凭转学书办理，学校有权拒收无转学证书的学生。

8．严格控制教师编制，努力稳定师资队伍。对基本称职的民办、代课教师尽量做到少调动或不变动，不准为了发展初中而挖走小学骨干教师。

9．深入学习和大力宣传《义务教育法》，实行依法治教。学校要密切配合当地党政部门，利用一切宣传工具进行宣传教育活动，使普及九年制义务教育的政策家喻户晓，深入人心，并协助乡政府、村委会制定乡规民约。强制家长、监护人送自己尚未读满小学五年的子女或被监护人受完初等义务教育。

10．建立检查验收制度。每年十月由区组织力量，对本区所属乡、镇和学校贯彻执行以上规定和普及初等教育情况进行检查；再由县组织力量，对已达到普及初等教育基本要求的乡、镇和学校进行验收。

泰顺县教育委员会
关于实行中小学教师职务聘任制的若干规定

（1988年8月18日）

为了顺利实行中小学教师职务聘任（任命）制，完善聘任（任命）制度。根据中央及省、市的有关文件精神。特作如下若干规定：

一、凡进岗的教师，均要签订“中小学教师进岗协议表”。取得教师职务的学校行政领导除填上表外，还须填“校长进岗协议表”。教师的职务任命书由校行政领导颁发，进岗协议也与校行政领导签订。校长的教师职务任命书由教育主管部门行政领导颁发（区中心校以下校长由区教委办行政领导颁发），进岗协议表也与教育主管部门行政领导签订（区中心校以下校长与区教委办行政领导签订）。

二、学校应根据上级有关文件规定，结合本校实际情况，对被任命的教师从政治思想、文化专业知识水平、教育教学能力、工作成绩和履行职责等方面进行定期的检查和全面考核。考核成绩记入考核档案，作为提职、调薪、奖惩和能否继续任命的依据。

三、对在任职期间成绩显著，贡献突出的教师，经相应的评审委员会审定和上级有关部门批准，可提前聘任或任命高一级教师职务。也可按国家的工资晋级规定，在本职务工资标准内晋级。

四、进岗教师必须认真履行岗位职责。对少数不能履行岗位职责，完不成任务，实践证明其能力和水平达不到所任命职务要求的，可以改任（聘）低一级职务，并按新任职务领取工资，对于工作态度或职业道德差或犯有严重错误的教师，可以免除其职务，其工资待遇按劳动人事部门的有关规定办理。

五、对超编单位的教师，应实行人才流动。鼓励他们到更需要或更能发挥专长的学校去工作，逐步地使各档次职务比例趋向合理。对不接受任命的教师，其工资待遇按劳动人事部门的有关规定执行。

六、学校行政领导凡被任命为教师职务的，应履行相应的教师岗位职责，其考核内容除与教师的考核内容相同外，还需考核其管理水平及业绩。

七、根据浙职政字〔1986〕26号文件的规定：“在实行专业技术职务聘任制的同时，应坚决执行国务院有关离休、退休的规定。对已达到离、退休年龄的专业技术人员，凡符合专业技术职务聘任条件的，在确定相应技术职务后，必须坚决办理离、退休手续。”其离、退休的手续一律在1988年7月底前办理完毕。8月份开始改发离、退休费。其次，根据《浙江省中小学教师职务聘任或任命办法（试行）》的规定：“少数达到离、退休年龄，担任中级及中级以上职务的教师，如确因工作需要，在本单位职务限额指标允许的情况下，按照国务院国发〔1983〕147、142号及有关文件规定，符合规定条件的，经上级教育行政部门批准，可适当延长离退休年龄，并聘任或任命其相应的教师职务。已办理离退休手续的教师，经县级以上教育行政部门批准，可以返聘。返聘教师可领取离退休金以外的合理报酬，并不占学校编制和教师职务限额。”此外，凡按规定办理离退休手续的教师，离退休后，在一年内有参评资格。

八、对于擅离工作岗位一个月以上的和无正当理由不服从工作调动的，以及不承担组织分配的工作任务的教师，不任命其教师职务，凡已任命的，应除其职务。

九、在本县学校校际之间调动的教师，调入学校可按其原有的任职资格任命教师职务。从跨县学校或其他系统调入中小学担任教师的人员，须经过一年以上教育教学工作实践的考察，并经教师职务评审组织评审或考核，认定具有教师任职条件的，可任命相应的教师职务。

十、对于非干部编制的教师，凡已取得教师职务任职资格的，可任命相应的教师职务。任命后，除按劳动人事有关规定录用外，不办理转干手续，但可享受教师职务的有关待遇。

十一、至1988年6月底连续病假一年以上的病休人员，下学期仍不能履行教师职责的，不予任命。此规定适用于本系统其他职务系列人员，教委教研室人员也参照此规定执行。今后，上级对上述问题有新的规定，以上级文件为准。

泰顺县人民政府
关于加强教育工作若干问题的决定

（1988年11月18日）

为了促进教育事业的发展，更好地为两个文明建设服务，根据《中共中央关于教育体制改革的决定》和温州市人民政府《关于深化教育改革加强基础教育的决定》，结合我县教育工作的实际情况，特作如下决定：

一、各级政府必须把发展教育事业放在突出的位置，坚持分级办学、分级管理。

“百年大计，教育为本”。各级政府务必充分认识发展教育事业的极端重要性和艰巨性，坚决贯彻、执行《中华人民共和国义务教育法》。把教育工作纳入到当地经济和社会发展的总体规划，切实承担起基础教育分级管理的责任，加强管理职能；并列入干部政绩考核的重要内容，作为任免、奖惩的重要依据。

按照《温州市推动初等义务教育实施办法》，全县在一九八七年，实现普及初等义务教育。各级政府要把筹措教育经费、改善办学条件、为教师排忧解难、动员和组织适龄儿童入学或复学，作为贯彻《中华人民共和国义务教育法》的经常性工作来抓。

根据我县实际，基础教育实行县、乡（镇）、村三级办学，县、乡两级管理的体制。建立乡（镇）、村教育目标管理责任制，充分发挥乡（镇）政府管理教育的职能作用和村民委员会办学的积极性。在县的教育计划指导下，乡（镇）政府可以制订发展本乡（镇）教育工作的总体规划和年度计划；可以根据需要发展多种形式的初、中级职业技术教育和成人文化教育；可以自定筹集教育经费的渠道和办法，建立教育基金并确立使用原则；可以提名并报经上级教育行政部门批准聘任校长；可以根据当地财力的可能，提高校长、教师的工资和福利待遇。

二、继续调整中等教育结构，大力发展初、中级职业技术教育。

现有普通高中，要继续调整结构。有条件的普通中学要附设职业高中班。到一九九〇年，全县高中阶段普、职高的招生比例接近或达到一比一。

职业技术教育要根据我县经济发展的需要，走教学、育人、技术服务一体化、社会化的路子，采取灵活多样的办学形式，培养初、中级专业技术人才。职业技术学校可以举办职业教育自费班、代陪班；可以招收应届生、往届生；可以搞学历教育，也可以搞岗位培训或传授实用技术知识的非学历教育。

初级中学可以列入职业教育的内容，加强劳动技术课的教学。可以举办初级职业技术学校，或在初中二年级后实行分流，分设普通班和职业班。也可以试办“三加一”的职业技术教育。要发动社会力量兴办技术教育，鼓励经济部门、科研单位、社会团体和厂矿企业单独办学或与教育部门联合办学。计划、劳动人事部门要制订措施，切实实行“先培训、后就业”的原则，促使招工用人单位优先录用职业中学毕业生和经过各种职业技术培训的结业生。

三、改革教育经费的筹集和管理，多方筹集、多方办学。

根据现阶段的教育经费的状况，要保证政府对“教育拨款增长要高于财政经常性收入的增长，并使按在校生人数平均的教育费逐步增长”。县机动财力用于教育的比例不低于20%；乡（镇）财政超收或增收分得的收入应主要用于义务教育，现阶段不低于50%；城建税收入用于教育的比例不低于30%。

农村教育事业费附加从一九八九年一月一日开始，按当地上年人均纯收入的1%—2%征收。具体征收比例和征收额，由乡（镇）人民代表大会审议确定，乡（镇）人民政府负责征收。

从一九八八年秋季起，适当提高中小学学杂费标准。对经济上确有困难的学生，学校可予以适当减免。减免比例可掌握在学校学杂费总收入的10%左右。学校的收费标准由县有关部门统一制定并报经县人民政府批准后实施。任何学校不得自行提高收费标准，个别学校乱收费的现象必须坚决制止、纠正。

从发文之日起对在直属镇、建制镇、农村建房的建房户征收教育设施配套费，按农田每平方2元，其他土地每平方1元的标准，由土地管理部门在发证时一次性征收。

从一九八九年一月一日起，征收计划外生育子女教育费。计划外二胎征收500元，计划外多胎征收1000元。入学时由学校一次性征收。

大力扶持学校开展勤工俭学，增强学校的自我改善能力。凡属教育部门开展勤工俭学所办的各类企业，有关部门应予以优先审批。并按国家规定免征所得税和能源交通重点建设基金，不上缴利润。对中小学校办的企业可按税收管理体制报批减免税，免税部分的收益，必须用于发展教育事业。

对社会力量办学，经审定具备办学基本条件的，都应予以积极支持。允许创办私立学校，承认其合法地位。大力提倡单位、个人捐资助学，筹资办学和多种形式的联合办学或赞助办学。

力争全县在一九八九年九月前基本排除中小学危房。在中小学危房尚未基本解决的地方，当地国家机关和部门一律不得兴建楼堂馆所等非生产性用房。中小学校舍改造所需的资金、材料，以乡（镇）、村自筹为主。对经济有困难的地方，县人民政府根据财力可能，酌情予以补助。

县教育行政部门，可以经政府同意，采取财政贴息，政府保证偿还的方式，向银行申请贷款，用于改造中小学危房。

各乡（镇）应根据小学、初中设备配备标准和要求，有计划地逐步添置和更新学校的教育仪器、课桌凳、文体设备等。

四、切实提高教师的社会地位和物质待遇。

教师是学校的主体。建设一支品德高尚、业务精良、善于教书育人的教师队伍，是办好学校的关键。各级政府和全社会，都要理解和尊重人民教师，关心他们的生活和工作，切实采取措施，提高教师的社会地位和物质待遇。

为鼓励教师终身从事教育事业，对满30年教龄的中小学、幼儿园公办教师，退休后，按本人工资的100%发给退休金。

建立民办教师福利基金会和年老病残民办教师生活补助制度。其资金来源主要是三个方面：民办教师工资中暂扣一万元；县财政拨款一万元；教育经费中安排一万元。建立代课教师合同聘任制，对于被聘任的代课教师，每人每月增加工资10元，提高教师的医疗费标准，公办教师每人每年平均增加20元。民办与代课教师每人每年增加10元，该医疗费由县教委统一掌握使用。

对任教已达15年，担任小学高级、中学一级以上职务，一方户粮关系在农村的在职公办教师。在不违反计划生育的前提下，逐步解决其配偶或未成年子女一人转为居民户口。

五、坚持依法治教，制止招用适龄儿童、少年就业和中小学生流失的现象。

保证适龄儿童、少年完整地接受九年制义务教育，是涉及提高民族素质的一件大事。在一九九〇年前，全县实施《义务教育法》的重点是普及初等教育。各级政府必须认真做好动员和组织适龄儿童、少年的入学工作，并把它作为贯彻《义务教育法》的主要工作来抓。

禁止任何组织或个人招用应该接受义务教育的适龄儿童、少年就业。对招用适龄儿童、少年就业的组织或个人，由当地人民政府给予批评教育，责令停止招用；情节严重的处以罚款，继续重犯者，责令停止营业并吊销营业执照。

家长或其他监护人有使适龄儿童、少年受完初等教育的义务。对适龄儿童、少年不入学接受初等义务教育或中途辍学的（除因疾病或特殊情况，经镇、乡人民政府批准外）。由当地人民政府对其父母或监护人进行批评教育，坚持不改者，每学期处于罚款30—100元，直至入学或复学，达到简易小学毕业程度为止。对阻挠适龄儿童、少年入学的父母或其他监护人，情节恶劣构成犯罪者，由司法部门追究刑事责任，并责令其送子女或被监护人入学。

上述罚款由当地乡（镇）人民政府负责征收，所得罚款用于本地实施义务教育，不得挪作他用。

泰顺县教育委员会
关于中学学籍管理工作中几个问题的意见

（1990年12月25日）

学籍管理是学校管理的一项重要工作。学籍管理工作同样必须把坚持社会主义办学方向，全面贯彻教育方针，全面提高教育质量，变“升学教育”为“素质教育”等学校工作的根本原则，作为学籍管理工作的指导思想。

近几年来，我县中学学籍工作已逐步得到重视，但有的环节不够健全，还存在一些问题。为了进一步实施《义务教育法》，贯彻执行《浙江省全日制中小学学籍管理暂行办法》，必须加强我县中学学籍管理工作。现对工作中的几个问题，提出如下意见，请各校认真执行。

一、关于留级、重读回炉问题

1．严格升留级制度。在实施九年制义务教育的地方，初中实行不留级制度。其他地方初中毕业班学生一律不留级；初中一、二年级学生，留级面严格控制在3%以内。

2．杜绝重读生回炉生。学校不得吸收往届毕业生插入应届毕业班学习，或让他们以应届毕业生名义报考学校，或给他们开具学籍等假证明，不得举办以升学为目的的复习班。学校领导要保证学校正常的教学秩序。

二、关于休学、复学和转学问题

1．学校必须严格执行休学、复学和转学的有关规定。初中毕业学年内一般不予休学。如遇特殊病情，必须休学的初三毕业学生，由本人或家长（监护人）提出报告，随带有关学校证明和本人半寸正面免冠照片一张，经由县教委普教科派员陪同前往县人民医院检查取证后，方可办理休学证明书，保留学籍。严禁假借休学搞变相留级或插班重读。

学生休学期一般为一年，初三毕业班学生休学期满后，须持休学证明书和县一级医疗单位出具的健康证明后，向学校提出复学要求，经县教委普教科同意后，方可由所在学校吸收复学，编入相应班级。

2．办理转学手续，必须严格按照《浙江省全日制中小学学籍管理暂行办法》有关规定予以办理。初中毕业班学生一般不办理转学手续，学生在休学期间不准转学。

对于转出学生不得开具学籍假证明；对于转入学生必须要求转学手续完备，严格审查，据情予以吸收，不得留级或降级插班。

三、学籍管理是学校最基本的常规管理。

校长、班主任、学籍管理人员认真做好学籍管理工作，对建树良好的校风校纪，保证完成学校各项任务，起着十分重要的作用。各校应认真贯彻执行教育行政部门制订的重要教育行政法规，保证它的严肃性。鉴此，对于违反上述情况之一者，均给予严肃处理：

1．该学校和有关人员当年不得评先进，并依据情节，给予通报批评或行政处分。

2．有关校长、分管学籍的教导主任、班主任和学籍管理人员，取消其职称和降薪处理。

本意见传达到全体师生，并向社会广泛宣传。从发文之日起执行。

泰顺县教育委员会　人事劳动局　社会保险事业管理局
关于泰顺县社会力量办学师资管理暂行办法

（1999年9月4日）

随着教育改革的深入，我县社会力量办学得到了迅速发展。为了进一步加强社会力量办学教师队伍的建设和管理，促进我县社会力量办学的健康发展，根据国务院《社会力量办学条例》、浙江省政府《关于鼓励社会力量参与办学的若干规定》（浙政发〔1998〕272号）和温州市教委《关于温州社会力量办学师资管理意见（试行）的通知》（温教委〔1999〕94号）文件精神，结合我县实际，制定本办法。

一、各类社会力量办的学校（幼儿园，下同）根据办学规模，按照国家规定的教师资格任职条件，参照公办学校编制标准，可以面向社会自主招聘教职工。

社会力量办学的学校聘用教职工应事先由学校对受聘对象进行资格审核和试教、考核，符合聘用条件的，由人才交流部门办理有关就业或流动手续，并实行人事代理。其中师范类大、中专毕业生和教育系统的人员应聘到社会力量办的学校工作，由教育人才服务中心实行人事代理；非师范类大、中专毕业生和非教育系统的人员应聘到社会力量办的学校工作，由人事部门人才交流服务中心实行人事代理。

人事代理内容包括：保留原身份、人事档案的管理、大中专毕业生的转正定级、专业技术职务评审、档案工资调整、代办养老保险、接转组织人事关系、各类岗位培训及专业技能培训、出具以档案材料为依据的有关证明等。

二、允许公办学校教师流动到社会力量办的学校任教。公办学校在职教师要求流动到社会力量办学的学校任教，必须经所在学校和教育行政部门同意。县际调动参照公办教师调动程序办理。同时实行人事代理。

三、社会力量办的学校必须按国家和省、市有关规定及时办理教职工养老、医疗等社会保险。凡办理人事代理的对象，在办理人事代理手续时一并办理养老、医疗等社会保险手续并按时缴纳保险金。

四、公办教师到社会力量办的学校任教，教师和学校必须签订聘用合同，明确双方权利和义务，原财政拨付的工资停发，其工资待遇等由聘用的学校发给。要求重新回到公办学校任教的须在每年5月10日向教育行政部门提交聘用学校同意的书面申请报告，在用人单位编制许可和工作需要的前提下，由县教育行政部门批准，原则上安排到原任教的公办学校任教。其在社会力量办的学校任职并按规定办理养老保险的年限可以合并计算工龄、教龄和养老保险年限。

五、凡被原单位除名或作自动离职处理后被重新聘用到社会力量办学的学校任教的教师，其工龄、教龄只能从社会力量办的学校任教时开始计算。对在除名或自动离职前已办理并缴纳养老保险费的年限，可与在社会力量办的学校实际缴纳养老保险年限合并计算。

六、应届大、中专毕业生要求到社会力量办的学校任教，参照公办学校毕业生就业有关规定，经与用人单位双方签订协议书，由毕业生就业（调配）部门办理有关手续，并实行人事代理。

七、社会力量办的学校要求从外地引进教师，可直接向委托代理的人才交流服务机构申报，按公办学校同类人员的调动办法办理有关手续，并实行人事代理。

八、社会力量办的学校要求临时聘用公办学校在岗教师兼课，应事先经原所在学校同意，与原所在学校签订协议，并报教育行政部门审批。

九、社会力量办的学校教师专业技术职务评审，可参照公办学校教师职务结构比例，自主设岗，自主聘任，并直接向教育行政部门送交评审材料。

十、教育行政部门对社会力量举办的学校校长岗位培训、教师专业培训、学历函授、评先评优等参照公办学校同等对待。

十一、对不能履行教师职责，违反师德的教师应立即予以解聘。情节严重的应根据具体情况给予行政处分，直至追究刑事责任。凡因师德问题受处分的教师，在处分期间不允许在本县其他社会力量举办的学校聘用。

中共泰顺县委办公室、泰顺县人民政府办公室关于新泰一中运行机制的实施意见

（2005年6月29日）

为加快新泰一中改革步伐，进一步健全校长负责制、全员聘任制、合同化管理制度，建立岗位能上能下、人员能进能出、保障机制健全，充满生机与活力的运行机制，努力提高办学水平和教育教学质量，不断满足广大人民群众对优质教育的需求，根据事业单位人事管理制度改革的有关文件精神，并借鉴外地教育改革与发展的一些经验，综合泰顺实际，现就新泰一中办学机制改革提出以下实施意见。

一、实行校长聘任制和校长负责制

校长由县教育局提名，报县委研究同意，由县政府（或县政府委托县教育局）与校长签订聘约。校长聘任期一般为三年，任期考核称职以上的可以连聘连任。校长是学校的法人代表，对学校负全面责任。

（一）校长职责

1．负责制定并落实副校长、中层干部及教职工岗位责任制，不断健全和完善考核评估及奖惩机制。

2．按照国家教育方针和教学大纲要求，全面落实教学任务，加强教科研，提高教师素质，推进素质教育，建立和完善充分调动教师积极性、主动性的工作及激励机制。

3．健全完善学校安全管理工作机制，切实维护教职工和学生合法权益，确保师生和学校财产安全。

4．健全完善净化、优化、美化校园，不断改善办学条件，营造良好校园环境的工作机制。

5．加强德育教育，促进学校教育、家庭教育、社会教育协调配合，形成良好育人环境的工作机制。

6．健全校务公开机制，正确行使职权、自觉接受党组织和教代会监督。

7．自觉接受县政府及教育行政部门的领导、管理、督导、评估，完成上级布置的工作任务。

（二）校长权利

1．具有按规定提名聘任或辞聘副校长，直接聘任或辞聘中层干部，聘用或辞聘教职工，调整教职工岗位等人事管理的权力。

2．具有按照国家财经制度和校内财务管理制度支配经费的权力。

3．具有依照法律法规及有关政策规定，加强学校管理，促进学校发展，提高学校教育质量的决策、指挥权力。

（三）校长职权监督

1．重大决策应广泛征求意见，由学校党组织和校务委员会充分讨论形成统一意见后决定，校长应定期向教代会报告工作，重大问题应提请教代会讨论，充分发挥教代会的民主监督作用。

2．聘任或辞聘副校长，要提交学校职工教工代表大会表决。

3．聘任中层干部和聘用教职工，要编制用人计划及方案，报县教育局审核同意后实施（审核是否符合编制、岗位限额和岗位用人需求、任职资格要求），应聘人员任职资格要通过县教育局审核认定。

4．教代会三分之一以上代表提出罢免校长提案，经全体教职工大会表决并获二分之一以上赞成票通过的，县政府（或县教育局）予以办理辞聘校长手续。

（四）考核与奖惩

由县教育局负责，对校长履行岗位职责完成工作情况进行年度和聘期考核，考核结果作为校长续聘或调整岗位的依据。考核成绩优异、贡献突出的，由县政府给予奖励（考核与奖励办法另行规定）。年度考核不合格的，予以调整岗位。

二、推行岗位目标责任制

学校按学生数定编，因事设岗，按岗定人。由县教育局根据新泰一中承担的教育任务，提出定编和内设机构设置方案，报县编委研究核定。校长要按照岗位责任制的要求，将办学总目标层层分解，落实到人，建立健全岗位目标责任制。要制定岗位职责，明确任职条件，建立以校长为核心，由党支部、校委会、工会负责人、教师代表、学生代表为成员的聘任考核评估小组；健全以考核工作实际为主要内容，以考评结果为依据的奖惩机制。

岗位责任人的考核结果与聘用（或聘任）、结构工资挂钩。考核成绩优胜的，由学校给予奖励（在绩效工资中体现），考核不合格的，学校可以调整其工作岗位，并相应变更聘用合同，直至待岗、解聘。

三、实行教职工全员聘用制

推行教职工全员聘用（聘任）制度，实行合同制管理，建立学校和教职工之间的契约关系，实现学校人事管理由身份管理向岗位管理转变。

（一）教职工由学校自主聘用

新泰一中专任教师必须具备高中教师资格或本科以上学历（优秀骨干教师可破格）。学校根据定编和岗位用人需求，提出进人计划，报县教育局审核，符合编制、岗位限额要求的，同意自主择优选聘教职工。学校选聘教师应公开招聘、择优聘用、平等自愿、协商一致的原则进行。学校要成立教职工聘用考核领导小组，严把人员准入关。不得录用不符合岗位用人要求的人员。

教职工聘用具体实施办法由学校根据省市有关规定制定，报县教育局审核同意后实施，同时报县人事劳动社会保障局备案。

学校与所聘人员必须签订聘用合同，明确聘期、聘期责权利和双方违约责任，实行合同制管理。教职工聘用期一般为三年。年度及聘期考核合格要求续聘的，学校应给予续聘；聘期内年度考核不合格、聘用期满的自动解除聘用关系，学校不得给予续聘；聘期内年度考核连续两年不合格的，学校必须按规定予以解除聘用关系。

1．新泰一中必须实行择优聘用的办法，优化重组教职工队伍。一要严格把好专任教师准入关，新泰一中专任教师主要从老泰一中择优选聘，如选聘不足，可面向全县学校择优聘用，也可向县外择优招聘优秀教师和师范类本科以上毕业生（新进人员人事关系按规定实行代理制）。二要压缩非教学人员（职员、教学辅助人员和工勤人员）。非教学人员原则上从老泰一中选聘，占总编制数的比例控制在15%以内，非教学人员岗位不得挤占专任教师编制额。

2. 没有被新泰一中聘用的老泰一中教职工，人事关系暂挂县教育局，由县教育局负责安置。被调配人不服从调配的，按照《浙江省事业单位人员聘用制度实行细则》（浙政办发（2004）117号）及有关规定予以解聘。符合离岗退养条件的，经本人申报，给予办理离岗退养手续。

（二）学校行政班子由学校自主组阁

副校长由校长提名，经学校教职工大会表决，获应到教职工三分之二赞成票通过，由校长聘任，报县教育局备案；校长辞聘副校长，须经全校教职工大会表决，获应到教职工半数以上同意方可辞聘。中层干部由校长提名，经学校党政班子研究同意后由校长聘任。所聘的副校长和中层干部报县教育局认可并备案。校长与所聘的副校长、中层干部必须签订聘任合同，明确岗位职责权利，聘任期一般为三年，如校长辞职或届满，副校长和中层干部聘期自动届满。教研组长、段长、班主任由主管处室推荐，学校校务委员会会议研究通过，校长聘任，学校不得超职数配备干部。

（三）实行专业技术任职资格、职务评聘分离在条件成熟的情况下，学校可实行专业技术任职资格、职务评聘分离。一是由县教育局协同县人事劳动社会保障局，按照专业技术岗位结构比例的有关规定，合理设置新泰一中高、中、初级专业技术岗位职数。学校技术岗位聘任实行双向选择、择优录用。学校内部聘任的技术职务职位不得超出岗位数。二是新泰一中教职员工参加专业技术任职资格评审，不受学校技术岗位限制，评审的专业技术任职资格不与工资待遇挂钩（工资档案可按国家调资政策调整，仅作为调动和退休核定工资的依据，不作为学校核发工资的依据。）三是实行低职高聘或高职低聘。按实际聘任的专业技术职务，实行聘约管理，以聘约规范签订双方的责任、权利和异物，确定相应的工资待遇。

四、实行学校工资总额动态包干制和结构工资制

（一）县财政对学校实行工资总额动态包干制。县财政局根据学校增人不增资，减人不减资的原则，按县编委核定的编制总数，结合技术职务岗位职数因素，核定新泰一中学校工资总额。学校编制和工资总额每年核定一次，县教育局每年暑假期间根据办学规模提出编制调整方案，由县编办牵头，县教育局、财政局一同核定。县财政局再根据新泰一中的编制总数和学校人均工资额及全县的工资增长情况，核定学校工资总额。

（二）学校对教职工实行结构工资制。即实行优劳优酬、多劳多得，重实绩、重奉献，向教学一线、优秀人才和关键岗位倾斜的结构工资制。结构工资由基础工资、岗位工资、工作量工资和绩效工资四部分组成。学校部分预算外收入可作为结构工资的补充来源，额度由县教育局会同县财政局按泰政发（2003）直34号文件核定。学校不得将按规定用于偿还银行贷款本息和事业发展的专项经费以及上级拨入的专项经费用于发放结构工资。

（三）结构工资的实施方案由校长负责编制，报县财政局、教育局、人事劳动社会保障局审核后，提交学校教职工代表大会审议并获三分之二赞成通过后予以实施。

五、扩大学校办学自主权

（一）学校招生分数线由学校自主划定。

（二）学校具体收费标准，由学校在严格执行省定收费政策和“三限”政策的前提下，根据学生家庭普遍承受能力以及学校正常运转必须经费确定，报县物价部门审核、市物价部门批准（备案）后向社会公布执行。

（三）学校后勤服务中心实行社会化管理，保本经营。

1. 组建学校后勤服务中心。后勤服务中心主要负责管理学生宿舍、学校餐厅，同时开发其他服务项目，财务实行分账核算，成本管理，保本经营。管理人员由学校派出，其他人员公开自社会择优聘用，实行一学年一聘。应聘者身体要符合健康要求，道德品质要好。

2. 后勤服务按成本收费。即学校按后勤服务设施的固定资产折旧、大修理基金提留、水电费用、宿管人员工资、后勤服务设施建设借款利息及管理费等核定宿费收取标准，编制方案，报县物价部门核定。

中共泰顺县委　泰顺县人民政府
关于坚持教育优先发展争创教育强县的决定

（2008年7月）

为全面贯彻落实党的十七大精神，切实把教育摆上优先发展的战略地位，根据《中共温州市委温州市人民政府关于优先发展教育加快建设教育强市的决定》（温委发〔2008〕24号）精神，结合我县实际，现就坚持教育优先发展，争创教育强县，作出如下决定：

一、坚持教育优先发展，争创教育强县

（一）指导思想。高举中国特色社会主义伟大旗帜，全面落实科学发展观，深入实施科教兴县和人才强县战略，坚持教育优先发展，深化教育改革，推进教育创新，促进义务教育均衡发展，大力发展职业教育，全面普及学前及高中阶段教育，扩大优质教育资源，全面实施素质教育，提高各级各类学校教育质量和管理水平，促进我县教育科学和谐、优质均衡发展。

（二）目标任务。今后四年我县教育工作的目标任务是，争创教育强县，办好让人民满意的教育。到2011年，教育投入基金满足需要，办学条件明显改善，师资素质显著提高，资源配置优化合理。学前三年幼儿入园率达93%以上，义务教育学龄人口入学率达100%，初中毕业生升学率达92%以上，高等教育毛入学率达45%以上，全县普职比例达到1∶1，新增劳动力人均受教育年限达13年，居民人均受教育年限达10年以上，适应经济社会发展对知识和人才的需求，形成较完善的现代国民教育体系和终身教育体系，学前教育、基础教育、职业教育、成人教育相互衔接、协调发展。

二、加大城乡统筹力度，提升基础教育办学水平

（三）促进义务教育均衡发展。按照义务教育公共资源均衡配置原则，将农村学校建设纳入新农村建设范畴，加大对农村学校特别是偏远地区学校的投入力度，按照至少1.5倍于当地预算内生均公用

经费定额标准，及时足额划拨公用经费。加强农村教育基础设施建设，彻底消除学校破旧房。要积极稳妥地推进师资均衡，努力实现城乡师资的合理布局。加大农村学校标准化建设力度，到2011年，全县80%以上的乡镇中小学达到省义务教育标准化学校标准，乡镇中小学均具备寄宿条件。

（四）大力扶持和规范学前教育发展。科学规划学前三年教育，坚持多元办学，形成公办与民办教育相结合的发展格局。每个建制镇至少要办好1所公办中心幼儿园（当前无法实现的建制镇要制定优惠政策，积极扶持民办幼儿园发展），对上规模上等级的民办乡镇幼儿园可采用购买服务的方式给予师资支持和经费补助，加快乡镇中心幼儿园和等级幼儿园建设，建立幼儿园等级管理和晋级奖励制度，规范办园行为，提高保教质量和办园水平。到2011年全县乡镇中心幼儿园建园率达85%以上，等级幼儿园在园幼儿覆盖率达到80%以上。

（五）提高普通高中教育办学水平。注重提高普通高中教育整体质量，既要确保初中毕业生升入普高比例稳中有升，又要逐步提高普高优质教育资源率。要积极引导普通高中明确办学定位，制定实施学校发展规划，积极探索建立多种所有制的普高教育新模式、新途径。通过结对帮扶、输出管理、联合办学等形式加快农村薄弱普通高中改造，提高普高办学整体水平，加大省市级重点普高创建力度，到2011年，泰顺县第一中学和育才高级中学分别创建成省一、二级重点高中，努力满足人民对优质普高的需求。

（六）保障各类贫困家庭子女平等接受义务教育。完善义务教育学校贫困生档案及资助制度，确保贫困家庭子女平等接受义务教育。要将进城务工人员子弟学校建设纳入教育发展总体规划，加快县城新城区教育设施建设。保障进城务工人员子女正常就读。要重视民族教育，办好泰顺县民族中学。各校要特别关注学业成绩后20%学生的分布及成因，有针对性地帮助和促进学习有困难的学生不断进步。

三、坚持就业创业导向，构建职业成人教育体系

（七）提高职教中心办学能力。在职业教育中心一期工程的基础上，推进二、三期工程建设。到2011年，建设省、市级师范专业2个以上，把县职教中心建成在校生2200人的省重点职业学校，让全县中等职业学生都能享受优质的教育资源。

（八）推进职业教育校企合作。坚持统筹规划，多方投入，抓紧职教实训基地建设，有效解决职教发展中实训条件薄弱的问题。2008年，完成维修电工专业和雕刻专业的实训基地建设。到2011年，建立10个功能较为完备、区域资源共享的实训基地。加强校企合作，积极为县内外企业定向培养、培训员工，县内各类企业要积极为职业技术学校学生见习、实习提供场所和条件，优先聘用县内职业技术学校毕业生。校企联合创办的企业以及用于学生实习的工厂、车间和实训基地，其企业营业税、所得税地方分成部分，由同级财政列收后用于办学。企业用于学生实习的工厂及车间，其相应的生产经营项目经工商、税务和企业主管部门联合审核认可，可享受校办企业优惠政策。

（九）积极发展社区教育。社区教育经费要实行财政单列。加快社区学院、社区学校两级社区教育网络建设，建立和完善全民学习，终身学习体系，践行“学有所教”，实现“人人有知识，个个有技能”，发挥社区学校在学习型社区建设中的资源优势、文化引领和师范辐射作用。发挥社区教育功能，进一步做好农村预备劳动力培训工作，实施“万民农村劳动力素质培训工程”，进一步深化农民知识化工作。

四、鼓励社会力量办学，扶持民办教育协调发展

（十）鼓励和支持社会力量办学。进一步落实促进民办教育发展的各项政策法规，促进民办教育又好又快发展。从2008年起，对自建校舍办学的民办职业学校，每培养1名中职毕业生补助600元，由县财政承担，补助经费专项用于改善办学条件。对民办义务教育学校，依照公办义务教育学校预算内生均公用经费定额标准，给予经费补助。设立民办教育发展专项资金，主要用于奖励各级各类重点示范民办学校以及为促进民办教育发展做出突出贡献的集体和个人。实施学前教育的民办学校，在建设规划、项目审批、土地供给、规费减免等方面享有公办学校同等待遇。对全日制民办学校经批准收取并纳入财政预算管理的或财政预算外资金专户管理的收费，不征收企业所得税；对全日制民办学校取得的财政拨款，从专管部门和上级单位取得用于事业发展的专项补助收入，不征收企业所得税。

（十一）依法保障民办学校合法权益。要按照事业单位性质为符合条件的民办学校教师实行人事代理，并依照公办学校教师标准落实“五险一金”政策（养老保险、医疗保险、失业保险、工伤保险、生育保险和住房公积金），使民办学校教师社会保险、住房公积金享有与公办学校教师同等待遇，所需费用除由学校和教师个人参照公办学校缴纳比例标准分别承担外，县财政要视自身财力、学校类别给予一定的以奖代补资金。县人事和教育部门要制定相关政策，允许教师在公办学校与民办学校之间按程序合理流动。县教育部门可根据需要有计划地委派公办学校校长、骨干教师到民办学校（包括民办幼儿园）工作。民办学校教师和学生在职称评审、升学就业、评优评先等方面享有与同级同类公办学校教师和学生的同等权利。

（十二）加强对民办教育的监督管理。依法加强对民办教育的管理是民办教育健康发展的重要保障。各类教育机构和民办学校，应当严格遵守法律规定，坚持依法办学、依法管理。县教育部门及有关责任部门要坚持依法行政、依法办事，既要关心、支持民办教育发展，又要加强监督和管理，规范民办学校办学行为。

五、扎实推进素质教育，促进基础教育内涵发展

（十三）牢固树立素质教育理念。以素质培养、学生发展为导向，树立正确的人才观、质量观，尊重学生身心发展规律，促进学生积极主动、生动活泼地学习和成长。保障学生权利和身心不受侵害，切实减轻中小学生过重的课业负担，并将其作为评价教师、学校教育业绩的重要依据。加强节假日课外培训活动的规范管理，鼓励支持学生参加社会实践活动。广泛组织开展体育节、艺术节和科技节等活动，确保中小学生每天坚持1小时锻炼实践，塑造学生健康体魄，培养学生综合素养。

（十四）强化中小学德育工作。落实未成年人思想道德建设的各项要求，使德育工作融入学生的学习生活和社会实践，切实提高德育工作的实效性。强化理想信念和民族精神教育，突出社会公德和现代文明教育，重视法制纪律和心理健康教育，有机结合社会主义荣辱观教育，关注学生行为养成，塑造学生健全人格。进一步健全全社会支持和配合中小学德育的工作机制，适合青少年健康成长的社会公共文化活动场所要免费向中小学开放、社区要积极创造条件、开辟学生校外活动场所。积极构建青少年违法犯罪和学校、学生安全的预警机制。

（十五）稳步推进课程改革，按照教育部《基础教育课程改革纲要（试行）》的要求，完善义务教育阶段课程改革，积极推进普通高中课程改革，启动实施幼儿教育课程改革，加快构建国家课程、地方课程和学校课程相结合的基础教育新课程体系，逐步形成地方特色。要按照素质教育理念和新课程要求组织教学工作，努力改进教学方法和手段，促进学生综合素质的提高。推动学校特色办学，建设富有内涵的学校文化，形成具有个性的学校风格。建立与新课程体系相适应的基础教育评价体系。教育质量评价要坚持以素质教育为导向、有利于全体学生发展；学生评价要采取主体多元、内容全面、方式多样、体现个体差异的评价模式，注重学业成绩与综合素质相结合；教师评价要形成重师德表现、重教育质量的机制。

（十六）深化考试评价制度改革。坚持公办义务教育学校免费、免试、就近入学原则，对招收新生要实行常态分班，不得设重点班。民办义务教育学校在报名人数超过招生计划人数一定比例时，要采用随机方式招收新生，不得以考试或变相考试方式选拔新生。义务教育阶段学生原则上不跨区域就读。高中阶段招生要深化以初中毕业生学业考试成绩为基础、与综合素质评价相结合的改革。扩大普通高中招生自主权，规范普通高中保送生和特长生招生制度。重点中学招生实行招生名额按比例分配到初中学校的办法，从2008年开始在3年内将分配比例提高到50%以上，以减轻过重的课业负担，缓解过热的择校竞争。

六、加强教师队伍建设，增强教育事业发展后劲

（十七）建设高素质教师队伍，全面加强师德师风建设，大力宣传敬业乐教、无私奉献的优秀典型和先进事迹，使教师树立正确的世界观、人生观和价值观，增强事业心、责任感和敬业精神。开展师德先进集体、师德楷模、师德标兵等评选活动。继续实施名师名校长工程，推行泰顺县教育优秀人才培养计划，建立一支优秀的校长队伍，培养一支效能化中层管理队伍，加强班主任队伍建设，完善教师考核制度，努力建设一支师德高尚、业务精湛、结构合理、充满活力的高素质教师队伍。加强中职教师队伍建设、在职业学校设立专业技能课教师特聘岗位，支持职业学校面向社会聘请专业技能课教师。加大教授级中学高级教师、省特级教师、省市县级名校长、名师（名班主任），市级教坛新秀、教坛中坚、教坛宿将、市级骨干教师，县级教坛新秀、教坛中坚、教坛宿将，县级骨干教师四个梯队教师培养力度。提倡专家办学，致力引进一批名教师、高学历教师，职业教育双师型、技能型教师。出台《泰顺县教育系统人才引进办法》和《泰顺县教育系统优秀人才管理暂行办法》，加大引才和留才力度。

（十八）加大教师培训力度。通过“走出去、请进来”等途径，开展教师专业素质培训，促进教师转变教育观念，更新专业知识，提高教育教学能力。各中小学要制订校本研训方案，全方位开展校本研训活动。推行教师专业发展计划制度，引导教师制订个人专业发展计划，提高专业素养和教学能力。建立教育系统人才教科研奖励制度，引导、鼓励优秀人才取得更高的专业成就，提高教科研水平。要统筹配备农村学校教师，确保人员编制符合实际需要，引导农村自然形成的、必须保留的小班制学校推行“小班化教育”，要建立健全有利于农村中小学教师队伍建设的师资流动核心教师录用机制，要以农村中小学教师素质提升工程为抓手，以“一专多能”为目标，进一步做好支教工作，努力提高农村教师业务水平。

（十九）切实提高教师经济待遇。完善中小学教师工资财政统发制度，确保公办中小学教师的平均工资水平不低于当地公务员的平均工资水平。全县公办教师应同等享受当地国家公务员享受的国家、地方性增资和其他津贴补贴，并纳入县财政预算。制订面向农村教师的优惠政策，从2008年起，全县乡（镇）、村中小学校（不含县城）教师年度考核称职的，绩效工资按学校类别分别提高到2000

元、3000元、4000元、5000元，并视县财力情况逐步提高；安排专项经费，建立教育优秀人才奖励金制度，逐步推行中小学校长岗位目标考核奖制度，实施骨干教师学年度工作考核奖制度。努力提高班主任津贴，逐步达到全市平均水平。

七、优化教育资源配置，扩大城乡优质教育资源

（二十）加快中小学校网调整。按照“高中进城、初中进镇、小学进乡”的原则，科学调整中小学校网布局。争取到2011年，全县完成新一轮中小学布局调整，做到校园布局更合理，设施更完善，班额更合适，使全县每一所学校的办学条件都达到较高水平，要妥善解决教育资产问题，加快城乡配套学校规划建设。凡村民集资集劳兴建、社会捐赠兴建、国家投资兴建以及其他形式划拨的各类学校资产，均属于教育资产，由当地教育行政部门负责管理，任何单位、集体或个人都不得以任何理由侵占或收回。对属于学校管理和使用的土地，尚未确定土地使用权的，原则上以围墙为界（无围墙的，以实际使用面积为准），由乡镇中心学校提出申请并上报县教育行政部门，统一由县国土资源部门办理土地使用证，县房产登记部门凭土地使用证予以办理相应的房屋产权证。布局调整后的闲置校产（包括原使用的土地）处置，须经县人民政府批准后，由教育行政部门负责，所在地乡镇政府配合，处置所得资金全部用于学校和幼儿园建设，部分无法处置而被乡镇政府或村委会使用的，要办理相关的产权证过户手续。

（二十一）加快农村学校教育配套建设。大力推进中小学各类教育教学配套设施建设，制订和完善教育信息化发展规划，建成县教育城域网，并充分发挥其指导作用。加大投入，安排专项资金，用于农村教育配套设施建设，重点加强农村薄弱学校和“创强”乡镇学校的教育装备。到2011年，95%以上的城镇中小学达到教育信息化Ⅰ类标准，75%以上的农村中小学达到省教育装备Ⅰ类标准、信息化建设Ⅱ类标准，60%以上的中学和中心小学达到省学校图书配备Ⅰ类标准。按照标准逐步配足配齐中小学体育、卫生、艺术教育、劳技及通用技术等设施设备。

（二十二）扩大优质教育覆盖面。全面加强农村学校尤其是农村偏远薄弱学校的建设和改造，要在经费、设备、师资等方面给予大力支持，逐步缩小城乡学校办学差距。要以优质教育资源为依托，有计划地开展“城镇支援农村、强校支援弱校”工作。在保证国有资产不流失的前提下，支持以公办民助、公办学校国有资产有偿使用、教育凭证等形式引进市场机制，扩大优质教育覆盖面。

八、推进教育改革创新，激发教育事业发展活力

（二十三）推进管理体制改革。完善教育管理体制，落实“以县为主”的基础教育管理体制，充分调动乡镇政府办好义务教育的积极性。深化学校内部管理改革，将管理重心放到学校，规范和落实办学自主权。建立健全学校内部管理制度，规范办学行为。

（二十四）推进办学体制改革。实现办学和教育投资的多元化。从我县经济和社会发展实际出发，遵循“积极稳妥、先行试点、积累经验、逐步推广”的原则，在以政府办学为主体的前提下，充分利用民间资源，通过民办、民办公助、股份合作制办学、个人独资办学、集团化办学等方式，实现办学主体多元化和办学形式多样化。

（二十五）推进人事制度与分配制度改革。实行校长任期制和校长任期目标责任制。有条件的学校推进教育“四制”改革，深化分配激励机制，建立总量控制、内部搞活、激励有效、公平合理的分配制度，努力消除职业倦怠，激发教师创业热情，提高办学效益。

九、增加教育财政投入，保障教育发展财力支撑

（二十六）加大财政对教育的投入。确保教育经费的“三个增长”、“两个提高”，特别是生均预算内教育事业费和生均预算内公用经费两个指标，要制定逐步提高计划并达到全省平均水平。从2008年起，教育财政拨款要高于地方财政经常性收入的增长，要逐步提高财政性教育经费占生产总值的比例。进一步完善义务教育经费保障机制，不断提高义务教育经费保障水平。建立校舍维修改造资金长效机制，按照土地出让金3%的比例或按每年20%的增长率安排学校基建经费，以保证学校建设资金落实。推进中小学预算编制制度改革，实行“校财县管”的财务管理办法。加大农村义务教育学校债务化解力度，力争在2年内化解教育债务。足额征收教育费附加和地方教育附加，并按照“先收后支、列收列支、收支平衡”的原则，用好管好教育费附加和地方教育附加，专项全额用于改善学校办学条件。

（二十七）积极拓展教育筹资渠道。认真落实国家对从事教育服务的免税政策和鼓励社会对教育事业捐赠的政策，动员和鼓励社会团体、企事业单位和公民个人捐资助学、出资办学。利用金融信贷、教育服务、科技开发等渠道筹措教育经费。

（二十八）加强财政性教育经费使用管理。财政性教育经费要全面实行部门预算、国库集中支付、政府采购制度。县财政性教育经费支出要按政府财政性收支科目列报，确保义务教育经费单列。加强教育成本核算、监督管理和绩效评价，规范教育收费，降低教育负债率，提高教育经费使用效益。

十、优化教育发展环境，形成教育强县创建合力

（二十九）切实加强组织领导。县委、县政府成立教育强县创建工作领导小组，切实加强对教育强县创建工作的领导。各乡镇党委、政府要把创建教育强县工作摆上重要议事日程，建立相应的组织，制订本乡镇教育创强实施计划和目标，并采取有力措施，落实工作任务。建立健全创建教育强县的目标责任制和责任追究制度。坚持党政“一把手”负总责，分管领导负专责，各部门承担相应责任。继续完善县委、县政府定期研究教育工作、县四套班子领导联系学校等制度，及时研究和解决创建教育强县工作中的重大问题。全县每年组织1—2次创建教育强县工作督查。将乡镇党委、政府以及相关部门主要领导重视教育、关心教育及教育创强工作完成情况，纳入乡镇、部门重要工作目标考核及领导干部年度考核重要内容。

（三十）充分发挥教育行政部门的主体作用。县教育行政部门要认真履行职责，切实担负起综合协调责任，加强调查研究，加强政策指导，及时发现并妥善处理创建教育强县过程中出现的新情况、新问题，为县委、县政府当好参谋。要加强教育内部管理，把握正确办学方向，规范各种教育行为，切实解决好人民群众关心的热点难点问题，不断提高教育教学质量。继续加强教育行风建设，改进工作作风，提高工作效率，维护泰顺教育形象，不断提高人民群众对教育的满意度。

（三十一）营造创建教育强县的浓厚氛围。全县各乡镇、各部门要依据工作职能，积极研究和制订支持创建教育强县的具体措施。县发改、教育、公安、民政、财政、人事劳动社会保障、国土资源、规划建设、交通、卫生、环保、安监、房管等部门要形成通力合作的机制，紧密结合教育工作实际，加快转变政府职能，牢固树立服务意识，切实提高服务水平。大力倡导尊师重教的良好风尚，关心、理解、支持教育事业发展，积极为教育办实事、办好事，形成“党以重教为先、政以兴教为本、民以助教为荣、师以从教为乐”的良好社会风尚。

泰顺县人民政府
关于进一步加强民办学校教师队伍建设的实施办法（试行）

（2012年9月24日）

第一章　总　则

第一条　为进一步加强民办学校教师队伍建设，推进全县民办教育健康有序发展，根据实施国家民办教育综合改革试点的有关精神，结合我县实际，制定本办法。

第二条　民办学校师资队伍建设要坚持公办、民办学校教师同等待遇和有利于民办教育发展的原则。

第二章　教师聘任

第三条　民办学校拥有面向社会招聘教师的自主权。凡新招聘的教师应符合国家规定任职资格要求。聘任教师的数量，要根据办学规模并参照公办学校教师编制标准合理确定。

第四条　民办学校招聘的教师，必须先通过资格审查、试教、体检、政审等考核程序，符合要求的，方可上岗执教。

第五条　民办学校必须与招聘录用的教师签订符合国家法律法规和政策要求的聘用协议（或合同）。

第六条　县教育局要加强民办学校教师资格管理，规范民办学校教师聘用制度。民办学校的教师聘用合同和所聘用的专任教师资质，要报县教育局备案。

第七条　已经在民办学校任教但尚未取得相应资格证书和学历的，必须在三年内限期考取。

第三章　人事代理

第八条　凡符合任职资格并已应聘到各级各类民办学校任教的教师，均要参加人事代理。参加人事代理是民办学校教师参加职称评审、社会保险、评优评先的前提。

第九条　县教育人才交流服务部要具体负责民办学校教师人事代理工作。人事代理业务经费由同级财政专项拨款，实行免费服务。

第十条　民办学校教师参加人事代理的内容包括：人事档案管理、毕业生转正定级、申报专业技术职务评审、档案工资调整、组织人事关系接转、代办养老保险和住房公积金、各类岗位培训及专业技能培训、出具以档案材料为依据的有关证明等。

第十一条　人事代理办理有以下程序：民办学校教师与任教学校签订一年及以上聘用合同后，由所在学校提出申请，经县教育局审核，由学校、教师（申请人事代理人）与县教育人才交流服务部共同签订《人事代理协议》。人事代理手续每年8、9月份集中办理。

第十二条　民办学校对教师人事代理工作负有领导责任，要确定专人具体负责人事代理工作。

第四章　工资待遇

第十三条　民办学校参照公办学校制度，实行事业单位工作人员岗位绩效工资制。

第十四条　县教育局、县人力社保局要在每年6月份以前，向社会公布各级各类民办学校教师工资指导线（最低标准）。民办学校教师的工资指导线（最低标准）不得低于当地同级同类公办学校教师岗位绩效工资的70%。

第十五条　民办学校应按照公办学校教师工资制度建立教师档案工资。学校根据工资制度定时调整档案工资，报教育人才交流服务机构审批后，书面通知本人，审批表返回学校存档。教师在公办和民办学校任职期间，工龄、教龄连续计算。

第十六条　民办学校要完善内部考核制度和分配制度，重点向关键岗位、业务骨干和做出突出成绩的人员倾斜，可参照公办学校建立教（工）龄补贴，班主任津贴、行政（校长、中层干部、教研组长、年级段长）岗位津贴。

第十七条　民办学校教师享受与公办学校教师同等的社会保险和福利待遇。社会养老保险、医疗保险、失业保险、工伤保险、生育保险和住房公积金等按规定缴纳，由学校统一收取，县教育人才交流服务部统一到社保中心、住房公积金管理中心办理。

第十八条　对参加事业单位养老保险的教师，基本退休费以档案工资为依据，享受与公办学校教师同等的退休费。

第十九条　在农村任教的民办学校教师，按照省市规定享受农村教师任教津贴和农村教师生活补助金制度，县财政局要按照公办学校教师相同比例予以补助。

第五章　教师发展

第二十条　县教育局要将公办、民办学校校长、教师的业务培训纳入统一规划和管理，在培训经费、参加人次等方面，给予相同保障。

第二十一条　民办学校要按照当年生均公用经费的10%和教职工工资的3%足额提取培训经费，用于本校教师培训。

第二十二条　县教育局要精心组织实施民办幼儿园教师素质提升工程，统筹协调好教师的工学矛盾，在三年内按人均3600元的标准完成一轮民办幼儿园教师的全员培训。该项工程要在2011年12月前启动，首轮优先培训学历、任职资格、职称等方面有欠缺的教师。

第二十三条　县教育局要对民办学校教师职务评审实行倾斜政策。民办学校可参照同类公办学校设置教师职务结构比例，教师职务由学校自主聘任。全日制民办学校教师晋升高级教师职务不作支教要求，公办学校教师在全日制民办学校任教，可作为其支教要求，公办学校教师在全日制民办学校任教，可作为其支教经历。

第二十四条　民办学校教师各类业务竞赛、职务评审、评先评优等，指标计划实行单列，确保评比结果中民办学校教师能占有合理的比例。

第二十五条　民办学校按规定程序引进的高层次优秀教育人才，在住房安置补助、子女就学、研究经费等方面，享受与县人才管理办法所规定的同等优惠政策。

第六章 教师支教

第二十六条 县教育局要积极派遣公办学校教师到民办学校支教，扶持民办学校师资队伍建设。支教教师派遣工作，应在八月份之前完成，以便民办学校统筹安排人力资源。

第二十七条 公办学校教师经组织委派到登记为民办事业单位法人的民办学校支教，其原有的公办教师身份、档案关系、工资和社会保险等均保持不变，同时享受民办学校的应有待遇，支教期满，回原单位任教。

第二十八条 公办学校教师经组织委派到登记为企业法人的民办学校支教，其原有的公办教师身份、档案关系和社会保险保持不变，工资由民办学校负责，支教期满，回原单位任教。

第二十九条 民办学校也应积极派遣本校教师或管理人员，到公办优质学校挂职锻炼，改进学校教育教学及管理工作。

第七章 教师流动

第三十条 县教育局要坚持有利于民办学校教师队伍建设的原则，完善全日制公、民办学校教师的流通机制。力求通过三年时间的努力，逐步使公办、民办学校教师实现由身份管理向岗位管理转变的自由流通。

第三十一条 公办学校教师到民办学校任教，经所在学校、县教育局同意，由县人力社保局审核后办理流动、人事代理、社会保险等手续；应聘到登记为民办事业单位法人民办学校的公办教师，工资由民办学校发放，人事关系转入县教育人才交流服务部实行人事代理，原档案工资作为调入县教育人才交流服务部实行人事代理，原档案工资作为调资、晋级、职称评审、计发退休生活待遇的依据，退休时按公办学校退休教师相关政策执行。对合同期满未续聘、本人愿意重新回到公办学校任教的公办教师，县域内的，在公办学校编制许可的情况下，经县教育局、人力社保部门批准，通过直接考核的方式选聘；跨区域流动的，需经县教育局、县委组织部批准，参照公办教师流动程序办理，迁转社会保险。

第三十二条 实行人事代理并按公办教师标准参加事业单位社会保险的民办学校教师，可参加公办学校的教师公开招聘，一经录用，工龄、教龄予以连续计算，并按规定办理聘用手续。

第三十三条 在民办学校间相互流动的民办学校教师，必须符合聘用合同的有关规定。属于人事代理并按公办教师标准参加事业单位社会保险的民办学校教师，需报县教育局、县人力社保局办理有关流动手续。

第三十四条 县公安局可为登记为民办事业单位法人的民办学校教师建立集体户口。

第八章 附 则

第三十五条 本办法自发布之日起施行，由泰顺县人力资源和社会保障局、泰顺县财政局、泰顺县公安局、泰顺县教育局负责解释。

图表索引

后 记

《泰顺县教育志》编纂工作始于1990年。是年秋，县教委成立教育志编纂领导小组，教委主任翁清选任组长，胡希任、徐克胜任副组长。领导小组下设编写小组，编写小组由王友基、毛秀华、潘少婷、夏克雄、高中平组成，王友基任主编。修志同仁不负重托，不辞辛劳，广征博采，历时3年3个月，收集教育历史资料及学校简史、教育人物等分类资料共200余万字，于1993年编成《泰顺县教育志》征求意见稿，约50万字。由于当时诸多原因，该稿未进一步完善而搁置。时过20余年，因多次搬迁，史志资料丢失过半，50多帧历史珍贵照片散失殆尽。

2011年春，县教育局党委研究决定重启教育志编纂工作。接着，成立《泰顺县教育志》编纂委员会，局党委书记、局长林伟任主任，党委委员蔡曙华负责此项工作。2012年3月，蔡曙华因工作变动改由党委委员陈可操负责。编纂委员会下设编辑室，林伟兼任主编，王友基为执行主编，编辑人员王仁德、朱卫江、徐燕飞。志稿纲目经编纂委员会审定，编辑组人员在原有资料的基础上，访贤问老，案头劳牍，克尽厥职。2012年6月，以章为单位编成14册征求意见稿，送编委会成员审阅，广泛征求意见。2013年5月，按教育不同内容和性质分类编撰"教育管理""教育人物""教育经费"和"各类教育"共4编，印发呈送编委会成员审阅。编辑组根据评审会议提出的意见建议进行修改，于2013年11月初步完成志稿，该稿共15章52节。2014年7月，在征求多方意见后，调整编纂构架，共设"县学书院学塾""幼儿教育""初等教育""普通初等教育""职业技术教育""成人教育""教师""经费与设施""教育行政与党群组织""教育人物"10编47章，90万余字。

2014年10月，编纂委员会抽调陈圣格为编辑，协同王仁德、朱卫江二位编辑，对照部门专业志的编纂要求，对志稿进行较大幅度的修改。首先，进一步完善志稿的体例，改"编章节"为"章节目"结构，将"少数民族教育""师范教育与卫技教育""教学研究""民办教育"独立为章，增加"高考""电视大学教育"等节；其次，根据严谨、朴实、简洁、流畅的要求，删去冗长、重复部分，并对表述中的细节进行修改，尽量使语言客观、统一；再次，对教育机构选介及人物选录对象统一标准，古今教育机构简介从原29所增加至53所，古今教育人物从原25人增加至56人。2015年7月，《泰顺县教育志》编纂委员会召开新志稿评审会，对志稿提出新的建议和要求。嗣后，编辑组根据建议和要求再次完善志稿。经过不断修订、复评，终于在2015年9月完成送审稿。2015年12月，由县史志办牵头召开了《泰顺县教育志》审稿会。会后，编辑组根据会上提出的修改意见继续完善志稿，最后改定为14章52节，约65万字。

本志修编始终在局党委的关怀和县志办的指导下进行。其间，得到县档案局、县民宗局、团县委、县残联等单位的大力支持和热心帮助，教育局各科室和全县相关教育机构以及部分教育界老领导、老同志为编修工作献计献策，并提供了必要的史料。以上种种，使编修工作得以顺利进行，在此一并致以衷心感谢。

编纂《泰顺县教育志》是一项系统工程，时间跨度大、内容广泛，编者克服种种困难，五易其稿，备尝艰辛。尽管如此，由于水平有限，难免纰漏、失当，敬请读者见谅、赐教。

编 者

2015年9月